Nordemann / Roeber (Hrsg.)

Das neue U.S. Copyright Law

Schriftenreihe der UFITA **Heft 61**

Archiv für Urheber-, Film-, Funk- und Theaterrecht
Herausgegeben von Dr. jur. Georg Roeber, München

Das neue U.S. Copyright Law

Erläutert von europäischen und amerikanischen Juristen

Herausgegeben von

Professor Dr. Wilhelm Nordemann
Rechtsanwalt in Berlin

und

Dr. jur. Georg Roeber
München

1978

J. Schweitzer Verlag · Berlin

Sonderausgabe des Bandes 82 der UFITA, Archiv für Urheber-, Film-, Funk- und Theaterrecht.

CIP-Kurztitelaufnahme der deutschen Bibliothek

Das neue US-Copyright Law / erl. von europ. u. amerikan. Juristen. Hrsg. von Wilhelm Nordemann u. Georg Roeber. — Sonderausg., 1. Aufl. — Berlin: Schweitzer, 1978.
(Schriftenreihe der UFITA; H. 61)
ISBN 3-8059-0527-0
NE: Nordemann, Wilhelm [Hrsg.]

Satz und Druck: Neuzeit-Druck, 8385 Pilsting-Ganacker
Bindung: Wübben, Berlin

Inhaltsverzeichnis

I. Abhandlungen

Einführung

Der vorliegende Band will den deutschsprachigen Juristen mit dem seit dem 1. Januar 1978 geltenden Urheberrecht der USA bekannt machen. Er bringt dazu vor allem die vollständige deutsche Übersetzung des für europäisches Rechtsdenken ungewohnt ausführlichen Gesetzestextes, wie sie das Deutsche Patentamt dankenswerterweise hat erstellen lassen. Aber mit den Gesetzen unserer amerikanischen Freunde ist es wie mit ihren Verträgen: Die Länge allein ist keine Garantie für die Lösung aller Zweifelsfragen und Interpretationsprobleme. Deshalb enthält dieser Band zugleich eine erste Kommentierung in der Gestalt von Beiträgen zu den aus europäischer Sicht wichtigsten Abschnitten des Gesetzes. Die Beiträge stammen von Fachleuten, die mit dem Urheberrecht zu beiden Seiten des Atlantik vertraut sind — von amerikanischen Juristen deutscher Herkunft, die drüben seit Jahrzehnten in der Praxis tätig sind und die wechselvolle Entstehungsgeschichte des Gesetzes aus nächster Nähe miterlebt haben, oder die seit Jahren in Deutschland leben und arbeiten, ebenso wie von Europäern, die täglich mit dem Urheberrecht der USA umzugehen haben.

Gleichwohl ist diese erste Kommentierung im doppelten Wortsinne provisorischer Natur. Sie kann nur eine vorläufige Beurteilung geben, deren Stichhaltigkeit sich durch die Rechtsprechung der amerikanischen Bundesgerichte erst noch erweisen muß. Sie sieht zugleich eine Weiterentwicklung des Urheberrechts der USA voraus, die durch die verschiedensten Einflüsse und Strömungen nationaler und internationaler Herkunft noch gestört werden kann. An einigen Stellen ordnet das Copyright Law selbst eine Überprüfung der getroffenen Regelung schon nach einer Geltungsdauer von 5 Jahren an (so bei der Reprografie, § 108 i). Deshalb wird erst nach längerer Zeit ein abschließendes Urteil darüber gewagt werden können, wie groß der Fortschritt tatsächlich gewesen ist, den das neue Urheberrecht für die USA und für die übrige Welt gebracht hat.

Was diese, den Europäer naturgemäß am meisten interessierende Frage angeht, so lassen sich die vorliegenden Beiträge — unter Außerachtlassung der in den Einzelheiten oft unterschiedlichen Beurteilung — insgesamt auf den vereinfachten Generalnenner bringen: Für die USA viel, für Europa viel zu wenig. Gewiß sind große Fortschritte bei den Voraussetzungen, dem Umfang und der Dauer des Schutzes erzielt worden. Gewiß hat man die Abhängigkeit des Urheberschutzes von der Erfüllung der Anmelde- und Registriervorschriften gelöst, hat man alle bekannten Verwertungsarten dem Urheber zugeordnet, den Bereich der freien Nutzungsmöglichkeit auf wichtigen Teilgebieten eingeschränkt und die Schutzfristregelung der der übrigen Welt angepaßt. Aber — mit den Augen des Europäers betrachtet — man ist dabei allzu oft auf halbem Wege stehengeblieben. Anmeldung und Registrierung sind in ihrer Bedeutung lediglich gemindert, nicht entfallen. Für sehr viele Werke — alle, die vor dem 1. Januar 1978 geschaffen wurden — gilt weitgehend noch die alte Schutzfristregelung, wenn auch die zweite Periode erheblich verlängert worden ist. Neue Verwertungsmöglichkeiten fallen dem Urheber nicht automatisch zu; die Aufzählung des § 106 ist erschöpfend. In wichtigen Verwertungsbereichen ist der Urheber auf Zwangslizenzen angewiesen. Die urheberrechtsfreien Nutzungsmöglichkeiten gehen noch immer bedenklich weit. Vom Urheberpersönlichkeitsrecht sind bestenfalls einige Ansätze zu spüren. Das Urhebervertragsrecht, ohnehin nur am Rande betroffen, schützt nicht den Urheber, sondern den Auftraggeber, dem es ebenso wie dem Arbeitgeber oder Dienstherrn pauschal alle Verwertungsrechte — auch die, die er gar nicht braucht — zuweist, wenn nicht ausdrücklich Abweichendes vereinbart ist.

Nein, da hat es der Urheber hierzulande schon besser. Mit den Maßstäben Europas läßt sich auch das neue amerikanische Urheberrecht nicht messen. In ganz Europa, wohlgemerkt: auch im sozialistischen Lager, freilich ohne die Sowjetunion, ist der Urheberschutz deutlich weiter entwickelt als seit 1978 in den USA.

Aber der Unterschied im Schutzniveau ist es nicht allein, der die — vorläufige — Beurteilung des Copyright Law so zurückhaltend sein läßt. Immerhin hat er seine Ursache in der langen, vom europäischen Weg abweichend entstandenen Rechtstradition der USA, und er läßt die Hoffnung, daß dann eben die nächste Revision die ersehnte Angleichung bringen und den Beitritt der USA zur Berner Übereinkunft ermöglichen könnte. Betroffener macht das Ausmaß von Staat, von dem das neue amerikanische Urheberrecht regiert wird. Mag man die Aufrechterhaltung der Anmelde- und Registriervorschriften und der Schutzfristverlängerung für ältere Werke noch als eine Fernwirkung der Parkinson'schen Gesetze ansehen, die bekanntlich Weltgeltung haben (welche Behörde löst sich schon gern selbst auf?), so stimmt das Ausmaß der staatlichen Reglementierung des Lizenzwesens im ehemals freiesten Lande der Welt doch bedenklich. Hier scheint das Anti-Trust-Denken des Kongresses zu Ergebnissen geführt zu haben, die an die deutsche Neigung zu Übertreibungen erinnern: Der Urheber könnte das Verwertungsmonopol an seinem Werk zu überhöhten Forderungen mißbrauchen, wenn man es nicht durch Zwangslizenzen unschädlich machte, und den Verwertungsgesellschaften gar als den Zusammenschlüssen solcher Monopole kann man erst recht nicht trauen. Also regelt der Staat den Markt. Daß Europa mit der Aufrechterhaltung der Verbotsansprüche einerseits und der liberalen Handhabung durch Verwertungsgesellschaften andererseits seit Jahrzehnten ohne staatlichen Dirigismus besser fährt, scheint man im Kongreß ebensowenig gesehen zu haben wie die Gefahr, daß ausgerechnet das Land der Freiheitsstatue eines Tages das sozialistische Lager im Urheberrecht links überholen könnte.

Aber auch diese Bemerkung steht unter dem Vorbehalt der künftigen Entwicklung. Man wird sehen, ob das Copyright Law den Fortschritt tatsächlich bringen wird, der die Mühsal seiner Schaffung erst rechtfertigt. In der Hoffnung, daß dies so sein möge, sind sich Europäer und Amerikaner gewiß einig.

Wilhelm Nordemann

Das neue amerikanische Urheberrecht - ein Überblick über die wichtigsten Bestimmungen

Von Dr. **Margot von Westerholt-Weissthanner,** München*)

I. Einleitung

Am 1. Januar 1978 tritt in den Vereinigten Staaten ein neues Urheberrechtsgesetz in Kraft, mit dem der bis dahin gültige Copyright Act aus dem Jahre 1909 abgelöst wird. Das neue Gesetz, welches vom damaligen Präsidenten Gerald R. Ford am 19. Oktober 1976 unterzeichnet wurde, ist das Ergebnis langer und außerordentlich schwieriger Revisionsbemühungen, in deren Verlauf mehrere Gesetzesentwürfe scheiterten. Die jetzige Revision des Urheberrechts ist die vierte seit Geltung der ersten Copyright Act von 1790; sie bringt umfassende und tiefgreifende Änderungen der bisherigen Rechtslage. Durch die Aufgabe des zweigleisigen Schutzsystems (d. h. Schutz nach common law copyright wie nach statutory copyright) sowie durch die Neuregelung der Schutzdauer hat sich das amerikanische Urheberrecht dem der europäischen Länder angenähert; mit zahlreichen äußerst komplizierten und kasuistischen Bestimmungen wurde der Versuch unternommen, das Recht dem neuesten Stand der Technik — vor allem hinsichtlich der möglichen Nutzungsarten — anzupassen. Insbesondere bei der Regelung des Komplexes „Kabelfernsehen" ist dabei gesetzgeberische Pionierarbeit geleistet worden, die sicherlich auch die Urheberrechts-Gesetzgebung in anderen Ländern noch beeinflussen wird.

Im folgenden wird ein informativer Überblick über die wichtigsten Veränderungen im amerikanischen Urheberrecht gegeben — wegen der Fülle des Stoffes muß auf Vollständigkeit und Vertiefung einzelner Probleme verzichtet werden. Die Auswahl der hier behandelten neuen Vorschriften ist notwendigerweise subjektiv, entspricht jedoch überwiegend derjenigen, die das Copyright Office in einer

*) Unter dem früheren Namen: Margot Weissthanner als Verfasserin der preisgekrönten Dissertation „Urheberrechtliche Probleme Neuer Musik", Heft 14 der Urheberrechtlichen Abhandlungen des Max-Planck-Instituts für ausländisches und internationales Patent-, Urheber- und Wettbewerbsrecht, München (Verlag C. H. Beck, München 1974) weit über die deutschen Grenzen hinaus bekannt geworden, siehe Ernst Karl Pakuscher, LL. M., in: UFITA Bd. 72 (1975) S. 107 ff., 117 ff. und in FILM UND RECHT Nr. 12/1976 S. 885. — D. Schr.

offiziellen Verlautbarung[1]) unter dem Motto „highlights of the new statute" getroffen hat.

Der neue Copyright Act[1a]) ist in 8 Kapitel gegliedert[2]); da die wichtigsten systematischen Änderungen im 3. Kapitel enthalten sind, wird mit den Bestimmungen dieses Kapitels, den §§ 301 ff., begonnen.

II. Systematische Änderungen

1. Einheitliches Schutzsystem

Das neue Recht kennt nur noch ein einziges, nationales Schutzsystem für Werke im Sinne des Urheberrechts: den gesetzlichen Schutz gemäß dem neuen Copyright Act. Bisher wurden Werke v o r ihrer Veröffentlichung nur nach common law geschützt („common law copyright"), n a c h ihrer Veröffentlichung erst genossen sie gesetzlichen Schutz („statutory copyright"). Mit der Abschaffung dieses zweigleisigen Schutzsystems ist eine seit 1790 bestehende, komplizierte und anachronistische Regelung gefallen, die die internationale Zusammenarbeit auf urheberrechtlichem Gebiet sehr belastet hat. Zugleich ist eines der größten Probleme in der amerikanischen Urheberrechtspraxis weitgehend entschärft — die Auslegung des Begriffs „publication".

Gemäß § 301 C.A. genießt jedes Werk im Sinne von § 102 C.A. (dazu siehe unten) ausschließlich den bundesgesetzlichen Schutz vom Zeitpunkt seiner Entstehung an. Ob das Werk veröffentlicht ist oder nicht, spielt für den Schutzumfang keine Rolle mehr.

Zu beachten ist allerdings, daß Voraussetzung für den gesetzlichen Urheberrechtsschutz das Vorliegen eines Werkstückes ist. Zwar knüpft § 302 den Beginn des Schutzes an die Schaffung des Werkes („copyright in a work ... substists from its creation"), jedoch gibt § 101 für den Begriff der „creation" folgende Definition: Ein Werk ist geschaffen, sobald es erstmals in einem Werkstück, nämlich in einer „copy" oder einem „phonorecord" verkörpert ist. Nicht-verkörperte Werke sind nicht Gegenstand des gesetzlichen Urheberrechts, nicht

---

[1]) Announcement from the Copyright Office, Library of Congress, Washington. D.C. 20559, Nov. 1976. Soweit im folgenden auf die Intentionen des Gesetzgebers und die Diskussion bei den Reformarbeiten eingegangen wird, beruht die Darstellung auf dem Report des Committee on the Indiciary vom 3. Sept. 1976. — Die vorliegende Abhandlung entspricht dem Stand vom August 1977.

[1a]) Im folgenden „C.A."

[2]) 1. Subject matter and scope of copyright; 2. Copyright ownership and transfer; 3. Duration of copyright; 4. Copyright notice, deposit and registration; 5. Copyright infringement and remedies; 6. Manufacturing requirement and importation; 7. Copyright Office; 8. Copyright Royalty Tribunal.

„subject matter of copyright" im Sinne von § 102 C.A. Völlig schutzlos sind sie damit allerdings noch nicht: § 301 (b) stellt ausdrücklich klar, daß solche Rechte, die das common law oder einzelne Staaten ggf. für nicht fixierte Werke gewähren, unbeschränkt erhalten bleiben.

Für alle (fixierten) Werke im Sinne von §§ 102, 103 gilt aber die sog. „preemption clause" des § 301 (a), d. h. ihr Schutz richtet sich ausschließlich nach dem neuen C.A. Die einzelnen Staaten haben insoweit keine Gesetzgebungskompetenzen mehr, alle Rechte, die Urheber von Werken im Sinne von § 102 bisher ggf. nach common law oder auf Grund eines einzelstaatlichen Gesetzes hatten, sind abgeschafft[3]).

Die ausschließliche Zuständigkeit des Bundes gilt jedoch nicht für den Schutz solcher Rechte, die mit den ausschließlichen Rechten des Urhebers nicht gleichbedeutend sind, wie etwa „privacy", „publicity", „trade secrets". Solche Rechte können nach wie vor nach einzelstaatlichem common law oder Gesetz geschützt werden.

2. Neue Schutzfrist

Bisher galt folgende komplizierte Regelung:

Ab der ersten Veröffentlichung des Werkes — die Erfüllung bestimmter Formalitäten vorausgesetzt — lief eine erste Schutzfrist von 28 Jahren („first term"); es bestand die Möglichkeit der Schutzverlängerung um weitere 28 Jahre („renewal term").

Nunmehr beginnt die Schutzfrist mit der Schaffung des Werkes (s. o.) und endet 50 Jahre nach dem Tode des Urhebers, § 302 (a) C.A. Diese neue amerikanische Regelung entspricht der der Revidierten Berner Übereinkunft, Art. 7. Die Schutzdauer ist von der Veröffentlichung des Werkes unabhängig, d. h. sie gilt gleichermaßen für veröffentlichte wie unveröffentlichte wie posthum veröffentlichte Werke. Haben mehrere gemeinsam ein Werk als Miturheber geschaffen („joint work"), so erlischt der Schutz für dieses Werk 50 Jahre nach dem Tode des am längsten lebenden Mit-Urhebers, § 302 (b) (wie Art. 7 bis RBÜ). Anonyme Werke, pseudonyme Werke und „works made for hire" (Werke angestellter Urheber sowie Auftragswerke bestimmter Gattung) sind gemäß § 302 (c) entweder für 75 Jahre ab dem Zeitpunkt ihrer ersten Veröffentlichung oder für 100 Jahre ab

---

[3]) Es entfallen also für die Urheber die bisherigen ewigen, unbegrenzten, ausschließlichen common law Rechte an den unveröffentlichten Werken.

ihrer Entstehung („creation" in dem oben erläuterten Sinne) geschützt, je nachdem, welche Schutzfrist im konkreten Falle die kürzere ist.

Für die Werke, die am 1. Januar 1978 — bei Inkrafttreten des neuen Gesetzes also — Schutz nach dem bisherigen Copyright Act genießen[4]), gilt folgendes:

a) soweit die Werke sich am 1. Januar 1978 in der ersten Schutzfrist-Phase (28 Jahre ab Veröffentlichung) befinden, bleibt es bei dem System der Verlängerungsmöglichkeit um eine weitere Schutzfrist-Phase; die „renewal term" wird jedoch so verlängert, daß sich eine Schutzdauer von insgesamt 75 Jahren ab der ersten Veröffentlichung ergibt.

b) Soweit die Werke sich zu irgendeinem Zeitpunkt zwischen dem 31. Dezember 1976 und dem 31. Dezember 1977 bereits in der zweiten Schutzphase befanden bzw. wenn für sie innerhalb dieses Zeitraums der „renewal"-Antrag gestellt wurde, verlängert sich die zweite Schutzfrist automatisch um 19 Jahre auf 47 Jahre, ohne daß es eines Antrages bedarf.

Unveröffentlichte Werke, die vor dem 1. Januar 1978 geschaffen wurden und die einerseits — mangels Veröffentlichung — bei Inkrafttreten des C.A. keinen gesetzlichen Schutz genießen, andererseits am 1. Januar 1978 aber auch nicht gemeinfrei sind, fallen automatisch unter die neue Regelung, d. h. sie sind bis 50 Jahre nach dem Tode des Urhebers geschützt. Soweit ein Werk allerdings vor dem 1. Januar gemeinfrei geworden ist, vermag auch das neue Gesetz keinerlei Urheberrechts-Schutz zu begründen bzw. wieder herzustellen.

Für eine Änderung des seit 1970 geltenden Schutzfristsystems sprachen gute Gründe:

Mit der Verlängerung des urheberrechtlichen Schutzes wird der gestiegenen Lebenserwartung der Urheber einerseits und dem enormen Anwachsen der technischen Nutzungsmöglichkeiten andererseits, welche die „wirtschaftliche Lebensdauer" vieler Werke verlängert haben, Rechnung getragen. Bei der Diskussion um die Verlängerung des Copyright-Schutzes bestand auch Einigkeit darüber, daß kurze Fristen zwar zu Lasten der Urheber gehen, nicht aber der Allgemeinheit dienen, sondern nur bestimmten Werknutzern. Das Publikum

---

[4]) Die Schätzungen gehen dahin, daß zum 1. Jan. 1978 etwa 6,6 Millionen Copyrights von der Gesetzesänderung betroffen sein werden, davon 6 Millionen in der ersten Schutzphase und 600 000 in der zweiten, verlängerten.

bezahlt nämlich für gemeinfreie Werke oft ebenso viel wie für (noch) geschützte.

Die neue Schutzfristregelung bringt für die Praxis auch erhebliche Vereinfachungen mit sich: Durch die Verknüpfung der Schutzdauer mit dem Tode des Urhebers sind einmal alle Schwierigkeiten und Unklarheiten beseitigt, die bisher mit dem vagen Konzept der „publication" (als dem Beginn der Schutzfrist) verbunden waren. Außerdem entfällt die unbefriedigende und komplizierte „renewal"-Prozedur, die häufig zu einem nicht gewollten Verlust aller Urheberrechte führte. Schließlich werden nunmehr alle Werke eines Urhebers gleichzeitig gemeinfrei, von Wichtigkeit ist nur noch der Zeitpunkt des Todes des Urhebers[5]). Bisher mußten Werknutzer für jedes einzelne Werk eines Urhebers die jeweilige Schutzfrist ermitteln. Gab es von einem Roman etwa verschiedene Ausgaben, so mußten diese sorgfältig auf (schutzfähige) Veränderungen untersucht werden, da hinsichtlich solcher Änderungen die Neuausgabe ja eine Erstveröffentlichung bedeutete, d. h. eine neue Schutzfrist in Lauf gesetzt worden war.

Die neue Schutzfristregelung bringt nicht zuletzt auch eine erhebliche Erleichterung des internationalen Urheberrechtsverkehrs. Mit ihrem bisherigen System standen die Vereinigten Staaten weltweit allein; mit der jetzigen Regelung ist immerhin eines der alten Hindernisse für einen Beitritt der USA zur Berner Union beseitigt. Außerdem wurde der für amerikanische Urheber unerfreuliche Zustand aufgehoben, daß ihre Werke im Ausland unter Umständen länger geschützt wurden, als im eigenen Land.

3. Einschränkung der formellen Schutzvoraussetzungen

Das amerikanische Urheberrecht unterschied sich bisher von der Rechtslage in allen europäischen Ländern auch dadurch, daß es die Erfüllung bestimmter Förmlichkeiten als zwingende Voraussetzung für den gesetzlichen Urheberrechtsschutz verlangte. Das neue Gesetz hat zwar den Copyright-Vermerk, die Hinterlegung des Werkstücks und die Registrierung des Anspruchs auf Urheberrechtsschutz („copyright notice", „deposit", „registration") grundsätzlich beibehalten, in ihrer Bedeutung aber erheblich eingeschränkt. Geregelt sind die Förmlichkeiten im 4. Kapitel des Gesetzes, §§ 401 bis 412.

---

[5]) Um die Berechnung des Schutzablaufs so klar und einfach wie möglich zu machen, wird bei Copyright Office ein Register über die Lebensdaten von Urhebern eingerichtet, § 302 (d); außerdem regelt § 302 (a), daß bei bestimmten Voraussetzungen der Ablauf der Schutzfrist zu vermuten ist und Gutgläubigkeit eingewendet werden kann, wenn es gleichwohl zu einem Verletzungsprozeß kommt.

a) Copyright-Vermerk

Der Copyright Act von 1909 verlangt für jedes veröffentlichte Werk(-stück) die Anbringung eines copyright-Vermerks in gesetzlich vorgeschriebener Form. Wurde der Vermerk vergessen oder war er fehlerhaft, so hatte dies den Verlust des gesetzlichen Urheberrechts-Schutzes zur Folge.

Diese seit 1802 bestehende, außerordentlich formalistische Regelung wurde auch in den USA stark kritisiert und nunmehr geändert. Zwar verlangt auch das neue Gesetz in § 401 (a) C.A. weiterhin, daß alle Kopien eines (mit Zustimmung des Urhebers) veröffentlichten Werkes mit einem copyright-Vermerk zu versehen sind[6]; ein Verstoß gegen diese Bestimmung führt aber nicht mehr automatisch zum Rechtsverlust. Ist nur eine verhältnismäßig geringe Zahl von Werkstücken ohne copyright-Vermerk in den Verkehr gebracht worden („publicly distributed"), so ist dies nach dem neuen Recht völlig unschädlich für den Schutz des betreffenden Werkes, § 405 (a) (1). Fehlt der copyright-Vermerk bei einer größeren Anzahl von Werkstücken, so gilt: Das betreffende Werk bleibt — unabhängig davon, ob der Vermerk ganz oder teilweise, absichtlich oder versehentlich vergessen wurde — für mindestens 5 Jahre geschützt; ist das Werk bis zum Ablauf dieses Zeitraums jedoch weder registriert worden, noch hat der Urheber in zumutbarer Weise versucht, den fehlenden copyright-Vermerk nachträglich auf den schon verbreitenten Werkstücken anzubringen, so wird das Werk dann gemeinfrei, § 405 (a) (2) C.A.

Verletzt jemand ein bestehendes Urheberrecht (nur) deshalb, weil er durch das Fehlen eines copyright-Vermerks auf dem Werkstück irregeleitet wurde (die Beweislast hierfür liegt beim Verletzer), und hat er dabei keine Kenntnis von der Registrierung beim Copyright Office, so haftet er grundsätzlich nicht auf Schadenersatz, § 405 (b) C.A.

Den copyright-Vermerk müssen alle Werkstücke tragen, auch Tonträger als Verkörperung schutzfähiger Tonaufnahmen, §§ 401 (c) und 402 (a). Für Werke der bildenden Kunst ist zu beachten, daß die öffentliche Ausstellung eines Kunstwerks nicht mehr als „publication" im Sinne des neuen Gesetzes anzusehen ist (so die Definition von „publication" in § 101 C.A.); das ausgestellte Werk braucht also keinen copyright-Vermerk zu tragen.

---

[6]) Im Zusammenhang mit dem copyright-Vermerk spielt also der Begriff der „publication" nach wie vor eine Rolle.

Das Erfordernis des copyright-Vermerks ist vom Ort der Veröffentlichung unabhängig, es gilt auch für alle die Werke, die außerhalb der Vereinigten Staaten erstmalig veröffentlicht werden, § 401 (a) C.A.

Was die Gestalt des copyright-Vermerks angeht, so bringt das neue Gesetz keine Veränderung: außer dem Wort „Copyright" (auch „Copr." oder der Buchstabe © in einem Kreis) ist das Jahr der ersten Veröffentlichung und der Inhaber des Urheberrechts anzugeben, § 401 (b) C.A. Der § 401 (c) C.A. legt fest, daß der copyright-Vermerk auf dem Werkstück so anzubringen ist, daß er in angemessener Weise den Vorbehalt des Urheberrechts zum Ausdruck bringt. Mit dieser, gegenüber dem alten Recht wesentlich großzügigeren Formulierung folgt das Gesetz der Regelung im WUA Art. III Ziff. 1.

Neu ist die Regelung des § 402 C.A., wonach Tonträger einen speziellen Vermerk zu tragen haben, nämlich den Buchstaben ℗ in einem Kreis[7]), das Jahr der ersten Veröffentlichung der Tonaufnahme und den Namen des Urhebers (oder auch nur den des Produzenten). Dieser Vermerk soll dem Urheberrechts-Schutz der auf dem Tonträger festgehaltenen Tonaufnahme („sound recording") dienen, nicht etwa dem Schutz des musikalischen oder literarischen Werkes, welches der Tonaufnahme zugrunde liegt! Nach amerikanischem Recht ist die Aufnahme („sound recording") eine eigene Werkkategorie, die Urheberrechtsschutz genießt. Verkörpert wird dieses Werk „sound recording" mittels des Tonträgers („phonorecord"), so daß dieser den Urheberrechtsvermerk für die „sound recording" zu tragen hat[8]). Um Konfusionen zu vermeiden, hat der Gesetzgeber für den Schutz der Tonaufnahme einen Copyright-Vermerk vorgeschrieben, der sich von demjenigen für das (urheberrechtlich selbständige) Werk, welches der Tonaufnahme zugrunde liegt, unterscheidet. Für letzteres ist ein zusätzlicher, eigener Copyright-Vermerk auf dem Tonträger gemäß § 401 (a) nicht erforderlich, weil der Tonträger keine „copy" des Werkes ist, welches der Tonträger — neben dem Werk „Tonaufnahme" — wiedergibt. Trägt also etwa eine Schallplatte neben dem ℗-Zeichen für die Tonaufnahme auch noch ein ©-Zeichen, so bezieht sich dieses auf solche Werke der Literatur oder Kunst, die etwa auf der Plattenhülle wiedergegeben sind.

---

7) Das „P" in einem Kreis wurde auch von der „Phonograms Convention" (Genf 1971), der die USA angehören, als internationales Symbol zum Schutz von Tonaufnahmen anerkannt.

8) Erforderlich ist der Vermerk aber nur bezüglich solcher Tonaufnahmen, die ab dem 15. Februar 1972 gemacht wurden.

b) Hinterlegung und Registrierung

Das neue Gesetz hat zwar die Hinterlegung von Werkstücken („deposit") und die Registrierung des Anspruchs auf Urheberrecht an einem bestimmten Werk beibehalten, in § 407 (a) bzw. § 408 (a) jedoch ausdrücklich festgelegt, daß Hinterlegung und Registrierung keine Bedingungen für den Schutz des jeweiligen Werkes seien. Nach bisherigem Recht mußte die Hinterlegung von Werkstücken beim Copyright-Office mit dem förmlichen Antrag auf Registrierung der Urheberschaft am jeweiligen Werk verbunden werden. Geschah dies nicht, so war der vollständige Verlust des Urheberrechtsschutzes die Folge. Das neue Gesetz unterscheidet zwischen der Hinterlegung von Werkstücken für die Library of Congress (zum Zwecke der Archivierung), § 407, und der Hinterlegung zum Zwecke der Registrierung der Urheberschaft, § 408.

Gemäß § 407 (a) C.A. muß der Urheber oder der Inhaber des ausschließlichen Veröffentlichungsrechtes zwei Exemplare des Werkes (mit dem Copyright-Vermerk) beim Copyright-Office hinterlegen, und zwar innerhalb von drei Monaten nach der Veröffentlichung des Werks[9]). Auch von Tonaufnahmen müssen jeweils 2 Exemplare hinterlegt werden, d. h. zwei der Tonträger, auf denen die Aufnahme festgehalten ist. Wird ein Werk zuerst außerhalb der Vereinigten Staaten veröffentlicht, so greift das Gebot der Hinterlegung gleichwohl mit der Veröffentlichung in den USA (etwa durch Verbreitung importierter Werkstücke) ein.

Hinterlegt ein Urheber die geforderten zwei Werkstücke nicht, so kann er mit einer Geldbuße bis zu 250 Dollars, bei vorsätzlichem Verhalten mit einer zusätzlichen Geldbuße von 2 500 Dollars, belegt werden, § 407 (d) C.A.

Die Registrierung des Anspruchs auf Urheberrechtsschutz („registration of the copyright claim") für ein bestimmtes Werk richtet sich nach § 408 C.A. Diese Registrierung kann vom Urheber des Werks, aber auch vom Inhaber irgendeines ausschließlichen Nutzungsrechts beantragt werden, zu jedem beliebigen Zeitpunkt der Schutzfrist. Voraussetzung für diese Registrierung ist die Hinterlegung eines Werkstücks im Falle nicht veröffentlichter Werke bzw. zweier Werkstücke im Falle veröffentlichter Werke. Die Registrierung gemäß § 408 ist nicht mehr zwingend, sie ist keine Voraussetzung mehr für den urheberrechtlichen Schutz, vom Sonderfall des § 405 (a) — Veröffent-

[9]) Hinterlegt werden müssen „two complete copies of the best edition", wobei der Begriff „best edition" in § 101 definiert ist.

lichung ohne Copyright-Vermerk, siehe oben — abgesehen. Die Registrierung der Rechtsinhaberschaft ist jedoch — wie bisher — Voraussetzung für die Erhebung der urheberrechtlichen Verletzungsklage, § 411 (a) C.A. Gerichtlich durchsetzbar ist der Urheberrechtsschutz also ohne Registrierung gemäß § 408 grds. nicht[10]).

Auch für die Durchsetzung von Schadensersatzansprüchen gemäß §§ 504, 506 C.A. ist die Registrierung nach § 408 in gewissem Umfang Voraussetzung, § 412 C.A.

Anzumerken ist, daß die Registrierung des copyright claim beim Copyright Office nicht konstitutiv wirkt, d. h. auch wenn die Registrierung erfolgte, kann sich der Beklagte im Verletzungsprozeß damit verteidigen, daß dem Kläger ein Urheberrecht nicht zustehe. Mit dem Zertifikat, welches der Register of Copyrights für die Registrierung ausstellt, hat der Kläger seinerseits jedoch prima facie den Beweis des ersten Anscheins für das Bestehen seines Urheberrechts geführt[11]).

III. Gegenstand des Urheberrechts und Schutzumfang

1. Schutzgegenstand

Das erste Kapitel des C.A., §§ 101 bis 118, befaßt sich mit dem Gegenstand und dem Umfang des Urheberrechtsschutzes.

Waren bisher „all the writings of an author" schutzfähig, so ist der Gegenstand des urheberrechtlichen Schutzes nunmehr mit „original works of authorship" umschrieben, § 102 (a) (1). Der Begriff der „originality" ist im neuen Gesetz nicht näher definiert; es ist davon auszugehen, daß hinsichtlich des nötigen Grades an Originalität die von der Rechtsprechung bisher entwickelten Grundsätze weiterhin gelten. Das bedeutet, daß Neuheit, eine bestimmte schöpferische Qualität (ingenuity) oder ein bestimmter ästhetischer Wert für die Urheberrechtsschutzfähigkeit eines Werkes nicht erforderlich sind.

Mit der neuen Formulierung „original works of authorship" wollte der Gesetzgeber der enormen Erweiterung schöpferischer Ausdrucksformen Rechnung tragen und gleichzeitig für die künftige Entwick-

---

[10]) Hat der Register of Copyright die Registrierung abgelehnt, weil ein urheberrechtlich schutzfähiges Werk nicht vorliege, so kann der Betroffene gleichwohl Verletzungsklage gegen einen Dritten erheben, sofern er alle Formalitäten für die Registrierung erfüllt hat und dem Register of Copyrights eine Klagedurchschrift zustellt. Dieser kann dann dem Rechtsstreit mit dem Verletzer beitreten.

[11]) Vorausgesetzt, das Zertifikat wurde innerhalb von 5 Jahren ab der ersten Veröffentlichung des Werkes ausgestellt.

lung offen sein. § 102 C.A. geht weder davon aus, daß alle denkbaren Ausdrucksformen urheberrechtlich schützbar sind, noch davon, daß im Gesetz nicht angesprochene, bisher noch nicht bekannte, neue Ausdrucksmittel notwendigerweise vom Schutz der C.A. ausgeschlossin sind. § 102 (a) (2) nennt in enumerativer Weise die wichtigsten Werkkategorien, darunter Werke der Choreographie („choreographic works"), Filme und andere audiovisuelle Werke („motion pictures and other audivisual works"), sowie Tonaufnahmen („sound recordings").

Neben der „originality" verlangt § 102 (a) C.A. als zweite Grundvoraussetzung für die Schutzfähigkeit eines Werkes dessen Verkörperung, die materielle Konkretisierung in Form eines Werkstücks („fixation"). Ob der schöpferische Einfall mittels Wörtern, Zahlen, Bildern oder Tönen oder sonstiger graphischer oder symbolischer Indices konkretisiert, materialisiert wird, spielt keine Rolle[12]). Es genügt insbesondere, wenn das Werk mit Hilfe einer Maschine wahrnehmbar, reproduzierbar gemacht werden kann. Die Definition, die § 101 vom Begriff „fixation" gibt, stellt außerdem klar, daß eine solche auch dann vorliegt, wenn die erste Verkörperung mit der Funksendung des Werkes zeitlich zusammenfällt, also etwa bei der — als Filmwerk schutzfähigen — Fernseh-Live-Übertragung einer Opernaufführung.

Da Gegenstand des gesetzlichen Urheberrechtsschutzes nur verkörperte Werke sind, bildet das Konzept der „fixation" gleichzeitig die Trennungslinie zwischen dem Schutz nach dem Copyright Act und dem Schutz nach common law. Wie oben im Zusammenhang mit der „preemption clause" des § 301 C.A. ausgeführt, können unverkörperte Werke weiterhin Schutz nach common law genießen, nicht aber gesetzlichen Schutz nach dem Copyright Act.

2. Schutzumfang — Schranken der ausschließlichen Rechte des Urhebers

§ 106 C.A. nennt diejenigen Rechte, die grds. ausschließlich dem Urheber, dem Schöpfer des Werkes zustehen: 1. das Vervielfältigungsrecht, 2. das Bearbeitungsrecht, 3. das Verbreitungsrecht, 4. das Aufführungsrecht, 5. das Ausstellungsrecht[13]). Die folgenden 12 Paragraphen, §§ 107 bis 118, befassen sich mit den Schranken dieser aus-

---

12) „. . . fixation in any tangible medium of expression".

13) Ob dem Urheber dieses Recht zusteht, war nach dem alten Gesetz unklar und umstritten.

schließlichen Rechte, mit Sonderregelungen für bestimmte Fälle der Werknutzung. Darunter sind einige der wichtigsten Änderungen im amerikanischen Urheberrecht.

a) Die „fair-use"-Doktrin

Eine der traditionellen Schranken des Urheberrechts ist die „fair-use"-Doktrin. Sie besagt, daß Verwertungshandlungen dann, wenn sie als „fair use" eines Werkes zu qualifizieren sind, keine Verletzung des Urheberrechts an dem betreffenden Werk darstellen. Diese von der Rechtsprechung entwickelte Regel wurde nunmehr in § 107 C.A. gesetzlich normiert. Die umfangreiche Rechtsprechung zu dem Problem, wann es sich um „fair use" eines Werkes handelt und wann nicht, hat der Gesetzgeber im Wege einer beispielhaften Aufzählung aufgegriffen. Werkvervielfältigungen zu Zwecken der Kritik, der Kommentierung, der Berichterstattung, der Forschung und zu Unterrichtszwecken im weitesten Sinne sind gemäß § 107 C.A. keine Urheberrechtsverletzung, sondern fair use. Neben diesen Beispielen nennt das Gesetz (§ 107) die Kriterien, die zu beachten sind bei Entscheidung der Frage, ob „fair use" vorliegt. Maßgeblich sind demnach folgende Faktoren:

1. der Zweck und die Art und Weise der Werknutzung;
2. der Charakter des urheberrechtlich geschützten Werks;
3. der Umfang und die Benutzung des Werkteils, auf den sich die Nutzungshandlung bezieht, im Verhältnis zum ganzen Werk;
4. die Konsequenzen der jeweiligen Nutzungshandlung für die normale wirtschaftliche Auswertung des Werks.

Auch bei dieser Aufzählung von maßgeblichen Faktoren handelt es sich nur um eine enumerative; der Gesetzgeber wollte nur eine Hilfestellung geben, nicht aber die „fair-use"-Doktrin auf den gegenwärtigen Standard festlegen.

Bei den Revisionsarbeiten drehte sich die Diskussion über den § 107 ganz wesentlich um das Problem des „classroom copying", um die Vervielfältigung zu Unterrichtszwecken. Nach dem ausdrücklichen Hinweis im Gesetz dürfen für den Fall des Schulunterrichts grds. nicht nur einzelne (single copies for teachers) sondern zahlreiche Werk-Kopien („multiple copies for classroom use") erstellt werden.

So sehr das Gesetz in anderen Bestimmungen — oft auf Kosten der Verständlichkeit und der Klarheit — ins Detail geht, so enthält es sich doch in diesem Falle einer näheren Bestimmung der Umstände, unter denen „multiple classroom copying" zulässig ist. Auf Anregung des Gesetzgebers haben sich die betroffenen Interessenverbände im Jahre 1976 auf Richtlinien[14]) geeinigt, welche Auskunft darüber geben, unter welchen Voraussetzungen die Vervielfältigung von Büchern, Zeitschriften und Musik zulässig ist. Es bleibt abzuwarten, welche Stellung dieses „Guidelines" in der Praxis der Gerichte zukommen wird, wie weit sich die Rechtsprechung an die dort aufgeführten Beurteilungskriterien halten wird.

In § 108 wird ein weiterer Aspekt des „Reprographie-Problems" behandelt, die Vervielfältigung geschützter Werke durch Bibliotheken und Archive. In nun wiederum äußerst detaillierter Weise ist aufgeführt, unter welchen Voraussetzungen die Erstellung und Verbreitung einzelner Kopien (für nicht kommerzielle Zwecke) keine Urheberrechtsverletzung bedeutet. So darf es sich beim Erstellen der Kopien z. B. nicht um eine „systematische" Tätigkeit handeln. Eine nähere Darstellung dieser komplexen Bestimmung muß hier unterbleiben; angemerkt sei lediglich, daß § 108 keine eigentliche Neuerung im amerikanischen Urheberrecht darstellt, sondern eine — allerdings sehr wichtige — gesetzliche Sonderregelung aus dem Gesamtkomplex „fair use".

In diesem Zusammenhang ist auch zu erwähnen, daß die „for profit-limitation" gefallen ist. Nach bisherigem Recht waren alle diejenigen Aufführungen von Werken der Literatur und der Musik (sofern es sich nicht um Bühnenwerke handelte) von der urheberrechtlichen Verantwortlichkeit ausgenommen, die nicht „for profit", d. h. ohne Gewinnerzielungsabsicht, erfolgten. Das neue Gesetz kennt eine solche generelle Einschränkung des Aufführungsrechts nicht mehr. Statt dessen benennt § 110 C.A. in neun Absätzen konkrete Fälle, in denen die nicht-kommerzielle Aufführung bzw. Ausstellung urheberrechtlich geschützter Werke keine Urheberrechtsverletzung darstellt. Zu diesen Fällen zählen insbesondere Aufführungen geschützter Werke im Schulunterricht einschließlich bestimmter Funksendungen zu Unterrichtszwecken.

b) Zwangslizenz für Kabelfernseh-Unternehmen

Eine Einschränkung der ausschließlichen Rechte des Urhebers stellt auch der § 111 C.A. dar, der zugunsten von Kabelfernsehunternehmen für die Übernahmen urheberrechtlich geschützter Funksendungen eine

[14]) „Agreement On Guidelines For Classroom Copying In Not-For-Profit Educational Institutions"; und „Guidelines For Educational Uses Of Music".

Zwangslizenz vorsieht. Die endlich gelungene Regelung des komplizierten und brisanten Komplexes „Kabelfernsehen" bedeutet gleichwohl einen Fortschritt für die Urheber (verglichen mit der bisherigen Situation), geht sie doch davon aus, daß die Tätigkeit der Kabelsysteme in weiten Bereichen von urheberrechtlicher Relevanz ist[15]).

Noch 1975 hat der Supreme Court im Fall „Columbia Broadcasting System v. Teleprompter", 415 U.S. 394 (1974) entschieden, daß die Tätigkeit der CATV-Systeme[16]) — Empfang und neuerliche Ausstrahlung von Programmen anderer, teils weit entfernter Rundfunksender — keine Aufführung („performance") dieser Programme darstelle und deshalb auch keine Verletzung der Rechte der Programmurheber[17]). Der Supreme Court war damit auf der Linie der „Fortnightly"-Entscheidung[18]) geblieben. In beiden Entscheidungen allerdings drängte das Gericht den Kongreß, das CATV- Problem im Zuge der Urheberrechtsreform gesetzlich zu regeln.

Die Lösung, die der Gesetzgeber jetzt gefunden hat, ist äußerst kompliziert, insbesondere auch wegen der erforderlichen Abstimmung zwischen der urheberrechtlichen Regelung mit den geltenden Bestimmungen der Federal Communications Commission[19]) — ob sie sich in der Praxis bewährt, werden die nächsten Jahre zeigen.

Die neue Regelung ist in kurzen Zügen folgende:

§ 111 C.A. geht von der „primary transmission" als der öffentlichen Sendung eines urheberrechtlich geschützten Werkes aus. Die vom Sender ausgestrahlten Signale werden an einem anderen Ort mittels besonderer technischer Einrichtungen aufgefangen und erneut ausgestrahlt; diesen Vorgang nennt das Gesetz „secondary transmission".

Ein „cable system" im Sinne von § 111 ist ein auf Gewinnerzielung ausgerichtetes Unternehmen, das Programme von Fernsehstationen auffängt und als „secondary transmissions" an zahlende Abonnenten übermittelt. Gemäß § 111 (c) erhalten Kabel-Unternehmen für jegliche „secondary transmission" eine Zwangslizenz, vorausgesetzt,

[15]) Der den Urhebern von der Kabelfernseh-Industrie nunmehr zufließende Betrag wird für den gegenwärtigen Zeitpunkt auf 8,7 Millionen Dollars im Jahr geschätzt, was bei 10,8 Millionen Kabel-Abonnenten eine Mehrbelastung von 81 cents pro Kabel-Kunden jährlich bedeutet.

[16]) CATV = Community Antenna Television.

[17]) Vgl. von Westerholt-Weissthanner: „Kabelfernsehen in den USA — die zweite Runde", GRUR Int. 1975, 245 ff.

[18]) United Artists Television, Inc. v. Fortnightly Corp., 158 USPQ 1 (1968) = GRUR Int. 1968, 293 mit Anm. von Klaver.

[19]) Im folgenden „FCC".

ihre Tätigkeit entspricht den Bestimmungen der FCC. Bedingungen für die Zwangslizenz sind weiter die fristgerechte Erfüllung bestimmter Auskunftspflichten, die halbjährliche Rechnungslegung gegenüber dem Copyright Office und die Bezahlung der Lizenzgebühren, ebenfalls halbjährlich.

Als urheberrechtlich relevant sieht das Gesetz allerdings nur die Übernahme von „distant non-network signals" an, d. h. die Übermittlung von geschützten Programmen (bzw. Programmteilen) regionaler Sender in solche Gebiete, die außerhalb des örtlichen Sendebereichs („local service area"[20]) des Erst-Senders liegen.

Übernimmt ein Kabelunternehmen geschützte Sendungen ohne dem Copyright Office die Angaben gem. § 111 (d) (1) gemacht, ohne Rechnung für die letzten 6 Monate gelegt und ohne die Lizenzgebühren abgeführt zu haben, so stellt die Ausstrahlung einer jeden Sendung eine Urheberrechtsverletzung dar (§ 111 (c) (3)); dem Urheber stehen dagegen die (üblichen) Rechtsmittel der §§ 502 bis 506, 509 C.A. zur Verfügung. Dasselbe gilt, wenn die Programmübernahme durch das Kabelunternehmen nach den Bestimmungen der FCC unzulässig ist, Vorsatz oder grobe Fahrlässigkeit des Unternehmens vorausgesetzt.

Haftbar wegen Urheberrechtsverletzung ist ein Kabelunternehmen schließlich auch dann, wenn es auf den Inhalt einer vom Erstsender übernommenen Sendung vorsätzlich Einfluß nimmt, d. h. die Sendung auf irgendeine Weise verändert ausstrahlt. Dieser Punkt ist insbesondere im Hinblick auf die in amerikanischen Sendungen oft eingeblendeten Werbespots von Bedeutung; das Kabelunternehmen kann sich also grds. nicht zusätzliche Einkünfte dadurch verschaffen, daß es den ursprünglichen Werbespot in einer übernommenen Sendung durch einen Werbespot für ein lokales Unternehmen oder für ein lokales Produkt ersetzt.

Die Höhe der Lizenzgebühren, die das Kabelfernsehunternehmen zu zahlen hat, ist nach dem Gesetz (§ 111 (d) (2)) von zwei Faktoren abhängig:

1. von der Höhe der Einnahmen (brutto) des Unternehmens — also von der Summe der Gebühren, die die Zuschauer bzw. die Kabelabonnenten an das Unternehmen für den Kabelanschluß zahlen müssen;

---

[20]) Welches Gebiet als „local service area" anzusehen ist, dürfte auch für das Urheberrecht aus der diesbezüglichen Regelung der FCC zu entnehmen sein.

2. von der Anzahl und der Beschaffenheit der Rundfunkstationen, von denen das Kabelsystem Programme (in ein Gebiet außerhalb des lokalen Sendebereichs der jeweiligen Station) übernimmt.

Jedes Kabelunternehmen hat halbjährlich 0,675 % der halbjährlichen Einnahmen gemäß Ziff. 1 zu bezahlen, gewissermaßen als „Grundgebühr". Für die Übernahme von Sendungen eines „primary transmitters" sind ebenfalls pauschale Lizenzgebühren zu zahlen, nämlich pro „angezapfter" Sendeanstalt ein bestimmter Prozentsatz der Einnahmen gemäß Ziff. 1. Dieser Prozentsatz pro Sender verringert sich jedoch mit der Anzahl der Sender, deren Programme das Kabelsystem insgesamt übernimmt und differiert außerdem je nach Art des Erst-Senders („network" oder „non-network", „commercial" oder „noncommercial educational")[21]).

Zusammenfassend gesagt: Kabelfernsehanstalten zahlen für ihre Zwangslizenz einen bestimmten Prozentsatz ihrer eigenen Einnahmen, wobei dieser Prozentsatz der Höhe nach vom Umfang und Charakter der Programmübernahmen abhängt.

Gemäß § 111 (d) (3) C.A. werden die Lizenzgebühren beim Copyright Office einbezahlt. Diese Gelder werden dann vom Copyright Royalty Tribunal (s. u. Ziffer VI) — nach Abzug der Verwaltungskosten von Copyright Office wie Copyright Royalty Tribunal — einmal jährlich an die Urheber verteilt. Bestimmte Regelungen hinsichtlich der Verteilung der abgeführten Kabel-Lizenzgebühren enthält das Gesetz nicht; im Falle von Streitigkeiten entscheidet das Copyright Royalty Tribunal. Die Urheber ihrerseits müssen ihren Anspruch auf Beteiligung an den Lizenzgebühren jeweils bis Ende Juli eines jeden Jahres beim Copyright Royalty Tribunal geltend machen, § 111 (d) (5) C.A.; sie können sich hierbei auch vertreten lassen (z. B. durch eine Verwertungsgesellschaft).

Für die betroffenen Urheber wie für die Kabelunternehmen gleichermaßen bedeutsam ist die Befugnis des Copyright Royalty Tribunal, die Höhe der Lizenzgebühren periodisch zu überprüfen und ggf. der zwischenzeitlichen Entwicklung anzupassen. Dazu und zu den Anpassungskriterien siehe unten Ziffer VI.

c) Tonaufnahmen — „sound recordings"

§ 114 C.A. regelt den Umfang der ausschließlichen Rechte an Tonaufnahmen. Wie oben erwähnt, zählen Tonaufnahmen („sound re-

---

21) Auf weitere Differenzierungen, die das Gesetz für die Ermittlung der zu zahlenden Lizenzgebühren vornimmt, wird aus Gründen der Übersichtlichkeit hier nicht näher eingegangen.

cordings") zu den in § 102 ausdrücklich genannten schutzfähigen Werken. Das neue Gesetz hält damit an der Regelung aus dem Jahre 1971 fest. Damals wurde der Komplex „sound recordings" aus der Revisionsarbeit ausgegliedert und vom Gesetzgeber vorweg behandelt, um die Schallplattenproduzenten wie auch die ausübenden Künstler so schnell wie möglich besser vor unerlaubten Nachpressungen von Platten („dubbing") zu schützen.

Unter der „sound recording" als Gegenstand des Urheberrechts versteht das Gesetz ein Werk, „that results from the fixation of a series of musical, spoken or other sounds . . ."[22]), wobei es keine Rolle spielt, auf welcher Art Tonträger („phonorecord" — Schallplatte, Tonband z. B.) die Tonaufnahme festgehalten ist[23]). Schöpferisch beteiligt bei der Herstellung einer Tonaufnahme sind in der Regel sowohl der ausübende Künstler wie der Produzent. Die Rechte, die aus der Urheberschaft an einer Tonaufnahme folgen, sind begrenzt: dem Urheber steht das ausschließliche Recht der Vervielfältigung (§ 106 (1)), der Bearbeitung (§ 106 (2)) und der Verbreitung (§ 106 (3)) zu, nicht aber das Recht der öffentlichen Wiedergabe, so § 114 (a) C.A. Im Verlauf der Reformarbeiten wurde ausführlich darüber diskutiert, ob den Urhebern von Tonaufnahmen nicht auch das ausschließliche Recht der öffentlichen Wiedergabe — eingeschränkt durch eine Zwangslizenz — zugestanden werden sollte. Da man das Problem noch nicht hinreichend untersucht glaubte, blieb es beim Ausschluß des Aufführungsrechts. § 114 wurde allerdings durch den Absatz (d) ergänzt; in dieser Bestimmung erteilt der Gesetzgeber dem Copyright Office den Auftrag, am 3. Januar 1978 dem Kongreß ein Gutachten vorzulegen, das sich mit der Frage ausschließlicher Wiedergaberechte für Urheber von Tonaufnahmen befaßt.

Es bleibt festzuhalten, daß gemäß § 114 des neuen Gesetzes nur die spezifischen Klänge einer bestimmten Aufführung eines (Musik-) Werkes geschützt sind und daß nur die direkte Übernahme dieser Klänge (z. B. durch Überspielung) eine Rechtsverletzung darstellt. Zulässig ist dagegen die Imitation einer Tonaufnahme — auch wenn sich ausübender Künstler wie Produzent bewußt bemühen, eine andere Tonaufnahme so genau wie irgend möglich nachzumachen.

Das Recht der öffentlichen Wiedergabe derjenigen Werke, die Gegenstand einer „sound recording" sind, wird durch die Rechte an

---

[22]) So in § 101, Definitions.

[23]) Nicht zur Kategorie „sound recordings" zählen die Tonspuren („sound tracks") bei Filmen; sie fallen jetzt unter den Begriff des Filmwerks („motion picture"), s. § 101, Definitions.

der Tonaufnahme nicht berührt; die Rechte an der Tonaufnahme sind von den Rechten an dem der Aufnahme zugrunde liegenden Werk streng auseinander zu halten. § 114 (c) C.A. stellt dies nochmals ausdrücklich klar.

d) Zwangslizenz für die Herstellung von Tonträgern

In § 115 C.A. ist die Zwangslizenz zur Herstellung von Tonträgern — die einzige Zwangslizenz, die es schon im alten Gesetz gegeben hat — neu geregelt worden; gegenüber der Regelung in § 1 (a) des Copyright Act von 1909 bringt § 115 C.A. eine Reihe von Verbesserungen für den Urheber.

Die Bestimmung stellt insgesamt eine Kompromißlösung dar; die Auffassungen der betroffenen Kreise waren äußerst kontrovers. Wurde zu Beginn der Revisionsarbeiten noch erwogen, das Zwangslizenzsystem für die Herstellung und Verbreitung von Tonträgern völlig abzuschaffen, verlagerte sich die Diskussion bald auf den neuralgischen Punkt: die Höhe der Lizenzgebühren.

Nach h. M. war bisher die Zwangslizenz zur Herstellung und Verbreitung von Tonträgern nur an den Tatbestand einer vom Urheber autorisierten ersten Ton-Aufnahme geknüpft, nunmehr verlangt das Gesetz als Voraussetzung für die Zwangslizenz auch eine vom Urheber autorisierte öffentliche Verbreitung, § 115 (a) (1) C.A. Nach der neuen Regelung ist also eine Zwangslizenz für die Herstellung und Verbreitung von Tonträgern erst zu bekommen, wenn mit Zustimmung des Urhebers Aufnahmen eines Werkes gemacht und auch in der Öffentlichkeit verbreitet wurden. § 115 (a) (1) bestimmt weiter, daß die Lizenz nur dann gewährt wird, wenn der Lizenznehmer primär den Vertrieb der Tonträger an private Endverbraucher („for private use") beabsichtigt. Dient die Verbreitung der Tonträger primär der gewerblichen Nutzung derselben durch die Käufer, so ist für die Herstellung dieser Tonträger die ausdrückliche Zustimmung des Urhebers erforderlich[24]).

Der Lizenznehmer ist in engem Rahmen berechtigt, Änderungen an der Komposition vorzunehmen, die er aufnimmt; diese dürfen aber grundsätzlich nicht den Charakter des Werkes verändern und grundsätzlich nicht auf Bearbeitungen hinauslaufen, § 115 (a) (2) C.A.

---

24) So z. B. für die Produktion von Tonbändern mit „background music" für Betriebe, Kaufhäuser etc .

Jeder, der eine Zwangslizenz nach § 115 C.A. erhalten will[25]), muß spätestens 30 Tage nach Herstellung, jedenfalls aber vor Verbreitung der Tonträger, seine Absicht dem Urheber (ggf. dem Copyright Office) mitteilen, die „notice of intention" abgeben. Tut er dies nicht und liegt auch kein mit dem Urheber ausgehandelter Lizenzvertrag vor, so sind Herstellung und Verbreitung der entsprechenden Tonträger Verletzungsakte i. S. von § 501 C.A.

Für jeden Tonträger, den der Lizenznehmer herstellt und auch verbreitet, hat er eine Lizenzgebühr zu bezahlen, § 115 (c) (2) C.A. „Verbreitung" im Sinne von § 115 ist jede willentliche, endgültige Aufgabe des Besitzers am Tonträger seitens des Lizenznehmers — gleichgültig, ob er den Tonträger verschenkt, verkauft, vermietet, verleiht etc.[26]).

Gemäß § 115 (2) C.A. ist folgende Lizenzgebühr zu bezahlen: Entweder 2¾ cents pro aufgenommenem Musikwerk oder aber ½ cent pro angefangener Spielminute, sofern dies einen 2¾ cents übersteigenden Betrag ergibt. Die 2¾ cents bzw. den ½ cent pro Spielminute hat der Lizenznehmer für jedes einzelne auf dem Tonträger festgehaltene Werk zu bezahlen; die Anzahl der Tonträger, die vom Lizenznehmer vertrieben werden, hat auf die Höhe der Lizenzgebühr keinen Einfluß, diese ist konstant.

Welche Lizenzgebühr für die Herstellung von Tonträgern angemessen („reasonable") sei, darüber ist sehr lange gestritten worden. Nachdem der Copyright Act von 1909 bereits eine Lizenzgebühr von 2 cents verlangt hat, kann man die Erhöhung auf 2¾ cents nach 67 Jahren sicher nicht als unangemessene Belastung der Tonträgerhersteller bewerten — auch wenn man die enorme Ausbreitung des Tonträgers in den letzten Jahrzehnten berücksichtigt.

Die Lizenzgebühren nach § 115 C.A. sind monatlich zu bezahlen und zwar an das Copyright Office. Das neue Gesetz hat die Sanktionen für den Fall, daß die Lizenzgebühren nicht bezahlt werden, erheblich verschärft: Zahlt der Lizenznehmer auf schriftliche Mahnung des Urhebers hin auch innerhalb der darauffolgenden 30 Tage die fälligen Lizenzgebühren nicht, so hat dies automatisch das Erlöschen der Lizenz zur Folge, § 115 (4). Erlischt die Lizenz auf diese Weise, so

[25]) Die Zwangslizenz nach § 115 bezieht sich nur auf Werke der Musik, wobei Bühnenwerke ausgenommen sind.

[26]) Lizenzgebühren sind also z. B. nicht zu bezahlen für solche (unverkaufte) Schallplatten, die — wie in der Branche üblich — die Groß- und Einzelhändler nach gewisser Zeit wieder retournieren und gegen andere Platten eintauschen, da solche Platten mangels endgültiger Besitzaufgabe des Lizenznehmers nicht „verbreitet" wurden.

liegt hinsichtlich all der Tonträger, für die keine Lizenzgebühr abgeführt wurde, eine Urheberrechtsverletzung i. S. v. § 501 C.A. vor, für welche der (ehemalige) Lizenznehmer nach den §§ 502 ff. haftet.

Auch die nach § 115 zu zahlende Lizenzgebühr wird vom Copyright Royalty Tribunal in regelmäßigen Abständen auf ihre Angemessenheit hin überprüft, ggf. neu festgesetzt. Siehe dazu unten Ziffer VI.

e) Zwangslizenz für den Betrieb von „Musikboxen"

Mit § 116 hat das neue Gesetz das Problem der sog. „juke-box-exemption" gelöst. Kaum eine Bestimmung des Copyright Act von 1909 hat unter den Betroffenen so heftige Diskussionen ausgelöst wie der alte § 1 (e). Nach dieser Bestimmung ist das Abspielen eines Musikstückes in einer Musikbox nicht als „public performance for profit" anzusehen, solange der Zutritt zu der Örtlichkeit, wo die Musikbox spielt, kostenlos ist. Von den Einkünften aus dem Betrieb von Musikboxen — geschätzt zuletzt auf 500 Millionen Dollars — wurde dank dieser Bestimmung in der Regel nichts abgeführt.

Das neue Gesetz hat die „juke-box-exemption" abgeschafft und damit eine über 50 Jahre alte Forderung erfüllt. § 116 C.A. geht davon aus, daß die Wiedergabe einer Komposition durch Abspielen der Plattenaufnahme in einer Musikbox eine öffentliche Aufführung der Komposition darstellt, schränkt das ausschließliche Wiedergaberecht des Musikurhebers aber dadurch ein, daß es eine Zwangslizenz für Betreiber („operator") von Musikboxen vorsieht. „Operator" einer Musikbox ist nach § 116 (e) sowohl der Eigentümer des Gerätes, wie der Aufsteller und derjenige, der bestimmen kann, welche Schallplatten in das Programm der Musikbox aufgenommen werden. Es können also mehrere Personen „operator" ein und derselben Musikbox sein.

Die Voraussetzungen für die Gewährung der Lizenz nach § 116 sind folgende: 1. Spätestens einen Monat nach Aufstellung der Musikbox ist diese unter Angabe bestimmter Daten beim Copyright Office anzumelden, die Anmeldung ist jährlich im Januar zu wiederholen; 2. pro Jahr und pro Musikbox ist an das Copyright Office eine Lizenzgebühr von 8 Dollars zu bezahlen; 3. das vom Copyright Office nach Anmeldung und Bezahlung der Lizenzgebühr auszustellende Zertifikat ist für jedermann sichtbar an der Musikbox zu befestigen.

Erfüllt der „operator" einer Musikbox eine oder mehrere dieser Bedingungen nicht, so stellt das Abspielen der Platten eine Urheberrechtsverletzung nach § 501 dar, mit den Folgen der §§ 502 bis 506, 509 C.A. Die Verteilung der Lizenzgebühren an die Urheber (die ihre Ansprüche anmelden müssen) ist wieder dem Copyright Royalty Tribunal übertragen; in § 116 (c) (4) sind Richtlinien für die Verteilung aufgestellt. Zur Überprüfung und eventuellen Anpassung der Lizenzgebühr von 8 Dollars jährlich siehe unten Ziffer VI.

Gemäß § 116 (c) (5) soll jeder möglicherweise Berechtigte Anspruch auf kostenlosen und unbehinderten Zutritt zu den Orten bekommen, wo Musiboxen aufgestellt sind, sowie einen Anspruch auf all die Auskünfte, die er zur Berechnung seines Beitrags zu den Einnahmen aus der Musikbox benötigt[27]).

Das Gesetz verwendet für die Musikautomaten mit Münzbetrieb nicht den Begriff „juke-box", sondern den des „coin operated phonorecord player". Um ein solches Gerät handelt es sich dann, wenn

1. nur Werke der Musik (ohne Bühnenwerke) mittels Schallplatten wiedergegeben werden, wobei das Gerät durch den Einwurf von Münzen, Wertmarken oder dgl. in Gang gesetzt wird;
2. für den Zutritt zu dem Etablissement, in dem das Gerät aufgestellt ist, kein Eintrittsgeld verlangt wird, weder direkt noch indirekt (z. B. durch „Mindestverzehr" oder „Club-Beitrag");
3. sich bei dem Gerät eine Liste mit allen spielbaren Schallplatten befindet;
4. das Gerät hinsichtlich der Musik, die gespielt wird, eine Auswahlmöglichkeit bietet[28]).

Wird gegen die Bestimmungen des § 116 verstoßen, so haftet grds. nur der „operator". Der Inhaber des entsprechenden Lokals haftet wegen Urheberrechtsverletzung nur dann, wenn er entweder selbst „operator" ist oder wenn er sich auf Anfrage des Urhebers weigert, die Identität des „operators" der Musikbox bekanntzugeben, § 116 (a) (1).

Die Beseitigung der „juke-box-exemption" bedeutet zweifellos auch eine Erleichterung im internationalen Musikgeschäft; der Vergütung für amerikanische Musik in ausländischen Musikboxen steht nunmehr immerhin eine Vergütung (auch) für ausländische Musik in amerika-

---

[27]) Dem Copyright Royalty Tribunal ist aufgegeben, entsprechende nähere Bestimmungen zu erlassen.

[28]) Unter § 116 fällt also kein Gerät, das etwa für einen bestimmten Zeitraum „Musikberieselung" liefert, ohne daß auf den Programmablauf Einfluß genommen werden könnte.

nischen Musikboxen gegenüber. Die Höhe der Lizenzgebühr nach § 116 ist allerdings wenig befriedigend.

f) Nutzung im Zusammenhang mit Computern

Über die Regelung der Nutzung geschützter Werke durch Computer kann nichts berichtet werden, denn eine solche ist noch nicht gefunden. Der Gesetzgeber kam zu dem Ergebnis, daß die Zeit für eine gesetzliche Lösung der urheberrechtlichen Probleme im Zusammenhang mit Computern noch nicht reif sei, daß hierzu noch umfangreiche Studien erforderlich seien. Die „Commission on New Technological Uses" erstellt derzeit eine solche Studie. § 117 C.A. stellt deshalb lediglich klar, daß es für Nutzungen eines Werkes im Zusammenhang mit Computern beim status quo bleiben soll, d. h. daß der Urheber auch in Zukunft all diejenigen Rechte haben soll, die er nach dem 31. Dezember 1977 geltenden Recht hat, sei es nach dem (alten) Copyright Act, nach common law oder nach den Gesetzen eines Einzelstaates. Die Fragen, ob Computerprogramme schutzfähig sind, wem ggf. die Urheberschaft zusteht, welche formellen Schutzvoraussetzunggen zu erfüllen sind etc. harren also noch der Beantwortung durch den Gesetzgeber.

g) Zwangslizenz für bestimmte Rundfunkanstalten

Die dritte neu geschaffene Zwangslizenz (neben der Zwangslizenz für Kabelfernseh-Unternehmen und der für Musikbox-Betreiber) ist in § 118 C.A. geregelt. Danach können „public broadcast entities" d. h. nicht gewinnorientierte Fernseh- und Hörfunkanstalten, die Unterrichtsprogramme ausstrahlen, für bestimmte Werknutzungen eine Zwangslizenz erhalten. Im wesentlichen will § 118 diesen Sendeunternehmen die Aufführung bzw. Ausstellung von Werken der Musik (ohne Bühnenwerke), der Malerei, der bildenden Kunst und von graphischen Werken gegen eine Vergütung für die Urheber ermöglichen. Die Unterstützung des nicht-kommerziellen Rundfunks ist die erklärte Absicht dieser Regelung, wobei jedoch diese Unterstützung nicht von den Urhebern bezahlt werden soll. Eine bestimmte Lizenzgebühr hat der Gesetzgeber — anders als bei den Zwangslizenzen der §§ 111, 115, 116 C.A. — nicht festgesetzt; statt dessen wurde das Copyright Royalty Tribunal in § 118 (b) ermächtigt und verpflichtet, unter Berücksichtigung der Vorschläge der Beteiligten, „reasonable terms and rates" für die Zwangslizenz nach § 118 zu erarbeiten. Diese Arbeiten, basierend auf Verhandlungen mit den betroffenen

Interessengruppen, sollen 7 Monate nach Konstituierung des Copyright Royalty Tribunal beendet sein, dann soll dieses die Bedingungen für die Zwangslizenz der nicht-kommerziellen Rundfunkanstalten veröffentlichen. Die dann gefundene Regelung ist jedoch stets subsidiär gegenüber individuellen Lizenzvereinbarungen, unabhängig davon, wann die Parteien die Lizenzvereinbarung ausgehandelt haben. Voraussetzung für den Vorrang der privaten Lizenzvereinbarung ist allerdings die fristgerechte Hinterlegung des Lizenzvertrages beim Copyright Office, § 118 (b) (2) C.A. Zur periodischen Überprüfung der Lizenzgebühr siehe unten Ziffer VI.

IV. Urheberrechtsinhaberschaft und Übertragung

1. „Ownership of copyright"

Das zweite Kapitel des Gesetzes befaßt sich in den §§ 201 bis 205 mit dem Träger des Urheberrechts und mit den Möglichkeiten seiner Übertragung. § 201 (a) C.A. stellt den Grundsatz auf, daß das Urheberrecht an einem schutzfähigen Werk seinem Schöpfer zusteht[29]).

In § 201 (b) erfährt dieser Grundsatz allerdings im praktischen Ergebnis wieder eine Einschränkung: In den Fällen, in denen ein schutzfähiges Werk im Rahmen eines Arbeitsverhältnisses oder im Rahmen bestimmter Auftragsverhältnisse geschaffen wird (works made for hire), gilt der Arbeitgeber oder Auftraggeber als der Schöpfer des Werkes, d. h. als erster Inhaber des Urheberrechts. Es sei denn, die Parteien haben ausdrücklich eine anderslautende, schriftliche Vereinbarung getroffen. Diese gesetzliche Vermutung zugunsten des Arbeitgebers (bzw. auch zugunsten des Auftraggebers in bestimmten Fällen[30]) ist eines der Grundprinzipien des amerikanischen Urheberrechts; alle Bemühungen für eine Verbesserung der Stellung der angestellten Urheber haben es nicht beseitigen können. Die Drehbuchautoren ebenso wie die Komponisten von Filmmusik haben für eine Regelung entsprechend der „shop right"-Doktrin[31]) im Patentrecht plädiert, sind damit aber nicht durchgedrungen.

---

[29]) Diese Feststellung, die das amerikanische Urheberrecht bisher nicht kannte, ist ein Beispiel für die stärkere Beachtung, die das neue Gesetz der Person des Werkschöpfers schenkt.

[30]) Dazu näher in § 101, Definitions, unter „work made for hire". Fällt ein Werk nicht unter die Definition des § 101, so kann es auch nicht durch private Vereinbarung zu einem „work made for hire" gemacht werden.

[31]) Danach würde der Arbeitgeber (mit einigen Ausnahmen) das Recht haben, das Werk seines Arbeitnehmers in dem Umfang zu nutzen, in dem er es für seinen üblichen Geschäftsbetrieb benötigt; alle sonstigen Rechte würden beim Arbeitnehmer bleiben, solange er sie nicht Konkurrenten des Arbeitgebers einräumt.

2. „Transfer of copyright ownership"

Das neue Gesetz sieht das Urheberrecht nicht als Einheit an, sondern als vollständig aufteilbares Recht; jedes einzelne ausschließliche Recht ist vom Urheber frei übertragbar und vererbbar, § 201 (d) C.A. Die Teilbarkeit („divisibility") des Urheberrechts ist in § 201 (d) zum ersten Mal ausdrücklich anerkannt. Unter „transfer" fällt gemäß § 101 jeder Akt der Übertragung, Veräußerung, Verpfändung, Abtretung etc. und jede Einräumung einer ausschließlichen Lizenz. Jeder Inhaber eines ausschließlichen Rechts ist „copyright owner" im Sinne des Gesetzes, er kann allen Rechtsschutz beanspruchen, den das Gesetz für den Urheber vorsieht. Wirksam sind nur solche Rechtsübertragungen, die mit Willen des Urhebers („author") erfolgen, § 201 (e); die Übertragung von Urheberrechten muß schriftlich erfolgen und vom Rechtsinhaber oder seinem Bevollmächtigten unterschrieben sein, § 204 (a) C.A.

Nach dem 1. Januar 1978 übertragene Urheberrechte und eingeräumte Lizenzen, ausschließliche wie nicht-ausschließliche, können nach Ablauf von 35 Jahren vom Urheber „zurückgerufen" werden („termination of transfers and licenses"), § 203 (a) C.A.[32]), sofern es sich nicht um „works made for hire" handelt. Dieses Rückrufsrecht des Urhebers (bzw. bestimmter Familienmitglieder im Falle seines Todes) trägt der erheblich verlängerten Dauer des Urheberrechtsschutzes Rechnung und soll einen gewissen Ausgleich dafür schaffen, daß der Urheber bei Abtretung seiner Rechte meist der wirtschaftlich schwächere Vertragspartner ist. Außerdem ist der Wert eines Rechts auf Jahrzehnte hin schwer abzuschätzen.

Die abgetretenen Rechte fallen nicht automatisch zurück, es ist vielmehr dem Urheber überlassen, ob er sein Rückrufsrecht ausüben will[33]).

Der Urheber muß dem Rechtsinhaber bzw. Lizenznehmer frühestens 10 Jahre und spätestens 2 Jahre vor dem Zeitpunkt, zu welchem das Recht bzw. die Rechte zurückfallen sollen, die Geltendmachung des Rückrufsrechts mitteilen. Tut es dies nicht, so verbleiben die entsprechenden Rechte beim Erwerber bzw. Lizenznehmer, ggf. bis zum Ablauf der Schutzfrist.

§ 203 hindert die Parteien nicht daran, durch vertragliche Vereinbarung eine Rechtsübertragung oder Lizenzgewährung früher zu be-

---

[32]) Diese neue Regelung wirkt nicht zurück.

[33]) Im voraus verzichten kann der Urheber auf das Rückrufsrecht nicht, ebensowenig kann es im voraus abbedungen werden.

enden; sie können auch durch eine erneute Übertragung des Rechts eine neuerliche Laufzeit von 35 Jahren im Sinne von § 203 in Gang setzen.

V. Erfordernis der Inhaltsherstellung — „Manufacturing requirement"

Eine Beschäftigung mit dem 5. Kapitel des Gesetzes, welches sich in den §§ 501 bis 510 mit der Urheberrechtsverletzung und ihren Rechtsfolgen befaßt, erscheint im vorliegenden Zusammenhang entbehrlich, es enthält kaum Neuerungen grundsätzlicher Art[34]).

Von besonderer Wichtigkeit — vor allem für Verleger — ist die Bestimmung des § 601 im 6. Kapitel, die sich mit der Herstellung von Schriftwerken befaßt. Nach § 16 des alten Gesetzes mußten englischsprachliche Bücher und Zeitschriften grundsätzlich in den USA hergestellt worden sein, wenn sie in den Genuß des vollen Urheberrechtsschutzes kommen wollten. Diese sogenannte „manufacturing clause", eingeführt zum Schutze der amerikanischen Druckindustrie im Jahre 1891[35]), wurde im Zuge der Urheberrechtsreform zum chronischen Problem: während die Druckindustrie um ihre (zumindest teilweise) Beibehaltung kämpfte, drängten die Autorenverbände auf ihre Abschaffung[36]).

Der Gesetzgeber hat den Konflikt zugunsten der Urheber entschieden: ab dem 1. Juli 1982 fällt das Erfordernis der Herstellung in den USA ersatzlos weg. Vom 1. Januar 1978 bis zum 1. Juli 1982 gilt folgende Übergangsregelung: Enthält ein Werk überwiegend literarisches Material in englischer Sprache, so müssen alle Exemplare dieses Werkes in den USA hergestellt werden. Werden entsprechende Werkstücke im Ausland hergestellt, so ist ihre Einfuhr in die USA und ihre Verbreitung in den USA grds. verboten, § 601 (a) C.A. Dies gilt nicht, wenn der Autor des Werkes weder Bürger der Vereinigten Staaten ist, noch seinen Wohnsitz in den Vereinigten Staaten hat, § 601 (b) (1)[37]).

---

34) Praktisch wichtig ist freilich § 504, der sich mit dem für Urheberrechtsverletzungen zu zahlenden Schadensersatz befaßt. Das Gesetz gibt hier Rahmenbeträge an, innerhalb derer sich — je nach Sachlage — der Schadensersatz zu bewegen hat.

35) Im Jahre 1891 konnten erstmals Ausländer Urheberrechtsschutz in den USA erhalten.

36) Die „manufacturing clause" wurde stets auch als eines der Hindernisse für einen Beitritt der USA zur RBÜ genannt.

37) Weitere Ausnahmen von § 601 (a) sind in § 601 (b) (2) bis § 601 (b) (7) aufgezählt.

Der Umfang der Werke, für die das „manufacturing requirement" bis 1. Juli 1982 gilt, ist gegenüber dem bisherigen Recht erheblich eingeschränkt: Musikwerke, Bühnenwerke, Werke der Malerei oder Graphik fallen nicht darunter, ebenso nicht fremdsprachige oder zweisprachige Werke.

Umstritten war stets, was unter „manufacturing" zu verstehen ist, d. h. welche Arbeitsvorgänge im Inland stattzufinden haben. § 601 (c) C.A. definiert nun näher, wann dem Erfordernis der Herstellung im Inland Genüge getan ist. Demnach müssen der Satz und die Druckplatten — unter Umständen aber auch nur die Druckplatten — in den USA hergestellt werden, stets müssen die Vervielfältigungen und die Buchbinder-Arbeiten im Inland erfolgen. Dagegen ist es auch nach dem neuen Gesetz unschädlich, wenn Probeabzüge („repro proofs") im Ausland gefertigt und importiert werden.

Ist ein Werk (bzw. dessen Vervielfältigungsstücke) gemäß § 601 in den USA herzustellen, so dürfen gleichwohl bis zu maximal 2 000 Exemplare des Werkes in die USA importiert und dort verbreitet werden; bisher war nur die Einfuhr von 1 500 Stücken erlaubt.

Wird gegen die Vorschriften über die Inlandsherstellung verstoßen, so hat dies gemäß § 601 (d) keinen Rechtsverlust mehr zur Folge. Negative Konsequenzen ergeben sich aus einem solchen Verstoß für den Urheber aber gegenüber demjenigen, der seine Rechte auf Vervielfältigung und Verbreitung verletzt. Kann der Verletzer nachweisen, daß gegen „manufacturing"-Erfordernisse verstoßen wurde, so haftet er unter bestimmten weiteren Voraussetzungen dem Urheber nicht.

Die Bestimmungen des 7. Kapitels des Gesetzes, die sich ausschließlich mit dem Copyright Office befassen, können im vorliegenden Zusammenhang übergangen werden.

VI. Das „Copyright Royalty Tribunal"

Neu und von erheblicher praktischer Bedeutung ist das „Copyright Royalty Tribunal", welches das Gesetz in § 801 (a) C.A. ins Leben ruft, eine Art Schieds- und Verteilungsstelle für urheberrechtliche Lizenzgebühren. Aufgabe des Copyright Royalty Tribunal ist es, die gesetzlich festgelegten Lizenzgebühren in den Fällen der §§ 111, 115 und 116 C.A. periodisch zu überprüfen und gegebenenfalls neu festzusetzen, veränderten Umständen anzupassen, § 801 (b) (1) und (2). Weiter ist es Aufgabe des Copyright Royalty Tribunal, die Bedingungen incl. der zu zahlenden Gebühr festzulegen, unter denen die Zwangslizenz nach § 118 (non commercial broadcast) erlangt werden kann. Schließlich obliegt es dem Copyright Royalty Tribunal, die abgeführten Lizenzgebühren zu verteilen und Streitigkeiten zwischen den Urhebern über die Verteilung von Lizenzgebühren zu regeln.

Da die wirtschaftlichen und technischen Gegebenheiten bei den diversen Nutzungsarten verschieden sind, sind auch die periodischen Zeitabstände, zu denen das Copyright Royalty Tribunal die Lizenzgebühren überprüft, unterschiedlich:

Die erste Überprüfung der Lizenzgebühr nach § 111 (Kabelfernsehen) findet 1980 statt, danach alle 5 Jahre; die erste Überprüfung der Lizenzgebühr nach § 115 (Herstellung und Verbreitung von Tonträgern) findet 1987 statt, danach alle 10 Jahre; die Lizenzgebühr nach § 116 (Musikbox) wird erstmals 1990 überprüft, dann alle 10 Jahre, s. § 804 C.A.

Im Falle des § 118 (noncommercial broadcast) soll über die Lizenzgebühr 1982 erneut verhandelt werden, dann nach jeweils 5 Jahren.

Bei der Überprüfung und eventuellen Neufestsetzung der Lizenzgebühren für die Tonträger-Herstellung bzw. für die Musikboxen sind gemäß § 801 (b) (1) folgende Gesichtspunkte zu beachten: a) die betroffenen Werke sollen von der Allgemeinheit im größtmöglichen Umfang genutzt werden können; b) der Urheber soll für sein Werk eine angemessene Vergütung erhalten, der Lizenznehmer ein angemessenes Einkommen erzielen können; c) die Lizenzgebühren sollen die „Rollenverteilung" zwischen Urheber und Lizenznehmer, bezogen auf bestimmte, im Gesetz aufgeführte Punkte, wiederspiegeln; d) negative Einwirkungen auf die Struktur der beteiligten Industrien sollen so gering wie möglich gehalten werden.

§ 801 (2) bestimmt, welche Gesichtspunkte das Copyright Royalty Tribunal bei einer Anpassung der Kabel-Lizenzgebühren zu beachten hat. Wesentlich sind hierbei u. a. folgende Punkte: Die Lizenzgebühren sind in ihrem Wert für den Urheber zu erhalten, d. h. sie sind bei nationalem Geldwertschwund entsprechend zu erhöhen (bei Deflation zu ermäßigen). Erweitern sich die Möglichkeiten der Programm-Übernahme für Kabelunternehmen durch Änderungen in den FCC-Bestimmngen, so sind die Lizenzgebühren ggf. anzupassen, damit stets dem Umfang der Werk-Nutzungen „angemessen" sind.

Das Copyright Royalty Tribunal hat 5 Mitglieder („commissioners"), die der Präsident für 7 Jahre ernennt. Gemäß § 803 soll sich das Copyright Royalty Tribunal eine eigene Verfahrensordnung geben; es unterliegt den Bestimmungen des Administrative Procedure Act, 1946.

Zu erwähnen ist noch § 810 C.A.; danach kann gegen jede Endentscheidung des Copyright Royalty Tribunal über Lizenzgebühren Berufung zum United States Court of Appeals eingelegt werden. Zur Einlegung der Berufung ist jeder berechtigt, der durch die Entscheidung beschwert ist.

Die Überprüfung und Anpassung aller gesetzlicher Lizenzgebühren zu genau festgelegten Terminen soll verhindern, daß das Gesetz in kurzer Zeit wieder veraltet ist und ungerechte Regelungen enthält. Daß solche Anpassungen nicht dem Gesetzgeber überlassen bleiben, ist nach den leidvollen Erfahrungen mit der Revision des Urheberrechts verständlich. Ob das Copyright Royalty Tribunal die in ihn gesetzten Hoffnungen in puncto Beweglichkeit und Effektivität erfüllt, bleibt abzuwarten.

VII. Schlußbemerkung

Das neue Urheberrechtsgesetz der Vereinigten Staaten ist mehr als nur eine Revision des Copyright Act von 1909, es leitet ein neues Kapitel im Urheberrechtsschutz der USA ein. Alle wichtigen Bestimmungen sind Kompromisse, sind das Ergebnis jahrelanger Bemühungen, die wirtschaftlichen Interessen der beteiligten Industrien, die politischen und sozialen Aspekte, die Entwicklung im technischen Bereich und die Belange der Urheber gleichermaßen zu berücksichtigen. Dieser Entstehungsprozeß, wie auch der fragmentarische Charakter des Copyright Act 1909, erklären die außerordentlich kasuistische Fassung des Gesetzes; der Versuch, alle relevanten Sachverhalte zu erfassen, für alle Probleme eine gesetzliche Lösung anzubieten, hat das Gesetz sehr kompliziert und schwer überschaubar werden lassen. Daß die zwangsläufig auftauchenden „Gesetzeslücken" zu einer Vielzahl von Ergänzungen führen, die das Gesetz noch mehr befrachten, ist zu befürchten.

Mit dem neuen Copyright Act ist das Niveau des amerikanischen Urheberrechtsschutzes ohne Zweifel beträchtlich gestiegen. In beeindruckender Weise wurden überkommene Konzepte schlichtweg fallengelassen, antiquierte Bestimmungen gestrichen, die jahrzehntelang als unantastbar galten. Viele Bestimmungen des neuen Gesetzes stärken die Stellung des Urhebers und deuten auf eine neue Sicht der Beziehung zwischen Urheber und Werk hin. War im alten Copyright Act von 1909 eher der „publisher" die zentrale Figur des Gesetzes, so ist es jetzt der „author".

Neben dieser Tendenz, den Urheber zu stärken, ist freilich eine andere, eher gegenläufige Tendenz erkennbar — das Gesetz hat drei neue Zwangslizenzen geschaffen, und der Gesetzgeber erwägt eine weitere (s. o. Ziffer VI). Einerseits also wird dem Urheber zugestanden, daß bestimmte Werknutzungen von urheberrechtlicher Relevanz sind, andererseits aber wird ihm im selben Atemzug die Verfügungsgewalt über sein Werk, über seine Rechte, hinsichtlich bestimmter Nutzungsarten wieder entzogen. So viele gute Gründe für die Zwangslizenz im konkreten Falle anzuführen sind, so besteht doch die Gefahr, daß der Urheber vom Schöpfer eines Werks, dessen Schicksal er bestimmt, zum bloßen Zahlungsempfänger wird.

Resümee

Der Aufsatz gibt einen Überblick über die wichtigsten Bestimmungen des neuen Urheberrechtsgesetzes der Vereinigten Staaten, welches zum 1. Januar 1978 in Kraft tritt.

Von besonderer Bedeutung ist die Abschaffung des bisherigen zweigleisigen Schutzsystems (Schutz nach common law und statutory law nebeneinander); urheberrechtlicher Schutz wird nun nur mehr gemäß den Bestimmungen des Copyright Act 1976 gewährt. Wichtig ist ferner die Neuregelung der Schutzfrist: der Schutz beginnt mit der Schaffung („creation") des Werks und endet einheitlich für alle Werke (ob veröffentlicht oder nicht) 50 Jahre nach dem Tode des Urhebers.

Der Copyright-Vermerk wurde zwar beibehalten; Verstöße führen aber nur noch in Ausnahmefällen zum Rechtsverlust. Die Hinterlegung von Werkstücken und die Registrierung beim Copyright Office sind keine Schutzvoraussetzungen mehr. Das Erfordernis der Inlandsherstellung („manufactoring requirement") für Schriftwerke ist ab dem 1. Juli 1982 abgeschafft.

In den Katalog der urheberrechtsschutzfähigen Werke wurden Tonaufnahmen („sound recordings") aufgenommen; zu den ausschließlichen Rechten des Urhebers zählt auch „the right to display", das Ausstellungsrecht.

Wichtige neue Bestimmungen befassen sich mit den Schranken des Urheberrechts: Die fair use-Doktrin wurde gesetzlich verankert, die

Voraussetzungen festgelegt, unter denen Bibliotheken und Archive Photokopien herstellen dürfen. Drei neue Zwangslizenzen schränken das Recht der öffentlichen Wiedergabe ein: die Zwangslizenz für Kabelfernsehunternehmen, die Zwangslizenz für Musikbox-Betreiber und die Zwangslizenz für bestimmte Rundfunksender. Die Zwangslizenz für Tonträger-Hersteller wurde neu geregelt. Zur periodischen Überprüfung und eventuellen Anpassung der Lizenzgebühren ist ein neu geschaffener „Copyright Royalty Tribunal" zuständig.

Das neue Gesetz betrachtet das Urheberrecht als teilbares Recht, jedes einzelne Recht ist frei übertragbar.

Die Übertragung von Rechten und die Einräumung von Lizenzen unterliegt einem „Rückrufsrecht" des Urhebers nach 35 Jahren.

Urheber ist grundsätzlich der Schöpfer des Werkes; bei Werken angestellter Urheber („works made for hire") gilt der Arbeitgeber als Schöpfer.

Résumé

Cette étude donne un aperçu des principales dispositions de la nouvelle loi sur le droit d'auteur des Etats-Unis, qui est entrée en vigueur le 1er janvier 1978.

La suppression du double système de protection jusqu'ici appliqué (protection selon la common law à côté de celle selon la statutory law) revêt une importance particulière; il ne sera plus désormais accordé de protection pour le droit d'auteur qu'en vertu des dispositions du Copyright Act de 1976. Est également importante la nouvelle réglementation du délai de protection: la protection commence avec la création de l'œuvre et prend fin, de la même façon pour toutes les œuvres (publiées ou non), cinquante ans après la mort de l'auteur.

La mention de réserve du droit d'auteur („copyright") a été maintenue; cependant les manquements à ses règles n'ont plus pour conséquence la perte du droit que dans des cas exceptionnels. Le dépôt d'exemplaires de l'œuvre et l'enregistrement au Copyright Office ne sont plus des conditions de la protection. La nécessité de fabrication sur le territoire national („manufacturing requirement") pour les œuvres écrites est supprimée à partir du 1er juillet 1982.

A la liste des œuvres susceptibles d'être protégées par le droit d'auteur ont été ajoutés les enregistrements sonores („sound recordings"); parmi les droits exclusifs de l'auteur se trouve également le „right to display", le droit de présenter en public.

D'importantes dispositions nouvelles sont consacrées aux limitations du droit d'auteur: la doctrine de l'usage loyal („fair use") a été consacrée par la loi et les conditions auxquelles les bibliothèques et les services d'archives peuvent fabriquer des photocopies ont été fixées. Trois nouvelles licences obligatoires limitent le droit de communication publique, à savoir la licence obligatoire au profit des réseaux de transmission par câble, la licence obligatoire au profit des opérateurs de juke-box et la licence obligatoire au profit de certains organismes de radiodiffusion. La licence obligatoire au profit des producteurs de phonogrammes a reçu une nouvelle réglementation. Un „Copyright Royalty Tribunal", nouvellement créé, est compétent pour examiner périodiquement, et éventuellement ajuster, les redevances versées au titre d'une licence obligatoire.

La nouvelle loi considère le droit d'auteur comme divisible; chaque droit particulier est librement transmissible. Le transfert de droits et la concession de licences sont soumis à un „droit de résiliation" appartenant à l'auteur après 35 années.

Est en principe auteur le créateur de l'œuvre; pour les œuvres d'auteurs employés („works made for hire"), l'employeur est considéré comme créateur. *Fr. U.*

Summary

This paper surveys the most important provisions of the new United States Copyright Act which become effective on 1 January, 1978.

The abolition of the hitherto dual system of protection involving both the common law and statutory law is of particular significance. Copyright protection is now obtainable only under the provisions of the Copyright Act 1976. The new regulation has made an important change in the period of protection afforded: protection begins with the creation of the work and ends for all works, whether published or not, 50 years after the author's death.

The requirement for a copyright notice has been retained, but only in exceptional cases will the omission of this notice result in the loss of the copyright. The deposit of a specimen of a work and registration of the copyright claim with the copyright office are no longer required for protection. The „domestic manufacturing requirement" for literary works has been abolished.

The list of works capable of copyright protection has been extended to sound recordings. The exclusive rights of the author now include the right to display a work publicly.

Important new provisions deal with the limits of copyright protection. The „doctrine of fair use" has found statutory recognition; the requirements for photocopying by libraries and archives have been fixed. Three new compulsory licences restrict the rights to public performances: the compulsory licence regarding cabel television secondary transmissions, the compulsory licence for the operators of coin generated phonorecord players, and the compulsory licence for certain radio stations. The compulsory licence for the producers of phonorecords has been subject to reform. A newly created Copyright Royalty Tribunal has been charged with the periodical review and adjustment of royalties.

In the new Act, copyright is being looked at as a divisible right, where each single right can be transferred freely. The assignment of rights and the grant of licences are subject to termination by the author after 35 years.

In principle, the creator is the owner of the copyright. In the case of works made for hire, the employer is deemed to be their creator.

v. W.

Die Schutzfristenregelung im neuen US-Copyrightgesetz und ihre Bedeutung für den internationalen Urheberrechtsschutz

Von Dr. jur. **Christian v. Bar,** Göttingen

Einleitung

Das geistige Eigentum des Urhebers unterscheidet sich wie das Patentrecht und anders als das Warenzeichenrecht vom Sacheigentum durch die zeitliche Begrenzung seines Schutzes. In nahezu allen Staaten der Erde[1]) ist die Idee eines zeitlich schrankenlosen Urheberrechts, wie sie insbesondere von *Osterrieth* im ausgehenden 19. Jahrhundert vertreten worden ist[2]), seit langem überwunden. Die geistige Leistung des Urhebers oder des Erfinders entzieht sich ihrem Wesen nach der dauernden absoluten Zuordnung zu einer Person. Je anspruchsvoller die Leistung und je gerechtfertigter damit das natürliche Mitteilungsbedürfnis des Urhebers ist, desto eher wird seine Leistung ein Teil der geistigen Güter aller. Diese haben Anspruch auf uneingeschränkte Nutzung der Schöpfung des Urhebers, wenn und sobald dieser und vielleicht noch seine nächsten Angehörigen aus der nachfolgenden Generation unter wirtschaftlichen Gesichtspunkten ausreichend Gelegenheit hatten, einen angemessenen Gewinn zu erzielen[3]). In den Vereinigten Staaten von Amerika ist das Prinzip der zeitlichen Begrenzung des Urheberrechts und des Patentrechts sogar in Art. I § 8 cl. 8 der Bundesverfassung ausdrücklich kodifiziert, indem es heißt: „Der Kongreß soll das Recht haben, den Fortschritt der Wissenschaft und der nützlichen Künste dadurch zu fördern, daß den Autoren und Erfindern f ü r e i n e b e s c h r ä n k t e Z e i t die aus-

---

[1]) Nur Portugal und Nicaragua verfügen, soweit ersichtlich, über ein ewiges Urheberrecht; vgl. U l m e r , Urheber- und Verlagsrecht, 2. Aufl. 1960, S. 275; P i n n e r , World Copyright (1954), Vol. II, Sp. 1097 u. 1093.

[2]) O s t e r r i e t h , Altes und Neues zur Lehre vom Urheberrecht, 1892, S. 95 ff.; vgl. dazu insbes. H e y m a n n , Die zeitliche Begrenzung des Urheberrechts, 1927, S. 50 (= S. 2).

[3]) Zur Rechtfertigung der zeitlichen Begrenzung siehe auch H u b m a n n , Urheber- und Verlagsrecht, 3. Aufl. 1974, § 8 V, S. 57.

schließlichen Rechte an ihren Schriften bzw. Erfindungen eingeräumt werden"[4]).

Ein ewiges Urheberrecht oder eine Ausdehnung der Schutzfrist auf Zeiträume von mehreren hundert Jahren ist damit in den USA verfassungsrechtlich untersagt. Im übrigen aber besteht ein großes gesetzgeberisches Ermessen für die Gestaltung der fraglichen Zeitspanne.

In der internationalen Rechtsgeschichte haben die jeweils zugrunde gelegten Schutzfristen seit der Zeit des Privilegienwesens erheblich geschwankt[5]). Die fortschreitende Rechtsentwicklung einerseits und die gestiegene Lebenserwartung andererseits haben in fast allen Staaten nach und nach zu einer Verlängerung der Schutzdauer im allgemeinen und einzelner Schutzfristen im besonderen geführt. Die Frage nach der Dauer des Urheberrechts pflegte dann besonders erörtert zu werden, wenn der Schutz für einzelne hervorragende Werke zu erlöschen drohte und sich damit auch das wirtschaftliche Monopol der beteiligten Interessenten seinem Ende zuneigte[6]). So ist, um nur zwei Beispiele zu nennen, in Deutschland die Diskussion um die Verlängerung der 30jährigen Frist post mortem auctoris auf 50 Jahre durch das Schutzfristverlängerungsgesetz vom 13. Dezember 1934[7]) mit dadurch in Gang gekommen, daß 1913 der Schutz für den Parsival und 1927 für die Werke von Brahms (1897 gestorben) ablief[8]). Die Schutzfristverlängerung auf 70 Jahre durch § 64 UG dagegen rechtfertigt sich nach dem Schriftlichen Bericht des Rechtsausschusses „namentlich im Hinblick auf die heute gestiegene durchschnittliche Lebenserwartung"[9]). Die Verlängerung sollte zugleich ein Trostpflaster für die Ablehnung einer Urhebernachfolgevergütung sein.

In Frankreich ist die Schutzdauer von 20 Jahren (1810) über 30 Jahre (1854) seit dem Gesetz vom 14. Juli 1866 aus ähnlichen Erwägungen

---

[4]) Hervorhebung und Übersetzung v. Vf., der Originaltext lautet: The Congress shall have the power „to promote the progress of science and useful arts, by securing for limited times to authors and inventors the exclusive right to their respective writings and discoveries.", vgl. zu dieser sog. „copyright clause" Nimmer, On Copyright, 1972, §§ 2 bis 5.

[5]) Vgl. dazu und zum folgenden die Übersicht bei Pinner, aaO. (Fn. 1) im Abschnitt „Duration of Copyright"; siehe auch Rintelen, Urheber- und Verlagsrecht nach österreichischem, deutschem und schweizerischem Recht, 1958, S. 171 ff.

[6]) Heymann, aaO., S. 49 (= S. 1).

[7]) RGBl. II S. 1395; vgl. dazu Rudolph in UFITA Bd. 9 (1936) S. 227 ff. u. Dieß in UFITA Bd. 9 (1936) S. 221 ff.

[8]) Heymann, aaO. (Fn. 6).

[9]) Bericht des Abgeordneten Dr. Reischl zu BT.-Drucks. IV/3401 S. 12 li. Sp. = UFITA Bd. 46 (1966) S. 195.

heraus auf 50 Jahre ausgedehnt worden[10]). Diese 50-Jahres-Frist des französischen Rechts hatte entscheidenden Einfluß auf die Rechtsentwicklung in Kontinentaleuropa. Zahlreiche Staaten schlossen sich ihr an[11]). Auch die Berner Ubereinkunft geht seit der Brüsseler Fassung vom 26. Juni 1948[12]) (Art. 7 RBÜ/Br) von der 50jährigen Schutzfrist als obligatorische Mindestgewährleistung aus. Der Durchbruch war erreicht worden, nachdem die britische Delegation sich bereit erklärt hatte, das in Großbritannien geltende Lizenzsystem zugunsten eines bedingungslosen 50jährigen Schutzes post mortem auctoris aufzugeben[13]). Section 3 des britischen Copyright Act von 1911[14]) wurde durch den Copyright Act von 1956 ersetzt, dessen Art. II nunmehr vorsieht, daß Copyright „bis zum Ende des Zeitraumes von 50 Jahren, gerechnet vom Ende des Kalenderjahres an, in dem der Urheber verstorben ist"[15]), besteht. Damit hatte sich eine der zwei wichtigsten Rechtsordnungen aus dem angelsächsischen Rechtskreis der auf dem Kontinent vorherrschenden Regelung angeschlossen.

Lediglich die Vereinigten Staaten von Amerika, deren Urheberrecht zwar in seinen Anfängen an das englische Vorbild anknüpfte, sich jedoch von der britischen Regelung im Laufe der Zeit immer mehr entfernt hatte[16]), nahm weiterhin eine weltweit beachtete Sonderstellung ein. Das amerikanische Urheberrecht gewann in der Ausgestaltung des im Jahre 1947 zum letzten Mal revidierten Copyright Act aus dem Jahre 1909 eine eigene Prägung, die in zwei der drei Hauptfragen des Urheberrechtsschutzes, nämlich nach seinen Voraussetzungen, Wirkungen und seiner Dauer erheblich von dem internationalen Standard abwich. Die 28jährige Schutzfrist des § 24 amerik.

---

[10]) Pinner, aaO., Sp. 1054; Heymann, aaO., S. 54 f. (= S. 6 f.).

[11]) Einzelheiten bei Heymann, aaO., S. 55 (= S. 7).

[12]) Art. 7 der ursprünglichen Berner Fassung und der 1896 revidierten Pariser Fassung sahen die 50jährige Frist nur als Programmsatz vor.

[13]) Baum in GRUR 1949, 1, 13 f.

[14]) Der Text lautete: The term for which copyright shall subsist shall, except as otherwise expressly provided by this Act, be the life of the author and a period of fifty years after his death: Provided, that at any time after the expiration of twenty-five years from the death of the author of a published work, copyright in the work shall not be deemed to be infringed by the reproduction of the work for sale if the person reproducing the work proves . . . that he has paid . . . to, or for the benefit of, the owner of the copyright royalities in respect of all copies of the work sold by him calculated at the rate of ten per cent, on the price at which he published the work.

[15]) Der Text ist in deutscher Sprache veröffentlicht in Bd. 7 (1956) S. 81 der Schriftenreihe der Intern. Gesellsch. f. Urheberrecht, vgl. dazu die Einführung aaO. von Rubinstein.

[16]) Vgl. dazu Ulmer, Urheber- und Verlagsrecht, aaO., S. 65.

UG a. F. einerseits und die Bestimmungen über die förmlichen Voraussetzungen des Schutzes (§§ 5 u. 6 aaO.) andererseits bewirkten im internationalen Vergleich eine Außenseiterstellung des amerikanischen Rechts, die zu beträchtlichen Schwierigkeiten bei dem Versuch führte, die USA in internationale Konventionen zur Überwindung der nachteiligen Folgen des auch das Urheberrecht beherrschenden Territorialitätsprinzips[17]) einzubeziehen.

Durch das neue amerikanische Copyright Gesetz vom 19. Oktober 1976 ist nun die Schutzdauer dem Vorbild der meisten westeuropäischen Staaten und insbesondere dem der RBÜ gemäß auf 50 Jahre post mortem auctoris verlängert worden. Diese Rechtsänderung könnte neben ihrer Bedeutung für das innerstaatliche Recht Amerikas auf lange Sicht auch Konsequenzen für den internationalen Urheberrechtsschutz haben. Beiden Fragen soll im folgenden nachgegangen werden.

I. Die Schutzfristen im alten und neuen amerikanischen Urheberrecht

1. Vorbemerkungen

Bevor der 94. Kongreß (1975/1976) der Vereinigten Staaten am 19. Oktober 1976 das lang erwartete Gesetz „zur generellen Revision des Urheberrechts, Titel 17 des United States Code, und zu anderen Zwecken" verabschieden konnte, waren bereits in den drei vorangegangenen Kongressen Reformentwürfe beraten worden. Kurz vor Ende der Legislaturperiode des 93. Kongresses, nämlich am 31. Dezember 1974, war im Hinblick auf das damals bevorstehende und nunmehr verkündete Gesetz eine Übergangsregelung in Kraft getreten, durch die die Schutzdauer solcher Urheberrechte bis zum 31. Dezember 1976 verlängert wurde, für welche der renewal term nach § 24 amerik. UG a. F. zwischen dem 31. Dezember 1974 und dem 31. Dezember 1976 abgelaufen wäre[18]). Gemäß § 304 lit. b des neuen amerikanischen UG, dessen 50jährige Schutzfrist post mortem auctoris gemäß § 302 lit. a grundsätzlich nur für Werkschöpfungen vom 1. Januar 1978 an gilt, wird nunmehr die Verlängerung des Schutzes über den 31. Dezember 1976 hinaus auf 75 Jahre seit der ersten Registrierung ausgedehnt. Dasselbe gilt für solche Rechte, die zwischen dem 1. Januar 1974 und dem 31. Dezember 1976 bestanden haben oder in dieser Zeit sonst gemeinfrei geworden wären. Diese — schon seit mehr als 10 Jahren gehandhabte — Verlängerungspraxis ablaufender

---

[17]) Vgl. Chr. v. Bar in UFITA Bd. 78 (1977) S. 17, 18 ff.

[18]) 17 U.S.C.A. § 24, Anhang 1976 Anm. 1, S. 71; vgl. auch Henry in GRUR Int. 1975, 384, 385.

Schutzfristen[19]) zeigt schlaglichtartig, daß sich amerikanische Urheberrechtler selber seit Jahren der Tatsache bewußt waren, daß ihr Recht auch und gerade in der zeitlichen Begrenzung des Copyrights modernen Anforderungen nicht mehr genügte[20]). Die vergleichsweise sehr kurze Frist des bisherigen Rechts, bei der es möglich war, daß ein Werk noch zu Lebzeiten seines Autors gemeinfrei wurde[21]), ließ eine gewisse Geringschätzigkeit der vermögenswerten und der persönlichkeitsrechtlichen Befugnisse des Urhebers erkennen. Sie legte in einseitig idealisierender Weise den Schwerpunkt auf das Interesse der Allgemeinheit, in den ungehinderten Genuß geistiger Güter zu kommen[22]). Die kurze Schutzfrist stand u. a. im krassen Gegensatz zu der auf dem XIX. Kongreß der CISAC (Conféderation International des Sociétés d'Auteurs et Compositeurs) 1956 verabschiedeten sogenannten „Charta des Urheberrechts", die unter Ziff. III, 12 fordert, daß „der Schutz eines Werkes ... nach dem Tode seines Urhebers so lange wie möglich währen"[23]) muß.

Nach der Untersuchung von *Rie*[24]) ging dabei die eigentümliche Schutzfrist von 28 Jahren auf Erhebungen amerikanischer Statistiker zurück, die festgestellt zu haben meinten, daß für Personen, welche im Jahre 1909 geboren waren, eine durchschnittliche Lebenserwartung von ca. 52 Jahren bestand. Die auf insgesamt 56 Jahre ausdehnbare Schutzfrist entsprach mit einer gewissen Zugabe dieser statistischen Lebenserwartung. Sie blieb, wie *Rie* aaO. mit feiner Ironie bemerkt, somit sogar erheblich hinter der 70 bzw. 80 Jahre betragenden Lebenserwartung des 90. Psalms zurück. Schon die Art, in der in den Staaten die Schutzdauer ermittelt wurde, ist übrigens der deutschen Rechtstradition fremd: für das deutsche Recht ist Ausgangspunkt jeder Regelung immer die gemeinsame Überzeugung gewesen, daß zumindest solange Schutz zu gewähren sei, wie der Autor lebt. Lediglich die Spanne der Nachfrist war Gegenstand wiederholter Erörterungen[25]).

---

19) Vgl. dazu die Gesetzesübersicht in 17 U.S.C.A., aaO.; danach sind ablaufende Schutzfristen seit dem 19. Sept. 1962 regelmäßig alle zwei Jahre für zwei Jahre verlängert worden.

20) Robert Rie, Zur Reform des amerikanischen Copyrights, Schriftenreihe der UFITA, Heft 37 (München 1969) S. 1 ff.

21) Ein Beispiel sind die Mitte der 20er Jahre angelaufenen Filme des am 1. Febr. 1966 verstorbenen Schauspielers und Regisseurs Buster Keaton, der eine Verlängerung nach § 24 amerik. UG a. F. nicht beantragt hatte. Vgl. dazu v. Bar, aaO (Fn. 17) und nicht rechtskräftiges Urteil des OLG Düsseldorf 20 U 258/75 (nicht veröffentlicht).

22) Siehe auch Ulmer, in JZ 1952, 667, 668.

23) Text in Bd. 8, S. 22 der Schriftenreihe der IntGU (1958).

24) aaO. (oben Fn. 20), S. 14.

25) Heymann, aaO. (Fn. 2), S. 87 ff. (= S. 39 ff.).

2. Die Schutzfristenregelung im bisherigen Recht

Die alte amerikanische Regelung ist im wesentlichen bekannt. Es mag daher im folgenden ein kurzer Überblick über den bisherigen Rechtszustand genügen. Nach dem bislang noch geltenden Urheberrechtsgesetz aus dem Jahre 1909 mußte im Hinblick auf die Schutzdauer zwischen unveröffentlichten und veröffentlichten Werken unterschieden werden. Diese Unterscheidung konnte im Einzelfall erhebliche Schwierigkeiten bereiten, auf die hier nicht näher eingegangen zu werden braucht[26]). Vergleichbar dem früheren deutschen Recht (vgl. § 29 LUG)[27]) bestand für unveröffentlichte Werke nach dem *common law* ein ewiges Urheberrecht ohne zeitliche Begrenzung. Denn die gesetzliche Schutzfrist (statutory copyright protection) begann gemäß § 24 amerik. UG a. F. erst vom Zeitpunkt der ersten Veröffentlichung an zu laufen[28]). Sobald jedoch unveröffentlichte Werke über § 12 a. F. den gesetzlichen Schutz erlangt hatten, galt für sie in verfassungskonformer Auslegung dieser Bestimmung ebenfalls die Frist des § 24 a. F.[29]) Für veröffentlichte Werke dauerte die Frist 28 Jahre nach der ersten Veröffentlichung. Während des letzten Jahres vor Ablauf dieser Frist konnte beim Copyright Office zur Registrierung eines *„renewal and exension"* für weitere 28 Jahre nachgesucht werden. Die zweite Schutzfrist war dabei nicht einfach eine Verlängerung des ursprünglichen Rechts. Es entstand rechtlich vielmehr ein neues bzw. erneuertes Recht, das von dem alten zu trennen war und eigens verliehen wurde[30]). Diese Konstruktion war für die Rechtsnachfolge bedeutsam und warf trotz der recht eingehenden Regelung in § 24 amerik. UG a. F. eine Reihe von Problemen bei der Frage auf, wer unter welchen Umständen neben bzw. anstelle des Autors berechtigt sein sollte, den Erneuerungsantrag zu stellen[31]). Aus der Natur des erneuerten Rechts folgte weiter, daß es frei von allen Rechten, Vorteilen und Lizenzen Dritter neu vergeben wurde[32]). Nach dem bisherigen Recht war die Berechnung der Schutzdauer für Sammelwerke und Werke, bei denen das Urheberrecht einer juristischen Person oder dem Arbeitgeber zustand, als solche unproblema-

---

[26]) Siehe hierzu aus neuerer Zeit Kunstadt in GRUR Int 1977, 22 ff.; vgl. schon American Tobacco Company v. Werckmeister 207 U.S. 284 (1907).

[27]) Dazu: Hubmann, aaO., S. 182 und Heymann, aaO., S. 52 (= S. 4).

[28]) U.S. v. Backer 134 F. 2 d 533.

[29]) Nimmer, aaO., § 5.2; 17 U.S.C.A. § 12 Note 1; Marx v. U.S. 96 F. 2 d 204 (9th Cir. 1938).

[30]) Rossiter v. Vogel 134 F. 2 d 908; Shapiro, Bernstein & Co. v. Bryan, 27 F. Supp. 11.

[31]) Einzelheiten bei Nimmer, aaO., § 112.3.

[32]) 17 U.S.C.A. Note 37, 1. Abs.

tisch, weil der Lauf der Frist nicht an den Todestag des Autors, sondern an den Zeitpunkt der ersten Veröffentlichung geknüpft war. Die Problematik verlagerte sich auch hier auf die Frage der Antragsberechtigung für das *renewal*[33]). Dasselbe galt für die Schutzdauer posthum veröffentlichter Werke. Die bisherige Schutzfristenregelung des amerikanischen Rechts hatte häufig die — für die Vereinigten Staaten peinliche — Folge, daß ihren Staatsangehörigen in anderen Ländern, mit denen Verträge über den gegenseitigen Schutz der Urheberrechte nach dem Prinzip der Inländerbehandlung bestehen[34]), noch Urheberrechtsschutz gewährt wurde, während dieselben Werke im Mutterland bereits gemeinfrei waren[35]). Die umgekehrte Situation war nur in ganz seltenen Fällen denkbar, nämlich dann, wenn der fremde Staat nur eine kurze post-mortem-Frist vorsah und der Autor kurz nach der ersten Veröffentlichung verstorben war.

3. Die Neuregelung[36])

a) Allgemeines

Der US-Copyright Act — Titel 17 des U.S. Code — regelt die zeitliche Begrenzung des Urheberrechts in seinem 3. Abschnitt in den §§ 301 bis 305. Die grundlegende Bestimmung ist in § 302 lit. a enthalten, wonach ein Werk, das am oder nach dem 1. Januar 1978 geschaffen wird, prinzipiell von seiner Schöpfung (creation) an Urheberrechtsschutz für die Lebenszeit des Autors und für weitere 50 Jahre nach dessen Tod genießt. Nach dem Definitionenkatalog des § 101 liegt eine Werkschöpfung immer dann vor, wenn das Werk zum ersten Mal in einer Ausfertigung fixiert worden ist. Entsteht ein

---

[33]) Einzelheiten in 17 U.S.C.A. § 24 III Notes 61 bis 68; vgl. auch Ulmer, Urheber- und Verlagsrecht, aaO., S. 68 m. w. N.

[34]) Vgl. z. B. Art. 1 des Abkommens zwischen dem Deutschen Reich und den Vereinigten Staaten vom 15. Jan. 1892 (RGBl. 1892, S. 473); siehe ferner die weitreichenden Forderungen der „Charta des Urheberrechts" in Abschnitt V — Vom internationalen Schutz des Urheberrechts —, aaO. (Fn. 23), die sich indirekt auch auf die USA beziehen.

[35]) Nimmer, aaO., § 112.2, Fn. 11; siehe schon Allfeld, Das Urheberrecht an Werken der Literatur und der Tonkunst, 2. Aufl. 1928, S. 481; OLG Köln in Leipz. Zeitschrift Bd. XV (1921), Sp. 33 f.; v. Bar, aaO., S. 23. Die oben im Text getroffene Feststellung ist für die Zeit nach Inkrafttreten des WUA streitig. Die überwiegende, von mir für das deutsche Recht nicht geteilte Auffassung geht dahin, daß der von Art. IV Nr. 4 lit. a eingeführte Schutzfristenvergleich über die Kollisionsregelung des Art. XIX WUA auch die abweichende Regelung älterer Staatsverträge erfasse, vgl. noch Bappert/Wagner, Anm. 9 zu Art. XIX WUA; Bogsch, DdA 1953 S. 144, 146; Nordemann/Vinck/Hertin, Bem. 2 zu Art. XIX WUA. Eine Entscheidung des BGH zu dieser Frage steht bevor. — Anm. der Schr.: Inzwischen vom BGH getroffen mit den beiden Urteilen vom 27. Jan. 1978 I ZR 4/77 („Wolfsblut") und I ZR 97/76 („Buster-Keaton-Filme", siehe in FILM UND RECHT Nr. 5/1978 S. 345 ff.

[36]) §§ ohne Gesetzesangabe sind in diesem Abschnitt solche des neuen amerikanischen UG.

Werk in mehreren Abschnitten oder in mehreren Versionen, so gilt jeder verfaßte Abschnitt und jede einzelne Version als selbständige Werkschöpfung. Die Regelung des § 302 lit. a bricht damit in mehrfacher Hinsicht mit dem bisherigen Recht. Sie knüpft die Schutzfrist zunächst an den Tod des Urhebers an und ändert hierdurch die Schutzdauer. Darüber hinaus gibt sie aber auch die bisherige Trennung zwischen veröffentlichten und unveröffentlichten Werken für die Frage der zeitlichen Begrenzung auf. Die nunmehr im Gegensatz zum alten Recht (§§ 2, 12 und 26 amerik. UG a. F.) ausführlich gehaltene Definition des Begriffs der Veröffentlichung durch § 101 ist für die Berechnung der Schutzfrist ohne Bedeutung. Das ewige Urheberrecht für unveröffentlichte Werke nach dem *common law* ist abgeschafft worden. Gemäß § 301 lit. a gilt die Neuregelung des § 302 lit. a für *„all legal or equitable rights . . . , whether published or unpublished"*. Die Schutzdauer endet einheitlich zum 31. Dezember desjenigen Jahres, in welchem die 50jährige Frist abläuft (§ 305). Ein *renewal* kennt das neue Recht grundsätzlich nicht mehr, womit die letzte und nur dem angelsächsischen Recht bekannte Aufteilung von Schutzfristen abgeschafft worden ist.

Diese dogmatische wie inhaltliche Neuorientierung des amerikanischen Rechts führt notwendig zu einer Reihe von neuen Problemen und zu der Verlagerung bekannter Fragen aus dem Bereich der Antragsberechtigung für die frühere Schutzrechtserneuerung. Hierzu enthält das Gesetz recht eingehende Regelungen, denen wir uns im folgenden zuwenden wollen.

b) Einzelfragen

(1) Übergangsregelung zugunsten wohlerworbener Urheberrechte des common law

Die vorbezeichnete Neuregelung gilt gemäß § 301 lit. a zunächst nur für alle diejenigen Urheberrechte, deren Umfang durch § 106 (= den §§ 11 bis 24 dt. UG) bestimmt wird, und die in Gemäßheit der §§ 102 und 103 nach dem 1. Januar 1978 erworben werden. Nach diesem Zeitpunkt kann niemand mehr abweichenden Urheberrechtsschutz nach dem *common law* oder nach dem Gesetz eines Bundesstaates erwerben. Durch das neue Gesetz wird der Bestand bisheriger Rechte insoweit überhaupt nicht beeinträchtigt, als sie nicht Gegenstand der in den §§ 102 und 103 näher spezifizierten Kategorien sind. Chapter 3 des Copyright Act 1976 ist ferner nicht anwendbar auf alle Klagen, die vor dem 1. Januar 1978 anhängig gemacht werden (§ 301 lit. b Ziff. 2). Common-law-Rechte an Tonaufnahmen, die vor dem

15. Februar 1972 fixiert worden sind, bleiben für insgesamt 75 Jahre, also bis zum 15. Februar 2047 erhalten (§ 301 lit. c).

Das rechtliche Schicksal der bislang ewigen Urheberrechte regelt § 303. Danach besteht Urheberrechtsschutz für diejenigen Werke, die vor dem 1. Januar 1978 geschaffen worden sind und bis dahin weder gemeinfrei noch Gegenstand des gesetzlichen Urheberrechts werden, nunmehr vom 1. Januar 1978 an nach dem Grundsatz des § 302. Das bedeutet, daß sie während der Lebenszeit des Urhebers und für weitere 50 Jahre geschützt werden. In keinem Fall endet das Urheberrecht an solchen Werken jedoch vor dem 31. Dezember 2002. Wird das Werk vor dem 31. Dezember 2002 veröffentlicht, so verlängert sich die Frist bis zum 31. Dezember 2027. Mit diesen Bestimmungen stellt der amerikanische Gesetzgeber sicher, daß bisherige Rechte durch die Herauslösung aus dem *common law* nicht gegenstandslos werden. Unabhängig vom Todestag des Autors genießen sie in jedem Fall den bisherigen Schutz für mindestens 25 Jahre (1978 bis 2002). Darüber hinaus gibt das Gesetz einen Anreiz zur Veröffentlichung solcher Werke, indem es ihnen eine weitere Frist einräumt, die sich — gerechnet vom Inkrafttreten der Neuregelung und entsprechend der Bestimmung des § 303 — an die bisherige Schutzdauer für veröffentlichte Werke von 28 Jahren anlehnt.

(2) Übergangsbestimmungen für bestehende gesetzliche Rechte

Auf die Bestimmung des § 304 lit. b betreffend die Urheberrechte, deren Schutz vor dem 1. Januar 1978 erneuert worden ist, ist bereits oben unter I.1. eingegangen worden. Darauf kann hier verwiesen werden. Die Übergangsregelung für solche Rechte, deren erste Frist am 1. Januar 1978 noch andauert, findet sich in § 304 lit. a. Danach beträgt die Schutzdauer unverändert 28 Jahre, gerechnet von dem Tage an, an welchem das Recht erworben worden ist. Insoweit bleibt alles beim alten. Nur für diese Rechte besteht auch weiterhin im letzten Jahre vor ihrem Erlöschen die Möglichkeit der Erneuerung. Geändert hat sich lediglich die Dauer des *renewal term.* Sie beträgt nun einheitlich für alle Werkschöpfungen, für die wie nach bisherigem Recht ein Verlängerungsantrag von einem Berechtigten gestellt werden kann, 47 Jahre. Damit kommen alle gesetzlichen Urheberrechte in den Genuß einer insgesamt 75 Jahre betragenden Schutzfrist. Allerdings endet die Befugnis, an diesen Rechten Lizenzen einräumen zu können, grundsätzlich mit dem Ablauf der bisherigen Frist, also 56 Jahre nach Erlangung des gesetzlichen Urheberrechts (§ 304 lit. c Abs. 3).

(3) Sammelwerke, anonyme, pseudonyme und „works made for hire"

Durch die Anknüpfung der Schutzfrist an den Tod des Urhebers mußte der amerikanische Gesetzgeber nun auch Regeln für solche Werke aufstellen, bei denen entweder der Todeszeitpunkt ihres Urhebers nicht eindeutig festzustellen ist oder für die das Urheberrecht einer juristischen Person zusteht. Zu diesem Fragenkomplex finden wir Bestimmungen in § 302 lit. b und lit. c. Auch hier läßt sich nunmehr eine weitgehende Übereinstimmung mit den in anderen Ländern üblichen Normen feststellen. Bei Miturhebern knüpft § 302 lit. b den Beginn der Frist wie Art. 7bis RBÜ/PF und § 65 dt. UG an den Todeszeitpunkt des längstlebenden Autors[37]).

Bei anonymen und pseudonymen Werken endet die Frist entweder 75 Jahre nach dem Tage der ersten Veröffentlichung oder 100 Jahre nach dem Zeitpunkt der Werkschöpfung, wobei der frühere Erlöschenstatbestand maßgebend ist. Wird vor Ablauf der hiernach ermittelten Frist die Identität eines oder mehrerer Urheber entdeckt, so gilt wieder die Frist des § 302 lit. a bzw. lit. b (vgl. § 66 dt. UG und Art. 7 Abs. 3 RBÜ/PF: 70 bzw. 50 Jahre nach Erstveröffentlichung). Für die sogenannten *„works made for hire"*, also nach der Definition des § 101 Schöpfungen, die ein Angestellter innerhalb des Bereichs seines Arbeitsvertrages oder ein freier Urheber in Erfüllung eines Werkvertrages gemacht hat und für die das Urheberrecht gemäß § 201 lit. b dem Arbeitgeber zusteht, gilt ebenfalls die 75jährige bzw. 100jährige Frist des § 302 lit. c.

II. Die Bedeutung der Neuregelung für den internationalen Urheberrechtsschutz

Durch die verlängerte Schutzfrist nähert sich das amerikanische Recht in einem wichtigen Punkt der internationalen Situation an. Die Forderung nach einer Vereinheitlichung der nationalen Systeme war denn auch ein wichtiger Grund für die Einführung der 50jährigen Frist post mortem auctoris[38]). Daneben hat wie bei der Einführung des § 64 dt. UG die Erwägung eine Rolle gespielt, daß die mittlere Lebenserwartung seit 1909 auch in Amerika erheblich gestiegen ist. Perso-

---

[37]) Anders offenbar noch die Vorentwürfe, von denen Rie, aaO. (Fn. 20), S. 15 berichtet: „Nicht der Tod des letztverstorbenen Miturhebers läßt die 50jährige postmortale Frist beginnen, sondern der Todestag des zweitverstorbenen".

[38]) Rie, aaO., S. 14 m. w. N.; vgl. kritisch zu dem Vereinheitlichungsgedanken Heymann, aaO., S. 111 (= S. 63), dessen Ausführungen allerdings, soweit sie sich auf die USA beziehen, überholt sein dürften.

nen, die im Jahre 1964 geboren sind, sollen im statistischen Mittel nunmehr mit einem 70jährigen Lebenszeitraum rechnen können[39]).

Die Angleichung des amerikanischen Rechts an den internationalen Standard wirft nun die Frage auf, welchen Einfluß diese Rechtsänderung auf den internationalen Schutz des Urheberrechts hat. Allem voran stehen dabei die multilateralen Abkommen, deren „Weiterentwicklung ... mit dem Ziel eines einheitlicheren und noch umfassenderen Schutzes"[40]) seit langem ein vordringliches Anliegen der Urheber und ihrer Verwertungsgesellschaften ist.

1. Neue Hoffnung für die RBÜ?

Die wohl bedeutsamste Konvention zum internationalen Schutz der territorialen Urheberrechte, die Berner Übereinkunft, hat ihr ursprüngliches Ziel nach universaler Geltung[41]) schon deswegen nicht erreichen können, weil u. a. die Vereinigten Staaten dieser von europäischem Geist geprägten Union nicht beitreten wollten. Die jeweiligen Bestimmungen über Voraussetzungen und Dauer des Schutzes wichen zu sehr voneinander ab[42]).

Schon vor dem Zweiten Weltkrieg wurde jahrelang vergeblich an der Einbeziehung der Vereinigten Staaten in den Schutzverband der Berner Konvention gearbeitet[43]). Selbst der Präsident der USA vermochte im Jahre 1931 mit seinem Vorschlag, der RBÜ beizutreten, im Repräsentantenhaus nicht durchzudringen[44]). Die weitere Entwicklung ist bekannt. An ihrem Endpunkt steht vorerst das Welturheberrechtsabkommen von 1952, welches, außerhalb der RBÜ zwar, jedoch unter Bezugnahme auf diese (Art. XVII WUA/PF i. V. m. der Zusatzerklärung zu Art. XVII WUA[45]), unter Einbeziehung der Vereinigten Staaten neue Impulse für den internationalen Urheberrechtsschutz gebracht hat. Das WUA ist jedoch erst ein Schritt auf dem Wege zu einer wirklichen universellen Union wenigstens der westlichen Hemisphäre. Es kommt in zahlreichen Punkten (vgl. für die Schutzfristen

---

39) Rie, aaO.

40) Charta des Urheberrechts, aaO. (Fn. 23) V. 19. 1. Abs. S. 2.

41) Vgl. die Ausführungen des britischen Delegierten Adams in der Sitzung vom 6. Sept. 1886 (Dokumente der Berner Konferenz von 1886, S. 15): „Nous constituerons une nouvelle Union, qui, nous l'espérons bien ... devienne ... une Union non seulement internationale, mais universelle" (zit. nach Mentha, in GRUR 1951, 350).

42) Vgl. Ulmer (Fn. 1), S, 82; ders. (Fn. 22), S. 667; Mentha, aaO., S. 351; Bappert/Wagner, Internationales Urheberrecht, Einl. RBÜ unter I 3.

43) Näheres dazu bei Heymann, in RabelsZ 1942 (14) S. 18 ff.

44) Heymann, aaO. (Fn. 43), S. 25 u. 41.

45) Text abgedruckt unter 11 b in der Beck'schen Textausgabe, mit Einf. Ulmer: Urheber- und Verlagsrecht mit den internationalen Verträgen, 5. Aufl. (1974).

Art. IV Abs. 2 lit. a WUA/PF im Gegensatz zu Art. VII RBÜ/PF) über Programmsätze nicht hinaus und erreicht daher häufig keinen Konsens über eine von allen Angehörigen des Abkommens einzuhaltende Mindestschutzrechtgewährleistung. Gleichwohl hat das WUA eine wichtige Neuerung gebracht, die nunmehr im Zusammenhang mit § 302 US Copyright Act 1976 zu neuer Hoffnung für eine Erweiterung der RBÜ Anlaß geben könnte. Denn es erweist sich bei einer Zusammenschau des Welturheberrechtsabkommens und des neuen amerikanischen Urheberrechtsgesetzes, daß nunmehr weitere wichtige Bedenken der Vereinigten Staaten gegen einen Beitritt zur RBÜ in Fortfall gekommen sind. Für die Frage der zeitlichen Begrenzung des Schutzes liegt dies nach dem zuvor Gesagten auf der Hand. Für die Frage der Formalitäten der Rechtsgewährleistung ergibt es sich aus folgendem:

Das neue amerikanische Urheberrechtsgesetz geht zunächst in einzelnen Punkten von der strikten Durchführung des veralteten Gedankens ab, wonach das Urheberrecht dem Autor privilegienartig verliehen wird[46]) und folglich immer nur dann bestand, wenn auf dem ersten und allen weiteren veröffentlichten und registrierten Werkstücken der Copyright-Vermerk enthalten war[47]). Denn gemäß § 405 lit. a amerik. UG n. F. wird ein Urheberrecht an einem Werkstück, das den Vermerk nicht trägt, trotz der §§ 401 bis 403 aaO. etwa dann nicht ungültig, wenn sich der Rechtsinhaber innerhalb von fünf Jahren nach der Veröffentlichung in vernünftigem Maße darum bemüht, das Symbol des © in alle erreichbaren Exemplare nachzutragen. Die Anbringung des Copyright-Vermerkes ist neben der Registrierung nicht länger unter allen Umständen Entstehungsvoraussetzung für den Urheberrechtsschutz, § 401 lit. a amerik. UG n. F.[48]).

Diese bereichsweise Annäherung des amerikanischen Rechts an europäische Vorstellungen allein reicht jedoch nicht aus, um einen neuerlichen Vorstoß in Richtung auf eine Einbeziehung der USA in die RBÜ in ihrer jetzigen Form zu rechtfertigen. Denn noch immer gehen die beiderseitigen Vorstellungen über die Verleihung des Urheberrechtsschutzes auseinander. Ein weiterer wichtiger Schritt dürfte

---

[46]) Vgl. zum früheren amerikanischen Recht: Heymann, aaO. (Fn. 43), S. 21.

[47]) Vgl. Deward & Rich v. Bristol Savings & Loan Corporation 120 F. 2d 573; Wrench v. Universal Pictures Co., 104 F. Supp. 374; ferner die Übersicht in 17 U.S.C.A. § 10, Entscheidungsübersicht unter Ziff. 3.

[48]) Die Bestimmung lautet: „Whenever a work protected under this title is published ... a notice of copyright shall be placed on all ... copies", vgl. im Gegensatz hierzu § 10 a. F.: „Any person entitled thereto by this title may secure copyright for his work by publication thereof with the notice of copyright ..."

allerdings bereits durch das WUA gemacht sein. Denn gemäß Art. III WUA werden nach dem 16. September 1955 erstmals veröffentlichte Werke nichtamerikanischer Urheber auch in den USA ohne Beachtung der dort notwendigen Förmlichkeiten geschützt, wenn und soweit sie das nach Art. III Abs. 1 WUA vorgeschriebene Schutzzeichen tragen[49]). Mit dieser Regelung haben die Vereinigten Staaten in einem multilateralen Abkommen schon darauf verzichtet, den Schutz ausländischer Rechte grundsätzlich von der Registrierung im Inland abhängig zu machen (vgl. allerdings Art. III Abs. 2 PF) und zumindest insoweit die Vorstellung akzeptiert, daß urheberrechtlicher Schutz nicht notwendig und überall auf ein staatliches Privileg zurückgehen muß.

Bei alledem kann nun zwar nicht übersehen werden, daß die USA noch weit entfernt sind von der Regelung des Art. V Abs. 2 RBÜ/PF, wonach der Genuß und die Ausübung von Urheberrechten „nicht an die Erfüllung irgendwelcher Förmlichkeiten gebunden" ist. Die Kluft zwischen dem Verbandsrecht der RBÜ und dem Recht der Vereinigten Staaten ist jedoch geringer geworden. Dieses bewegt sich auf jenes zu. Es erscheint daher an der Zeit, den internationalen Urheberrechtsschutz unter dem Gesichtspunkt neu zu überdenken, ob sich auf lange Sicht nicht eine einheitliche Konvention mit universellerer Geltung als die RBÜ und mit höherem Standard als das WUA wird erreichen lassen.

2. Die Auswirkungen der Neuregelung auf das deutsch-amerikanische Urheberrecht

Die Schutzfristenregelung im neuen amerikanischen Copyright-Gesetz entschärft durch die Annäherung der jeweils geltenden Schutzdauer die nach Inkrafttreten des WUA noch immer streitige Frage, für welche Zeit die Werke amerikanischer Urheber in Deutschland geschützt sind[50]).

Unabhängig davon, ob man dahin tendiert, den bilateralen Vertrag zwischen dem Deutschen Reich und den Vereingten Staaten von Amerika vom 15. Januar 1892 oder das Welturheberrechtabkommen als entscheidende Rechtsgrundlage des gegenseitigen Schutzes anzusehen, genießen amerkanische Urheber in der Bundesrepublik in Zukunft in jedem Fall eine 50jährige postmortale Schutzfrist für solche

---

[49]) Einzelheiten bei Bappert/Wagner, aaO. (Fn. 42), Anhang WUA unter II, S. 271 ff.; vgl. zur Vorgeschichte dieser Bestimmung Heymann, aaO. (Fn. 43), S. 48 ff. und Mentha, aaO. (Fn. 41), S. 350 ff.

[50]) Vgl. zu dieser Frage v. Bar, aaO. (Fn. 17), S. 24 ff.

Werke, die sie nach dem 1. Januar 1978 schaffen. Dasselbe gilt umgekehrt für den Schutz deutscher Urheberrechte in den USA. Diese genießen allerdings, wie schon nach bisherigem Recht, in den Vereinigten Staaten nur dann Urheberrechtsschutz, wenn sie entweder auch in Zukunft die Bedingungen und Förmlichkeiten des amerikanischen Rechts erfüllen[51]) oder das nach Art. III WUA vorgesehene Schutzzeichen tragen. Hieran hat auch Copyright Act 1976 nichts geändert. Geht man im übrigen davon aus, daß Art. XIX S. 2 WUA und § 140 dt. UG zumindest die Schutzdauer solcher amerikanischer Rechte in der Bundesrepublik nicht berühren, die schon vor dem Inkrafttreten des WUA hier bestanden haben[52]), so hat die Verlängerung der Fristen für bestehende Rechte durch den Copyright Act 1976 (vgl. oben I 3 b (2)) auf ihre zeitliche Begrenzung in Deutschland keinen Einfluß. Denn die Fristverlängerung nach neuem amerikanischen Recht bleibt noch immer hinter der Schutzdauer des § 64 dt. UG zurück. Dasselbe gilt für alle anderen wohlerworbenen amerikanischen Rechte, für die das neue Gesetz Übergangsregelungen geschaffen hat.

Resümee

Das neue amerikanische Urheberrechtsgesetz vom 19. Oktober 1976 bringt eine umfassende Neuregelung der Vorschriften über die zeitliche Begrenzung des Urheberrechts. Werke, die am oder nach dem 1. 1. 1978 geschaffen werden, sind hiernach während des Lebens des Urhebers und einer weiteren Frist von 50 Jahren nach seinem Tode geschützt. Der Schutz bestehender Rechte wird in Übergangsbestimmungen teilweise erheblich verlängert. Dagegen entfällt in Zukunft das bisherige ewige Urheberrecht des common law für unveröffentlichte Werke. Ebenso gerät die Möglichkeit der Erneuerung einer ablaufenden Schutzfrist in Fortfall. Das Urheberrecht der Vereinigten Staaten nähert sich damit in der Frage der Schutzfristen den kontinentaleuropäischen Rechten weitgehend an und entspricht in diesem Punkt nunmehr auch den Vorschriften der Berner Übereinkunft. Bezweifelt werden muß allerdings im Ergebis, daß diese Annäherung allein ausreicht, die USA in der Zukunft in den Verband der Berner Union zu integrieren. Die Neuregelung legt es jedoch nahe zu überprüfen, ob sich durch sie neue Wege für einen erweiterten inter-

---

[51]) Vgl. die Proklamation des Präsidenten der Vereinigten Staaten vom 25. Mai 1922; abgedruckt bei Ulmer, aaO. (Fn. 45), unter 31 c.

[52]) v. Bar, aaO. (Fn. 17).

nationalen Urheberrechtsschutz über den Schutzstandard des WUA hinaus erschließen. Bei der Schutzfristenfrage im deutsch-amerikanischen Urheberrecht hat sich abgesehen davon, daß deutsche Urheber nach dem 1. 1. 1978 auch in den USA einen 50jährigen Schutz post mortem auctoris genießen, nichts geändert.

Résumé

La nouvelle loi américaine sur le droit d'auteur, du 19 octobre 1976, réaménage l'ensemble des dispositions concernant les délais en matière de droit d'auteur. Les œuvres qui seront créées le 1er janvier 1978 ou le seront par la suite sont désormais protégées pendant la vie de l'auteur, puis pendant un délai de cinquante ans après sa mort. La protection des droits existants est en partie prolongée de façon notable dans les dispositions transitoires. Par contre, à l'avenir, le droit d'auteur de durée illimitée dont jouissaient jusqu'ici, en raison de la common law, les œuvres non publiées n'existe plus. De même la possibilité de renouveler un délai de protection venu à échéance disparaît. Le droit d'auteur des Etats-Unis se rapproche de la sorte largement, pour ce qui est des délais de protection, des droits d'Europe continentale et correspond également désormais sur ce point aux dispositions de la convention d'Union de Berne. On peut cependant douter que ce rapprochement suffise à lui seul pour permettre l'intégration future des Etats-Unis dans l'Union créée par la convention de Berne. La nouvelle réglementation amène cependant à examiner si celle-ci n'ouvre pas de nouvelles voies pour une protection élargie du droit d'auteur sur le plan international, allant au delà du niveau de la protection de la convention de Genève. Il n'y a rien de changé dans la question des délais de protection concernant le droit d'auteur germano-américain, si ce n'est que les auteurs allemands bénéficient aussi aux Etats-Unis, après le 1er janvier 1978, d'une protection de cinquante ans post mortem auctoris. *Fr. U.*

Summary

The new American Copyright Act of 19 October 1976 contains a complete revision of the provisions concerning the time limits of copyright protection. Works created on or after 1 January 1978 will be protected for the creator's lifetime and a further period of 50 years after his death. The protection of some existing rights ist materially extended by the transitional provisions. But the hitherto „eternal" common law copyright for unpublished works will be abolished in the future. The possibility of the renewal of an expiring period of protection will be abolished as well. As far as periods of protection are concerned, U.S. copyright thereby approaches the copyright laws of continental Europe and, in this respect, in accordance with the provisions of the Berne Convention. It is doubtful, however, whether these steps will suffice to integrate the U.S.A. into the union of the Berne Convention sometime in the future. The new regulation suggests the examination of whether it opens new ways to an extended international copyright protection beyond the standards of protection required by the Universal Copyright Convention. Regarding the question of protection periods affecting German-American copyright, no changes occurred except that after 1 January 1978 German creators enjoy 50 years of protection post mortem auctoris even in the U.S.A. *v. W.*

Zeitliche Elemente im neuen Urheberrecht der USA

Von Professor Dr. jur. Herbert **Bernstein**, Hamburg

Einleitung

Die transatlantische Annäherung macht Fortschritte. Bisweilen mündet sie in Zusammenarbeit, wenn auch nicht so oft, wie manche Festredner uns glauben machen wollen. Es bleibt noch viel zu tun; dabei müssen Rückschläge erwartet und geduldig ertragen sowie verarbeitet werden. Der Ruf nach protektionistischer Abkapselung wird auf beiden Seiten des Atlantik erneut laut. Im ganzen aber ist der Prozeß ständig wachsender wirtschaftlicher, wissenschaftlicher und geistig-kultureller Interdependenz der Nationen Westeuropas und Nordamerikas wohl nicht mehr umkehrbar. Juristen und Politiker haben die Aufgabe, diesen Prozeß nach Kräften zu fördern.

Auf dem Gebiet des Urheberrechts geschieht dies durch Bemühungen um internationale Zusammenarbeit, welche in die zweite Hälfte des vorigen Jahrhundert zurückreichen. Da „der Geist weht, wo er will" und die moderne Technik die Verwirklichung dieses alten Wortes nicht nur durch ihr bloßes Dasein selbst belegt, sondern mehr noch durch ihre Dienste erheblich beschleunigt und vervielfältigt, ist ein Zusammenwirken der Staaten beim Schutz geistigen Eigentums unerläßlich. Die Schwierigkeiten, welche dabei zu bewältigen sind, haben für einen großen Kreis von Ländern keinen grundsätzlichen Charakter, sondern stecken im Detail. Die Urheberrechte in den Vertragsstaaten der Revidierten Berner Übereinkunft (RBÜ) gleichen einander in den Grundzügen. Außerhalb des Kreises dieser Vertragsstaaten aber war das Urheberrecht der USA bisher durch Stilmerkmale gekennzeichnet, die ihm ein grundsätzlich abweichendes Gepräge gaben. Begründung, Inhalt und Dauer des gesetzlichen Urheberrechts nach den Vorschriften des Copyright Act von 1909 stellen sich bei rechtsvergleichender Betrachtung in ihrer Gesamtheit als ein Schutzsystem ganz eigener Art dar.

Das neue Urheberrechtsgesetz von 1976, welches am 1. Januar 1978 in Kraft tritt, verfolgt neben einem Bündel anderer Zwecke auch das Ziel einer teilweisen Rechtsangleichung unter dem Aspekt eines möglichen Beitritts der USA zur Berner Konvention. Mit einem gelegentlichen Seitenblick auf dies Reformziel seien hier die zeitlichen Elemente, insbesondere die Schutzfristen des neuen Rechts einer näheren Betrachtung unterzogen.

I. Die Schutzfristreform im Überblick

In Übereinstimmung mit der RBÜ und den nationalen Gesetzen der meisten Staaten wird das Urheberrecht in den USA gemäß § 302 (a) des neuen Gesetzes künftig in der Regel erst 50 Jahre nach dem Tod des Urhebers enden; genauer gesagt: am Ende des Kalenderjahres, in welchem 50 Jahre seit dem Tod des Urhebers vergangen sind (§ 305). Für gewisse Sonderfälle gilt gemäß § 302 (c) eine feste Schutzfrist von 70 Jahren, gerechnet vom Zeitpunkt der Veröffentlichung, oder von 100 Jahren, beginnend mit dem Augenblick der Schaffung des Werkes, wobei je nach Lage des Falles die zuerst ablaufende dieser beiden Fristen für die Schutzdauer maßgebend ist; auch diese Schutzfristen werden bis zum Schluß des Kalenderjahres ausgedehnt, in welches der Endtermin fällt (§ 305)[1].

Mit dieser Neuregelung wird das bisherige System der ausnahmslos im Zeitpunkt der Veröffentlichung beginnenden, nicht auf die Lebenszeit des Urhebers zuzüglich einer festen Zeitspanne erstreckten, sondern von vornherein auf 28 Jahre bemessenen, um weitere 28 Jahre verlängerbaren Schutzdauer aufgegeben.

Aus dem Übergang vom alten zum neuen System der Schutzfristen resultieren, wie stets in solchen Fällen, eine Reihe von intertemporalen Fragen, welche der Gesetzgeber in dem offenkundigen Bemühen um eine den verschiedenartigen Interessenlagen angepaßte differenzierte Regelung mit der notwendigen Folge einer wenig übersichtlichen Kasuistik zu lösen versucht. Daraus erwachsende Fragen bedürfen ebenso gesonderter Behandlung wie die Auswirkungen der Reform auf internationale Fallkonstellationen. Schließlich muß eine weitere überaus verwickelte Problematik ausgeklammert werden, die ebenfalls die zeitliche Dimension der Urheberrechte betrifft und daher rührt, daß das bisherige amerikanische System gestaffelter Schutzfristen einem Urheber wegen des Erlöschens sekundärer Nutzungsrechte dritter Personen bei Ablauf der ersten Schutzfrist erlaubte, für die zweite Schutzfrist neue (d. h. für ein erfolgreiches Werk: bessere) Bedingungen mit den Interessenten an solchen Nutzungsrechten auszuhandeln.

Der Übergang zum neuen System nicht-gestaffelter Schutzfristen hat den amerikanischen Gesetzgeber bewogen, das soeben gekenn-

---

[1]) Während § 305 des amerikanischen Gesetzes den Endtermin der Schutzfrist hinausschiebt, bewirkt § 69 des deutschen Urheberrechtsgesetzes dasselbe durch Hinausschieben des für die Berechnung der Frist (notabene: nicht des Schutzes) maßgebenden Anfangstermins.

zeichnete Urheberinteresse durch die Vorschriften der §§ 203 und 304 (c) über die vorzeitige Beendigung von Nutzungsrechten und Rechtsübertragungen zu schützen, die vom Standpunkt der Urheberrechtspraxis großes Interesse sowohl innerhalb wie außerhalb der USA verdienen und ebenso die rechtsvergleichende Wissenschaft beschäftigen sollten. Die Gefahr, daß diese eigentümlichen amerikanischen Vorschriften im Ausland mißverstanden werden, ist um so größer, als die Regelung nicht nur außerordentlich detailliert und kompliziert ist, sondern ihre dogmatische Wurzel im angloamerikanischen Sachenrecht hat, das den Juristen außerhalb des Common-Law-Rechtskreises mit Recht noch immer bizarr und schwer zugänglich vorkommt. Unter nachdrücklicher Betonung der Bedenken, welche einer beiläufigen Behandlung der erwähnten Vorschriften entgegenstehen[2]), muß die erforderliche gründliche Erörterung dieses Fragenbereichs zurückgestellt werden.

II. Die reguläre Schutzfrist

Für die Anwendung der grundlegenden Vorschriften des § 302 (a), wonach die Schutzdauer sich auf das Leben des Autors und eine zusätzliche Zeitspanne von 50 Jahren erstreckt, spielt die erstmalige Veröffentlichung des Werkes, welche bisher eine Voraussetzung des gesetzlichen Urheberschutzes (zum Unterschied von dem Schutz nach Common Law) bildete, keine Rolle mehr. Vielmehr werden auch unveröffentlichte Werke nunmehr nach Maßgabe des neuen Gesetzes, somit also nur befristet (nicht unbefristet wie nach Common Law) geschützt. Der Schutz beginnt in jedem Fall mit der Schöpfung oder Schaffung („Creation") des Werkes. Das ergibt sich unmißverständlich aus der mehrfach genannten Grundregel des § 302 (a). Der Begriff der „Creation" wird in § 101 des Gesetzes in zwei Richtungen näher bestimmt. Zum einen wird dort angegeben, welche Gestalt das Werk haben muß, um den Schutz des Gesetzes auszulösen. Zum anderen wird die regelmäßig in einem etappenweisen Prozeß erfolgende Fertigstellung eines Werkes unter dem Aspekt seiner „Creation" im Rechtssinn behandelt.

---

[2]) Diese Bedenken werden bedauerlicherweise durch die eklatante Fehlinterpretation des § 304 (c) verstärkt, welche der obige Beitrag v. Bars (S. 37 ff.) unter I 3 b) (2) enthält (aaO. S. 45). Indem v. Bar aus dieser Bestimmung herausliest, die Befugnis zur Einräumung von Lizenzen ende mit dem Ablauf der bisherigen Schutzfrist von 56 Jahren, verkehrt er die Norm unter völliger Verkennung der dahinstehenden Interessenlage und deren legislatorischer Bewertung in ihr genaues Gegenteil. Umfassend erörtert die neuen Vorschriften: Nimmer, Termination of Transfers under the Copyright Act of 1976, Univ. Penn. L. Rev. 125 (1977) 947.

Der letztgenannte Punkt spielt im Fall des § 302 (a) für die Fristproblematik keine entscheidende Rolle, weil die Schutzdauer für alle Teile eines Werkes unabhängig vom Beginn des gesetzlichen Schutzes zum selben Zeitpunkt (50 Jahre nach dem Tod des Autors) endet. Das gilt bekanntlich nach allen Rechten, welche die reine postmortem-Methode der Schutzfristenregelung befolgen, nicht nur für die zu verschiedenen Zeiten fertiggestellten Teile eines Werkes, sondern auch für alle — womöglich in großem Zeitabstand entstandenen — Werke ein und desselben Urhebers. Eben darauf beruht einer der praktischen Vorzüge dieser Methode, weil die unter Umständen schwer zu beantwortende Frage nach dem genauen Zeitpunkt der Entstehung oder Veröffentlichung eines Werkes zumindest für den Endtermin der Schutzfrist als unmaßgeblich eliminiert wird. Dies gilt jedenfalls, solange man sich im Rahmen einer einzigen nationalen Rechtsordnung bewegt. Eine nationale Regelung dagegen, die wie das bisherige amerikanische Recht generell und das neue Recht in den Sonderfällen des § 302 (c) den Lauf der Schutzfrist an die Entstehung oder Veröffentlichung eines Werkes knüpft, kann den Schwierigkeiten einer Ermittlung dieses Zeitpunktes ebenso wenig ausweichen wie gewisse internationale Regelungen, welche das zeitliche Verhältnis mehrerer Ereignisse in verschiedenen Ländern zueinander (wie etwa Art. 6 Abs. 1 RBÜ die erstmalige Veröffentlichung in einem Verbandsland) zum Angelpunkt ihrer Anwendbarkeit machen. Mit Rücksicht auf § 302 (c) wird dieser Punkt nochmals aufzugreifen sein.

Dagegen ist im Zusammenhang mit § 302 (a) derjenige Bestandteil des gesetzlichen Begriffs der „Creation" von ausschlaggebender Bedeutung, welcher die Gestalt des Werkes betrifft. Insoweit müssen die in § 101 enthaltenen Definitionen der Begriffe „created" sowie „fixed" und „copies" in Verbindung miteinander gelesen werden, weil der zweite und dritte zur Bestimmung des ersten verwendet werden. Das Resultat dieser Begriffsverknüpfung, welches sich auch in § 102 (a) Satz 1 niederschlägt, ist nichts anderes als eine konsequente Fortsetzung der bisherigen Tradition des angloamerikanischen Urheberrechts, wonach nur solche Werke gesetzlichen Schutz genießen, welche die Gestalt körperlicher Festlegung angenommen haben[8]). Diese Voraussetzung erfüllen z. B. nicht das

---

[8]) Das Merkmal körperlicher Festlegung kommt in der Formel „fixed in a tangible medium of expression" zum Ausdruck, welches allerdings nach der Definition des Begriffes „fixed" in § 101 bei Ton- und Bildübertragungen durch eine zugleich mit der Übertragung erfolgenden Aufzeichnung (Videotape, Tonband etc.) verwirklicht werden kann.

spontan ersonnene und gesprochene Gedicht (Stegreifgedicht), die Jazzimprovisation oder der frei gehaltene Vortrag. Erst im Zeitpunkt etwaiger späterer Verkörperung solcher geistigen Emanationen in Schriftform oder in Noten und dergleichen beginnt der urhebergesetzliche Schutz. Unserem heutigen deutschen Recht[4]) ebenso wie dem Urheberrecht anderer Nationen und auch der Pariser Fassung der RBÜ[5]) ist eine solche Verengung des Schutzobjektes und die damit eventuell einhergehende zeitliche Verzögerung des Schutzes vom Ansatz her unbekannt (siehe Art. 1 Abs. 1 RBÜ); aber Abweichungen kommen vor und sind nach dem RBÜ der Gesetzgebung der Verbandsländer gestattet (Art. 2 Abs. 2). Wenn das amerikanische Recht in diesem Punkt seine traditionelle Haltung nicht aufgeben mag, sondern weiterhin den Schutz erst mit der körperlichen Festlegung eines Werkes einsetzen läßt, so stellt diese Eigenart in Anbetracht von Art. 2 Abs. 2 RBÜ kein Hindernis für einen Beitritt zur RBÜ dar.

Da das neue Recht den gesetzlichen Urheberschutz mit der „Creation" im vorstehend erläuterten Sinn wirksam werden läßt, ohne — wie bisher — Rücksicht darauf zu nehmen, ob das Werk veröffentlicht wird und ob zwecks Erlangung des Schutzes irgendwelche Formalien eingehalten werden, entsteht der Eindruck, als ob damit auch bereits der Grundsatz des Art. 5 Abs. 2 Satz 1 RBÜ verwirklicht sei, wonach der Genuß und die Ausübung der Urheberrechte nicht an die Erfüllung irgendwelcher Förmlichkeiten gebunden sein dürfen. Dieser Eindruck ist jedoch trügerisch. Zwar setzt das neue Gesetz den seit langem zu beobachtenden Prozeß allmählicher Erosion der formalen Bedingungen des Urheberschutzes in den USA fort. Von dem historischen Ausgangspunkt, wonach der gesetzliche Urheberschutz veröffentlichter Werke den Copyright-Vermerk sowie Anmeldung, Registrierung und Hinterlegung mehrerer Werkexemplare beim Copyright Office voraussetzte, entfernt sich das neue Gesetz im Zuge dieses Prozesses noch mehr als das bisherige. Das manifestiert sich ganz zwangsläufig bereits darin, daß nunmehr auch unveröffentlichten Werken mit der „Creation" sogleich der gesetzliche Urheberschutz zuteil wird. Ferner spricht das Gesetz unzweideutig aus, daß weder eine unter-

---

[4]) Ursprünglich wurde zwar § 1 Abs. 2 LUG vom Reichsgericht dahin ausgelegt, daß nur eine in bestimmter Form festgelegte Geistestätigkeit den Werkbegriff erfülle; siehe z. B. RGZ 66, 227 (230). Diese Praxis war aber schon vor Inkrafttreten des Urheberrechtsgesetzes von 1965 (UG) überholt; siehe etwa BGH GRUR 1962, 531 (533) = UFITA Bd. 38 (1962) S. 172 — Bad auf der Tenne II. Nunmehr siehe § 2 Abs. 1 UG (z. B. „Reden" in Nr. 1).

[5]) Anders noch die Brüsseler Fassung der RBÜ, welche in Art. 2 Abs. 1 bei choreographischen Werken und Pantomimen eine schriftliche oder andere Festlegung verlangte.

bliebene Registrierung (mit einer noch zu erörternden Ausnahme) noch das Unterlassen der gebotenen Hinterlegung eines in den Vereinigten Staaten veröffentlichten Werks den gesetzlichen Urheberschutz entfallen lassen (so § 407 (a) Satz 2 und § 408 (a) Satz 2). Das bisherige Gesetz ließ insofern teils Raum für Zweifelsfragen, teils schrieb es ausdrücklich das Erlöschen des Urheberrechts vor. In § 13 war bestimmt, daß der Urheber alsbald („promptly") nach Veröffentlichung seines Werks der Hinterlegungspflicht zu genügen habe und daß bis zur Vornahme der Hinterlegung sowie der Registrierung des Werkes keine Klage wegen Verletzung des Urheberrechts erhoben werden könne. In den ersten Jahrzehnten nach Erlaß des Gesetzes von 1909 war unklar, ob diese Vorschrift (damals § 12) dahin auszulegen sei, daß das Urheberrecht untergehe, falls das Werk nicht alsbald („promptly") hinterlegt werde. Der Supreme Court entschied 1939, daß diese Folge nicht eintrete, sondern im Falle verzögerter Hinterlegung das Recht erhalten bleibe, und daß nach Erfüllung der Hinterlegungspflicht gegen einen etwaigen Verletzer des Urheberrechts geklagt werden könne[6]). Wenn allerdings der Urheber nach § 14 (früher § 13) des Gesetzes von 1909 vom Register of Copyrights zur Einhaltung der Pflicht aufgefordert wurde und dieser Aufforderung binnen einer Frist von 3 Monaten (bzw. 6 Monaten für im Ausland und in Übersee ansässige Autoren) nicht nachkam, büßte er sein Urheberrecht ein. Einen derartigen Verwirkungstatbestand, welcher in der Praxis selten herbeigeführt wurde, kennt das neue Gesetz im Zusammenhang mit der Registrierung und Hinterlegung nicht mehr; im Gegenteil: das Gesetz stellt in den schon genannten Bestimmungen der §§ 407 (a) Satz 2 und 408 (a) Satz 2 klar, daß der gesetzliche Schutz nicht durch Hinterlegung und Registrierung bedingt ist. Die Versäumung dieser Formalitäten führt also in keinem Falle zum Rechts*verlust*. Dagegen kann die Registrierung in einem besonderen Fall der Rechts*erhaltung* dienen. Hierbei handelt es sich um die schon erwähnte Ausnahme von der Regel des neuen Gesetzes, daß Registrierung und Hinterlegung für den Bestand des Urheberrechts bedeutungslos sind. Nach § 405 (a) (2) kann eine Registrierung vor Veröffentlichung oder innerhalb von 5 Jahren nach Veröffentlichung dazu führen, daß der gesetzliche Schutz eines Werkes gewahrt bleibt, obwohl der Copyright-Vermerk unterblieben ist; über das Erwirken der Registrierung hinaus muß freilich im Rahmen des Vernünftigen der Versuch unternommen werden, alle nach Entdeckung der Unterlassung des Vermerks in den USA verbreiteten Exemplare

[6]) Siehe Washingtonian Pub. Co., Inc. v. Pearson, 306 U.S. 30 (1939).

des Werkes nachträglich mit dem Vermerk zu versehen. Fehlt somit — von der rechtserhaltenden Kraft in diesem Fall abgesehen — sowohl der Hinterlegung wie der Registrierung jede materiellrechtliche Bedeutung für den Bestand des Urheberrechts, so wäre es doch ein Trugschluß, wollte man annehmen, insoweit seien im Sinne des Art. 5 Abs. 2 Satz 1 RBÜ „der Genuß und die Ausübung der Urheberrechte nicht an die Erfüllung irgendwelcher Förmlichkeiten gebunden". Es bleibt nämlich weiterhin dabei, daß ungeachtet des Bestehens eines Urheberrechts eine Klage wegen Verletzung dieses Rechts nicht möglich ist, solange es an einer Hinterlegung und Registrierung fehlt. Diese bisher in § 13 verankerte Prozeßvoraussetzung findet sich in § 411 des neuen Gesetzes in verfeinerter Form wieder. Darüber hinaus beschneidet § 412 den gesetzlichen Schadensersatzanspruch sowie das Recht auf Erstattung von Anwaltskosten nach §§ 504 und 505, sofern die mit einer Klage verfolgten Ansprüche aus der Verletzung eines Urheberrechts vor dessen Registrierung herrühren und das Werk entweder nicht veröffentlicht ist oder zwar veröffentlicht, aber später als 3 Monate nach der Veröffentlichung registriert wurde. All dieses zeigt, daß der amerikanische Gesetzgeber den Wert der Registrierung nach wie vor hoch einschätzt, womöglich noch höher als in der Vergangenheit. Denn einerseits erwachsen aus der fehlenden Hinterlegung und Registrierung gemäß § 412 zusätzlich zu dem bisher schon bekannten prozessualen Nachteil des Prozeßhindernisses weitere Rechtseinbußen materiellrechtlicher Art, die offenbar indirekt die Bereitschaft zu baldiger Registrierung hervorrufen oder verstärken sollen, nachdem sich unter dem alten Recht gezeigt hat, daß diese nach der Veröffentlichung nicht selten jahrelang verzögert wurde, gelegentlich fast bis zum Ende der ersten Schutzfrist von 28 Jahren, deren bevorstehender Ablauf wegen der Notwendigkeit des Antrags auf Renewal dann endlich Anlaß zur Registrierung gab[6a]). Daß die Gesetzesreform die Bedeutung der Registrierung intensiviert und verbreitert hat, tritt deutlich in Erscheinung, wenn man bedenkt, daß Klage wegen Verletzung des Urheberrechts an einem unveröffentlichten Werk bisher nur nach Common Law erhoben werden konnte und nicht an das Erfordernis der Registrierung geknüpft war, obwohl § 12 in gewissen Fällen die Möglichkeit der Registrierung unveröffentlichter Werke eröffnete. Soweit nun der bisherige Rechtsschutz für solche Werke nach Common Law durch den neuen gesetzlichen Urheberrechtsschutz verdrängt wird, der vom Augenblick der „Creation" so-

---

[6a]) Nur für 15% aller registrierten Werke wurde die Verlängerung beantragt; s. Spindler GRUR Int. 1970, 171 (180 mit N. 108).

wohl unveröffentlichten wie veröffentlichten Werken zusteht, sind auch die Urheber unveröffentlichter Werke durch § 411 gehindert, Klage gegen einen Verletzer zu erheben, solange die Registrierung ausbleibt. Insgesamt ergeben sich aus den §§ 411 und 412 also beträchtliche Rechtsschmälerungen, so daß insoweit zwar nicht der Bestand der Rechte des Urhebers, wohl aber „Genuß und Ausübung" dieser Rechte an die Erfüllung von Förmlichkeiten gebunden sind; schon das verstößt gegen Art. 5 Abs. 2 Satz 1 RBU[7]). Auf der anderen Seite läßt das WUA in Art. 3 Abs. 3 Vorschriften nach Art des § 411 zu, während die Vereinbarkeit des § 412 mit dem Abkommen noch der Prüfung bedarf.

Was im übrigen den Copyright-Vermerk angeht, so hält das neue Recht an dieser herkömmlichen gesetzlichen Formalität des Urheberschutzes fest, fügt allerdings den bisher in § 21 geregelten Erleichterungen in § 405 und § 406 einige weitere hinzu. Infolge der Tatsache, daß das neue Gesetz allen schutzfähigen Werken bereits im Zeitpunkt der „Creation" Urheberschutz gewährt, hat der Copyright-Vermerk zwangsläufig seine bisherige Funktion eingebüßt. Gemäß § 10 des alten Gesetzes besaß der Vermerk konstitutive Bedeutung: nur ein Werk, welches mit dem Vermerk veröffentlicht wurde, genoß den gesetzlichen Urheberschutz. Der Vermerk war also Tatbestandsvoraussetzung für die Entstehung des gesetzlichen Urheberrechts. Diese Eigenschaft kann er nach dem neuen Recht nicht mehr haben, weil das Urheberrecht vor und ohne jede Veröffentlichung entsteht, also auch wenn eine solche nie stattfindet. Vielmehr kann der Vermerk nur den Fortbestand eines Urheberrechts über den Zeitpunkt der Veröffentlichung hinaus sichern helfen. Das neue Gesetz ordnet in §§ 401 ff. an, daß und in welcher Form veröffentlichte Werke mit dem Vermerk versehen sein müssen. Dagegen fehlt es erstaunlicherweise an einer Vorschrift, in der das Erlöschen des Urheberrechts als Folge einer Veröffentlichung ohne den gehörigen Copyright-Vermerk normiert ist[8]). Offenkundig geht jedoch § 405 von dieser Folge als Regelfall aus, wenn es dort heißt, unter besonderen, in der Vorschrift beschriebenen Umständen verliere das Urheberrecht n i c h t seine Geltung, sowohl es an dem gebotenen Vermerk fehlt. Es muß also in

---

[7]) Siehe B a p p e r t / W a g n e r , Internationales Urheberrecht (1956) S. 73 f., Rdn. 15.

[8]) Das ist nicht recht begreiflich, wenn man bedenkt, daß die mögliche „devistitive" (rechtsvernichtende) von der „investitiven" (rechtsbegründenden) Wirkung einer Veröffentlichung auch bisher schon unterschieden worden ist: C a r y , The Quiet Revolution in Copyright: The End of the Publication Concept, Geo. Wash. L. Rev. 35 (1967) 652 (656).

Zukunft erwartet werden, daß ein Werk, welches für eine mehr oder weniger lange Zeit den gesetzlichen Schutz als unveröffentlichtes Werk genoß, mit der Veröffentlichung mangels eines Copyright-Vermerks in der gesetzlich geforderten Form gemeinfrei wird.

Nach dem bisherigen Rechtszustand hatte der Autor vor der Veröffentlichung keinen Anspruch auf gesetzlichen Schutz, der durch die Veröffentlichung hätte verloren gehen können, sondern nur potentielle Ansprüche nach Common Law. Da die Rechte an unveröffentlichten Werken durch die bisherige gesetzliche Regelung nicht tangiert wurden, wie das Gesetz ausdrücklich in § 2 klarstellte, und andererseits den veröffentlichten Werken der Schutz des Gesetzes in der Regel nur dann gewährt wurde, wenn sie den Copyright-Vermerk trugen, konnte es nicht — wie jetzt in Fällen eines fehlenden Copyright-Vermerks — zu dem Ergebnis kommen, daß gesetzlicher Schutz zwar vor der Veröffentlichung besteht, aber nicht danach.

III. Die Schutzfrist in Sonderfällen

Abweichend vom Prinzip der post-mortem-Frist, welches § 302 (a) nun auch für das Urheberrecht der USA niederlegt, gilt in gewissen Fällen nach § 302 (c) eine besondere Regelung.

Der Natur der Sache entsprechend sind davon zum einen die Werke anonymer oder unter einem Pseudonym auftretender Autoren betroffen. Falls ein solches Werk veröffentlicht wird, ist es grundsätzlich bis zum Ablauf von 75 Jahren nach der Veröffentlichung geschützt. Mit dieser Schutzdauer übertrifft das amerikanische Recht, das bisher eher zu auffällig kurz bemessenen Fristen neigte, selbst die großzügige Regelung des deutschen Rechts in § 66 Abs. 1 UG. Freilich gilt dies nur mit folgender Einschränkung: § 302 (c) läßt mit der „Creation" für die dort geregelten Fälle eine Schutzfrist von 100 Jahren beginnen und bestimmt, daß die zuerst ablaufende der beiden Fristen, welche diese Vorschrift normiert, den Urheberschutz beendet, also die Gemeinfreiheit bewirkt. Somit gilt für anonyme und unter einem Pseudonym geschaffene Werke, welche entweder gar nicht oder später als 25 Jahre nach der „Creation" veröffentlicht werden, die Frist von 100 Jahren. Ähnlich wie § 66 Abs. 2 UG läßt das amerikanische Gesetz in § 302 (c) Satz 2 und 3 den postmortem-Grundsatz wieder zur Geltung kommen, falls die Identität des Autors vor Ablauf der starren Frist enthüllt wird.

Da die Werke anonymer oder hinter einem Pseudonym verborgener Autoren der Zahl nach nicht sehr ins Gewicht fallen und die praktische Durchsetzung von Schutzansprüchen in solchen Fällen, insbesondere von Seiten angeblicher Rechtsnachfolger, in der Regel eine Identifizierung des Autors voraussetzt, brauchte der Sonderregelung des § 302 (c) allein wegen dieser Fälle keine große Aufmerksamkeit geschenkt zu werden. Selbst die Erkenntnis, daß die Definition der Begriffe „Anonymous work" und „Pseudonymous work" in § 101 des neuen amerikanischen Gesetzes Unterschiede zwischen dieser Tatbestandsgruppe des § 302 (c) und § 66 Abs. 1 UG sowie Art. 7 Abs. 3 RBÜ erkennen läßt, vermag das rechtsvergleichende Interesse wegen der geringen Bedeutung des Gegenstandes für die Praxis einerseits und seiner begrenzten dogmatischen Ergiebigkeit anderseits nur mäßig zu beleben.

Eine Einstufung des § 302 (c), welche diese Vorschrift in ihrer Gesamtheit in die Kategorie wenig bedeutsamer Ausnahmeregeln verweist, wäre jedoch verfehlt. Die Norm erfaßt nämlich neben den verhältnismäßig seltenen anonymen oder pseudonymen auch zahlreiche orthonyme Werke und entzieht diese somit der post-mortem-Regel für die Schutzfrist-Bestimmung des § 302 (a). Dabei handelt es sich um alle Fälle eines „Work made for hire"; sie werden in § 302 (c) hinsichtlich der Bemessung der Schutzfrist mit anonymen und pseudonymen Werken gleichgestellt. Unter den heutigen Verhältnissen in der sog. Kulturindustrie ist nicht nur die gemeinsame Urheberschaft mehrerer Personen an einem Werk weitaus häufiger anzutreffen als in früheren Jahrhunderten, weil das Zusammenwirken verschiedener Personen zur Hervorbringung bestimmter Werke vor allem im Bereich von Film, Funk und Fernsehen, also früher unbekannten Medien, stark verbreitet ist. Darüber hinaus werden immer mehr urheberrechtlich schutzfähige Werke im Rahmen von Arbeitsverhältnissen oder ähnlichen mehr oder minder langfristigen Rechtsverhältnissen produziert. Das deutsche Recht regelt die aus dieser Lage entspringenden Fragen in §§ 43 und 79 UG in dem Sinne, daß das originäre vom Gesetz gewährte Schutzrecht grundsätzlich dem eigentlichen Schöpfer des Werkes zusteht; diese gesetzliche Regelung wird durch kollektiv- und einzelvertragliche Vereinbarungen, insbesondere der Rundfunk- und Fernsehanstalten ergänzt, worin den Arbeitgebern typischerweise weitestgehende Nutzungsrechte eingeräumt werden, für die nur ausnahmsweise ein besonderes Entgelt anfällt. Das amerikanische Recht wählt einen andersartigen Ansatzpunkt[9]): Schon bisher enthielt § 26 eine Fiktion derart, daß der Copy-

---

[9]) Zu Einzelheiten siehe Poll, Der angestellte Urheber im deutschen und ame-

right Act überall, wo vom „Author" die Rede war, den „Employer" meine, soweit es sich um „Works made for hire" handele. Damit war allerdings keine Sonderregelung der Schutzdauer verbunden. Nachdem nunmehr der Terminus „Work made for hire" Eingang in die Schutzfristenvorschrift des § 302 (c) gefunden hat, darf man sich nicht zu der Annahme verleiten lassen, dies betreffe nur solche Schöpfungen, die ein Angestellter innerhalb des Bereichs seines Arbeitsvertrages gemacht habe. Eine solche Feststellung wäre inhaltlich zu eng, also unzutreffend, und ließe weder erkennen, welche große praktische Bedeutung der dritten Tatbestandsvariante des § 302 (c) innewohnt, noch ließe sie das zukünftige Konfliktpotential erahnen, das sich darin verbirgt. „Employee" ist nicht mit „Angestellter", sondern mit dem umfassenderen Ausdruck „Arbeitnehmer" zu übersetzen. Mag diese Fehlübersetzung auch nicht so sehr ins Gewicht fallen, so darf auf keinen Fall die Ausweitung des Begriffs „Work made for hire" in § 101 des neuen Gesetzes unerwähnt bleiben, welche über den Bereich der Arbeitsverhältnisse hinausgeht und eine Vielzahl geistiger Leistungen auf der Grundlage einer besonderen Bestellung oder eines besonderen Auftrages erfaßt. Die Verknüpfung mit der Definition des Begriffs „Collective Work" ergibt, daß ein „Work made for hire" z. B. auch in vertraglich vereinbarten Beiträgen zu Periodika, Anthologien und Enzyklopädien zu erblicken ist. Ferner werden erfaßt alle auf der Grundlage eines besonderen Vertrages (auch ohne Begründung eines Arbeitsverhältnisses!) erstellten Werke, die in einem Film oder sonstigen audiovisuellen Medium Verwendung finden sollen, also etwa im Fernsehen. Dasselbe gilt für Übersetzungen, Tests, Antwortmaterialien für einen Test sowie Atlanten und schließlich für drei Werkkategorien, welche das Gesetz als „Supplementary work", „Compilation" und „Instructional text" beschreibt und umfassend definiert, so daß der volle Sinngehalt der Regelung sich wiederum nur aus einem Definitionenkomplex erschließen läßt, dessen Wiedergabe hier aus Raumgründen unterbleiben muß. In allen diesen Fällen verlangt das Gesetz zwar als Voraussetzung für die Gleichstellung mit Arbeitsverhältnissen von den Parteien des dem Werk zugrundeliegenden Vertrages eine schriftliche Vereinbarung darüber, daß das Werk als „Work made for hire" zu betrachten sei. Aber es ist wohl kaum anzunehmen, daß die urheberrechtlichen Konsequenzen einer solchen formelhaften Abrede von

---

rikanischen Recht (Diss. München 1972) sowie Rumphorst, Der angestellte Urheber und die Filmurheberschaft im Recht der Vereinigten Staaten von Amerika (Diss. München 1972).

den betroffenen Künstlern, Literaten usw. — zumal wenn es sich um Nichtamerikaner handelt —, in jedem Fall klar erkannt und sorgfältig bedacht werden. Diese Konsequenzen ergeben sich aus § 201 (b) des neuen Gesetzes. Ebenso wie bisher in dem schon genannten § 26 wird in § 201 (b) die Fiktion aufgestellt, der Arbeitgeber sei der Autor der von seinen Arbeitnehmern im Rahmen des Arbeitsverhälnisses geschaffenen gesetzlich geschützten Werke. Über das bisherige Gesetz hinaus wird diese Fiktion sodann auf die anderen Auftraggeber eines „Work made for hire" erstreckt, von denen soeben die Rede war. Alsdann bestimmt § 201 (b) expressis verbis, daß alle diese Personen in der fingierten Autorenrolle Inhaber sämtlicher im Urheberrecht enthaltenen Rechte sind, sofern nicht in Schriftform eine ausdrückliche anderweitige Vereinbarung getroffen worden ist. Mangels einer solchen Vereinbarung, deren Abschluß offenkundig sowohl vom juristischen Informationsstand als auch von der wechselseitigen Stärke der Verhandlungsposition der Beteiligten abhängt, steht das Urheberrecht in allen genannten Fällen — deren Zahl schon jetzt beträchtlich sein dürfte und mit zunehmender Einbindung individueller geistiger Tätigkeiten in planerische und organisatorische Zusammenhänge weiter steigen wird — dem Arbeitgeber bzw. Auftraggeber zu.

Berücksichtigt man diesen faktischen und rechtlichen Hintergrund, dann gewinnt die Schutzfristnorm des § 302 (c) ein bemerkenswertes Profil und verliert den Charakter einer peripheren Ausnahmevorschrift. Das in ihr verborgene Konfliktpotential rührt nicht nur daher, daß sich sowohl im Rahmen von Arbeitsverhältnissen als auch in den anderen Fällen ein reichhaltiges Kaleidoskop von Streitfragen über die Wirksamkeit und die Reichweite der getroffenen Vereinbarungen anbietet, sondern auch daher, daß der Gesetzgeber die „First publication" und die „Creation" zu Anfangsterminen für die beiden alternativen Schutzfristen von 75 und 100 Jahren gemacht hat. Bereitet schon das Tatbestandsmerkmal der Veröffentlichung (bzw. erstmaligen Veröffentlichung), das im bisherigen amerikanischen Recht generell ausschlaggebend für die Schutzfristberechnung war (siehe §§ 24, 26) und im Konventionsrecht (z. B. in Art. 6 Abs. 1 RBÜ) hervorragende Bedeutung hat, nicht geringe Schwierigkeiten sowohl im normativ-begrifflichen Bereich als auch in dem der Tatsachenfeststellung[10]), so werden die Komplikationen mit Sicherheit vervielfältigt,

---

[10]) Hierzu neuestens Kunstadt GRUR Int. 1977, 22; früher: Spindler GRUR Int. 1970, 171 (172 mit N. 28).

wenn es darauf ankommt, zwecks Fristberechnung den Begriff der „Creation" auszulegen und unter Ermittlung der auf Grund dieser Auslegung maßgeblichen Tatsachen im Einzelfall anzuwenden. Es wurde schon weiter oben darauf hingewiesen, daß im Rahmen der Grundnorm des § 302 (a) nur derjenige Bestandteil des Begriffs „Creation" eine Rolle spielt, welcher die G e s t a l t des Werkes betrifft. Dieses bereits näher erörterte Begriffserfordernis muß naturgemäß auch erfüllt sein, wenn es für die Anwendung der Sondervorschrift des § 302 (c) auf die „Creation" (statt auf die „First publication") ankommt; insoweit sei auf obige Erläuterungen verwiesen. Hinzu tritt nun aber im Rahmen des § 302 (c) die z e i t l i c h e Dimension des Tatbestandes der „Creation", welche für § 302 (a) wegen der dort befolgten post-mortem-Methode gleichgültig ist. Bestimmt sich jedoch — wie in der einen Alternative des § 302 (c) — Beginn u n d E n d e der Schutzfrist nach dem Zeitpunkt der „Creation", so stellt sich unvermeidlich die Frage, wie dieser Zeitpunkt zu definieren und wann er im Einzelfall eingetreten ist.

Der amerikanische Gesetzgeber hat versucht, den ersten Teil dieser Frage in § 101 des neuen Gesetzes zu beantworten. In Anbetracht der Tatsache, daß die Hervorbringung der meisten schutzfähigen Werke eine mehr oder weniger lange Zeitspanne einnimmt, also kein punktuelles Ereignis, sondern ein Prozeß von einer gewissen Dauer ist, hat der Gesetzgeber gemeint, diesen gesamten (womöglich jahrelangen) Prozeß als gestreckten Tatbestand normieren und definieren zu sollen; soweit nämlich ein beliebiger Abschnitt („Portion") des Werkes die vom Gesetz mit dem Merkmal „fixed" geforderte Verkörperung erreicht hat, ist es nach der Legaldefinition als das jeweilige Werk im Sinne der „Creation" anzusehen. Jede Seite eines Manuskripts, jedes Notenblatt einer Komposition, jeder Tonklumpen einer werdenden Plastik erfüllt also im Zeitpunkt der Niederschrift, der Formung usw. das derart definierte Tatbestandsmerkmal. Dies erscheint durchaus angemessen, soweit es sich darum handelt, dem Urheber den Schutz des Gesetzes bereits während der fortschreitenden Entstehung seines Werkes zuteil werden zu lassen. Das Interesse des Urhebers spricht für ein frühestmögliches Einsetzen des gesetzlichen Schutzes. Da § 302 (a) das Urheberrecht mit der „Creation" wirksam werden läßt, was mangels abweichender Bestimmung des Schutz b e g i n n s auch in den Fällen des § 302 (c) gelten muß, so ist gegen die Legaldefinition der „Creation" im Sinne eines gestreckten Tatbestandes nichts einzuwenden, solange sie lediglich dazu führt, daß der Schutz des Urhebers bereits im Augenblick der allerersten dem Gesetz entsprechenden Verkörperung ausgelöst wird und jeden noch so kleinen zusätzlich hergestellten Teil des Werkes in der logischen Sekunde erfaßt, in welcher er bei der weiteren Arbeit an dem Vorhaben verkörperte Gestalt annimmt. Auf diese Funktion ist die Begriffsbestimmung der „Creation" zugeschnitten, in dieser Hinsicht ist sie interessegemäß und praktikabel.

Sehr viel weniger zweckmäßig, wenn nicht ungeeignet ist das in dieser Weise definierte gestreckte Tatbestandsmerkmal zur Lösung der Aufgabe, nicht den Anfang, also das Wirksamwerden, sondern das Ende, also das Erlöschen urheberrechtlichen Schutzes zeitlich eindeutig festzulegen. Dieser Aufgabe soll der Begriff der „Creation" in § 302 (c) dienen, soweit die alternative Schutzfrist von 100 Jahren in Betracht kommt. Der Gesetzgeber hat die begrifflichen und praktischen Schwierigkeiten, die sich bei der Anwendung dieses Teils der Vorschrift ergeben können, zumindest teilweise durch die bereits eingangs erwähnte Vorschrift des § 305 entschärft, wonach die Schutzfristen immer mit dem Ende des Kalenderjahres ablaufen, in welches der Endtermin fällt. Dank dieser Vorschrift kann man es sich bei Anwendung der Hundertjahrefrist des § 302 (c) ersparen, den genauen Zeitpunkt der „Creation" zu ermitteln, sofern zweifelsfrei feststeht, daß der gesamte Vorgang der Entstehung des fraglichen Werkes innerhalb eines Kalenderjahres begonnen und geendet hat. Wie aber, wenn er sich von einem in ein anderes oder gar über mehrere Kalenderjahre erstreckt hat? Dann versagt die Hilfe des § 305. Soll nun etwa die Schutzfrist für verschiedene Teile e i n e s Werkes zu verschiedenen Zeiten enden? Soweit voneinander äußerlich trennbare verschiedene Fassungen eines Werkes bestehen (der einfachste Fall wären wohl Überarbeitungen eines im Druck in Gestalt verschiedener Auflagen erschienenen Werks), läßt sich die Folgerung, daß diese unterschiedlichen Fassungen im Rahmen des § 302 (c) jeweils eine eigene Schutzfrist haben, wohl kaum vermeiden, ist doch in § 101 ausdrücklich bestimmt, daß verschiedene Fassungen eines Werks im Sinne des Begriffs „Creation" selbständige Werke darstellen. Ob der Gesetzgeber, als er dies so normierte, die Auswirkungen im Zusammenhang mit § 302 (c) bedacht hat, mag dahinstehen. Als eine nachahmenswerte Problemlösung wird man differenzierte Schutzfristen für verschiedene Fassungen ein und desselben Werks wohl nicht ansehen können; schon der Gedanke an die Vielzahl möglicher Streitpunkte in einem Urheberverletzungsprozeß darüber, welche Fassung der angebliche Verletzer als gemeinfrei behandelt hat und behandeln durfte, kann diese Regelung nicht empfehlen. Noch weitaus bedenklicher, wenn nicht undurchführbar muß es erscheinen, verschiedene Schutzfristen auf ein einheitliches Werk anzuwenden, von dem zwar nur eine Fassung existiert, dessen Entstehung aber in mehrere Kalenderjahre fällt. Ob die Gerichte in den USA einen Weg finden, diese Konsequenz des § 302 (c) im Fall der Hundertjahrefrist zu vermeiden, wird abzuwarten sein. Wegen der Länge der Frist bleibt das Privileg, dies zu erleben, späteren Generationen vorbehalten.

Bedenkt man die aufgezeigten Schwierigkeiten, so liegt auf der Hand, daß das Merkmal der „Creation", so wie es das Gesetz im Interesse frühestmöglich wirksam werdenden Schutzes als gestreckten Tatbestand definiert, nicht zum Zwecke der Bemessung einer Schutzfrist hätte benutzt werden sollen. Allenfalls hätte man das Ende der „Creation", also einen Zeitpunkt, nicht einen über mehr oder weniger lange Zeit sich erstreckenden Prozeß zum Anfangstermin einer Schutzfrist machen dürfen; Schwierigkeiten bei der Feststellung dieses Zeitpunktes im Einzelfall würden auch dann noch bleiben.

Überdies ist nicht ohne weiteres ersichtlich, warum der Gesetzgeber die „Works made for hire" dem Anwendungsbereich des § 302 (a), also dem post-mortem-Prinzip entzogen und der Sonderregelung einer starren Frist gemäß § 302 (c) unterstellt hat, statt diese auf anonyme und pseudonymeWerke zu beschränken. Erst die Einbeziehung der „Works made for hire" in den Bereich des § 302 (c) vergrößert die Zahl der betroffenen Fälle in solchem Maße, daß die Problematik dieser Vorschrift aus der Sicht der Praxis nicht mehr als quantité négligeable abgetan werden kann. Das gesetzgeberische Motiv für die Erstreckung des § 302 (c) auf gewisse orthonyme Werke dürfte darin zu suchen sein, daß Arbeitgeber und Auftraggeber, in deren Person das Urheberrecht an einem „Work made for hire" nach § 201 (b) in der Regel entsteht, typischerweise nicht natürliche, sondern juristische Personen sind[11]). Auf diese kann das post-mortem-Prinzip nicht angewendet werden, es sei denn, man würde nicht auf denjenigen abstellen, den das Gesetz als Urheber fingiert, sondern auf denjenigen, der mangels dieser Fiktion als Urheber anzusehen wäre, den „Schöpfer des Werkes" (vgl. § 7 UG). Der amerikanische Gesetzgeber hat sich anders entschieden, damit freilich auch alle Fälle

[11]) Die früher nach deutschem Recht ebenfalls gegebene Möglichkeit des originären Erwerbs eines Urheberrechts durch juristische Personen, welche § 7 in Verbindung mit § 2 Abs. 2 UG nicht mehr zuläßt, ist auch in den USA gelegentlich ein wenig spöttisch kommentiert worden; Vitophone Corp. v. Hutchinson Amusement Co., 28 F. Supp. 526 (D. C. Mass. 1939), 529: „... the corporation ... is incapable of exercising intellect ...".

der post-mortem-Regel entzogen, in denen der Arbeitgeber bzw. Auftraggeber eine natürliche Person ist. Das wird man als eine zulässige Generalisierung im Rahmen gesetzgeberischer Typenbildung hinzunehmen haben.

IV. Unbefristete Urheberrechte

Das neue Gesetz findet — im Gegensatz zu den bisherigen Urhebergesetzen der USA — nicht nur auf veröffentlichte, sondern, wie mehrfach erörtert, auch auf unveröffentlichte Werke Anwendung (eben daher rührt die Bedeutung des Begriffs der „Creation" als Angelpunkt mehrerer Vorschriften). Dies hat zur Folge, daß der bisher unbefristete Schutz unveröffentlichter Werke nach dem Common Law in dem Umfang durch den befristeten gesetzlichen Schutz ersetzt worden ist, in dem das Gesetz unveröffentlichten Werken dieselbe Behandlung gewährt wie veröffentlichten. Das kommt zum Ausdruck in § 301 (a). Es wäre jedoch verfehlt, die Ausschließlichkeitsklausel im Satz 1 dieser Vorschrift dahin zu deuten, daß Urheberschutz in den USA in Zukunft nur noch nach Maßgabe und damit auch stets nur innerhalb der Fristen des neuen Gesetzes möglich ist.

Bereits die Formulierung des § 301 (a) selbst gibt zu erkennen, daß die Klausel bestimmte Grenzen hat. Diese werden in § 301 (b) noch genauer verdeutlicht. Gewisse im einzelnen genannte Rechte und Rechtsbehelfe, die auf Common Law oder auf einzelstaatlichem Recht beruhen, bleiben ausdrücklich aufrechterhalten. Darunter finden sich in § 301 (b) (2) näher umschriebene Rechte, die unter intertemporalen Gesichtspunkten von der Wirkung des § 301 (a) ausgenommen werden. Dieser Teil der Vorschrift hat somit nur zeitlich begrenzte Bedeutung[12]). Dagegen haben die Klarstellungen in den Klauseln (1) und (3) des § 301 (b) eine andere Struktur. Sie bauen auf den §§ 102 und 103 einerseits und auf § 106 anderseits auf. Aus diesen Vorschriften ergeben sich Grenzen des gesetzlichen Urheberschutzes so-

---

[12]) Allerdings ist ihre Tragweite nicht so eng, wie v. B a r glaubt, der ihren Inhalt falsch wiedergibt, wenn er in seinem Beitrag zu diesem Heft unter I 3 b) (1) schreibt, Chapter 3 des Copyright Act 1976 sei nicht anwendbar auf alle Klagen, die vor dem 1. Jan. 1978 anhängig gemacht werden. Zum einen geht es nicht nur um die Anwendbarkeit von Chapter 3 mit der Überschrift „Duration of Copyright", sondern um die Wirkung des gesamten Gesetzes („ . . . this title . . ." bezieht sich auf Title 17 des U.S.C.). Zum anderen ist keine Rede von vor dem 1. Jan. 1978 erhobenen Klagen, sondern von Ansprüchen aus Handlungen, die vor dem 1. Jan. 1978 begonnen worden sind, so daß die Klage sehr viel später erhoben sein kann und gleichwohl unter § 301 (b) (2) fällt.

wohl hinsichtlich der geschützten Werke als auch hinsichtlich der dem Urheber kraft Gesetzes zustehenden Rechte.

Was die geschützten Werke angeht, so ist vor allem daran zu erinnern, daß das Gesetz sich nicht mit sinnlicher Wahrnehmbarkeit begnügt, sondern mit der Formel „fixed in a tangible medium of expression" körperliche Festlegung als Voraussetzung des gesetzlichen Schutzes verlangt; außerdem kommen — wie allgemein üblich — nur bestimmte in 7 Gruppen unterteilte Arten von Werken als gesetzliches Schutzobjekt in Betracht. Die verbleibenden Lücken, insbesondere die Nichteinbeziehung unverkörperter Werke in den Anwendungsbereich des Gesetzes, lassen Raum, wie § 301 (b) (1) klarstellt, für die Aufrechterhaltung richterrechtlichen und einzelstaatlichen Schutzes; ebenso sind die Gerichte und die Gesetzgeber der Einzelstaaten offenkundig nicht gehindert, diese Lücken durch neues Recht auszufüllen. Der Katalog geschützter Werke in § 102 (a) erfaßt z. B. nicht Bauwerke (ebensowenig wie die bisherigen Copyright Acts). Eine „Preemption", d. h. eine Inanspruchnahme der Rechtssetzungskompetenz durch den Bundesgesetzgeber hat insofern nicht stattgefunden.

Dies gilt aber nicht nur im Hinblick auf die in §§ 102, 103 spezifizierten Objekte des gesetzlichen Schutzes und die insofern bestehenden Lücken, sondern gleichermaßen nach § 301 (b) (3) auch für die dem Urheber durch das Bundesgesetz in dem Katalog des § 106 gewährten Rechte, welcher keinesfalls alle denkbaren und in anderen Rechtsordnungen vorkommenden Arten urheberrechtlicher Berechtigungen ausschöpft. Auf eine kurze Formel gebracht, erkennt das Gesetz dem Urheber nur Verwertungsrechte zu; es regelt den kommerziellen Aspekt der Urheberschaft, während der persönlichkeitsrechtliche Aspekt, das droit moral ungeregelt bleibt. Diese Enthaltsamkeit des Bundesgesetzgebers darf keinesfalls in dem Sinne mißverstanden werden, als sei im amerikanischen Recht kein Raum für den Schutz auch dieser Seite des Phänomens geistig-künstlerischer Tätigkeit und ihrer Ergebnisse. Der Nachweis, daß das Recht der Vereinigten Staaten dem droit moral vergleichbare Schutzmechanismen in vielfacher Hinsicht bereithält — mögen diese auch keinen Niederschlag in den Copyright Acts gefunden haben —, ist längst geführt[13]). In allerjüngster Zeit hat der einflußreiche Court of Appeals für den 2. Bundesgerichtsbezirk, zu welchem New York, die geistige

[13]) Siehe nur Treece, American Law Analogues of the Author's „Moral Right", Am. J. Comp. L. 16 (1968) 487 m. w. N. sowie Strauss, Urheberpersönlichkeitsrechte in den Vereinigten Staaten, in: Schriftenreihe der UFITA, Heft 5 (1957).

und künstlerische Metropole des Landes gehört, in einer Opinion seines angesehenen Richters Lumbard auf ingeniöse Weise ein neues Mittel in Gestalt des Lanham Acts über unlauteren Wettbewerb und Markenschutz zum Schutze gewisser persönlichkeitsbezogener Urheberinteressen mobilisiert[14]), welche zum typischen Schutzbereich des droit moral gehören, nämlich zur Wahrung des Interesses an der Unterbindung von Entstellungen seines Werks (vgl. § 14 UG). An dieser Entscheidung wie auch an neueren Veröffentlichungen in der juristischen Literatur der USA[15]) läßt sich wachsende Aufgeschlossenheit für eine Verstärkung der persönlichkeitsbezogenen Rechte des Urhebers ablesen. Für eine Entwicklung in dieser Richtung bildet der Copyright Act von 1976 kein Hindernis, obwohl — oder gerade weil — er die traditionelle bundesgesetzliche Beschränkung auf den Schutz der Verwertungsrechte beibehält. Durch § 301 (b) (3) bleiben nicht nur schon bestehende persönlichkeitsbezogene Urheberrechte in der Art des droit moral erhalten, sondern es wird auch der zukünftigen Herausbildung solcher Rechte durch Richterrecht oder Gesetz eine Möglichkeit belassen[16]). Für diese Rechte gelten die Schutzfristen des neuen Gesetzes ebensowenig wie dessen sonstiger Regelungsgehalt. Vorbehaltlich etwaiger Fristbestimmungen anderer anwendbarer Gesetze, sind also die Urheberpersönlichkeitsrechte in den USA (anders als nach deutschem, aber ebenso wie nach französischem Recht) von unbefristeter Dauer. In einer vergänglichen Welt wie unserer zeugt es allerdings von Gedankenlosigkeit, wenn man diese Rechte „ewig" nennt.

Resümee

1. Während nach bisherigem amerikanischen Recht der gesetzliche Urheberschutz unter der Voraussetzung, daß gewisse Förmlichkeiten beachtet wurden, für einen mit der Veröffentlichung beginnenden Zeitraum von 28 Jahren gewährt wurde und sich auf Antrag um nochmals 28 Jahre verlängerte, geht das neue Gesetz (ab 1. Januar 1978) grundsätzlich zur post-mortem-Methode mit einer 50-Jahre-Frist über. Für gewisse Sonderfälle gilt eine starre Frist, welche als 70-Jahre-

---

[14]) Siehe Gilliam v. American Broadcasting Companies, 538 F. 2d 14 (2d Cir. 1976).

[15]) Siehe Cukell, The Author's Moral Right: Can Louisiana Adopt the Doctrine? Tulane L. Rev. 51 (1977) 309; Comment, Protection of Artistic Integrity: Gilliam v. American Broadcasting Companies, Harv. L. Rev. 90 (1976) 473 mit Nachweisen S. 476 N. 27.

[16]) So auch Comment (vorige Note) S. 477 N. 34.

Frist mit der Veröffentlichung und als 100-Jahre-Frist bereits mit der Schöpfung („Creation") in Lauf gesetzt wird, wobei der favor tertii, nicht der favor auctoris den Ausschlag zwischen den Endterminen gibt.

2. Der für den Beginn des gesetzlichen Urheberschutzes maßgebende Begriff der „Creation" erfordert kraft seiner Legaldefinition die körperliche Festlegung eines Werkes; diese Abweichung von der Pariser Fassung der RBÜ wahrt den Rahmen von Art. 2 Abs. 2 der Übereinkunft. Indessen hält auch das neue Gesetz an gewissen traditionellen Förmlichkeiten fest, die für das amerikanische Urheberrecht charakteristisch sind. So müssen veröffentlichte Werke weiterhin den Copyright-Vermerk tragen. Fehlt dieser, so geht der bis zur Veröffentlichung gewährte Schutz in der Regel verloren. Ausnahmsweise kann er gemäß § 405 (a) (2) des neuen Gesetzes durch Registrierung (spätestens 5 Jahre nach Veröffentlichung) und nachträgliche Anbringung des Vermerks erhalten bleiben. Außerdem sind Hinterlegung und Registrierung wie bisher Prozeßvoraussetzung für eine Verletzungsklage und Bedingung gewisser Nebenansprüche. Insoweit ist Art. 5 Abs. 2 Satz 1 RBÜ nicht erfüllt.

3. Anonyme und pseudonyme Werke genießen die erwähnte starre Schutzfrist von 75 bzw. 100 Jahren. Darüber hinaus gilt diese für jedes „Work made for hire". Dazu gehören neben den Werken von Arbeitnehmern auch zahlreiche Auftragsarbeiten von Personen, die keine eigentlichen Arbeitnehmer sind, sofern eine entsprechende Vereinbarung über die Gleichstellung getroffen wird. In allen diesen Fällen gilt der Arbeit- bzw. Auftraggeber als Urheber, es sei denn, etwas anderes ist vereinbart.

Da die starre Schutzfrist von 100 Jahren an den Begriff der „Creation" anknüpft, dieser Vorgang sich aber über mehrere Kalenderjahre erstrecken kann, muß mit erheblichen Schwierigkeiten bei der Feststellung des Fristablaufs in gewissen, nicht notwendig singulären Fällen gerechnet werden. Es wäre besser gewesen, entweder den Endtermin der Schutzfrist für ein einheitliches Werk an die Beendigung des Werks anzuknüpfen oder aber die „Works made for hire" der post-mortem-Regel mit der Maßgabe zu unterwerfen, daß der eigentliche Schöpfer des Werks (bei mehreren: der längstlebende) die Bezugsperson darstellt.

4. Unveröffentlichte Werke unterliegen dem neuen Gesetz ebenso wie veröffentlichte. Allerdings sind sowohl die geschützten Werke (Schutzobjekte) als auch die gesetzlich gewährten Rechte (Schutz-

umfang) ihrer Art nach jeweils begrenzt. Für die vom Copyright Act nicht erfaßten Werke (z. B. Bauwerke oder unverkörperte Werke, etwa Jazzimprovisationen) sowie von diesem Gesetz nicht geschützte rechtliche Interessen (persönlichkeitsrechtliche Aspekte der Urheberschaft) kommt weiterhin die Anwendung von Richterrecht (Common Law im Gegensatz zu Statutory Law), aber auch von einzelstaatlichen Gesetzen und solchen des Bundes (wie jüngst in einem Fall: des Lanham Acts) in Betracht. Die Schutzfristen des Copyright Act greifen insoweit nicht ein.

Résumé

1. Tandis que, selon le droit américain jusqu'ici en vigueur, la protection légale du droit d'auteur était accordée pour une période de 28 ans commençant à courir de la publication, à condition que certaines formalités soient respectées, à laquelle pouvait s'ajouter sur demande une autre période de 28 ans, la nouvelle loi (depuis le 1er janvier 1978) adopte en principe la méthode du calcul par référence à la mort de l'auteur, en instituant un délai de 50 ans post mortem auctoris. Dans certains cas particuliers s'applique une durée fixe de 75 ans à partir de la publication ou de 100 ans à partir de la création, l'intérêt des tiers et non celui de l'auteur décidant ici du choix entre les deux échéances.

2. La notion de „création" décisive pour le début de la protection légale du droit d'auteur suppose, étant donné sa définition légale, la fixation de l'œuvre sur un support matériel; cette différence par rapport au texte de Paris de la Convention de Berne reste dans le cadre de l'article 2, alinéa 2 de cette convention. Cependant, la nouvelle loi continue à exiger certaines formalités traditionnelles, caractéristiques du droit d'auteur américain. C'est ainsi que les œuvres publiées doivent continuer à porter la mention de réserve du droit d'auteur. A défaut de celle-ci, la protection accordée jusqu'à la publication est généralement perdue. Exceptionnellement, elle peut en vertu du § 405 (a) (2) de la nouvelle loi être sauvegardée par enregistrement (au plus tard 5 ans après la publication) et apposition ultérieure de la mention. En outre le dépôt et l'enregistrement sont, comme jusqu'ici, conditions de la recevabilité de l'action en contrefaçon et conditions de certaines prétentions accessoires. Dans cette mesure, l'article 5, alinéa 2, première phrase de la Convention de Berne n'est pas respecté.

3. Les œuvres anonymes et pseudonymes bénéficient de la protection pendant le délai rigide déjà mentionné, de 75 ou 100 ans. Celui-ci s'applique également à tout „work made for hire". Constituent de telles œuvres, outre celles créées par des salariés, de nombreuses œuvres de commande créées par des auteurs qui ne sont pas en fait des salariés, pour autant qu'ait été conclue une convention les y assimilant. Dans tous ces cas, l'employeur ou l'auteur de la commande est considéré comme auteur, à défaut de convention contraire.

Le délai rigide de 100 ans étant lié à la notion de „création", mais celle-ci étant un processus qui peut s'étendre sur de nombreuses années, il y a lieu de s'attendre à de grandes difficultés pour déterminer le terme du délai de protection en certains cas qui ne constitueront pas forcément des exceptions. Il aurait été préférable soit de calculer ce terme pour une œuvre collective par rapport à l'achèvement de celle-ci, soit de soumettre les „works made for hire" à la règle du calcul post mortem, à la condition que le véritable créateur de l'œuvre (en cas de pluralité, celui qui vit le plus longtemps) constitue la personne de référence.

4. Les œuvres non publiées sont, de même que celles qui sont publiées, soumises à la nouvelle loi. Cependant, aussi bien les œuvres protégées (objets de la protection) que les droits reconnus par la loi (étendue de la protection) sont limités par leur nature. Pour les œuvres n'entrant pas dans le domaine d'application de la loi sur le droit d'auteur (par exemple, œuvres d'architecture ou œuvres non matérialisées comme les improvisations de jazz) ainsi que pour les intérêts non protégés par cette loi (les aspects moraux du droit d'auteur), le droit prétorien (la „common law" par opposition à la „statutory law"), mais aussi les lois particulières aux Etats et celles de la Fédération (comme dans une affaire récente, le Lanham Act) continuent à s'appliquer. Dans cette mesure, les délais de protection de la loi sur le droit d'auteur ne s'appliquent pas. *Fr. U.*

Summary

1. Before Jan. 1, 1978 the U.S. Copyright Acts granted protection only for a period of 28 years after publication and an optional renewal period of the same length, always provided certain formalities had been observed. Abandoning this traditional method the new Copyright Act of 1976 has adopted the post-mortem method prevailing in other countries; under the new system statutory protection is avail-

able until 50 years after the author's death. For certain categories of works, however, the new Act adheres to a system of fixed periods of 75 or 100 years, respectively, the actual duration in a given case depending on whether publication occurred before or after 25 years have lapsed since creation of the work.

2. Creation, as the term is used in the Act, presupposes that it is fixed in a tangible medium of expression. Even though atypical among Convention members this requirement appears to be consistent with the Berne Convention. On the other hand, the new Act upholds certain peculiar formalities of U.S. Copyright Law. Thus published works have to carry the traditional Copyright notice. While in the past this notice was a prerequisite without which no statutory protection could be accomplished, under the Act of 1976 which applies to unpublished works as well as published ones, Copyright notice is required so as to preserve the statutory protection after publication even though prior to this event the copyright owner is entitled to the benefits of the Act with no formalities to be met. Failure to put the required notice on a work at the time of publication, while ordinarily fatal to the statutory copyright, will not result in its destruction if registration is effectuated before or within 5 years after publication and reasonable efforts are made to comply with the requirement of copyright notice respecting all copies distributed in the U.S. To the extent that deposit and registration remains a condition to enforcement of copyrights in court (§ 411) as well as to the existence of certain substantive rights (§ 412, § 504 and § 505 of the Act of 1976), American Law continues to deviate from the Berne Convention.

3. The fixed period of protection ending 75 years after publication or 100 years after creation, whichever term ends first, replaces the regular post-mortem period not only in cases of anonymous and pseudonymous works; also works made for hire are subject to this period. In addition to employees, other persons commissioned to create certain works under circumstances specified in detail by the Act of 1976 are within this exception from the post-mortem rule. The employer or person who commissioned the work is to be considered the author by virtue of a statutory fiction, unless the parties agree to the contrary in writing. The period of 100 years in all these cases being determined by the crucial fact of „creation" which potentially extends over more than one calendar year, intricate controversies can easily be foreseen in a not insignificant number of instances over the precise date of termination of copyrights subject to the 100 year duration. It would have been preferable if the legislature had opted for post-mortem in these cases too or if it had decided to let the fixed period end according to the point in time at which the work was finished rather than let it turn on the entire process of creation, thus inviting the argument that the period ends at different times for the various portions of a single work completed in different calendar years.

4. The new Copyright Act protects only the kinds of works specifically enumerated therein. Moreover, the interests held to be worthy of protection by the legislature in enacting the Copyright Act do not exhaust all the potential interests of an author. Respecting the works and interests not covered by the Copyright Act, Common Law as well as state and federal statutes may provide protection. By § 301 (b) (1) and (3) the „preemption" argument is negated. As a consequence, e.g., the Lanham Act which has been applied in a recent case so as to allow recovery for an infringement of an author's droit moral, could continue to serve this purpose. In cases outside the Copyright Act its provisions concerning the time dimensions of copyrights are of no effect.

Revolutionärer Kompromiß: Urheberrechtsinhaber und Übertragung des Urheberrechts im Urheberrechtsgesetz der Vereinigten Staaten

Von **Peter E. Braveman***), München

Deutsch von Assessor Gerald Barth, München

Am 19. Oktober 1976 unterzeichnete Präsident Ford das Gesetz P.L. 94-553[1]) und leitete damit den Beginn einer neuen Ära für das Urheberrecht in den USA und im Ausland ein[1a]). Als erstes der neuen Generation moderner Urheberrechtsgesetze verdient das US-Gesetz[2]) eine ausführliche juristische Untersuchung. Angesichts des Beitrags der Vereinigten Staaten auf dem Gebiet der Musik, des Films, der Literatur und der bildenden Künste im internationalen Rahmen werden die Auswirkungen des neuen Gesetzes zweifellos spürbar werden und müssen erforscht werden.

Die Geburt des modernen Urheberrechtsgesetzes war zwar schwierig, doch überlebte das Kind und seine Lebenszeichen sind stark. Der Vorgänger des Reformgesetzes aus dem Jahre 1976 war häufigen Anfeindungen ausgesetzt. Wie in vielen anderen Ländern ließen technische Neuerungen (von denen viele kurz nach 1909 entwickelt wurden) Vorschriften des Gesetzes aus dem Jahre 1909 veralten[3]) oder schufen weite Schlupflöcher für besondere Interessengruppen[4]).

---

*) Der Autor ist in Kalifornien als Anwalt zugelassen und als Stipendiat der Alexander v. Humboldt-Stiftung wissenschaftlicher Mitarbeiter des Max-Planck-Instituts für ausländisches und internationales Patent-, Urheber- und Wettbewerbsrecht in München. Der Autor ist der Alexander v. Humboldt-Stiftung und dem Max-Planck-Institut für die Förderung seiner Arbeit zu Dank verpflichtet.

[1]) 90 Stat. 2541, Title 17 U.S.C.

[1a]) Insbesondere England, Deutschland und Kanada werden das U.S.-Gesetz sorgfältig untersuchen, da sie umfassende Reformen ihrer eigenen Urheberrechtsgesetze in Angriff nehmen.

[2]) Das neue Gesetz wird in diesem Artikel als „Reformgesetz", „das Gesetz", „PL.. 94-553", „das neue Gesetz" und „Title 17" bezeichnet. In jedem Fall soll der Textzusammenhang ausreichend klarmachen, daß zwischen dem „alten" Gesetz (1909) und dem „neuen" Gesetz (1976) unterschieden wird.

[3]) Die Entwicklung der Vervielfältigungstechnik, des Kabelfernsehens, des Tonbands, der Computer von Satelliten und Telekommunikationssystemen machten die Modernisierung des Urheberrechtsgesetzes der Vereinigten Staaten notwendig.

[4]) Die Sonderregelung in § 1 (e) für Musikautomaten (Jukebox) ist ein Beispiel, das zeigt, daß die Verfasser des Gesetzes aus dem Jahre 1909 nicht das Heranwachsen eines Wirtschaftszweiges vorhersehen konnten, dessen Bedeutung nach Millionen Dollar zählt.

Abgesehen vom Druck technischer Neuerungen, dem es ausgesetzt war, stellte sich das Urheberrechtsgesetz der Vereinigten Staaten als komplizierte Verbindung des common law, der einzelstaatlichen Gesetze und der Bundesgesetze dar. Der darauf beruhende Schutz rief in einer Zeit wachsenden multinationalen Unternehmergeists Verwirrung hervor. Ein überaltertes Gesetz mit einer komplizierten Verfahrensregelung konnte dem Lobbyismus der betroffenen Interessengruppen und dem Druck der Zeit nicht lange standhalten. 1976 war die Reform des US-Urheberrechtsgesetzes nicht nur um den Urheber[5]) Schutz zu gewähren, sondern auch zur politischen Verwirklichung einer Idee notwendig.

Vor diesem Hintergrund, und angesichts der die Gesetzgebung in den USA beeinflussenden Fakten, kann das neue Urheberrechtsgesetz als „revolutionärer Kompromiß" zwischen den urheberrechtsverwertenden Wirtschaftszweigen und den Urhebern angesehen werden. Dieser Aufsatz befaßt sich insbesondere mit dem zweiten Kapitel des geänderten Urheberrechtsgesetzes (Urheberrechtsinhaberschaft und Gesamtübertragung des Urheberrechts). Die eingehende Behandlung dieses Kernstücks ermöglicht es, die wichtigen philosophischen und technischen Veränderungen in dem Gesetz darzustellen. Folgende größere Problemkreise werden erörtert: der Begriff der Urheberschaft, des Arbeitnehmer- und Auftragswerks, des Sammelwerks, der Übertragung des Rechts und die Ablösung der Erneuerungsvorschrift durch die Kündigungsbestimmung[6]). Ein Überblick über die einzelnen, diese Fragen betreffenden Vorschriften macht den Leser mit ihren Ineinandergreifen im Gesetz, den zugrunde liegenden Kompromissen und der Hinwendung zu einem vernünftigen Standpunkt zwischen völligem laissez-faire (der Urheber muß sich vorsehen oder er geht unter) und der europäischen Vorstellung vom droit moral[7]) vertraut. Nach einem kurzen Überblick über Gesetzgebungsverfahren und -gesichte wird das zweite Kapitel des Gesetzes eingehend besprochen.

---

[5]) Der Begriff „Urheber" (author) wird durchweg in seiner ursprünglichen Bedeutung benutzt. Er bezieht sich auf alle Schöpfer urheberrechtlich geschützter Werke und nicht nur auf die Schöpfer von Sprachwerken.

[6]) Die Fragen des Kabelfernsehens und der Ausleihe aus Bibliotheken sind besondere Fragen, die in diesem Aufsatz nicht berücksichtigt werden, da sie wenig zum Verständnis der Grundhaltung des neuen Gesetzes beitragen. Die Fragen der Fotokopie, der computer software und der Datensysteme erwarten den Bericht der CONTU vom Juli 1978 (der National Commission on New Technical Uses of Copyrighted Works). Schließlich würde eine Erörterung des „fair use", eines wichtigen Elements des amerikanischen Urheberrechts, den Rahmen dieses Aufsatzes sprengen.

[7]) Vgl. Wm. Straus, „The Moral Right of the Author", 4 Am. J. Comp. L. 506 (1955); Gilliam v. ABC, 538 F. 2d 14 (1976).

Gesetzesgeschichte

Die Geschichte der Reform des amerikanischen Urheberrechts reicht zurück in das Jahr 1955, wo „35 ausführliche Untersuchungen über wichtige Urheberrechtsprobleme unter der Federführung des Copyright Office" angestellt wurden[8]. 1961 bereitete das Copyright Office „einen vorläufigen Gesetzesentwurf" vor und zwischen dem Amt und einem aus Urheberrechtsexperten bestehenden Beratergremium fanden Arbeitstreffen statt[9]. Die ersten hearings im Gesetzgebungsverfahren wurden vor einem subcommittee des Rechtsausschusses des Repräsentantenhauses abgehalten, wobei ein 1965 eingereichter Entwurf als Grundlage diente[10]. Eine Gesetzesvorlage mit dem gleichen Gegenstand, wurde im selben Jahr beim Senat eingebracht und zwei Jahre darauf verabschiedete das Repräsentantenhaus „einen Reformentwurf". Es lag an der „komplizierten und umstrittenen Materie des Kabelfernsehens", daß diese Vorlage niemals in den Senat gelangte[11]. Sieben Jahre später, 1974, verabschiedete der Senat einen neuen Änderungsentwurf. 1976 legte der Senat einen ähnlichen Gesetzgebungsvorschlag vor. Das Repräsentantenhaus hielt hierzu noch einmal hearings ab und stimmte dem Entwurf schließlich im September desselben Jahres zu. Ein „Besprechungsausschuß beider Kammern ... beseitigte die Unterschiede zwischen den beiden Entwürfen und legte eine einzige Ausführung vor, die von den beiden Gesetzgebungsorganen verabschiedet und dem Präsidenten zugeleitet wurde"[12].

Die Geschichte

Das amerikanische Urheberrechtsgesetz knüpft historisch an ein englisches Gesetz an. Nahezu alle bedeutenderen Begriffe des angloamerikanischen Urheberrechts gehen auf das Statute of Anne aus dem Jahre 1709 zurück[13]. Wenn auch das Urheberrecht nicht erst in dem Statute of Anne Anerkennung fand (denn ihm ging das Urheberrecht der Company of Stationers' aus dem Jahre 1557 voraus), gilt es doch, da es die erste Kodifikation durch ein Parlament dar-

---

[8]) Circular R 99, „Highlights of the New Copyright Law", Copyright Office, Library of Congress, Dezember 1976, auf S. 4.

[9]) Ebenda.

[10]) Ebenda.

[11]) Ebenda.

[12]) Ebenda.

[13]) Statute of 8 Anne, c. 19. Die seit 1973 bestehende Mitgliedschaft Englands im Gemeinsamen Markt mag zu verstärkter Auseinanderentwicklung der beiden Systeme führen.

stellt, als Quelle des Urheberrechtsschutzes[14]). Das Statute of Anne gewährte „dem Urheber und seinen Rechtsnachfolgern das ausschließliche Urheberrecht für 14 Jahre von der Veröffentlichung an und nach Ablauf dieses Zeitraums, sofern der Urheber noch lebte, ... Erneuerung für weitere 14 Jahre"[15]). Entgegen der Vorstellung, daß die Schutzgewährung und ihre Erneuerung das Statute of Anne zu einem Recht des Urhebers machten, war es der wirkliche Gesetzeszweck, „ein Urheberrecht zu schaffen, das in erster Linie als Instrument zur Regelung des Handels diente — wobei es im Interesse der Gesellschaft wirkte, indem es Monopole verhinderte, und im Interesse des Herausgebers, indem es veröffentlichte Werke vor unerlaubten Eingriffen schützte, wie es bereits das Urheberrecht der Stationers tat"[16]). Der Interessenwiderstreit zwischen Urhebern, Verlegern und dem gesellschaftlichen Interesse am Recht zur Vervielfältigung wurde niemals gelöst. Das Statute of Anne schuf die Grundelemente, auf denen das amerikanische Urheberrecht beruht, ohne jedoch dem Continental Congress oder den Einzelstaaten, die versuchten, ein Urheberrechtsgesetz für die Vereinigten Staaten zu gestalten, begriffliche Hilfe zu geben. Als auf Ersuchen des Continental Congress ein Beschluß gefaßt wurde, basierte er sprachlich auf dem Statute of Anne, weswegen er eine starke begriffliche Grundkonzeption vermissen ließ[17]).

Chapter 2: Urheberrechtsinhaberschaft und Übertragung

Das zweite Kapitel von P.L. 94-553 (jetzt 17 U.S.C. 201 ff.), mit dem Titel „Urheberrechtsinhaberschaft und Übertragung" versucht, der

---

[14]) Der Company of Stationers' wurde durch königlichen Erlaß ein vorrangiges „Recht zur Vervielfältigung" eingeräumt. Wie Patterson ausführt (L.R. Patterson, Copyright in Historical Perspective, Vanderbilt Univ. Press, 1968), (im folgenden Text als Patterson zitiert) handelte es sich bei dem Urheberrecht der Stationers nicht um ein common law-Urheberrecht, sondern vielmehr um ein internes, vom englischen Buchhandel benutztes System, das dem Schutz des Rechts zur Vervielfältigung diente. Das Stationers' Company Copyright hatte keine theoretische Grundlage, da es ausschließlich zur Förderung geschäftlicher Ziele entwickelt worden war. Diesem Mangel ist es zuzuschreiben, daß die angloamerikanische Urheberrechtstheorie auf das Statute of Anne zurückgeht, obwohl dessen philosophische Grundlagen dürftig sind.

[15]) Fred Fisher Music. Co. v. A. Witmark & Sons, 318 U.S. 643 (1943). Diese von Justice Frankfurter abgefaßte Entscheidung bietet einen ausgezeichneten Überblick über die Frühgeschichte des amerikanischen Urheberrechts. (Im folgenden Text als Fisher v. Wimark zitiert.)

[16]) Patterson, S. 14.

[17]) Zu dem Zeitpunkt, zu dem der Urheberrechtsbeschluß gefaßt wurde, enthielten die Gesetzbücher von wenigstens drei Einzelstaaten Vorschriften über das Urheberrecht, wobei zwei von ihnen, Connecticut und Maryland, im wesentlichen dem Statute of Anne folgten. Vgl. Fisher v. Witmark, S. 649.

Verwirrung, die in der gesamten Urheberrechtsgeschichte der Vereinigten Staaten bestand, ein Ende zu setzen. Dieses Kapitel bringt den grundlegenden Gedanken des amerikanischen Urheberrechts zum Ausdruck: „Das Urheberrecht an ... einem Werk ... liegt im Anfang bei dem oder den Urhebern des Werks"[18]). Diese Feststellung verdient sowohl wegen der in ihr enthaltenen ausdrücklichen Regelung wie auch wegen ihres Schweigens Interesse. § 201 (a) trägt die Uberschrift „Erstinhaberschaft" [Initial Ownership] und stellt klar, daß „der eigentliche Ursprung des Urheberrechts der Urheber selbst ist ..."[19]). Daß die Vorschrift unter das Motto „Erstinhaberschaft" gestellt wurde, betont die Veräußerungsfähigkeit des Urheberrechts nach amerikanischem Recht. Damit wird schlicht vorausgesetzt, daß eine zweite, oder nachfolgende Rechtszuständigkeit begründet werden kann.

Die Gesetzessprache in § 201 (a), die die Urheberschaft betrifft, ist insofern typisch amerikanisch, als jeder Gedanke an ein droit moral damit stillschweigend verworfen wird[20]). Gleichzeitig weicht diese Formulierung einer Frage aus, die die angloamerikanische Urheberrechtswissenschaft seit der Verabschiedung des kurzsichtigen Statute of Anne beschäftigt hatte. Wenn auch das geänderte US-Urheberrechtsgesetz den Urheber als Quelle des Urheberrechts bezeichnet, wird die Frage, welche Rolle gesellschaftliche Interessen in diesem rechtlichen Rahmen spielen, offengelassen. Die Tatsache, daß das Urheberrecht oft als ausschließliches Recht oder als Einräumung eines Monopols bezeichnet wird, weicht diesem Problem aus[21]). Gestützt auf die ihm unmittelbar in der Verfassung verliehenen Befugnis sicherte der Kongreß einwandfrei „den Urhebern für bestimmte Zeit das ausschließliche Recht an ihren jeweiligen Schriften ..."; aber er erwähnte im Reformgesetz nicht, daß der Grund für diesen Schutz die „Förderung des Fortschritts in den nützlichen Künsten" war[22]), also ein auf dem öffentlichen Interesse beruhender Grund.

---

[18]) 17 U.S.C. 201 (a). Hervorhebung vom Verfasser. Im folgenden Text beziehen sich Zitate aus Title 17 ausschließlich auf die Nummern von Paragraphen.

[19]) Hearings zu H.R. 2223 vor dem Subcomm. on Cts., Civ. Lib., und die Admin. of Justice on the Copyright Law Revision, 94th Cong., 1st Sess., (1975); Erklärung des Copyright Office. Im folgenden Text als 1975 Hearing zitiert.

[20]) Offenkundig ist der Unterschied, der gegenüber dem franz. und deutschen Urheberrechtssystem zu ziehen ist.

[21]) Zitat weggelassen.

[22]) U.S. Const., Art. I., § 8 (8). Vgl. Seltzer, „Exemption and Fair Use in Copyright: The ‚Exclusive Rights' Tensions in the New Copyright Act", 24 Bull. Copy. Soc. 216 (1977).

Ungeachtet dieser Kritik macht § 201 (a) deutlich, daß das Urheberrecht zumindest ursprünglich ein persönliches Recht ist. Diese Unterscheidung ist, wie noch auszuführen sein wird, für das gesamte Urheberrechtssystem von erheblicher Bedeutung. Eine klare Trennlinie kann auch zwischen der Grundkonzeption des amerikanischen Urheberrechts und der vieler kommunistischer Staaten und der Ostblockländer gezogen werden[23]).

Arbeitnehmer- und Auftragswerke

Die Verwertung urheberrechtlich geschützten Materials gehört in den USA zum Bereich der Großunternehmen[24]). Um die wirtschaftlichen Ziele zu fördern und die mögliche Verwirrung in Situationen, wo urheberrechtlich schutzfähige Werke in einem Auftrags- oder Arbeitnehmerverhältnis entstehen, zu vermeiden, bedient sich das amerikanische Recht der Fiktion der „Auftragswerke" (works for hire). § 101 definiert „works for hire" als erstens „ein von einem Angestellten im Rahmen seines oder ihres Arbeitsverhältnisses geschaffenes Werk" oder zweitens „ein Werk, das speziell für die Benutzung als Beitrag zu einem Sammelwerk bestellt oder in Auftrag gegeben ist ..."[25]).

§ 201 (b) des neuen Urheberrechtsgesetzes führt diese Fiktion weiter. Während § 201 (a) feststellt, daß das Urheberrecht bei dem oder den Urhebern eines Werkes liegt, bestimmt § 201 (b) die Bedeutung des Begriffes „Urheber" (wie schon § 26 im alten Recht), indem „der Arbeitgeber oder Auftraggeber, für die das Werk geschaffen worden ist, als Urheber im Sinne dieses Gesetzes ..." angesehen wird[26]). Die Fiktion, wonach der Arbeit- oder Auftraggeber der Urheber des Werkes ist, stellt eine widerlegbare Vermutung auf. Die Beweisanforderungen werden mit den Grundsätzen eines Statute of Frauds ausge-

---

[23]) Vgl. Loeber, „Copyright Law and Publishing in the People's Republic of China", 24 UCLA L. Rev. 907 (1977); Urheberrechtsgesetz der Deutschen Demokratischen Republik, URG, vom 13. September 1965; Grundsätze des Urheberrechtsgesetzes der Sowjetunion: Erlaß des Präsidiums des Obersten Sowjet der UdSSR vom 8. Dezember 1961, ergänzt durch Erlaß vom 17. Februar 1971. Wie zu erwarten, gründen die Ostblock- und kommunistischen Länder ihre Urheberrechtsgesetze auf Grundsätze des Nutzens, der Erziehung und der Weiterentwicklung der sozialistischen Gesellschaft und Kultur.

[24]) Das Einkommen der urheberrechtsverwertenden Wirtschaft beläuft sich auf Milliarden von US-Dollars.

[25]) Viele Länder haben ein ähnliches Prinzip, wobei das Urheberrecht beim Arbeitgeber entsteht. Deutschland bildet hier eine Ausnahme. Vgl. Bogsch, The Law of Copyright under the Universal Convention, R.R. Bouker Co., 1966, S. 332.

[26]) § 201 (b). Sec. 26 des Gesetzes vom 30. Juli 1947, c. 391, 61 Stat. 652. Das ältere Recht schrieb nur vor daß „das Wort ‚Urheber' im Fall des works made for hire einen Arbeit- oder Auftraggeber einschließt".

drückt: „Soweit die Parteien nicht etwas anderes in einem von ihnen unterzeichneten Schriftstück vereinbart haben ..." wird von einem work for hire angenommen, daß es dem Arbeit- oder Auftraggeber als Urheber zusteht[27]). Das Erfordernis der Schriftform ist ein Versuch, Klarheit in das bestehende US-Recht zu bringen und es zu vereinfachen und zu kodifizieren[28]). Dem Gesetzeserlaß gehen in den Vereinigten Staaten häufig Jahre mit öffentlichen Hearings vor dem Kongreß, Aussagen, deren Umfang sich in Tonnen von Papier messen läßt, und Versuche der Einflußnahme durch die Industrie, Einzelpersonen und Interessengruppen voraus. Der endgültige Wortlaut des § 201 (b) und die Übernahme der Vorschrift in den Gesetzesentwurf sind das Ergebnis derartiger Aktivitäten und zahlreicher Kompromisse. Die Fronten in der Diskussion und das Ausmaß der Kompromisse lassen sich abschätzen, wenn man die 1965 vor dem Repräsentantenhaus abgegebenen Erklärungen zweier Interessengruppen vergleicht[29]).

Die Aktivitäten im Umfeld der Filmindustrie werfen ein Schlaglicht auf die Diskussion. Die Composer & Lyricists Guild of America und die Motion Picture Association of America, Inc., vertraten unterschiedliche Standpunkte bezüglich der works-for-hire-Vorschrift. Die Komponistenvereinigung gab Erklärungen zu dem Wortlaut der Vorschrift ab, der für sie von lebenswichtiger Bedeutung war, „da die meisten Musikstücke, die für die Film- und Fernsehindustrie komponiert werden, nach Anweisungen der Produzenten entstehen"[30]). Der Verband erkannte an, daß „die Reform des Copyright Act des Jahres 1909 Gelegenheit bot, mit der regelwidrigen Doktrin zu brechen, wonach der Arbeit- oder Auftraggeber als Urheber des entstandenen Werkes angesehen wird"[31]). Er war der Ansicht, daß „nach keinem fairen, logischen oder ethischen Grundsatz ... der Auftraggeber, für den das Werk komponiert wird ... als ‚Urheber' angesehen werden sollte"[32]).

Der Verband legte den Vorschlag eines geänderten Entwurfs der „works-for-hire"-Vorschrift vor, der eine Änderung der Vermutun-

---

[27]) § 201 (b).

[28]) Vgl. Nimmer, Nimmer on Copyright, Matthew Bender & Co., Inc., 1968, S. 238. Im folgenden Text als Nimmer zitiert.

[29]) Hearings zu H.R. 4347, 5680, 6831 vor Comm. Nr. 3, Comm. of the Jud., on the General Revision of the Copyright Law, 89th Cong., 1st Sess. (1965). Im folgenden Text als 1965 Hearings zitiert.

[30]) 1965 Hearings, S. 264.

[31]) Ebenda.

[32]) Ebenda, S. 265.

gen dergestalt vorsah, daß der Auftraggeber nur das Recht erhielt, „das Werk für den speziellen Zweck, für den es entstand, zu benutzen", so daß der tatsächliche Schöpfer des Werkes „als Inhaber aller Rechte daran angesehen ..." würde[33]). „Diese unbillige Fiktion aufrechtzuerhalten oder zu verlängern (so folgerte der Verband) ... würde den Komponisten und Dichter in seiner gegenwärtigen, beruflich und finanziell unvorteilhaften Lage festhalten und gleichzeitig dem Auftraggeber (der Film- oder Fernsehgesellschaft) weit mehr „Schutz" als notwendig zukommen lassen"[34]). Im wesentlichen drängte das erfolglos gebliebene Argument der Composer & Lyricists Guild darauf, ein Verhältnis zwischen Auftraggeber und Schöpfer ähnlich dem der „shop-right"-Lehre des Patentrechts einzuführen, wonach der „Arbeitnehmer-Erfinder der u r s p r ü n g l i c h e Inhaber des gesetzlichen Rechts ist"[35]).

Das siegreiche Argument lag auf der Seite der Motion Picture Association of America. Ihr Vertreter umriß die Situation:

> „In der Filmherstellung werden buchstäblich tausende kreativer Leute beschäftigt, die zu dem Film beitragen, der auf die Leinwand kommt ... Hunderte von Millionen Dollar werden für die Filmherstellung ausgegeben. Die Lohnsummen für Angestellte der Filmproduktion in Hollywood überschreiten $ 250 Mio. im Jahr (Zahlen von 1965) ... Das in den Studios investierte Kapital beläuft sich auf annähernd $ 150 Mio. Die Durchschnittskosten eines Films betragen etwa $ 1 500 000."[36])

Aus philosophischen und praktischen Gründen führte die Zahl derer, die dazu beitragen, eine Geschichte in ein Filmmanuskript umzuarbeiten, zur gegenwärtigen „works-for-hire"-Vorschrift. Die Aussage führte weiter aus:

> Der fertige Roman oder das Theaterstück oder eine andere, als Grundlage dienende Geschichte, muß verschiedene Stadien durchlaufen, bevor er oder es der Form nach als Filmmanuskript in der Produktion verwendbar ist (Bearbeitungen, Drehbücher, und die endgültigen Drehmanuskripte) ... Eine Vielzahl von Autoren ... trägt mit ihrer Arbeit in jeder Stufe der Entwicklung zum endgültigen Drehbuch bei, wobei diese Autoren Angestellte, die für einen Wochenlohn arbeiten, unter Zeitvertrag stehen oder be-

---

[33]) Ebenda.

[34]) Ebenda.

[35]) Ebenda, S. 266. Hervorhebung vom Verfasser.

[36]) Ebenda, S. 984.

auftragt sein können, bestimmte Dienste in einer oder mehreren Stufen des Verfahrens zur Fertigstellung des endgültigen Drehbuchs zu leisten.

Im Verlauf der Dreharbeiten zu einem Film liefern die verschiedenen gestaltenden Künstler, die an der Produktion beteiligt sind, Beiträge zur Form und Gestalt ebenso wie zu Änderungen der Geschichte und des Dialogs des Films.[37])

Diese Aussage führte dem Kongreß eine sehr schwierige Situation vor Augen. Wie konnte der Urheberrechtsschutz auf all diejenigen verteilt werden, die an einem komplexen Werk mitarbeiten? Schließlich führten die Schwierigkeit, eine praktikable Vorschrift zu schaffen, das bestehende case law, der Umstand, daß Gehälter aus Verträgen bezahlt wurden und die großen finanziellen Interessen, die betroffen waren, zum gegenwärtigen § 201 (b).

Obwohl die „works-for-hire"-Vorschrift eine konkrete rechtliche Regelung enthält, läßt diese Bestimmung doch viele Fragen unbeantwortet. Da der Kongreß die Fiktion des Auftraggebers als Urheber aufrechterhalten wollte, behält das case law in diesem Bereich vermutlich seine Gültigkeit. So stellt z. B. Professor *Nimmer* unter Berufung auf die Entscheidung Donaldson Publishing Co. v. Bregman, Vocco & Conn., Inc.[38]), fest, daß die entscheidende Frage bei der Bestimmung eines Auftrags-(Arbeits-)Verhältnisses ist, ob der angebliche Arbeitgeber das Recht hat, die Art der Ausführung des Werkes durch den Autor zu leiten und zu überwachen[39]). Die Ähnlichkeit zur master-servant-agency-Lehre hat sich laut Professor Nimmer nicht verloren.

Sogar unter der Geltung des § 201 (b) bleibt die Frage, ob ein bestimmtes Verhältnis eine „works-for-hire"-Beziehung darstellt, und falls ja, in welchem Umfang Werke, die in diesem Vertragsverhältnis entstanden, der Anwendung der Vorschrift unterliegen[40]). Probleme der Vertragsauslegung bleiben ebenso bestehen wie die Frage, wie eine Auftragsarbeit (etwa das von einem Künstler gemalte Porträt) zu behandeln ist. Wenn auch P.L. 94-553 ein works-for-hire-Verhältnis vermutet, soweit nichts anderes ausdrücklich vereinbart

[37]) Ebenda, S. 1047.

[38]) Donaldson Publishing Co. v. Bregman, Vocco & Conn., Inc., 375 F. 2d 639 (2nd Cir. 1967). Im folgenden Text als Donaldson zitiert.

[39]) Nimmer, 238.2.

[40]) Nimmer, 240, bezüglich der Fälle vor der Gesetzesänderung. Wie bereits erwähnt, stellen diese Fälle noch gültiges Präzedenzrecht dar.

wurde, wird doch das case law der Schlüssel zur Lösung von Streitigkeiten um „works for hire".

Während der Kongreßhearings zur „Works-for-hire"-Vorschrift wurde die Verfassungsmäßigkeit der Regelung, die den Auftraggeber als Urheber im Sinne des Urheberrechtsgesetzes ansieht, angegriffen[41]). Die Gegner der Bestimmung warfen die Frage auf, ob die Ermächtigungsgrundlage in der Verfassung (die von der Gewährung des Rechts an den Urheber für einen beschränkten Zeitraum spricht) eine Regelung stützen könne, mit deren Hilfe Arbeit- oder Auftraggeber Rechte erwerben, die ausdrücklich dem wirklichen Urheber zugestanden wurden. Obwohl die Frage niemals gerichtlich entschieden wurde, läßt der Umstand, daß der Begriff „writings" so weit ausgelegt wurde, daß er Filme, Gemälde, Skulpturen, Architektenentwürfe usw. einschließt, vermuten, daß eine großzügige Auslegung der Verfassung möglich ist. Andererseits läßt jedoch eine

> verfassungsrechtlich begründete Verteidigung des § 26 (jetzt § 201 (b)), die sich nur darauf stützt, daß der Kongreß eine Art rechtliche Fiktion schuf, indem er den Arbeitgeber als Urheber betrachtet, in dem Sinn, in dem die Copyright Clause den Begriff verwendet, bedeutungslos werden. Gibt es, wenn der Kongreß den Arbeitgeber als Urheber ansehen darf, irgendeine Schranke für andere Personengruppen (neben dem wirklichen Urheber), die Nutznießer des Wohlwollens des Kongresses in diesem Bereich sein könnten?[42])

Am naheliegendsten wäre es, wenn ein mit dieser Frage befaßtes Gericht das Arbeitgeber—Arbeitnehmerverhältnis so betrachten würde, daß es eine stillschweigende Abtretung der Rechte enthält und damit die Frage der Verfassungsmäßigkeit völlig umginge[43]). Dieses Problem bedarf der Klärung durch die Rechtsprechung.

Beiträge zu Sammelwerken

Die mit „Beiträge zu Sammelwerken" überschriebene Vorschrift befaßt sich knapp mit dem Status eines Werkes, das zur Einfügung in ein größeres Werk bestimmt ist. Eine Bezugnahme auf § 101, „works for hire", läßt erkennen, welche Werke § 201 (c) erfaßt:

---

[41]) 1965 Hearings, S. 268.

[42]) Nimmer, 13, Fußn. § 6.3. Nimmer zitiert Bailey v. Alabama, 219 U.S. 219, 239 (1911) und weist darauf hin, daß die „Möglichkeit, Vermutungen zu schaffen, kein Mittel sein kann, verfassungsrechtlichen Beschränkungen zu entgehen".

[43]) Ebenda.

„Ein ‚Auftragswerk' ist

...

2. ein Werk, das speziell für die Benutzung als Beitrag zu einem Sammelwerk, als Teil eines Spielfilms oder anderen audiovisuellen Werks, als Übersetzung, als Ergänzungswerk, als Zusammenstellung, als Unterrichtstext, als Testbogen, als Antwortmaterial für einen Test oder als Atlas bestellt oder in Auftrag gegeben ist, falls die Parteien in einem von ihnen unterschiebenen Schriftstück ausdrücklich vereinbaren ..., daß das Werk als Auftragswerk angesehen werden soll."[44])

§ 201 (c) enthält eine Vermutung, die die Beiträge zu Sammelwerken der Fiktion der Auftragsarbeit entzieht, wobei die Werke des Schöpfers dem Auftraggeber wegen ihrer speziellen Beziehung gehören[45]). Gleichzeitig ließen die Verfasser dieser Vorschrift eindeutig zu, daß der zu einem Sammelwerk beitragende Urheber (z. B. der Autor eines Zeitschriftenartikels oder ein Kartograph, der eine in ein Kartenbuch aufgenommene Karte entwirft) sein Urheberrecht ganz auf den Eigentümer des Sammelwerks übertragen kann.

§ 201 (c) unterscheidet auch das Urheberrecht innerhalb des Sammelwerkes. „Das Urheberrecht an jedem gesonderten Beitrag eines Sammelwerks unterscheidet sich von dem Urheberrecht an dem Sammelwerk als Ganzem und liegt im Anfang bei dem Urheber des Beitrags[46])." Der Grundsatz, daß das Urheberrecht ursprünglich dem tatsächlichen Urheber zusteht, stellt eine Neuformulierung der amerikanischen Urheberrechtspraxis dar, wie sie bereits in § 201 (a) zu finden war. § 201 (c) trägt maßgeblich zur Lösung einer der nach Ansicht der Mitarbeiter des Copyright Office „schwierigsten Fragen im früher geltenden Recht, nämlich der Urheberschaft an Beiträgen zu Periodika und anderen Sammelwerken" bei[47]). Bezeichnenderweise ist diese Vorschrift wesentlich klarer abgefaßt als die Änderung des ehemaligen 17 U.S.C. § 3 (a) im Jahr 1951. Während § 3 den Begriff des Schutzes „aller urheberrechtsfähigen Teile des Werkes" verwandte, unterscheidet § 201 (c) klar zwischen zwei wichtigen Quellen des Urheberrechts: dem Beitrag zu einem größeren Gesamtwerk und dem Gesamtwerk als eigenständigem Gegenstand.

---

[44]) § 201 (c).

[45]) Fraglich bleibt der Status der Werke von Schreibern eines Stabs, die auch zu einem Sammelwerk beitragen. Sorgfältige Betrachtung der Natur des Sammelwerks, des Beitrags und der Art des Beschäftigungsverhältnisses (besonders der vertraglichen Beziehungen) sollte dieses Problem lösen.

[46]) § 201 (c).

[47]) 1975 Hearing, S. 2077.

§ 3 stellt die Betrachtung des Eigentümers eines Sammelwerkes, selten dagegen wirklich den tatsächlichen Schöpfer in den Mittelpunkt: „Das Urheberrecht an Sammelwerken oder Periodika gibt seinem Inhaber alle Rechte, die ihm zustünden, wenn jeder Teil für sich nach diesem Gesetz urheberrechtlichen Schutz genießen würde[48])." § 201 (c) kennzeichnet im Gegensatz hierzu einen bedeutenden semantischen und philosophischen Umschwung im amerikanischen Recht, da der Reformentwurf die Interessen des Urhebers im Auge hatte. Angesichts der Jahrhunderte mit Präzedenzfällen, bis zurück zum Statute of Anne, ist dieser Umschwung wahrhaft revolutionär.

Die Vorschrift über „Beiträge zu Sammelwerken" im zweiten Kapitel übernimmt bestehendes case law und erkennt gleichzeitig dem Urheber eine neue Rolle im amerikanischen Urheberrecht zu. Diese Vorschrift versucht, die Probleme zu lösen, die diejenigen Rechte aufwerfen, die nicht dem Eigentümer eines Sammelwerkes besonders zugewiesen sind. Wie Professor Nimmer bemerkt, entsteht ein Problem, wenn „ein Urheber eines unveröffentlichten und nicht urheberrechtlich geschützten Manuskripts einem Zeitschriftenverleger das Recht einräumt, das Werk in Zeitschriftenform zu vervielfältigen, sich aber alle anderen Rechte (wie z. B. Film- und Buchveröffentlichungsrechte) vorbehält ..."[49]). Vor der Entscheidung Goodis v. United Artists Television Inc.[50]) wurde der Verleger in diesem Fall als Lizenznehmer des Schöpfers des Beitrags (und nicht des Besitzers) angesehen und der gedruckte Hinweis in der Zeitschrift und die nachfolgende Veröffentlichung schützten das Werk (den Eigentümer) in der gedruckten Fassung, überantworteten es aber im übrigen dem gemeinfreien Raum[51]).

---

[48]) 17 U.S.C. § 3.

[49]) Nimmer, S. 518.

[50]) Goodis v. United Artists Television, Inc., 425 F. 2d 397 (2d Cir. 1970). Der Goodis-Fall wirft die Frage auf, ob „ein Zeitschriftenherausgeber, der nur das Recht vom Serienabdruck eines Romans erwirbt, bevor er in Buchform erscheint, ein so weitgehendes Recht an dem Werk erwirbt, daß die Bekanntgabe des Urheberrechts im Namen des Herausgebers das Urheberrecht des Verfassers des Romans schützt." (Goodis, S. 398. Im folgenden als Goodis zitiert.)

Das Gericht stellte in diesem Fall einstimmig fest, „daß, wenn eine Zeitschrift das Erstveröffentlichungsrecht gekauft hat ... und der Verfasser nicht die Absicht hat, sein Werk gemeinfrei werden zu lassen, die Mitteilung des Urheberrechts im Namen der Zeitschrift ausreicht um ein gültiges Urheberrecht für den Inhaber des Nutzungsrechts den Urheber oder Besitzer zu erlangen." (Ebenda, S. 399.) Das Gericht traf auch eine wichtige Unterscheidung zur Frage, wann die Unteilbarkeitslehre angewandt werden sollte, und verneinte ihre Anwendbarkeit in Fällen „wo der Streit das Recht des Urhebers betrifft ..., gestützt durch den Copyright Act und den gesunden Menschenverstand". (Ebenda S. 401.) Vgl. auch Nimmer, 512, zur Besprechung der Unteilbarkeitslehre.

[51]) Nimmer, S. 518.

§ 201 (c) setzt sich mit der von Professor *Nimmer* und dem Goodis-Fall aufgeworfenen Frage auseinander, wer Inhaber der Rechte ist, die nicht von der Veröffentlichung des Sammelwerkes betroffen werden. Trotz der von der Magazine Publishers Association vertretenen Ansicht, daß „das Gesetz ... Eigentümer und Verleger ... auf gehässige Weise diskriminiert ..." und daß die Vorschrift über Beiträge zu Sammelwerken „weder notwendig ist, um die Privatinteressen des unabhängigen Urhebers des Beitrags zu dem Sammelwerk zu schützen, noch vom Standpunkt des (niemals bestimmten) übertrieben berücksichtigten öffentlichen Interesses wünschenswert"[52]), stellt § 201 fest:

> In Ermangelung einer ausdrücklichen Übertragung des Urheberrechts oder anderer darunterfallender Rechte wird davon ausgegangen, daß der Inhaber des Urheberrechts an dem Sammelwerk lediglich das Recht erworben hat, den Beitrag als Teil des betreffenden Sammelwerks, jeder Überarbeitung des Sammelwerks und jeder späteren Ausgabe des Sammelwerks in derselben Serie zu vervielfältigen und zu verbreiten.[53])

Sofern nicht eine ausdrückliche Übertragung eindeutig durch ein Schriftstück bewiesen wird, behält der Urheber eines Beitrags zu einem Sammelwerk das Recht zur weiteren Verwertung seines Werkes. Eine Ausnahme gilt nur insoweit, als der Inhaber des Sammelwerkes das Werk auf die ursprünglich vorgesehene Weise benutzen darf, und zwar sowohl in Überarbeitungen und in späteren Serien. Eine Vermutung spricht dafür, daß der Urheber die Kontrolle über sein geschütztes Werk behielt. Die Anerkennung der Teilbarkeit des Urheberrechts (die unten besprochen wird) vermeidet ein Labyrinth rechtlicher Doktrinen[54]).

Trotz der Lösung des obigen Problems läßt § 201 (c) doch eine Frage offen. Welche Auswirkungen hat ein im Namen des Eigentümers des Sammelwerkes bestehendes Urheberrecht auf das Urheberrecht des Beitrags? Die Antwort findet sich, wenn man drei Kapitel des neuen Gesetzes in Zusammenhang bringt. § 201 (c) sieht entsprechend der Urteilsbegründung im Goodis-Fall vor, daß „an einem literarischen Werk ... das erstmalig in einem Sammelwerk, wie etwa einer Zeitschrift, veröffentlicht wurde, ein anderes Urheberrecht besteht, als das an dem Sammelwerk als Ganzem be-

---

52) 1965 Hearing S. 158, 159.

53) § 201 (c). Hervorhebung vom Verfasser.

54) Nimmer §§ 119.2 ff., S. 512.

stehende."[55]) Wenn jedoch der Urheber seinen Beitrag nicht beim Copyright Office registrieren läßt, sondern sich auf den Eintragungsantrag des Eigentümers des Sammelwerks verläßt, und sein Beitrag keinen Copyright-Vermerk trägt, greift die Vorschrift des § 404 (a) ein. Gemäß § 404 (a) ist

> ein auf das Sammelwerk als Ganzes bezogener Einzelvermerk ausreichend, um die Formerfordernisse ... auch für die selbständigen Beiträge zu erfüllen ... Dabei kommt es weder auf die Inhaberschaft des Urheberrechts in den Beiträgen noch darauf an, ob sie bereits vorher veröffentlicht worden sind.

Dieses Ergebnis wird von § 102 (a) bekräftigt, der vorsieht, daß „Urheberrechtsschutz besteht ... [an ... Originalwerken], die in ... einem körperlich greifbaren Ausdrucksmittel festgehalten sind ...". Die §§ 102 (a), 201 (c) und 404 (a) kodifizieren, als Einheit gesehen, die Folgerungen des Goodis-Falles und schützen den Urheber vor einer Konsequenz, wie sie sich vor 1970 ergeben hätte: dem unwiderbringlichen Übergang seines Werkes in die Gemeinfreiheit. Die Verfasser des Gesetzes beabsichtigen die zum Erwerb des Urheberrechtsschutzes notwendigen Formalien zu vereinfachen, doch machen fehlende Verweisungen die Beantwortung einer grundsätzlichen Frage zu einem der Odyssee vergleichbaren Abenteuer. Trotz dieser Kritik verdient das Grundkonzept Beifall. Der Urheber wird von dem Augenblick, wo er sein letztes Wort zu Papier bringt, geschützt.

Die Gesamtübertragung des Rechts:

Liest man § 201 (c) in Verbindung mit § 101 (der einen Definitionenkatalog enthält) so zeigt sich, daß sein Regelungsbereich gegenüber § 28 des alten Gesetzes erheblich erweitert wurde. § 28 sah vor, daß das Urheberrecht „abgetreten, übertragen oder verpfändet ... oder testamentarisch vermacht werden konnte", während § 101 als Übertragung des Urheberrechts" die „Abtretung, ein Pfandrecht, eine ausschließliche Lizenz oder jede andere Abtretung, Übertragung oder Verpfändung des Urheberrechts oder eines der im Urheberrecht enthaltenen Ausschließlichkeitsrechte ..." ansieht (Hervorhebung vom Verfasser). Die Absicht des neuen Urheberrechtsgesetzes zeigt sich auch in § 201 (d) (1): „Die Inhaberschaft an einem Urheberrecht kann ganz oder teilweise übertragen werden ...". Nach dem neuen Gesetz ist das Urheberrecht gänzlich veräußerungsfähig

---

[55]) Goodis, S. 402.

und sollte für Fragen der Abtretung und Übertragung wie ein Recht an beweglichen Sachen behandelt werden.

Wichtiger als der expansive Ton des neuen Gesetzes ist wohl die uneingeschränkte Bindung an die Lehre von der Teilbarkeit des Urheberrechts und die Absage an die „die Wirtschaft behindernde, von Richtern geschaffene Lehre von der Unteilbarkeit"[56]). Daß das Urheberrecht als unteilbares Eigentumsrecht behandelt wurde hatte zur Folge, daß übliche wirtschaftliche Transaktionen, die Nebenrechte einschlossen („Rechte für Zeitschriftenserien; Rechte für Buchclubs und Rechte zur Synchronisierung"[57]), um Beispiele zu nennen), ohne theoretische Grundlage blieben. Der Inhaber des Nebenrechts hatte nach dieser Lehre häufig nicht die Möglichkeit, seinen Kapitaleinsatz zu verteidigen.

Professor Nimmer verfolgte die Spuren des Unteilbarkeitsgrundsatzes zurück ins Fallrecht des 19. Jahrhunderts[58]) und zu einem amerikanischen Patentrechtsfall des Jahres 1891[59]). Bei wörtlicher Anwendung „macht es die Lehre unmöglich, weniger als die Gesamtheit der Rechte zu „übertragen" ... (da) jedes Minus ... eher eine „Lizenz" als eine Übertragung darstellt"[60]). Wie Justice Frankfurter in seiner dissenting opinion zur Entscheidung Commissioner v. Wodehouse[61]) anmerkt, war es „der Zweck der Unteilbarkeit, angebliche Verletzer vor der Unbill mehrerer Prozesse zu schützen". Mit anderen Worten wurden Lizenznehmer durch die Lehre von der Unteilbarkeit davon abgehalten, Klage zu erheben. Derartige Sicherheitsmaßnahmen gegen ärgerliche und zeitraubende Prozesse wurden jedoch unnötig, „weil nach den gegenwärtigen Vorschriften ... ein Inhaber einer ausschließlichen Lizenz Verletzungsklage nur unter der Voraussetzung erheben kann, daß sich der Inhaber des Urheberrechts als Klage- oder Beklagtenpartei anschließt"[62]).

Wie bereits besprochen, versetzte das Gericht im Fall Goodis[63]) der Unteilbarkeitslehre einen entscheidenden Schlag. § 201 (d) feiert die Einsegnung und Beerdigung dieser überholten Lehre. Die Aufteilbarkeit des US-Urheberrechts wird durch den einzigen Satz ange-

---

[56]) 1975 Hearing, S. 2077; Informationspapier des Copyright Office-Mitarbeitstabs.

[57]) Ebenda, S. 2078.

[58]) Nimmer, S. 511, unter Berufung auf Jefferys v. Boosey, 4 H.L. (Clark) 184, 10 Eng. Rep. 681 (1854); Roberts v. Meyers, 20 Fed. Cas. 898, Nr. 11906 (C. C. Mass. 1860).

[60]) Ebenda.

[61]) Commissioner v. Wodehouse, 337 U.S. 369 (1949).

[62]) Nimmer, S. 511.

[63]) Oben Fußn. 50.

zeigt: Das Urheberrecht „kann ganz oder teilweise übertragen werden"[64]). Der Schritt zur Teilbarkeit wurde nicht nur vollzogen, weil sich die Gebräuche und Finanzierungsmethoden in den urheberrechtsverwertenden Wirtschaftszweigen geändert hatten, sondern auch wegen der

> Spannung zwischen Theorie und Praxis im geltenden Recht (die) ... zu einigen seltsamen, und, was wichtiger ist, ungerechten Ergebnissen in den Fällen führte, wo die Gerichte nicht in der Lage waren, die Urheberrechtstheorie der wirtschaftlichen Wirklichkeit anzupassen.[65])

Für § 201 (d) sprachen sich viele Interessengruppen aus, die an den Hearings vor dem Repräsentantenhaus teilnahmen[66]).

Ein weiterer wichtiger Aspekt des § 201 (d) (1) ist, daß ein Urheberrecht „durch jede Form der Übertragung oder auf Grund Gesetzes übertragen und testamentarisch vermacht oder als persönliches Eigentum im Wege der einschlägigen Bestimmungen der gesetzlichen Erbfolge vererbt werden kann"[67]). Da das Urheberrecht eindeutig keine belegene Sache darstellt, regelt das Recht des Domizils des Urhebers beim Todeszeitpunkt die Fragen der Rechtsnachfolge bei der Verwaltung seines Nachlasses im Rahmen der gesetzlichen Erbfolge[68]).

Die Zweite Vorschrift in § 201 (d) vervollständigt den Umschwung zur freien Veräußerbarkeit des US-Urheberrechts. „Jedes aus dem Urheberrecht fließende Ausschließlichkeitsrecht, einschließlich der Aufteilung der in § 106 näher bestimmten Rechte, kann in der in Ziffer (1) vorgesehenen Weise übertragen werden und man kann es gesondert innehaben."[69])

Die Bezugnahme auf § 106 läßt den Umfang dieser Feststellung deutlich werden. Fünf „ausschließliche Rechte an urheberrechtlich geschützten Werken" werden herausgehoben, einschließlich des Rechts „eine der folgenden Handlungen auszuüben oder ausüben zu lassen":

---

[64]) § 201 (d) (1).

[65]) 1975 Hearings, S. 2078.

[66]) Die Motion Picture Association of America, Inc., die American Bar Association und die American Patent Law Association sprachen sich für die Vorschrift aus.

[67]) § 201 d() (1). Hervorhebung vom Verfasser.

[68]) „The law of the domocile is referred to for the determination of nearly all questions concerning a will disposing of moveables ..." Restatement (2nd) of Conflicts § 314, Kommentar auf S. 360 (1971).

[69]) § 201 (d) (2). Hervorhebung vom Verfasser.

1. Von dem urheberrechtlich geschützten Werk Werkstücke ... anzufertigen ... ;
2. Bearbeitungen herzustellen ... ;
3. Werkstücke ... in der Öffentlichkeit zu verbreiten;
4. das Werk öffentlich aufzuführen;
5. das urheberrechtlich geschützte Werk öffentlich vorzuführen bzw. darzubieten.[70])

In Verbindung mit der möglichen weiteren Unterteilung dieser Rechte rückt eine beinahe unvorstellbare Reihe von Übertragungsakten in den Bereich des Möglichen. Diese Vielzahl von Möglichkeiten wird zweifelsohne zu schwierigen Situationen im vertraglichen Bereich führen, aber die Rechtmäßigkeit solcher Übertragungen wird nach neuem Recht unangreifbar sein.

Die Bestimmung, wonach an Rechten oder Untergliederung von Rechten Rechtszuständigkeit begründet werden kann, bedeutet, daß die Inhaber solcher Rechte aus diesen klagen können. Wie § 201 (d) (2) weiter vorschreibt, „stehen, in dem Umfang des jeweiligen Rechts, (dessen Inhaber) der volle Schutz und die Rechtsbehelfe zu, die dieses Gesetz den Urheberrechtsinhabern gewährt". Zutreffend schätzte das Justice Department diese Entwicklung als repräsentativ

> für einen Wechsel im Fallrecht bezüglich einer Rechtsübertragung ein, da die Gerichte ausgesprochen haben, daß ein Urheberrecht eine unteilbare Einheit ist und der Zessionar eines Teils oder ein Teillizenznehmer nicht wegen des ihm übertragenen Rechts Verletzungsklage erheben kann, ohne daß der Inhaber der verbliebenen Rechte dem Rechtsstreit als Partei beitritt.[71])

Zwangsweise Übertragungen:

Die zwangsweise Übertragung wird als Gegenstand der Urheberrechtsgesetzgebung im Urheberrechtsgesetz der Vereinigten Staaten erstmalig in § 201 (e) erwähnt. Dieser Absatz sieht im wesentlichen vor, daß eine „Maßnahme einer staatlichen Körperschaft, eines Beamten oder einer staatlichen Einrichtung" nicht den zwangsweisen

---

[70]) § 106.

[71]) 1965 Hearings, S. 1128. Ramsey Clark, der die Erklärung für das Justice Department abgab, betonte die Befürchtung des Ministeriums, daß § 201 (d) zu zahlreichen Problemen bei Anwendung des 28 U.S.C. 1498 (b) führen würde, der dem Urheberrechtsinhaber im Fall der Enteignung des Urheberrechts durch die Vereinigten Staaten die Möglichkeit gibt, gegen die Vereinigten Staaten vor dem Court of Claims auf angemessene und erschöpfende Entschädigung zu klagen. Diese Befürchtung scheint aus zwei Gründen unnötig; erstens bis heute wurden keine Klagen erhoben und zweitens befaßt sich § 201 (e) direkt mit dieser Frage.

Übergang des Urheberrechts bewirken kann. Mit anderen Worten steht das Urheberrecht dem Urheber zu, und keine Maßnahme, worauf immer sie sich gründet, kann den Autor seiner Rechte gegen seinen Willen berauben. Diese Bestätigung des § 201 (a) betont, daß „der einzelne Urheber der Ursprung des Urheberrechtsschutzes ist, und daß sein Urheberrecht ihm nicht gegen seinen Willen entzogen werden kann"[72]).

§ 201 (e) stellt eine unmittelbare Reaktion auf die Panik dar, die sich innerhalb der mit dem Urheberrecht befaßten Kreise in den Vereinigten Staaten verbreitete. Schwerwiegende Befürchtungen brachten diese Gruppen im Anschluß an den Beitritt der Sowjetunion zum Welturheberrechtsabkommen in Bewegung[73]). Kurz zusammengefaßt, gewährt das Abkommen Ausländern den gleichen Urheberrechtsschutz wie ihn die Vertragsstaaten für eigene Bürger vorsehen. Die Gesetze des „Gaststaates" kommen zur Anwendung und Rechtsstreitigkeiten werden vor dessen Gerichten ausgetragen. Interessengruppen in den Vereinigten Staaten, wie etwa die Author's League, erkannten die Möglichkeit, daß die Sowjetunion den Beitritt zum WUA dazu benutzen könnte, sowjetische Dissidenten-Autoren noch weiter zu unterdrücken. Die Vorstellung umfaßte die Enteignung des Werkes eines Dissidenten-Schriftstellers, der die Geltendmachung von Ansprüchen wegen Urheberrechtsverletzung vor den Gerichten der Vereinigten Staaten und anderer westlicher Länder folgt. In Übereinstimmung mit dem State Department wurde § 201 (e) geschaffen, um Befürchtungen den Boden zu entziehen und Sicherheit gegen einen Mißbrauch des WUA zu bieten.

Da es für den Schutz einzelner Urheber vor staatlichen Maßnahmen nicht ausreicht, in einem Urheberrechtsgesetz nur festzustellen, daß der Urheber die Quelle des Urheberrechts ist, wurde § 201 (e) Gesetz, um die Möglichkeit solchen Mißbrauchs deutlich auszuschließen. Um angemessenen Schutz zu gewährleisten, spricht das Gesetz „jeder Enteignungsmaßnahme einer ausländischen Regierung oder Regierungsorganisation" innerhalb der USA rechtliche Wirkungen ab[74]). Probleme der „act of state doctrine" werden teilweise umgangen, weil Title 17 ausschließlich Maßnahmen betrifft, die innerhalb des Gebietes der Vereinigten Staaten ergriffen wurden, und deshalb keine Rechte außerhalb dieses Gebiets verletzt sind. § 201 (e) ver-

---

[72]) 1975 Hearings, S. 1890; Aussage von Barbara Ringer, Register of Copyrights.

[73]) Vgl. Braveman, „A New Dawn in International Copyright: The Soviet Adherence to the Universal Copyright Convention", 2 Utah L. Rev. 451 (1975).

[74]) 1975 Hearings, S. 2078.

körpert eine weitere Verpflichtung gegenüber dem Ziel des Schutzes der Individualurheber, das in der Präambel des WUA zum Ausdruck kommt.

Alle Formen staatlicher und nichtstaatlicher Organisationen werden mit Rücksicht auf die VAAP (der im Bereich des gesamten Abkommens tätigen Urheberrechtsagentur, die sich ausschließlich mit sowjetischen Urheberrechtsfragen befaßt), und die Mezhdunariduaya Kniga (die Import-Export-Agentur für den sowjetischen Buchhandel) vom Schutz des § 201 (e) erfaßt[75]). Das geltende US-Recht ist eindeutig: unabhängig von der Bezeichnung versucht das Urheberrecht der Vereinigten Staaten den Urheber „nach der Theorie, daß das Urheberrecht von der Urheberschaft abgeleitet wird und deshalb alle Rechte ursprünglich bei dem Urheber oder den Urhebern liegen" zu schützen[76]). Obwohl das Gesetz zweifellos im Hinblick auf Ostblockländer und diktatorische Regierungen so gefaßt wurde, läßt die Gesetzgebungsgeschichte deutlich werden, daß das Gesetz gleichermaßen für die Gliederungen der Regierung der Vereinigten Staaten gilt.

Die Anwendbarkeit des § 201 (e) auf den Rechtsübergang im Inland wurde in der ersten Diskussion in Erklärungen vor dem Kongreß in Frage gestellt. Die Aussage von Barbara Ringer vor dem Repräsentantenhaus beantwortete diese Frage direkt als sie feststellte: „Aber der Bericht scheint deutlich zu machen, ... daß Rechtshandlungen, die auch Urheberrechte betreffen, wie z. B. Übertragungen im Konkursverfahren und Versteigerungen, n i c h t von diesem Absatz erfaßt werden, da der Urheber praktisch eine Handlung freiwillig vornahm, mit der er der Übertragung zustimmt."[77]) Die Frage, ob sich eine freiwillige Handlung von seiten des Urhebers finden läßt, mag sehr wohl die Grundlage zukünftiger Entscheidungen, die Ausländer betreffen, sein. Es besteht jedoch kein Zweifel, daß der Absatz über die Zwangsübertragung von moralischem Gewicht ist und daß Gesetzgebungsgeschichte und gesetzgeberische Absicht eindeutig sind.

Das Eigentum am Urheberrecht im Unterschied zum Eigentum am körperlichen Gegenstand:

§ 202 unterscheidet ebenso wie § 27 des alten Gesetzes zwischen Eigentum an einem körperlichen Gegenstand, der seinerseits urheberrechtlich geschützt ist, und der Urheberschaft.

---

[75]) Oben Fußn. 73.

[76]) 1975 Hearings, S. 2078. Bericht des Copyright Office.

[77]) 1975 Hearings, S. 1890. Hervorhebung vom Verfasser.

> Die Übereignung des Eigentums an einer Sache, einschließlich des Werkexemplars und des Tonträgers, in denen das Werk erstmalig festgehalten ist, allein überträgt weder Rechte an dem urheberrechtlich geschützten Werk, das in der Sache verkörpert ist, noch überträgt der Rechtsübergang eines Urheberrechts oder eines der urheberrechtlich geschützten Ausschließlichkeitsrechte in Ermangelung einer Vereinbarung Eigentumsrechte an irgendwelchen Gegenständen.[78])

Die Vorschrift trennt Immaterialgüterrechte und Rechte an körperlichen Gegenständen; z. B. die Bandaufzeichnung vom Urheberrecht an der Bandaufzeichnung. Das neue Gesetz fügt die Vermutung hinzu, daß, soweit nicht etwas anders ausdrücklich vereinbart wurde, das Urheberrecht nicht mit der Übertragung des urheberrechtlich geschützten Gegenstandes übergeht[79]).

Diese Bestimmung bietet weitreichenden Schutz (der in Begriffen Ausdruck findet, die mit dem neuen Gesetz vereinbar sind). Der Künstler, Schriftsteller, Fotograf oder Filmhersteller[80]) wird geschützt, da die Übertragung des sein Werk verkörpernden Gegenstandes nicht das bestehende Urheberrecht schwächt, wenn seine Absicht mangels ausdrücklicher Abrede unklar bleibt. So kann z. B. ein Schriftsteller, der ein Exemplar seines Buches verkauft, Verletzungsklage gegen den Käufer erheben, der versucht, die Zeitschriftenrechte daran zu verkaufen, wenn er auch nicht den Wiederverkauf des betreffenden Abdrucks verhindern kann[81]).

Die Ausdrucksweise von § 202 verdeutlicht, daß, wenn ein Urheber nicht ausdrücklich seine Rechte an einem bestimmten Werk übertragen hat, der Verkauf eines körperlichen Gegenstandes (z. B. eines Manuskripts oder eines Gemäldes), sich nicht auf das Urheberrecht an dem Werk auswirkt[82]). Die gegen einen Übergang des Urheberrechts sprechende Vermutung kennzeichnet weiter die bedeutendere und vorrangige Rolle des Urhebers unter dem neuen Urheberrechtsgesetz. Trotz ihrer allgemeinen Klarheit versäumt es die Vorschrift

---

78) § 202.

79) Vgl. Walt Disney Productions v. U.S., 327 F. Supp. 189 (1971), modified on other grounds.

80) Vgl. Michael Todd Co. v. Los Angeles County, 371 F. 2d 340 (1962).

81) Die „first sale doctrine" bedeutet, daß „das ausschließliche Recht, urheberrechtlich geschütztes Material zu verkaufen auf den erstmaligen Verkauf eines Exemplars beschränkt ist und den zukünftigen Verkauf dieses Exemplars keiner Beschränkung unterwirft". American International Pictures, Inc. v. Foreman, 400 F. Supp. 928, (D.C. Ala. 1975).

82) 1975 Hearings, S. 2078. Bericht des Copyright Office.

jedoch, dem Käufer eines urheberrechtlich geschützten Werkes spezifische Orientierung zu geben. Der zulässige Umfang der beschränkten Nutzung oder der Zuschaustellung des urheberrechtlich geschützten Werkes kann durch eine Betrachtung des § 202 nicht sicher festgestellt werden. Wenn das Urheberrecht beim Autor verbleibt, ist eine Bezugnahme auf die „fair use"-Vorschrift des § 107 und eine Analyse des älteren Fallrechts notwendig.

Von der Erneuerung zur Kündigung:

Da sich die Vereinigten Staaten auf das Statute of Anne stützten, überrascht die Feststellung nicht, daß das ursprüngliche Urheberrechtsgesetz[83]) das britische Konzept einer 14-Jahresfrist mit Erneuerungsmöglichkeit für weitere 14 Jahre übernahm. Das Gesetz der Vereinigten Staaten aus dem Jahre 1790 bestimmte:

> daß der Urheber ... das ausschließliche Recht ... für eben diesen Zeitraum von 14 Jahren ab dem Zeitpunkt der Registrierung hat ... und wenn der Urheber zum Zeitpunkt des Ablaufs dieser Frist ... noch lebt ... kann eben dieses ausschließliche Recht für den Zeitraum von weiteren 14 Jahren verlängert werden.[84])

England führte durch Änderung seines Gesetzes 1814 eine Schutzfrist von achtundzwanzig Jahren mit der Möglichkeit der Erneuerung bis zum Tode des Urhebers ein, wenn dieser beim Ablauf der Frist noch lebte[85]), aber die Vereinigten Staaten folgten diesem Schritt nicht. 17 Jahre später dehnte der 21. Kongreß die Schutzfrist für Urheberrechte auf 28 Jahre mit der Möglichkeit der Erneuerung für den noch lebenden Urheber aus, behielten aber die Erneuerungsfrist von 14 Jahren bei[86]). Die nächste Veränderung der Erneuerungsfrist brachte § 23 des Gesetzes von 1909 (später § 24) mit sich, der die Erneuerungsfrist auf 28 Jahre ausdehnte[87]). Die Ablösung der Erneuerungsvorschrift (§ 24) durch die, wie sie üblicherweise genannt wird, Kündigungsvorschrift (§ 203 des neuen Gesetzes) kennzeichnet einen bedeutenden Wandel im Recht der Vereinigten Staaten.

---

[83]) Act of May, 31, 1790, 1st Cong., 2nd Sess., Chap. 15.

[84]) Copyright Enactments, Laws Passed in the United States Since 1783 Relating to Copyright, Copyright Office, Bull. Nr. 3 (überarbeitete Aufl.), Library of Congress, S. 22 (1963). Im folgenden Text als Copyright Enactments zitiert.

[85]) Fisher v. Witmark, oben, Fußn. 15, unter Berufung auf 54 Geo. III, c. 156.

[86]) Copyright Enactments, S. 27.

[87]) Act of March 4, 1909, c. 320, § 23, 35 Stat. 1080; Act March 15, 1940, c. 57, 54 Stat. 51., Sec. 24 ofTitle 17, U.S.C., 1946 ed.

Im neuen Recht muß man zum ersten Mal zwischen den Begriffen der Dauer und der Verlängerung unterscheiden, da diese Grundsätze früher in derselben Vorschrift zusammengefaßt waren. Im neuen Recht dauert der Urheberrechtsschutz (die Dauer des Urheberrechts) unabhängig davon fort, ob das Urheberrecht erneuert wird oder eine Übertragung gekündigt wird. § 203 bietet einen neu geschaffenen und völlig eigenständigen Fall des Urheberrechtsschutzes. Nach dieser Vorschrift kann der Urheber die Einräumung von Rechten und Übertragungsakte nach einem bestimmten Zeitraum wirkungslos werden lassen. Die naheliegende Frage ist: was veranlaßte diesen Wandel?

Die Erneuerungsvorschrift wurde während der Kongreß-Hearings mit der schlechtesten Benotung, die je eine Vorschrift im Urheberrechtsgesetz der Vereinigten Staaten erhielt, bedacht. § 24 sollte den Urhebern die Möglichkeit einräumen, eine frühere Vereinbarung neu zu fassen. Der Urheber, der unklugerweise sein Urheberrecht übertragen hatte und dessen Werk im Wert gestiegen war, sollte Gelegenheit haben, seine Verhandlungsposition neu festzulegen und wertmäßig anzupassen. Obwohl die ursprüngliche, hinter der Vorschrift stehende Absicht Beifall verdiente, unterliefen Zeit, Wirtschaftsgebräuche und richterliche Auslegung die Absicht des Gesetzgebers. § 24 wurde statt zu einem Instrument zum Schutz des Autors bestenfalls zu einer fünfjährigen Last, die im übrigen die Position des Urhebers weiter untergrub.

Der Fall Fisher v. Witmark[88]) betraf die Frage, ob der Urheber durch das Gesetz daran gehindert ist, sein Recht am Erneuerungsurheberrecht zu übertragen bevor er es erworben hat[89]). Der Prozeß folgte einem Streit, der das Lied „When Irish Eyes are Smiling" betraf. Der Urheber des Liedes schloß eine Vereinbarung, mit der er sein Erneuerungsrecht vor dem 28. Jahr der ursprünglichen urheberrechtlichen Schutzfrist abtrat[90]). Justice Frankfurter stellte nach einem ausgedehnten Überblick über die Gesetzesgeschichte der Erneuerungsvorschrift fest, daß die Erneuerungsrechte des Urhebers nach der Rechtsprechung sowohl vor wie nach Erlaß des Urheberrechtsgesetzes von 1909 für abtretbar erklärt worden waren[91]).

Die Entscheidung wirkte sich so aus, daß Urheber mit schlechter Verhandlungsposition gezwungen waren, ihre Rechte aus dem Erneuerungszeitraum zu der Zeit, wo sie ihre Rechte aus der ursprüng-

---

[88]) Oben Fußn. 15.
[89]) Ebenda, S. 645.
[90]) Ebenda, S. 647.
[91]) Ebenda, S. 659.

lichen Schutzfrist übertrugen, abzutreten. Nur die stärksten und berühmtesten Urheber vermieden es, die Schutzrechte aus 56 Jahren (nämlich beiden Schutzzeiträumen) für dieselbe Vergütung wie bei 28jährigem Schutz zu übertragen. Die urheberrechtsverwertende Wirtschaft hielt dem entgegen, daß die meisten Urheberrechte Investitionen auf Risiko darstellen, die sich niemals in 28 Jahren amortisieren. Sie argumentierte weiter, daß der Benutzer eines urheberrechtlich geschützten Werkes „nichts mehr für zukünftige Rechte zahlen sollte, da sie ... zu ungewiß seien, er sie möglicherweise niemals benutzen könne, und sie überdies möglicherweise niemals erhalte, wenn der Urheber vor Beginn des Verlängerungszeitraums stirbt“[92]).

Innerhalb des oben gezeichneten Rahmens suchten die Mitarbeiter des Copyright Office und verschiedene Interessengruppen eine Nachfolgevorschrift. Damals versetzte der äußerst hitzige Streit in den Gesetzgebungsdebatten, der Verlauf der Diskussion und die Kompromisse, die man fand, selbst jene, die der Entwicklung des Entwurfs eng verbunden waren, in Erstaunen. Die vorgelegten Statistiken zeigten, daß 1965 85 % der bestehenden Urheberrechte nicht erneuert wurden. Der Urheberrechtsschutz endete mit Ausnahme von 15 % für alle Rechtsinhaber nach 28 Jahren. Wenn auch viele Urheberrechtsinhaber aus der Wirtschaft keinen wirtschaftlichen Anreiz zur Erneuerung verspürten (man denke an die Inhaber von Rechten an alter Werbung) so bleibt noch die Folgerung, daß der Schutz erlöschte, weil viele Urheber ihre Rechte niemals verstanden. Der Preis für das Versäumnis, zu erneuern war bitter: unwiderbringlicher Verlust des Schutzes und Übergang des Werks in den Bereich der Gemeinfreiheit.

Die Aussagen ließen die mit der Festsetzung des wirtschaftlichen Wertes verbundenen Schwierigkeiten deutlich werden. Obwohl „ein Urheber Rechte zur Benutzung seines Werkes während des ersten Teils der Schutzdauer einräumt, kann er nicht entscheiden, wie hoch sein Wert 30 oder 40 Jahre später sein wird, welchen Gebrauch man dann davon machen wird, oder wie hoch die angemessene Vergütung für die zukünftige Benutzung sein wird“[93]). In einer späteren Aussage fügte der Vertreter der Authors League hinzu „ ... es ist nicht nur unklug, sondern auch unmöglich, über Vergütungssätze und Bedingungen auf der Grundlage dauernder Benutzung zu verhandeln“[94]).

---

[92]) 1965 Hearings, S. 92. Stellungnahme der Authors League.

[93]) 1965 Hearings, S. 92.

[94]) Ebenda, S. 108.

Angesichts dieser Unmöglichkeit sahen sich Urheber in einer hoffnungslosen Verhandlungssituation.

Der in § 203 gefundene Kompromiß gründet sich auf dem französischen droit de suite und dem deutschen Folgerecht ähnliche Grundsätze, wenn sich auch der Wortlaut deutlich unterscheidet. § 203 gibt dem wirklichen Urheber Gelegenheit sich für den erhöhten Wert seines urheberrechtlich geschützten Werkes eine Vergütung zu sichern und es weiter zu verwerten. Ebenso wie die deutsche und die französische Lösung versucht § 203 das notwendigerweise bestehende Ungleichgewicht in den Verhandlungspositionen, das durch die überlegene wirtschaftliche Macht der Wirtschaftskonzerne[95]), die urheberrechtlich geschützte Werke benutzen[96]), entsteht, auszugleichen.

Das Gegenargument zu dem schwerwiegenden Vorwurf, die urheberrechtsverwertende Wirtschaft mißbrauche ihre Verhandlungsposition, brachte die Magazine Publishers Association gut zum Ausdruck, deren Vertreter schimpfte: „Es gibt keinen hinreichenden Grund um einen Urheber als hilflosen ‚Liebling' des Gesetzes zu behandeln, als jemanden, der vor den Folgen seiner eigenen Rechtshandlungen bewahrt werden muß."[97]) Wenn man § 203 mit der üblichen Vertragsrechtslehre der Vereinigten Staaten vergleicht, wird augenfällig, welche große Distanz die Entwurfsverfasser überbrückten, um die „Lieblinge" des Gesetzes besser zu schützen[98]). Obwohl der Urheberrechtsschutz einen verfassungsrechtlichen und historischen

---

[95]) Ebenda, S. 92.

[96]) Vgl. Publishers Weekly, 20. Juni 1977, S. 22, wo sich die Authors Guild beschwerte, daß „die Herausgeber einmütig ihre überlegene Verhandlungsmacht ausgespielt haben, um den Urheber zu zwingen, ihnen die selbständigen Rechte, das Buch auf dem Paperback-, Buchclub- und anderen Märkten zu benutzen, zu übertragen". Die Autohrs League gab eine gleichartige Erklärung bezüglich der Filmindustrie ab. Der Urheber und seine Familie verloren in der zweiten Schutzfrist Einkommen, so stellte die League fest, „wenn er (der Urheber) das Recht zur Verfilmung eines Buches gewährt, (weil), er dies für die Ewigkeit tun muß. Wenn das Buch ein Dauererfolg ist, kann die Filmgesellschaft zwei oder drei Jahrzehnte später eine zweite oder dritte Version herstellen. Obwohl diese Rechte wertvoller sein können und obwohl die Gesellschaft Millionen für die neue Bearbeitung ausgeben mag, erhält er nichts oder nur eine Anerkennungsgebühr, die zum Zeitpunkt der ursprünglichen Übertragung festgesetzt wird und in keinem Verhältnis zum wirklichen Wert der Rechte steht." (1965 Hearings, S. 93.)

[97]) Ebenda, S .159.

[98]) „Das Urheberrecht sollte in keiner Weise die Vertragsfreiheit bezüglich normaler Geschäfte beschränken. Tatsache ist, daß Urheber und andere Personen, die hier herausgegriffen werden und denen besonderer Schutz gegen angeblich unbedachte Verträge eingeräumt wird, in Wirklichkeit durch erfahrene Vertreter, Steuerexperten, Wirtschaftsberater und Anwälte in ihren Verhandlungen mit den Filmherstellern vertreten werden." 1965 Hearings, S. 1048. Erklärung der Motion Picture Assoc. of America.

Platz im US-Recht einnimmt, ist ein für die Dauer von 35 Jahren bestehendes, unverzichtbares, nicht disponibles, nicht übertragbares Recht, einen Vertrag zu kündigen (denn dies ist die Form, die eine Übertragung oder Lizenz üblicherweise annimmt) ein überraschender Schritt vorwärts zum Schutz des Urhebers. Die wirklichen Stärken und Schwächen in den §§ 203 ff. zeigen sich in der folgenden Diskussion.

Kündigung von Übertragungen:

§ 203 besteht aus zwei Absätzen, von denen einer die Bedingungen für die Kündigung und der andere die Wirkungen der Kündigung beschreibt. § 203 (a) findet auf alle nach dem 1. Januar 1978 veröffentlichten Werke mit Ausnahme der in einem Arbeits- oder Auftragsverhältnis entstandenen Werke und der testamentarisch übertragenen Werke Anwendung. Die im Gesetz vorgesehene Kündigung richtet sich in erster Linie nach den fünf aufgeführten Vorschriften des § 203 (a), doch ist es ein erheblicher Fehler des Gesetzgebers, keine Verweisungen auf andere Vorschriften (insbesondere § 304) aufgenommen zu haben, weswegen § 304 hier in die Diskussion miteinbezogen wird.

Die besondere Bezugnahme auf den 1. Januar 1978 betont zum einen, daß P.L. 94-553 vor diesem Zeitpunkt nicht in Kraft tritt, kennzeichnet aber auch die Notwendigkeit, sowohl mit dem Urheberrechtsgesetz aus dem Jahre 1909 wie auch mit dem Gesetz von 1976 vertraut zu sein. Vor dem 1. Januar 1978 durchgeführte Übertragungsakte müssen mit Sicherheit als schwerwiegendes Problem betrachtet werden. Die Behandlung von Werken, die vor dem Inkrafttreten veröffentlicht wurden, wird in Kap. 3, unten, besprochen.

Die Aufzählung für die Kündigung bestimmter Rechtsübertragungen im Gesetz beschränkt sich auf die Einräumung von Rechten durch den Urheber. § 203 (a) (1) bestimmt, daß der Urheber, sofern er lebt, kündigen kann. Ist der Autor verstorben, so ist § 203 (a) (2) heranzuziehen, der die erbrechtlichen Grundzüge des Gesetzes enthält. Die Ausübung des Kündigungsrechts steht daher nur dem Urheber oder den im zweiten Absatz Aufgeführten zu, die weit als diejenigen definiert werden, die insgesamt mehr als die Hälfte des Kündigungsrechts des Urhebers repräsentieren.

Entsteht ein gemeinschaftliches Werk (joint work) („ein Werk, das von zwei oder mehreren Autoren in der Absicht geschaffen wird, ihre Beiträge zu untrennbaren oder voneinander abhängigen Teile eines einheitlichen Ganzen zu verschmelzen")[99]) kann die Kündigung von einer Mehrheit der Urheber, die die Einräumung der Rechte vollzogen, herbeigeführt werden[100]). Was den einzelnen Urheber betrifft, so muß im Fall seines Todes auf die Vorschriften des zweiten Absatzes zurückgegriffen werden. Wenn entweder der einzelne Urheber oder eine Anzahl der an dem gemeinschaftlichen Werk beteiligten Urheber sterben, kann eine Mehrheitsgruppe (die mehr als die Hälfte der Rechte repräsentiert) die Kündigung aussprechen. Daraus folgt, daß die Kündigung unmöglich ist, sofern sich keine Mehrheit bilden läßt.

Wie festgestellt, enthält die zweite Klausel von § 203 erbrechtliche Grundsätze bezüglich des Übergangs des Rechts zur Kündigung. In der Ausdrucksweise des Gesetzes ist das Recht zur Kündigung etwas, das man „zu Eigentum" hat, ein Teil des Immaterialgüterrechts. § 203 (a) (2) regelt folgende mögliche Situationen und Lösungen zur Frage der Inhaberschaft des Kündigungsrechts:

1. Keine Kinder, überlebende Ehefrau: die überlebende Ehefrau hat das gesamte Recht.
2. Hinterbliebene Kinder und/oder Enkelkinder, keine überlebende Ehefrau: Kinder und Enkelkinder erben den gesamten Nachlaß.
3. Hinterbliebene Kinder und/oder Enkelkinder und Ehefrau: Kinder/Enkelkinder erwerben eine Hälfte, die überlebende Ehefrau die andere Hälfte des Rechts[101]).

Das Gesetz sieht auch vor, daß Kinder und Enkelkinder alle Rechte auf einer per stirpes-Grundlage teilen. Mit anderen Worten bildet die Zahl der Kinder des Urhebers den Schlüssel zur Bestimmung des Umfangs der Rechte, die den Enkelkindern des Urhebers zustehen. Da Kinder ihre Rechte über ihre Eltern erwerben, werden in dem per stirpes-Schema die Rechte der Enkelkinder durch die Anzahl der Geschwister in der Generation ihrer Eltern geschmälert. Obwohl dies ein allgemeines, möglicherweise beherrschendes erbrechtliches Prinzip in der amerikanischen Rechtswissenschaft darstellt, führt es doch im Zusammenspiel mit dem Erfordernis der Mehrheitshandlung zu möglicherweise ungerechten Ergebnissen. So können z. B. die Kinder des einzigen Kinds des Urhebers (die Enkel des Urhebers) die überlebende Ehefrau daran hindern, eine Übertragung zu kündigen, wenn

---

[99]) § 101.

[100]) § 203 (a) (1).

[101]) Diese Reihenfolge stammt vom Verfasser und entspricht nicht der Reihenfolge im Gesetz.

sie zusammenwirken, da sie eine Hälfte der Rechte, die überlebende Ehefrau die andere Hälfte der Rechte innehaben (was bedeutet, daß die Mehrheitshandlung durch eine Pattsituation unmöglich wird).

Wie festgestellt, fällte der Kongreß eine schwierige Entscheidung, als er die Kündigung von einem mit einfacher Mehrheit gefaßten Beschluß abhängig machte. Im Fall eines Stimmengleichgewichts besteht mithin Handlungsfähigkeit. Wenn dies auch einige unbillige Ergebnisse zeitigen wird, bedeutet es doch, im Zusammenhang gesehen, daß die ursprüngliche Übertragung, Einräumung eines Rechts oder einer Lizenz Bestand haben wird. Die Zahlung der Lizenzgebühren wird nach der alten Vereinbarung fortgesetzt. Die wirtschaftlichen Auswirkungen mögen bedeutend sein, da das Recht zur Kündigung und erneuten Verhandlung möglicherweise außerordentlich wertvoll ist, aber dies ist der Preis, den die Erben für mangelnde Einigkeit zahlen. Während die Erben ihren wirtschaftlichen Vorteil verlieren, wächst der Nutzen aus dieser Situation dem ursprünglichen Zessionar zu.

Die gesetzliche Bezugnahme auf die Witwe oder den Witwer bedarf auch der Erwähnung. Dieser Wortlaut wirft die Frage der Wirkungen einer Wiederverheiratung des überlebenden Ehegatten eines Urhebers auf, da Witwe und Witwer Überlebende sind, die sich nicht wieder verheiratet haben[102]). Da das Recht des Überlebenden mit dem Tod des Urhebers entsteht, scheint sich die Wortwahl „Witwe" und „Witwer" auf eine Situation zu beziehen, wo die Ehegatten geschieden sind und nicht darauf abzustellen, ob der Überlebende wieder geheiratet hat oder nicht. Wenn das Gesetz zu diesem Punkt auch schweigt, könnte es doch die Absicht der Wortwahl „Witwe" und „Witwer" sein, Ansprüche des geschiedenen Ehegatten auf das Recht auszuschließen, da ein geschiedener Ehegatte niemals den Status einer Witwe oder eines Witwers erlangen kann.

Das tatsächliche Kündigungsverfahren beginnt

1. „zu jeder beliebigen Zeit während eines Zeitraums von 5 Jahren, nach Ablauf von 35 Jahren seit dem Veröffentlichungsdatum oder
2. „nach Ablauf von 40 Jahren seit der Vertragsausfertigung, und zwar mit dem Ende des früher ablaufenden Zeitraums."[103])

Der maßgebliche Zeitraum ist daher der zwischen 35 und 40 Jahren nach der ursprünglichen Übertragungshandlung des Urhebers. Dem

---

[102]) Black's Law Dictionary, 4th ed., West Publishing Co., 1968. Dem entspricht die Definition in § 101.

[103]) § 203 (a) (3).

Anwalt muß unbedingt das Veröffentlichungsdatum des Werkes oder des Vollzugs der Übertragung bekannt sein[104]).

Die Bezugnahme auf das Datum der Veröffentlichung oder des Vollzugs bringt m. E. unnötige Komplikationen mit sich, da es das allgemeine Bemühen des Gesetzes P.L. 94-553 ist, die Bezugnahme auf die Veröffentlichung fallen zu lassen und einzelstaatliches Recht durch Ausschöpfung der Gesetzgebungszuständigkeit des Bundes auszuschließen. Die Verfasser des neuen Gesetzes ließen eine Gelegenheit ungenutzt, das US-Urheberrecht völlig zu modernisieren, indem sie stattdessen von Gerichten definierte Begriffe heranzogen. Das Recht der Einzelstaaten muß berücksichtigt werden, um die Fragen der Vertragsdurchführung zu beantworten, während § 101 die common law-Definition der Veröffentlichung kodifiziert.

Eine wichtige Neuerung in dem Gesetz von 1976 streicht die Bezugnahme auf Veröffentlichungsdaten für die Bestimmung der Schutzrechtsdauer. Es führte zusätzliche Verwirrung herbei, diesen Grundsatz in einer Vorschrift zu streichen und in einer anderen wieder aufzugreifen. Verwirrung ist insbesondere deshalb zu erwarten, weil in § 24 die Schutzdauer und Erneuerung in einer Vorschrift berücksichtigt wurden, wohingegen man nun mehrere Kapitel durchforschen muß, um herauszufinden, welche Bezugspunkte (Tod des Urhebers, Veröffentlichung, Erfüllung des Übertragungsvertrages) in einer bestimmten Situation anwendbar sind. Angesichts der langen Zeitdauer, um die es sich handelt (35 bis 40 Jahre), ist es für den Benutzer des Urheberrechts (den ursprünglichen Übertragungsempfänger) von Nutzen, wenn die Urheberrechtsanwälte sich Hindernissen bei der Beschaffung der notwendigen Unterlagen gegenüber sehen, die die Einleitung von Kündigungsverfahren erschweren. Nur wenige Allgemeinpraktiker sind in der Lage „Erinnerungssysteme" über einen Zeitraum von 35 bis 40 Jahren zu unterhalten, und selbst wenn dies möglich ist, wird es schwierig sein, Veröffentlichungsdaten oder Daten zurückliegender Verträge mit Sicherheit auszumachen.

> Die Urheber und ihre Rechtsnachfolger werden es mit Verträgen und Dokumenten zu tun haben, die zum Teil mehr als 50 Jahre alt sind. Häufig werden sie keine Durchschriften in Besitz haben und nicht in der Lage sein, sie zu erhalten ... daher könnte es vielen Urhebern nicht möglich sein, den verschiedenen

---

[104]) „Diese alternativen Berechnungsmethoden sollen Fälle erfassen, in denen zwischen der Unterzeichnung des Verlagsvertrags und der schließlichen Veröffentlichung des Werks Jahre vergehen." Wagner, Publishers Weekly, vom 6. Dezember 1976, S. 14, unter Berufung auf den Bericht des House Judiciary Committee.

Anforderungen der vorgeschlagenen Regelungen zu entsprechen: z. B. daß sie das Datum der Übertragung feststellen, oder eine „kurze Beschreibung" ihrer Natur und der Art der von ihr erfaßten Rechte abgeben ... Die vorgeschlagenen Bestimmungen könnten verhängnisvolle Schlupflöcher schaffen, die die Urheber zwei oder mehr Jahre der verlängerten Urheberrechtsschutzfrist kosten ... oder sie sogar ihrer Rechte zur Kündigung berauben.[105])

Das Erfordernis einer Mehrheitshandlung bedeutet auch, daß unbestimmte Erben ausreichende Kenntnis der Urheberrechtsgesetze haben müssen um zu erkennen, daß ein Anwalt zugezogen werden muß. Angesichts des Zeitraums und der Aufsplitterung der betroffenen Rechte ist dies ein schwieriges Unterfangen.

Ungeachtet der obigen Kritik ist die Kündigung bei Konzentration aller Kräfte leicht herbeizuführen. Vorherige schriftliche Benachrichtigung, unterzeichnet von einer Mehrheit der Rechtsinhaber oder ihren Bevollmächtigten ist ausreichend, wenn die Formanforderungen der Benachrichtigung erfüllt werden. Während die Entscheidung darüber, welchen Parteien man die Nachricht zustellen sollte, häufig zu umständlichen Nachforschungen zwingen würde, ist es eine klare, vernünftige und billige Lösung, die Benachrichtigung allen Personen mit möglichen Rechten zuzustellen. Eine Fülle neuer Probleme stellt sich jedoch angesichts der Möglichkeit, daß der ursprüngliche Zessionar sein Recht abgetreten hat, daß verschiedenartig verfaßte Unternehmen als Rechtsnachfolger existieren und daß einige dieser Unternehmen in Konkurs gingen, sich auflösten oder schlicht verschwanden. Die Probleme sind jedoch nicht unüberwindlich, da, wenn das Werk während der fünfjährigen Frist öffentlich verwertet wird, der leichteste Weg der ist, das Werk ausfindig zu machen und die Spur zum Zessionar oder dessen Rechtsnachfolgern zurückzuverfolgen.

§ 203 (a) (A) benennt die Formerfordernisse, die zu beachten sind, damit die Kündigung im Zeitraum zwischen dem 35. und dem 40. Jahr wirksam werden kann. Die Benachrichtigung muß das Datum, zu dem die Kündigung wirksam wird, enthalten, ferner muß eine Abschrift beim Copyright Office hinterlegt werden.

Wie bereits festgestellt, darf die Mitteilung nicht weniger als 2 oder mehr als 10 Jahre bevor die Kündigung wirksam wird zugestellt werden. Dieses Datum fällt in den Zeitraum zwischen 35 und

---

[105]) Wagner, Publishers Weekly, vom 10. Januar 1977, S. 30.

40 Jahren, je nachdem ob sich die Berechnung nach der Veröffentlichung oder der Vertragserfüllung richtet. Der Zeitraum von 2 bis 10 Jahren, innerhalb dessen die Mitteilung zugestellt werden muß, läßt sich auch als Zeitraum von 25 bis 33 Jahren, gerechnet ab dem Veröffentlichungsdatum, oder 30 bis 38 Jahren ab Vertragserfüllung berechnen, jenachdem welche Frist früher abläuft. Die Zustellungsvorschrift in der Kündigungsbestimmung regte eine heftige Debatte in den auf die Unterzeichnung des Gesetzes durch Präsident Ford folgenden Monaten an. Einfach ausgedrückt, betrifft der Streit die Frage, wie bald Urheber oder ihre Erben die Erklärung zur Kündigung der Übertragung von Rechten an Verleger abgeben können[106]). Nach dem 1. Januar 1978, dem Tag des Inkrafttretens des Gesetzes, veröffentlichte Werke werfen kein Problem auf. Probleme entstehen jedoch bezüglich der unter § 304 (c) fallenden, bereits unter Urheberrechtsschutz stehenden Werke, denen nun Kündigungsrechte zuerkannt werden. Für diese Werke stellt sich die Frage, ob die Kündigungserklärung zugehen darf, bevor das Gesetz in Kraft tritt. Wenn die Mitteilung ordnungsgemäß vor dem 1. Januar 1978 zugestellt wurde, könnte die Kündigung möglicherweise schon zum 19. Oktober 1978, 2 Jahre nach Unterzeichnung des Gesetzes, wirksam werden. Das Copyright Office erklärte, daß es Kündigungserklärungen vor dem 1. Januar 1978 annehmen und aktenkundig machen werde[107]), doch griff die Association of American Publishers diese Erklärung an, da damit „die Ermächtigung des Copyright Office zur Rechtsetzung, die sich nur auf Administrativakte und nicht auf Rechtsprechungsakte erstrecke", überschritten werde[108]). Gemäß § 203 (a) (4) (B) wird die allgemeine Form, der Inhalt und die Art der Zustellung der Kündigung durch Verwaltungsvorschriften des Copyright Office bestimmt werden, und seinen Entscheidungen wird hohes Gewicht zukommen, wenn sie vernünftig begründet sind und in einem ordentlichen Verwaltungsverfahren erlassen wurden.

Der letzte Absatz von § 203 (a) fügt dem Urhebervertragsrecht ein lebenswichtiges Element hinzu. § 203 (a) (5) widerspricht tragenden Grundsätzen des Vertragsrechts der Vereinigten Staaten, indem er vorschreibt, daß „die Kündigung der Übertragung ungeachtet einer entgegenstehenden Vereinbarung, einschließlich einer Vereinbarung über eine spätere testamentarische Erklärung oder Übertragungs-

---

106) Oben Fußn. 104.

107) Ebenda.

108) Oben Fußn. 105, unter Berufung auf Charles H. Lieb, AAP Copyright-Berater.

handlung, ausgesprochen werden kann". Selbst wenn der Urheber sein Kündigungsrecht vertraglich abbedingen will, kann er dies nicht tun. Das Recht zur Kündigung ist unverzichtbar, was nach Meinung der Entwurfsverfasser einen Urheber mit schwacher Verhandlungsposition davor schützt, unbillig übervorteilt zu werden. Man hielt die Direktheit und Klarheit dieser Vorschrift für notwendig, um eine Entscheidung wie Fisher v. Whitmark[109]) auszuschließen, die den Grundsatz der Vertragsbeendigung aushöhlen würde. Diese väterliche Fürsorge im Entwurf verdeutlicht, daß die Urheber tatsächlich die „Lieblinge" des Gesetzes sind. Ohne Rücksicht darauf, wie hilflos ein Urheber ist oder wie gut er anwaltlich beraten wird, sichert das Urheberrechtsgesetz„ Urheber gegen unwiderrufliche Übertragungshandlungen des Urheberrechts"[110]). In diesem Licht betrachtet, stellt sich die Kündigungsklausel als Betonung der Urheberrechtspolitik der Vereinigten Staaten dar. Vor dem Hintergrund der in den Vereinigten Staaten bestehenden Vertragsfreiheit bedeutet das Urheberrechtsgesetz einen klaren und ungewöhnlichen Wandel hin zum größeren Schutz des Urhebers.

Die Vorschrift über „die Wirkung der Kündigung" in § 203 (b) besteht aus einer allgemeinen Regelung, der sechs einschränkende Klauseln folgen. Wenn die Mitteilung registriert wurde, tritt die Wirkung der Kündigung von selbst und ohne weitere Rechtshandlungen der Berechtigten ein. Grundsätzlich fallen die gekündigten übertragenen Rechte mit dem Datum der Beendigung an den „Urheber, die Urheber und an andere Personen, denen das Kündigungsrecht zusteht, einschließlich der Inhaber, die die Kündigungsanzeige nicht mit unterschrieben haben ..." zurück[111]). Da das Gesetz nicht vorsieht, daß die Inhaberstellung für die Zeit eines Schwebezustands bestehen kann, muß im Streitfall eine Gerichtsentscheidung den Anfall des Rechtes rückdatieren.

Die in § 203 (b) enthaltenen Beschränkungen sind insbesondere für die mit Urheberrechten befaßten Wirtschaftszweige von Interesse. Die erste Klausel (§ 203 (b) (1)) betrifft Bearbeitungen, die als Werke definiert werden, die

> auf einem oder mehreren bereits bestehenden Werken beruhen, wie etwa Übersetzung, musikalische Arrangements, Dramatisierung, Romanfassungen, Verfilmung, Tonaufnahmen, Vervielfälti-

---

[109]) Oben Fußn. 15.
[110]) Oben Fußn. 104.
[111]) § 203 (b).

gung von Kunstwerken, Kürzungen, Zusammenfassungen in gedrängter Form, oder jede andere Form in der ein Werk umgearbeitet, umgeformt oder bearbeitet werden kann. Ein Werk, das aus Änderungen des Herausgebers, Kommentierungen, Ausarbeitungen oder anderen Änderungen besteht, die, als Ganzes ein urheberrechtsschutzfähiges Werk darstellen ...[112])

Die Ausnahme für Bearbeitungen gewährt den Inhabern beschränkte Nutzungsrechte erheblichen Schutz, da ein „abhängiges Werk, das entsprechend der Übertragung vor ihrer Kündigung geschaffen wurden, zu den Bedingungen der Übertragung nach ihrer Kündigung weiterbenutzt werden darf"[113]). So darf z. B. die Filmversion eines Bestseller-Romans, die der Gesellschaft X eingeräumt wurde, lange nachdem der Urheber die Rechtseinräumung widerrufen hat, gezeigt werden[114]). Die Gesellschaft hat das Recht, die bereits hergestellten Filmkopien zu verwerten (da sie mit Erlaubnis des Urhebers hergestellt wurden), darf aber den Film nach der Kündigung nicht neu bearbeiten[115]). Das Recht, ein abhängiges Werk weiterzubenutzen, „erstreckt sich nicht auf die Herstellung ... anderer abhängiger Werke, die auf dem urheberrechtlich geschützten Werk beruhen ..."[116]), so daß der ursprüngliche Urheber, seine Erben oder Vertreter durch die Kündigung einer beschränkten Übertragung ein wirtschaftlich wertvolles Recht erlangen. Die Gesellschaft, die daran interessiert ist, mit dem ursprünglichen Werk Gewinn zu machen, wäre gezwungen, für das erneut eingeräumte Recht, das ursprüngliche Werk in neuer Form zu verwerten, eine angemessene Vergütung zu leisten. Gleichzeitig bewirkt der Umstand, daß Gesellschaft X das ursprüngliche abhängige Werk weiterbenutzen darf, daß der Inhaber des Kündigungsrechts den Übertragungsempfänger nicht wirtschaftlich erpressen kann, indem er ihn vor eine alles-oder-nichts-Situation stellt. Das Gesetz verkörpert einen geschickten Kompromiß zwischen den Interessen des Urhebers und denen der Inhaber beschränkter Nutzungsrechte, die in dem obigen Beispiel zweifellos Arbeitskraft und Geldmittel aufwendeten, um dem ursprünglichen Werk zum Erfolg zu verhelfen. Das Ausmaß des in dem Gesetz verkörperten Kompromisses läßt sich mit dieser Vorschrift klar ersehen.

---

[112]) § 101.

[113]) § 203 (b) (1). Hervorhebung vom Verfasser.

[114]) Die Vermutung geht dahin, daß die „works for hire"-Vorschrift nicht anwendbar ist.

[115]) Der Film „A Star is Born" ist ein jüngeres Beispiel der Neubearbeitung eines beliebten alten Films.

[116]) § 203 (b) (1).

§ 203 (b) (1), (2) und (3) lassen sich leicht in Zusammenhang setzen. Die zweite Ziffer beantwortet die Frage wann „die Anwartschaftsrechte auf Rechte, die mit Beendigung der Übertragung heimfallen", tatsächlich entstehen. Als Folge der Vorschrift, daß die Rechte am Tag der ordnungsgemäßen Zustellung der Kündigungserklärung entstehen, stellen sich die verzwickten Probleme der Vorwegnahme von Rechten und der Übertragung zukünftiger Rechte. Obwohl das Anwartschaftsrecht zu dem Zeitpunkt, wo die Erklärung ordnungsgemäß zugestellt wird, also zwei bis zehn Jahre vor der Beendigung, anfällt, ist eine weitere Übertragung, oder eine Vereinbarung über eine spätere Übertragung irgendeines von der gekündigten Übertragung erfaßten Rechtes nur gültig, wenn sie von der gleichen Anzahl und dem gleichen Anteil der Inhaber[117]) von Anwartschaftsrechten unterzeichnet wird.

Da das Copyright Office die Funktion einer Zentralstelle für die Registrierung der Kündigungserklärung einnimmt, ist es einem Anwalt zumindest innerhalb eines Zeitraums von 2 bis 10 Jahren möglich, die Berechtigten und ihren Anteil zu bestimmen, indem er die unterzeichnete Erklärung in den Akten sucht.

Die Last wird ferner durch die Vorschrift in Ziffer 4 geringer, die vorsieht, daß weitere Übertragungen oder Vereinbarungen über Übertragungen nur „gültig sind, wenn ... sie nach dem Wirksamkeitsdatum der Kündigung beschlossen wurden"[118]). Diese Vorschrift schließt die Möglichkeit der Vorwegnahme oder Veräußerung von Anwartsrechten, die vor dem tatsächlichen Beendigungsdatum entstehen, aus. Die einzige gesetzliche Ausnahme bezüglich der Beschränkung von Übertragungen für die Zukunft besteht darin, daß eine Übertragung für die Zukunft an den ursprünglichen Inhaber eines Nutzungsrechts oder seinen Rechtsnachfolger durch die genannten Rechtsinhaber erfolgen kann, jedoch nur nachdem die Kündigungserklärung zugesandt wurde. Der ursprüngliche Zessionar oder seine Rechtsnachfolger erhalten ein 2- bis 10jähriges Vorzugsrecht gegenüber anderen Parteien, die am ursprünglichen Werk interessiert sind. Dies gibt der Gesellschaft X aus dem vorstehenden Beispiel trotz des Verbots in § 203 (a) (5) Gelegenheit, wegen des Weiterbestehens von Rechten zu verhandeln.

Der Urheber erlangt auf Grund der Ausnahmevorschrift in Ziffer 4 den Vorteil, über die Neuverwertung seines Werkes bereits 25 Jahre nach der Übertragung verhandeln und dabei Nutzen aus dem gegen-

---

[117]) § 203 (b) (3).
[118]) § 203 (b) (4). Hervorhebung vom Verfasser.

wärtigen Wert seines Werkes ziehen zu können. Sein Ansehen und der Erfolg des Werkes in jüngerer Zeit treten so zur Eigenwirkung des neuen Werkes hinzu. Das Verhältnis von § 203 (a) (5), der Vereinbarungen verhinderte, die dazu dienen sollten, das Kündigungsrecht leerlaufen zu lassen, und der in § 203 (b) (4) enthaltenen Ausnahme, die zukünftige Übertragungen an den ursprünglichen Zessionar gestattet, stellt, wie bemerkt, einen großen Schritt zum Ausbau des Schutzes des Urhebers dar. Beide Vorschriften fallen jedoch aus dem Rahmen des Üblichen, wenn man sie mit hergebrachten Wirtschaftspraktiken vergleicht, da nach Abs. (a) (5) Rechte unverzichtbar sind und nach (b) 4() einer interessierten Partei ein spezieller Vorteil eingeräumt wird. Diese Anomalie, die die Interessen des Urhebers nicht verletzt, muß als Ergebnis eines weitreichenden Kompromisses zwischen den beteiligten Interessengruppen angesehen werden.

Andere mögliche Schwierigkeiten vorhersehend, schreibt Ziffer 3 vor, daß weitere Übertragungen (sofern sie ordnungsgemäß von einem angemessenen Teil der gemäß § 203 (a) (2) Berechtigten vorgenommen werden) bezüglich derjenigen, die die Vereinbarung nicht mitunterzeichneten, in gleichem Umfang wirksam sind wie bezüglich derjenigen, die die Übertragung für die Zukunft vollzogen. Selbst wenn ein Teil der Berechtigten nicht zustimmt, wird das Recht der Minderheit auf finanzielle Belohnung geschützt.

Ziffer 3 schließt mit einer allgemeinen erbrechtlichen Bestimmung, die vorsieht, daß im Fall des Todes einer Person, die nach Beendigung einer Übertragung Anwartschaftsrechte erwarb, ihre „gesetzlichen Vertreter, Testamentserben, Vermächtnisnehmer oder gesetzlichen Erben ihn im Rahmen dieser Vorschrift vertreten". Verwirrung schafft diese Vorschrift durch die Beziehung zwischen der Klausel über die Gültigkeit in Nr. 3, die vorsieht, daß die Übertragung nur gültig ist, wenn sie von derselben Anzahl und demselben Anteil der Berechtigten unterzeichnet wird, und der Möglichkeit, daß die Anzahl testamentarischer oder gesetzlicher Erben schwankt und dadurch die Anzahl derer, die der Übertragung für die Zukunft zustimmen müssen, verändert. Die Anzahl ändert sich jedes Mal, wenn eines der Kinder des Urhebers stirbt und mehr als einen Erben (Enkel des Urhebers) hinterläßt. Es ist unverständlich, daß man in das Gesetz eine Vorschrift aufnahm, die zukünftige Übertragungen oder Vereinbarungen hierüber gestattet, dann aber solche Übertragungsakte wegen eines Todesfalls in der Abstammungslinie des Urhebers untergrub.

Die folgende schematische Darstellung veranschaulicht das Problem. Die Buchstaben in Zeile 1 stellen Kinder des Urhebers, die Buchstaben in Zeile 2 die Enkelkinder des Urhebers dar. Da die Kinder B bis F noch leben, sind deren Kinder nicht aufgeführt. Runde Klammern zeigen an, daß eine Partei verstorben ist.

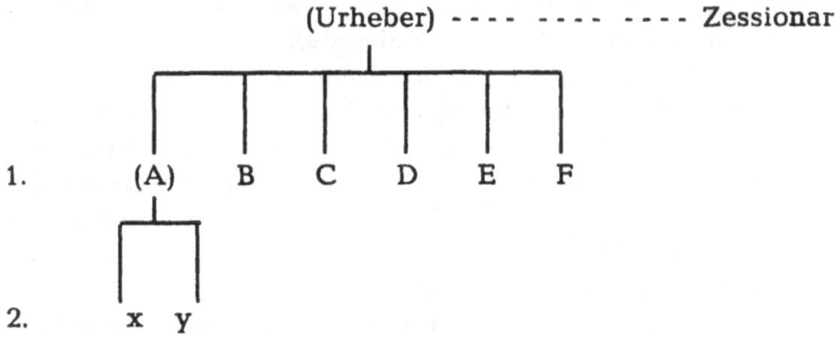

Stirbt A, nachdem er und 4 seiner Geschwister dem Zessionar die Kündigungserklärung wirksam zugestellt und sie beim Copyright Office eingereicht haben (wobei F nicht zustimmt und an der Entscheidung nicht mitwirkt), aber noch vor dem Datum der Beendigung der Übertragung, so stimmen 5 von 6 oder 0,8333 der Gesamtheit der Berechtigten überein, zu kündigen und zukünftige Übertragungsakte vorzunehmen. A's Tod und die Aufspaltung seines Rechts (x und y teilen das $^1/_6$-Recht) bedeuten, daß ein Streit zwischen y und x die zukünftige Übertragung verhindern kann, obwohl die Vereinbarung zwischen den 4 ursprünglichen Kindern weiterbesteht. Angesichts des die Mehrheitsrechte betreffenden Textes in § 203 (a) (2) erscheint diese Vereitelung der zukünftigen Übertragung ungerecht und unhaltbar. Dieses hypothetische Beispiel zeigt, wie verwickelt die Probleme werden können und wie schwierig und teuer die Übertragung zukünftiger Rechte wahrscheinlich sein wird.

Kündigung gemäß § 304:

Auf jeden Fall muß ein Unterschied zwischen den Werken, die der Anwendung des § 203 und den Werken, die dem § 304 unterliegen, gemacht werden. Wenn auch, wie wir sehen werden, viele Elemente beider Vorschriften gleich sind, gilt § 203 doch nur für Werke, die erstmalig nach dem 1. Januar 1978 geschaffen und urheberrechtlich geschützt wurden, während § 304 Werke betrifft, die erstens am oder nach dem 1. Januar 1978 entstanden sind, zweitens an diesem Datum geschaffen aber nicht veröffentlicht waren, oder drittens in der ersten oder zweiten Schutzfrist nach altem Recht entstanden sind. Der urheberrechtliche Schutz erlischt jeweils am 31. Dezember des letzten Jahres der Schutzfrist.

Der erste erwähnenswerte Unterschied zwischen Kündigungsrechten nach § 203 und § 304 besteht darin, daß § 304 (c) (1) die Kündigungsrechte der überlebenden „Person oder den Personen, die nicht selbst der Urheber" sind und die Übertragung vollzogen, einräumt. Obwohl der Urheber sicher die Quelle der Kündigungsrechte ist, vernebelt die unbestimmte Bezeichnung „Person oder Personen" die Absicht des Gesetzes. Die Verwirrung tritt bei der Entscheidung über die Frage, wie eine testamentarische Verfügung über das Werk des Urhebers zu behandeln ist, auf. Sowohl in § 203 wie auch in § 304 nimmt die allgemeine Einführungsklausel Übertragungen auf Grund letztwilliger Verfügung von der Definition der Übertragungstypen, die der Kündigung unterliegen, aus. Der Kommentar des Copyright Office zu der Vorschrift bemerkt, daß es das Ziel (der Vorschrift) ist, dem Urheber oder einem gesetzlichen Erben zu gestatten, wirklichen Nutzen aus der erweiterten Frist zu ziehen[119]). Da die Kündigungsrechte bei dem Urheber entstehen, und er auf diese Rechte nicht durch die Verpflichtung, letztwillig zu verfügen oder eine weitere Übertragung vorzunehmen, verzichten kann, sind die Person oder Personen, auf die § 304 Anwendung findet, schlicht die gesetzlichen Erben des Urhebers. Das in § 304 (c) (2) enthaltene erbrechtliche Schema stellt eine wörtliche Kopie der in § 203 (a) (2) kodifizierten Bestimmung dar.

Ein interessanter Unterschied zwischen § 203 und § 304 zeigt sich in der Behandlung einer Übertragung, die von einem oder mehreren Urhebern vollzogen wurde. Gemäß § 304 (wobei in Erinnerung gerufen sei, daß § 304 Werke betrifft, die bei Inkrafttreten des Reformgesetzes bereits urheberrechtlich geschützt sind)

> kann die Kündigung der Erteilung von dem Urheber, der sie vollzogen hat, im Umfang seines Inhaberanteils an dem erneuerten Urheberrecht, bewirkt werden und bei Tod dieses Urhebers von der oder den Personen, denen ... ein Gesamtanteil von mehr als der Hälfte der Kündigungsrechte dieses Urhebers zusteht und die berechtigt sind, es in diesem Umfang auszuüben[120]),

---

[119]) 1975 Hearings, S. 2083, zu den Kündigungsrechten nach § 304.
[120]) § 304 (c) (1).

wenn eine Übertragung durch einen oder mehrere Urheber des Werkes vollzogen wurde. Liest man „ein oder mehrere Urheber des Werks", ist man natürlicherweise versucht, anzunehmen, daß ein gemeinschaftliches Werk gemeint ist. Ein Vergleich von § 203 und § 304 zeigt erneut, daß mit Absicht unterschieden wurde. Im Fall von Miturhebern genügt eine einfache Mehrheit der Urheber, die die Übertragung vornahmen, um die Kündigung auszusprechen.

Ein übertriebenes Beispiel beleuchtet den Unterschied zwischen der Behandlung der Werke von Miturhebern durch § 203 und § 304. Gemäß § 203 müssen, wenn von sechs Urhebern fünf eine Übertragung vornahmen, drei die Kündigungserklärung tragen. Dagegen befaßt sich § 304 mit einer etwas unterschiedlichen Situation. Die Kündigung im Umfang des Anteils eines bestimmten Urhebers am verlängerten Urheberrecht ist Gegenstand des § 304 und es ist der Urheber, der eine Übertragung vollzog, der, sofern er lebt, seinen Anteil am verlängerten Urheberrecht kündigen kann. In diesem Fall hat jeder der fünf Urheber einen Anteil von einem Sechstel am Werk in der Verlängerungsfrist und jeder der fünf kann seinen Anteil kündigen. Der Urheber, der an der ursprünglichen Übertragung nicht mitwirkte, hat kein Kündigungsrecht. Nach dem Tod eines Urhebers vertreten diejenigen, die mehr als die Hälfte seines Kündigungsrechtes ausüben, dieses im Sinne der obigen Analyse nach außen.

Der Kongreß versuchte, die Stellung von Urhebern von Werken die vor oder nach dem 1. Januar 1978 urheberrechtlich geschützt wurden, einander anzugleichen, indem er unterschiedliche Kündigungsfristen vorsah. Statt nach 35 Jahren wie bei Werken, die nach Inkrafttreten des neuen Gesetzes geschützt werden (§ 203), können beschränkte Nutzungsrechte an zu diesem Zeitpunkt bereits geschützten Werken jederzeit innerhalb eines Zeitraums von fünf Jahren, der mit dem Ende der sechsundfünfzigjährigen Schutzfrist nach altem Recht oder am 1. Januar 1978 beginnt, gekündigt werden, wobei der spätere der beiden Zeitpunkte maßgeblich ist[121]). Hinter dieser Unterscheidung steht die Überlegung, „daß auf der Grundlage des neuen Gesetzes abgeschlossene Verträge nicht beeinträchtigt werden, daß aber der Lizenznehmer durch die Ausdehnung der Frist keinen ‚windfall'-Vorteil erlangt"[122]).

Wenn auch die Formanforderungen an die Kündigungserklärung, die die Frage betreffen, wann eine Übertragung gekündigt werden

[121]) § 304 (c) (3).
[122]) 1975 Hearings, aaO.

muß, wann die Erklärung zugestellt werden muß (in Verbindung mit der Frage, wann die Kündigung wirksam werden kann) und wo die Erklärung hinterlegt werden muß, dieselben bleiben, enthält § 304 doch einige unterschiedliche Bestimmungen[123]). Wie bereits festgestellt, gilt § 304 für Übertragungen, die von „einer Person oder Personen, die nicht der Urheber sind", ausgeführt wurden. Der Kreis dieser Personen kann auf die gesetzlichen Erben beschränkt werden. „War die Rechtsübertragung von einem anderen als dem Urheber vollzogen worden, muß die Anzeige von allen zur Kündigung der Rechtsübertragung nach Ziffer 1 [oder Ziffer 2] dieses Absatzes Berechtigten oder deren ordnungsgemäß bevollmächtigten Vertretern unterzeichnet sein."[124])

Gemäß § 304 (c) (6) fallen am wirksamen Kündigungsdatum alle gekündigten Rechte an die gemäß § 304 (c) (1) Kündigungsberechtigten heim. Die Rechte fallen automatisch entweder an die Person oder die Personen, die nicht Urheber sind und Kündigungsrechte hatten, oder im

> Fall der von einem oder mehreren Urhebern eines Werks vollzogenen Übertragung ... an diesen Urheber, oder bei dessen Tod, an die Personen, denen sein oder ihr Kündigungsrecht nach Ziff. 2 dieses Absatzes zusteht ... einschließlich der Inhaber, die die Kündigungsanzeige ... nicht mitunterschrieben haben[125])

heim. Mit anderen Worten erwerben die gesetzlichen Erben (gemäß Nr. 2), der (die) Urheber oder die Person(en), die die Übertragung vollzogen, automatisch alle Rechte zur weiteren Verwertung jenes Anteils am Werk, auf die sich ihr Kündigungsrecht erstreckt, zurück.

Es ist unabdingbar, die für diese Regel geltenden Einschränkungen aufzuzeigen. Die wichtigste Einschränkung geht dahin, daß abhängige Werke, die im Rahmen der Lizenzbewilligung vor deren Kündigung geschaffen wurden, entsprechend den Vertragsbedingungen nach der Kündigung weiterbenutzt werden dürfen[126]). Dies bedeutet, daß ein Bühnenunternehmer, der Rechte an einem Buch innehat, das er mit Erfolg zu einem Theatertext umarbeitete, das Theatermanuskript vor Ablauf der Übertragung umschreiben und weiterverwerten darf und diese Fassung (und das Manuskript) so-

---

[123]) Zu beachten ist, daß § 304 (c) (4) (A), (B) und § 203 (a) (4) (A), (B) identisch sind.

[124]) § 304 (c) (4), unter Bezugnahme auf § 304 (c) (1). Vgl. die obige Erörterung.

[125]) § 304 (c) (6).

[126]) § 304 (c) (6) (A). Hervorhebung vom Verfasser.

lange zu verwerten befugt ist, wie das Stück Anklang findet und das Manuskript existiert. Das Recht der Weiterverwertung des abhängigen Werks „erstreckt sich jedoch nicht auf die Herstellung weiterer Bearbeitungen nach der Kündigung, soweit sie auf dem urheberrechtlich geschützten Werk basieren"[127]). Der oben erwähnte Bühnenunternehmer könnte seine Fassung des Stücks, sofern sie vor dem Kündigungsdatum fertiggestellt wäre, verwerten, aber er könnte nach diesem Zeitpunkt keine Rechte an dem Buch, Originalstück oder der überarbeiteten Fassung übertragen. Nach dem Kündigungsdatum müßte eine an der Geschichte interessierte Filmgesellschaft mit den Inhabern der heimgefallenen Rechte verhandeln, da die Kündigung ihrer Natur nach dem Urheber oder seinen gesetzlichen Erben die Weiterverwertung des Originalwerks gestattet. Der Bühnenunternehmer könnte in diesem Beispiel keinen abhängigen Gebrauch von dem Werk, das auf dem von der Kündigung erfaßten urheberrechtlich geschützten Werk beruht, mehr machen[128]).

Indem sie die Wirkung der Kündigung bezüglich abhängiger Werke beschränkten, erkannten die Verfasser des Copyright Act den eigenschöpferischen Charakter abhängiger Werke an. Um die wirkliche Tragweite der abhängige Werke betreffenden Grundsätze zu erfassen, muß man verstehen, wie wichtig und häufig abhängige Werke geworden sind. Die gesetzliche Definition trägt zum Verständnis bei[129]).

Daß die Auswirkungen der Kündigung bezüglich abhängiger Werke beschränkt wurde, unterstreicht die Bemühungen der Gesetzesverfasser, die Interessen des ursprünglichen Urhebers und die der urheberrechtsverwertenden Wirtschaft auszugleichen.

Die Anwartschaftsrechte auf die mit der Kündigung anfallenden Rechte entstehen gemäß § 304 wie nach § 203 mit dem Zeitpunkt, zu dem die Kündigungserklärung ordnungsgemäß zugestellt wird. Die Anwartschaft auf zukünftige Rechte kann 5 Jahre bevor die Beendigung automatisch eintritt entstehen. Im Fall des Todes des Inhabers von Anwartschaftsrechten auf zukünftigte Rechte gehen diese im Wege der normalen gesetzlichen Erbfolge auf Grund einzelstaatlicher Vorschriften oder auf Grund testamentarischer Erbfolge über. § 304 (c) (6) (C) sieht vor, daß, sofern die Rechte des Urhebers nach Ziffer 2 dieses Absatzes (des Absatzes über die gesetzliche Erbfolge) an zwei oder mehr Personen zurückfallen, sie an diese in den dort vorgese-

[127]) § 304 (c) (6) (A).

[128]) § 304 (c) (6) (A).

[129]) Vgl. oben S. 107 f. und Fußn. 112.

henen verhältnismäßigen Anteilen übergehen. Eine weitere Übertragung der mit ordnungsgemäßer Zustellung der Erklärung entstehenden Anwartschaftsrechte oder eine Vereinbarung einer weiteren Übertragung derselben ist nur gültig, wenn sie von derselben Anzahl und demselben Anteilsverhältnis der Inhaber [gemäß Ziffer (2)], an die das Recht übergeht, unterschrieben wurde[130]).

Die Einhaltung dieses Verfahrens hat die Wirkung, daß die weitere Übertragung oder die Vereinbarung hierüber selbst denen gegenüber wirksam wird, die ihr nicht zustimmen.

Die Wirkung einer weiteren Übertragung oder einer Vereinbarung hierüber ist nach den Vorschriften der §§ 203 und 304 die gleiche. § 304 (c) (6) (D) sieht vor, daß solche Vereinbarungen oder Übertragungen nur wirksam sind, wenn sie nach dem Wirksamkeitsdatum der Kündigung vorgenommen wurden. Wie bereits festgestellt, schließt diese Regel die Vorwegnahme eines Rechtes aus, selbst wenn das zukünftige Recht als Anwartschaftsrecht am Tag der ordnungsgemäßen Zustellung und Registrierung der Kündigungserklärung entstand. Wie in § 203 wird der ursprüngliche Lizenznehmer mit Hilfe einer Ausnahme von der allgemeinen Regelung bevorzugt. Diese Ausnahme ermöglicht es dem Lizenznehmer, mit dem Urheber oder den gesetzlichen Erben des Urhebers während der 5 Jahre zwischen Zustellung der Erklärung und dem Datum der wirklichen Beendigung zu verhandeln. Ein Urheber, der sich der Kündigungsmöglichkeit nicht bewußt ist, oder der es versäumt, die Erklärung rechtzeitig zuzustellen und seine Rechte zu kündigen verliert, empfängt weiterhin die wie immer gearteten Vorteile aus dem ursprünglichen Übertragungsvertrag. Auf jeden Fall betrifft die Kündigung nur die Rechte, die von der ursprünglichen Übertragung erfaßt wurden und berührt keinesfalls Rechte, die sich aus irgendeinem anderen Bundes-, Einzelstaats- oder ausländischen Gesetz ergeben[131]). Sowohl die Beschränktheit wie auch der mögliche Wert der Kündigungsvorschrift läßt sich aus den Vorschriften E und F des § 304 (c) (6) ersehen. Die Kündigung betrifft nur den Gegenstand einer bereits vollzogenen Übertragung und Nichtstun läßt die Lage des Urhebers unverändert. In diesem Licht kann § 304 als Kompromiß zwischen den Urhebern und Verwertern urheberrechtlich geschützten Materials angesehen werden, der in das Gesetz einging, um die Schwierigkeiten der Erneuerungsvorschrift zu beseitigen. Das Versäumnis, den Formanfor-

---

130) § 304 (c) (6) (C).

131) § 304 (c) (6) (E).

derungen des § 304 zu entsprechen, wird den Verlust der Verhandlungsposition nach sich ziehen, niemals jedoch zu so harten Ergebnissen führen, wie sie unter der Geltung des § 24 des alten Gesetzes auftraten, wenn der Urheber die Erneuerung versäumte.

„Alle in den §§ 302 bis 304 geregelten Urheberrechtsschutzfristen laufen bis zum Ende des Kalenderjahres, in dem sie andernfalls ablaufen würden."[132])

Nun zurück zu § 203 (b), dessen Ziffern 5 und 6 als „Aufräumvorschriften" anzusehen sind. Ziffer 5 sieht vor, daß die Kündigung „nur die Rechte betrifft, die von Übertragungsakten erfaßt werden, die Gegenstand dieses Gesetzes sind, und auf keinen Fall Rechte, die sich aus irgendeinem anderen Bundes- oder Einzelstaats- oder ausländischen Gesetz ergeben, betrifft". Eindeutig werden nur die Überlassung, Lizenz oder Übertragung von Rechten, die sich aus dem Urheberrechtsgesetz ergeben, durch Beachtung von Formvorschriften des § 203 gekündigt. Nimmer stellt fest, daß der Werktitel und dargestellte erfundene Personen nicht urheberrechtsfähig sind und deswegen die Kündigung eines Übertragungsaktes, der die Übertragung solcher Rechte einschloß, sie nicht auf Grund des Urheberrechtsgesetzes betreffen könne[133]). Wenn auch das Urheberrechtsgesetz in diesem Fall keinen Schutz bieten würde, würde doch das Recht des unlauteren Wettbewerbs „das Recht zur Benutzung eines Titels beenden, wenn der Lizenznehmer kein Recht mehr an dem Werk auf den sich der Titel bezieht, innehat"[134]), eben weil die Übertragung gekündigt wurde.

Die Bezugnahme auf ausländische Rechtsordnungen wirft schwierige Probleme des internationalen Privatrechts auf. Ein amerikanischer Urheber, der deutsche Buchrechte in Deutschland in einem Vertrag, der ausschließlich nach deutschem Recht geschlossen und erfüllt wurde, veräußert, kann sich nicht auf die Kündigung der Rechtseinräumung nach US-Recht berufen, da deutsches Vertrags- und Urheberrecht zur Anwendung käme. Das Problem der Rückverweisung (renvoi) stellt sich, wenn die Tatsachen nicht so eindeutig sind. Das Gesetz schweigt sich darüber aus, wann ausländisches Recht bezüglich der Einräumung von Rechten zur Anwendung kommen soll, betont jedoch nachdrücklich, daß die Kündigungsvorschrift nicht zum Tragen kommt,

---

[132]) § 305.

[133]) Vgl. Nimmer, „Termination of Transfer Under the Copyright Act of 1976", 125 U. Penn. L. Rev. 960 (1977) mit einer ausgezeichneten Besprechung der Kündigungsprobleme.

[134]) aaO.

sofern ausländisches Recht anwendbar ist. Die Berücksichtigung des internationalen Privatrechts ist zur Kündigung nötig, wenn das Urheberrechtsgesetz der Vereinigten Staaten Anwendung findet. Ziffer 5 des § 203 (b) bekräftigt bloß den Grundsatz nationaler, geographischer Souveränität: „Das Urheberrecht hat keine extraterritoriale Wirkung."[135])

Ziffer 6 mildert die Furcht des offenbar begünstigten Inhabers eines Nutzungsrechts, da die Übertragung wirksam bleibt „wenn nicht und bis die Kündigung entsprechend diesen Vorschriften wirksam wird..." Selbst nach Zustellung der Kündigungserklärung hat der Inhaber des Nutzungsrechts die vollen Rechte aus der ursprünglichen Vereinbarung bis zum Wirksamkeitsdatum der Kündigung. Kein Kommentar hat bis jetzt festgestellt, daß, wenn einmal die Kündigungserklärung zugestellt und eingereicht wurde, das Vermögensrecht eines Lizenznehmers einem erheblichen Wertverfall unterliegen kann. So werden z. B. Kapitalinvestitionen für die Neubearbeitung eines Films erheblich zurückgehen, wenn

1. ein Scheitern des Versuchs, das Werk in einer bestimmten Frist (die nur 2 Jahre beträgt) zu vollenden, den völligen Verlust der Investition bedeutet und
2. nach der Kündigung konkurrierende Gesellschaften das Werk ebenso umarbeiten können.

Der Vollzug von Übertragungen des Urheberrechts nach § 204:

Das „statute of frauds" des Urheberrechtsgesetzes ist in § 204 (a) des neuen Gesetzes kodifiziert. Diese Vorschrift ersetzt § 28 (Abtretungen und Vermächtnisse) und § 29 (gleicher Gegenstand; Vollzug im Ausland; Anerkennung und Bescheinigung), ohne das Recht wesentlich zu ändern.

§ 204 (a) fordert, daß eine rechtsgeschäftliche Übertragung des Urheberrechts, schriftlich zu erfolgen hat. Ein Verstoß gegen dieses Erfordernis macht die Übertragung ungültig, wenn auch beinahe jedes schriftliche Dokument die Qualität eines Schriftstücks haben wird. Das Gesetz sieht vor, daß ein Schriftstück eine Übertragungsurkunde oder eine Niederschrift oder ein Vermerk über die Übertragung sein kann, daß es aber von dem Inhaber der Übertragungen Rechte oder seinem ordnungsgemäß bestellten Vertreter unterzeichnet werden muß. Die Unterschrift des Inhabers der übertragenen Rechte ist das einzige Formerfordernis.

---

[135]) aaO. Auch internationale Abkommen sollten beachtet werden.

§ 204 (a) wiederholt, daß die Faustregel des Vertragsrechts, wonach die Gerichte Vereinbarungen so auslegen, daß ein Vertrag zustande kommt, nicht auf Vereinbarungen über die Übertragung des Urheberrechts anwendbar ist. Die gesetzliche Vermutung richtet sich zweifellos gegen eine Übertragung des Urheberrechts, um den unvorsichtigen Urheber weiter zu schützen. Diese Vorschrift bewirkt, daß der Urheber mit den Folgen seiner Handlungen durch das Erfordernis eines unterzeichneten Schriftstücks direkt konfrontiert werden muß. § 204 (a) enthält eine eindeutige Feststellung der Urheberrechtspolitik, kennzeichnet aber keinen Wandel in der Politik, da § 28 ebenso ein schriftliches und unterzeichnetes Dokument verlangte.

Klausel (b) in § 204 modifiziert Klausel (a). Obwohl eine Beglaubigung (z. B. eine notarielle Erklärung) nicht erforderlich ist, um eine gültige Übertragung des Urheberrechts festzustellen, ist eine derartige Beglaubigung ein prima-facie-Beweis für den Vollzug der Übertragung, wenn das Beglaubigungsdokument von einer hierzu befugten Person in den Vereinigten Staaten oder im Ausland ausgestellt wurde. In den Vereinigten Staaten genügen Stempel und Unterschrift eines Notars als gültige Beglaubigung der Übertragung, während im Ausland die Beglaubigung von einem diplomatischen Urheber oder Konsularbeamten der Vereinigten Staaten erteilt werden kann. In diesem Punkt wiederholt § 204 (b) schlicht § 29 des alten Gesetzes; das neue Gesetz schreibt jedoch vor, daß eine Person, die berechtigt ist, Eideserklärungen entgegen zu nehmen, und deren Berechtigung durch ein Dokument eines Beamten des diplomatischen oder konsularischen Korps der Vereinigten Staaten nachgewiesen wurde, Dokumente beglaubigen kann, die ihrerseits als prima-facie-Beweis dienen. Dieser Satz (§ 204 (b) (2)) bedeutet, daß ein Notar jedes Landes eine Beglaubigung der Erklärung ausstellen kann, die ihrerseits später von US-Dienststellen beglaubigt werden kann[136]).

Das neue Gesetz dient auch dazu, die Anforderungen des § 29 zu lockern, da nach dieser Vorschrift Abtretungen des Urheberrechts, die im Ausland vollzogen wurden, in den Vereinigten Staaten keine Gültigkeit hatten, sofern sie nicht ordnungsgemäß anerkannt wurden. § 204 erfordert die Beglaubigung einer Übertragung um einen

---

[136]) Die Bedeutung der Notare in den Vereinigten Staaten und in Frankreich und Deutschland sollte im Vergleich berücksichtigt werden. In Frankreich und Deutschland spielt der Notar eine wichtige und angesehene Rolle beim Abschluß von Verträgen, während in den Vereinigten Staaten häufig Personen ohne juristische Ausbildung Notar sind und eine notarielle Beglaubigung wesentlich geringere rechtliche Bedeutung hat, wenn auch die Unterschrift auf einem notariell beglaubigten Schriftstück buchstäblich unangreifbar ist.

prima-facie-Beweis für den Vollzug zu schaffen, aber eine derartige Beglaubigung ist nicht absolut notwendig. Als Beweismittel für den Vollzug der Vereinbarung über die Übertragung des Urheberrechts wird von den Gerichten der Vereinigten Staaten ein unterzeichnetes Schriftstück anerkannt.

Die Registrierung von Übertragungen und anderen Dokumenten:

§ 205 des Gesetzes aus dem Jahre 1976 enthält eine allgemeine, wenn auch wichtige, Registrierungsvorschrift. Im allgemeinen können alle Dokumente, die sich auf das Urheberrecht beziehen, registriert werden. In der Praxis sollten alle Dokumente, die sich besonders auf die Übertragung des Urheberrechts beziehen, registriert werden, da der zeitliche Vorrang auf der fiktiven Mitteilung, die von ordnungsgemäßer Registrierung ausgeht, beruht. Das Copyright Office nimmt eine Urkunde zur Registrierung an, die „die eigenhändige Unterschrift des Ausstellers trägt oder ... der eine eidliche oder amtliche Beglaubigung, daß es sich um eine echte Kopie der unterzeichneten Originalurkunde handelt, beigefügt ist."[137]) Wenn die entsprechende Gebühr an das Copyright Office bezahlt wurde, wird die Urkunde registriert und eine Bescheinigung hierüber ausgestellt. Nach diesem Registrierungsschema beweist die Bescheinigung nur, daß ein Dokument registriert wurde, ohne die Gültigkeit der Urkunde zu beglaubigen.

Wie festgestellt, liegt die Bedeutung der Registrierung darin, daß sie „jedermann Kenntnis der in der eingetragenen Urkunde angegebenen Tatsachen unterstellt ..."[138]). Die Fiktion der Kenntnis tritt jedoch nur dann ein, wenn die eingetragene Tatsache das Werk, auf das sie sich bezieht, im einzelnen bezeichnet[139]). Wenn die Information vom Register of Copyrights registriert und in einen Index aufgenommen wurde, muß eine vernünftig durchgeführte Recherche unter dem Titel oder der Registriernummer des Werkes zur Entdeckung der einschlägigen Information führen[140]). Auf jeden Fall muß das Werk, auf das im registrierten Dokument Bezug genommen wird, seinerseits registriert sein[141]).

---

[137]) § 205 (a).

[138]) § 205 (c).

[139]) aaO.

[140]) Mit „vernünftig durchgeführter Recherche" ist gemeint, daß die die Registrierung beantragende Partei (der Urheber) sich vergewissern muß, daß sein Antrag korrekt in den Index aufgenommen wurde. Ein Irrtum des Copyright Office bei der Aufnahme in den Index geht zu Lasten der die Registrierung beantragenden Partei, da die „vernünftige Recherche" als solche keine Mitteilung bewirkt.

[141]) § 205 (c) (1).

Obwohl die Fiktion der Kenntnis einer Übertragung nur eintritt, wenn die sich auf die Übertragung beziehenden Urkunden registriert sind, gibt es einen noch zwingenderen Grund für die Registrierung eines Werkes. Wie in § 205 (d) vorgesehen, ist die Registrierung unabdingbare Voraussetzung für eine Verletzungsklage. „Wer geltend macht, kraft Übertragung Inhaber eines Urheberrechts oder eines urheberrechtlich geschützten Ausschließlichkeitsrechts zu sein, kann eine Verletzungsklage nach diesem Gesetz erst erheben, nachdem die Übertragungsurkunde, auf die er seinen Anspruch stützt, beim Copyright Office eingetragen ist." Dieser rigorose Gesetzeswortlaut wird jedoch durch den letzten Satz des § 205 (d) abgeschwächt, der vorsieht, daß die Klage nach der Registrierung auf Grund der ‚cause of action', die vor dieser Registrierung entstand, erhoben werden kann". Mit anderen Worten kann eine Partei, obwohl die Registrierung Voraussetzung der Erhebung der Verletzungsklage ist, das Dokument, auf das sie ihre Klage stützt, registrieren lassen, nachdem die angebliche Verletzung eintrat. Jedoch muß die Registrierung vor Klageerhebung erfolgen. Die Parameter der fiktiven Mitteilung werden großzügig erweitert, weil die Registrierung bis zur Zeit der Klageerhebung zulässig ist.

Die fiktive Mitteilung nach § 205 wirkte nahezu unbegrenzt, wenn nicht § 205 (e) die Wirkung der Registrierung beschränken würde. Absatz (e) deutet auf die Variationsbreite des vom Kongreß gesetzlich fixierten Registrierungssystems hin. Die Feststellung „von zwei miteinander in Widerspruch stehenden Übertragungen ist die zuerst vollzogene gültig, sofern sie registriert wurde" macht § 205 zu einem „Wettlauf"-Gesetz; wer zuerst kommt, erwirbt das Recht. Es handelt sich jedoch um kein „reines Wettlauf"-System sondern eher ein Wettlaufgesetz mit Aufschubfrist-Vorschriften. Wenn ein Streit darüber ausbricht, welche Partei auf Grund einer bestimmten Übertragung Rechte innehat, steht der zuerst registrierenden Partei von Gesetzes wegen der Vorrang zu, mit der Ausnahme, daß die Partei, die die Übertragung als erste vollzog, eine Aufschubfrist von einem Monat erhält, sofern der Vollzug in den Vereinigten Staaten stattfand. Für im Ausland vollzogene Übertragungsakte gilt eine Frist von 2 Monaten, innerhalb derer die Registrierung als zeitlich vorrangig erfolgt betrachtet werden kann, unabhängig vom tatsächlichen zeitlichen Ablauf.

Ein Beispiel diene zur Veranschaulichung. Wenn A (der Urheber) eine Vereinbarung der Übertragung des Urheberrechts an seinem Buch erst mit B1 und dann mit B2 vollzieht, hat B1 eine Frist von einem Monat (vorausgesetzt, die Übertragung wurde in den USA vollzogen), um die Übertragung registrieren zu lassen und Priorität gegenüber allen nachfolgenden Antragstellern zu beanspruchen. Er stützt seinen Anspruch auf die mit der Registrierung verbundene fiktive Mitteilung. Selbst wenn B2 tatsächlich früher als B1 und noch während der Aufschubfrist von einem Monat registrieren läßt, kann B1 seine Priorität wahren, indem er während dieses Monats registrieren läßt. Läßt B2 nach Ablauf eines Monats als erster eintragen und hat er gegen Entgelt und gutgläubig, ohne Kenntnis von der früheren Übertragung erworben (zwingende Voraussetzungen), kommt B2 zeitlicher Vorrang zu und er erwirbt das Recht. Lassen B1 und B2 am selben Tag registrieren, entscheidet der Zeitpunkt des Vollzugsaktes.

Keinesfalls kann B2 (zeitlichen) Vorrang vor B1 erlangen, wenn bewiesen werden kann, daß er die Übertragung von A an B1 kannte. Ein Zessionar von B2, der von der Übertragung von A an B1 nichts weiß, hat gegenüber B1 das bessere Recht, wenn er dem Erfordernis des „Erwerbs in gutem Glauben, gegen Entgelt oder auf der Grundlage einer bindenden Verpflichtung, Lizenzgebühren zu bezahlen", entspricht und „ohne Kenntnis von der früheren Übertragung handelte"[142]. Der Zessionar vermeidet Komplikationen eindeutig am besten, indem er die Übertragung innerhalb eines Monats beim Copyright Register eintragen läßt. Die weitere Frage, was ein Entgelt darstellt und was nicht, oder was eine bindende Verpflichtung zur Zahlung von Lizenzgebühren ist, unterliegt der üblichen Vertragsauslegung. Im Verfahren wird die Prioritätsklage häufig in Anträgen auf Klageabweisung mangels Schlüssigkeit und auf summarisches Urteil entsprechend den Federal Rules of Civil Procedure aufgeworfen werden.

Im Fall des Konflikts zwischen einem einfachen Lizenznehmer[143] und einem Zessionar des Vollrechts (einer Partei mit einem absoluten Recht) steht die Priorität dem Lizenznehmer „ungeachtet der Eintragung oder Nichteintragung [der Lizenz]" zu, „wenn die Lizenz durch eine vom Inhaber der lizenzierten Rechte oder einem von ihm ordnungsgemäß bevollmächtigten Beauftragten unterschriebene Urkunde nachgewiesen ist"[144]. Die Lizenz muß „vor Vollziehung der

---

[142]) § 205 (e).

[143]) Eine nicht ausschließliche Lizenz ist eine Teilübertragung des Rechts, die den Übertragenden zur Erteilung weiterer Lizenzen berechtigt.

[144]) § 205 (f). Diese Vorschrift steht in Einklang mit dem § 204 (a), der das Statute of Frauds im Urheberrecht normiert.

Übertragung" oder „... in gutem Glauben vor der Eintragung der Übertragung und in Unkenntnis davon" erworben worden sein[145]). § 205 (f) schafft eine Ausnahme von Abs. (e), die den einfachen Lizenznehmer begünstigt. Es zeigt sich eine unbestreitbare Präferenz für nicht ausschließliche Übertragungsakte. Selbst nach dem strengen, für Eintragungen geltenden Wettlaufprinzip, unterliegt das Prioritätsrecht eines einfachen Lizenznehmers nicht (soweit schriftlich erteilt und vom Inhaber unterzeichnet), wenn die einfache Lizenz vor Vollzug der Gesamtübertragung des Urheberrechts erworben wird, obwohl der Zessionar vor dem Lizenznehmer eintragen läßt.

In Verbindung mit § 203 gesehen, wiederholt die Vorschrift die Neigung des Gesetzes aus dem Jahre 1976, eine Übertragungshandlung als Minus gegenüber der Vollübertragung des Urheberrechts (copyright ownership) anzusehen. Wo Streit darüber besteht, ob eine Vereinbarung einer nicht ausschließlichen Lizenz oder einer Vollrechtsübertragung besteht, hat der Urheber eine Chance, sein Recht wegen der für eine nicht ausschließliche Lizenz sprechenden Vermutung zu behalten. Diese Vermutung führt eine neue Dimension im Urheberrecht der USA ein.

Resümee

Der Aufsatz befaßt sich eingehend mit dem zweiten Kapitel des am 1. Januar 1978 in Kraft getretenen amerikanischen Urheberrechtsgesetzes, das Inhaberschaft und Übertragung des Urheberrechts regelt.

Ausgangspunkt der Darstellung ist — nach kurzem Überblick über Gesetzesgeschichte und Motive des Gesetzgebers — § 201 Copyright Act, der die Vorschriften über die Rechtsinhaberschaft enthält. Der Verfasser bespricht die einzelnen, von der gesetzlichen Regelung erfaßten Fragenkomplexe. Anfänglich steht das Urheberrecht immer dem Urheber zu, doch ist es völlig übertragbar. Im Gegensatz zum deutschen Recht wird allerdings vermutet, daß das Urheberrecht an Arbeitnehmer- oder Auftragswerken dem Arbeit- bzw. Auftraggeber zusteht, sofern nicht etwas anderes ausdrücklich vereinbart wird. Das Urheberrecht an einem Beitrag zu einem Sammelwerk ist vom Urheberrecht am Sammelwerk zu unterscheiden. Inhaber des Urheberrechts am einzelnen Beitrag ist der individuelle Schöpfer. Es wird

[145]) § 205 (f) (1), (2). Hervorhebung vom Verfasser.

vermutet, daß sich das Recht des Eigentümers des Sammelwerks darauf beschränkt, den Beitrag als Teil des Sammelwerks, bei dessen Überarbeitung oder in einer späteren Serie zu verwerten.

Von Bedeutung ist, daß das Gesetz die Teilbarkeit des Urheberrechts anerkennt und damit die getrennte Übertragung einzelner aus dem Urheberrecht fließenden Ausschließlichkeitsrechte zuläßt.

Maßnahmen staatlicher Stellen, die auf Enteignung oder auf Übertragung des Urheberrechts gerichtet sind, bleiben wirkungslos, sofern nicht die Zustimmung des Urhebers vorliegt.

§ 202 des Gesetzes unterscheidet ausdrücklich das Eigentum an der Sache, in der ein Werk verkörpert ist und die Inhaberschaft des Urheberrechts an diesem Werk. Die Übertragung des Sacheigentums läßt die Stellung des Urheberrechtsinhabers unberührt.

Das neue Gesetz enthält in den §§ 203 und 304 (b) ausführliche Regelungen über die Kündigung von Übertragungsakten und den Heimfall übertragener Rechte. Diesen Vorschriften widmet der Aufsatz breiten Raum.

Hervorzuheben ist auch der in § 204 eingeführte Zwang zur Schriftform für Übertragungsakte, eine im amerikanischen Rechtssystem fremdartig anmutende Maßnahme zum Schutz des Urhebers.

Abschließend bespricht der Verfasser die Eintragung von Übertragungsakten und anderen Urkunden gemäß § 205 des neuen Gesetzes. Die Eintragung ist sowohl für Verletzungsklagen wie für Streitigkeiten um den zeitlichen Vorrang von Übertragungsakten von Bedeutung. Gegenüber einer eingetragenen Tatsache kann sich niemand auf Unkenntnis berufen.

Résumé

Le présent article est consacré à l'examen du second chapitre de la loi américaine sur le droit d'auteur entrée en vigueur le 1er janvier 1978, déterminant le titulaire du droit d'auteur et réglementant son transfert.

L'exposé, après un court rappel de l'historique de la loi et des motifs du législateur, part du § 201 du Copyright Act, qui contient les dispositions concernant le titulaire du droit. L'auteur traite des différents groupes de questions touchés par la réglementation législative.

Originairement le droit d'auteur appartient toujours à l'auteur; il est pourtant transférable dans sa totalité. A l'inverse du droit allemand, on présume cependant que le droit d'auteur sur les œuvres de salariés ou réalisées sur commande appartient à l'employeur ou à l'auteur de la commande pour autant qu'il n'existe pas de convention expresse en sens contraire. Le droit d'auteur sur une contribution à une œuvre collective doit être distingué du droit d'auteur sur l'œuvre collective. Le titulaire du droit d'auteur sur la contribution individuelle est son auteur. Il est présumé que le droit du propriétaire de l'œuvre collective est limité à l'exploitation de la contribution comme élément de l'œuvre collective, lors de la révision de celle-ci ou dans une œuvre collective ultérieure de la même série.

Il est important que la loi admette le partage du droit d'auteur et permette de la sorte le transfert séparé des différents droits exclusifs découlant du droit d'auteur.

Des mesures prises par des organismes officiels et visant à saisir, exproprier, transférer ou exercer les droits de l'auteur restent sans effet à défaut de consentement de l'auteur.

Le § 202 de la loi distingue expressément la propriété de la chose dans laquelle se matérialise l'œuvre et le titulaire du droit d'auteur sur cette œuvre. Le transfert de la propriété matérielle est sans incidence sur la position du titulaire du droit d'auteur.

La nouvelle loi comporte aux § 203 et 204 (b) des dispositions détaillées concernant la résiliation d'actes de transfert et le retour des droits transférés. L'article consacre de larges développements à ces dispositions.

Il y a également lieu d'attirer l'attention sur l'obligation de donner une forme écrite aux actes de transfert, instituée par le § 204, une mesure de protection de l'auteur qui semble déplacée dans le système américain.

Pour finir, l'auteur traite de l'inscription des actes de transfert et d'autres documents en application du § 205 de la nouvelle loi. L'inscription est importante aussi bien pour les actions en contrefaçon que pour les différends concernant l'ordre de priorité des actes de transfert. Personne ne peut arguer de son ignorance à l'encontre d'un fait inscrit. *Fr. U.*

Summary

„Revolutionary Compromise: Copyright Ownership and Transfer Under the 1976 Copyright Act" is an analysis of Chapter 2 of the, now effective, United States copyright law. The following article highlights material changes, as well as the history and compromises which forged the new law. The author's premise is that a full understanding of this foundational chapter can come only from knowledge of this background.

After a brief review of the legislative history, the author discusses each section of Chapter 2. The following topics form the backbone of this article:

201. Ownership of copyright

a) Initial Ownership. Chapter 2 begins with a strong statement which summarizes current law: copyright ownership vests initially in the author or authors of a work. Authors of joint works are coowners of the copyright.

b) Works Made for Hire. In contrast to German law, the presumption of American law is that copyright vests initially in the employer for whom the work was prepared. A written instrument, signed by the parties, expressing a contrary intention is the only evidence which overturns this presumption. Section 201 (b) codifies existing U.S. law.

c) Contributions to Collective Works. Each copyright in a separate contribution to a collective work (ex. News or literary magazines) is distinct from copyright in the collective work as a whole. The proprietor of a collective work, in the absence of express transfer, receives only the privilege of exploiting the contribution in the original format for which it was intended.

d) Transfer of Ownership. Ownership of copyright may be transferred in whole or in part by any means of conveyance. The fact that copyright is made divisible under the new law is a major change in United States law. The various possible subdivisions of copyright ownership may be owned and transferred separately.

e) Involuntary Transfers. No legal effect will be given to action by any governmental body, official or organization which seizes, expropriates, transfers or exercises rights of ownership when such action is involuntary on the part of the individual author. This section is a new creation in United States law.

202. Ownership of copyright as distinct from ownership of material object. Section 202 distinguishes between ownership of copyright and ownership of any material object in which the work is embodied. Transfer of the material object does not convey any rights in the copyrighted work, except by agreement.

203. Termination of transfers and licenses granted by the author. Section 203 and 304 (b) are complex systems, under which the author, who has transferred his copyright, may reclaim that copyright. The time periods in which the author must act and the effect of termination are discussed in detail. Section 203 (a) (2) presents an intestate succession scheme for the passing of copyright interests.

204. Execution of transfers of copyright ownership. Section 204 changes existing law. This section is a Statute of Frauds pertaining to the transfer of copyright ownership. Section 204 (b) concerns the evidentiary force of a certificate of acknowledgment.

205. Recordation of transfers and other documents. According to section 205, recordation is a prerequisite to an infringement suit, although once recorded, suit may be instituted on a cause of action which arose before the recordation. All documents pertaining to a copyrighted work may be recorded with the Copyright Office and once properly recorded give constructive notice of the facts stated therein. The copyright law states a new preference for non-exclusive licenses over transfer of ownership. Section 205 adopts a „race with grace" priority scheme.

Réflexions d'un juriste français à propos de la loi américaine de 1976 sur le droit d'auteur

Par **André Françon**
Professeur à l'Université de Droit,
d'Economie et de Sciences Sociales des Paris*)

Il est toujours périlleux pour un homme de Doctrine de s'évader des limites de son Droit national. S'il prétend parler de lois en vigueur dans les pays étrangers, il risque toujours de commettre des contresens, faute d'être suffisamment informé des rouages des systèmes juridiques autres que le sien. A fortiori l'entreprise est-elle hasardeuse lorsqu'il s'agit, pour un juriste nourri de droit romain, d'aborder aux rives du Droit anglo-saxon dont les méthodes de raisonnement sont de nature à le dérouter.

Il faut, cependant, surmonter ces scrupules lorsqu'un pays étranger d'une grande importance économique, sociale et culturelle vient à se doter d'une loi nouvelle. Ce serait succomber à un nationalisme coupable que de ne pas chercher à connaître un tel texte. Les Etats-Unis ayant adopté en 1976 une nouvelle loi sur le droit d'auteur, il nous a été demandé de dire quelles sont les réactions d'un juriste français en face de cette loi (v. à propos du Droit antérieur, notre ouvrage sur „La propriété littéraire et artistique en Grande-Bretagne et aux Etats-Unis, Paris 1955).

L'on doit d'abord indiquer que ce texte est le résultat d'une longue gestation et se présente comme un ensemble particulièrement dense de huit chapitres dont, par bonheur pour nous, une traduction française a été publiée il y a peu (v. Le droit d'auteur 1977 p. 150 et s. et p. 191 et s.). Par chance aussi, pour éviter de nous perdre dans le dédale d'articles fort longs, parce que résultant souvent de compromis laborieux, nous bénéficions déjà de plusieurs études en français de juristes américains sur la question (v. les études de M. M. *Cramer* et *Korman* à paraître dans la Revue internationale du droit d'auteur d'octobre 1977) et notamment de celle, particulièrement synthétique et pénétrante de Miss Barbara *Ringer* (v. Le droit d'au-

*) Deutsche Fassung S. 145 ff. — D. Schr.

teur 1977 p. 177) à qui ses fonctions de Register of Copyrights ont permis de suivre mieux que quiconque la préparation et l'adoption de cette nouvelle législation.

Cette dernière étude nous semble si bien venue que nous croyons utile d'en rappeler les conclusions avant de nous hasarder nous-même à présenter quelques remarques. Ces conclusions se situent en quelque sorte à deux niveaux. Miss *Ringer* commence par indiquer quelles sont, à première vue, les principales réformes opérées par la loi nouvelle. A ce titre, elle cite d'abord et avant tout la prolongation de la durée du droit d'auteur (qui passe de cinquante-six ans après la publication de l'œuvre à cinquante ans après la mort de l'auteur. Articles 302-305) et le remplacement de la protection de common law par la protection statutaire en matière d'œuvres non publiées (article 301). Mais l'éminente spécialiste évoque aussi l'attribution à l'auteur de la titularité du droit d'auteur (article 201 a)) et enfin la possibilité pour le titulaire du droit d'auteur d'opérer des cessions seulement partielles de son droit (article 101).

Poussant plus loin son analyse, Miss *Ringer* se demande alors quelle est la philosophie du droit d'auteur qui sous-tend les dispositions de la loi nouvelle. A cet égard, elle croit pouvoir déceler dans le statut de 1976 à la fois des courants favorables aux auteurs et d'autres qui sont au contraire susceptibles de susciter l'inquiétude de ces derniers.

Dans la première rubrique, on peut ranger l'opinion de Miss *Ringer* selon laquelle la loi nouvelle marque un déplacement du centre de gravité de la protection du droit d'auteur aux Etats-Unis. Alors que la loi ancienne plaçait au premier plan la publication et donnait de ce fait un rôle essentiel à l'édition qui la réalise, la loi nouvelle fait désormais de la création la source de la propriété littéraire, laquelle échoit tout naturellement à celui qui en est à l'origine, c'est-à-dire l'auteur. Le Register of Copyrights invoque un certain nombre de solutions de la loi de 1976 qui vont en ce sens: mode de computation du délai de protection à compter de la mort de l'auteur, possibilité de protection par la loi sur le droit d'auteur des œuvres même non publiées, droit d'auteur naissant sur la tête de l'auteur, distinction des droits sur l'œuvre et de ceux sur le support matériel de l'œuvre, interprétation restrictive des cessions etc . . .

Toutefois Miss *Ringer* ne dissimule pas que d'autres solutions de la loi nouvelle ouvrent des perspectives plus sombres pour les auteurs. Elle note d'abord en ce sens que la loi de 1976 met en place trois nouveaux systèmes de licences obligatoires, dans des cas où, il est vrai, la loi antérieure ne prévoyait aucune espèce de protection pour les auteurs. On vise ici en premier lieu l'hypothèse des exécutions de musique par voie d'instruments mis en marche grâce à l'introduction d'une pièce de monnaie (juke-boxes, article 116), en deuxième lieu celle des représentations, exécutions ou présentations d'œuvres protégées par voie de retransmission d'émissions de radiodiffusion, destinées aux abonnés à un service de télévision par câble (CATV Article 111), enfin le cas de la radiodiffusion non commerciale (article 118). Comme par ailleurs le cas de licence obligatoire que prévoyait la loi de 1909 en matière d'enregistrement musical est maintenu (article 115), le Register of Copyrights se demande si cette prolifération de licences obligatoires n'est pas annonciatrice d'un déclin du droit exclusif, les créateurs intellectuels ne pouvant plus compter dans l'avenir que sur un droit à rémunération équitable en contrepartie de l'utilisation de leurs œuvres par les tiers. Miss *Ringer* craint aussi que la mise en place par la loi nouvelle d'un Tribunal chargé d'intervenir dans le fonctionnement des licences obligatoires (Copyright Royalty Tribunal) ne soit le prélude à une mainmise grandissante de l'Etat sur les droits des auteurs. Dans le même ordre d'idées, un autre commentateur américain, M. *Cramer* (op. cit.) a également déploré de son côté que la loi nouvelle accroisse les pouvoirs du Copyright Office (v. article 108 (i), article 401 a et c)).

Nous adhérons pleinement à ces analyses, mais, puisqu'il nous est demandé de dire les réflexions qu'inspire à un juriste français cette loi de 1976, nous voudrions essentiellement indiquer les principales différences qui nous semblent exister entre cette loi nouvelle et la loi française de 1957 sur le droit d'auteur. Dans cette perspective, nous nous proposons de présenter trois séries de remarques d'inégale importance. La première et la plus étoffée a trait au fait que, bien qu'améliorant sensiblement la situation des auteurs, la loi américaine de 1976 ne leur accorde tout de même qu'une protection moindre que celle dont bénéficient les auteurs en France (I). La seconde remarque qui sera plus brève consiste à souligner que la loi nouvelle ne paraît pas faire toujours nettement le départ entre droit d'auteur et droits voisins (II). Enfin, la troisième remarque, qui sera un peu plus développée, se réfère au fait que la loi américaine, plus moderne que la loi française de 1957, aborde de front les problèmes de propriété littéraire que pose le développement le plus récent des techniques de diffusion des œuvres de l'esprit (III).

I.

Dans son article précité, Miss *Ringer* s'exprime ainsi à propos de la nouvelle loi américaine sur le droit d'auteur (op. cit. p. 179): „Telle qu'elle se présente, je pense que la loi de 1976 peut être comparée favorablement avec bon nombre d'autres lois récentes sur le droit d'auteur d'autres pays; et elle s'approche des normes internationales instituées, au moins pour les pays industrialisés, par les textes de Bruxelles de la Convention de Berne de 1948 et par le texte de Paris de 1971". Sans du tout nier l'étendue du chemin parcouru par la nouvelle législation dans la voie de la protection des auteurs, notamment sur le terrain de la durée du monopole, il faut reconnaître que, sur un certain nombre de points, un juriste français constate que sa propre loi nationale sur la propriété littéraire reste plus protectrice des auteurs que la loi américaine de 1976.

A) Le premier contraste qu'on peut relever à cet égard concerne les formalités de protection. Alors que celles-ci sont inconnues du Droit français (comme d'ailleurs de tous les pays de l'Union de Berne), le Copyright Act de 1976 les maintient, bien qu'il en atténue la portée. Ainsi l'exigence de la mention de réserve sur tous les exemplaires de l'œuvre subsiste, quoique l'inobservation de cette obligation soit sanctionnée moins sévèrement que dans le passé, puisque la loi nouvelle prévoit des facilités pour rectifier les erreurs ou corriger les omissions (v. articles 405 a) et 406). En second lieu, comme c'était déjà le cas sous l'empire de la loi de 1909, le dépôt et l'enregistrement ne présentent pas autant d'importance que la mention de réserve, en ce sens que leur omission ne prive pas l'auteur de protection. Mais, en pratique, il semble tout à fait déconseillé de ne pas accomplir ces formalités, ne serait-ce que parce que, à défaut de s'y plier, il n'est pas possible d'agir en contrefaçon (article 411). On rappellera qu'en France, pareille règle faisant du dépôt le prélude à toute action en contrefaçon a été abandonnée depuis une loi du 19 mai 1925. Enfin la dernière formalité traditionnellement prévue dans la loi américaine sur le droit d'auteur est la clause dite de „fabrication", qui fait la part belle aux imprimeurs américains, puisqu'elle impose, au moins pour les livres en anglais, que la composition des caractères d'imprimerie, l'impression et la reliure ou, s'il y a lieu, les opérations de reproduction par un procédé lithographique ou de photogravure soient effectuées aux Etats-Unis. Il faut cependant reconnaître que la force de cette exigence avait déjà été en déclinant au fil des différents textes qui, dans le passé, avaient réglementé cette matière. L'origine de cette exigence se trouvait dans une loi du 3 mars 1905 et une autre du 4 mars 1909. La loi de 1976, et l'on s'en réjouira, porte le coup de grâce à cette institution. En effet, celle-ci disparaîtra complètement le ler juillet 1982 et, en attendant, des mesures transitoires atténuent encore la rigueur de la clause (articles 601-603).

B) Aux yeux d'un juriste français, la loi américaine de 1976 comporte aussi des points faibles si l'on considère les droits qu'elle accorde aux auteurs.

a) A cet égard, il faut d'abord dire que, pas plus que ne le faisait la loi de 1909, la loi nouvelle ne consacre au profit de l'auteur l'existence d'un droit moral. Cette abstention est, on le sait, dans le sens de la tradition du Droit anglo-saxon. Il est également bien connu que cette lacune ne signifie nullement que les intérêts moraux des auteurs ne soient pas pris en considération dans les pays anglo-saxons. Simplement, c'est par le biais d'autres techniques juridiques que celles du droit d'auteur que cette sauvegarde est assurée. Citons, sans qu'il soit possible ici de s'y appesantir (Pour de plus amples développements sur cette question, v. notre livre précité p. 182 et s.), le droit de privacy, la technique des contrats, les règles de l'equity, l'action en diffamation, les droits de la personnalité. Toutefois, sauf erreur de notre part, l'utilisation de ces diverses techniques n'aboutit pas à une prise en compte aussi totale des intérêts moraux de l'auteur que ne le fait la théorie du droit moral. Dans ces conditions, il est sans doute permis de regretter que le législateur de 1976 n'ait pas „franchi le pas" de la reconnaissance du droit moral. Il est vrai que ce n'est peut-être que partie remise. Miss *Ringer,* dans son article que nous avons déjà cité à plusieurs reprises, écrit (op. cit. p. 183) que „l'identification fondamentale du droit d'auteur à l'auteur plutôt qu'à l'éditeur devrait, avec le temps, influencer la manière dont les gens considèrent le droit d'auteur en général". Et plus loin (p. 184), elle voit dans l'acquis de la loi de 1976 „une base pour de nouvelles réformes". Si l'on prend conscience aux Etats-Unis de ce que la propriété littéraire et artistique est d'abord faite pour récompenser l'effort créateur de l'auteur, ne peut-on espérer voir un jour la loi de ce pays accorder au créateur un droit moral pour sauvegarder ses intérêts spirituels que met en cause la diffusion de son œuvre?

b) Sur le terrain de la protection des droits pécuniaires d'auteur, il n'est pas niable que la loi de 1976 réalise des progrès. On a déjà dit (v. supra) qu'elle avait introduit trois systèmes de licence obligatoire dans des domaines où auparavant les œuvres des auteurs étaient exploitées librement et gratuitement. D'autre part, si la licence obligatoire déjà prévue par la loi de 1909 pour la reproduction mécanique de musique est maintenue, c'est avec des garanties de procédure renforcées et un taux de redevance accru (article 115 c)). Enfin, comme on l'a souligné (v. *Korman* article précité), le statut de 1976 ne limite plus aux seules exécutions faites dans un but lucratif le droit d'exécution sur les œuvres musicales, comme le faisait la loi de 1909. Il faut sans doute s'en féliciter, même si la loi nouvelle limite la portée de la réforme en prévoyant des exceptions au droit d'exécution publique dans quatre cas d'exécution sans but lucratif (v. article 110).

En présence de ces solutions relatives aux droits pécuniaires, un juriste français peut certes trouver qu'elles ne vont pas assez loin dans la voie de la protection des auteurs, qu'il y a trop de licences obligatoires et trop de cas d'utilisations libres et gratuites des œuvres. Il nous semble, cependant, que c'est surtout sur un autre terrain que le Droit américain reste en retrait par rapport au Droit français, en matière de droits partimoniaux d'auteur. Selon la loi française de 1957, ces droits ne se limitent pas au droit de reproduction et au droit de représentation publique. L'auteur, tout au moins celui qui a réalisé une œuvre artistique, jouit aussi du droit de suite (article 42). Or il n'est pas question du droit de suite dans la loi américaine de 1976, pas plus qu'il n'en était prévu dans la loi de 1909. En fait, pour l'heure, il semble qu'aux Etats-Unis, un tel droit ne soit reconnu qu'en Californie et ce en vertu d'une loi d'Etat récemment votée et ayant pour objet exclusif la réglementation du droit de suite et non celle du droit d'auteur dans son ensemble.

Cet état de choses met en relief la position particulière du droit de suite. A son propos, on n'a sans doute pas fini d'épiloguer sur le point de savoir s'il s'agit ou non véritablement d'un droit d'auteur. L'approche américaine du problème semble en faire une réalité à part et force est de reconnaître que, en France, où il est au contraire consacré par la loi sur le droit d'auteur, il connaît bien des vicissitudes.

C) La lecture de la loi américaine de 1976 est enfin de nature parfois à dérouter un juriste français, en raison de certaines solutions qu'elle adopte en ce qui concerne la détermination des titulaires du droit d'auteur. Sans doute celui qui est habitué à être régi par la loi de 1957 ne peut que se réjouir d'apprendre que, depuis 1976, nos amis d'outre-Atlantique posent en règle, comme on l'admet en France, que la propriété littéraire naît sur la tête de l'auteur. Mais la divergence avec la loi française persiste au contraire quand il s'agit du cas des oeuvres créées dans le cadre d'un contrat de louage d'ouvrages ou de services. Selon l'article 201 b) de la loi nouvelle, en effet, en pareil cas, le droit d'auteur naît au profit de l'employeur ou de celui qui a passé la commande, à moins que les parties n'en soient expressément convenues autrement dans un instrument écrit. Cette solution s'oppose à celle de l'article 1 alinéa 2 de la loi française selon lequel la propriété littéraire est attribuée à l'origine à l'auteur, même s'il s'agit d'une œuvre de commande ou de celle d'un salarié.

La disposition de la loi américaine de 1976 formule ici, nous le savons, une solution traditionnelle au Droit anglo-saxon. Etant donné que, en France, l'employeur notamment qui engage un auteur n'accepte de le payer que moyennant cession par ce dernier de ses droits d'auteur sur les œuvres qu'il crée dans le cadre de son contrat de travail, l'on peut être tenté de soutenir que, en fin de compte, la différence signalée entre le Droit français et le Droit anglo-saxon est plus apparente que réelle puisque, dans un cas comme dans l'autre, c'est l'employeur qui est finalement titulaire du droit d'auteur. Ce raisonnement, cependant, n'est pas exact. D'abord, selon le Droit français, l'auteur est titulaire d'un droit moral incessible, de sorte que, fût-il salarié, il en demeure, en toute hypothèse, investi. D'autre part, s'il est vrai que, selon certains, la conclusion d'un contrat de travail par un auteur entraînerait automatiquement cession par celui-ci de ses droits pécuniaires d'auteur à son employeur, la jurisprudence française la plus récente sur le sujet paraît plutôt impliquer que l'employeur ne peut se prévaloir d'une telle cession que s'il justifie d'un écrit en ce sens (v. notamment sur ce sujet, L'auteur salarié et la propriété littéraire et artistique par R. *Plaisant,* Le droit d'auteur 1977, p. 262 et s. notamment p. 265). Il est donc permis de soutenir que le cas du contrat de travail et du contrat de commande est réglé de façon plus favorable aux auteurs par le Droit français qu'il ne l'est par le Droit américain, d'autant plus que, s'agissant de ce dernier, on peut se demander si, au moins l'état de subordination économique dans lequel se trouve l'auteur salarié ne rend pas purement théorique la possibilité, prévue par la loi, d'une clause contractuelle spécifiant qu'il ne cède pas ses droits pécuniaires à son employeur.

II.

Un autre sujet de surprise pour un juriste français qui prend connaissance de la loi américaine de 1976 consiste en ce qu'il y trouve la protection du droit d'auteur accordée à des prestations qui, selon la loi française, ne pourraient être couvertes que par un droit voisin. Il s'agit ici d'évoquer la disposition de la loi nouvelle qui traite les enregistrements sonores comme des œuvres bénéficiant du droit d'auteur (article 102 a) 7). A vrai dire, jusqu'à nouvel ordre, ces enregistrements ne font l'objet que d'un „droit d'auteur limité" (l'expression se trouvait dans l'intitulé d'une loi de 1971 dont il sera question ci-après), en ce sens qu'ils ne sont le siège que d'un droit de reproduction (v. article 114 a)). Mais le Congrès y joindra peut-être bientôt un droit de représentation publique (v. article 114 d)).

Une fois de plus, avec la protection des enregistrements sonores par le droit d'auteur, nous rencontrons une solution classique dans les pays anglo-saxons (v. *Stewart,* Le droit d'auteur 1974 p. 114). S'agissant des Etats-Unis, elle avait d'ailleurs été déjà adoptée en 1971, dans la perspective d'une ratification par ce pays de la Convention de Genève sur la protection des producteurs de phonogrammes contre la reproduction non autorisée de leurs phonogrammes (v. Loi 92-140 du 15 octobre 1971, Revue internationale du droit d'auteur 1972 p. 196).

Mais la ratification par un pays de la Convention de Genève n'implique pas nécessairement qu'il s'engage à protéger par le droit d'auteur les producteurs de phonogrammes (v. l'article 3 de la Convention) et la meilleure preuve en est que la France, tout en ratifiant ladite Convention, ne protège les producteurs de phonogrammes que sur le terrain de la concurrence déloyale. Au niveau des textes, le refus du droit d'auteur aux disques se déduit en France de ce que, lors des travaux préparatoires de la loi de 1957, un amendement tendant à insérer les „productions phonographiques" dans la liste des œuvres bénéficiant de la propriété littéraire fut écarté par le

Conseil de la République (v. *Desbois*, Le droit d'auteur en France p. 207). Quant à la justification de ce rejet, elle fut fournie par le Sénateur Marcel *Plaisant* qui s'exprima ainsi: „A quoi aboutirait la création d'un droit succédané au profit d'un fabricant de disques? C'est mettre sur le même pied la création spirituelle et cet effort respectable, mais limité, d'une technique perfectionnée qui vient livrer un instrument matériel pour la reproduction de la pensée".

Cette opinion, on l'a vu, n'a pas prévalu aux Etats-Unis, mais il est intéressant de signaler que certains, outre-Atlantique, ont, eux aussi, nié qu'un fabricant de phonogrammes puisse prétendre à la qualité d'auteur et affirmé qu'en soutenant le contraire, la loi sur le „copyright" violait la disposition de la Constitution américaine donnant pouvoir au Congrès pour légiférer en matière de droit d'auteur (v. les opinions rapportées par *Stewart,* Le droit d'auteur 1973 p. 117 et par *Derenberg,* Le droit d'auteur 1975 p. 53).

III.

Une dernière série de réflexions que la lecture de la loi américaine peut inspirer à un juriste français est que cette loi est vraiment moderne et s'efforce de prendre en compte les développements les plus récents de la technologie.

En France, un phénomène frappe l'observateur. Les lois de 1791 et 1793 sur la propriété littéraire et artistique sont restées en vigueur pendant plus de cent cinquante ans et c'est en s'appuyant sur elles seules que, non sans quelque artifice, mais avec beaucoup d'ingéniosité, les tribunaux français ont consacré les droits des auteurs en matière de photographie, de cinématographie, de radio et de télévision, toutes techniques que, et pour cause, les textes révolutionnaires n'avaient pas pu viser. Aujourd'hui, c'est la loi du 11 mars 1957 qui est en vigueur. Elle n'a pas encore un quart de siècle et pourtant elle paraît déjà parfois quelque peu démodée en certaines de ses dispositions, tant sont devenus rapides à notre époque les progrès de la technologie.

C'est pourquoi un juriste français est spécialement intéressé par les dispositions de la loi américaine de 1976 qui règlent les problèmes de droit d'auteur suscités par les développements les plus récents des techniques de diffusion, voire de réalisation des œuvres de l'esprit. Il vaut d'être noté à cet égard qu'à cette fin, en 1974, avait été constituée aux Etats-Unis une Commission sur les nouvelles utilisations technologiques et les nouvelles œuvres. Il est vrai que certains juristes américains reprochent à cette Commission d'être restée trop timorée (v. *Cramer* op. cit.).

A) Quoiqu'il en soit, parmi les problèmes modernes de droit d'auteur dont traite la loi de 1976, il faut citer en premier lieu ceux qui se posent en relation avec l'essor des ordinateurs et dont la loi française ne dit rien. S'agissant des programmes, dont on se demande souvent s'ils peuvent être protégés par un brevet ou par un droit d'auteur, la loi américaine les habilite à bénéficier de la propriété littéraire. Ceci se déduit des termes de l'article 102 rapprochés de ceux de l'article 101 (v. *Kolle,* Le droit d'auteur 1977 p. 73), étant entendu que c'est la forme donnée au programme et non son contenu qui donne prise au droit d'auteur (v. Report of the Committee on the judiciary H.R. n° 1476, 94th Cong. 2d Session p. 57). La loi se préoccupe aussi par ailleurs de l'utilisation, en liaison avec des ordinateurs, d'oeuvres protégées par le droit d'auteur. Le législateur est ici prudent et limite la protection par la propriété littéraire à celle que prévoit la loi applicable la veille du jour de l'entrée en vigueur de la nouvelle loi (article 117). Il a été exposé lors des travaux préparatoires de la loi, que cette attitude d'expectative s'expliquait par le fait qu'il s'agissait d'un problème neuf, dont l'étude devait être poursuivie avant que ne soient dégagées de nouvelles règles (v. Report of the Committee on the judiciary H.R. n° 1476, 94th Cong., 2d Session p. 116).

B) En second lieu, l'on observe que la loi américaine traite de la télévision par câble. La loi française, elle, n'aborde pas nettement cette question, de sorte que la solution qu'il convient d'appliquer en France en pareil cas suscite des controverses passionnées (v. à ce sujet, en dernier lieu, *Kerever,* La distribution par câble et le droit d'auteur en droit français et dans les Conventions internationales, Le droit d'auteur 1977 p. 48). La solution de la loi américaine est énoncée à l'article 111 de la loi. Ainsi qu'on l'a déjà dit, elle constitue un progrès puisque, alors que les entreprises de télévision par câble n'étaient pas auparavant soumises au droit d'auteur, elles seront désormais obligées de payer une redevance pour la retransmission d'œuvres originairement diffusées par radio et télévision. Mais, indépendamment du regret que l'on peut éprouver qu'ait été adopté un système de licence obligatoire plutôt qu'un régime de droit exclusif, il faut signaler que les spécialistes américains en la matière se plaignent d'une mauvaise rédaction de l'article 111 qui rend ce texte obscur (v. *Cramer* op. cit. note 26).

C) Un troisième développement technologique est envisagé par la loi américaine. C'est celui de la photocopie. Là aussi il y a de quoi intéresser un juriste français. En effet, en France, les seuls textes disponibles pour régler la difficulté sont inadaptés. C'est le cas de l'article 41-2e de la loi du 11 mars 1957, parce qu'il a été adopté alors que le phénomène de la reprographie n'en était encore qu'à ses premiers balbutiements. C'est aussi le cas de l'article 22 de la loi de finances pour 1976, parce qu'en instituant une taxe de 3 % sur l'importation et la vente d'appareils de reprographie, et en ne prévoyant pas que le montant en reviendrait aux auteurs des œuvres reproduites, il laisse entier le problème de la réparation du manque à gagner que le développement de la photocopie cause aux auteurs.

S'agissant de la loi américaine, il peut être commode d'indiquer comment Miss *Ringer* résume les dispositions ayant trait à la reprographie (v. Le droit d'auteur 1977 p. 181). „Une disposition générale de la loi admettant l'usage loyal fait expressément mention de la réalisation d'exemplaires multiples pour l'usage scolaire et de l'importance particulière de la nature commerciale ou du caractère éducatif et non lucratif de l'utilisation. D'autre part, la disposition relative à la photocopie par les bibliothèques est longue et détaillée. Elle permet essentiellement la réalisation et la fourniture de photocopies isolées de catégories déterminées de matériels appropriés, dans la mesure où l'activité n'est pas „systématique". Cette disposition prévoit expressément que les arrangements pris entre bibliothèques pour l'échange de photocopies ne sont pas „systématiques" tant que la bibliothèque qui reçoit les reproductions pour les distribuer ne le fait pas en quantités globales de manière à remplacer un abonnement à l'œuvre ou l'achat de l'œuvre".

Ces dispositions nous inspirent les réflexions suivantes. D'abord nous observons que le législateur américain aborde par deux fois le sujet de la reprographie. Il y voit d'abord un cas parmi d'autres pouvant être régi par la théorie dite de l' „usage loyal" qui, en Droit anglo-saxon, fait échapper au droit d'auteur certaines reproductions d'œuvres protégées (article 107). Mais ensuite il croit devoir traiter à part une hypothèse particulière de photocopies, à savoir celles réalisées par les bibliothèques et les services d'archives (article 108). On peut se demander s'il n'aurait pas été de meilleure méthode de régler dans un corps de dispositions distinctes tous les cas où il est fait usage de la reprographie.

Une autre remarque que l'on peut faire est que, selon la loi de 1976, la photocopie est tantôt libre et gratuite et tantôt interdite. Le législateur américain n'a apparemment pas retenu le moyen terme consistant à recourir à un sytème de licence obligatoire.

Une troisième chose frappante pour l'observateur dans ces dispositions sur la photocopie est qu'elles sont déjà par elles-mêmes longues et complexes (c'est notamment le cas pour l'article 108), mais que, selon Miss *Ringer*, si l'on veut s'en faire une idée exacte, il faut en outre se référer aux travaux préparatoires de la loi ainsi qu'aux accords passés entre titulaires de droits d'auteur, groupements d'auteurs et bibliothécaires (v. Le droit d'auteur 1977 p. 182 notes 47 et 49). On mesure ainsi l'importance des difficultés rencontrées et la peine que l'on a eue à trouver des solutions de compromis entre les intérêts contradictoires des auteurs et des usagers.

Encore faut-il noter que les rédacteurs de ces textes ne sont pas sûrs que leur système soit apte à régler le problème de façon durable puisque, selon l'article 108 i), au bout de cinq ans d'application de la loi nouvelle, le Register of Copyrights devra, au vu des résultats de l'expérience, faire au Congrès „un rapport établissant la mesure dans laquelle le présent article est parvenu à réaliser l'équilibre réglementaire escompté entre les droits des créateurs et les besoins des usagers".

Conclusion

En c o n c l u s i o n de cet article, nous voudrions formuler une remarque et poser une question.

La r e m a r q u e consiste à souligner l'humilité dont ont témoigné les rédacteurs de la loi de 1976. La réforme de la loi américaine était en chantier depuis si longtemps qu'on aurait pu penser que ses dispositions régleraient tous les problèmes pendants en matière de droit d'auteur et qu'elles le feraient de façon durable. Or l'examen de la loi montre que ses rédacteurs n'ont pas eu une telle prétention et que, en présence d'une technologie en quelque sorte „galopante", ils ont au contraire senti la nécessité pour le législateur de remettre sans doute souvent l'ouvrage sur le métier. C'est ainsi que tantôt ils ont renvoyé à plus tard le règlement d'un problème qui ne leur paraissait pas encore mûr (par exemple celui de l'utilisation par les ordinateurs d'œuvres protégées), tantôt ils ont fourni des solutions, mais en leur donnant en quelque sorte un caractère expérimental et en se réservant de les rectifier plus tard si elles se révélaient insatisfaisantes à l'usage (ainsi en est-il notamment pour les dispositions sur les photocopies dans les bibliothèques).

Quant à la question que nous posons, elle est, bien entendu, de savoir si, sur le plan international, on peut voir dans la révision de la loi américaine le prélude à une adhésion des Etats-Unis à la Convention de Berne ou si ce pays se contentera, comme par le passé, de demeurer lié par la seule Convention universelle. L'entrée dans l'Union de Berne supposerait, nous semble-t-il, que deux conditions soient réunies. Il faudrait d'une part que les pouvoirs publics de ce grand pays soient animés de la volonté de réaliser cette adhésion et d'autre part que leur législation soit en harmonie avec les dispositions de la Convention. Ignorant si la première condition est réalisée, nous nous contenterons de dire quelques mots de la seconde. A ce propos il faut souligner que l'augmentation de la durée de la protection par la loi de 1976 supprime un ancien obstacle de taille à l'adhésion des Etats-Unis à la Convention. Malheureusement il en subsiste d'autres, ne serait-ce que le maintien de certaines formalités de protection. Il reste à espérer qu'une nouvelle réforme de la loi américaine mettra un jour prochain nos amis d'outre-Atlantique en mesure de devenir parties à l'Union de Berne, de même qu'ils le sont à l'Union de Paris sur la propriété industrielle depuis 1887.

Resümee

In diesem Beitrag schildert der Verfasser, welches die Reaktionen eines französischen Juristen gegenüber dem neuen amerikanischen Urheberrechtsgesetz von 1976 sind. Zuerst bezieht er sich auf den grundlegenden Aufsatz von Miss Ringer über das amerikanische Gesetz (Le Droit d'Auteur 1977, S. 177 ff.) und faßt die Licht- und Schattenseiten zusammen, die ihrer Meinung nach ein Verfechter des Urheberrechts in diesem Text finden kann.

Vom Standpunkt eines französischen Juristen aus zählt Françon die wichtigsten Bestimmungen dieses Gesetzes auf, die sich für die Werkschöpfer weniger günstig als die Bestimmungen des französischen Gesetzes von 1957 herausstellen. Diese Schwäche scheint sich zuerst bei den nach dem amerikanischen Gesetz für den Schutz erforderlichen Förmlichkeiten zu zeigen, die dem französischen Gesetz unbekannt sind. Dann bedauert der Verfasser, daß das Gesetz von 1976 der angelsächsischen Rechtstradition entsprechend und genauso wie die früheren Gesetze sich über das droit moral ausschweigt. Im Zusammenhang mit den Vermögensrechten hebt Françon hervor, daß das amerikanische Gesetz das Folgerecht nicht kennt. Es zeigt sich noch, was die Inhaber des Urheberrechts angeht, daß das neue Gesetz der angelsächsischen Rechtstradition auch insofern treu bleibt, als das Urheberrecht an Werken, die im Rahmen eines Arbeitsverhältnisses geschaffen worden sind, in der Person des Arbeitgebers und an Werken, die im Rahmen eines Auftragsverhältnisses geschaffen worden sind, in der Person des Auftraggebers entsteht.

Das Fortbestehen der Unterschiede zwischen der französischen und der angelsächsischen Auffassung auf dem Gebiet des Urheberrechts ist noch in dem amerikanischen Gesetz dadurch erkennbar, daß dieses ohne weiteres die Tonaufnahmen mit einem, wenn auch begrenzten Urheberrecht ausstattet — dies ist aber in Frankreich nicht angängig.

Zuletzt betrachtet Françon den Einfluß der technologischen Entwicklungen auf das Gesetz, und er betont dabei, wie sorgfältig sich der Text mit den durch die Anwendung von Computern, durch das Kabelfernsehen und durch das Fotokopieren ausgelösten Urheberrechtsproblemen befaßt.

Zum Schluß lenkt der Verfasser die Aufmerksamkeit darauf, daß der amerikanische Gesetzgeber im Bewußtsein der Schwierigkeit seiner Aufgabe angesichts der sehr schnellen technologischen Entwicklung die Absicht nicht gehabt hat, die urheberrechtlichen Probleme dieser Entwicklung entweder vollständig oder endgültig zu lösen. Teils wartet er noch, bevor er überhaupt eine Entscheidung trifft, teils bietet er nur gewissermaßen Lösungsversuche an.

Der Beitrag schließt mit dem Wunsch, daß das Gesetz, auch wenn es allein den Beitritt der Vereinigten Staaten zur Berner Übereinkunft noch nicht ermöglicht, doch einen ersten Schritt in diese Richtung bilden möge.

Résumé

Dans cet article, l'auteur indique quelles peuvent être les réactions d'un juriste français en face de la nouvelle loi américaine de 1976 sur la propriété littéraire et artistique. Il se réfère d'abord à l'article fondamental sur la loi américaine de Miss Ringer (Le droit d'auteur 1977, p. 177) et rappelle quels sont, selon elle, les rayons et les ombres qu'un défenseur du droit d'auteur peut trouver dans ce texte.

Se plaçant alors au point de vue d'un juriste français, M. Françon indique quelles sont à son avis les principales solutions de cette loi qui apparaissent moins favorables aux créateurs que ne le sont celles de la loi française de 1957. Cette infériorité semble se manifester d'abord au niveau des formalités de protection imposées par la loi américaine et que la loi française ignore. Il déplore ensuite que, conforme à la tradition du droit anglo-saxon, la loi de 1976, comme ses devancières, passe sous silence le droit moral. A propos des droits pécuniaires, M. Françon relève surtout que la loi américaine ne protège pas le droit de suite. S'agissant enfin des titulaires du droit d'auteur, il apparaît que la loi nouvelle sacrifie à la tradition du droit anglo-saxon selon laquelle le droit d'auteur naît sur la tête de l'employeur lorsque l'œuvre est celle d'un salarié et sur la tête de celui qui a passé commande lorsque l'œuvre est exécutée dans le cadre d'un louage d'ouvrages.

La persistance des divergences entre conception française et conception anglo-saxonne en matière de propriété littéraire et artistique se reconnaît encore dans la loi américaine au fait qu'elle n'hésite pas à investir d'un droit d'auteur, fût-il limité, les enregistrements phonographiques, ce qui n'est pas admis en France.

M. Françon étudie enfin l'influence sur la loi américaine des développements technologiques et souligne le soin avec lequel ce texte se préoccupe des problèmes de droit d'auteur que soulèvent l'utilisation des ordinateurs, la télévision par câble et la photocopie.

En conclusion, l'attention est portée sur le fait que le législateur américain, conscient de la difficulté de sa tâche en présence d'un essor très rapide de la technologie, n'a entendu régler ni complètement, ni définitivement les problèmes de droit d'auteur que cet essor pose. Tantôt il attend encore pour se prononcer, tantôt il ne propose que des solutions en quelque sorte expérimentales. L'article s'achève, d'autre part, par le vœu que la loi nouvelle qui ne permettrait pas à elle seule l'entrée des Etats-Unis dans l'Union de Berne soit tout de même un premier pas dans cette voie.

Summary

In his contribution, the author describes the reactions of a French jurist towards the new American Copyright Act of 1976. First, he refers to Ms. Ringer's fundamental paper on the American act (Le Droit d'Auteur 1977, S. 177 ff.), and then he summarizes the pros and cons which in Ms. Singer's opinion an advocate of copyright law may find in this text.

From the standpoint of a French jurist, Françon enumerates the most important provisions of the act, which turn out to be less favorable to the author than the corresponding provisions of the French act of 1957. The formalities required for protection under the American act, which are unknown to French law, seem to be a first weakness. The author also regrets that the act of 1976 does not depart from Anglo-Saxon legal tradition and former acts and adopt the droit moral. In connection with his discussion of the property rights of American copyright law, Françon emphasizes that the American act does not know the droit de suite. On the issue of copyright ownership, the new act evidently stands in the Anglo-Saxon legal tradition insofar as the copyright rests in the employer in works made for hire, and in the person commissioning a commissioned work.

The continuous existence of differences between French and Anglo-Saxon views in the field of copyright also becomes evident from the American act. In contrast to the French act, it clearly gives copyright protection to sound recordings, though in a limited form.

Françon reflects upon the influence of technological developments on the act. He points out the careful way in which the wording of the statute deals with copyright problems that have arisen by the use of computers, cable television and photocopying.

At the end, Françon remarks, that the American Congress, knowing the difficulties of its task in a field experiencing rapid technological change, had no intention of completely or finally solving the copyright problems stemming from these changes. In some cases it will be a time before a solution is reached and in others only tentative solutions habe been offered.

Françon finishes with the expression of his hope that the act may be a first step by the United States along the road to eventual ratification of the Berne Convention. *v. W.*

Überlegungen eines französischen Juristen hinsichtlich des amerikanischen Urheberrechtsgesetzes von 1976

Von **André Françon**
Professeur à l'Université de Droit,
d'Economie et de Sciences Sociales de Paris
Deutsch von Assessor Maximilian Merten, Berlin

Für einen Mann der Geisteswissenschaften ist es stets gefährlich, den Boden des Rechts seines Heimatlandes zu verlassen. Will er vom geltenden Recht anderer Staaten sprechen, geht er stets das Risiko ein, den tatsächlichen Sinn der Dinge zu verkennen, weil es ihm an ausreichender Unterrichtung über die Verzahnung anderer juristischer Denkweisen als denen in seinem Heimatland gebricht. Das Unterfangen ist auch deswegen besonders riskant, als es sich darum handelt, daß ein auf dem Boden des römischen Rechtes gewachsener Jurist an den Gestaden des angelsächsischen Rechtes vor Anker gehen will, dessen Denkweisen geeignet sind, ihn zu verwirren.

Nichtsdestoweniger gilt es, jene Skrupel zu überwinden, weil ein fremdes Land von besonderer wirtschaftlicher, sozialer und kultureller Bedeutung sich gerade ein neues Gesetz gegeben hat. Es hieße, einem gefährlichen Nationalismus zu unterliegen, wollte man nicht versuchen, diesen Text kennenzulernen. Nachdem die Vereinigten Staaten im Jahre 1976 ein neues Urheberrechtsgesetz in Kraft gesetzt haben, hat man mir die Aufgabe gestellt, die Reaktionen eines französischen Juristen gegenüber diesem Gesetz darzustellen (zum vorher gültigen Recht siehe meine Abhandlung „La propriété littéraire et artistique en Grande-Bretagne et aux Etats-Unis, Paris 1955).

Zunächst gilt es darauf hinzuweisen, daß dieses Gesetz das Ergebnis langer parlamentarischer Behandlung ist und sich deswegen als ein verwobenes Gebilde aus acht Kapiteln darstellt, von denen — zu unserem Glück — eine französische Übersetzung vor kurzem veröffentlicht worden ist (siehe in Le droit d'auteur 1977 p. 150 et s. et p. 191 et s). Es ist ferner ein glücklicher Umstand, daß uns verschiedene französische Arbeiten amerikanischer Juristen zu dieser Frage ersparen, uns im Irrgarten der äußerst langen Paragraphen zu verlaufen, die das Ergebnis arbeitsreicher Kompromisse sind (siehe les études de M. M. *Cramer* et *Korman* à paraître dans la Revue internationale du droit d'auteur d'Octobre 1977). In diesem Zusammenhang ist besonders die beziehungsreiche und gründliche Arbeit von Frau Barbara *Ringer* (siehe in: Le droit d'auteur 1977 p. 177) zu erwähnen, welcher ihre Tätigkeit beim Urheberrechtsregister der Vereinigten Staaten erlaubt hat, besser als irgendjemand sonst die Vorbereitungsarbeiten und das Inkrafttreten dieses neuen Gesetzes zu verfolgen.

Diese zuletzt erwähnte Arbeit von Frau *Ringer* erscheint mir so gelungen, daß ich es für nötig halte, ihre Schlußfolgerungen zu erörtern, bevor ich mich meinerseits daran wage, eigene Bemerkungen zu machen. Diese Schlußfolgerungen bewegen sich auf zwei verschiedenen Ebenen: Frau *Ringer* beginnt damit aufzuzeigen, welches auf den ersten Blick die grundsätzlichen Reformen sind, welche durch das neue Gesetz geschaffen werden. Unter dieser Überschrift verweist sie zunächst und vor allem auf die Verlängerung der Dauer des Urheberrechts (die von 56 Jahren nach der Erstveröffentlichung des Werkes auf 50 Jahre nach dem Tode des Urhebers erstreckt worden ist; §§ 302 bis 305) und auf die Ersetzung des Schutzes nach gemeinem Recht durch Gesetzesrecht in Bezug auf noch nicht veröffentlichte Werke (§ 301). Aber diese hervorragende Sachkennerin weist ferner auch auf die Zuerkennung der Ausübung des Urheberrechts an den Urheber selbst hin (§ 201 a) und schließlich auf die Möglichkeit des Urhebers, lediglich teilweise Abtretungen seines Rechtes vorzunehmen (§ 101).

Im weiteren Verlauf ihrer Analyse wirft Frau *Ringer* die Frage auf, welches die philosophische Grundlage des Urheberrechts sei, das die Verfügungsmöglichkeiten dieses neuen Gesetzes umfaßt. In dieser Hinsicht glaubt sie in der Novelle von 1976 Tendenzen entdecken zu können, die die Urheber zugleich begünstigen als auch verunsichern.

Zur ersten Kategorie kann man die Auffassung von Frau *Ringer* zählen, nach der das neue Recht eine Verschiebung der Gewichtungen beim Schutz des Urheberrechts in den Vereinigten Staaten bedeutet. Während das alte Recht die Veröffentlichung an die erste Stelle setzte und demgemäß dem Verlag, der eine solche Veröffentlichung besorgte, die wesentliche Rolle zuwies, macht das neue Recht demgegenüber die Werkschöpfung zur Grundlage des literarischen Eigentums, wobei es — ganz selbstverständlich — für denjenigen eintritt, der der geistige Urheber ist, also den Autor. Das amerikanische Urheberrecht stützt sich unter diesem Gesichtspunkt auf eine bestimmte Zahl von Lösungen im Gesetz, die wir in drei Kapiteln von Anmerkungen mit unterschiedlicher Wichtigkeit vorstellen wollen. Der erste und umfangreichste Punkt wird sich mit der Tatsache auseinandersetzen, daß das amerikanische Gesetz von 1976, obwohl es die Situation der Urheber ganz erheblich verbessert, ihnen trotzdem einen schlechteren Schutz gewährt, als ihn die französischen Urheber genießen (I). Das zweite und kürzere Kapitel wird sich damit beschäftigen hervorzuheben, daß das neue Recht offensichtlich nicht ganz deutlich die Trennlinie zwischen Urheberrecht und benachbarten Rechten zieht (II). Im dritten Gliederungspunkt schließlich, der ein wenig ausgedehnter sein wird, wird darauf eingegangen werden, daß das amerikanische Urheberrechtsgesetz, das viel moderner ist als das französische aus dem Jahre 1957, unmittelbar die Fragen literarischer Urheberschaft aufgreift, die sich im Zusammenhang mit der neuesten technischen Entwicklung der Übertragung und Verbreitung von Geisteswerken stellen (III).

I. Verbesserungen und Schwächen

In ihrem bereits erwähnten Artikel äußert sich Frau *Ringer* folgendermaßen über das amerikanische Urheberrechtsgesetz (aaO. p. 179): „Ich bin der Auffassung, daß das Gesetz von 1976, so wie es sich darstellt, wohl dem Vergleich mit einer Vielzahl neugeschaffener Gesetze anderer Staaten zum Urheberrecht standhält; es reicht auch an die von internationalen Abkommen gesetzten Maßstäbe heran, insbesondere an diejenigen, die für die Industrieländer durch die Brüsseler Fassung der Berner Übereinkunft (RBÜ) 1948 und die Pariser Fassung von 1971 gesetzt sind."

Ohne jedoch den weiten Weg außer acht zu lassen, den die neue Gesetzgebung auf ihrem Weg zu einem Schutz der Urheber — insbesondere auf dem Gebiet der Schutzdauer — hinter sich gebracht hat, ist es doch notwendig zu erkennen, daß in bezug auf eine bestimmte Anzahl von Tatbeständen ein französischer Jurist feststellen muß, daß sein eigenes nationales Recht in bezug auf literarische Schutzrechte den Urhebern doch mehr Schutz gewährt, als das amerikanische Gesetz von 1976.

1. Formelle Schutzvoraussetzungen

Der erste wesentliche Unterschied, den man in diesem Zusammenhang feststellt, betrifft die formellen Voraussetzungen des Schutzes. Während solche Formalitäten dem französischen Recht überhaupt unbekannt sind (wie im übrigen auch allen Ländern der RBÜ), erhält der Copyright Act von 1976 diese Formalien aufrecht, obgleich er sie in ihrer Reichweite reduziert hat. So besteht zwar die Anforderung fort, daß der Vorbehaltsvermerk in allen Exemplaren eines Werkes enthalten sein muß, jedoch wird die Mißachtung dieser Obliegenheit weniger streng geahndet als in der Vergangenheit, insofern als das neue Gesetz Möglichkeiten der Berichtigung von Irrtümern oder der Nachholung von Versäumnissen vorsieht (vgl. §§ 405 a und 406).

An zweiter Stelle beinhaltet die Niederlegung und die Registrierung im Copyright-Register — wie dies allerdings schon unter dem Einfluß des amerikanischen Urheberrechtsgesetzes von 1909 der Fall war — keine solche Bedeutung wie der Vorbehaltsvermerk in der Hinsicht, als ihre Vernachlässigung den Urheber nicht seines Schutzes beraubt. Andererseits ist im Hinblick auf die Praxis davon abzuraten, sich diesen Formalitäten zu entziehen, sei es auch nur darum, weil andernfalls es nicht möglich ist, Nachahmungen entgegenzutreten (§ 411). Es ist erinnerlich, daß in Frankreich eine gleichartige Hinterlegungsregel die Voraussetzung für jegliches Vorgehen gegen Nachahmungen war; diese Bestimmung ist jedoch seit dem Gesetz vom 19. Mai 1925 aufgehoben.

Schließlich ist die letzte formelle Voraussetzung, die seit alters her im amerikanischen Urheberrecht enthalten ist, die sog. manufactoring-clause. Diese sichert den Löwenanteil der amerikanischen Druckereien, denn sie setzt voraus, daß wenigstens für die auf Englisch erscheinenden Bücher die Zusammenstellung der Drucklettern, die Drucklegung und das Einbinden oder anderenfalls, wenn diese schon erfolgt sind, die Vervielfältigungsmaßnahmen durch drucktechnische Reproduktion oder durch fototechnische auf jeden Fall in den Vereinigten Staaten ausgeführt werden müssen. Es muß allerdings anerkannt werden, daß die Bedeutung dieser Norm bereits im Zuge verschiedener Gesetze abgebaut worden ist, die in der Vergangenheit dieses Gebiet gesetzlich geregelt haben. Der eigentliche Ursprung dieses Tatbestandes findet sich in einem Gesetz vom 3. März 1905 und in einem anderen vom 4. März 1909. Das Gesetz aus 1976 schließlich versetzt dieser Einrichtung erfreulicherweise den Gnadenstoß. Allerdings ist zu erwähnen, daß dieser Regelungsbestand erst am 1. Juli 1982 vollständig aufgehoben sein wird, und daß bis zu diesem Zeitpunkt in Vorbereitung befindlichen Übergangsmaßnahmen noch die Strenge dieser Klausel aufrecht erhalten (§§ 601 bis 603).

2. Schutzumfang

In den Augen eines französischen Juristen enthält das amerikanische Gesetz von 1976 auch erhebliche Schwächen, wenn man die R e c h t e betrachtet, welche dieses Gesetz den Urhebern einräumt.

a) Urheberpersönlichkeitsrecht (droit moral)

In diesem Zusammenhang muß zuerst darauf hingewiesen werden, daß, wie schon im Gesetz von 1909, das neue Gesetz zugunsten der Urheber kein Persönlichkeitsrecht begründet hat. Diese Enthaltung ist, wie man weiß, ganz im Sinne der angelsächsischen Rechtstradition. Andererseits ist es auch wohl bekannt, daß diese Gesetzeslücke keineswegs bedeutet, daß die Urheberpersönlichkeitsrechte überhaupt nicht in den angelsächsischen Ländern in Betracht gezogen werden. Es ist nur einfach so, daß der Schutz dieser Rechte eines Urhebers auf den Umweg über andere juristische Techniken abgesichert wird. Ohne es sich in dieser Hinsicht besonders schwer zu machen, sei hingewiesen (als umfassende Darstellung zu dieser Frage verweise ich auf meine oben genannte Schrift, S. 182 ff.), auf das Privatrecht, das Vertragsrecht, die Gleichheitsbestimmungen, die Abwehrklage gegen Rufschädigung und die allgemeinen Persönlichkeitsrechte. Gleichwohl — wenn ich mich nicht irre — erreicht der Umweg über diese verschiedenen Abwehrgesetze nicht einen gleichermaßen die Interessen des Urhebers schützenden Rang, wie man ihn über die Theorie vom Persönlichkeitsrecht zu erreichen vermag.

Unter diesen Umständen ist es ohne Zweifel erlaubt, Bedauern darüber zu äußern, daß der Gesetzgeber von 1976 nicht den Schritt gewagt hat, das Urheberpersönlichkeitsrecht anzuerkennen. Es mag richtig sein, daß dies insgesamt vielleicht nur eine unentschiedene Partie darstellt. Frau *Ringer* schreibt in ihrem Artikel, den wir nun schon mehrfach zitiert haben, daß „die grundsätzliche Identifizierung des Urheberrechts mit dem Urheber selbst anstelle des Herausgebers über kurz oder lang die Betrachtungsweise des Urheberrechts grundsätzlich beeinflussen müßte". Ferner (S. 184) sieht sie im Einfluß des Gesetzes von 1976 „eine Basis für neue Gesetzesänderungen". Wenn man sich eines Tages in den Vereinigten Staaten bewußt wird, daß das literarische und künstlerische Eigentum in erster Linie in der Absicht geschaffen wird, um einen Ausgleich für die Leistung des Urhebers zu schaffen, sollte man dann nicht auch hoffen können, daß eines Tages das Gesetz dieses Landes dem Werkschöpfer ein Persönlichkeitsrecht einräumt, um seine Interessen aus der Werkschöpfung gegenüber der Verbreitung seines Werkes schützen zu können?

b) Zwangslizenzen

Auf dem Gebiet des Schutzes der Tantiemeansprüche des Urhebers kann nicht geleugnet werden, daß das Gesetz von 1976 entscheidende Fortschritte enthält.

Drei Formen der Zwangslizenz sind auf den Gebieten eingeführt worden, wo vormals die Werke von Urhebern freizügig und umsonst ausgebeutet wurden. Wenn andererseits die Zwangslizenz, die schon im Gesetz von 1909 für die mechanische Vervielfältigung von Musik vorgesehen war, aufrecht erhalten wird, so geschieht dies mit erweiterten Verfahrensgarantien und umfangreicheren Zinssätzen für die Zwangslizenz (§ 115 c).

Wie schon *Korman* (aaO.) betont, setzt das Gesetz von 1976 im Gegensatz zum Gesetz von 1909 dem Aufführungsrecht für musikalische Werke keine Grenzen mehr in bezug auf einzelne Aufführungen mit kommerziellem Charakter. Wegen dieses Umstandes gilt es das neue Recht zu loben, obwohl es die Bedeutung dieser Reform dann selbst einschränkt, indem es Ausnahmetatbestände für vier Fälle des öffentlichen Aufführungsrechtes ohne kommerziellen Charakter vorsieht (vgl. § 110).

In Anbetracht dieser einschränkenden Lösungen des Verwertungsrechtes muß ein französischer Jurist gewißlich zu dem Schluß kommen, daß das Gesetz in bezug auf den Schutz der Urheber nicht weit genug geht: Es gibt noch zu viele Zwangslizenzen und zu viele Möglichkeiten freier und unentgeltlicher Werknutzung. Dennoch will es uns scheinen, daß insbesondere auf einem anderen Gebiet das amerikanische Recht im Vergleich mit dem französischen Recht eindeutig ins Hintertreffen gerät, nämlich in bezug auf die Stammrechte des Urhebers. Nach dem französischen Urheberrechtsgesetz von 1957 beschränken sich diese Rechte nicht auf das Wiedergaberecht und das Recht öffentlicher Aufführungen. Der Urheber oder wenigstens derjenige, der ein künstlerisches Werk realisiert hat, genießt außerdem das Folgerecht (§ 42). Demgegenüber ist von einem Folgerecht im amerikanischen Urheberrecht von 1976 keine Rede, ebensowenig wie dieses Recht im Gesetz von 1909 vorgesehen war. Tatsächlich ist im Augenblick ein solches Recht in den Vereinigten Staaten nicht bekannt mit Ausnahme des Bundesstaates Kalifornien. Dort gilt es aber auch nur auf Grund eines Bundesstaatgesetzes, das erst kürzlich verabschiedet wurde und das als ausschließlichen Regelungstatbestand das Urheberfolgerecht zum Gegenstand hat, also keineswegs das Urheberrecht in seiner Gesamtheit erfaßt.

Diese Sachlage gibt einen Eindruck von der einzigartigen Lage des Urheberfolgerechts. In bezug darauf muß man ohne Zweifel nach wie vor die Wissenschaft tadeln, die noch nicht klargelegt hat, ob es sich hier nun tatsächlich um ein Urheberrecht handelt oder nicht. Der amerikanische Lösungsversuch dieses Problems scheint daraus eine besondere Rechtsfigur machen zu wollen; demgegenüber muß man sehen, daß in Frankreich zu diesem Problem viele Meinungsumschwünge stattgefunden haben, bis es im Gegensatz zum amerikanischen Recht als Bestandteil des Urheberrechts fest im Gesetz verankert wurde.

3. Schutzobjekt

Endlich ist die Lektüre des amerikanischen Urheberrechtsgesetzes von 1976 dazu geeignet, einen französischen Juristen vollends in Verwirrung zu bringen, in Anbetracht bestimmter Lösungen, die sich in diesem Gesetz bezüglich der Bestimmung der Inhaber des Urheberrechts finden. Zweifellos mag es derjenige, der an die Bestimmungen des Gesetzes von 1957 gewöhnt ist, mit gewisser Belustigung zur Kenntnis nehmen, daß unsere Freunde auf der anderen Seite des Atlantik gleich wie in Frankreich zur Regel erhoben haben, daß das literarische Eigentum im Kopf des Autors entsteht. Der Unterschied zum französischen Recht besteht aber dort, wo es sich um Fälle von Werken handelt, die im Rahmen eines Arbeits- oder Dienstverhältnisses geschaffen worden sind. Gemäß § 201 b des neuen Gesetzes entsteht tatsächlich in diesem Fall das Urheberrecht zugunsten des Arbeitgebers oder des Auftraggebers, es sei denn, die Vertragsparteien haben schriftlich für diesen Fall etwas anderes ausdrücklich vereinbart. Diese Regelung im amerikanischen Urheberrecht steht in direktem Widerspruch zu § 1 Abs. 2 des französischen Urheberrechts, nach dem das literarische Eigentum dem Urheber des Werkes zusteht, selbst wenn es sich um eine Auftragsarbeit oder um das Werk eines bezahlten Arbeitnehmers handelt.

Die Verfügung, welche das amerikanische Recht von 1976 hier trifft, hält sich, wie wir wissen, ganz im traditionellen Rahmen des angelsächsischen Rechts. In Anbetracht der Tatsache, daß in Frankreich bekanntlich der Unternehmer, der einen Urheber beschäftigt, diesen grundsätzlich nicht eher bezahlen wird, als ihm dieser seine Wahrnehmungsrechte aus dem im Rahmen des Arbeitsverhältnisses geschaffenen Werk abgetreten hat, könnte man versucht sein zu behaupten, letztlich sei der aufgezeigte Unterschied zwischen dem französischen und dem angelsächsischen Recht nur scheinbar, nicht jedoch tatsächlich vorhanden, weil schließlich im einen wie im anderen Fall der Unternehmer im Ergebnis Inhaber des Urheberrechtes ist. Eine solche Argumentation jedoch verkennt die Gegebenheiten. Zunächst einmal ist der Urheber nach französischem Recht Inhaber eines unveräußerlichen Urheberpersönlichkeitsrechts dergestalt, daß auch dann, wenn er endgültig bezahlt wurde, er in jedem Fall daraus berechtigt bleibt. Sollte es auch nach einigen Auffassungen der Fall sein, daß der Abschluß eines Arbeitsvertrages durch einen Urheber stets automatisch eine Abtretung seiner verwertbaren Urheberrechte an den Unternehmer enthält, so scheint doch die neueste französische Rechtsprechung auf dem Standpunkt zu stehen, der Unternehmer könne sich eine solche Abtretung vorab nur durch eine ausdrückliche schriftliche Vereinbarung sichern (vgl. besonders zu dieser Frage: L'auteur salarié et la propriété littéraire et artistique par R. *Plaisant*, in: Le droit d'auteur 1977, p. 262 et s. notament p. 265). In Anbetracht dessen ist es wohl begründet, die Behauptung aufzustellen, daß die Fälle eines Arbeits- oder Auftragsverhältnisses im französischen Recht für die Urheber günstiger geregelt sind, als dies im amerikanischen Recht geschehen ist. In bezug auf das zuletzt erörterte Problem ist dies umso mehr zu betonen, weil man sich fragen muß, ob nicht das wirtschaftliche Subordonationsverhältnis, in welchem sich ein bezahlter Urheber befindet, die gesetzliche Möglichkeit, durch eine Vertragsklausel zu verhindern, daß seine verwertbaren Rechte an den Unternehmer übergehen, als rein theoretisch erscheinen läßt.

II. Urheberrechtsschutz statt Leistungsschutz

Für einen französischen Juristen, der sich das amerikanische Urheberrechtsgesetz von 1976 vornimmt, besteht ein anderer Grund zur Überraschung darin zu sehen, wie dort der Schutz des Urheberrechts mit den Tantiemezahlungen in Beziehung gesetz ist, die nach französischem Recht nur aus Leistungsschutzrechten (droits voisins) gesichert werden könnten.

Hier gilt es, das besondere Augenmerk auf die Gestaltung des neuen Gesetzes zu richten, welches T o n a u f z e i c h n u n g e n so behandelt wie Werke, denen ein eigenes Urheberrecht zugute kommt (§ 102 a Abs. 7). Tatsächlich beinhalten bis zur gegenwärtigen Regelung diese Aufzeichnungen nur ein „beschränktes Urheberrecht"; dieser Ausdruck findet sich als Überschrift eines Gesetzes aus dem Jahre 1971, von dem noch nachfolgend die Rede sein wird, wobei dies so zu verstehen ist, daß diese Aufzeichnungen kein eigenes Wiedergaberecht beinhalten (vgl. § 114 a). Aber vielleicht wird der Kongreß schon bald eine Regelung der öffentlichen Aufführungen folgen lassen (vgl. § 114 d).

In Gestalt des Schutzes von Tonaufzeichnungen durch das Urheberrecht finden wir einmal mehr eine klassische Lösung in den angelsächsischen Ländern (vgl. *Stewart*, in: Le Droit d'auteur 1974 p. 114). Diese Regelung war übrigens, was die Vereinigten Staaten anbelangt, bereits 1971 im Hinblick auf eine Ratifizierung der Genfer Konvention über den Schutz der Hersteller von Tonaufzeichnungen gegen nicht-autorisierte Vervielfältigungen dieser Aufzeichnungen zum Gesetz geworden (vgl. Gesetz 92-140 vom 15. Oktober 1971, Revue internationale du droit d'auteur 1972 p. 196).

Die Unterzeichnung der Konvention von Genf durch einen Staat bedeutet nun aber keineswegs notwendigerweise, daß sich dieser Staat auch darum bemüht, die Hersteller von Tonaufzeichnungen über das Urheberrechtsgesetz zu schützen (vgl. Art. 3 der Konvention). Das beste Beispiel für diesen Satz ist gerade Frankreich, das zwar besagte Konvention unterzeichnet hat, die Hersteller von Tonaufzeichnungen aber nach wie vor nur auf dem Gebiet unlauteren Wettbewerbs schützt. Auf dem Gebiet der Gesetzgebung in Frankreich zeichnet sich die Absage des Urheberrechts an die Schallplatte darin ab, daß während der Beratungen über das Urheberrechtsgesetz von 1957 ein Zusatz, der die „phonographischen Produktionen" in die Liste der vom literarischen Eigentum begünstigten Werke aufnehmen sollte, durch den Rat der Republik ersatzlos gestrichen wurde (vgl.: *Desbois*, Le droit d'auteur en France p. 207). Was die Rechtfertigung dieser Zurückweisung anbelangt, so wurde sie durch Senator Marcel *Plaisant* gegeben, der folgendes äußerte: „Wohin würde denn die Schaffung eines Ersatzrechtes zugunsten eines Schallplattenherstellers führen? Das würde doch bedeuten, die geistige Schöpfung einem zwar beachtlichen, aber begrenzten Erfolg einer perfektionierten Technik gleichzustellen, der schließlich nur ein gegenständliches Werkzeug abgibt, um Gedanken aufzuzeichnen".

Diese Auffassung hat sich, wie man sieht, in den Vereinigten Staaten nicht durchgesetzt. Es ist aber von Bedeutung, darauf hinzuweisen, daß sich auch jenseits des Atlantik Stimmen erhoben haben, die abstreiten, daß ein Schallplattenhersteller den Rang eines Urhebers erreichen könnte. Ferner behaupten diese Stimmen, durch die Festlegung des Gegenteils im Copyright-Gesetz werde die Bestimmung der amerikanischen Verfassung verletzt, welche dem Kongreß die Befugnis verleiht, Gesetze über das Urheberrecht zu erlassen (vgl. die von *Stewart* zusammengestellten Auffassungen in: Le droit d'auteur 1973 p. 117 und *Derenberg*, in: Le droit d'auteur 1975 p. 53).

III. Technische Einrichtungen

Ein französischer Jurist wird durch Lektüre des amerikanischen Urheberrechtsgesetzes noch zu einer letzten Gedankenkette darüber veranlaßt, daß dieses Gesetz in der Tat zeitbezogen ist und sich ferner erfolgreich bemüht hat, die neuesten technischen Entwicklungen zu berücksichtigen.

In Frankreich fasziniert den Beobachter eine Erscheinung: Die Gesetze über literarisches und künstlerisches Eigentum aus den Jahren 1791 und 1793 sind für mehr als 150 Jahre in Kraft geblieben — und ausschließlich auf diese Gesetze gestützt haben die französischen Gerichte mit Witz und Erfindungsreichtum die Urheberrechte auf dem Gebiet der Photographie, der Kinematographie, des Hörfunks und des Fernsehens erfaßt, also alle die Techniken, welche die Texte aus der Revolutionszeit aus gutem Grunde nicht ins Auge fassen konnten. Heute ist es das Gesetz vom 11. März 1957, das bei uns Geltung hat. Wohl ist es noch nicht ein Vierteljahrhundert alt, und dennoch erscheint es schon manchmal in einigen seiner Regelungen ein wenig veraltet, so rasche Fortschritte macht in unserer Zeit die Technik.

Aus diesem Grunde muß ein französischer Jurist besondere Aufmerksamkeit den Regelungen des amerikanischen Urheberrechtsgesetzes von 1976 widmen, welche jene Fragen des Urheberrechts regeln, die durch die neuesten technischen Entwicklungen der Verbreitung, ja sogar der Herstellung von Geisteswerken entstanden sind. In diesem Zusammenhang gilt es besonders hervorzuheben, daß zu diesem Zweck 1974 in den Vereinigten Staaten eine Kommission zur Frage der Verwendung neuer Techniken und neuer Werke ins Leben gerufen wurde. Tatsächlich werfen auch einige amerikanische Juristen dieser Kommission vor, sich zu sehr im Hintergrund gehalten zu haben (vgl.: *Cramer,* aaO.).

1. Computerprogramme

Unter den gegenwartsbezogenen Problemen des Urheberrechts, die das amerikanische Urheberrechtsgesetz von 1976 behandelt, gilt es auf alle Fälle an erster Stelle diejenigen zu nennen, welche Maßstäbe für den Computer-Schutz der Programmierer setzen — einer Frage, zu welcher das französische Recht überhaupt nichts sagt. In bezug auf Computer-Programme, bei denen man sich oft fragt, ob sie durch ein Patent geschützt werden könnten oder ob sie unter ein Urheberrecht fallen, trifft das amerikanische Gesetz die Entscheidung, sie am literarischen Eigentum teilhaben zu lassen. Dies ergibt sich aus den Formulierungen in § 102 in Verbindung mit § 101 (vgl. *Kolle* in: Le droit d'auteur 1977 p. 73), wobei davon ausgegangen wird, daß es die einem Programm gegebene Form, nicht etwa sein Inhalt ist, welcher diesem Bezug zum Urheberrecht verleiht (vgl.: Report of the Committee on the judiciary H. R. nr. 1476, 94th Cong. 2 d Session p. 57). Das Gesetz beschäftigt sich ferner auch — in Zusammenhang mit den Programmierern — mit der Verwendung urheberrechtlich geschützter Werke. Der Gesetzgeber war hier so klug, den Schutz durch das literarische Eigentum auf das zu beschränken, was das bisherige Recht vorsah (§ 117). Während der Beratungen über das Gesetz ist dargelegt worden, daß sich diese abwartende Haltung damit erklären läßt, daß es sich um ein völlig neuartiges Problem handelte, welches erst durch ausführliche Studien verfolgt werden müsse, bevor es durch neue Bestimmungen geregelt werden könnte (vgl.: Report of the Committee on the judiciary H. R. nr. 1476, 94th Cong., 2 d Session p. 116).

2. Kabelfernsehen

An zweiter Stelle gilt es das Augenmerk darauf zu richten, wie sich das amerikanische Gesetz mit dem Kabelfernsehen auseinandersetzt. Das französische Urheberrechtsgesetz selbst verliert kein einziges Wort über diese Frage mit dem Ergebnis, daß die Lösung, die man in Frankreich im gleichen Fall praktiziert, einer leidenschaftlichen Kontroverse unterliegt (vgl. zu dieser Frage auf dem neuesten Stand: *Kerever,* La distribution par câble et le droit d'auteur en droit français et dans les Conventions internationales, in: Le Droit d'auteur 1977 p. 48).

Die Lösung des amerikanischen Urheberrechtsgesetzes ist in § 111 gegeben. Diese Bestimmung bedeutet zwar einen Fortschritt, da nunmehr — während früher die Kabelfernseh-Unternehmen nicht dem Urheberrecht unterlagen — diese Unternehmen zukünftig verpflichtet sein werden, eine Gebühr für die Neuverbreitung von Werken zu zahlen, die ursprünglich durch Radio und Fernsehen ausgestrahlt worden sind. Aber unabhängig von einem gewissen Bedauern, welches man darüber empfinden kann, daß man in das amerikanische Urheberrechtsgesetz ein System der Zwangslizenzen anstelle eines des Exklusivrechtes aufgenommen hat, gilt es darauf hinzuweisen, daß die amerikanischen Spezialisten in bezug auf diese Gesetzesmaterie sich darüber beklagen, eine schlechte Formulierung lasse die Bedeutung von § 111 im Dunkeln (vgl.: *Cramer,* aaO. note 26).

3. Reprographie

Das amerikanische Gesetz hat sich auch einer dritten technischen Entwicklung angenommen. Sie betrifft die Photokopie. Auch hier gibt es etwas, was einen französischen Juristen interessieren muß. Tatsächlich sind die wenigen in Frankreich zur Verfügung stehenden Gesetze völlig ungeeignet, um diese Schwierigkeit zu regeln. Diese Äußerung bezieht sich auf den Artikel 41-2 e des Gesetzes vom 11. März 1957, weil diese Vorschrift zu einem Zeitpunkt geschaffen wurde, als das Phänomen der Reprographie noch in seinen Kinderschuhen steckte. Das gleiche gilt für § 22 des Finanzgesetzes von 1976: Indem man dort eine Steuer von 3 % für die Einfuhr und den Verkauf von Photokopierapparaten schuf, andererseits aber nicht vorsah, daß der daraus geflossene Betrag den Urhebern der reproduzierten Werke zugute käme, ließ man das Problem des Ausgleichs für entgangenen Gewinn völlig unberücksichtigt, welches die Entwicklung der Photokopie den Urhebern schafft.

Was das amerikanische Urheberrechtsgesetz anbelangt, kann man sich der Einfachheit halber darauf beschränken, aufzuzeigen, wie Frau *Ringer* die Regelungen darstellt, die zur Frage der Reprographie getroffen worden sind (vgl. in: Le Droit d'auteur 1977 p. 181): „Eine Grundsatzregelung dieses Gesetzes läßt einen redlichen Gebrauch zu und erwähnt ausdrücklich die Anfertigung mehrerer Exemplare für den schulischen Gebrauch; ferner macht es aufmerksam auf die besondere Bedeutung des Unterschiedes zwischen kommerzieller oder erzieherischer bzw. nicht kommerzieller Verwendung. Im übrigen ist die Regelung von Photokopien durch Bibliotheken lang und ausführlich. Sie erlaubt unerläßlicherweise die Ausführung und Lieferung einzelner Fotokopien bestimmter Arten über geeignete Gebiete in einem solchen Maße, wo die Tätigkeit nicht systematisch wird. Die Regelung sieht ferner ausdrücklich vor, daß die Übereinkommen, welche zwischen Bibliotheken zum Austausch von Photokopien getroffen werden, nicht systematisch sind, solange nicht die Bibliothek, die die Vervielfältigungen zum Zweck der Verteilung erhält, diese in einer umfassenden Menge auflegt, in der Absicht, ein Abonnement oder einen Kauf des Werkes zu ersetzen."

Diese Regelungen im amerikanischen Urheberrecht regen uns zu folgenden Überlegungen an:

Zunächst beobachten wir mit Interesse, daß der amerikanische Gesetzgeber sich zweimal mit dem Thema der Reprographie beschäftigt.

Man sieht hier zunächst die Fälle, die mittels des Grundsatzes „redlichen Gebrauches" erfaßt werden können; ein Grundsatz, welcher es nach angelsächsischem Recht zuläßt, daß dem Urheberrecht an einem geschützten Werk einige Vervielfältigungen entgehen (§ 107). Im folgenden aber meint der amerikanische Gesetzgeber eine besondere Hypothese über Photokopien aufstellen zu müssen, um solche zu erfassen, die von Bibliotheken und Archivdiensten angefertigt werden (§ 108). Man mag sich fragen, ob keine bessere Methode zur Verfügung stand, um in dem Gesamtrahmen spezieller Regelungen alle Fälle zu erfassen, in denen von der Reprographie Gebrauch gemacht wird.

Eine andere Bemerkung, die man noch zum Gesetz von 1976 machen kann, betrifft den Umstand, daß die Photokopie einerseits frei und unentgeltlich, andererseits verboten ist. Der amerikanische Gesetzgeber hat offensichtlich nicht die Möglichkeit erkannt, die sich in einem Rückzug auf ein System der Zwangslizenz geboten hätte.

Ein dritter Umstand, welcher den Betrachter der Regelungen über die Photokopie in Erstaunen zu setzen vermag, ist folgender: Sind schon die gesetzlichen Regelungen über die Photokopie selbst lang und vielschichtig (dies ist besonders der Fall beim § 108), so muß man dennoch — nach Frau *Ringer* —, wenn man sich eine genaue Vorstellung machen will, auf die Protokolle von den Beratungen des Gesetzes ebenso wie auf getroffene Vereinbarungen zwischen einzelnen Inhabern von Urheberrechten, sowie Autorenvertretungen und Bibliotheken zurückgreifen (vgl. in: Le droit d'auteur 1977 p. 182 notes 47 et 49). Man erhält hier einen Eindruck von der Bedeutung der aufgetretenen Schwierigkeiten und der Mühe, die man hatte, eine Lösung für den Kompromiß zu finden, der zwischen den widersprüchlichen Interessen von Urhebern und Benutzern erforderlich war.

Es ist auch nötig darauf hinzuweisen, daß die Schöpfer des Gesetzes sich selbst nicht sicher waren, daß das von ihnen gefundene System fähig sei, die anstehenden Probleme auf Dauer zu lösen: Gemäß § 108 i hat das Register of Copyrights nach Ablauf von fünf Jahren nach Inkrafttreten des neuen Gesetzes im Hinblick auf die Ergebnisse des Experiments dem Kongreß zu liefern einen „Bericht, der das Maß beurteilt, in welchem es dem gegenwärtigen Paragraphen gelungen ist, den erwarteten gleichmäßigen Interessenausgleich zwischen den Rechten der Werkschöpfer und den Bedürfnissen von Benutzern zu verwirklichen".

IV. Schlußbetrachtungen

Zum Schluß dieses Aufsatzes möchten wir eine Feststellung treffen und eine Frage formulieren.

1. Etappenlösungen

Die Feststellung besteht darin, die Zurückhaltung hervorzuheben, welche die Schöpfer des Gesetzes von 1976 an den Tag gelegt haben. Die Reform des amerikanischen Urheberrechtsgesetzes hatte solange gegoren, daß man hätte erwarten können, seine Regelungen würden für alle auf dem Gebiet des Urheberrechts anstehenden Probleme Lösungen — und zwar dauerhafte! — treffen. Eine Durchforstung des Gesetzes zeigt hingegen, daß seine Verfasser offensichtlich nicht eine solche Absicht gehabt haben und daß — im Hinblick auf eine „galoppierende" Technologie — sie im Gegenteil der Ansicht waren, der Gesetzgeber solle sich dieser Aufgabe häufiger unterziehen. Hierher gehört, daß sie einerseits die Regelung eines Problems, das ihnen noch nicht ausgereift erschien (beispielsweise dasjenige des Gebrauchs geschützter Werke von Programmierern), auf später verschoben haben; andererseits haben die Verfasser dieses Gesetzes zwar Lösungen geliefert, diesen aber gewissermaßen einen experimentellen Charakter verliehen und sich vorbehalten, sie später zu revidieren, falls sie sich als gebrauchsunfähig herausstellen sollten (hierher gehören die Regelungen über die Photokopien in Bibliotheken).

2. Annäherung an die RBÜ?

Was die Frage anbelangt, die wir uns stellen wollen, so betrifft sie folgendes: Im Hinblick auf eine internationale Planung wäre es gut zu wissen, ob man in der Revidierung des amerikanischen Urheberrechtsgesetzes Anzeichen einer Angleichung der Vereinigten Staaten an die Konvention von Bern sehen kann — oder ob dieses Land sich weiterhin damit bescheiden wird, wie es dies auch schon in der Vergangenheit getan hat, ausschließlich über das Welturheberrechtsabkommen (WUA) mit anderen Staaten verbunden zu sein.

Der Beitritt zur Berner Übereinkunft würde zwei Voraussetzungen haben: Es erscheint einerseits notwendig, daß die öffentlichen Kräfte in diesem großen Staat von dem Willen, diese Angleichung herbeizuführen, bestimmt wären, zum anderen wäre es erforderlich, daß die Gesetzgebung der Vereinigten Staaten mit den Absichten der Konvention in Einklang stände. Ohne zu wissen, ob die erstgenannte Bedingung verwirklicht ist, wollen wir uns damit bescheiden, einige Worte über die zweite zu verlieren: Was dies anbelangt, muß man unterstreichen, daß die Ausdehnung der Schutzdauer durch das Urheberrechtsgesetz von 1976 ein altes Hindernis der Annäherung der Vereinigten Staaten an die Konvention beseitigt. Unglücklicherweise bleiben davon aber andere übrig, sei es nur die Aufrechterhaltung gewisser Formalien für die Erlangung des Schutzes.

Abschließend bleibt zu hoffen, daß eine neue Reform des amerikanischen Urheberrechtsgesetzes die USA eines nahen Tages in die Lage versetzen wird, Mitglied der Berner Übereinkunft zu werden, nachdem sie Mitglied der Pariser Übereinkunft zum Schutz des gewerblichen Eigentums seit 1883 sind.

Das Copyright Law von 1976 und die RBÜ: Annäherung ohne Einklang

Von **Robert M. Kunstadt**, New York*)

Das Copyright Law von 1976, das am 1. Januar 1978 in Kraft treten wird, bringt eine grundlegende Änderung der amerikanischen Einstellung zum Urheberrechtsschutz mit sich. Die neue Einstellung findet Ausdruck insbesondere in § 302 (a), der eine Schutzdauer von 50 Jahren post mortem auctoris vorsieht, und in § 102 (a), der Schutz vom Zeitpunkt der Schaffung gewährt; mit § 301 (a) wird das bisherige zweistufige System (common-law copyright vor Veröffentlichung, Federal-law Statutory copyright nach Veröffentlichung) abgeschafft.

Es mag naheliegen, diese grundlegenden Änderungen als die Schlüssel zum RBÜ-Beitritt Amerikas zu begrüßen[1]). Zweifellos wäre der Beitritt der USA zur RBÜ ein wünschenswerter Schritt zum Ziel eines wirksameren und lückenlosen Urheberschutzes.

Leider muß nach einem Vergleich des Copyright Law mit der RBÜ die Schlußfolgerung gezogen werden, das Copyright Law stelle eine Annäherung ohne Einklang dar.

Nimmer hatte schon in einer eingehenden Studie im Jahre 1976 den damaligen US-Gesetzesentwurf mit der RBÜ (Brüsseler Fassung und Stockholmer Änderungsvorschläge) verglichen[2]). Heute, nachdem das Gesetz in seiner endgültigen Fassung erlassen worden ist, kann man eine Bilanz ziehen. Einige Hindernisse zum RBÜ-Beitritt der USA können ruhig als nur anscheinend oder leicht überwindbar betrachtet werden; dagegen stellen andere eine Sperre dar, die in absehbarer Zeit kaum durchzubrechen sein wird.

---

*) B.A., Yale University 1972; J.D., U.C.L.A. 1975; Member of the California Bar; Associate, Pennie & Edmonds, New York.

1) Vgl. M i t g a n g , New Copyright Law Held a Boon for U.S.: Changes Extending Life of Rights May Lead to Eligibility for Full Berne Union Membership, New York Times, 10. Okt. 1976; W a g n e r , Provisions of New Copyright Bill Move U.S. Closer to Berne Union, Publishers Weekly, 25. Okt. 1976.

2) N i m m e r , Implications of the Prospective Revisions of the Berne Convention and the United States Copyright Law, 19 Stanford L.Rev. 499 (1967) (frühere Fassung: 1966 Le Droit d'Auteur, 102 (französisch), 2 Copyright, 94 (englisch)).

Leichtere Hindernisse

1. Copyright Law § 102 macht die Festlegung zur Voraussetzung des gesetzlichen Urheberschutzes. Dagegen sind nach RBÜ Art. 2 Abs. 1 auch nicht festgelegte Werke zu schützen. In Stockholm ist aber der RBÜ ein Vorbehalt hinzugefügt worden, um den Beitritt der USA zu erleichtern: Art. 2 Abs. 2 behält den Verbandsländern die Möglichkeit vor, Werke „nur zu schützen, wenn sie auf einem materiellen Träger festgelegt sind". Damit wird eine Kollision vermieden. Diesen Vorbehalt hat man indessen mit Recht als „einen bedenklichen Rückschritt gegenüber den früheren Fassungen der RBÜ" kritisiert[3]).

2. Ein Schritt zur Annäherung befindet sich in § 601 Copyright Law. Die manufacturing clause, eine gegen RBÜ Art. 5 Abs. 2 (Freiheit von Förmlichkeiten) verstoßende Beschränkung auf die Einfuhr von im Ausland gedruckten Werken, wird am 1. Juli 1982 außer Kraft gesetzt.

3. Das Urheberpersönlichkeitsrecht (RBÜ Art. 6bis) wird in den USA im allgemeinen als ein systemfremdes, undurchschaubares Recht betrachtet, das sich nur schwerfällig mit der amerikanischen Gesetzgebung in Einklang bringen läßt; in der Rechtsprechung ist das Urheberpersönlichkeitsrecht als solches nicht anerkannt[4]). Das neue Gesetz ändert an dieser Rechtslage nichts. Trotzdem stellt das Urheberpersönlichkeitsrecht kein unüberwindbares Hindernis dar, da die RBÜ die Frage der Übertragbarkeit des Rechtes nicht regelt[5]). Wenn diese Tatsache in den USA allgemein bekannt wäre, würde das Urheberpersönlichkeitsrecht wohl auf weit weniger Widerstand in den Verwerterkreisen stoßen[6]). Die Frage, ob der Urheberpersönlichkeitsschutz nach common law den RBÜ-Verpflichtungen voll nachkommt, würde sich am Beispiel England und Australien lösen lassen[7]).

4. § 302 (a) Copyright Law (Schutzdauer) beinhaltet die bemerkenswerteste Neuigkeit im Gesetz von 1976. Damit wird das amerikanische Recht in Einklang mit RBÜ Art. 7 Abs. 1 gebracht. Allerdings wird dies nur auf lange Sicht erzielt werden können, da eine Übergangs-

---

[3]) Nordemann/Vinck/Hertin, Internationales Urheberrechtkommentar (Düsseldorf 1977), 38.

[4]) Vgl. statt vieler Vargas v. Esquire, Inc., 164 F. 2d 522 (7th Cir. 1947).

[5]) Vgl. Nordemann/Vinck/Hertin, aaO., 65.

[6]) Vgl. Nimmer, aaO., 524.

[7]) Vgl. Nimmer, aaO., 523; Lahore/Griffith, Copyright and the Arts in Australia (Melbourne 1974), 168 ff.

regelung (§ 303) eine Schutzdauer von höchstens 75 Jahren für Werke bestimmt, die schon vor dem 1. Januar 1978 gesetzlichen Schutz erlangt haben.

5. RBÜ Art. 14ter (das Folgerecht) ist das letzte nur scheinbare Hindernis. Aufgrund von Art. 14ter Abs. 2 ist das Folgerecht ein Mindestrecht im unstarren System; daher besteht keine Verpflichtung zur Einführung eines solchen Rechtes[8]).

Schwierigere Hindernisse

Eine Reihe von Hindernissen bedürfen zum Teil wesentlicher Änderungen der RBÜ oder des Copyright Law um eine Vereinheitlichung zu ermöglichen.

1. Nach RBÜ Art. 2 Abs. 1 sind auch Werke der Baukunst Schutzgegenstände. In den USA dagegen sind Bauwerke als solche nicht schutzfähig[9]); hierin ändert das neue Gesetz wohl nichts.

2. Dem Gebote der Freiheit von Förmlichkeiten (RBÜ Art. 5 Abs. 2) kommt das Copyright Law ebenfalls nicht nach. Die Anwendung des Vermerks (copyright notice) bleibt immer noch eine Schutzvoraussetzung, obwohl die Konsequenzen einer irrtümlichen Nichtanwendung nunmehr weniger streng sind[10]).

In den Gesetzesmotiven hat der Gesetzgeber ausdrücklich bestätigt, daß er dem Vermerk immer noch einen hohen Wert beimißt: „The fundamental principle underlying the notice provisions of the bill is that the copyright notice has real values which should be preserved . . ."[11]). Das neue Gesetz sieht sogar vor, daß auch im Ausland veröffentlichte Werke den Vermerk aufweisen müssen[12]), eine Bestimmung, die nicht ohne weiteres aus dem alten Gesetz von 1909 abzuleiten wäre[13]).

Angesichts der Unwahrscheinlichkeit, daß der Gesetzgeber in absehbarer Zeit auf die Voraussetzung eines Vermerks verzichten wird, ist eine Kollission mit RBÜ Art. 5 Abs. 2 unvermeidbar. *Nimmer* schlägt vor, eine Vermerksvoraussetzung ähnlich der des WUA

---

8) Vgl. Nordemann/Vinck/Hertin, aaO., 114.
9) Vgl. M. Nimmer, Nimmer on Copyright (New York 1976), § 26.
10) § 401 ff. Copyright Law.
11) Senate Report No. 94-473, 94th Congress, 1st Session, 20. Nov. 1975, 126.
12) § 401 (a) Copyright Law; vgl. Senate Report, aaO., 127.
13) Vgl. Kunstadt, Urheberrechtsschutz für ausländische Kunstwerke in den USA: Die ungelöste Frage der „Veröffentlichung", GRUR Int. 1977, 22, 23.

Art. III Abs. 1 in die RBÜ einzufügen, um den Beitritt der USA zu ermöglichen[14]). Es fragt sich nur, ob die RBÜ nicht ihren Wert im wesentlichen einbüßen würde, wenn sie auf diese Weise verwässert würde.

3. Auch die Schutzfristregelungen des Copyright Law und der RBÜ stimmen nicht in allen Punkten überein. Die neue amerikanische Schutzfrist von 50 Jahren post mortem auctoris ist, wie oben erwähnt, nicht auf Werke anwendbar, die schon den gesetzlichen Urheberschutz erlangt haben.

§ 302 (c) Copyright Law sieht für anonyme und pseudonyme Werke und für Werke von angestellten Urhebern eine abweichende Schutzfrist vor: die kürzere von 75 Jahren nach Veröffentlichung oder 100 Jahren nach Schaffung des Werkes. Dagegen sieht RBÜ Art. 7 Abs. 3 für anonyme und pseudonyme Werke eine Schutzfrist von 50 Jahren, nachdem das Werk der Öffentlichkeit zugänglich gemacht worden ist, vor; Werke von angestellten Urhebern genießen die normale Schutzfrist.

Diese Kollisionen sind eigentlich nicht von wesentlicher materieller Bedeutung; warum der amerikanische Gesetzgeber nicht zuerst einen Blick in die RBÜ hat werfen können, ist nicht ersichtlich[15]). Trotzdem müssen sie zu den Hindernissen für den Beitritt gerechnet werden.

4. § 107 Copyright Law bereitet eine Reihe von Schwierigkeiten. § 107 begrenzt die ausschließlichen Rechte des Urhebers durch eine fair use-Ausnahme. Das Gesetz weicht von der common-law-Rechtsprechung über fair use grundsätzlich nicht ab, schreibt aber vier Tatbestandsmerkmale zur richterlichen Erwägung vor:

1. Zweck und Natur der Verwertung; ob sie zu gewerblichen Zwecken oder zu nichtgewerblichen Zwecken der Bildung erfolgt;
2. Natur des geschützten Werkes;
3. Umfang und Bedeutung des Auszugs im Verhältnis zum ganzen geschützten Werk; und
4. Auswirkungen auf den Absatzmarkt oder Wert des Werkes.

§ 107 wird durch eine Reihe von Einzelbestimmungen (§§ 108—110) ergänzt. Der sich daraus ergebende Tatbestand von fair use ist mit den sog. kleinen Ausnahmen der RBÜ[16]) zu vergleichen.

---

[14]) aaO. (Fußn. 2), 515.

[15]) Um so mehr, wenn man bedenkt, daß Nimmer schon 1967 diese Fragen tangiert hatte, aaO. (Fußn. 2), 529 ff.

[16]) Vgl. Nordemann/Vinck/Hertin, aaO., 74 ff.

Der RBÜ-Vorbehalt betreffend die Reprographie und Textspeicherung (Art. 9 Abs. 2) dürfte elastisch genug sein, um die zukünftige amerikanische Praxis zu decken[17]).

Dagegen sind die RBÜ-Bestimmungen über Wiedergabe von Reden durch Presse und Rundfunk (Art. 2bis Abs. 2), Zitate und Presseübersichten (Art. 10 Abs. 1), Unterrichtszwecke (Art .10 Abs. 2), Artikel über Tagesfragen (Art. 10bis Abs. 1) und Berichte über Tagesereignisse (Art. 10bis Abs. 2) wohl zu eng gezogen, um mit einer großzügigen amerikanischen Praxis, deren Wurzeln bis in den ersten Verfassungszusatz (Freiheit der Rede und Presse) hineinschlagen, vereinbar zu sein. Eine enge Auslegung von Art. 2bis Abs. 2, die z. B. die sonstige Filmberichterstattung (Wochenschau) nicht zuließe[18]), wäre kaum hinzunehmen. Die Voraussetzung von Art. 10 und Art. 10bis, daß Zitate immer von einer Quellenangabe begleitet sein müssen, findet auch keine Parallele in der amerikanischen fair use-Praxis oder im neuen Copyright Law: ein fair use ist immerhin ohne Quellennachweis zulässig, es sei denn, daß eine passing off-Klage (Täuschung betreffend Urheberschaft) begründet werden kann[19]).

Das Copyright Law sieht auch gewisse Einschränkungen des Urheberrechts zugunsten von kirchlichen Feierlichkeiten (§ 110 (3)), Aufführungen mit freiem Eintritt und ohne jeglichen gewerblichen Zweck (§ 110 (4) (A)) und Aufführungen zu mildtätigen Zwecken (§ 110 (4) (B)) vor. Derlei Einschränkungen kommen auch in den Nationalgesetzgebungen verschiedener Verbandsländer vor, aber es steht keineswegs fest, daß solche Einschränkungen als communis opinio der Verbandsländer anzusehen sind, und daß sie aus diesem Grunde auch auf Werke von Verbandsurhebern angewendet werden dürften[20]).

5. Das neue Gesetz erlaubt Zwangslizenzen zugunsten von Kabelfernsehunternehmen (§ 111 (d)), nichtgewerblichen Rundfunksendern (§ 118) und Eigentümern von Musikautomaten (§ 116). Die ersten zwei genannten Zwangslizenzen sind wohl vom Vorbehalt des RBÜ Art. 11bis Abs. 2 gedeckt[21]); dagegen verstößt die Zwangslizenz zugunsten von Musikautomateneigentümern gegen RBÜ Art. 11 Abs. 1

---

17) Vgl. Nordemann/Vinck/Hertin, aaO., 81. In den USA werden diese Fragen z. Zt. noch in dem CONTU Sonderausschuß beraten.

18) Vgl. Nordemann/Vinck/Hertin, aaO., 41.

19) Vgl. Nimmer, aaO. (Fußn. 2), 532 ff.

20) Vgl. Nimmer, aaO. (Fußn. 2), 535 ff.; Nordemann/Vinck/Hertin, aaO., 75 ff.

21) Vgl. Nordemann/Vinck/Hertin, aaO., 95.

lit. i, der das Recht des Urhebers, die öffentliche Aufführung seines Werkes zu erlauben, als Mindestrecht in starrer Regelung aufstellt[22]). Eine Novellierung des § 116 Copyright Law, um den RBÜ-Beitritt zu ermöglichen, dürfte allerdings aus politischen Gründen schwierig sein, da die betroffene Interessengruppe sehr stark ist.

6. RBÜ Art. 18 regelt den zeitlichen Anwendungsbereich im Falle des Beitritts eines bisher verbandsfremden Landes. Der neue Verbandsstaat muß einem Werk Schutz gewähren, wenn es noch nicht infolge Ablaufs der Schutzdauer im Ursprungsland (Art. 18 Abs. 1) oder in dem Land, in dem der Schutz beansprucht wird (Art. 18 Abs. 2) Gemeingut geworden ist. Daß ein Werk aus anderen Gründen (z. B. Nichtbeachtung von Förmlichkeiten) gemeinfrei geworden ist, schließt Konventionsschutz nicht aus[23]). Die Folgen für den Beitritt der USA sind schwerwiegend: Werke, die wegen Außerachtlassen der Vermerk-, Registrierungs- oder Herstellungsförmlichkeiten gemeinfrei geworden sind, müßten von neuem geschützt werden. Aber gemeinfreien Werken rückwirkend einen erneuten Schutz zu gewähren, müßte als Verstoß gegen die verfassungsrechtliche Einschränkung von Urheberrechten auf „begrenzte Zeiten" angesehen werden[24]).

RBÜ Art. 18 Abs. 3 erlaubt jedoch einen gewissen Spielraum, in dem Nationalgesetzgebung und besondere Übereinkünfte die Art und Weise der Anwendung des Art. 18 regeln können. Allerdings sind die Grenzen dieses Spielraums noch ungeklärt[25]).

Ausblick

Ein Vergleich des Copyright Law mit der RBÜ wirft eine Reihe von tiefgehenden Fragen auf, wie die Vermerk-Formalität, die Schutzdauer-Übergangsregelung, die Zitierfreiheit und die Rückwirkung des RBÜ-Schutzes; eine Klärung dieser Fragen müßte einem amerikanischen RBÜ-Beitritt vorausgehen.

Leider hat die Möglichkeit eines RBÜ-Beitritts augenscheinlich keine allzu große Rolle in den Erwägungen des US-Gesetzgebers gespielt, von der neuen Schutzdauer abgesehen; sonst hätten mancherlei unwesentliche Unterschiede zwischen Copyright Law und RBÜ schon im US-Gesetzesentwurf ausgebügelt werden können.

---

[22]) Vgl. Nordemann/Vinck/Hertin, aaO., 89.

[23]) Vgl. Bappert/Wagner, Internationales Urheberrechtkommentar (München und Berlin 1956), 157; Nordemann/Vinck/Hertin, aaO., 123.

[24]) Vgl. Nimmer, aaO. (Fußn. 9), § 5.1.

[25]) Vgl. Nimmer, aaO. (Fußn. 2), 527 ff.

Die allgemeine Erleichterung, mit der eine Arbeit von über 20 Jahren durch das endgültige Erlassen des neuen Gesetzes abgeschlossen wurde, läßt vermuten, daß sich der Gesetzgeber in absehbarer Zeit über Novellierungsvorschläge kaum freuen würde.

Andererseits müssen sich die jetzigen Verbandsländer sorgfältig überlegen, inwieweit eine Verwässerung der RBÜ-Normen hinsichtlich der schon gegebenen Möglichkeit des WUA-Schutzes gerechtfertigt erscheint, um einen amerikanischen Beitritt zu ermöglichen.

Resümee

Eine grundlegende Änderung der amerikanischen Einstellung zum Urheberrechtsschutz findet Ausdruck im neuen U.S. Copyright Law, insbesondere in § 302 (a), der eine Schutzdauer von 50 Jahren post mortem auctoris vorsieht. Trotzdem bleiben noch viele Hindernisse zu überwinden, um einen RBÜ-Beitritt der USA zu ermöglichen. Verhältnismäßig leicht überwindbare Hindernisse sind:

1. *die Voraussetzung einer Festlegung,*
2. *die manufacturing clause,*
3. *das Urheberpersönlicheitsrecht,*
4. *die Schutzdauer-Übergangsregelung und*
5. *das Folgerecht.*

Dagegen müssen als schwierigere Hindernisse betrachtet werden:

1. *Schutzfähigkeit von Werken der Baukunst,*
2. *die Vermerk-Formalität,*
3. *die Schutzfrist für anonyme und pseudonyme Werke, und für Werke von angestellten Urhebern,*
4. *der fair use-Tatbestand,*
5. *Zwangslizenzen für Musikautomaten und*
6. *rückwirkender Schutz für bestimmte gemeinfreie Werke nach dem RBÜ-Beitritt.*

Résumé

Une modification essentielle de la position américaine à l'égard de la protection du droit d'auteur s'exprime dans la nouvelle loi sur le droit d'auteur des Etats-Unis, en particulier à l'article 302 (a) qui prévoit une durée de protection de 50 ans post mortem auctoris. Cependant, de nombreux obstacles doivent encore être surmontés pour qu'une adhésion des Etats-Unis à la Convention de Berne de-

vienne possible. Des obstacles qu'il serait relativement facile de surmonter sont:

1. *la condition de fixation sur un support matériel,*
2. *la „manufacturing clause",*
3. *le droit moral,*
4. *la réglementation transitoire de la durée de la protection et*
5. *le droit de suite.*

Au contraire doivent être considérés comme des obstacles difficiles à surmonter:

1. *la protection des œuvres d'architecture,*
2. *la formalité de mention de réserve du droit d'auteur,*
3. *le délai de protection pour les œuvres anonymes et pseudonymes, et pour les œuvres d'auteurs salariés,*
4. *le fait constitutif de „fair use",*
5. *la licence obligatoire pour les juke-boxes et*
6. *la protection rétroactive de certaines œuvres du domaine public, après l'adhésion à la Convention de Berne.* *Fr. U.*

Summary

The new American copyright law, and especially Sec. 302 (a), which establishes a term of protection of 50 years post mortem auctoris, expresses a basic change in the American attitude towards copyright protection. Nevertheless, many obstacles to American accession to the Berne convention remain to be overcome. Obstacles which could be relatively easily overcome are:

1. *the requirement of fixation in a tangible medium,*
2. *the manufacturing clause,*
3. *the author's moral rights,*
4. *the transitional rules for copyright duration, and*
5. *the droit de suite.*

In contrast, other obstacles must be considered much more difficult to overcome:

1. *protectability of architectural works,*
2. *the notice requirement,*
3. *the term of protection for anonymous and pseudonymous works, and for works made for hire,*
4. *the conditions defining a fair use,*
5. *compulsory licenses for jukeboxes, and*
6. *retroactive protection for certain public-domain works on accession to the Berne Convention.*

Urheberrechtsschutzklage nach dem neuen US-Urheberrechtsgesetz (Copyright Act)

Von **Gerald Meyer**, New York*)

100 Jahre hindurch war das amerikanische Urheberrechtsgesetz und -verfahren Gegenstand heftiger Kritik. Die vom Gesetz gestellten Anforderungen galten als übermäßig technisch, das Verfahren als unnötig formalistisch und die Durchsetzbarkeit als ineffektiv. Das neue Urheberrechtsgesetz von 1976, welches zum 1. Januar 1978 in Kraft tritt, liberalisiert und vereinfacht den Urheberschutz in den Vereinigten Staaten sowohl für inländische als auch für ausländische Werke. Viele Grundprinzipien des amerikanischen Urheberrechtsgesetzes und -verfahrens sind beibehalten worden, aber es gibt doch eine Reihe ganz wesentlicher Änderungen, welche es sinnvoll erscheinen lassen, die Urheberrechtsverfahrenspraxis einmal zu überblicken. Mit diesem Beitrag soll gleichsam ein Drehbuch für eine Urheberrechtsschutzklage nach dem neuen Urheberrechtsgesetz in den Vereinigten Staaten — Schritt für Schritt — geschrieben werden.

I. Prozeßparteien

1. Kläger

Nach dem alten Gesetz galt das Urheberrecht als unteilbares „Bündel von Rechten", und nur der Inhaber des gesamten „Bündels" konnte eine Urheberrechtsschutzklage erheben; selbst der Inhaber einer Alleinlizenz konnte nur klagen, indem er den eingetragenen Inhaber des Urheberrechtes in das Verfahren durch Ladung als Mitkläger oder Mitbeklagten einbezog.

Nach dem neuen Gesetz ist das Urheberrecht teilbar geworden. Das „Bündel" kann jetzt in verschiedene Exklusivrechte, begrenzt nach Zeit, Gebiet oder Anwendungsbereich, aufgelöst werden, und jedes dieser Rechte kann einzeln übertragen werden[1]). Die Teilbarkeit des Urheberrechts nach dem neuen Gesetz findet ihren Ausdruck

*) Mr. Gerald Meyer ist Mitglied der New Yorker Rechtsanwaltssozietät Phillips, Nizer, Benjamin, Krim und Ballon; er tritt vor den U.S.-Bundesgerichten und den Gerichten des Staates New York auf.

[1]) Gesetz von 1976 (Copyright Act), § 201 (d). Alle Hinweise auf dieses Gesetz erfolgen nachfolgend durch Angabe nur der Paragraphennummer. Paragraphennummern anderer Gesetze erhalten einen Hinweis auf den U.S. Code (offiziell Sammlung von Bundesgesetzen — Anm. d. Übersetzers) — U.S.C.

darin, daß jeder, der nach Gesetz bzw. nach materiellem Recht Inhaber auch nur eines einzelnen Exklusivrechts an einem urheberrechtlich geschützten Werk (nicht nur Inhaber einer lediglich einfachen Lizenz) ist, eine Klage wegen Verletzung seines speziellen Rechts anstrengen kann, wenn die Rechtsverletzung in den Zeitraum seiner Rechtsträgerschaft gefallen ist[2]). Um die Rechte anderer Inhaber von Exklusivrechten an demselben Werk zu schützen und um eine Vielzahl von Prozessen wegen Verletzung verschiedener Exklusivrechte an demselben Werk zu vermeiden, verpflichtet das Gesetz den Inhaber eines bestimmten Rechts, wegen dessen Verletzung er Klage erhebt, alle übrigen Inhaber von Rechten, deren Interessen durch den Rechtsstreit berührt werden, zu benachrichtigen und ihnen das Recht einzuräumen, dem Prozeß beizutreten[3]).

2. Beklagte

Was den Beklagten im Urheberschutz-Rechtsstreit anbelangt, so kann jeder, der eines der Exklusivrechte des Urheberrechtsinhabers verletzt oder Kopien bzw. Tonaufzeichnungen in die Vereinigten Staaten einführt und damit in gesetzliche Rechte eines Urheberrechtsinhabers eingreift, als Urheberrechtsverletzer verklagt werden[4]).

Unverändert bestehen bleibt jener Grundsatz des Urheberrechts, wonach, wer mit dem Rechtsverletzer zusammenarbeitet oder zu der Urheberrechtsverletzung beiträgt oder daraus einen direkten oder indirekten Nutzen für sich ableitet, gemeinsam mit dem Verletzer haftet und mit diesem zusammen verklagt werden kann[5]).

II. Zuständigkeit der Bundesgerichte

Wie schon in der Vergangenheit, haben die Bundesbezirksgerichte (Federal District Courts) die ausschließliche Zuständigkeit in Fällen, die nach den Bestimmungen des Urheberrechtsgesetzes der Vereinigten Staaten zu entscheiden sind[6]). Diese Zuständigkeit ist durch das Urheberrechtsgesetz von 1976 dadurch noch erheblich erweitert

---

[2]) Siehe §§ 101, 201 und 501 (b). Ein „materiell Berechtigter" in diesem Sinne wäre z. B. ein Autor, der sein Urheberrecht an einen Verlag übertragen hat im Austausch gegen sich in Prozenten der Verkaufserlöse errechnenden Tantiemen oder Lizenzgebühren. Bericht Nr. 94-1476 des Repräsentantenhauses, Rechtsausschuß (House of Representatives, Committee on the Judiciary) — nachfolgend kurz „House Report" genannt —, S. 159.

[3]) § 501 (b).

[4]) § 501 (a).

[5]) Siehe Shapiro, Bernstein & Co. gegen H. L. Green Co. (2 Cir., 1963) 316 F. 2d 304.

[6]) 28 U.S.C. § 1338.

worden, daß nunmehr das Bundes-Urheberrecht auf alle Werke Anwendung findet, die in greifbarer Form vorliegen, gleichgültig ob sie veröffentlicht sind oder nicht[7]).

Nach dem früheren Recht richtete sich der Schutz nicht veröffentlichter Werke, sofern sie nicht beim „Urheberrechts-Amt" (Copyright Office) als solche registriert waren, nach dem sog. „common law copyright", und ihr Schutz fiel in die Zuständigkeit der einzelstaatlichen Gerichte und unterlag den Gesetzen des jeweiligen Staates.

III. Einleitung eines Urheberrechtsschutzverfahrens

1. Örtliche Zuständigkeit

Klagen auf Grund des Urheberrechtsgesetzes können in dem Bezirk eingereicht werden, in dem der Beklagte oder sein Vertreter wohnen oder anzutreffen sind[8]).

2. Ladung und Klageschrift

Wie jeder andere Zivilprozeß beginnt ein Prozeß wegen der Verletzung eines Urheberrechts damit, daß eine schriftliche Klage beim Bezirksgericht (Dictrict Court) eingereicht wird[9]). Die Klageschrift muß folgende Punkte enthalten: (1) die Angabe jener Klagegründe, von denen die Zuständigkeit des Gerichts abhängt; (2) eine Erklärung

[7]) Urheberrechtsgesetz, § 301. Hingegen ist für Werke, deren Schutz sich nicht nach dem Bundesgesetz über Urheberrecht richtet, wie z. B. bei einer Stegreifansprache, einer Choreographie, die nicht schriftlich festgehalten worden ist, oder bei einer musikalischen Komposition oder einem dramatischen Sketch, wenn diese improvisiert oder aus dem Gedächtnis entwickelt und nicht aufgezeichnet oder niedergeschrieben worden sind, der Urheberrechtsschutz durch das sog. „Common law copyright" garantiert, und dieser Schutz wird durch das Common law bzw. die Gesetze der verschiedenen U.S. Bundesstaaten sichergestellt. Die Rechtsquelle des urheberrechtlichen „common law" ist das auf Englischen und Amerikanischen Traditionen beruhende und durch Präzedenzfälle verankerte Gemeinrecht, das nur gelegentlich in den Gesetzen der Einzelstaaten kodifiziert worden ist. Im Falle eines Widerspruches zwischen dem Bundesurheberrecht und dem einzelstaatlichen „common law", hat nach allgemeinen verfassungsrechtlichen Grundsätzen das Bundesrecht den Vorzug (U.S. Constitution, Artikel I, § 8). Prozesse wegen dieser einzelstaatlich geschützten Rechte fallen nach wie vor in die Zuständigkeit der Gerichte in den einzelnen Bundesstaaten. In ähnlicher Weise sind auch vertragliche Streitigkeiten im Zusammenhang mit urheberrechtlich geschützten Werken Gegenstand des einzelstaatlichen Rechts und unterliegen der Rechtsprechung der Gerichte in den einzelnen Bundesstaaten.

[8]) 28 U.S.C. § 1400. Im Sinne dieser Bestimmung ist eine Gesellschaft in jedem Bezirk „anzutreffen", in dem sie geschäftlich tätig ist. Manning v. Times, Inc. (D.C.La. 1964) 273 Fed. Supp. 985, aff'd 366 F. 2d 690. In diesem Zusammenhang bedeutet „geschäftliche Tätigkeit" die Ausübung systematischer und ununterbrochener geschäftlicher Aktivitäten. Gauvreau v. Warner Bros. Pictures, Inc. (D.C.N.Y. 1958), 178 Fed. Supp. 501; Mode Art Jewelers Co. v. Expansion Jewelry Ltd. (D.C.N.Y. 1976), 409 Fed. Supp. 921.

[9]) FRCP (Bundeszivilprozeßordnung) 3.

zum Klagebegehren, aus dem hervorgehen muß, daß der Kläger Anspruch auf gerichtlichen Rechtsschutz hat, und (3) das Ersuchen um eine gerichtliche Entscheidung und Zuerkennung der Rechtsschutzmittel im Sinne des Klagebegehrens, auf die der Kläger einen Anspruch zu haben glaubt[10]). Nach Einreichung der Klageschrift fertigt die Geschäftsstelle des Gerichts eine Ladung aus und übergibt sie einem Gerichtsbeamten, der sie sodann zusammen mit einer Kopie der Klageschrift dem Beklagten zustellt[11]).

3. Klageerwiderung

Für den Beklagten ist der nächste Verfahrensschritt die Einreichung einer Klagebeantwortung innerhalb von 20 Tagen nach Zustellung von Ladung und Klageschrift[12]). In dieser Erwiderung gesteht der Beklagte diejenigen in der Klageschrift behaupteten Tatsachen zu, die er als richtig anerkennt, bestreitet alle jene Behauptungen des Klägers, die seines Wissens nicht der Wahrheit entsprechen, und bestreitet weiter eigenes Wissen oder ausreichende Informationen über vom Kläger behauptete Tatsachen, von deren Richtigkeit oder Unrichtigkeit er keine Kenntnis hat. Die Erwiderung enthält ferner Entgegnungen, die der Beklagte zur Unterstützung seiner Sache vorzubringen wünscht. Zu den häufigsten zählen die der Verjährung, oder: eine Person, die nach Meinung des Beklagten dazu berechtigt gewesen ist, habe die Nutzung des Werkes genehmigt oder ihr zugestimmt, oder: es liege der Fall einer „fairen Nutzung" des urheberrechtlich geschützten Werkes vor oder ein Mißbrauch des Urheberrechts durch den Kläger (dieses Vorbringen ist dem Einwand vergleichbar, der Kläger habe die „Antitrust-Gesetze" verletzt) oder andere Einreden oder Einwendungen.

Einige dieser Einwendungen, wie z. B. mangelnde Zuständigkeit des angerufenen Gerichts oder tatsächliche Anführungen in der Klageschrift, die, auch wenn sie bewiesen werden könnten, keinen Anspruch begründen würden oder die Anführung eines Anspruches, für dessen Durchsetzung kein Rechtsschutz gewährt werden könnte, brauchen vom Beklagten in der Klageerwiderung nicht im einzelnen bezeichnet zu werden, sondern können durch Antrag auf Klageabweisung dem Gericht vorgetragen und durch Gerichtsbeschluß im Schnellverfahren entschieden werden[13]).

---

[10]) FRCP 8.
[11]) FRCP 4.
[12]) FRCP 12.
[13]) FRCP 12.

IV. Wesentliche Elemente der Verletzung eines Urheberrechtes und ihr Beweis

Um mit seiner Klage wegen Rechtsverletzung obzusiegen, muß der Kläger einerseits ein ihm zustehendes wirksames Urheberrecht, andererseits die Nachbildung des geschützten Werkes durch den Beklagten behaupten und beweisen.

Die Eintragung des Werks beim Urheberrechtsamt (Copyright Office) ist eine Vorbedingung für die Einleitung eines Prozesses wegen Verletzung des Urheberrechts[14]). Der dem Kläger obliegende Beweis seines Urheberrechts an einem Werk wird ihm wesentlich durch die Vorlage jener Urheberrechtsbescheinigung (Copyright Certificate) bei Gericht erleichtert, welche dem Rechtsinhaber bei Eintragung seines Werkes von dem Urheberrechtsamt ausgestellt wird. In jeder Gerichtsverhandlung begründet diese Bescheinigung, sofern sie vor Ablauf von fünf Jahren nach der ersten Veröffentlichung des Werkes ausgestellt worden ist, einen Beweis des ersten Anscheins (prima facie) für die Wirksamkeit des Urheberrechts und für die in dieser Bescheinigung festgestellten Tatsachen[15]).

Die Angaben der Bescheinigung beziehen sich auf die Urheberschaft an einem bestimmten Werk und begründen die Vermutung, daß es sich um ein urheberrechtsschutzfähiges Originalwerk handelt, daß die Eintragung vorschriftsmäßig erfolgte und daß ein wirksames Urheberrecht besteht. Die Eintragungsbescheinigung begründet — entsprechend den Regeln des Anscheinbeweises — lediglich eine widerlegbare Vermutung und beraubt den Beklagten nicht seines Rechts, den Gegenbeweis anzutreten.

Der schwierigste Teil der Beweisführung liegt für den Kläger darin, aufzuzeigen, daß sein Werk vom Beklagten „nachgebildet" worden ist. Da ein direkter Beweis für das „Nachbilden" sehr selten, wenn überhaupt jemals, möglich ist, kann der Kläger das Nachbilden dadurch beweisen, daß er „ganz wesentliche Ähnlichkeiten" in beiden Werken aufzeigt und beweist, daß der Beklagte Zugang zu seinem

---

14) § 411. Ist die Rechtsverletzung schon vor der Eintragung erfolgt, so wird der Anspruch des Klägers dadurch nicht hinfällig; vielmehr sind dann seine Rechtsbehelfe nur eingeschränkt, wie noch auszuführen sein wird.

15) § 410 (c). Erfolgte die Eintragung später als fünf Jahre nach der Erstveröffentlichung des Werkes und hat man deshalb davon auszugehen, daß die Erinnerung des Anmeldenden an die Tatsachen verblaßt und nicht mehr so zuverlässig wie zuvor gewesen ist, so ist die der Eintragungsbescheinigung innewohnende Beweiskraft vom Gericht zu beurteilen.

Werk hatte[16]. „Ganz wesentliche Ähnlichkeiten" lassen sich durch den „normalen Betrachter-Test" beweisen. Richter Learned Hand, einer der größten Experten auf dem Gebiet des amerikanischen Urheberrechts, hat diesen Test dahin definiert, ganz wesentliche Ähnlichkeiten bestünden immer dann, wenn „der normale Betrachter, der nicht geradezu nach Abweichungen sucht, solche Abweichungen nicht wahrnehmen und gleiche künstlerische Eindrücke haben werde"[17].

V. Beschaffung von Beweismitteln im Vorverfahren

Sobald die Klageerwiderung eingereicht ist, hat der Fall im Prozeß den Punkt erreicht, wo man von einer „bestrittenen Klageschrift" spricht, und beide Parteien machen sich nun daran, ihre Beweismittel zu beschaffen und sich auf das weitere Verfahren vorzubereiten.

Die Beschaffung ihrer Beweisunterlagen wird sowohl dem Kläger als auch dem Beklagten durch ein für den amerikanischen Prozeß charakteristisches prozeßtechnisches Mittel erleichtert: das „Vorbringen von Beweismitteln im Vorverfahren". Diese „Beweisbeschaffungsverfahren" schließen das Recht ein, der Gegenseite schriftliche Beweisfragen vorzulegen, die schriftlich und unter Eid zu beantworten sind. Zusätzlich hat jede Prozeßpartei das Recht, eidliche Aussagen der Gegenpartei zu den Akten zu geben, d. h. den Prozeßgegner und seine Angestellten zu solchen Umständen, die ihnen bekannt sind und für das Verfahren von Bedeutung sein können bzw. die zur Auffindung relevanter Beweismittel führen können, mündlich unter Eid zu befragen und ins Kreuzverhör zu nehmen. Generell hat die Praxis an U.S.-Gerichten die Erfahrung gebracht, daß diese „Beweisbeschaffungsverfahren" im Vorverfahren einen Rechtsstreit nicht nur vereinfachen, sondern auch ein vorzügliches Mittel darstellen, Tatsachen herauszufinden, die in den Unterlagen oder im Gedächtnis der Gegenpartei bisher verborgen geblieben, aber für die Beweisführung im jeweiligen Fall von entscheidender Bedeutung sind.

VI. Summarisches Urteil

Sobald Klageschrift und Klageerwiderung eingereicht sind, können entweder der Kläger oder der Beklagte oder auch beide den Erlaß eines summarischen Urteils ohne formelles Hauptverfahren beantra-

---

[16]) Novelty Textile Mills v. Joan Fabric Corp., (2 Cir. 1977) 341 PTCJ, A-1 (noch nicht amtlich veröffentlicht); Arnstein v. Porter, (2 Cir. 1946) 154 F. 2d 464.

[17]) Peter Pan Fabrics, Inc. v. Martin Weiner Corp., (2 Cir. 1960) 274 F. 2d 487.

gen. Ein solches summarisches Urteil ist jedoch nur zulässig, wenn die vorbereitenden Schriftsätze und das unbestrittene Vorbringen zusammen mit den zu Beweiszwecken vorgelegten eidlichen Aussagen klar erkennen lassen, daß die wesentlichen Tatsachen außer Streit sind und der Antragsteller einen Rechtsanspruch auf gerichtliche Entscheidung hat[18]).

Da im Mittelpunkt der meisten Urheberrechtsprozesse wesentliche Fragen zur tatsächlichen Seite stehen, wird Anträgen auf ein summarisches Urteil nur selten stattgegeben. Solche Urteile ergehen gelegentlich jedoch zugunsten eines klagenden Urhebers, wenn die Ähnlichkeiten zwischen seinem Werk und dem des Beklagten so offenkundig und vielfältig sind (vielleicht sogar gleiche, sonst ganz ungewöhnliche Unrichtigkeiten einschließen), daß schon die Ähnlichkeiten an sich die Möglichkeit einer unabhängigen Werkgestaltung durch den Beklagten ausschließen, so daß das Bestreiten der Nachbildung seitens des Beklagten nicht zu einer echten Tatsachenfrage führt. Ganz ähnlich kann auch ein sumarisches Urteil zugunsten eines Beklagten ergehen, wenn dem Werk, von dem der Kläger behauptet, daß es nachgebildet worden sei, derart an Originalität mangelt, daß es nicht urheberrechtsschutzfähig gewesen ist[19]).

VII. Hauptverfahren

Ergeht ein sumarisches Urteil nicht, so kommt es zur Hauptverhandlung. Jede Prozeßpartei kann Antrag auf Verhandlung mit Beteiligung einer Jury stellen[20]). Im Hauptverfahren entscheidet der Richter in allen Rechtsfragen, die Jury in tatsächlichen Fragen. Da der entscheidende Punkt bei einer Nachbildung ist, „ob ein durchschnittlicher Betrachter, also ein Laie, erkennen könnte, daß es sich bei der angeblichen Nachbildung um eine Entlehnung aus dem urheberrechtlich geschützten Werk handelt"[21]), ist diese tatsächliche Frage für eine Jury-Entscheidung prädestiniert. Hält der Richter allerdings den Spruch der Jury für unvereinbar mit dem Gewicht des Beweismaterials, kann er den Urteilsspruch aufheben. Gegen diese Aufhebung wie auch gegen andere Entscheidungen des Richters kann

[18]) FRCP 56. Shapiro, Bernstein & Co., Inc. v. Log Cabin Club Ass'n (N.D. W. Va. 1973) 365 F. Supp. 325. Associated Music Publishers Inc. v. Debs Memorial Radio Fund (2 Cir. 1944) 141 F. 2d 852, cert. denied 323 U.S. 766 (1944).

[19]) Siehe Nimmer über Urheberrecht, § 138.

[20]) FRCP 38. Wenn keine Partei die Beteiligung einer Jury beantragt, entscheidet der Richter die Tatfragen.

[21]) Ideal Toy Corp. v. FAB-LU Ltd. (2 Cir. 1966) 366 F. 2d 1021.

wiederum von der Prozeßpartei, zu deren Nachteil der Urteilsspruch ausgefallen ist, Berufung eingelegt werden. Das Berufungsgericht (Court of Appeal) kann das Urteil aufheben und sogar den ursprünglichen Urteilsspruch wieder herstellen, den der Prozeßrichter in dem jeweiligen Fall aufgehoben hatte.

VIII. Mittel des Rechtsschutzes

1. Gerichtliche Verfügungen

Ein ungemein wirksames, der Verhinderung oder Beendigung von Urheberrechtsverletzungen dienendes rechtliches Mittel liegt für U.S.-Gerichte in der Möglichkeit, einstweilige oder endgültige Verfügungen über solche Maßnahmen zu erlassen, die geeignet erscheinen, die Verletzung eines Urheberrechts zu verhindern oder einzuschränken[22]).

Vermag der Kläger für seinen Anspruch den Beweis des ersten Anscheins anzutreten und zu belegen, daß er mit großer Wahrscheinlichkeit in der Sache obsiegen wird, so ist eine einstweilige Verfügung angebracht[23]). Im Normalfall wird davon ausgegangen, daß der Urheber irreparablen Schaden erleidet, wenn sein Recht auf alleinige Verwertung des urheberrechtlich geschützten Werkes gestört wird, und deshalb setzt eine einstweilige Verfügung nicht den besonderen Nachweis eines Schadens voraus[24]).

Eine solche Gerichtsverfügung kann überall in den Vereinigten Staaten dem Adressaten, an den sie gerichtet ist, zugestellt werden, und sie gewinnt mit ihrer Zustellung allerorts in den Vereinigten Staaten Rechtswirksamkeit. Wegen Mißachtung des Gerichts kann eine Zuwiderhandlung gegen die in der einstweiligen Verfügung getroffenen Anordnungen durch jedes Gericht in den Vereinigten Staaten geahndet werden, welches für die jeweilige Person zuständig ist[25]).

2. Tatsächlicher Schadenersatz und Gewinne

Der Kläger kann jederzeit vor dem endgültigen Urteil wählen, ob er Ersatz des ihm entstandenen tatsächlichen Schadens und Heraus-

---

[22]) § 502 (a).

[23]) Houghton Mifflin Co. v. Stackpole Sons Inc. (2 Cir. 1939) 104 F. 2d 306, cert. denied 308 U.S. 597 (1939); Concord Fabrics Inc. v. Marcus Bros. Textile Corp. 409 F. 2d 1315 (2 Cir. 1969).

[24]) Robert Stigwood Group Ltd. v. Sperber (2 Cir. 1972) 457 F. 2d 50.

[25]) § 502 (b).

gabe des aus der Urheberrechtsverletzung gezogenen Gewinns oder aber „gesetzlichen" Schadenersatz erlangen will[26]).

Hinsichtlich der Festsetzung des zu erstattenden tatsächlichen Schadens und des Gewinns hat das Urheberrechtsgesetz von 1976 Klarheit dahin geschaffen, daß ein Kläger Anspruch sowohl auf Schadenersatz als auch auf den Gewinn hat, welchen der Beklagte aus der Urheberrechtsverletzung gezogen hat. Dieser Gewinn ist aber nur insoweit erstattungsfähig, als er noch nicht bei der Berechnung des Schadenersatzes berücksichtigt ist[27]).

Resultiert der Gewinn nur teilweise daraus, daß der Verletzer das Werk des Klägers nachgebildet hat, so steht dem Kläger nur ein angemessener Anteil von diesem Gewinn zu[28]).

Bei der Ermittlung des vom Verletzer erzielten Gewinns obliegt es dem Urheberrechtsinhaber lediglich, die Bruttoeinkünfte des Verletzers beweiskräftig darzulegen, während der Verletzer seinerseits gehalten ist, die abzugsfähigen Unkosten und jene Gewinnanteile, die ihm seiner Meinung nach nicht durch die Urheberrechtsverletzung zugeflossen, sondern anderen Umständen zuzurechnen sind, im einzelnen darzulegen[29]).

3. Gesetzlicher Schadenersatz

Das Urheberrechtsgesetz von 1976 ändert die Bestimmungen über den gesetzlichen Schadenersatz; das alte Gesetz hatte bestimmte Dollarbeträge für jede verkaufte Nachbildung (Kopie) oder jede Veranstaltung festgesetzt, bei der ein Urheberrecht verletzt wurde.

Das neue Gesetz gibt nur noch einen Rahmen zwischen einem Minimum von $ 250 — es kann im Falle einer gutgläubigen Verletzung auf $ 100 reduziert werden — und einem Höchstbetrag von $ 10 000,—, der sich bei vorsätzlicher Verletzung bis $ 50 000,— erhöhen kann. Innerhalb dieser Grenzen kann das Gericht nach eigenem Ermessen eine angemessene Entschädigung festsetzen[30]).

Diese Grenzen gelten für alle Urheberrechtsverletzungs-Tatbestände in einem bestimmten Rechtsstreit, ohne Rücksicht darauf, ob diese Verletzungen isoliert oder in einer zusammenhängenden Serie er-

---

26) § 504 (c) (1).
27) § 504 (b).
28) Sheldon v. Metro-Goldwyn Pictures Corp., 309 U.S. 390 (1940).
29) § 504 (c).
30) § 504 (c).

folgten. Geht es in einem Fall um Rechtsverletzungen an mehr als nur einem selbständigen Werk, so sind die gesetzlichen Minimalentschädigungen für jedes einzelne Werk zu leisten. Folgendes Beispiel ist im „House Report“ zu finden: hat ein Beklagter drei urheberrechtlich geschützte Werke verletzt, so hat der Urheberrechtsinhaber Anspruch auf gesetzlichen Schadenersatz mindestens in Höhe des dreifachen Minimalbetrags von $ 250, also auf $ 750, und er kann im Höchstfall dreimal den Höchstbetrag erhalten, mithin $ 30 000 oder im Fall einer vorsätzlichen Verletzung $ 150 000[31]). Bei dieser Berechnung gelten jedoch alle Teile einer Sammlung als „ein Werk“.

4. Gutgläubige Verletzer

Besondere Bestimmungen gelten bei Urheberrechtsverletzungen, wenn der Urheberrechtsinhaber vor dem Zeitpunkt der Verletzung nicht daran gedacht hatte, sein Werk bei der Urheberrechtsamt eintragen zu lassen, oder wenn er es unterlassen hatte, den notwendigen Urheberrechtsvermerk an seinem Werk anbringen zu lassen.

Verletzt jemand ein Urheberrecht gutgläubig, nämlich im Vertrauen auf das Fehlen eines Urheberrechtsvermerks, und vermag er glaubhaft zu machen, daß der fehlende Urheberrechtsvermerk ihn zu dieser irrtümlichen Fehleinschätzung geführt hat, so ist er für vor der positiven Kenntniserlangung von der Registrierung des Werkes begangene Verletzungshandlungen zum Ersatz des dadurch verursachten Schadens oder zu „gesetzlichen“ Schadenersatzleistungen nicht verpflichtet. In einem solchen Fall kann das Gericht die Fortsetzung der Urheberrechtsverletzung untersagen oder den Verletzer zur Zahlung einer Lizenzgebühr an den Inhaber des Urheberrechts in angemessener, vom Gericht festzusetzender Höhe für die weiteren das Urheberrecht berührenden Handlungen verurteilen[32]).

Überdies kann eine gesetzliche Schadenersatzleistung durch das Gericht dann nicht zugebilligt werden, wenn eine Urheberrechtsverletzung an einem nicht veröffentlichten Werk vor dessen Registrierung oder zwar nach der Erstveröffentlichung des Werks, aber

---

[31]) House Report, S. 162.

[32]) § 504 (c): Es gibt auch bestimmte Ausnahmesituationen, wenn gutgläubige Verletzer ausreichende Gründe für die Annahme hatten, daß die Verwendung eine „rechtlich zulässige (faire)“ Verwendung gewesen ist, oder wenn der Verletzer ein Beamter, der im Rahmen seiner dienstlichen Obliegenheiten gehandelt hat, oder eine gemeinnützige Rundfunkanstalt ist.

vor dem Tag der Registrierung erfolgt ist, es sei denn, die Registrierung wäre innerhalb einer Nachfrist von drei Monaten nach der Erstveröffentlichung des Werks erfolgt[33]).

5. Sicherstellung von urheberrechtsverletzenden Gegenständen

Während eines wegen Urheberrechtsverletzung anhängigen Zivilprozesses kann das Gericht die Sicherstellung sämtlicher Kopien oder Tonaufzeichnungen anordnen, die unter Verletzung der Alleinrechte des Urheberrechtsinhabers hergestellt oder verwendet wurden. Dieser Sicherstellung unterliegen alle Druckplatten, Formen, Matrizen, Originalkopien, Bänder, Filmnegative und sonstige Gegenstände, mit denen Kopien oder Tonaufzeichnungen reproduziert werden können[34]).

Die Sicherstellung in einem anhängigen Rechtsstreit durch Beschlagnahme von Gegenständen, die angeblich unter Verletzung eines Urheberrechts entstanden sind, kann schon vom Zeitpunkt der Klageerhebung ab erfolgen, ohne daß eine (formelle) Verfügung abgewartet werden muß.

Zusätzlich zur Sicherstellung in einem anhängigen Rechtsstreit kann das Gericht, wenn ein endgültiges Urteil ergeht, die Vernichtung oder eine angemessene Verwendung aller Kopien oder Tonträger verfügen, die erwiesenermaßen unter Verletzung von Exklusivrechten an einem geschützten Werk hergestellt oder verwendet worden sind; gleiches gilt für alle im vorangegangenen Absatz aufgeführten Gegenstände, von denen Vervielfältigungen oder Tonaufzeichnungen reproduziert werden können[35]).

Nach dem alten Gesetz konnte das Gericht die Herausgabe und Vernichtung von erwiesenermaßen unter Verletzung eines Urheberrechts hergestellten oder verwendeten Gegenständen anordnen. Das neue Gesetz stellt es in das Ermessen des Gerichts, die Vernichtung „oder eine andere angemessene Verwendung" solcher Gegenstände zu verfügen. Damit ermöglicht es das neue Gesetz, beispielsweise wertvolle alte klassische Filmkopien unzerstört zu erhalten, die in

---

[33]) § 412.

[34]) § 503 (a). Der Ausdruck „hergestellt oder verwendet" im Gesetz ermöglicht es dem Gericht, in angemessener Weise mit Gegenständen zu verfahren, die zwar gesetzmäßig reproduziert und erworben worden sind, mit denen jedoch durch die Art ihrer Verwendung gegen urheberrechtliche Bestimmungen verstoßen wurde, z. B. durch nicht genehmigte entgeltliche Vermietung, Aufführungen oder Ausstellungen. House Report S. 160.

[35]) § 503 (b).

unmittelbarem (physischem) Besitz des Verletzers gewesen und von ihm rechtswidrig und ohne Genehmigung des Urheberrechtsinhabers für öffentliche Vorführungen verwendet worden sind. Nach dem neuen Gesetz kann das Gericht mit seinem Endurteil für die Erhaltung solcher Kopien sorgen, indem es entweder deren Verkauf oder die Übergabe an den Kläger verfügt oder in anderer Weise darüber beschließt, jedenfalls in einer Weise, daß unersetzliche Gegenstände oder Dokumente von historischem oder künstlerischem Wert nicht sinnlos vernichtet werden. Mit einer solchen Verfügung ist sowohl dem Gesetz Genüge getan als auch im öffentlichen Interesse entschieden.

5. Anwaltsgebühren und Gerichtskosten

Es steht im Ermessen des Gerichts, der obsiegenden Partei den Ersatz von Anwaltsgebühren in angemessener Höhe zuzusprechen[36]. Die Erstattung der Anwaltsgebühren durch die unterliegende Partei an die obsiegende Partei entspricht an sich nicht allgemeiner Gerichtspraxis an amerikanischen Gerichten. Jedoch ist diese Möglichkeit aus dem alten Gesetz in das neue übernommen worden, weil sich diese Regelung in der Vergangenheit bewährt hatte. Sie hat eine abschreckende Wirkung und verhindert die leichtfertige oder ungerechtfertigte Anstrengung von Urheberrechtsprozessen.

Zusätzlich zu den Anwaltsgebühren muß die unterliegende Partei auch die Gerichtskosten tragen; während dies allerdings nach altem Recht zwingend vorgeschrieben war, handelt es sich jetzt um eine Ermessensentscheidung des Gerichts[37]. Eine Ausnahme von der Regel gilt für folgenden Fall: das Gericht braucht nach eigenem Ermessen der unterliegenden Partei weder Anwaltsgebühren noch Gerichtskosten aufzuerlegen, wenn es sich um Fälle von Verletzungen des Urheberrechts an einem unveröffentlichten Werk vor Registrierung des urheberrechtlichen Schutzes handelt oder wenn eine Urheberrechtsverletzung an einem veröffentlichten Werk zwar nach der Veröffentlichung aber vor der Registrierung einsetzt (vorausgesetzt, die Registrierung ist nicht innerhalb einer Nachfrist von drei Monaten nach der Veröffentlichung erfolgt[38]).

---

[36]) § 505.

[37]) § 505.

[38]) § 412; House Report, S. 158. Der „House Report" stellt klar, daß diese Bestimmungen gleichermaßen auf Werke ausländischen wie inländischen Ursprungs anwendbar sind.

IX. Strafbare Handlungen

Das neue Gesetz zählt im Zusammenhang mit urheberrechtlich geschützten Werken mehrere strafbare Handlungen auf. Der wichtigste Straftatbestand ist die vorsätzliche Verletzung eines Urheberrechts um eines geschäftlichen Vorteils oder privaten finanziellen Gewinns willen[39]. Dieses Delikt kann mit einer Geldstrafe bis zu $ 10 000 oder mit Freiheitsentzug von höchstens einem Jahr oder durch beide Maßnahmen gleichzeitig geahndet werden. Eine härtere Strafe sieht das Gesetz bei Verletzung eines Urheberrechts an einer Tonaufnahme oder einem Film vor, wofür, wenn es sich um das erste Delikt dieser Art handelt, eine Geldstrafe von $ 25 000 oder ein Jahr Freiheitsentzug oder beide Strafen zusammen verhängt werden können; für jede wiederholte Straftat dieser Art sieht das Gesetz eine Geldstrafe von $ 50 000 oder Freiheitsentzug bis zu zwei Jahren vor[40].

Eine andere strafbare Handlung in diesem Rechtsbereich ist das vorsätzliche Anbringen eines falschen Urheberrechtsvermerks an einem Gegenstand, ferner das öffentliche Verbreiten oder der Import zum Zwecke des Verbreitens von Gegenständen, die einen falschen Vermerk tragen[41]. Ebenso ist das Entfernen oder Ändern des auf einem Exemplar eines urheberrechtlich geschützten Werks angebrachten Urheberrechtsvermerks strafbar[42]. Diese durch betrügerisches Anbringen oder Entfernen von Urheberrechtsvermerken begangenen Delikte werden mit Geldstrafen bis zu $ 2 500 geahndet[43].

Straffällig wird schließlich auch jeder, der in einem Antrag auf Registrierung eines Urheberrechts wissentlich falsche Angaben macht; in diesem Fall sieht das Gesetz eine Geldstrafe bis zu $ 2 500 vor[44].

Die Verjährungsfrist für strafbare Handlungen wie auch für zivilrechtliche Urheberrechtsverletzungen endet drei Jahre nach Entstehen des Klagegrunds[45].

X. Urheberrechtsverletzungen außerhalb der Vereinigten Staaten

Man muß natürlich daran erinnern, daß ein in den USA erteiltes Urheberrecht keine extraterritoriale Wirkung hat und daß nur gegen

39) § 506 (a).
40) Id.
41) § 506 (c).
42) § 506 (d).
43) § 506 (c) und (d).
44) § 506 (e).
45) § 507 (a).

eine innerhalb der Vereinigten Staaten erfolgte Urheberrechtsverletzung im Klagewege vorgegangen werden kann[46]).

Jedoch gelten nach dem neuen Gesetz auch der Import von „Piraten"-Exemplaren oder -Tonaufzeichnungen in die Vereinigten Staaten ohne Zustimmung des Urheberrechtsinhabers und sogar der nicht genehmigte Import von Vervielfältigungen oder Tonaufzeichnungen, die in Übereinstimmung mit den Gesetzen des Auslandes gemacht worden sind, als Urheberrechtsverletzungen; der dazu nicht berechtigte Importeur kann auf Schadenersatz verklagt und es kann ihm, noch bevor er begonnen hat, diese importierten Gegenstände in den Vereinigten Staaten öffentlich zu verbreiten, ihre Verwertung untersagt werden[47]).

XI. Übergangsbestimmungen

Das Urheberrechtsgesetz von 1976 ist am 1. Januar 1978 in Kraft getreten[48]). Es sieht für Werke, die vor diesem Termin nicht oder nicht mehr dem Urheberrechtsschutz unterlagen, keinen Urheberrechtsschutz vor[49]).

Über sämtliche Klagegründe in Urheberrechtsverfahren, die wegen einer vor dem Inkrafttreten des neuen Gesetzes begangenen Verletzung eines Urheberrechts geführt werden, ist nach dem zur Zeit des Entstehens dieser Klagegründe geltenden Recht zu entscheiden[50]). Diese Regelung stellt eindeutig klar, daß eine Urheberrechtsverletzung, welche bis zum 31. Dezember 1977 begangen wurde, in ihren rechtlichen Folgen nach dem alten Urheberrechtsgesetz, unter dessen Herrschaft sie auch begangen wurde, zu beurteilen ist.

XII. Schlußbemerkungen

Das neue Urheberrechtsgesetz ist vom Kongreß in der Absicht verabschiedet worden, allen Anforderungen gerecht zu werden, denen sich die Gerichte auf Grund der Entwicklung neuer Technologien in

---

[46]) Famous Music Corporation v. Seeco Records, Inc. (S.D.N.Y. 1961) 201 Fed. Supp. 560; Capitol Records v. Mercury Records Corp. (2d Cir. 1955), 221 F. 2d 657.

[47]) § 602. House Report S. 169, 170. Das Gesetz sieht jedoch Ausnahmen vor für den Import eines einzelnen Exemplars einer Tonaufzeichnung eines Werks, oder bei Gegenständen im persönlichen Gepäck von Reisenden aus dem Ausland. Es gibt weitere Ausnahmen für Importe für begrenzte Zwecke durch die U.S.-Regierung und bestimmte gemeinnützige Organisationen.

[48]) Übergangs- und Ergänzungsbestimmungen § 102.

[49]) dto. § 103.

[50]) dto. § 112.

den seit Verabschiedung des alten Urheberrechtsgesetzes von 1909 vergangenen fast siebzig Jahren gegenübersehen. Der Kongreß, durch die Verfassung der Vereinigten Staaten (Artikel I, Paragraph 8) beauftragt, Gesetze zu erlassen, die „den Fortschritt der Wissenschaft fördern und sinnvolle Regelungen schaffen, um Autoren für einen bestimmten begrenzten Zeitraum ein Exklusivrecht an ihren jeweiligen Werken zu sichern ...", hat gesprochen.

Nun liegt es bei den Gerichten, das neue Recht anzuwenden und bei den Rechtsanwälten, den Urhebern urheberrechtlich geschützter Werke und deren Benutzern die nötigen Anleitungen zu geben, wie sie nach dem neuen Gesetz am besten verfahren. Erst die Zukunft kann zeigen, ob dieses neue Gesetz in seiner praktischen Anwendung die Erwartungen des Gesetzgebers erfüllen wird, nämlich daß die legitimen Rechte der Autoren und der Öffentlichkeit einen wirksameren Schutz genießen sollen als in der Vergangenheit.

Resümee

Nach dem am 1. Januar 1978 in Kraft getretenen Gesetz kann der Inhaber eines jeden Exklusivrechts an einem urheberrechtlich geschützten Werk (aber nicht der Inhaber einer einfachen Lizenz) eine Klage wegen Verletzung seines Rechts anstrengen. Zuständig für die Klage ist das Bundesbezirksgericht des Ortes, wo der Beklagte oder sein Vertreter wohnt oder anzutreffen ist.

Die Eintragung des Werks beim Urheberrechtsamt (Copyright Office) ist eine Vorbedingung für die Einleitung des Prozesses. Die vom Amt ausgestellte Bescheinigung der Eintragung begründet den Beweis des ersten Anscheins (widerlegbare Vermutung), daß ein wirksames Urheberrecht daran besteht.

Nach Ladung und Einreichung von Klageschrift und Klagebeantwortung können die Parteien ein summarisches Urteil beantragen, wenn die wesentlichen Tatsachen außer Streit stehen oder die dem Gericht vorgelegten eidesstattlichen Aussagen klar erkennen lassen, daß der Antragsteller einen Rechtsanspruch auf gerichtliche Entscheidung hat.

Ein wirksames prozeßtechnisches Mittel im Vorverfahren ist die Beweismittelbeschaffung durch Erzwingung eidlicher Aussagen der Gegenpartei in Beantwortung schriftlich vorgelegter Beweisfragen, oder im Laufe eines mündlichen Verhörs und Kreuzverhörs.

Ergeht ein summarisches Urteil nicht, so kommt es zur Hauptverhandlung. Jede Prozeßpartei kann Antrag auf Beteiligung einer Jury stellen. Die Jury entscheidet alle Tatfragen, der Richter alle Rechtsfragen. Fehlt eine Jury, so entscheidet der Richter sowohl die Tat- wie die Rechtsfragen.

Zu den Rechtsschutzmitteln im Zivilverfahren gehören einstweilige und endgültige Verfügungen, sowie Schadenersatz und Herausgabe des aus der Urheberrechtsverletzung gezogenen Gewinns. Auf Antrag des Klägers kann das Gericht ihm auch statt tatsächlichem Schadenersatz und Gewinnherausgabe „gesetzlichen Schadenersatz" zuerkennen, der im Ermessen des Gerichts im Rahmen von mindestens $ 250,— (im Falle einer gutgläubigen Verletzung $ 100,—) und höchstens $ 10 000,— (im Falle einer vorsätzlichen Verletzung $ 50 000,—) liegen kann. Außerdem kann das Gericht in Urheberrechtsprozessen, abweichend von der allgemeinen amerikanischen Gerichtspraxis, der unterliegenden Partei den Ersatz angemessener Anwaltsgebühren an die obsiegende Partei auferlegen.

Die vorsätzliche Verletzung eines Urheberrechtes um eines geschäftlichen Vorteils oder privaten finanziellen Gewinns willen kann auch Gegenstand eines Strafverfahrens sein und durch Geldstrafe und Freiheitsentzug geahndet werden.

Verjährungsfrist für strafbare Handlungen und Zivilansprüche ist drei Jahre.

Da ein in der USA erteiltes Urheberrecht keine extraterritoriale Wirkung hat, kann nur gegen eine in der USA erfolgte Verletzung vorgegangen werden. Jedoch gilt nach dem neuen Gesetz auch der Import ohne Zustimmung des Urheberrechtsinhabers von Privatexemplaren oder Tonaufzeichnungen als Verletzung, auch wenn sie im Ausland nach den dortigen Gesetzen rechtsmäßig angefertigt worden sind.

Résumé

Selon la loi entrée en vigueur le 1er janvier 1978, le titulaire d'un droit exclusif sur une œuvre protégée par le droit d'auteur (mais non le titulaire d'une licence simple) peut engager une action en cas d'atteinte portée à son droit. Pour cette action, le tribunal fédéral de l'arrondissement dans lequel le défendeur, ou son représentant, a son domicile ou sa résidence est compétent.

Une condition de la recevabilité de l'action est l'enregistrement de l'œuvre au Copyright Office. Le certificat d'enregistrement établi par celui-ci crée en faveur de l'enregistrant une présomption simple (qui peut être détruite par la preuve du contraire) de l'existence d'un droit d'auteur régulier.

Après citation, notification de l'exploit introductif d'instance et fourniture du mémoire en défense, les parties peuvent demander que l'affaire soit jugée sommairement lorsque les faits essentiels ne sont pas contestés ou lorsque les déclarations sous serment faites au tribunal font clairement apparaître que le demandeur a un droit pouvant servir de fondement à une décision judiciaire.

Un moyen efficace de technique procédurale pendant l'instruction consiste à se procurer des preuves en obligeant la partie adverse à faire des déclarations sous serment, ou en réponse à des questions posées par écrit, ou au cours d'un interrogatoire oral.

S'il n'est pas rendu de jugement dans le cadre d'une procédure sommaire, on passe à la phase de "trial" (audience avec comparution de témoins). Chaque partie au procès peut demander la participation d'un jury. Le jury décide sur toutes les questions de fait tandis que le juge se prononce sur les questions de droit. S'il n'y a pas de jury, le juge décide tant en fait qu'en droit.

Les sanctions civiles prennent la forme d'ordonnances d'interdiction temporaire ou définitive ainsi que de dommages et intérêts et de restitution du bénéfice acquis du fait de l'atteinte portée au droit d'auteur. A la requête du demandeur, le tribunal peut lui allouer, au lieu des dommages et intérêts réels (comportant réparation du préjudice actuellement souffert) et de la restitution des bénéfices, des „dommages et intérêts prévus par la loi" dont le montant peut varier, à la discrétion du tribunal, entre un minimum de 250 $ (en cas d' atteinte portée de bonne foi, 100 $) et un maximum de 10 000 $ (au cas où l'infraction a été commise intentionnellement et de mauvaise foi, 50 000 $). En outre, le tribunal peut, dans les procès concernant le droit d'auteur, à la différence de la pratique judiciaire américaine générale, mettre à la charge de la partie perdante le remboursement à la partie gagnante d'une somme raisonnable pour ses frais d'avocats.

L'atteinte portée intentionnellement aux droits de l'auteur pour se procurer des avantages commerciaux ou des avantages pécuniaires d'ordre privé peut aussi faire l'objet d'une poursuite pénale et être sanctionnée par une peine pécuniaire ou une peine privative de liberté.

Le délai de prescription des actions, au pénal comme au civil, est de trois ans.

Etant donné qu'un droit d'auteur conféré aux Etats-Unis n'a qu'un effet territorial limité, il n'est possible d'exercer une action que contre une atteinte portée à ce droit aux Etats-Unis. Cependant, selon la nouvelle loi, l'importation, sans l'accord du titulaire du droit d'auteur, d'objets contrefaisants est considérée comme portant atteinte au droit de l'auteur même s'ils ont été produits à l'étranger conformément aux lois qui y sont applicables. *Fr. U.*

Summary

The U.S. Copyright Act of 1976 which will become effective on January 1, 1978 has liberalized and simplified the protection of copyrighted works, both domestic and foreign, and whether published or unpublished.

Under the new statute, a copyright may be split up into separate exclusive rights, limited in time, local area or field of use, and each of these rights may be transferred separately. Any legal or beneficial owner of an exclusive right may institute an action for infringement of his particular right. The law imposes upon him, however, the duty to give notice of the lawsuit to other owners of rights whose interests will be affected, and gives these other owners the right to join in the action.

Anyone who violates any of the exclusive rights of the copyright owner or who imports copies or phonorecords into the United States in violation of the statutory rights of a copyright owner, is an infringer. Similarly, anyone who collaborates with the infringer or contributes to the infringement or derives a direct or indirect benefit therefrom is a joint tortfeasor, jointly and severally liable with the infringer and may be sued as a party defendant.

The federal district courts have exclusive jurisdiction in all cases arising under the Copyright Law. Actions under the copyright statute may be instituted in the district in which the defendant or his agent resides or may be found.

An infringement action is commenced by filing a written complaint with the district court. The court then issues a summons, and a marshal will serve it on the defendant together with a copy of the complaint. The defendant must then file his answer within 20 days, which answer will admit or deny the facts stated in the complaint and will further contain the defenses invoked by the defendant. With respect to such defenses as lack of junsdiction or failure of the complaint to state a claim on which relief can be granted, defendant may also make a motion to the court asking that the case be dismissed without entering into the merits of the controversy.

Registration of the work on which suit is brought is a prerequisite to the institution of an infringement suit. Moreover, plaintiff's task in proving copyright ownership in court is greatly facilitated by his presenting the copyright certificate which he obtains upon registration of the claim with the Copyright Office. This certificate, if made within five years after first publication of the work, raises a presumption, albeit a rebuttable one, that the work was original and copyrightable, that the registration was properly made, and that the copyright is valid.

The most difficult part of plaintiff's proof is to show that his work was „copied" by the defendant. Since direct evidence of copying is rarely available, plaintiff may make his proof of copying by showing access and „substantial similarity" of the two works. Substantial similarity is to be determined by the „ordinary observer" test which in the words of Judge Learned Hand, exists where „the ordinary observer, unless he set out to detect the disparities, would be disposed to overlook them, and regard their aesthetic appeal as the same."

In lining up the evidence after joinder of issue, both plaintiff and defendant will be aided by the procedural tools of „pre-trial discovery." These discovery procedures include the right to propound written interrogatories to the adversary and to obtain written answers under oath. In addition, each party may take depositions of the adversary, i.e., may examine and cross-examine him and his employees orally under oath as to facts within their knowledge which are relevant to the litigation or which may lead to the discovery of relevant evidence. It is the general experience of practitioners in United States courts that these pre-trial procedures are excellent devices to discover facts hidden within the adversary's files or memory.

Plaintiff or defendant may move for summary judgment without formal trial but this procedure is admissible only if the pleadings, together with proof furnished through affidavits or by answers to interrogatories or depositions, demonstrate that there is no genuine issue as to any material fact and that the moving party is entitled to a judgment as a matter of law. However, since most copyright litigation involves serious issues of fact, motions for summary judgment are granted in favor of plaintiff only in such rare instances as where the similarities between plaintiffs' and defendants' works are overwhelming (including perhaps unusual common errors), or, in favor of defendant, if plaintiff's work lacks originality or was not copyrightable.

In the absence of a summary judgment the case will proceed to trial. Either party may request a jury trial. At the trial, the judge rules on all questions of law while questions of fact are decided by the jury.

Remedies for copyright infringement may be civil or criminal. Civil remedies are injunctions as well as payment of damages and profits. Injunctions may be preliminary or permanent. A plaintiff is entitled to a preliminary injunction upon a prima facie showing of his right and of a reasonable probability of prevailing on the merits. The injunction, when issued by the court, may be served and enforced anywhere throughout the United States.

Plaintiff has the election at any time prior to final judgment to decide whether he wants to recover his actual damages and defendant's actual profits or, in lieu thereof, statutory damages. If some of defendant's profits are allocable to factors other than the infringer's copying of plaintiff's work, plaintiff is entitled only to a fair share in defendant's profits. As to statutory damages, the new law specifies a minimum amount of $ 250 and a maximum of $ 10 000,— which in case of a wilful infringement may be raised to $ 50 000,— for all acts of infringement involved in a lawsuit. Special rules govern infringements by so-called „innocent infringers" such as in situations where the copyright owner has failed to register his work with the Copyright Office or has omitted the required notice of copyright on the work.

In addition to the injunction and award of damages and profits, the court may order the impounding of all copies or phonorecords claimed to have been made or used in violation of the copyright owner's exclusive rights. When the final judgment is made, the court may order the destruction or other reasonable disposition of all infringing copies or phonocopies.

The court in its discretion may also award reasonable attorneys fees and costs to the prevailing party. This is an unusual remedy under American law which, except in extraordinary situations, does not impose the payment of attorneys fees on the losing party. Neither attorneys fees nor costs however, may be awarded where the infringement of copyright in an unpublished work began before its registration or where in the case of a published work, infringement commenced after publication and before registration (except for registration during a grace period of three months after publication).

The new statute lists several criminal offenses involving copyrighted works, among them the wilful infringement for purposes of commercial advantage or private financial gain. This offense is subject to a fine of up to $ 10 000 or imprisonment for not more than one year. In the event that the infringement concerns a sound recording or motion picture, the fine is $ 25 000 or one year imprisonment or both for the first offense, and a fine of $ 50 000 or imprisonment up to two years or both for any subsequent offense. A fine of not more than $ 2 500 is provided for the placing of a fraudulent copyright notice on an article, or the removal or alteration of a copyright notice on a copy of a copyrighted work.

The statute of limitations for criminal offenses as well as for civil actions for copyright infringement is three years.

A United States copyright has no extra-territorial effect and in order to be deemed actionable in the United States, the infringement must have occurred in the United States rather than abroad. However, under the new statute, the importation of „piratical" copies or phonorecords into the United States, without authorization of the copyright owner and even the unauthorized importation of copies or phonorecords that were lawfully made abroad, is an act of infringement and the unauthorized importer could be sued for damages and enjoined from making use of them even before any public distribution in the United States takes place.

Tonaufzeichnungen und das neue U.S. Copyrightgesetz

Von **Ernest S. Meyers**, New York*)
Deutsch von Monika Schlie, Berlin

Vorgeschichte

Das Urheberrechtsgesetz aus dem Jahr 1909 wurde am 15. Oktober 1971 mit dem Ziel geändert, auch Tonaufzeichnungen unter Urheberschutz zu stellen[1]). Bis zu dieser Gesetzesänderung zählten Tonaufzeichnungen nicht zu den durch das Bundesurheberrechtsgesetz geschützten Kategorien von „Aufzeichnungen", und sie konnten demzufolge beim „Urheberrechts-Amt" (Copyright Office) auch nicht zur Registrierung angemeldet werden[2]).

Gesetz von 1909

Der Umfang des Urheberschutzes für mechanische Reproduktionen von Tonaufzeichnungen nach dem Stande der Bundesgesetzgebung seit Inkrafttreten des Gesetzes aus dem Jahr 1909, aber vor der erwähnten Gesetzesänderung von 1971, kann in den folgenden Punkten zusammengefaßt werden:

1. Der Komponist oder Herausgeber der der Aufzeichnung zugrundeliegenden musikalischen Komposition genoß Urheberschutz für die in mechanischen Reproduktionen wiedergegebene Komposition[3]).

2. An den mechanischen Reproduktionen selbst — dazu waren auch Klavierwalzen und bespielte Tonbänder zu zählen — bestand kein Urheberschutz. Lediglich die in den Tonträgern, Walzen oder Bändern verwerteten Kompositionen waren urheberrechtlich geschützt[4]).

---

*) Englische Fassung: New York Law School Law Review, Vol. XXII, Nr. 3 (1977), S. 573—588.
Verfasser: Seniorpartner in der Anwaltssozietät Laporte & Meyers; Justitiar der Recording Industry Association of America; Beratergremium, Urheberrechts-Amt; Hochschullehrer für „Gegenwärtige Entwicklungen auf dem Gebiet des Urheberrechts" 1975 am „Practising Law Institute"; Treuhänder der Copyright Society of the U.S.A. (1973/1976).

1) 17 U.S.C. (Anm. d. Übersetzers: U.S. Code — offizielle Sammlung von Bundesgesetzen) §§ 1 (f), 5 (n) (Supp. II, 1972), in Ergänzung von 17 U.S.C. §§ 1, 5 (1970), (nachfolgend ‚Gesetz von 1909' genannt).

2) 37 C.F.R. (Anm. d. Übersetzers: Code of Federal Regulations — bundesgesetzliche Regelungen) § 202.8 (b) (1972).

3) 17 U.S.C. § 1 (e) (1970).

4) aaO.

3. Hatte der Urheberrechtsinhaber einmal die Genehmigung zur mechanischen Reproduktion seines musikalischen Werks erteilt, konnte jeder andere nach Zahlung einer Lizenzgebühr von 2 Cents an den Urheberrechtsinhaber dessen Komposition in ähnlicher Weise verwerten[5]).
4. Eine nicht genehmigte mechanische Reproduktion hatte ein Strafverfahren wegen Urheberrechtsverletzung nicht im Gefolge[6]).

Änderungsgesetz von 1971

Mit der Gesetzesänderung von 1971 erkannte das amerikanische Urheberrechtsgesetz Tonaufzeichnungen erstmals als urheberrechtsfähige Werke an, jedoch bestand der Urheberschutz nur gegenüber nicht genehmigten Vervielfältigungen[7]). Solchermaßen urheberrechtsfähige Tonaufzeichnungen genossen nur dann Urheberschutz, wenn die Originalaufzeichnung (Fixierung) am 15. Februar 1972 oder danach erfolgt war und auch mit dem gesetzlich vorgeschriebenen Urheberrechtsvermerk an die Öffentlichkeit gebracht worden war[8]). Ferner unterstellte die Gesetzesänderung des Jahres 1971 die Verletzer urheberrechtlich geschützter Tonaufzeichnungen dem zivilrechtlichen Bußkatalog nach Kapitel 17 U.S.C., das sich mit allen Formen von Urheberrechtsverletzungen befaßt, bzw. sogar strafrechtlicher Verfolgung in Fällen von vorsätzlicher Urheberrechtsverletzung aus Gewinnstreben[9]).

Eine erneute Prüfung und Bestätigung erfuhr die Gesetzesänderung 1972, als vor dem Bezirksgericht (District Court) für den Gerichtsbezirk Columbia gegen den ‚Attorney General' (Oberster Vertreter der Anklagebehörde) und den ‚Librarian of Congress' (Bibliotheksdirektor beim Kongreß) Klage auf Unterlassung der Durchsetzung und Anwendung der Bestimmungen von 1971 über Tonaufzeichnungen

---

5) aaO.

6) 17 U.S.C. § 101 (e) (1970). Es konnte jedoch der Erlaß einer Verbotsverfügung beantragt werden, und der Urheberrechtsinhaber konnte eine Tantieme erhalten gem. 17 U.S.C. § 1 (e) anstelle von Gewinnherausgabe und Schadenersatz. aaO.

7) 17 U.S.C. § 1 (f) (Supp. II, 1972), in Ergänzung von 17 U.S.C. § 1 (1970).

8) 17 U.S.C. §§ 1 (f), 5 (n) (Supp. II, 1972) in Ergänzung von 17 U.S.C. §§ 1, 5 (1970).

9) 17 U.S.C. § 101 (e) (Supp. II, 1972) in Ergänzung von 17 U.S.C. § 101 (e) (1970). Nach dieser Änderung enthielt der Strafkatalog eine Höchststrafe von $ 1 000 und/oder eine Freiheitsstrafe von höchstens einem Jahr. 1974, bei der Änderung von 17 U.S.C. § 104 (1970), wurden Sonderbestimmungen für vorsätzliche Verletzungen des Urheberrechts an Tonaufzeichnungen hinzugefügt. Die Strafen wurden sehr viel härter als in den vorangegangenen Bestimmungen. Bei einer ersten Verurteilung war eine Geldstrafe von höchstens $ 25 000 und/oder eine Freiheitsstrafe von höchstens einem Jahr vorgesehen; bei einer zweiten Verurteilung erhöhte sich die Geldstrafe auf einen Höchstbetrag von $ 50 000 und die Freiheitsstrafe auf höchstens zwei Jahre. 17 U.S.C. § 104 (b) (Supp. V, 1975).

erhoben wurde. Der Kläger machte u. a. geltend, Tonaufzeichnungen könnten nicht als „schriftlich fixiertes" Werk eines Autors im Sinne von Art. I, § 8 der amerikanischen Verfassung und damit auch nicht als urheberrechtsfähig angesehen werden. Ein mit drei Richtern besetztes Sondergericht erkannte dagegen einstimmig:

> „Technischer Fortschritt, wie er zu Zeiten unserer Gründerväter unbekannt und nicht vorhersehbar war, ist die Grundlage der Tonträgerindustrie. Nach dem Sinn der Urheberrechtsklausel unserer Verfassung muß diese sehr weit ausgelegt werden, damit auch solchermaßen aufgezeichnete Kunstwerke zum Gegenstand des Urheberschutzes werden können.
>
> (Die Tätigkeiten) von Firmen bei der Herstellung von Tonaufzeichnungen genügen den Anforderungen an eine Urheberschaft, wie sie in der Urheberrechtsklausel niedergelegt sind ..."[10]).

Das Ergebnis dieser Entscheidung ist, daß heute Tonaufzeichnungen urheberrechtlich geschützt sind, und dieser Schutz wird durch das „Neue Gesetz"[11]) noch ausgebaut und erweitert.

Neues Gesetz von 1976

Im Zusammenhang mit urheberrechtlich geschützten Tonaufzeichnungen werden bestimmte Fachausdrücke und Begriffe verwendet. Diese neuen Begriffe sollen, bevor wir uns der Erörterung des Neuen Gesetzes zuwenden, kurz erläutert werden.

Fälschung (counterfeiting):

Hierunter versteht man im wesentlichen die Fälschung oder Vervielfältigung von Etiketten, Umschlägen oder Verpackungen einer rechtmäßig Tonträger bespielenden Firma. Früher war diese Fälschungspraxis so weit verbreitet, daß der Kongreß im Jahre 1962 ein Gesetz verabschiedete, welches den unerlaubten Handel zwischen den einzelnen Bundesstaaten mit Tonträgern, die gefälschte oder nachgeahmte Etiketten trugen, unter Strafe stellte[12]). Hat der Fälscher

[10]) Shaab ./.Kleindienst, 345 F. Supp. 589, 590 (D.D.C. 1972). S. auch Goldstein ./. California, 412 U.S. 546, 561 (1973); Capitol Records, Inc. ./. Mercury Records Corp., 221 F 2d 656 (2d Cir. 1955); United States ./. Bodin, 375 F. Supp. 1265, 1268 (W.D. Okla. 1974).

[11]) Pub. L. Nr. 94-553, §§ 101 ff. (19. Okt. 1976) (nachfolgend das „Neue Gesetz" genannt und zitiert: Pub. L. Nr. 94-553).

[12]) 18 U.S.C. § 2318 (1970). Der Strafkatalog sah eine Geldstrafe von höchstens $ 1 000 und/oder eine Freiheitsstrafe von höchstens einem Jahr vor. 1974 wurde durch Änderung des § 2318 die Strafandrohung verschärft; im Falle einer ersten Verurteilung konnten eine Geldstrafe von höchstens $ 25 000 und/oder eine Freiheitsstrafe von höchstens einem Jahr, bei einer zweiten Verurteilung Geldstrafen bis maximal $ 50 000 und/oder eine Freiheitsstrafe von höchstens zwei Jahren verhängt werden. 18 U.S.C. § 2318 (Supp. V, 1975).

darüber hinaus auch die Originaltonaufzeichnung ohne entsprechende Genehmigung oder Lizenz vervielfältigt, so stellt die Weitergabe einer solchen vervielfältigten Tonaufzeichnung entweder eine „Urheberrechtsverletzung" dar oder mit ihr wird der Tatbestand einer „unzulässigen Nachahmung eines Tonträgers" (record piracy) erfüllt, je nachdem, ob die Originalaufzeichnung nach oder vor dem 15. Februar 1972 erfolgt war[13]).

Unerlaubte Herstellung (bootlegging):

Hierbei handelt es sich um die nicht genehmigte Aufzeichnung einer „live"-Veranstaltung. Eine solche Handlung kann gegen einzelstaatliche Gesetze verstoßen, die dem Schutz der Leitung der jeweiligen Aufführungsstätte dienen[14]), und sie kann ebenfalls eine Verletzung des an dem aufgeführten musikalischen Werk bestehenden Urheberrechts bedeuten.

Unzulässige Nachahmung (piracy):

Die mit dieser Bezeichnung umschriebene Handlung besteht in der nicht genehmigten Vervielfältigung einer rechtmäßigen Tonaufzeichnung, die vor dem 15. Februar 1972 in der Originalaufzeichnung vorgelegen hat[15]). Strafgesetze in 47 Bundesstaaten und das ‚Common Law' aller Staaten, in denen Gerichte mit dieser Frage befaßt waren, verurteilen und verbieten diese Praxis[16]).

Das neue Urheberrechtsgesetz

Das Neue Gesetz — es ist am 1. Januar 1978 in Kraft getreten[17]) — fügt dem bisher zum Schutze der Tonträgerindustrie gegen nicht genehmigte Vervielfältigungen bestehenden materiellen Recht wenig

---

[13]) Wenn die Originalaufzeichnung am 15. Februar 1972 oder danach fertiggestellt wurde, und wenn für diese Tonaufzeichnung ein Urheberrecht bestanden hat, dann stellt die nicht genehmigte Vervielfältigung eine „Verletzung" des Exklusivrechtes dar, das gem. der Gesetzesänderung von 1971 gewährt worden ist. 17 U.S.C. § 1 (f) (Supp. II, 1972) in Ergänzung von 17 U.S.C. § 1 (1970).

[14]) S.N.Y. Gen. Bus. Law § 399-a (McKinney Supp. 1976). „Leitung" wird hier als Theaterleiter definiert oder „im Hinblick auf eine bestimmte Veranstaltung als diejenige Person, die das Theater gemietet hat, um diese Veranstaltung durchzuführen". aaO. § 399-a (1) (c).

[15]) Die nicht genehmigte Vervielfältigung einer rechtmäßigen Tonaufzeichnung, die am 15. Februar 1972 oder danach fertiggestellt worden ist, stellt eine „Verletzung" dar. S. Anm. 13 oben und Begleittext. Daraus ergibt sich, daß der früher als „unzulässige Nachahmung" beschriebene Tatbestand jetzt als „Urheberrechtsverletzung" betrachtet wird.

[16]) Meyers, Sound Recording Copyright, in 2 Practising Law Institute, Current Developments in Copyright law 133 (1975).

[17]) Pub. L. Nr. 94-553, Trans. & Supp. Prov. § 102.

Neues hinzu, ohne aber auch ein der Tonträgerindustrie günstiges Entscheidungsrecht störend zu beeinflussen. Bevor die mit Tonaufzeichnungen verbundenen Rechte nach dem Stand ab 1. Januar 1978 umfassend dargestellt werden, sind bestimmte gesetzliche Definitionen in Erinnerung zu rufen.

Definitionen:

Was ist eine Tonaufzeichnung (sound recording)?

Eine Tonaufzeichnung ist ein Werk, welches aus der Aufzeichnung (fixation) einer Reihe von musikalischen oder gesprochenen Tönen, wie z. B. einer musikalischen Komposition, eines Dramas oder von Erzählungen, hervorgeht. Der Begriff schließt die Begleitmusik zu einem Film oder einem anderen Lichtbildwerk nicht mit ein[18]). Nach dem Neuen Gesetz muß eine Tonaufzeichnung, um als veröffentlichtes Werk unter Urheberschutz zu stehen, mit dem gesetzlich vorgeschriebenen Urheberrechtsvermerk versehen an die Öffentlichkeit gebracht sein[19]).

Was ist die Aufzeichnung (fixation)?

Eine Aufzeichnung ist erfolgt (fixed), wenn der gesamte Umfang an Tönen auf die endgültige Matrize übertragen ist. Die so aufgezeichneten Töne werden dann später, um eine Schallplatte oder ein Tonband oder einen anderen Tonträger aufgebracht und so reproduziert[20]).

Was ist ein Tonträger?

Tonträger sind die körperlichen Gegenstände (Schallplatten, Tonbänder etc.), von denen unter Zuhilfenahme eines Apparats aufgezeichnete Töne reproduziert werden können[21]).

Was ist die Veröffentlichung?

Die Veröffentlichung (bzw. das Herausbringen in die Öffentlichkeit) ist die „Verbreitung von Tonträgern in der Öffentlichkeit entweder durch Verkauf oder durch eine andere Art der Besitzübertragung, durch Vermietung oder Leihe"[22]).

---

[18]) aaO. § 101. § 101 enthält die Definitionen der in dem Neuen Gesetz verwendeten Begriffe.

[19]) aaO. § 402 (a).

[20]) aaO. § 101. Um „aufgezeichnet" (fixed) zu sein, muß ein Ton in einer solchen Weise auf ein „körperliches Ausdrucksmittel" übertragen werden, daß er ausreichend dauerhaft oder stabil bleibt, um über einen längeren Zeitraum hinweg empfangen, reproduziert oder auf andere Weise weitervermittelt werden zu können. aaO.

[21]) Pub. L. Nr. 94-553 § 101.

[22]) aaO.

Ausschließliche Rechte

Das Neue Gesetz unterscheidet die folgenden ausschließlichen Rechte des Inhabers eines Urheberrechts an einer Tonaufzeichnung:
1. Reproduktion der urheberrechtlich geschützten Tonaufzeichnung[23]).

Nach dem Neuen Gesetz stellt die Reproduktion eines urheberrechtlich geschützten Werkes in den eigenen vier Wänden eine Urheberrechtsverletzung dar. Dies war nach der Gesetzesänderung von 1971 nicht der Fall; denn nach der damaligen Änderung galt eine solche Reproduktion nicht als Urheberrechtsverletzung. Insofern gleicht also das Neue Gesetz den Urheberschutz für Tonaufzeichnungen dem Schutz für andere urheberrechtsfähige Werke an.

Das ausschließliche Recht des Urheberrechtsinhabers zur Reproduktion einer urheberrechtlich geschützten Tonaufzeichnung ist auf das Recht beschränkt, die Tonaufzeichnung in der Form von Tonträgern oder von Filmkopien oder Kopien anderer audiovisueller Werke, welche die Originalmusik der Tonaufzeichnung wiedergeben, zu vervielfältigen[24]).

2. Herstellung von auf der urheberrechtlich geschützten Tonaufzeichnung basierenden sog. „abgeleiteten" Werken.

Das ausschließliche Recht zur Herstellung von Werken, die auf der urheberrechtlich geschützten Tonaufzeichnung basieren, ist beschränkt auf eine neue Zusammenstellung oder eine geänderte Reihenfolge der in der Tonaufzeichnung enthaltenen Originalmusik[25]).

3. Veröffentlichung oder Verbreitung des Tonträgers in der Öffentlichkeit unter Einsetzung aller dem Urheberrechtsinhaber wünschenswert erscheinenden Mittel und Wege[26]).

Das in § 114 des Neuen Gesetzes enthaltene ausschließliche Recht zur Reproduktion und zur Verbreitung einer urheberrechtlich geschützten Tonaufzeichnung umfaßt jedoch nicht:

1. Aufführungsrecht

Das Neue Gesetz schafft kein Aufführungsrecht für Tonaufzeichnungen[27]). Es enthält jedoch die ausdrückliche Aufforderung an das Urheberrechtsregisteramt (Register of Copyrights), dem Kongreß bis

---

[23]) aaO. § 106 (1).
[24]) aaO. § 114 (b).
[25]) aaO.
[26]) aaO. § 106 (3).
[27]) aaO. § 114 (a).

zum 3. Januar 1978 einen Bericht vorzulegen, aus dem hervorgeht, ob eine Ergänzung des Neuen Gesetzes zu empfehlen ist, die ein Aufführungsrecht für Tonaufzeichnungen begründen würde. Dem Registeramt obliegt es dabei, mit allen betroffenen Industriekreisen Kontakt aufzunehmen und ferner „den Rechtszustand (Aufführungsrechte betreffend) in anderen Ländern (und) die Meinungen der Hauptbetroffenen zu beschreiben und spezielle gesetzgeberische oder andere Maßnahmen zu empfehlen"[28]).

2. Eigenständige Aufzeichnungen

Das ausschließliche Recht, eine urheberrechtlich geschützte Tonaufzeichnung zu reproduzieren und zu verbreiten, erstreckt sich nicht auf die Herstellung einer weiteren Tonaufzeichnung, die insgesamt als eigenständige Aufzeichnung anderer Töne anzusehen ist, wenn sie auch mit diesen Tönen die Musik der urheberrechtlich geschützten Aufzeichnung imitiert oder nachahmt[29]).

3. Öffentliche Fernseh- und Rundfunkanstalten

Das ausschließliche Recht erstreckt sich nicht auf Tonaufzeichnungen aus Schulfunk- und Schulfernsehprogrammen, die von öffentlichen Rundfunkanstalten gesendet werden, vorausgesetzt die Tonträger solcher Programme werden durch öffentliche Rundfunkanstalten nicht in der Öffentlichkeit kommerziell verbreitet[30]).

4. Kurzlebige Tonaufzeichnungen

Eine Sendeanstalt, die berechtigt ist Sendungen auszustrahlen, darf von einer bestimmten Sendung, die eine urheberrechtlich geschützte Tonaufzeichnung enthält, eine einzige Tonaufzeichnung herstellen, wenn (a) „diese Aufnahme nicht weitergegeben und nur von eben der Sendeanstalt verwertet wird, die sie auch hergestellt hat, und wenn keine weiteren Aufnahmen davon reproduziert werden", wenn (b) „die Aufzeichnung lediglich für eigene Sendungen der Anstalt innerhalb ihres lokalen Sendebereichs bzw. für archivarische oder Ab-

---

[28]) aaO. § 114 (d).

[29]) aaO. § 114 (b). Diese Bestimmung stellt klar, daß sich der gesetzliche Schutz für Tonaufzeichnungen nicht auf eine eigenständige Aufzeichnung oder eine andere Aufführung erstreckt, bei der diese Töne nachgeahmt werden, selbst dann nicht, wenn die zweite Aufzeichnung oder Aufführung bewußt darauf abzielt, die Töne der Originalaufzeichnung nachzuahmen. House Report 106.

(Anm. d. Übersetzers: „House Report" ist die Kurzform für „Report of the House of Representatives, Committee on the Judiciary" — Bericht des Repräsentantenhauses, Rechtsausschuß.)

[30]) Pub. L. Nr. 94-553 § 114 (b).

sicherungszwecke verwertet wird", und schließlich muß diese Aufnahme (c) „falls sie nicht ausschließlich für archivarische Zwecke bestimmt ist, innerhalb von sechs Monaten nach der Erstausstrahlung des Programms vernichtet werden"[31]).

Amtliche Stellen oder andere dem Gemeinwohl dienende Einrichtungen dürfen höchstens dreißig Aufnahmen eines bestimmten Sendeprogramms, das eine urheberrechtlich geschützte Tonaufzeichnung enthält, herstellen, wenn (a) keine weiteren Reproduktionen hergestellt und wenn (b) die Aufnahmen innerhalb von sieben Jahren nach der Erstausstrahlung des Programms vernichtet werden. Ein Exemplar darf für ausschließlich archivarische Zwecke zurückbehalten werden[32]).

Eine amtliche Stelle oder eine andere dem Gemeinwohl dienende Einrichtung ist „legitimiert", zu Verbreitungszwecken lediglich eine Tonaufzeichnung für eine öffentliche Sendeanstalt herzustellen, vorausgesetzt daß (a) für die Verbreitung solcher Aufzeichnungen weder direkte noch indirekte Entgelte verlangt werden[33]), daß (b) diese Aufzeichnung von einer dazu befugten Sendeanstalt nur für eine einzige Sendung (entspr. der erteilten Sondergenehmigung) verwertet wird[34]) und daß (c) alle Tonaufzeichnungen innerhalb eines Jahres nach ihrer Ausstrahlung vernichtet werden mit Ausnahme eines verbleibenden Exemplars für archivarische Zwecke[35]).

Ein Sendeprogramm, welches solchermaßen für einen kurzen Zeitraum auf Tonträger aufgenommen worden ist, unterliegt als sog. „abgeleitetes Werk" dem Urheberrechtsschutz nur bei ausdrücklicher Zustimmung des Inhabers des Urheberrechts an dem schon vorher vorhandenen (bei der Aufnahme verwerteten) Werk[36]).

5. Rechtlich zulässige Verwertung

Eine urheberrechtlich geschützte Tonaufzeichnung darf reproduziert werden zu Zwecken der Kunstkritik, Kommentierung, Berichterstattung, zu Zwecken der Lehre (einschließlich der Herstellung von Exemplaren für den Unterricht), Wissenschaft und Forschung[37]). Bei der Beurteilung der Frage, ob eine Tonaufzeichnung in rechtlich zu-

---

[31]) aaO. § 112 (a) (1), (2), (3).
[32]) aaO. § 112 (b) (1), (2).
[33]) aaO. § 112 (c) (1).
[34]) aaO. § 112 (c) (2).
[35]) aaO. § 112 (c) (3).
[36]) aaO. § 112 (e).
[37]) aaO. § 107.

lässiger Weise verwertet worden ist, müssen u. a. folgende Kriterien berücksichtigt werden:

> (1) Zweck und Art der Verwertung einschließlich der Frage, ob die Verwertung kommerzieller Natur ist oder gemeinnützigen Lehrzwecken dient; (2) Art des urheberrechtlich geschützten Werks; (3) Ausmaß und Bedeutung des verwerteten Werkteils im Verhältnis zu dem gesamten urheberrechtlich geschützten Werk und (4) die Auswirkung dieser Art von Verwertung im Hinblick auf Absatzmöglichkeiten bzw. Wert des geschützten Werkes[38]).

6. Büchereien und Archive

Eine Bücherei oder ein Archiv darf von einer urheberrechtlich geschützten Tonaufzeichnung eine Reproduktion herstellen bzw. eine solche Tonaufzeichnung unter folgenden Bedingungen weitergeben: die Reproduktion oder Weitergabe darf mit keinem direkten oder indirekten kommerziellen Vorteil verbunden sein; die Bestände der Bücherei oder des Archivs müssen der Öffentlichkeit zugänglich sein und für wissenschaftliche Zwecke zur Verfügung stehen; die Reproduktion oder Weitergabe der Tonaufzeichnung darf nur in Verbindung mit einem Urheberrechtsvermerk erfolgen[39]).

Das Neue Gesetz erlaubt die Reproduktion und die Weitergabe durch Büchereien und Archive unter der Voraussetzung, daß ein mit dem urheberrechtlich geschützten Werk bespielter Tonträger entweder nicht zu einem angemessenen Preis oder nur beschädigt greifbar oder verlorengegangen ist[40]). Jedoch kann sich eine Bücherei oder ein Archiv nicht systematisch mit der Reproduktion oder der Verbreitung[41]) befassen, und beide Institutionen sind gehalten, entsprechend den Vorschriften des Urheberrechtsregisteramts an gut sichtbarer Stelle einen warnenden Hinweis auf den Urheberrechtsschutz anzubringen[42]).

Gleichzeitig mit der an das Urheberrechtsregisteramt ergangenen Aufforderung, einen Bericht zur Frage eines Aufführungsrechts bei Tonaufzeichnungen[43]) zu erstatten, ist dem Registeramt auferlegt worden, dem Kongreß auch im Abstand von fünf Jahren, beginnend

---

[38]) aaO. S. allgemein: Freid, Fair Use and the New Act, 22 N.Y.L.S.L. Rev. 497 (1977) (Copyright Symposium — Part II).

[39]) aaO. § 108 (a).

[40]) aaO. § 108 (c).

[41]) aaO. § 108 (g) (2).

[42]) aaO. § 108 (e) (2).

[43]) S. Anmerkung 28 oben und Begleittext.

mit dem 1. Januar 1978, darüber Auskunft zu geben, in welchem Umfang das den Büchereien und Archiven zugestandene Reproduktionsrecht „den vom Gesetzgeber beabsichtigten Ausgleich zwischen den Rechten der Urheber und den Wünschen der Benutzer" herbeizuführen vermocht hat[44]).

7. Einschränkung des ausschließlichen Rechts auf Veräußerung

Der Eigentümer einer bestimmten im Rahmen der gesetzlichen Bestimmungen hergestellten Tonaufzeichnung ist berechtigt, „ohne Einwilligung des Urheberrechtsinhabers diesen Tonträger zu verkaufen oder sich auf andere Weise des Besitzes zu entäußern"[45]). Dieses Recht steht jedoch Personen nicht zu, „denen der Besitz an dem Tonträger vom Urheberrechtsinhaber auf Grund eines Miet- oder Leihvertrags übertragen worden ist, ohne daß sie also ein Eigentumsrecht erwerben"[46]).

Voraussetzungen des Urheberschutzes

Wer nach dem Neuen Gesetz einen umfassenden Urheberschutz für einen Tonträger erreichen will, muß die folgenden drei Voraussetzungen erfüllen:

1. Bespielte Tonträger müssen den Urheberrechtsvermerk tragen[47]).

Dies bedeutet, daß der Anmelder bei der Reproduktion der Tonaufzeichnung durch Übertragung auf Tonträger (d. h. Schallplatten oder Tonbänder) darauf achten muß, daß alle Vervielfältigungsstücke den Urheberrechtsvermerk in der vorgeschriebenen Form und an der richtigen Stelle tragen. Der Urheberrechtsvermerk besteht aus dem Zeichen „℗", der Jahreszahl der Erstveröffentlichung der Tonaufzeichnung sowie dem Namen des Urheberrechtsinhabers (z. B. ℗ 1978 Roe Records, Inc.). Der Urheberrechtsvermerk muß auf der Außenseite des Tonträgers angebracht sein, also z. B. auf dem Etikett oder dem Behältnis, um so einen hinreichenden Hinweis auf den Anspruch auf Urheberschutz zu geben[48]).

---

[44]) Pub. L. Nr. 94-553 § 108 (i). Zur Kritik an dieser Bestimmung s. Grossman, Cycles in Copyright, 22 N.Y.L.S.L. Rev. 653 (1977) (Copyright Symposium — Part II).

[45]) Pub. L. Nr. 94-553 § 109 (a).

[46]) aaO. § 109 (c).

[47]) aaO. § 402 (a).

[48]) aaO. § 402 (c).

2. Die Veröffentlichung der Tonaufzeichnung muß mit Urheberrechtsvermerk erfolgen.

Wie schon oben erläutert, bedeutet Veröffentlichung den Verkauf, Absatz oder das öffentliche Verbreiten von Vervielfältigungsstücken der Tonaufzeichnung. Das heißt also, daß eine begrenzte Freigabe von Werbeexemplaren (z. B. von Vervielfältigungsstücken für Disc Jockeys) im urheberrechtlichen Sinn keine Veröffentlichung darstellt.

Anzumerken ist hier, daß nicht veröffentlichte Tonaufzeichnungen dem Schutz des Neuen Gesetzes unterstehen; mit diesen Aufzeichnungen verbundene Rechte werden ausschließlich durch das Neue Gesetz geregelt[49]). Der Berechtigte an einem nicht veröffentlichten Werk kann die Registrierung seines bestehenden Anspruchs auf Urheberschutz erreichen, indem er eine Tonaufzeichnung des vollständigen nicht veröffentlichten Werks hinterlegt, den vorgeschriebenen Registrierungsantrag stellt und die Gebühr bezahlt[50]).

3. Der Anspruch auf Urheberschutz muß registriert werden

Nach der Veröffentlichung müssen das vorgeschriebene Formular des „Urheberrechts-Amtes", die vorgeschriebene Gebühr und zwei Vervielfältigungsstücke der Tonaufzeichnung an das Urheberrechtsregisteramt eingesandt werden[51]). Das Unterbleiben der Registrierung bewirkt nicht den Verlust des Urheberrechts; die Registrierung ist indes eine Vorbedingung für die Einleitung eines Verfahrens wegen Urheberrechtsverletzung[52]). Abgesehen von bestimmten Ausnahmen stehen bei Urheberrechtsverletzungen, die vor der Registrierung des betreffenden Werks erfolgt sind, die der Durchsetzung von Ansprüchen auf gesetzlichen Schadenersatz bzw. Anwaltsgebührenerstattung dienenden Rechtsmittel nicht zur Verfügung[53]).

Wenn Vervielfältigungsstücke der Tonaufzeichnung ohne den vorgeschriebenen Urheberrechtsvermerk oder mit einem fehlerhaften Vermerk veröffentlicht werden, bleibt die Möglichkeit, sich des gesetzlichen Urheberschutzes für diese Tonaufzeichnung zu versichern, dennoch erhalten, wenn mindestens eine der drei folgenden Bedingungen erfüllt ist: (a) wenn die Anbringung des Urheberrechtsver-

---

[49]) Dies unterscheidet den heutigen Rechtszustand von dem nach dem Gesetz von 1909, das für nicht veröffentlichte Werke keinerlei Schutz vorsah. Diese Werke wurden, wenn überhaupt, lediglich durch einzelstaatliche Gesetze geschützt.

[50]) Pub. L. Nr. 94-553 § 408 (a), (b) (1).

[51]) aaO. § 409; s. auch aaO. § 407.

[52]) aaO. § 411 (a).

[53]) aaO. § 412.

merks nur bei einer verhältnismäßig kleinen Zahl der Tonträger, die in der Öffentlichkeit verbreitet worden sind, unterlassen wurde; (b) wenn die Registrierung der Tonaufzeichnung entweder vor der Veröffentlichung, die ohne Urheberrechtsvermerk erfolgte, oder innerhalb von fünf Jahren danach vorgenommen ist und durch zumutbare Anstrengung versucht wird, diesen Urheberrechtsvermerk auf alle bereits vertriebenen Tonträger noch nachträglich aufzubringen, sobald das Versäumnis erkannt ist; oder (c) wenn der Urheberrechtsvermerk entgegen einer ausdrücklichen schriftlichen Vereinbarung unterblieben ist[54]).

Wer beweisen kann, daß er wegen des Fehlens des Urheberrechtsvermerks ohne Vorsatz das Urheberrecht verletzt hat, ist wegen solcher Verletzungshandlungen, wenn sie vor Kenntniserlangung von der Registrierung des Werks[55]) erfolgten, zivilrechtlich nicht haftpflichtig. Es liegt jedoch im Ermessen des Gerichts, die Herausgabe eines Teils des durch die Rechtsverletzung erzielten Gewinns anzuordnen; es kann ferner weitere Rechtsverletzungen verbieten oder dem Verletzer auferlegen, eine angemessene Lizenzgebühr in vom Gericht festgesetzter Höhe an den Urheberrechtsinhaber zu zahlen[56]).

Schutzfrist

Bei einem Werk, welches ein Angestellter im Rahmen seiner Verpflichtungen aus einem Arbeits- oder Dienstverhältnis heraus geschaffen hat[57]), beträgt die Schutzfrist für eine nach dem 1. Januar 1978 aufgezeichnete Tonaufnahme „fünfundsiebzig Jahre, gerechnet vom Jahr der Erstveröffentlichung an, bzw. einhundert Jahre, gerechnet vom Jahr der Schaffung des Werks an, je nachdem, welche Frist früher abläuft"[58]).

Das Gesetz sagt über die Urheberschaft oder die sich daraus ableitenden Rechte bei solchen, im Rahmen von Dienstverhältnissen entstandenen, Tonaufzeichnungen nichts aus; vielmehr überläßt es

---

[54]) aaO. § 405 (a).

[55]) aaO.

[56]) aaO. § 405 (b.) Dieser Paragraph, welcher die dem Urheberrechtsinhaber gegenüber dem gutgläubigen Verletzer zur Verfügung stehenden Mittel des Rechtsschutzes einschränkt, gilt ohne Rücksicht auf die Zahl von Vervielfältigungsstücken, bei denen der Urheberrechtsvermerk fehlt. House Report, 148.

[57]) Pub. L. Nr. 94-553 § 101.

[58]) aaO. § 302 (c). Die im Bundesurheberrecht verankerte Schutzfrist von einhundert Jahren, gerechnet vom Jahr der Schaffung des Werks an, beginnt erst mit dem Zeitpunkt, in dem das Werk tatsächlich auf einem Tonträger aufgezeichnet ist; ein Werk in „nicht aufgezeichneter" Form unterliegt dem Schutz durch „Common Law". House Report, 136.

die Regelung dieser Fragen den zwischen den Produzenten (von bespielten Tonträgern) und ausübenden Künstlern getroffenen Vereinbarungen.

In allen anderen Fällen besteht die Schutzfrist des Urheberrechts auf Lebenszeit des Produzenten, wenn es sich bei ihm um eine natürliche Person handelt, und noch weitere fünfzig Jahre über seinen Tod hinaus[59]).

Hat die erste Schutzfrist an einer Tonaufzeichnung bereits am 1. Januar 1978 bestanden, so hat das Urheberrecht achtundzwanzig Jahre, vom Zeitpunkt seiner erstmaligen Gewährung an gerechnet, weiterhin Bestand, und es kann danach um weitere siebenundvierzig Jahre verlängert werden[60]).

Hinsichtlich von Tonaufnahmen, die vor dem 15. Februar 1972 aufgezeichnet worden sind, werden die nach „Common Law" und einzelstaatlichen Gesetzen bestehenden Rechte und Rechtsschutzmittel bis zum 15. Februar des Jahres 2047 durch das Neue Gesetz weder beseitigt noch eingeschränkt. Nach diesem Zeitpunkt treten an die Stelle dieser gesetzlichen Regelungen die Bestimmungen des Neuen Gesetzes[61]).

Ausländische Tonaufzeichnungen

Ausländische Tonaufzeichnungen haben Anrecht auf urheberrechtlichen Schutz in den Vereinigten Staaten, wenn der an der Originalaufzeichnung Berechtigte Staatsbürger eines jener Länder ist, deren Bürger kraft entsprechender Verfügung des Präsidenten Anspruch auf Urheberschutz genießen[62]). Bisher gilt dies für 37 Staaten, unter ihnen fehlt erstaunlicherweise Japan. Die nationalen Gesetze dieser 37 Länder sehen nach dem Prinzip der Gegenseitigkeit ihrerseits einen

---

59) aaO. § 302 (a).

60) aaO. § 304 (a). Von der Regelung des § 304 (a) gelten drei Ausnahmen, die von der Schutzfrist posthumer Sammelwerke (cylopedic) oder verbundener (composite) Werke handeln und Bestimmungen über die Beendigung eines Urheberrechts für den Fall enthalten, daß der Antrag auf Verlängerung nicht rechtzeitig gestellt wird.

61) aaO. § 301 (c).

62) aaO. § 104 (b) (1). Das Gesetz schützt ebenso ausländische Tonaufzeichnungen, wenn der Autor staatenlos ist, wenn er Bürger oder „beheimatet in einem ausländischen Staat ist, der einem Urheberrechtsabkommen beigetreten ist, zu dessen Vertragsparteien auch die Vereinigten Staaten gehören", aaO.

Wenn der Staat, in dem das Werk zum ersten Mal veröffentlicht wurde, dem Welturheberrechtsabkommen (Univerasl Copyright Convention) beigetreten ist, genießt das Werk in den Vereinigten Staaten Urheberschutz, aaO. § 104 (b) (2).

Urheberschutz für amerikanische Tonaufzeichnungen vor[63]). Das Neue Gesetz bezweckt überdies, ausländische Urheberrechtsinhaber vor Gesetzen und Verordnungen ihrer eigenen Heimatstaaten zu schützen, durch die ihnen ihre nach dem Urheberrecht der Vereinigten Staaten bestehenden Rechte genommen werden sollen. Auf diese Weise können, trotz solcher unfreiwillig erfolgenden Rechtsübertragungen kraft Gesetzes, diese Rechte nach dem U.S. Urheberrecht auch weiterhin wahrgenommen werden[64]).

Rechtsverletzungen im Zusammenhang mit der Einfuhr von Tonträgern

Was ausländische Tonaufzeichnungen anbetrifft, so stellt einen Nebenaspekt nach dem Neuen Gesetz die Regelung bei Rechtsverletzungen im Zusammenhang mit der Einfuhr von Tonträgern dar. Zwei ganz unterschiedliche Sachverhalte werden durch das Neue Gesetz geregelt. Einmal handelt es sich um die Einfuhr von Tonträgern, die ohne Einwilligung des Urheberrechtsinhabers hergestellt worden sind. Der andere Fall betrifft unerlaubte Importe von Tonträgern, die in Übereinstimmung mit im Herstellerland geltenden Gesetzen produziert worden sind. In beiden Fällen stellt die Einfuhr eine Rechtsverletzung dar. Die U.S. Zollbehörden sind jetzt ermächtigt, die Einfuhr von Tonträgern zu verhindern, die unter Umgehung der ausländischen Gesetze produziert worden sind[65]). Wurden Tonträger unter Einhaltung der ausländischen Gesetze hergestellt, so fallen folgende Tatbestände nicht unter die Kategorie der unerlaubten Einfuhr: die mit Genehmigung von Bundes-, Staats- oder örtlichen Dienststellen oder zum Zwecke der Verwertung durch diese Behörden erfolgende Einfuhr[66]); Einfuhr eines einzigen Tonträgers zum privaten Gebrauch durch den Importierenden oder den Reisenden[67]); schließlich die Einfuhr von höchstens fünf Tonträgern durch dem Gemeinwohl dienende, wissenschaftliche, schulische oder religiöse Zwecke verfolgende Einrichtungen, vorausgesetzt, die Einfuhr erfolgt nicht im Rahmen einer planmäßigen Reproduktions- und Verbreitungstätigkeit[68]).

---

[63]) Meyers, Sound Recording Copyright, in 2 Practising Law Institute, Current Developments in Copyright Law 117 (1975).

[64]) aaO. § 201 (e).

[65]) aaO. § 602 (b).

[66]) aaO. § 602 (a) (1).

[67]) aaO. § 602 (a) (2). Diese Ausnahme der persönlichen Verwertung gilt nur für bespielte Tonträger im persönlichen Reisegepäck des Touristen.

[68]) Pub. L. Nr. 94-553 § 602 (a) (3).

Die gesetzliche Lizenz

Ab 1. Januar 1978 beträgt die mechanische Lizenzgebühr (mechanical royalty) je 2/4—3/4 Cents für ein auf Tonträger aufgezeichnetes musikalisches Werk oder 1/2 Cent je angebrochene Minute Spieldauer, je nachdem, welcher Betrag der höhere ist. Die mechanische Lizenzgebühr ist für alle „hergestellten und verbreiteten" Tonaufzeichnungen zu zahlen[69]). Das Gesetz von 1909 berechnete hiervon abweichend die Lizenzgebühren auf der Grundlage „eines jeden hergestellten Teils"[70]). Das Neue Gesetz kodifiziert nunmehr lediglich bewährtes Vertragsrecht, wie es sich in ausgehandelten Lizenzen niedergeschlagen hat, und geht davon aus, daß es ungerecht sei, von einem Zwangslizenz-Nehmer die Zahlung von Gebühren für Tonträger zu verlangen, aus denen er keinen wirtschaftlichen Nutzen zieht[71]). Ein Tonträger ist „verbreitet", sobald „die Person, die von einer Zwangslizenz Gebrauch macht, sich freiwillig und auf Dauer von diesem Besitz trennt". Für Tonträger, die im Zusammenhang mit einem Kredit oder im Austausch zurückgegeben werden, sind keine Lizenzgebühren zu zahlen[72]).

Lizenzgebühren, die auf Grund einer gesetzlichen Lizenz anfallen, sind monatlich abzuführen. Die diese monatlichen Zahlungen begleitenden Erklärungen müssen eidlich abgegeben werden; die darüber hinaus jährlich einzureichenden Erklärungen sind von einem vereidigten Wirtschaftsprüfer zu bestätigen. Das Urheberrechtsregisteramt ist ermächtigt, für Form und Inhalt der monatlichen und jährlichen Erklärungen bestimmte Regeln zu entwickeln, ferner auch für die Art und Weise, in der diese Bestätigung der Anzahl von hergestellten und der verbreiteten Tonträgern zu erfolgen hat[73]).

Die Erteilung einer (gesetzlichen) Lizenz setzt voraus, daß der Hauptzweck der Herstellung von Tonträgern in deren Verbreitung in der Öffentlichkeit für private Nutzung liegt. Eine (gesetzliche) Lizenz für die Verwertung eines Werks durch Herstellung von Tonträgern, mit denen eine Tonaufnahme vervielfältigt wird, die von einer anderen Person aufgezeichnet wurde, kann nur dann gewährt werden, wenn (a) diese Tonaufzeichnung nach geltendem Recht entstanden ist und wenn (b) die Herstellung der Tonträger vom Inhaber

---

69) aaO. § 115 (c) (2).

70) 17 U.S.C. § 1 (e) (1970).

71) House Report, 110.

72) Pub. L. Nr. 94-553 § 115 (c) (2).

73) aaO. § 115 (c) (3).

des Urheberrechts an dieser Tonaufzeichnung oder — im Falle einer Aufzeichnung der Tonaufnahme vor dem 15. Februar 1972 — von der Person genehmigt worden ist, welche die Tonaufnahme auf Grund einer durch ausdrückliche Vereinbarung erteilten Lizenz durch den Inhaber des Urheberrechts an dem musikalischen Werk, oder auf Grund einer wirksamen Zwangslizenz für die Verwertung eines solchen Werks durch Herstellung einer Tonaufnahme aufgezeichnet hat[74]).

„Copyright Royalty Tribunal"
(Gericht für Lizenzgebühren in Urheberrechtssachen)

Das Neue Gesetz begründet für Streitigkeiten im Zusammenhang mit Lizenzgebühren für Urheberrechte die Zuständigkeit eines besonderen Gerichts[75]); dieses Gericht besteht aus fünf ständigen Mitgliedern, die vom Präsidenten (der Vereinigten Staaten) ernannt und vom Senat bestätigt werden[76]). Das Gericht arbeitet nach den Bestimmungen des Verwaltungsverfahrensgesetzes (Administrative Pro-

---

[74]) aaO. § 115 (a) (1). Im wesentlichen bestimmt § 1 (e) des Gesetzes von 1909 daß, sobald der Inhaber eines Urheberrechts an einem musikalischen Werk dessen Verwertung durch eine Tonaufzeichnung genehmigt oder selbst vorgenommen hat, „jeder andere das geschützte Werk in vergleichbarer Weise verwerten darf", sofern er nur die gesetzliche Lizenzgebühr bezahlt. Viele Jahre hindurch wurde kontrovers diskutiert, ob der Inhaber eines Urheberrechts an einer musikalischen Komposition einen „Piraten"-Hersteller (piracy) gerichtlich belangen könne, der eine nicht genehmigte Reproduktion einer Schallplatte oder eines Tonbandes hergestellt hat. Der „Piraten"-Hersteller machte geltend, das Urheberrecht an der musikalischen Komposition sei von ihm nicht verletzt worden, da er ja nur eine „vergleichbare Verwertung" der Komposition vorgenommen habe. Mit anderen Worten, der Hersteller nicht genehmigter Vervielfältigungen machte geltend, die Bestimmungen über die Zwangslizenz im Urheberrecht seien auf den Hersteller von Vervielfältigungsstücken einer vor dem 15. Februar 1972 aufgezeichneten Tonaufnahme anzuwenden unter der einzigen Voraussetzung, daß dieser Hersteller dem Inhaber des Urheberrechts an der musikalischen Komposition die vorgeschriebenen Lizenzzahlungen leiste.

Diese Rechtsmeinung ist vom Dritten, Fünften, Neunten und Zehnten „Circuit" (erstinstanzliche Gerichte) verworfen worden; sie haben entschieden, daß „Piraten"-Hersteller von Tonträgern sich nicht auf die Rechte nach den Bestimmungen über Zwangslizenzen (17 U.S.C. § 1 (e) (1970)) berufen können, da eine „Piraten"-Herstellung oder Vervielfältigung eben nicht eine „vergleichbare Verwertung" der Komposition darstelle. Folglich seien ihre Handlungen auch dann als Verletzung des Urheberrechts an dem musikalischen Werk anzusehen, wenn die Zahlung der gesetzlichen Lizenzgebühr von 2 Cents angeboten wird.

S. Fame Publishing Co., Inc., ./. Alabama Custom Tape, Inc. 507 F 2d 667 (5th Cir. 1975), Rev. verworfen, 423 U.S. 841 (1975); Jondora Music Publishing Co. ./. Melody Recordings, Inc., 506 F. 2d 392 (3d Cir. 1974), Rev. verworfen, 421 U.S. 1012 (1975); Edward B. Marks Music Corp. ./. Colorado Magnetics, Inc., 497 F. 2d 285 (loth Cir. 1974), Rev. verworfen, 419 U.S. 1120 (1975); Duchess Music Corp. ./. Stern, 458 F. 2d 1305 (9th Cir. 1972), Rev. verworfen sub nom. Rosner ./. Duchess Music Corp., 409 U.S. 847 (1972).

[75]) Pub. L. Nr. 94-553 § 801 (a) (nachfolgend „das Gericht" genannt).

[76]) aaO. § 802 (a).

cedure Act)[77]. Es soll 1980, 1987 und danach alle zehn Jahre prüfen, ob das Rechtsinstitut der mechanischen Lizenzgebühr sachgerecht und vernünftig ist[78].

Bei der Festsetzung von Gebührensätzen muß die Kommission versuchen, bestimmte durch das Gesetz vorgeschriebene Ziele zu erreichen[79]. Gegen endgültige Entscheidungen des Gerichts kann auf der Grundlage des Verhandlungsprotokolls beim Bundesappellationsgericht (United States Court of Appeals) Berufung eingelegt werden[80].

Gesetzlicher Schadenersatz bei Urheberrechtsverletzungen

Wer ein Urheberrecht verletzt, ist verpflichtet, entweder den gesetzlichen Schadenersatz zu leisten oder den dem Urheberrechtsinhaber entstandenen tatsächlichen Schaden zu ersetzen und daneben den aus der Urheberrechtsverletzung gezogenen Gewinn zu erstatten, soweit dieser nicht schon bei der Berechnung des tatsächlich entstandenen Schadens berücksichtigt ist[81]. Der gesetzliche Schadenersatz beträgt mindestens zweihundertfünfzig Dollar und höchstens zehntausend Dollar für jede Rechtsverletzung. Stellt das Gericht eine vorsätzliche Rechtsverletzung fest, so kann es nach eigenem Ermessen gesetzlichen Schadenersatz bis zur Höhe von fünfzigtausend Dollar festsetzen[82]. Außerdem kann das Gericht dem Geschädigten die Erstattung der Verfahrenskosten und Anwaltsgebühren zuerkennen[83]. In einem Strafverfahren kann das Gericht die gerichtliche Sicherstellung und Vernichtung aller Tonträger, die unter Verletzung der ausschließlichen Rechte des Urheberrechtsinhabers hergestellt oder verwertet worden sind, sowie aller Platten, Formen, Matrizen, Bänder und anderer Gegenstände anordnen, mit deren Hilfe die rechtswidrig hergestellten Tonaufzeichnungen reproduziert werden könnten[84]. Wird der Rechtsverletzer in einem Strafverfahren rechtskräftig verurteilt, ist die Vernichtung der bei der Rechtsverletzung verwendeten Hilfsmittel zwingend vorgeschrieben[85].

---

77) aaO. § 803 (a).

78) aaO. § 804 (a).

79) aaO. § 801 (b) (2). Die Sätze müssen so festgelegt werden, daß sie sowohl einer Inflation als auch einer Deflation angepaßt werden können.

80) aaO. § 810.

81) aaO. § 504 (a).

82) aaO. § 504 (c).

83) aaO. § 505.

84) aaO. § 503.

85) aaO. § 506 (b).

Strafbestimmungen

Neben den erwähnten zivilrechtlichen Regelungen sieht das Neue Gesetz bei Urheberrechtsverletzungen bestimmte strafrechtliche Maßnahmen vor:

a) bei einer erstmaligen strafbaren Handlung eine Geldstrafe bis zu fünfundzwanzigtausend Dollar oder eine Freiheitsstrafe bis zu einem Jahr oder beide Strafen nebeneinander;

b) bei jeder weiteren strafbaren Handlung eine Geldstrafe bis zu fünfzigtausend Dollar oder eine Freiheitsstrafe bis zu zwei Jahren oder beide Strafen nebeneinander[86]).

Unter Strafe stehen alle nicht erlaubten Vervielfältigungen von Tonaufzeichnungen unabhängig vom Zeitpunkt der Herstellung der Vervielfältigung, wenn die zugrundeliegende musikalische Komposition urheberrechtlich geschützt ist. Vervielfältigungen von Tonaufnahmen, die am 15. Februar 1972 oder danach aufgezeichnet und veröffentlicht wurden, sind nach der Tonaufzeichnungen betreffenden Gesetzesänderung von 1971[87]) und nach dem Neuen Gesetz mit Strafe bedroht; Vervielfältigungen von früher aufgezeichneten Tonaufnahmen sind nach der Gesetzesänderung von 1971 betreffend Urheberrechtsverletzungen an einer zugrundeliegenden musikalischen Komposition strafbar[88]).

Diese durch das Gesetz angedrohten Strafen sind von den Gerichten in einer Unzahl von tatsächlichen Situationen verhängt worden. Vor der Verabschiedung der Tonaufzeichnungen betreffenden Gesetzesänderung war die Rechtslage so, daß Inhaber von Urheberrechten an musikalischen Kompositionen mit durchgehendem Erfolg Einzelhändlern oder Aufnahmestudios hatten verbieten lassen können, sich an der Herstellung oder dem Verkauf von Vervielfältigungsstücken der Tonaufzeichnung einer urheberrechtlich geschützten musikalischen Komposition ohne entsprechende Lizenz zu beteiligen. Deutlich zeigte sich dies bei Entscheidungen, mit denen Einzelhändler als Urheberrechtsverletzer zu Schadenersatzleistungen verurteilt wurden[89]), weil

---

86) aaO. § 506 (a).

87) 17 U.S.C. §§ 1 (f), 5 (n) (Supp. II, 1972), in Ergänzung von 17 U.S.C. §§ 1, 5 (1970).

88) 17 U.S.C. § 101 (e) (Supp. II, 1972), in Ergänzung von 17 U.S.C. § 101 (e) (1970).

89) Shapiro, Bernstein & Co., ./. Goody, 248 F. 2d 260 (2d Cir. 1957). Im Fall F. W. Woolworth Co. ./. Contemporary Arts, Inc., 344 U.S. 228 (1952) haftete der beklagte Einzelhändler für den Verkauf von Vervielfältigungsstücken, die von einer anderen Person, die ihrerseits nicht Prozeßpartei war, hergestellt worden war. Der Kaufhauseigentümer haftet für den Verkauf von urheberrechtsverletzenden Tonaufzeich-

sie Tonträger verkauft hatten, deren Herstellung eine Urheberrechtsverletzung an der betreffenden musikalischen Komposition darstellte. Zusätzlich waren auch die leitenden Angestellten und Mitglieder der Direktion von Kapitalgesellschaften persönlich verantwortlich, sofern sie selbst an den rechtsverletzenden Handlungen teilgenommen hatten[90]).

Nach der Verabschiedung der Gesetzesänderung haben viele Gerichte in zahlreichen Fällen auf Grund sinngemäßer Anwendung dieser Entscheidungen verschiedene Praktiken als Rechtsverletzungen an urheberrechtlich geschützten Tonaufzeichnungen behandelt. Als ein Beispiel solcher Praktiken mögen die Fälle der sogenannten ,Mach-ein-Band'-Maschinen dienen, die in Einzelhandelsgeschäften aufgestellt waren; die Kunden kaufen ein nicht bespieltes Tonband, suchen sich aus dem Sortiment des Ladens eine Tonaufzeichnung aus und stellen gegen eine geringe Gebühr mit Hilfe dieser Maschine ein Vervielfältigungsstück her. Die Gerichte haben entschieden, daß unabhängig vom Mitwirken des Einzelhändlers beim Bedienen dieser Maschine dieser Tatbestand für sich einen klaren Fall gewerbsmäßiger Verwertung unter Beeinträchtigung des ausschließlichen Reproduktionsrechts des Urheberrechtsinhabers darstelle[91]).

Übergangsperiode bis zum 1. Januar 1978

Nach Verabschiedung des Neuen Gesetzes hat das Urheberrechts-Amt Verordnungen zur Durchführung des Neuen Gesetzes angekündigt, ferner eine Neufassung der Antragsformulare, Instruktionen und von anderen Drucksachen, um den Anforderungen des Neuen Gesetzes Rechnung zu tragen.

Schlußbemerkungen

Durch das Neue Gesetz wird der Urheberschutz für Tonaufzeichnungen fest verankert. Diese Absicht hatte auch schon bei Erlaß der Tonaufzeichnungen betreffenden Gesetzesänderung von 1971 bestan-

---

nungen in seinem Kaufhaus durch einen Musikabteilungs-Konzessionär. Im Fall Shapiro, Bernstein & Co. ./. H. L. Green Co., 316 F. 2d 304 (2d Cir. 1963) war der Kaufhauseigentümer Nutznießer der Verwertung, weil er einen Gewinnanteil erhielt.

[90]) H. M. Kolbe Co. ./. Shaff, 240 F. Supp. 588 (S.D.N.Y.) bestätigt 352 F. 2d 285 (2d Cir. 1965). S. auch Screen Gems-Columbia Music, Inc., ./. Metlis & Lebow Corp., 453 F. 2d 552 (2d Cir. 1972); Shapiro, Bernstein & Co. ./. Remington Records, Inc., 265 F. 2d 263 (2d Cir. 1959).

[91]) Elektra Records Co. ./. Gem Electronic Distributors, Inc. 360 F. Supp. 821, 823 (E.D.N.Y. 1973).

den; die Änderung wurde aber lediglich als ein Anhang zum Gesetz von 1909 kodifiziert. Das Neue Gesetz integriert die Bestimmungen über Tonaufzeichnungen in das gesamte Urheberrecht, verbreitert den Urheberschutz in bisher nicht gekanntem Umfang und bedeutet für eine den Urheberschutz an Tonaufzeichnungen begünstigende Rechtsprechung keine Störung. Als Ergebnis ist festzuhalten, daß der Schutz der kreativen Leistung eines Künstlers, wie sie auch in einer Tonaufzeichnung verkörpert ist, noch nie so sicher gewesen ist.

Resümee

Dieser Aufsatz enthält eine ins einzelne gehende Untersuchung der Behandlung der Aufnahmen auf Tonträger (Schallplatten und vorgefertigte Tonbandaufnahmen) im neuen Copyright Act der Vereinigten Staaten von Amerika, welcher zum 1. Januar 1978 in Kraft trat. Sie befaßt sich mit der historischen Behandlung von Tonträgeraufnahmen im bundes- und einzelstaatlichen Recht der Vereinigten Staaten. Sie definiert die Begriffe der Fälschung (counterfeiting), des unerlaubten Vertriebs (bootlegging) und des unerlaubten Kopierens (piracy) und ihre Unterscheidung von der Urheberrechtsverletzung. Der Aufsatz beschreibt den Schutzumfang, der durch das Ausschließlichkeitsrecht an urheberrechtlich geschützten Tonträgeraufnahmen besteht, sowie die gesetzlichen Grenzen dieses Rechts. Er stellt im einzelnen die Erfordernisse für die Erlangung des Urheberrechtsschutzes bei Tonträgeraufnahmen und die Dauer der Schutzfrist dar. Darüber hinaus befaßt er sich mit anderen Gegenständen wie mit dem Schutzumfang für ausländische Tonträgeraufnahmen und mit Importen von Verletzungsgegenständen in die Vereinigten Staaten. Die Abhandlung erläutert die Zwangslizenzierung von Tonträgeraufnahmen und die gesetzlichen Vorschriften bezüglich der Lizenzgebühren. Schließlich befaßt sich der Aufsatz auch mit dem Wesen und dem Umfang des Schadenersatzes für Verletzungen und mit den Strafsanktionen. *v. W.*

Résumé

Cette étude comporte une analyse détaillée du traitement applicable aux enregistrements sonores (enregistrements sur disques et sur bandes) selon le nouveau Copyright Act des Etats-Unis, entré en vigueur le 1er janvier 1978. Elle comporte un exposé historique du traitement des enregistrements sonores en application du droit fédéral et du droit des Etats, aux Etats-Unis. Elle définit les notions de falsification („counterfeiting"), de commercialisation non autorisée („bootlegging") et de copie non autorisée („piracy"), distinguées de la contrefaçon du droit d'auteur. L'étude décrit la portée du droit exclusif existant sur les enregistrements phonographiques faisant l'objet de la protection par le droit d'auteur ainsi que les limites légales de ce droit. Elle présente en détail les conditions et la durée de la protection des enregistrements sonores par le droit d'auteur. Elle aborde encore d'autres questions telles que, notamment, celle de l'étendue de la protection des enregistrements sonores étrangers et des importations constitutives de contrefaçon aux Etats-Unis. L'étude donne des explications concernant la licence obligatoire sur les enregistrements sonores et les dispositions légales concernant les redevances. Enfin, elle traite de la nature et de la portée des dommages et intérêts dûs en cas de contrefaçon, et des sanctions pénales. *Fr. U.*

Summary

This article presents a detailed analysis of the treatment of sound recordings (phonograph records and prerecorded tapes) under the new U.S. Copyright Act which became effective on January 1, 1978. It deals with the historial treatment of sound recordings under United States federal and state laws. It defines counterfeiting, bootlegging and piracy terminology, as distinguished from copyright infringement. The article describes the scope of hte exclusive rights in copyrighted sound recordings and the statutory limitations on these rights. It details the requirements for copyright protection and the duration of copyright for sound recordings. It treats other subjects such as the scope of protection of foreign sound recordings and infringing imports in the United States. The article explains the compulsory licensing of sound recordings and the statutory royalty provisions. The article also covers the nature and scope of damages for infringements and criminal penalties.

Kabelfernsehen und Copyright
Ein Beitrag zur Durchforschung des neuen US-Urheberrechtsgesetzes

Von Professor (emer.) Dr. **Robert Rie**
State University College, Fredonia, New York

I. Ausgangssituation

1. Bisherige Lage

Als Mitte Oktober 1976 das „Unzulängliche" Ereignis wurde und das neue amerikanische Urheberrecht tatsächlich — und zur allgemeinen Überraschung — nach so vielen Jahren umfangreicher Beratungen Gesetz wurde[1]), war man sich schon seit langem im klaren, daß die Bestimmungen über Kabelfernsehen zu den schwierigsten und umstrittensten gehören würden[2]). Dies hat seine Gründe:

a) In zahlreichen Regionen der Vereinigten Staaten und übrigens auch Kanadas ist der Fernsehempfang besonders in gebirgsumschlossenen Gegenden über die normalen Dach- oder Zimmerantennen unmöglich. Das Publikum ist hier auf Kabelübertragung angewiesen, was nicht ausschließt, daß die Kabelunternehmungen selbst auch alle anderen Empfänger zum Beitritt, d. h. zum Kabelanschluß, auffordern[3]) und dies mit der Begründung, der Empfang sei dann wesentlich besser.

b) Das Kernstück des Gesamtproblems ist aber die Tatsache, daß ganz im Gegensatz zum amerikanischen System des freien Empfangs die Kabelunternehmungen von den Empängern — ähnlich wie in Europa — eine Gebühr einheben, wodurch die Empfänger selbst zu einer Art Abonnenten werden. Die Kabelunternehmer ihrerseits empfangen die „sekundär" von ihnen weiterverbreiteten Sendungen — eben als Kabelsendungen — kostenfrei von den Netzwerken,

---

[1]) **Vgl.** R. Rie, Zur Reform des amerikanischen Copyrights. Schriftenreihe der UFITA, Heft 37 (1969). Weiteres vom gleichen Verfasser, Amerikanischer Parlamentarismus und Urheberrecht, in UFITA Bd. 78 (1977) S. 1 ff.

[2]) In der gesetzlichen Terminologie wird der Ausdruck „Secondary Transmission" für Kabelfernsehen gebraucht. Der Verfasser ist für die Übersetzungen aus dem Englischen verantwortlich.

[3]) E. H. Erlick, Vizepräsident des ABC (American Broadcating Companies)-Netzwerkes, Aussage vor dem Antitrust-Unterausschuß des judiziellen Senatsausschusses, abgegeben am 4. Febr. 1976. The Competition Improvements Act of 1975. Hearings: 94. Congress, I. Session. Washington 1976, S. 712 ff.

deren Einnahmequellen die Reklamesendungen, die sog. „commercials", bilden; übrigens verbreiten die Kabelunternehmer auch Sendungen von Stationen außerhalb der Netzwerkausstrahlungen.

c) Das bisher gültige Urheberrechtsgesetz der Vereinigten Staaten aus dem Jahre 1909 enthielt keine Bestimmungen über die Entschädigung von Urheberrechtsinhabern auf dem Gebiete des Fernsehens und weiterhin auch keine Bestimmungen bezüglich irgendwelcher „secondary transmissions"[4]).

d) Hinzu kommen verschiedene oberstgerichtliche Entscheidungen, denen zufolge die Kabelsender keine Tantiemen an die Urheberberechtigten für die Benützung und Sendung ihrer Werke zu zahlen haben, obwohl die Kabelsender selbst Abonnementgebühren einheben[5]). Das Höchstgericht bedauerte seine eigene Stellungnahme, zu welcher es sich auf Grund seiner Auslegung eines von ihm selbst als veraltet kritisierten Gesetzes gezwungen sah[6]) und wies auf die Verantwortung und Aufgabe des Congresses hin, ein neues Urheberrecht zu schaffen.

2. Das neue Gesetz

Der Kampf um die Tantiemenzahlung seitens der Kabelindustrie dauerte viele Jahre und mußte zu Kompromissen führen, die praktisch, aber nicht unbedingt logisch erscheinen mögen. Hier lassen wir den Text des neuen Gesetzes selbst sprechen[7]):

---

[4]) Television Factbook, Services Volume, 1974/1976 Edition, Nr. 44 S. 63a. — M. A. M. Phillips, CATV: A History of Communication Antenna Television. Evanston 1972: Northwestern University Press, S. 8 bis 10.

[5]) CBS v. Teleprompter 415 U.S. 394 (1974). Oberstrichter Potter Stewart, Autor der Entscheidung, schrieb: „Diese Änderungen in dem gegenwärtigen Geschäfts- und Handelsleben ... können einfach nicht im Rechtswege, der auf einem ein halbes Jahrhundert alten Urheberrechtsgesetz basiert, kontrolliert werden." Weiterhin wird im Urteil ausgeführt, daß es Aufgabe des Congresses sei, ein neues Copyright zu schaffen, welches die neuen technischen Errungenschaften — eben: Hörfunk und Fernsehen — zu regeln haben wird.

[6]) Vgl. Anm. 5.

[7]) Genauer Titel und Eröffnungssätze des neuen Gesetzes lauten folgendermaßen: Public Law 94-553 — 94th Congress. An Act For the general revision of the Copyright Law, title 17 of the United States Code, and for other purposes. — Nun folgt die übliche Eingangsformel jedes amerikanischen Gesetzes: Be it enacted by the Senate and House of Representatives of the United States of America in Congress assembled, TITLE I — General Revision of Copyright, Law. Sec. 101 Title 17 of the United States, entitled „Copyrights", is hereby amended in its entirety to read as follows: TITLE 17 — COPYRIGHTS. — Das Bemerkenswerte ist, daß das neue Gesetz nur aus dem „Title I" besteht, untergeteilt in 8 Kapitel, die ein „Amendment" (in diesem Falle bedeutet der englische Ausdruck nicht „Zusatz", sondern „Änderung") des „Title 17" des U.S. Code darstellen. „Title 17" war bereits der „Title" des ursprünglichen Copyrightgesetzes, das auch als „Title 17 U.S.C." zitiert werden konnte. Vgl. Bulletin 14, Copyright Office, Washington 1960, S. 1, S. 25.

§ 111 erklärt, daß eine Kabelübertragung bzw. eine „secondary transmission" kein Urheberrecht verletzt, wenn sie von der Direktion eines Hotels, eines Wohnhauses oder eines ähnlichen Unternehmens durchgeführt wird und Sendungen einer von der Federal Communications Commission (FCC) lizenzierten Rundfunkstation innerhalb des lokalen Marktes in die individuellen Empfangsapparate der Gäste, Mieter usw. geleitet werden, sofern k e i n e (Sp. d. Vf.) besondere Gebühr hierfür eingehoben wird.

In dieser Bestimmung des § 111 lit. (a)-(1) haben wir sofort ein erstes Problem des neuen Gesetzes bzw. seiner Durchführung: ex contrario ist festzustellen, daß die Erhebung von Kabelgebühren urheberrechtlich die Tantiemenpflicht zur Folge hat. Aber in den Vereinigten Staaten — genau wie in Europa — zählen Beherbungsbetriebe, die in ihren Zimmern den Gästen Fernsehapparate „frei" zur Verfügung stellen, zu den höheren Hotel-Kategorien und beanspruchen entsprechend höhere Mietpreise; weiters verlangen viele Betriebe besondere Gebühren für die Aufstellung von Apparaten in Zimmern, die im allgemeinen ohne solche abgegeben werden. Es wird wohl Aufgabe der Verwertungsgesellschaften sein, dafür ein Kontroll- und Inkassosystem zu organisieren.

Den Gesetzgebungsarbeiten gingen sehr lange Beratungen voraus, in deren Verlauf auch eine spezielle Studie über Probleme des Kabelfernsehens dem zuständigen Unterausschuß des Repräsentantenhauses im Januar 1976 überreicht wurde[8]). Um die Bedeutung der zu behandelnden urheberrechtlichen Probleme ziffernmäßig zu verdeutlichen, sei aus dieser Studie hier angeführt, daß im Jahre 1974 in den Vereinigten Staaten 68 771 000 Haushalte mit 9 800 000 Kabelanschlüssen gezählt wurden, und dies mit einer Wachstumsrate von 12% für das Jahr 1975 und von etwa 10% für 1976[9]). Die Kabelabonnementen wurden Ende 1975 von 3 405 Kabelsystemen, also Kabelsendestationen, versorgt, deren jede im Durchschnitt 3 130 Abonnenten zählte.

Für die Tantiemenbestimmungen, wie sie das neue Gesetz festlegt[10]) und auf welche wir noch ausführlich zurückkommen werden, scheint die folgende Aufstellung von Wichtigkeit:

---

[8]) Harry M. S h o o s h a n , „Letter of Transmittal" zu der Studie „Cable Television: Promise versus Regulatory Performance". Washington, 1976.

[9]) ibid. S. 17.

[10]) 17 U.S.C. § 111 (b) (2) (B).

am 1. September 1975 hatten

53	Kabelstationen	20 000	oder	mehr	Abonnenten
171	„	10 000	bis	19 999	„
328	„	5 000	bis	9 999	„
211	„	3 500	bis	4 999	„
474	„	2 000	bis	3 499	„
639	„	1 000	bis	1 999	„
577	„	500	bis	999	„
862	„	50	bis	499	„
36	„	49	oder	weniger	„

Von 27 Stationen lag keine Antwort vor[11]). Das stärkste Kabelsystem der 53 Spitzensysteme zählte 1 084 193 Abonnenten, das dritt„schwächste" immerhin 33 000 Abonnenten[12]).

II. Die urheberrechtlichen Schwierigkeiten

1. Die Vergabe von Rechten

Die angeführten Zahlen lassen erkennen, mit welch großen Märkten in den Vereinigten Staaten gerechnet werden muß, aber auch welche besondere Schutzmaßnahmen für Ansprüche aus dem Urheberrecht getroffen werden müssen.

Der Urheberberechtigte (im Engl.: „copyright owner"), also zumeist ein Schriftsteller, Dramatiker, aber auch Komponist, verkauft das ausschließliche Benützungsrecht für sein — geistiges — Produkt für einen bestimmten Zeitraum und eine festgelegte Anzahl von „runs" (das sind Aufführungen, Darstellungen usw.) in einem geographisch definierten Raumgebiet. Als Käufer mag ein Netzwerk auftreten, das das Werk an seine affiliierten Sendestationen — nach dem Gesetz dürfen einem Netzwerk nur 5 Stationen zugehören — verteilt, oder der Berechtigte selbst bietet sein Werk den zahlreichen Stationen des Landes an, was gewöhnlich mit Hilfe von Großagenturen geschieht[13]).

Eine Komplikation kann aber dadurch verursacht werden, daß eine Sendestation in A. das erworbene, urheberrechtlich geschützte Werk nach B. ausstrahlt, wodurch der Urheberberechtigte die Möglichkeit verliert — oder mindestens erschwert findet —, den Markt in B. und

11) Television Digest, Bd. 15, Heft 48, 1. Dez. 1975, S. 2.
12) ibid. S. 18.
13) ibid. S. 34.

dessen Station als Käufer für sich zu gewinnen. Zu solchen „Einbrüchen" in umgrenzte Gebietsmärkte des amerikanischen Hörfunk- und ganz besonders Fernsehsystems sind aber Kabelstationen besonders geeignet, da sie von fernher Sendungen aus eigenem übertragen und den örtlichen Sendestationen gefährliche Konkurrenz machen können[14]). Hierzu ist zu bemerken, daß die lokalen Sender zu gewissen Zeiten, den sog. „network times" (Netzwerkzeiten), zwar auch nichtlokale Sendungen, die von den Netzwerken ausgestrahlt werden, als affiliierte Stationen übernehmen und weitersenden, sonst aber lokale Programme bieten, mit welchen die Kabelstationen erfolgreich konkurrieren könnten.

2. Sende- und Kabelsysteme

Es liegt in der Natur der Sache, daß sich der Gesetzgeber mit den besonderen, gewissermaßen national bedingten Gegebenheiten befassen muß und nur von diesen her weiter arbeiten kann: zu Anfang des Jahres 1976 gab es in den Vereinigten Staaten 708 kommerzielle, d. h. vom geschäftlichen Wrofit, also von Reklameabonnenten abhängige, und 251 nichtkommerzielle Sender im Fernsehwesen[15]), welch letztere von Dotationen, Beiträgen aus dem Publikum und anderen nichtkommerziellen Einnahmen abhängen. Im Durchschnitt kann der Amerikaner auf dem Festland — ohne Alaska — 7 kommerzielle und nichtkommerzielle Sendestationen einschalten. Es wurde eingangs bereits ausgeführt, daß in gewissen Gegenden Kabelanschluß wegen physikalisch-geographisch bedingter Schwierigkeiten beim Antennenempfang notwendig ist, wobei die Kabelstationen eine Abonnementsgebühr berechnen. Entgegen dem Interesse von Urheberberechtigten übertragen darüber hinaus die Kabelstationen aber auch Sendungen, die außerhalb des Marktes, den sie versorgen sollen und deren Regionalsender die Kabelstationen bedient, ausgestrahlt worden sind.

Nun haben die Kabelsender einen weiteren, noch eigenartigeren Geschäftszweig — sit venia verbo — entwickelt: Gegen eine zusätzliche Gebühr bietet die Kabelindustrie über besondere Kanäle noch andere Programme, gewöhnlich Filme und Sportereignisse. Diesen Geschäftszweig nennt die Industrie „pay cable", und es wird mit den modernsten technischen Mitteln gearbeitet, z. B. mit Programmverteilungen durch Satelliten, aber auch durch eine Kombination von

---

[14]) ibid.

[15]) National Broadcasting Company. Schriftstück, überreicht dem in Anm. 3 zit. Unterausschuß. Hearings S. 722.

Mikrowellen und Kabel. Man nimmt an, daß bis Ende 1976 nicht weniger als 1,6 Millionen „pay cable"-Abonnenten angeworben wurden.

3. Urheberrechtstantiemen

Was haben die Kabelstationen und „pay cable" bisher an Tantiemen den Urheberberechtigten gezahlt? Die Antwort ist überraschend und einfach: Nichts!

Die bisherige Situation der Kabelindustrie ist allerdings nur verständlich, wenn man die amerikanische Fernsehindustrie als solche und ihre eigenartige finanzielle Struktur berücksichtigt: die Netzwerke und die Fernsehsender haben bekanntlich als Einnahmequelle Reklamesendungen, deren Wert von den „Ratings" abhängt[16]). Wenn nun ein Kabelsystem für einen bestimmten Markt von der Federal Communication Commission die entsprechende Arbeitslizenz erhalten hat, sind die Abonnenten auf dieses System allein angewiesen, es sei denn, sie hätten sich auch noch für „pay cable" engagiert. Im Gegensatz zum Antennenempfang gibt es also im Kabelsystem des jeweiligen Marktes keine Konkurrenz: der Abonnent kann nicht zwischen verschiedenen Kanälen seine Auswahl treffen. Gegenüber den Netzwerken oder anderen, vielleicht unabhängigen Sendestationen, also den „primary transmitters", um die Terminologie des neuen Copyright-Gesetzes zu gebrauchen, ist aber das Kabelsystem b i s h e r (Sp. d. Vf.) selbst nur Empfänger gewesen — gewissermaßen ein Angehöriger des Publikums —, nicht sehr viel anders als das Hotel als solches, das dann im Kabelwege Sendungen in die einzelnen Zimmeranschlüsse überträgt, wobei freilich die Gäste dank technischer Einrichtungen sogar zwischen verschiedenen Kanälen wählen können.

Immerhin wartete die Kabelindustrie mit einer interessanten Erwiderung auf Vorwürfe auf: 1) die urheberrechtlich geschützten Parteien empfangen bereits namhafte Honorare seitens der Netzwerke und Sender; 2) letztere profitieren sogar durch die Kabelübertragung, da die Zahl der Sendeempfänger vergrößert wird.

Zweifaches Unrecht liegt aber vor, so lautet der Gegeneinwand: 1) die Kabelindustrie bezieht Einnahmen, indem sie ihren Abonnenten urheberrechtlich geschützte Werke zugänglich macht, ohne daß die Berechtigten selbst irgendwelche weitere Vergütungen seitens der Kabelindustrie erhalten; 2) durch die Kabelübertragungen „schmilzt" der Markt der über die Antennen, also gewissermaßen

---

16) Vgl. R. R i e , Die „Ratings", in UFITA Bd. 44 (1965) S. 1 ff.

„normal" empfangenden Konsumenten, wodurch die Regionalstationen, ob nun mit Netzwerken affiliiert oder vollkommen unabhängig, für die Reklameabonnenten an Interesse verlieren, zumindest an Wert einbüssen[17]).

III. Ausnahmen von der urheberrechtlichen Vergütungspflicht

Wenn auch das neue amerikanische Urheberrechtsgesetz im Prinzip die Verpflichtung zur Zahlung von Gebühren an Urheberberechtigte festlegt, trifft es mit Geltung für die Kabelsysteme zunächst doch eine Reihe von Ausnahmebestimmungen[18]); sie sind bedeutungsvoll genug, um hier aufgezählt zu werden.

1. Unterrichtszwecke und Behördenaufgaben

Nichtdramatische literarische oder musikalische Werke sind ausgenommen, wenn 1) ihre Aufführung als ein normaler Beitrag zum Unterricht seitens einer unter Regierungsaufsicht stehenden Organisation oder einer nicht auf Gewinn abzielenden pädagogischen Institution erfolgt; 2) die Aufführung im unmittelbaren Zusammenhang mit dem Lehrbedarf einer Übertragung steht und als Lehrmaterial anzusehen ist; 3) die Übertragung in erster Linie für (a) Empfang in regelmäßig zum Unterricht bestimmten Räumlichkeiten erfolgt, oder (b) von Personen empfangen wird, die wegen Körperschäden oder anderer besonders berücksichtigenswerter Umstände solche Unterrichtszwecken gewidmete Räumlichkeiten nicht besuchen können, oder (c) Regierungsbeamten und -angestellten als ein Teil ihrer Amtspflichten zugeleitet wird.

Damit fällt natürlich ein großer Teil von Honorareinnahmen für Schutzberechtigte weg: denn — darauf darf der Verfasser ausdrücklich hinweisen — im Unterricht verwendete Lehrbücher bringen ihren Autoren Honorare ein, ob sie nun von Schülern oder Studenten oder — wie in vielen Staaten der Union üblich — von den Schulanstalten selbst gekauft und verteilt werden. Diese „exempten" Vorführungen sind schließlich Lehrmaterial, tatsächlich Ergänzungen zu Büchern[19]).

---

[17]) Vgl. Anm. 15. Hearings S. 728.

[18]) § 111 (a)—(2) im Zusammenhalt mit § 110 (2); § 111 (a)—(3); § 111 (a)—(4); § 111 (b); § 111 (c); — Wenn §§ im folgenden zitiert werden, handelt es sich um Title 17 U.S.C. (Anm. d. Vf.).

[19]) Vgl. Brief des Register of Copyright an den Senatsausschuß vom 31. Jan. 1975, publiziert in „Hearings before the Subcommittee on Courts, Civil Liberties, and the Administration of Justice of the Committee on the Judiciary — House of Representatives — 94th Congress, 1st Session on H.R. 2223 Copyright Law Revision". Washington 1976. S. 976. (Im folgenden als „House Hearings" zitiert. — Anm. d. Vf.).

Zu (b) und (c) ist zu bemerken, daß die körperlich Behinderten bzw. die Regierungsbeamten Lehrmaterial kaufen müßten, es sei denn, daß es ihnen von Unterrichts- oder Ausbildungsorganisationen gebührenfrei zur Verfügung gestellt würde: Autoren von Lehrbüchern bzw. deren Rechtsnachfolger erhielten also aus Bücherverkauf ihre Tantiemen, was dagegen auf Grund der neuen Gesetzesstelle hinsichtlich des Kabelsender nicht der Fall ist.

2. Techniker und technische Organisationen

Eine weitere Ausnahmebestimmung bezieht sich auf Übertragungsorgane (im engl. Original: „carrier"), die weder unmittelbar noch mittelbar eine Auswahl des zu übertragenden Materials oder von Empfängern treffen können, und deren Befugnisse sich ausschließlich auf die Beschaffung von Drähten, Kabeln und anderem technischen Bedarf erstrecken. Damit schließt der Gesetzgeber Techniker und technische Organisationen ohne redaktionelle Einflußnahme auf die jeweiligen Kabelsendungen aus.

3. Gebührenfreie Kabelübertragung

Eine andere Ausnahme wird wohl in Zukunft zu Auseinandersetzungen führen. In ihr wird festgelegt, daß keine Beeinträchtigung des Urheberrechts vorliegt, wenn die Kabelübertragung n i c h t von einem Kabelsystem, also von einer Firma, durchgeführt wird, sondern von einer Regierungsstelle oder einer anderen nicht auf Gewinn abzielenden Organisation, sofern diese Übertragung weder die Erlangung eines kommerziellen Vorteils direkt oder indirekt bezweckt noch den Empfängern der sekundären Kabelübertragung eine Gebühr auferlegt: Gebühren zur Abdeckung der „reasonable" (aus dem Original: vernünftigen) Kosten der Aufrechterhaltung und des Betriebes eines solchen sekundären Übertragungsdienstes (im Original: „secondary transmission service") können eingehoben werden. Das Problem der nichtkommerziellen Sender, die durch freiwillige Beitragsleistungen aus dem Publikum erhalten werden, liegt offen zutage: ihre Angestellten werden entlohnt, ganz wie die Angestellten und Beamten charitativer Organisationen, auch werden elektrische Kraft sowie Material keineswegs gebührenfrei zur Verfügung gestellt, n u r die urheberrechtlich geschützten Parteien, also zumeist Autoren und Verleger, verlieren ihre Ansprüche[20]).

---

[20]) Gegen diese Benachteiligung der Autoren protestierte Irwin Karp, Anwalt der Authors' League of America. House Hearings, S. 1764-1767. Seine Abänderungsvorschläge wurden für die Endtextierung nicht berücksichtigt.

4. Kabelübertragung für begrenzte Publikumsgruppen

§ 111 (b) sieht seinerseits wiederum Ausnahmen von den vorstehend aufgezählten und geschilderten Ausnahmen vor, setzt also den Tatbestand einer Beeinträchtigung des Urheberrechts fest, falls die Kabelübertragung die Auf- oder Vorführung eines Werkes (im Original: „performance or display of a work") betrifft, die nicht für das allgemeine Publikum des jeweiligen Marktes, sondern für eine einzelne, begrenzte Gruppe aus dem Publikum bestimmt ist. Wir finden hier eine Parallele zu Vorführungen vor Schulklassen oder Körperbehinderten, die Unterrichtsanstalten nicht besuchen können, nur daß es sich nunmehr um anderes Material handelt. Auch hier läßt der Gesetzgeber Ausnahmen zu, so daß k e i n e Verletzung des Urheberrechts vorliegt, wenn 1) die ursprüngliche (im Original: „primary") Übertragung seitens einer von der FCC (= Federal Communication Commission) lizenzierten Rundfunksendestation erfolgt, und 2) solche Übertragung gemäß den Bestimmungen, Regulativen oder auf Grund einer Ermächtigung der FCC stattfindet und 3) die Übertragung selbst, also die Bilderfolge, in keiner Weise durch das Kabelsystem verändert wird, was heißt, daß sich die Kabelsendestation jeder redaktionellen Betätigung enthält.

5. Verhältnis zu Kanada und Mexiko

Die geographische Lage der Vereinigten Staaten bedingt auch eine Beschäftigung des Gesetzgebers mit den beiden einzigen und großen Nachbarländern, die Fernsehsendungen an Empfänger in der Union ausstrahlen: nämlich Kanada und Mexiko. Die Regelung ist in § 111 (c) erfolgt.

Voraussetzung ist, daß der Erstsender nach den gesetzlichen Bestimmungen dieser beiden Nachbarstaaten lizenziert worden ist.

Analog zu den Bestimmungen nach § 111 (b)-(3) setzt (c)-(3) fest, daß ein Kabelsystem als Sekundarsender an Ausstrahlungen aus Kanada oder Mexiko keinerlei Änderungen, Löschungen oder Ergänzungen vornehmen darf, mit Ausnahme von Reklamesendungen, die von Marktforschungsunternehmungen veranlaßt worden sind, welche auf dem Gebiete des Fernsehwesens arbeiten. Aber — so bestimmt das Gesetz ferner — auch dieses Marktforschungsunternehmen muß die Zustimmung des ursprünglichen Reklamekäufers, der Fernsehstation und des die Sekundarübertragung vornehmenden Kabelsystems eingeholt und erhalten haben, das seinerseits aus der zur Verfügung gestellten Sendezeit k e i n Einkommen erhalten darf.

Der Grundgedanke des Gesetzgebers bleibt also, daß das Kabelsystem als Sekundarsender nur aus den Abonnementsgebühren Einnahmen erzielen soll.

Im Rundfunkwesen ist es nicht möglich, Zollbarrieren gegen die „Importation" ausländischer Sendungen zu errichten und — um hier eine ernst-heitere Note anzuschlagen, die freilich Leser in Deutschland und Nachbarländern an die tragische Jüngstvergangenheit erinnern mag — das Abhören von Auslandsendungen zu verhindern. Wenn nicht besondere geologische Situationen es unmöglich machen, können die Grenznachbarn Kanadas und Mexikos Sendungen aus dem jeweiligen Nachbarland im normalen Wege empfangen und dies natürlich auch über Kabel. Als Folge dieser eigenartigen technologischen Gegebenheiten empfangen solche Grenznachbarn Reklamesendungen, die kanadische oder mexikanische Waren anpreisen und manchmal auch anderes Material, das früher in den Nachbarländern gezeigt wird: hier haben wir das Problem der sogenannten „pre-release" (= vorzeitige Freigabe: d. Vf.) welche neuerdings die amerikanischen Verwaltungsbehörden und Gerichte beschäftigt[21]).

Auf jeden Fall setzt das neue Copyright-Gesetz in seinem § 111 (c)-(4) in Bezug auf Übertragungen aus Kanada für Kabelsysteme eine Verbotsgrenze fest, so daß Gemeinden, die mehr als 150 Meilen (ca. 240 km) südlich der kanadischen Grenze und jedenfalls südlich des 42. Breitegrades liegen, keine Kabelübertragungen kanadischer Sender empfangen dürfen, bzw. solche Übertragungen würden Eingriffe in das Urheberrecht darstellen. Hinsichtlich Mexikos ist das Gesetz etwas „milder" und statuiert einen Eingriff nur für den Fall, als das amerikanische Kabelsystem selbst den mexikanischen Rundfunk auf anderen Wegen als über Ätherwellen empfängt. Ein Eingriff liegt nicht vor, wenn das betreffende Kabelsystem noch vor dem 15. April 1976 irgendwelche Übertragungen vornahm oder hierzu im Sinne der Vorschriften der FCC ermächtigt war.

Die Erklärung dieser Scheinbegünstigung mexikanischer Sendungen liegt auf der Hand: Übertragungen mit zumeist spanischen Texten erreichen ein wesentlich ärmeres, weniger kaufkräftiges Publikum als die zumeist englischen Sendungen Kanadas, während französische Sender in Quebec im wesentlichen nur in den gebildeten und höheren Mittelstandsschichten und oberen „Zehntausend" ihren amerikanischen Markt finden.

---

[21]) U.S. Court of Appeals 75-1233 und 75-1390. Weiters: Morris Wolfe, „The desperate (and sometimes ridiculous) battle to save Canadian television." Saturday Night, September 1975. S. 33—40. Akt der FCC 20649 RM-2531.

IV. Zwangslizenzen für Kabelsysteme

Nicht unähnlich dem § 61 des bundesdeutschen Urheberrechtsgesetzes (UG), der sich allerdings nur auf Tonträger bezieht, räumt das neue amerikanische Gesetz Kabelsystemen eine Zwangslizenz für den Fall ein, daß die ursprüngliche Ausstrahlung seitens einer von der FCC oder einer entsprechenden amtlichen Stelle Mexikos oder Kanadas ordnungsgemäß lizenzierten Sendestation erfolgt: § 111 (c)-(1). In lit. (d) dieses Paragraphen sind nun gewisse Verfahrensvorschriften angeführt, die eine solche Zwangslizenz für das individuelle Kabelsystem legalisieren.

1. Voraussetzungen der Inanspruchnahme einer Zwangslizenz

Vor allem muß das Kabelsystem, um überhaupt einer Zwangslizenz für eine Sekundarübertragung teilhaftig zu werden, dem Copyright Office[22]) gewisse Daten bekanntgeben, nämlich den Namen und die Anschrift des Eigentümers oder Betriebsleiters des Kabelsystems, dann den Namen und die Anschrift des Erstsenders, weiters jene Daten, die der Register of Copyrights (d. i. der Vorstand: Anm. d. Vf.) zu Zeiten anfordern wird und zwar nach Beratung mit dem urheberrechtlichen Tantiemengericht (im Original: Copyright Royalty Tribunal) zum Zwecke der Effektierung der vorstehenden Bestimmungen.

Damit hat der Gesetzgeber eine neue Behörde geschaffen, die freilich noch nicht konstituiert ist, aber für die Urheberrechtsinhaber, wie wir noch zeigen, von größter Wichtigkeit sein wird. Wir werden auch — im folgenden — sehen, daß durch die Schaffung dieser Behörde der Machtbereich des Register of Copyrights ganz wesentlich ausgedehnt wird.

Im übrigen setzt die Bestimmung in § 111 (d)-(1) gewisse Fristen für die erwähnten Anmeldungen fest: dieselben haben spätestens einen Monat vor Beginn des Kabelbetriebes eines Systems vorgenommen zu werden oder 30 Tage nach einem Eigentümerwechsel.

Die nächsten Stipulationen der lit. (d) sind vom Standpunkt des Urheberrechtlers wohl gesetzliches Neuland und von außerordentlicher Wichtigkeit. Der Register of Copyrights, sein Amt und das Tantiemengericht übernehmen in Bezug auf Kabelfernsehen die Aufgaben, die in der Bundesrepublik — übrigens auch in den Vereinigten Staaten auf anderen Gebieten des Urheberrechts — den Verwertungsgesellschaften übertragen sind.

---

[22]) Das Copyright Office hat seinen Sitz in der Library of Congress, Washington, D.C., und wird wohl auch in der nächsten Zukunft dort amtieren (Anm. d. Vf.).

2. Verfahrenserfordernisse

a) Das Gesetz verlangt in § 111 (d)-(2), daß ein Kabelsystem gemäß den Vorschriften, die der Register of Copyrights nach Beratung mit dem noch zu konstituierenden Tantiemengericht, erläßt, halbjährlich gewisse Daten bekannt gibt, nämlich: den Kontostand und zwar die Anzahl aller Kanäle von Erstsendern, deren Material zu Kabelsendungen, also Sekundarübertragungen, herangezogen wurden, die Gesamtanzahl der Kabelabonnenten und sonstige Daten, deren Bekanntgabe der Register of Copyright jeweils anfordern wird. Insbesondere verlangt der Gesetzgeber Bekanntgabe des Bruttoeinnahmebetrages, den das jeweilige Kabelsystem aufzuweisen hat, zusammen mit weiteren Einnahmen aus Übertragungen von nichtregionalen Sendungen außerhalb des Netzwerkbereiches[23]). Genaue Buchführung mit allen erforderlichen Daten muß zur Einsichtnahme durch die Behörde aufliegen.

Die vorstehenden Bestimmungen erinnern wohl den Leser an § 26 Abs. 4 bis 6 des bundesdeutschen Urheberrechtsgesetzes.

b) Die sich in § 111 (d)-(2) anschließenden Bestimmungen lit. (B), (C) und (D) statuieren die Höhe der von den Kabelsystemen an den Register of Copyrights zu überweisenden Tantiemen, wobei allerdings Berechnungsmethoden vorgeschrieben werden, die der Gesetzgeber selbst in § 111 (f) erläutert:

Ein Fernsignaläquivalent (im Original: „distant signal equivalent") ist ein Wert, der der Sekundarübertragung einer nicht von einem Netzwerk ausgestrahlten Programmsendung außerhalb des regionalen Sendebereiches[24]) zugeschrieben wird. Er wird errechnet, indem jede unabhängige Sendestation die Wertziffer 1 erhält, jede Netzwerk- oder nichtkommerzielle, Unterrichtszwecken dienende Sendestation die Wertziffer 0,25. Wiederum statuiert der Gesetzgeber Ausnahmen: wenn die FCC von einem Kabelsystem die Unterlassung der Aussendung eines bestimmten Programms auf Grund ihrer Vorschriften verlangt, diese aber eine Ersatzsendung gestatten, dann erhält

---

[23]) § 111 (f) definiert ex lege wie folgt: Das örtliche Sendebereich eines Erstsenders (im Original: local service area of a primary transmitter), umfaßt im Falle einer Fernsehstation jenes Areal, innerhalb dessen eine derartige Station berechtigt ist, darauf zu bestehen, daß ihre Sendung durch ein Kabelsystem entsprechend den am 15. April 1976 in Kraft getretenen Vorschriften, Regulativen und Ermächtigungen der FCC weiter verbreitet wird: das Gleiche gilt für eine von einer hierzu zuständigen kanadischen oder mexikanischen Behörde lizenzierte Fernsehstation, die berechtigt wäre, auf einer Weiterverbreitung in dem Areal zu bestehen, als ob es ein Fernsehsender wäre, der den vorgenannten Vorschriften, Regulativen oder Ermächtigungen (d. h. der FCC: Anm. d. Vf.) untersteht.

[24]) Vgl. Anm. 23.

letztere keine Wertziffer, wenn diese Ersatzsendungen nicht von dem regionalen Primärsender übernommen worden sind.

Wenn aber die vorerwähnte Unterlassung einer Sendung, Einfügung einer Ersatzsendung seitens eines Kabelsystems ohne Aufforderung durch die FCC erfolgt, dann wird der Wert der Ersatzsendung aus einer Multiplikation errechnet, in welcher der Fernsignaläquivalent den Multiplikanden stellt, der Multiplikator aber ein Bruch ist, und zwar die Zahl der Tage in dem Jahr, in welchem eine solche Ersatzsendung vorgenommen wurde, dividiert durch die Tagezahl des betreffenden Jahres, also 365 oder 366.

Besondere Bestimmungen trifft der Gesetzgeber dann noch für Spätnachtsendungen, von deren Behandlung wir absehen können, da es unsere Absicht ist, hier nur die außerordentliche Detaillierung des Berechnungskomplexes aufzuzeigen.

c) Lit. (B) enthält nun die wesentlichen Bestimmungen betreffend die Tantiemen, die die Kabelsysteme unter Geltung der Zwangslizenz zu entrichten haben:

Die Bruttoeinnahmen sind die Grundlage, wohl analog zu den üblichen Verlagsverträgen, denen zufolge die Autoren einen Prozentsatz vom Buchhandelsladenpreis erhalten.

Gemäß § 111 (d) lit. (B)-(i) beträgt die Tantieme 0,675 Prozent — also etwas mehr als ⅔ von 1 Prozent — der Bruttoeinnahmen für die Ermächtigung, Nichtnetzwerk-, also unabhängig erstellte Programme des Primärsenders ganz oder zum Teil außerhalb der lokalen Senderegion des letzteren zu übertragen. Der Gesetzgeber ändert diese Prozentsätze für Fernsignalempfänge in dem Sinne, daß weitere kleinere Werte für Empfänge von außerhalb des lokalen Empfangsbereiches errechnet werden.

Die vom Gesetzgeber im allgemeinen ins Auge gefaßten tatsächlichen Tantiemen der Urheberberechtigten werden für das einzelne Kabelsystem kaum phantastische Summen erreichen: lit. (C) bestimmt, daß — lit. (B) stellt eine Ausnahme dar —, falls ein Kabelsystem eine Bruttohöchsteinnahme bis 80 000,— Dollar aufweist, zur Berechung der tantiemenpflichtigen Einnahmeziffer jener Betrag, um welchen 80 000 die tatsächliche Bruttoeinnahme übersteigt, also die Differenz, von der Bruttoziffer abzuziehen ist: nehmen wir an, daß 60 000,— Dollar brutto vereinnahmt werden, dann beträgt die Berechnungsbasis 40 000,— Dollar und der Tantiemenbetrag, den das Kabelsystem abzuführen hat, ½ %, somit 200 Dollar. Es darf aber nicht übersehen werden, daß diese 200 Dollar unter die aus dem

Copyright berechtigten Parteien vom Tantiemengericht aufzuteilen sind. Das Gesetz erklärt 3 000,— Dollar auf jeden Fall als Minimum der Berechnungsgrundlage.

Für Bruttoeinnahmen, die 80 000,- Dollar übersteigen, aber 160 000.- Dollar nicht erreichen, ist gemäß lit. (d)-(2)-(D)-(i) ½ % von 80 000,— Dollar, vom Mehrbetrag 1 % abzuführen.

Auf der anderen Seite darf man auch nicht übersehen, daß das stärkste Kabelsystem fast 1 100 000 Abonnenten zählt, und daß gegenwärtig die monatliche Mindestgebühr 6,50 Dollar beträgt, daß also ein solches System — abgesehen von anderen Einnahmen, die sich aus Neuanschlüssen und dgl. ergeben — 7 150 000,— Dollar monatliche Bruttoeinnahmen aufweist.

Der Gesetzgeber ist sich bewußt, daß das Zuteilungsverfahren der Einnahmen aus den Tantiemenzahlungen der Kabelsysteme längere Zeit in Anspruch nehmen wird, weshalb unter lit. (d)-(3) dem Register of Copyrights aufgetragen wird, die vorerwähnten Tantiemenzahlungen in Empfang zu nehmen, dieselben aber nach Abzug der seinem Amt erwachsenen Kosten im Schatzamt der Vereinigten Staaten zu hinterlegen[25]). Dieser wiederum wird durch das Gesetz verpflichtet, solche Einzahlungen seitens des Copyright Office in verzinslichen Bundesobligationen anzulegen — bis eben die Gesamtbeträge einschließlich der Zinsen vom Tantiemengericht verteilt werden. Der Register of Copyrights hat dem Tantiemengericht jedes halbe Jahr eine Rechnungslegung zu unterbreiten.

Da das in den zitierten Gesetzesstellen oft erwähnte Tantiemengericht nicht nur für Honorarverteilungen in Zusammenhang mit Kabelübertragungen zuständig ist, sondern eben auch für Zahlungsanweisungen auf vielen anderen urheberrechtlichen Gebieten, beschäftigt sich der Gesetzgeber mit ihm in einem einschlägigen Schlußkapitel[26]).

Unmittelbar an die bisher zitierten Bestimmungen schließt sich mit lit. (d)-(4) und -(5) eine Reihe von Vorschriften an, die das Verteilungsrecht und -verfahren betreffen. Verfahrensrechtlich ist bestimmt, daß jede Person, die sich auf Grund einer für Sekundärübertragung erteilten Zwangslizenz zu einem Tantiemenanteil bzw. dessen Auszahlung für berechtigt hält, im Juli jedes Jahres einen entsprechenden Antrag bei dem Tantiemengericht hinterlegt, und zwar

---

[25]) Das Gesetz bestimmt hierzu in § 111 (d)—(3): ... entsprechend den Direktiven des Schatzsekretärs (d. i. des Finanzministers der Vereinigten Staaten. Anm. d. Vf.).

[26]) Kapitel 8, umfassend §§ 80 bis 810, 17 U.S. Code. Vgl. spätere Ausführungen in dieser Studie.

unter Einhaltung der von diesem noch bekannt zu gebenden Formalitäten. Man darf annehmen, daß unter „Person“ sowohl physische wie juristische Personen zu verstehen sind, denn der Gesetzgeber hat wohl in erster Linie an Verwertungsgesellschaften, Verlage usw. gedacht. Insbesondere bestimmt der Gesetzgeber weiterhin, daß, ungeachtet irgendwelcher Vorschriften der Anti-Trust-Gesetze, die Anspruchswerber untereinander über die proportionelle Aufteilung der Gebühren Vereinbarungen treffen und ihre Ansprüche gemeinsam oder individuell oder durch einen gemeinsam bevollmächtigten Agenten anmelden können.

In lit. (d)-(5)-B finden wir eine Bestimmung, die an das Außerstreitverfahren mitteleuropäischer Gerichte erinnert: nach dem 1. August jeden Jahres soll das Tantiemengericht entscheiden, ob die Verteilung der Tantiemen unter den Anspruchswerbern strittig ist. Ist sie außer Streit, dann soll das Gericht — nach Abzug seiner normalen (im Original: „reasonable“) Verwaltungskosten — die Tantiemen unter den Anspruchswerbern aufteilen oder dem gemeinsamen Agenten derselben überantworten. Im Falle der Strittigkeit hat das Gericht gemäß den Bestimmungen des Kapitels 8 ein Prozeßverfahren einzuleiten.

Eine schnelle Einigung der Anspruchswerber untereinander wird vom Gesetzgeber in der Weise begünstigt, daß dem Tantiemengericht die Verteilung nichtstrittiger Beträge freigestellt wird, während es verständlicherweise die streitverfangenen zurückzubehalten hat[27]).

V. Tantiemengericht

Wohl zu den bemerkenswertesten Neuerungen, die das neue Copyrightgesetz in den Vereinigten Staaten schafft, gehört das Tantiemengericht (im Original: „Copyright Royalty Tribunal“, im folgenden als „Gericht“ angeführt: Anm. d. Vf.).

Der lapidare erste Satz des § 801 (a) enthält bereits eine juristische Merkwürdigkeit:

> Hiermit wird ein unabhängiges Tantiemengericht im legislativen Bereich kreiert[28]).

---

[27]) Für ungleichzeitige Kabelübertragungen (im Original: „Nonsimulaneous Secondary Transmissions by Cable Systems“), also auf Filmen fixierte Programmvorführungen und sogar Reklamesendungen gelten gem. § 111 (e) Vorschriften, die jenen für von außerhalb des lokalen Primärsenders empfangenen analog sind; vgl. auch Anm. 23 bezgl. kanadischer oder mexikanischer Ausstrahlungen.

[28]) Im Original: „There is hereby created an independent Copyright Royalty Tribunal in the legislative branch.“

Mit einem Seitenblick auf Montesquieu wird das Gericht also nicht dem judiziellen, sondern dem legislativen Bereich zugeordnet. Somit ist es auch logisch und ganz im Sinne der amerikanischen Rechtsphilosophie und Politologie, daß im § 810 gegen Endentscheidungen dieses Gerichts der Rechtsweg an den U.S. Court of Appeals unter Ausschluß aller anderen Gerichte offenstehen soll, und dieser § 810 die Terminologie „Judicial Review" als Überschrift führt[29]).

Die Zusammensetzung des Gerichts kann sicherlich nicht „judiziell" im üblichen Sinne genannt werden: es soll aus fünf vom Präsidenten der Vereinigten Staaten nach Einholung der Zustimmung des Senats ernannten Kommissaren bestehen. Diese Kommissare sind auf die Dauer von sieben Jahren ernannt und beziehen ein richterliches Höchstgehalt[30]).

Den Vorsitz soll gemäß § 802 (b) ein auf ein Jahr von den Kommissaren aus ihrer Mitte gewähltes Kommissionsmitglied führen. Eine weitere Bestimmung sieht vor, daß praktisch jeder Kommissar einmal während seiner Amtsperiode Vorsitzender sein soll. Eine Vakanz soll durch einen zusätzlich ernannten Kommissar ausgefüllt werden: die Amtsdauer dieses Substituten beschränkt sich auf den Termin des Ausgeschiedenen.

Die Aufgaben des Gerichts selbst werden im schon angeführten § 801 festgelegt: aus dem Text kann ersehen werden, wie ausführlich die Verhandlungen vor den Ausschüssen des Congresses gewesen waren und wie sehr sich der Gesetzgeber bemüht, auch das Ethos der urheberrechtlichen Schutzidee im Gesetzeswortlaut zu verankern.

Die Bestimmung in lit. (b)-(1) des § 801 besagt im allgemeinen, es sei Aufgabe des Gerichts, „vernünftige" (im Original: „reasonable") Zahlungstermine und -raten festzusetzen. Ganz besonders aber habe das Gericht in Betracht zu ziehen, daß 1) Werke schöpferischer Art (im Original: „creative works") einem möglichst breiten Publikum

---

[29]) Bemerkenswert ist vor allem, daß die Terminologie „Judicial Review" Aufnahme in einen Gesetzestext gefunden hat. Der erste Fall einer „Judicial Review" seitens des Obersten Bundesgerichts in Washington war dessen Urteil in der berühmten Causa Marbury v. Madison, 1 Cranch 137 (U.S. 1803). Seither beansprucht der Oberste Gerichtshof sein — übrigens unbestrittenes, jedoch in der amerikanischen Verfassung nicht vorgesehenes — Privileg, über Antrag in Prozeßfällen Gesetze für verfassungswidrig zu erklären. Die Höchstgerichte der Einzelstaaten nehmen dieses Vorrecht für Staatsgesetze ebenfalls für sich in Anspruch.

[30]) Gemäß § 801 (c) soll der Präsident so bald wie möglich nach Inkrafttreten dieses Gesetzes und nicht später als 6 Monate danach die ersten Ernennungen öffentlich bekanntgeben und auch für eine Rangordnung nach den Grundsätzen der Seniorität Vorsorge treffen.

zugänglich gemacht werden; 2) dem Inhaber des Urheberrechts eine gerechte (im Original: „fair") Entschädigung für sein Werk, dem Nutznießer aber ein billiges (im Original wiederum: „fair") Einkommen unter Berücksichtigung der jeweiligen wirtschaftlichen Bedingungen zugestanden werde; 3) die Arbeitsbeiträge des Urheberrechtsinhabers wie auch seines Nutznießers abgewogen werden sollen, denn auch Kapitalaufwendungen, das Eingehen geschäftlichen Risikos, die Eröffnung neuer Märkte und die Einsetzung von Kommunikationsmedien müsse berücksichtigt werden; 4) jede Störung industrieller Strukturen oder industrieller Praxis auf ein Minimum zu reduzieren sei.

Man kann ruhig sagen, daß sich dieser Teil des Gesetzes wie der Vortrag eines Hochschullehrers für Volkswirtschaftslehre liest[31]).

Die Tantiemenverteilung der Kabelsysteme wird im § 801 (2) behandelt, aber — dies ist eine historische Merkwürdigkeit — wohl zum erstenmal muß der Gesetzgeber in neuerer Zeit auf die Entwertung des Dollar Rücksicht nehmen. Er verfügt in (A), daß das Gericht die Tantiemenraten derart bemessen soll, daß sie der Inflation oder Deflation der nationalen Währung angepaßt seien[32]) oder auch Änderungen in den Abonnementsgebühren berücksichtigen.

Wie schon ausgeführt, lesen sich die weiteren Subparagraphen dieser Gesetzesstelle wie ein Lehrbuch mit Verhaltensvorschriften für das Gericht, aber immer wieder betont der Gesetzgeber, daß v e r n ü n f t i g e (im Original: „reasonable": Sp. d. Vf.) Maßnahmen vom Gericht verlangt werden, das ganz besonders die allgemeine Wirtschaftslage auch der Kabelindustrie im Auge behalten soll.

Für das Gericht gelten die administrativen Verfahrensvorschriften[33]), womit, um uns wiederum Montesquieus zu erinnern, es als Verwaltungsbehörde eher zum judiziellen Bereich zu gehören scheint: allerdings hat das Gericht Jurisdiktion über seine Verfahrensvorschriften, die aber zu dem allgemeinen Verwaltungsverfahren nicht in Widerspruch stehen dürfen und auch nicht zu den Bestimmungen des 8. Kapitels.

Wenn wir soeben feststellten, daß das Gericht eine Verwaltungsbehörde zu sein scheint, so finden wir uns durch den Ausdruck „final

---

[31]) Zahlreiche Hochschullehrer und Fachgelehrte wurden von den zuständigen Unterausschüssen beider Häuser einvernommen (Anm. d. Vf.).

[32]) Originaltextierung: „The rates established by section 111 (d)—2—(B) may be adjusted to reflect (i) national monetary inflation or deflation or (ii) changes in the average rates charged cable subscribers to maintain the r e a l c o n s t a n t (Sp. d. Vf.) dollar level . . ."

[33]) Administrative Procedure Act, June 11, 1946 — 5 U.S.C. 551, 70.

determination" (d. i. Endbeschluß) bestärkt, der im § 803 (b) gebraucht wird und dessen Veröffentlichung mit allen wesentlichen Beweggründen im Federal Register in dieser Gesetzesstelle verlangt wird. Nur im folgenden § 804 (e) gebraucht der Gesetzgeber den Ausdruck „final decision" (d. i. Endentscheidung), aber niemals das Wort „judgment", nämlich Urteil.

Gemäß § 809 wird jeder Endbeschluß des Gerichts binnen 30 Tagen nach seiner Verlautbarung im Federal Register rechtskräftig, wenn nicht vor Ablauf dieser Frist, wie schon erwähnt, Berufung an den U.S. Court of Appeal eingelegt wird (§ 810).

Die Library of Congress hat gem. § 806 dem Gericht auf jede Weise mit den benötigten administrative Dienstleistungen zu assistieren, das wiederum aus seinen Gebühren die Congressbibliothek schadlos zu halten hat: die entsprechenden finanziellen Vereinbarungen sind zwischen dem Librarian of Congress, also dem Direktor der Congressbücherei, und dem Gericht zu treffen[34]).

Ungeachtet des Umstandes, daß das Gericht als ein Organ des Copyright Office der Library of Congress untersteht, daß gegen seine Beschlüsse unzufriedenen Parteien der Rechtsweg an das Berufungsgericht in Washington vorbehalten bleibt, hat es gemäß § 808 alljährlich dem Präsidenten der Vereinigten Staaten und (Sp. d. Vf.) dem Congress einen Tätigkeitsbericht mit detaillierten Bilanzposten zu unterbreiten. Man kann sagen, daß das Gericht, da ursprünglich keine „judicial review" vorgesehen war, was von eminenten Juristen heftig kritisiert wurde[35]), im Verlaufe der Beratungen des Gesetzentwurfes an Bedeutung gewonnen hat und eben wegen seiner Zuständigkeit für Rücksichtnahme auf Währungsschwankungen, ein wirtschafts- und finanzpolitisches Organ von Wichtigkeit geworden ist[36]).

---

[34]) Seit 1870 ist die Congressbibliothek die urheberrechtliche Behörde der Vereinigten Staaten, und innerhalb des Bibliothekrahmens wurde das Copyright Office geschaffen: 16 Stat. 212, 215; 29 Stat. 545. Das Gesetz bestimmt, daß der Register of Copyrights sowie alle anderen Beamten und Angestellten seines Amtes vom Librarian of Congress, als dem Direktor der Congressbibliothek, ernannt und von diesem instruiert und beaufsichtigt werden (17 USC. 701). Wir wollen hier erwähnen, daß die Library of Congress mit Gesetz vom 24. April 1800 (2 Stat. 56) ins Leben gerufen wurde, und zwar „zum Zwecke der Anschaffung von Büchern entsprechend den Bedürfnissen des Congresses": damit wurde sie der Legislative zugeordnet, womit auch die ihr unterstellte Urheberrechtsbehörde dem „pouvoir législatif" (Montesquieu) überantwortet bleibt.

[35]) Z. B. von Ernest Gellhorn, Professor of Law, University of Virginia, Memorandum vom 14. Okt. 1975, House Hearings, S. 1925.

[36]) Der amerikanische Gesetzgeber hat somit bezüglich der Staatswährung, nämlich des Dollar, einen wesentlich flexibleren Standpunkt eingenommen als in der Zeit unmittelbar nach dem Ersten Weltkrieg der damalige österreichische Finanzminister

Für Kabelfernsehen bestimmt der Gesetzgeber im § 804 (b), daß — vorausgesetzt die entsprechenden finanziellen Verfügungen der FCC — der Inhaber oder Nutznießer eines Urheberrechts an einem geschützten Werk, selbst wenn das Gericht eine Tantieme festgesetzt hat, innerhalb von 12 Monaten einen Antrag auf Anpassung der Raten überreichen kann. Als Stichtag gilt der 15. April 1976 (§ 801 (b)-(2)-(B), falls die FCC nach diesem Tag zusätzliche Fernübertragungen von anderen Sendern als dem lokalen Erstsender dem Kabelsystem bewilligt haben sollte. Das Gericht hat hierauf das Verfahren nach den Vorschriften des § 804 (a)-(2) einzuleiten und durchzuführen, vor allem festzustellen, ob der Antragsteller ein begründetes Interesse an einer solchen Anpassung hat und hierüber einen Beschluß zu fassen. Im Gesetzestext wird hierzu von „determination" gesprochen, was wir als „Eröffnungsbeschluß" bezeichnen könnten. Liegt ein solcher Eröffnungsbeschluß vor, dann veranlaßt der Vorsitzende seine Veröffentlichung mit anzugebenden Gründen im Federal Register.

Änderungen der Tantiemenraten können neuerlichen Korrekturen in den Jahren 1980, 1985 und jedem weiteren durch 5 teilbare Kalenderjahr über Antrag unterzogen werden, wobei das soeben geschilderte Verfahren einzuhalten ist.

VI. Übergangsregelungen

Der Präsident der Vereinigten Staaten hat das neue Copyrightgesetz, dessen Bestimmungen über das Kabelfernsehen den Gegenstand unserer Abhandlung bilden, am 19. Oktober 1976 unterzeichnet. Es ist identisch mit dem Titel 17 des United States Code, gewissermaßen seiner numerischen Bezeichnung. Es wird am 1. Januar 1978 allgemein wirksam[37]), aber einige Stipulationen treten früher in Kraft, bzw. es werden Werke, die vor diesem Datum entstanden sind, unterschiedlich behandelt[38]): sie bleiben zunächst vom Datum

---

und spätere amerikanische Nationalökonom — und als solcher berühmt geworden — Dr. Josef Schumpeter hinsichtlich der altösterreichischen Währung: „Krone ist gleich Krone". Dieser Grundsatz wurde auch vom Obersten Gerichtshof der Republik Österreich vertreten: trotz der damaligen unerhörten Inflation habe sich nicht die Währung geändert, sondern der Warenpreis.

[37]) 17 USC. Sec. 102. — Zum Verständnis der numerischen Gruppierung sei angeführt, daß der gesamte vorangehende Gesetzestext unter 17 USC. Sec. 101 zu finden ist. Die Hundertzahlen der §§ weisen auf die betreffende Kapitelnummer hin, unter welcher der § zu finden ist: demnach besagt die Zahl 17 USC 810, daß es sich um § 10 im 8. Kapitel, Title 17 des U.S. Code („Copyrights") handelt: „Judicial Review". Vgl. Anm. 7.

[38]) 17 USC. 304 (a). — vgl. Anm. 37 (§ 4 des 3. Kapitels: Anm. d. Vf.).

des ursprünglichen Antrages auf Erteilung des urheberrechtlichen Schutzes 28 Jahre geschützt, wie im Copyright von 1909 vorgesehen; handelt es sich aber um Werke mehrerer Miturheber, Enzyklopädien, Periodika oder posthum veröffentlichte Werke, dann kann der Inhaber des Urheberrechts innerhalb eines Jahres vor Ablauf der 28jährigen Frist eine weitere Schutzfrist von 47 Jahren beantragen. Andere Werke, die — nach dem alten Copyrightgesetz — zwischen dem 31. Dezember 1976 und 31. Dezember 1977 den Gegenstand eines Antrages auf Ausdehnung der Schutzfrist bilden könnten, sind im Falle der Einbringung eines solchen Antrages 75 Jahre lang, gerechnet von der Einbringung des ursprünglichen Antrages geschützt, also de facto nicht länger als die oben angeführten Periodika und dgl.[39]).

Endlich — und das ist von hohem Interesse — tritt Kapitel 8 des neuen Gesetzes, also die Totalität seiner Bestimmungen über das Tantiemengericht, mit sofortiger Wirkung in Kraft[40]).

Resümee

Seit 19. Oktober 1976 ist in den Vereinigten Staaten das neue Urheberrecht Gesetz geworden, und damit hat Amerika das modernste Copyright. In der vorliegenden Studie untersucht und analysiert der Vf. kritisch jene Paragraphen und Kapitel des neuen Gesetzes, welche sich mit dem Kabelfernsehen befassen, denn nur dieses — übrigens ein Unikum in den Vereinigten Staaten — hebt Abonnementgebühren ein, von denen die verschiedenen Kabelsysteme finanziell ihren Betrieb aufrecht erhalten können, — ähnlich wie Zeitschriften oder übrigens europäische Rundfunksysteme. Die Verteilung dieser Gebühren, soweit sie Besitzern des Urheberrechts zustehen, unter letztere ist Aufgabe eines neu geschaffenen Tantiemengerichts, in dem der Vf. ein juristisches Kuriosum erblickt.

In der Studie werden auch zahlreiche allgemeine Grundsätze des neuen Copyright-Gesetzes 1976 diskutiert.

---

[39]) 17 USC. 304 (b). — Das alte Copyrightgesetz kennt aber eine Höchstfrist von nur 56 Jahren. Das neue Gesetz dehnt die Schutzfrist für derzeit noch geschützte Werke um 19 Jahre aus.

[40]) 17 USC. Sec. 102.

Résumé

Aux Etats-Unis, le nouveau droit d'auteur est devenu loi depuis le 19 octobre 1976 et l'Amérique a de la sorte le plus moderne „copyright". Dans la présente étude, l'auteur analyse de façon critique les paragraphes et chapitres de la nouvelle loi qui ont trait à la télévision par câble car seule celle-ci — d'ailleurs un phénomène unique aux Etats-Unis — perçoit une redevance d'abonnement permettant aux différents systèmes de câbles d'entretenir financièrement leur fonctionnement, de façon semblable aux revues ou simplement aux systèmes européens de radiodiffusion. La répartition de cette redevance, pour autant qu'elle revient aux possesseurs du droit d'auteur, entre ceux-ci, est confiée à un „tribunal des tantièmes", nouvellement créé, dans lequel l'auteur voit une curiosité juridique.

Dans cette étude, sont également soumis à discussion de nombreux principes généraux de la nouvelle loi de 1976 sur le copyright.

Fr. U.

Summary

Since October 19, 1976, the United States has a new copyright law, — actually the most modern since that date. The author examines and analyzes critically those sections and chapters of the new law which deal with Cable Television, since only Cable-TV — a unicum in the United States — is dependent, financially, on subscription fees like e.g. periodicals. The balance of the distribution of these fees among the copyright owners is the task of a new Copyright Royalty Tribunal created by the new law, and in many respects a legalistic novelty.

Also many general aspects of the Copyright Act 1976 are discussed by the author.

Hörfunk — Fernsehen — Film im neuen US Copyright Act

Von Dr. jur. **Werner Rumphorst**, M.C.L., Genf

Der nach mehr als zwanzigjähriger Reformarbeit im Herbst des Jahres 1976 von beiden Häusern des Kongresses verabschiedete und am 19. Oktober 1976 vom damaligen Präsidenten Ford unterzeichnete neue US Copyright Act (Publ. L. 94-553, 90 Stat. 2541, 17 USC 101 ff.) bringt für Film und Funk eine Fülle von Änderungen gegenüber der bisherigen Rechtslage. Nicht wenige dieser Änderungen sind von erheblicher Bedeutung für die Praxis, zugleich aber auch aus rechtsvergleichender Sicht von besonderem Interesse. Einige Neuerungen sind freilich auch weniger bedeutsam (und auch wohl weniger interessant für den Leser); gleichwohl dürfen sie im Rahmen einer Gesamtdarstellung nicht fehlen.

Diese Darstellung beginnt zweckmäßigerweise mit dem Filmrecht. An eine umfassende Schilderung der für das Filmwerk geltenden Bestimmungen, durch die zugleich ein Überblick über das neue Recht im ganzen vermittelt wird, schließt sich die Darstellung des Senderechts und der damit in Berührung stehenden Fragen zwanglos an, geht es doch zumal beim Fernsehen ganz überwiegend um die Sendung von Filmwerken. Der Hörfunk teilt weitgehend das rechtliche Schicksal des Fernsehens. Allerdings gelten für beide Medienbereiche jeweils einige zum Teil sehr wichtige Besonderheiten.

Zu den Gesetzesmaterialien und ihrer Zitierweise in diesem Artikel ist noch anzumerken: Es gibt einen Bericht des Senats vom 20. November 1975 (S. Report No. 94-473, Committee on the Judiciary) und einen Bericht des Repräsentantenhauses vom 3. September 1976 (H. R. Report No. 94-1476, Committee on the Juriciary). Beide Berichte stimmen weitgehend (sogar wörtlich) überein, soweit nicht in dem jüngeren Bericht des Repräsentantenhauses Abänderungen gegenüber der Senatsfassung des Entwurfs zu begründen waren oder vereinzelt zusätzliche Erläuterungen gegeben werden. Ein Vermittlungsausschuß beider Häuser des Kongresses hat sich ganz überwiegend zugunsten der vom Repräsentantenhaus vorgenommenen Änderungen entschieden und am 29. September 1976 seinen eigenen Bericht vorgelegt (H. R. Report No. 94-1733, Committee of Conference). Diesem Bericht haben Senat und Repräsentantenhaus am

30. September zugestimmt und damit das Gesetz im Kongress verabschiedet.

Im folgenden wird nur der Bericht des Repräsentantenhauses vom 3. September 1976 und, soweit erforderlich, der Bericht des Vermittlungsausschusses vom 29. September 1976 zitiert. Auf übereinstimmende Parallelzitate aus dem (älteren) Senatsbericht wurde also verzichtet.

I. Das Filmrecht

Die Berner Übereinkunft widmet dem Filmrecht zwei besondere Artikel[1]), das deutsche Urheberrechtsgesetz sogar einen eigenen Teil[2]). Der amerikanische Gesetzgeber des Jahres 1976 hat demgegenüber auf eine besondere Heraushebung des Filmrechts verzichtet.

Der Grund hierfür dürfte in erster Linie darin zu suchen sein, daß der wohl wichtigste und zugleich schwierigste Regelungsgegenstand auf diesem Gebiet, nämlich die Frage der Filmurheberschaft[3]), in den Vereinigten Staaten noch nie besondere Probleme aufgeworfen hat, geschweige gar die Gerichte beschäftigt hätte[4]).

Wenngleich sich der Gesetzgeber hinsichtlich der spezifisch filmrechtlichen Bestimmungen im wesentlichen damit begnügt hat, den bestehenden, insb. durch die Rechtsprechung entwickelten Rechtszustand zu kodifizieren und dabei auf einige letztlich bislang nicht völlig geklärt gewesene Fragen eine eindeutige Antwort zu geben, so bedeutet dies doch nicht zugleich, daß die beteiligten Kreise sich für die Zeit ab 1. Januar 1978 nicht auf eine mannigfaltig und zum Teil recht grundlegend geänderte Rechtssituation einzurichten hätten. Das Filmwerk teilt nämlich grundsätzlich das Schicksal aller übrigen Werkgattungen, für die der neue Copyright Act insgesamt zum Teil recht einschneidende Änderungen gebracht hat. Insb. für den interessierten Praktiker hätte eine Schilderung des neuen amerikanischen Filmrechts nur beschränkten Wert, wenn nicht gleichzeitig auch sonstige hier relevante Bestimmungen des neuen Gesetzes zumindest in den Grundzügen mitbehandelt würden.

---

1) Art. 14 und 14bis der Stockholm/Paris-Fassung.

2) Teil 3 des Gesetzes über Urheberrecht und verwandte Schutzrechte vom 9. Sept. 1965 (BGBl. I 1273) = UFITA Bd. 45 (1965) S. 100 ff., 124 ff.

3) Vgl. hierzu etwa den Konferenzbericht von Ulmer, Die Reform der materiellrechtlichen Bestimmungen der Berner Übereinkunft, GRUR Int. 1967, 431, 447 ff.

4) Hierzu wie auch zum folgenden ausführlich Rumphorst, Das Filmurheberrecht in den USA, GRUR Int. 1973, 10 ff.

1. Das Filmwerk als audiovisuelles Werk

Das bisherige Recht[5]) unterschied in § 5 zwischen zwei Klassen von Filmwerken („motion pictures"): „motion picture photoplays" und „motion pictures other than photoplays". Die ersteren waren dramatischer Natur und gaben eine zusammenhängende Geschichte wieder, den letzteren fehlte der dramatische Charakter.

Das neue Gesetz gibt diese Unterscheidung auf. In dem (als nicht abschließend anzusehenden) Katalog der geschützten Werke (§ 102 (a)) sind jetzt unter Ziff. 6 „Filme und andere audiovisuelle Werke" angeführt.

§ 101 definiert die audiovisuellen Werke als „Werke, die aus einer Reihe einander zugeordneter Bilder bestehen, welche spezifisch darauf angelegt sind, mit Hilfe von Geräten oder Vorrichtungen wie Projektoren, Sichtgeräte oder elektronische Ausrüstung gezeigt zu werden, gegebenenfalls von Tönen begleitet und unabhängig von der Art der körperlichen Träger, wie Filme oder Bänder, auf denen die Werke festgelegt sind".

Filmwerke werden in der gleichen Bestimmung definiert als „audiovisuelle Werke, die aus einer Reihe einander zugeordneter Bilder bestehen, welche, gegebenenfalls von Tönen begleitet, den Eindruck von Bewegung vermitteln, wenn sie hintereinander gezeigt werden". Ein Filmwerk ist also ein audiovisuelles Werk mit dem besonderen Charakteristikum, daß es beim Zuschauer den Eindruck von Bewegung hervorruft, während dies bei den sonstigen audiovisuellen Werken (wie z. B. einer Serien von einander zugeordneten Diapositiven) nicht der Fall ist. Zugleich stellt diese Definition nun auch zweifelsfrei klar, daß der Tonstreifen einen integralen Bestandteil des Filmwerkes darstellt[6]).

2. Das Erfordernis schöpferischer Eigenart („originality")

Um als Werk geschützt zu werden muß ein Film eine gewisse schöpferische Eigenart („originality") aufweisen. Dieses bewußt nicht näher umschriebene Kriterium soll nach dem Willen des Gesetzgebers unverändert in der bislang von den Gerichten entwickelten Ausprä-

---

[5]) Copyright Act vom 4. März 1909 in der Fassung vom 30. Juli 1947 (61 Stat. 652), Title 17 U.S.C.

[6]) Entsprechend wird der Tonstreifen eines Filmwerks oder sonstigen audiovisuellen Werkes bei der gesetzlichen Definition der Tonaufnahmen (die eine eigene Werkgattung darstellen, § 102 (a) (7) ausdrücklich ausgeklammert.

gung fortgelten[7]). Ohne daß sich dies anhand von gerichtlichen Entscheidungen konkret belegen ließe darf doch wohl davon ausgegangen werden, daß bei Filmwerken im Zweifel ein eher großzügiger Maßstab zur Feststellung der „originality" angelegt werden dürfte. Es ist nämlich kaum anzunehmen, daß beispielsweise der gesamte Bereich der Laufbilder[8]) ohne weiteres vom Schutz ausgenommen sein sollte.

3. Das Erfordernis körperlicher Festlegung

Schon das bisherige Recht enthielt das Erfordernis körperlicher Festlegung als besondere Schutzvoraussetzung. Letztlich war jedoch nie so ganz zweifelsfrei, ob beispielsweise auch Magnetbandaufzeichnungen eines Filmwerkes eine Fixierung im Sinne des Gesetzes darstellten. Bereits im Jahre 1908 hatte nämlich der Supreme Court entschieden, daß Pianolarollen, die zum Betrieb von automatischen Klavieren dienten, keine „copies" der auf ihnen festgelegten Musikwerke seien, da es ihnen hierfür an der Lesbarkeit fehle[9]). Diese Entscheidung, in der Folgezeit zwar einengend interpretiert, hat bis zuletzt als „precedent" gegolten.

Das neue Gesetz hält an dem Erfordernis körperlicher Fixierung fest. Es wird allgemein davon ausgegangen, daß dies sogar durch die Bundesverfassung zwingend vorgeschrieben ist[10]). Begründet wird das mit dem Wortlaut der Regelung der Gesetzgebungskompetenz des Bundes auf dem Gebiete des Urheberrechts, wo zur Beschreibung des Schutzobjektes der Begriff „writings" verwendet ist[11]).

Die Art der körperlichen Festlegung wird in Zukunft keine Rolle mehr spielen. Gefordert wird lediglich, daß das Werk in irgendeinem körperlichen Gegenstand festgelegt ist (auch wenn dieser erst in Zukunft entwickelt wird), welcher die Wahrnehmung, Vervielfältigung oder sonstige Mitteilung des Werkes ermöglicht, sei es direkt oder mit Hilfe eines Gerätes (§§ 101, 102 (a)). Damit ist zweifelsfrei, daß insb. auch jedes technische Verfahren der Fixierung eines Filmwerkes von dieser Definition erfaßt wird.

---

7) Vgl. H. R. Report No. 94—1476 (Comm. on the Judiciary), S. 51.

8) § 95 des deutschen Urheberrechtsgesetzes (UG); vgl. dazu die einschlägige Kommentierung, z. B. bei Fromm / Nordemann, Urheberrecht, 3. Aufl. 1973, § 95.

9) White-Smith Music Publ. Co. v. Apollo Co., 209 US 1 (1908).

10) Nimmer on Copyright, New York 1963 ff. (Loseblattsammlung) § 8.32; Ladas, The International Protection of Literary and Artistic Property, Vol. II, New York 1938, S. 705 ff.; H. R. Rep. No. 83, 90th Cong., 1st Sess., S. 15.

11) Art. I, § 8, cl. 8 der Verfassung.

4. Das Filmwerk als Bearbeitung eines vorbestehenden Werkes

Soweit ein Filmwerk auf einem oder mehreren vorbestehenden Werken beruht, stellt es eine Bearbeitung („derivative work") dar. Zu dieser bedarf es der Erlaubnis des Urhebers des vorbestehenden Werkes, welchem § 106 (2) das ausschließliche Recht gewährt, Bearbeitungen seines Werkes (im weitesten Sinne, vgl. die Definition in § 101) herzustellen oder Dritten zu gestatten.

Bearbeitungen werden gemäß § 103 wie selbständige Werke geschützt. Dabei wird jedoch ausdrücklich klargestellt, daß sich der Schutz nur auf die vom Bearbeiter beigesteuerten schutzfähigen Elemente bezieht, daß das Bearbeiterurheberrecht kein ausschließliches Recht an dem vorbestehenden Material beinhaltet, andererseits aber auch unabhängig von dem Bestand des Schutzes für das vorbestehende Werk existiert und diesen umgekehrt in keiner Weise beeinflußt (§ 103 (b)). Soweit vorbestehendes Material unzulässigerweise benutzt wurde, kann Dritten gegenüber kein Schutz für die verletzenden Teile der Bearbeitung beansprucht werden (§ 103 (a)).

Unter dem bisherigen Recht bestand darüberhinaus zwischen dem Filmwerk und dem vorbestehenden Werk insofern ein Verhältnis der Akzessorietät, als das Filmwerk nur so lange ausgewertet werden konnte, als die Bearbeitungslizenz noch bestand. Wegen der Aufteilung in zwei rechtlich vollkommen unabhängige und selbständige Schutzperioden von jeweils 28 Jahren und angesichts der Unsicherheiten bei der Vorausabtretung der Rechte für die 2. Schutzperiode[12]) konnte hier bisweilen der Fall eintreten, daß das Recht zur Nutzung des Filmwerkes bereits mit Ablauf der 1. Schutzperiode erlosch, so daß es gegebenenfalls erneut erworben werden mußte.

Das neue Recht hat die Aufteilung in zwei Schutzperioden aufgegeben und sich grundsätzlich für eine Schutzdauer von 50 Jahren post mortem auctoris entschieden. Dem Schutzgedanken, der der alten Regelung zugrundelag (der aber wegen der von der Rechtsprechung anerkannten Vorausabtretbarkeit der Rechte für die 2. Schutzperiode weitgehend ins Leere traf), hat das neue Recht nun dadurch Rechnung getragen, daß es dem Urheber (bzw. seinen Erben) 35 Jahre nach Übertragung des Urheberrechts[13]) oder Einräumung einer Lizenz die Möglichkeit einräumt, die Rechtsübertragung einseitig rück-

---

[12]) Vgl. dazu Nimmer, aaO., § 117.

[13]) Das Urheberrecht ist unter dem neuen Recht als solches teilbar, kann also zu beliebigen Teilen auf Dritte übertragen werden, vgl. § 201 (d) (1) sowie auch die Definitionen von „copyright owner" und „transfer of copyright ownership" in § 101.

gängig zu machen bzw. die Lizenz zu beenden (§ 203)[14]). Auf Bearbeitungen hat eine solche Beendigung („termination") jedoch keinen Einfluß. Diese dürfen vielmehr nach der ausdrücklichen Bestimmung des § 203 (b) (1) auch nachher im gleichen Umfange weitergenutzt werden. Beim Filmwerk gilt das hinsichtlich der Rechte an allen vorbestehenden Werken, seien diese selbständig (unabhängig von der Verfilmung) oder eigens für den Film angefertigt worden[15]). Allerdings stellt die gleiche Bestimmung auch unmißverständlich klar, daß eine Zweitverfilmung („remake") nach Beendigung der Rechtsübertragung bzw. Lizenz nicht mehr möglich wäre.

5. Die Filmurheberschaft

a) Das Filmwerk als „work made for hire"

Eingangs wurde schon erwähnt, daß die Frage der Filmurheberschaft in den Vereinigten Staaten noch nie eigentliche Probleme aufgeworfen hat, geschweige gar die Gerichte beschäftigt hätte. Auch ist dieses Thema noch nie einer eigenen Untersuchung im amerikanischen Schrifftum unterzogen worden. Dies mag zunächst insofern erstaunlich erscheinen, als die Filmurheberschaft im bisherigen Recht keine eigene Regelung erfahren hatte. Weniger erstaunlich ist demgegenüber, daß der Gesetzgeber angesichts der bestehenden Situation keine Veranlassung sah, diesem Thema im Zuge der Reformarbeiten besondere Beachtung zu widmen.

Der Schlüssel zu diesem Geheimnis lag für das bisherige Recht im § 26 des Copyright Act, demzufolge der Arbeitgeber („employer")[16]) kraft Gesetzes Urheber der Werke seiner Arbeitnehmer war („.. the word „author" shall include an employer in the case of works made for hire")[17]). Die Vertragspraxis in den Vereinigten Staaten ging (und geht) praktisch ausnahmslos dahin, daß Filme als „works made for hire" entstehen, mit dem Ergebnis, daß der Hersteller (Produzent) nach bisherigem Recht kraft Gesetzes zum „Filmurheber" wurde.

In den letzten Jahren hatte die Rechtsprechung darüber hinaus sogar mehr und mehr die Auftragswerke („works made on commis-

---

[14]) Ausgenommen hiervon sind allerdings die „works made for hire" (vgl. hierzu unten 5 a)).

[15]) H. R. Rep. 94—1476, S. 127.

[16]) Als letztlich entscheidendes Kriterium für einen „employer" werden dessen Weisungs- und Überwachungsbefugnis angesehen, vgl. Nimmer, aaO., § 62.6. Der hier verwendete Begriff „Arbeitgeber" kann naturgemäß keine absolut deckende Übersetzung sein.

[17]) Zu dem gesamten Themenkreis der „works made for hire" vgl. ausführlich Rumphorst, Der angestellte Urheber in den U.S.A., GRUR Int. 1972, 345 ff.

sion") den „works made for hire" angenähert. Dies gipfelte schließlich in einer weitgehenden Gleichstellung, die damit begründet wurde, daß das Urheberrecht kraft gesetzgeberischer Entscheidung letztlich demjenigen zustehen solle, auf dessen Veranlassung und Kosten das Werk entstanden sei. Dieser gesetzgeberische Wille dürfe nicht durch Zufälligkeiten des Beschäftigungsverhältnisses beeinträchtigt werden[18]).

Der neue Copyright Act hat den bisherigen § 26 im Ergebnis übernommen und hinsichtlich der „works made on commission" einen Kompromiß gebracht, der insb. auch für die Filmurheberschaft von unmittelbarer Bedeutung ist.

§ 101 definiert zunächst ein „work made for hire" als

(1) ein Werk das von einem Arbeitnehmer im Rahmen seines Arbeitsverhältnisses geschaffen ist; oder

(2) ein Werk das eigens bestellt oder in Auftrag gegeben worden ist zur Benutzung ... als Teil eines Filmwerkes oder anderen audiovisuellen Werkes ... sofern die Parteien ausdrücklich in einem von ihnen unterschriebenen Schriftstück übereinkommen, daß das Werk als „work made for hire" gelten soll.

Weiter bestimmt dann § 201 (b), daß im Falle eines „work made for hire" der Arbeitgeber/Auftraggeber als Urheber gilt und, sofern die Parteien in einem von ihnen unterzeichneten Schriftstück nicht ausdrücklich etwas anderes vereinbart haben, ihm alle im Urheberrecht gebündelten Einzelrechte zustehen.

Das letztere ist eine klare Absage des Gesetzgebers an Forderungen, die insb. von Drehbuchautoren und Filmkomponisten erhoben worden waren. Diese hatten nämlich verlangt, daß dem Arbeitgeber/Auftraggeber kraft Gesetzes nur diejenigen Rechte eingeräumt werden sollten, die dieser im Rahmen seines gewöhnlichen Geschäftsbetriebes benötigt[19]). Insb. aus Gründen der Rechtsklarheit entschied sich der Gesetzgeber jedoch gegen eine solche — im amerikanischen Patentrecht als „shop right doctrine" geläufige — Lösung und begnügte sich stattdessen mit der Klarstellung, daß einer ausdrücklichen schriftlichen Vereinbarung in diesem Sinne nichts entgegensteht (wenn man einmal von der Verhandlungsstärke der Filmproduzenten absieht ...).

Was des weiteren diejenigen Auftragswerke angeht, die eigens

---

18) Picture Music Inc. v. Bourne Inc., 173 USPQ 449 (2d Cir. 1972).

19) Vgl. hierzu H. R. Rep. 94—1476, S. 121.

für einen bestimmten Film geschaffen werden, so dürfte der vom Gesetzgeber theoretisch vorausgesetzte Normalfall in der Praxis eine seltene Ausnahme bleiben. Die Urheber derartiger Werke besitzen nämlich durchweg nicht die erforderliche Verhandlungsstärke, um der Unterschrift unter eine Vertragsklausel zu entgehen, derzufolge ihr Werk als „work made for hire" gelten soll. Gleichwohl ist nicht ausgeschlossen, daß es hier und da doch einmal an einer solchen Vereinbarung fehlen wird oder daß diese aus irgendeinem Grunde nicht rechtswirksam ist. Mangels anderer Vereinbarungen wird man dann in einem solchen Falle wohl davon ausgehen können, daß der Urheber dem Produzenten jedenfalls das Recht zur Herstellung und üblichen Nutzung des Filmwerkes einräumt. Von entscheidender Bedeutung ist jedoch für ihn, daß er selbst Urheber seines eigenen Beitrags ist und bleibt. Dies sichert ihm (bzw. seinen Erben) das — praktisch hier allerdings nicht sehr bedeutsame — Recht zur Beendigung der Lizenz nach Ablauf von 35 Jahren, vor allem aber wahrt es ihm die wichtige Möglichkeit zur Nutzung seiner Rechte im außerfilmischen Bereich. Etwas zweifelhaft mag allerdings erscheinen, ob dieser Urheber nach den noch näher darzustellenden Kriterien der „joint authorship" gleichzeitig auch Miturheber des Filmwerkes wäre, was angesichts der starken Stellung eines Miturhebers (vgl. unten b), a. E.) problematisch wäre und auch nicht ganz gerechtfertigt erscheinen könnte. Überdies hätte dies gegebenenfalls auch Auswirkungen auf die Schutzdauer des Films (vgl. unten 6).

Zusammenfassend kann festgehalten werden, daß auf Grund traditioneller und durchgehender Vertragspraxis der Filmproduzent im Ergebnis der alleinige „Filmurheber" ist, und zwar bzgl. aller normalerweise eine Miturheberschaft begründender Beiträge jeweils auf Grund seiner Position als „author" eines „work made for hire". Theoretisch ist damit die Ausgangsposition des amerikanischen Filmproduzenten schwächer als diejenige seiner Kollegen unter den bekannten Systemen des „film-copyright" (insb. in Großbritannien), der cessio legis (z. B. in Italien, Österreich, Japan) oder der gesetzlich vermuteten Rechtsübertragung (z. B. in Deutschland, Frankreich), hängt für ihn doch letztlich alles von dem Inhalt von Verträgen ab. Andererseits zeigt aber die Praxis, daß diese Verträge Routinesache sind, von jedermann seit jeher akzeptiert, und dies bedeutet wiederum, daß die Stellung des amerikanischen Filmproduzenten im Ergebnis besonders stark ist, gilt er doch als *Urheber* aller Filmbeiträge, was ihm über die filmische Nutzung hinaus auch alle übrigen (außerfilmischen) Nutzungsmöglichkeiten der betreffenden Werke eröffnet.

b) Miturheberschaft („joint authorship") am Filmwerk

Ein Filmwerk (insb. ein kleineres, einfacheres) kann natürlich auch in der Weise hergestellt werden, daß sich mehrere Personen (z. B. Drehbuchautor, Kameramann und Cutter) auf gleicher Ebene zu seiner Herstellung zusammentun. Ebenso sind auch beliebige Kombinationen mit einem „work made for hire" denkbar, z. B. wenn ein Drehbuchautor und ein Kameramann gemeinsam einen Film herstellen wollen, wobei der Kameramann auch noch den Schnitt zu besorgen hat und er sich hierzu eines Cutter als „employee for hire" bedient.

In diesen Fällen liegt Miturheberschaft vor, die nach der gesetzlichen Definition des § 101 dann gegeben ist, wenn zwei oder mehr Urheber ein Werk in der Absicht herstellen, daß ihre Beiträge zu untrennbaren oder voneinander abhängigen Teilen eines einheitlichen Ganzen verschmolzen werden. Hierzu gehören nach der Vorstellung des Gesetzgebers insb. auch all diejenigen Urheber, deren Beiträge unmittelbar im Film aufgehen (z. B. Kameramann, Cutter), ebenso auch die Urheber eigens für den Film geschaffener Beiträge (z. B. Drehbuchautor, Filmkomponist), nicht jedoch die Urheber vorbestehender Werke (z. B. der Autor eines verfilmten Romans)[20].

Das Verhältnis der Miturheber untereinander hat keine eigene Regelung erfahren. Es sollte vielmehr bei der bisherigen Rechtslage bleiben, derzufolge Miturheber als „tenants in common" anzusehen sind. Danach hat insb. jeder einzelne Miturheber grundsätzlich das Recht, Lizenzen zur Nutzung des Werkes zu erteilen, muß jedoch etwa erzielte Gewinne mit den übrigen Miturhebern teilen[21].

6. Veröffentlichung und Schutzdauer

Für das bisherige Recht spielte der Begriff der Veröffentlichung („publication") eine Rolle von erheblicher Bedeutung. Während die sog. „divestive publication" den Verlust des common law-Schutzes zur Folge hatte, stellte die sog. „investive publication" (zusammen mit der Anbringung eines formgerechten Copyright-Vermerks) die entscheidende Voraussetzung zur Begründung des Urheberrechtsschutzes dar. Auch begann mit der Veröffentlichung die Schutzfrist für das Werk zu laufen.

---

[20]) Vgl. H. R. Rep. 94—1476, S. 120.

[21]) H. R. Rep. 94—1476, S. 121; vgl. ferner Nimmer, aaO., § 76; Cary, Joint Ownership of Copyright, Nr. 12 der Studies on Copyright, Arthur Fisher Memorial Edition, 1963, S. 696/7.

Diese zentrale Bedeutung hat der Begriff der Veröffentlichung unter dem neuen Recht eingebüßt, da nunmehr veröffentlichte wie unveröffentlichte Werke gleichermaßen vom bundesrechtlichen Schutz erfaßt werden (§ 301 (a)) und die Schutzfrist grundsätzlich mit dem Tode des Urhebers zu laufen beginnt. Sie beträgt jetzt 50 Jahre post mortem auctoris, bei Miturheberschaft wird auf den Tod des letztlebenden Miturhebers abgestellt[22]). Im Falle der „works made for hire" allerdings, zu denen ja in aller Regel auch und vor allem die Filmwerke zählen, beträgt die Schutzdauer 75 Jahre nach der Erstveröffentlichung (bzw. 100 Jahre nach der Schöpfung, je nachdem, welche Frist zuerst abläuft)[23]). Insoweit hat der Begriff der Veröffentlichung also eine praktisch nicht ganz unwichtige Bedeutung behalten.

Nach der gesetzlichen Definition des § 101 ist Veröffentlichung „die Verbreitung von Werkstücken oder Tonträgern eines Werkes an die Öffentlichkeit mittels Verkauf oder sonstiger Übertragung des Eigentums, oder mittels Leihe oder Miete. Das Angebot, Werkstücke oder Tonträger an eine Personengruppe zum Zwecke der Weiterverbreitung, öffentlichen Vorführung oder Sichtbarmachung zu verbreiten, stellt eine Veröffentlichung dar. Eine öffentliche Vorführung oder Sichtbarmachung stellt als solche noch keine Veröffentlichung dar."

Diese Definition erfaßt ohne weiteres den Verkauf von Filmkopien, trägt aber insb. auch der Verleihpraxis im Filmgeschäft Rechnung und bedarf insoweit keiner näheren Erläuterung, zumal bereits nach bisherigem Recht die Veröffentlichung von Filmen — trotz theoretisch bestehender, durch die obige Definition nun ausgeräumter geringfügiger Unsicherheiten — keine praktischen Probleme aufgeworfen hat.

---

[22]) Bei einem Filmwerk, das ausnahmsweise einmal einen „employer for hire" und zusätzlich einen oder auch mehrere natürliche Miturheber aufwiese, würde nach der gesetzlichen Regelung die Mindestdauer des Schutzes 75 Jahre nach der Veröffentlichung betragen, die Höchstdauer könnte auf Grund eines späten Todes eines natürlichen Miturhebers beträchtlich länger sein — ein Ergebnis, an das der Gesetzgeber selbst kaum gedacht haben dürfte.

[23]) Vgl. im einzelnen § 302. Besonders zu beachten sind hier allerdings die Übergangsvorschriften der §§ 303 und 304. Insb. muß die Schutzfrist für Werke, die sich am 1. 1. 1978 in der 1. Schutzperiode befinden, innerhalb des 28. Jahres dieser Periode verlängert werden; andernfalls verfällt der Schutz mit Ablauf der 1. Schutzperiode. Die 2. Schutzperiode beträgt für diese Werke 47 Jahre, was im Ergebnis einen Schutz von insgesamt 75 Jahren (gegenüber bislang 56 Jahre) bedeutet.

7. Inhalt und Schranken der Rechte am Filmwerk

a) Inhalt der Rechte am Filmwerk

Das Urheberrecht am Filmwerk schließt die Rechte der Vervielfältigung, Verbreitung, Bearbeitung und öffentlichen Wiedergabe ein (§ 106). Begrifflich wird bei dem Recht der öffentlichen Wiedergabe zwischen der Vorführung des Filmes selbst („performance") und der Sichtbarmachung einzelner Bilder des Films außerhalb ihrer normalen Reihenfolge („display") unterschieden. Definiert wird das Recht der öffentlichen Wiedergabe in § 101 als die Befugnis, das Werk an einem der Öffentlichkeit zugänglichen oder an einem sonstigen Orte, wo eine nicht unbedeutende Anzahl von Personen außerhalb des normalen Familien- und Bekanntschaftskreises versammelt ist, vorzuführen oder sichtbar zu machen, sowie die Vorführung/Sichtbarmachung zu senden oder anderweitig öffentlich wiederzugeben.

Während dieser Katalog von Rechten einen umfassenden Schutz der materiellen Interessen des Urhebers gewährleistet, enthält auch das neue Gesetz keine Regelung des Urheberpersönlichkeitsrechts. Mit dem Autor einer der die Reformarbeiten in den 50er Jahren einleitenden Studien war der Gesetzgeber offenbar der Meinung, daß das Konzept des droit moral als solches dem amerikanischen Urheberrechtssystem fremd sei, daß aber andererseits auch kein Bedürfnis für die Einführung eines droit moral bestehe, weil der amerikanische Urheber über verschiedene andere Rechtsinstitute außerhalb des Urheberrechts einen mehr oder weniger gleichwertigen Schutz seiner persönlichkeitsrechtlichen Interessen genieße[24]).

b) Schranken der Rechte am Filmwerk

Der von der Rechtsprechung durch zahlreiche Entscheidungen konkretisierte Grundsatz, daß sich der Urheber einem redlichen Gebrauch („faire use") seines Werkes nicht widersetzen kann, ist nun ausdrücklich im Gesetz verankert worden. § 107 führt vier Kriterien an, auf die bei der Feststellung, ob im Einzelfalle ein „fair use" gegeben ist, insb. (aber nicht ausschließlich) abzustellen ist:

(1) Zweck und Art des Gebrauchs (insb. auch kommerzielle Absicht oder nicht-kommerzieller Unterrichtszweck);

---

[24]) Strauss, The Moral Right of the Author, Studie Nr. 4 der Studies on Copyright (s. Fußn. 21), S. 963 ff.; a. A. insb. Katz, The Doctrine of Moral Right and American Copyright Law — A Proposal, 24 South. Calif. L. Rev. 375 (1951); vgl. ferner Nimmer, aaO., § 110; Berman and Rosenthal, Screen Credit and the Law, 9 UCLA L. Rev. 156 (1962).

(2) Art des geschützten Werkes;

(3) Umfang und Bedeutung des benutzten Teils im Verhältnis zum Gesamtwerk;

(4) Auswirkung des Gebrauchs auf den potentiellen Markt oder den Wert des geschützten Werkes.

Diese Bestimmung ist grundsätzlich auch auf Filmwerke anwendbar, obwohl ihre große praktische Bedeutung eher auf anderen Gebieten liegen dürfte (insb. Herstellen von Fotokopien).

Eine nicht unbedeutende Schranke zugunsten des Bildungswesens enthält § 110 (1). Nach dieser Bestimmung stellt die Vorführung eines Films durch Lehrer oder Schüler im Verlaufe unmittelbarer Lehrtätigkeit im Klassenzimmer einer nichtkommerziellen Bildungseinrichtung keine Verletzung des Urheberrechts dar, es sei denn, daß die benutzte Filmkopie nicht rechtmäßig hergestellt war und die für die Vorführung verantwortliche Person dies wußte oder wissen mußte.

Weniger einschneidend dürfte sich § 108 (h) auswirken, wonach Bibliotheken und Archiven in beschränktem Umfange die Vervielfältigung eines Filmwerkes zu Archivzwecken oder zur Ersetzung einer beschädigten oder abhanden gekommenen Kopie gestattet ist.

Weitere wichtige Schranken des ausschließlichen Rechts am Filmwerk bestehen schließlich noch im Zusammenhang mit dem Recht der öffentlichen Wiedergabe, insb. dem Recht der Kabelverbreitung. Hierauf wird im Zusammenhang mit der Darstellung des Senderechts im einzelnen eingegangen werden.

8. Formvorschriften

Die Darstellung des Filmurheberrechts wäre unvollständig, wenn zum Abschluß nicht zumindest noch ein kurzer Abriß der einschlägigen Bestimmungen über den Copyright-Vermerk, die Hinterlegung von Werkstücken und die Registrierung des Werkes beim Copyright Office gegeben würde.

Copyright-Vermerk, Registrierung und Hinterlegung gehören zum traditionellen Bestand des amerikanischen Urheberrechts. Es hat niemals ein Zweifel daran bestanden, daß der Gesetzgeber auch nur erwägen würde, diese Tradition nicht beizubehalten. Ebenso klar war aber auch, daß die bestehenden Vorschriften einer Liberalisierung und flexibleren Ausgestaltung bedurften. Dies traf insb. auf die recht rigorosen Bestimmungen über den Copyright-Vermerk zu.

a) Der Copyright-Vermerk

Wenn ein Werk (insb. auch ein Filmwerk) in den Vereinigten Staaten oder irgendwo sonst in der Welt mit Zustimmung des Berechtigten veröffentlicht wird, so ist auf jedem an die Öffentlichkeit verbreiteten Vervielfältigungsstück ein Copyright-Vermerk anzubringen. Dies ist grundsätzlich Voraussetzung zur Erlangung des Schutzes unter dem amerikanischen Copyright Act.

Ein formgültiger Copyright-Vermerk muß folgende drei Bestandteile enthalten:

(1) das Symbol ©, das Wort „Copyright" oder die Abkürzung „Copr.";

(2) das Jahr der Erstveröffentlichung des Werkes;

(3) den Namen des Inhabers des Urheberrechts, oder eine verständliche Abkürzung des Namens, oder eine allgemein bekannte anderweitige Bezeichnung für den Inhaber des Urheberrechts (§ 401 (b)).

Der Copyright-Vermerk muß derart auf dem Vervielfältigungsstück angebracht sein, daß daraus der Anspruch auf Urheberrechtsschutz unschwer hervorgeht. Der Register of Copyright ist ermächtigt, Richtlinien zu erlassen, die Beispiele enthalten, wie diesem Erfordernis bei verschiedenen Werkgattungen im einzelnen entsprochen werden kann (§ 401 (c)).

Das Fehlen des Copyright-Vermerks[25]) führt gemäß § 405 (a) dann nicht zum Verlust des Urheberrechtsschutzes, wenn

(1) der Vermerk nur auf einer relativ kleinen Anzahl der an die Öffentlichkeit verbreiteten Werkstücke fehlt; oder

(2) das Werk vor oder innerhalb von 5 Jahren nach der ohne Copyright—Vermerk erfolgten Veröffentlichung beim Copyright Office registriert wurde und zumutbare Anstrengungen unternommen werden, den Vermerk nach Entdecken seines Fehlens auf allen in den Vereinigten Staaten an die Öffentlichkeit verbreiteten Werkstücken anzubringen; oder

(3) der Vermerk entgegen einer ausdrücklichen schriftlichen Anweisung nicht auf den Werkstücken angebracht worden ist.

---

[25]) Dem Fehlen gleichgestellt ist das Vorhandensein eines Namens oder einer Jahresangabe, die billigerweise (z. B. wegen ihres räumlichen Abstandes) nicht mehr als Bestandteil des Copyright-Vermerks angesehen werden können. Gleiches gilt auch, wenn die Jahresangabe um mehr als ein Jahr rückdatiert ist.

Ebensowenig hat die Entfernung, Zerstörung oder Unkenntlichmachung des Copyright-Vermerks durch einen Dritten Einfluß auf den Bestand des Urheberrechtsschutzes (§ 405 (c)).

Diesem Entgegenkommen des Gesetzgebers gegenüber entschuldbaren oder unkontrollierbaren Pannen entspricht zwangsläufig auf der anderen Seite eine gewisse Freistellung des gutgläubigen Verletzers. So ist ein Ersatz des tatsächlichen oder des gesetzlich vermuteten Schadens („statutory damages") ausgeschlossen; im übrigen entscheidet das Gericht nach billigem Ermessen über Gewinnherausgabe, Unterlassung oder Recht zur Fortsetzung der Nutzung gegen Zahlung einer vom Gericht festzusetzenden Lizenzgebühr (§ 405 (b)).

Ähnliche Nachsicht genießt auch der gutgläubige Verletzer, der eine Lizenz von einem im Copyright-Vermerk angegebenen Nichtberechtigten erhalten hat. Er ist dem wahren Berechtigten gegenüber nicht verantwortlich, es sei denn, er hätte vor Beginn der Verletzungshandlung aus den Unterlagen des Copyright Office entnehmen können, daß er mit einem Nichtberechtigten abgeschlossen hatte[26]).

Schließlich ist in diesem Zusammenhang insb. noch für Filmwerke — soweit sie „works made for hire" sind — von Bedeutung, daß bei einer Vordatierung der Jahresangabe die angegebene Jahreszahl als Beginn der Schutzdauer zugrundegelegt wird (§ 406 (b)).

b) Die Hinterlegung

Von erheblicher praktischer Bedeutung, insb. auch für den ausländischen Filmhersteller, ist die in § 407 (a) verankerte Pflicht zur Hinterlegung von zwei Vervielfältigungsstücken im Copyright Office (zugunsten der Library of Congress). Die Hinterlegung hat innerhalb von drei Monaten nach der Veröffentlichung in den USA zu erfolgen, auch wenn das Werk zuvor schon in einem anderen Land veröffentlicht worden ist. Wenn dieser Pflicht trotz schriftlicher Mahnung durch den Register of Copyrights nicht nachgekommen wird, so werden Geldbußen fällig und der Betreffende muß zudem denjenigen Betrag an die Library of Congress zahlen, den diese zum Erwerb der Vervielfältigungsstücke benötigt (§ 407 (d)). Das Gesetz stellt jedoch ausdrücklich klar, daß die Hinterlegung keine Voraussetzung für den Urheberrechtsschutz darstellt (§ 407 (a)).

---

[26]) Selbstverständlich muß der Nichtberechtigte dem Berechtigten alle Erlöse herausgeben, die er aus einer derartigen Rechtsübertragung oder Lizenzeinräumung erzielt, § 406 (a).

c) Die Registrierung

Veröffentlichte wie auch unveröffentlichte Werke können jederzeit unter Benutzung eines besonderen Anmeldeformulars und gegen Zahlung einer Gebühr ($ 10) beim Copyright Office registriert werden. Auch hierbei handelt es sich nicht um eine Voraussetzung für den Urheberrechtsschutz (§ 408 (a)).

Zusammen mit der Anmeldung sind zwei Vervielfältigungsstücke (bei unveröffentlichten Werken nur eines) zu hinterlegen, sofern das nicht bereits auf Grund der allgemeinen Hinterlegungspflicht zugunsten der Library of Congress (oben (b)) geschehen ist (§ 408 (b)).

Hält der Register of Copyrights das angemeldete Werk für schutzfähig und sind auch die übrigen formellen Bestimmungen erfüllt, so erteilt er eine Registrierungsbestätigung. Andernfalls teilt er dem Anmelder unter schriftlicher Angabe von Gründen mit, weshalb das Werk nicht registriert wurde (§ 410 (a), (b)).

Die Bestätigung dient als Beweis des ersten Anscheins für den Bestand des Urheberrechts und die Korrektheit sonstiger in ihr enthaltener Angaben, sofern die Registrierung vor oder innerhalb von fünf Jahren nach der Erstveröffentlichung des Werkes erfolgt war. Bei einer später erfolgten Registrierung entscheidet das Gericht nach freiem Ermessen über den Beweiswert der Registrierungsbestätigung (§ 410 (c)).

Wichtig ist die Registrierung aber vor allem deswegen, weil ohne sie keine Klage wegen Verletzung des Urheberrechts erhoben werden kann (§ 411 (a))[27].

Indirekter Druck zur möglichst frühzeitigen Registrierung wird schließlich noch durch § 412 ausgeübt. Danach können Ersatz des gesetzlich vermuteten Schadens („statutory damages") und Erstattung von Anwaltskosten nicht verlangt werden, wenn die Verletzung des Urheberrechts an einem unveröffentlichten Werk vor dessen Registrierung begonnen hatte, oder zwar nach der Veröffentlichung aber vor der Registrierung, sofern nicht in letzterem Falle die Registrierung noch innerhalb von drei Monaten nach der Erstveröffentlichung des Werkes erfolgt.

Abschließend kann vermerkt werden, daß die neue gesetzliche Regelung, ausgehend von der grundsätzlichen Notwendigkeit des Copy-

[27]) Ausnahmen hiervon bestehen, wenn Anmeldung, Hinterlegung und Zahlung der Gebühr erfolgt sind, der Register of Copyrights jedoch die Registrierung verweigert, sowie bei live-Sendungen, die gleichzeitig aufgezeichnet werden, sofern bei letzteren die Registrierung innerhalb von 3 Monaten erfolgt, § 411 (a), (b).

right-Vermerks, der Hinterlegung und der Registrierung, in erfreulicher Weise der Unzulänglichkeit des Menschen beim Umgehen mit starren Formvorschriften Rechnung trägt, indem sie einiges nachsieht, anderes für nachholbar bzw. reparabel erklärt und außerdem verschiedenste abgestufte Druckmittel zur Erfüllung der Formvorschriften bereithält.

II. Hörfunk und Fernsehen

Hörfunk und Fernsehen hatten im Copyright Act von 1909 keine eigene Regelung erfahren. Der Gesetzgeber mußte hier deshalb besonderen Fleiß aufwenden, um die vielen regelungsbedürftigen Punkte erstmals in konkrete Gesetzesbestimmungen umzumünzen. Dies galt insb. bzgl. solcher Probleme, die bislang entweder noch gar nicht in gerichtlichen Entscheidungen angesprochen worden waren oder aber nach dem Willen des Gesetzgebers entgegen der bisherigen Rechtsprechung geregelt werden sollten. Hinlänglich bekanntes Musterbeispiel hierfür ist das Kabelfernsehen, dessen Regelung sich als überaus schwierig erwies und über Jahre hin das Haupthindernis für das Gelingen des gesamten Reformwerkes darstellte. Äußerlich sichtbares Zeichen, Symbol für diese langwierige und mühevolle Arbeit ist das Ergebnis selbst: eine Mammut-Kabelbestimmung, die sich über mehrere eng bedruckte Seiten erstreckt.

Doch beginnen wir die Darstellung des Hörfunks und Fernsehens am Anfang, beim Senderecht!

1. Das Senderecht als Bestandteil des Rechts der öffentlichen Wiedergabe

Das bisherige Recht enthielt keine ausdrückliche Regelung des Senderechts. Allerdings bestätigte immerhin eine im Jahre 1952 erfolgte Gesetzesänderung[28]) betr. den Schadensersatz bei Verletzung des Urheberrechts durch Rundfunksendung von Vorträgen, Predigten, Ansprachen etc. (§ 1c), daß die im Grunde von Anfang an nicht strittig gewesene Einordnung des Senderechts unter den Oberbegriff der öffentlichen „Aufführung" („public performance") zutreffend war[29]). Die Rundfunksendung als eine besondere Variante der „public performance", das ließ einerseits einen weiten Interpretationsspiel-

---

[28]) Act of July 17, 1952 (66 Stat. 752), effective Jan. 1, 1953.

[29]) Außer bei dramatischen Werken setzte das Aufführungsrecht zusätzlich noch eine Gewinnerzielungsabsicht voraus.

raum (Hörfunk, Fernsehen; Sendung, Weitersendung; drahtlose, drahtgebundene Sendung; Direktsatellitensendung), mußte andererseits aber zwangsläufig dort zu Schwierigkeiten führen, wo eine klare Grenzziehung zwischen Sendung und Empfang nicht möglich erscheint, nämlich bei der Kabelverbreitung von Sendungen (vgl. unten 5 f, g).

Der neue Copyright Act hält an der bisherigen prinzipiellen Einordnung des Senderechts fest. Er gewährt ein umfassendes Recht der öffentlichen Wiedergabe, stellt nun aber ausdrücklich fest, daß hierzu auch das Senderecht zählt.

Interessant ist die vom amerikanischen Gesetzgeber gewählte systematische Untergliederung des Rechts der öffentlichen Wiedergabe, die maßgebend von derjenigen des § 15 (2) des deutschen Urheberrechtsgesetzes abweicht, zusätzlich auch noch das Ausstellungsrecht umfaßt und deswegen bei der Verwendung von Begriffen wie Vortrag, Aufführung, Vorführung oder Ausstellung, auf das amerikanische Recht bezogen, zu besonderer Zurückhaltung bzw. Aufmerksamkeit mahnt. Begrifflich wird zunächst zwischen „Aufführung" („performance") und Sichtbarmachung („display") unterschieden.

Ein Werk „sichtbar machen" bedeutet nach der gesetzlichen Definition des § 101, ein Vervielfältigungsstück („copy")[30]) des Werkes direkt oder mittels eines Films, Diapositivs, Fernsehbildes oder sonstigen Gerätes oder Verfahrens zu zeigen. Erwähnt wurde bereits, daß hierzu ferner noch das Zeigen einzelner Bilder eines Filmwerkes oder sonstigen audiovisuellen Werkes außerhalb ihrer normalen Reihenfolge zählt.

Ein Werk „aufführen" bedeutet nach der gesetzlichen Definition des § 101, es zu rezitieren, wiederzugeben, zu spielen, zu tanzen oder darzustellen, sei es direkt oder mittels irgendeines Gerätes oder Verfahrens. Bei Filmwerken oder sonstigen audiovisuellen Werken bedeutet dies, ihre Bilder hintereinander zu zeigen oder die Begleitmusik hörbar zu machen.

§ 106 (4) u. (5) gewährt nun das ausschließliche Recht, das geschützte Werk öffentlich „aufzuführen" bzw. öffentlich sichtbar zu machen. Darunter ist nach der gesetzlichen Definition des § 101 die Befugnis zu verstehen, das Werk vor einer näher definierten Öffentlichkeit „aufzuführen" bzw. sichtbar zu machen sowie fernerhin, eine

---

[30]) Der Begriff „copy" schließt den Gegenstand der erstmaligen Festlegung, das Original, ein (§ 101).

„Aufführung" oder Sichtbarmachung des Werkes zu senden („to transmit") oder in sonstiger Weise öffentlich mitzuteilen. Eine Gewinnerzielungsabsicht wird dabei im Gegensatz zum früheren Recht nicht mehr vorausgesetzt.

Wird also beispielsweise ein Werk öffentlich aufgeführt, die Aufführung von einem Sendeunternehmen ausgestrahlt, diese Ausstrahlung direkt von einem anderen Sendeunternehmen weitergesendet, diese Weitersendung von einem Kabelunternehmen verbreitet oder in einem Restaurant öffentlich wiedergegeben, so handelt es sich hier grundsätzlich bei jedem einzelnen Akt um eine gesonderte „public performance".

2. Werke, die gegen die öffentliche Wiedergabe geschützt sind. Ausnahmen

Sowohl das Recht der öffentlichen „Aufführung" als auch das Recht der öffentlichen Sichtbarmachung bestehen hinsichtlich literarischen, musikalischen, dramatischen, choreografischen und pantomimischen Werken. Bei Filmwerken und sonstigen audiovisuellen Werken kommt entsprechend der begrifflichen Differenzierung mal die eine, mal die andere Befugnis zum Zuge. Nur das Recht der öffentlichen Sichtbarmachung besteht hinsichtlich Bildwerken, Graphiken und Skulpturen[31]).

Damit ist, entsprechend den jeweiligen Besonderheiten der einzelnen Werkgattungen, ein lückenloser Schutz des Urhebers gegen die öffentliche Wiedergabe und damit insb. auch gegen die Sendung seines Werkes (im weitesten Sinne) gewährleistet. Mit einer Ausnahme: Tonaufnahmen („sound recordings"), als eigene Werkgattung in § 102 (a) (7) angeführt, genießen keinen Schutz gegen die öffentliche Wiedergabe und damit insb. auch nicht gegen Rundfunksendungen. Dies folgt bereits aus ihrer Nichterwähnung in § 106 (4), wird aber darüber hinaus auch positiv in § 114 (a) festgestellt.

Tonaufnahmen dürfen nicht mit Tonträgern („phonorecords") verwechselt werden. Tonträger sind die körperlichen Gegenstände, auf denen Töne festgelegt sind. Demgegenüber sind Tonaufnahmen Werke, die aus der Festlegung einer Reihe von musikalischen, gesprochenen oder sonstigen Tönen resultieren, unabhängig von der Art und dem Material des Gegenstandes der Festlegung, wie z. B. Plat-

---

[31]) Zu dieser Gruppe von Werken gehören insb. auch Fotografien sowie Werke der angewandten Kunst (§ 101).

ten, Bänder oder sonstige Tonträger[32]). Als Urheber einer Tonaufnahme kommen nach der Vorstellung des Gesetzgebers sowohl die ausübenden Künstler als auch der Tonträgerhersteller (auf Grund seiner organisatorischen Leistung) in Betracht[33]). Es handelt sich hier also im Grunde um ein Leistungsschutzrecht im Mantel des Urheberrechts, eine Konstruktion, die ja insb. vom britischen Urheberrechtsgesetz und anderen am britischen Vorbild orientierten Urheberrechtsgesetzen her bekannt ist[34]).

Wenn nun Tonaufnahmen selbst keinen Schutz gegen die öffentliche Wiedergabe genießen, so bedeutet dies doch nicht etwa gleichzeitig, daß damit auch die Urheber der auf einem Tonträger festgelegten Werke keinen Schutz gegen die öffentliche Wiedergabe ihrer Werke mittels Tonträger genießen würden. Dies ist an sich selbstverständlich, wird aber in § 114 (c) noch einmal ausdrücklich erwähnt. Sendeanstalten bedürfen also gegebenenfalls der Zustimmung der Urheber (insb. Komponisten und Textdichter), wenn sie Tonträger zu Sendezwecken benutzen wollen; hingegen dürfen sie die Tonträger hinsichtlich der auf ihnen festgelegten Tonaufnahmen zu Sendezwecken benützen, ohne daß der Hersteller des Tonträgers oder die ausübenden Künstler hiergegen ein Einspruchsrecht hätten oder wenigstens eine angemessene Vergütung dafür verlangen könnten[35]).

Letzteres ist freilich eventuell nur ein vorläufiges Ergebnis. Erst im Jahre 1974 war nämlich eine — heiß umstrittene — Bestimmung aus den Entwürfen des Senats und des Repräsentantenhauses gestrichen worden, die eine gesetzliche Lizenz für die „public performance"

---

[32]) Tonstreifen eines Filmwerkes oder sonstigen audiovisuellen Werkes sind keine „Tonaufnahmen" im Sinne des Gesetzes, sie teilen vielmehr das rechtliche Schicksal des Filmwerkes oder sonstigen audiovisuellen Werkes (vgl. oben I 1.).

[33]) Letzterer wäre z. B. Alleinurheber, wenn er Vogelstimmen oder sonstige Geräusche aufnehmen würde; umgekehrt wäre auch denkbar, daß wegen einer völlig unbedeutenden Leistung des Tonträgerherstellers lediglich die ausübenden Künstler die Urheber einer Tonaufnahme sind, vgl. H. R. Rep. No. 94—1476, S. 56.

[34]) Vgl. insb. §§ 12 bis 15 des brit. Copyright Act von 1956.

[35]) Diese Regelung steht in Einklang mit dem einschlägigen Konventionsrecht. Das Genfer Übereinkommen vom 29. Okt. 1971 zum Schutz der Hersteller von Tonträgern gegen die unerlaubte Vervielfältigung ihrer Tonträger gewährt keinen Schutz gegen die Sendung von Tonträgern. Das Rom-Abkommen vom 26. Okt. 1961 über den Schutz der ausübenden Künstler, der Hersteller von Tonträgern und der Sendeunternehmen (UFITA Bd. 37 [1962] S. 73), dem die USA im Gegensatz zum Genfer Übereinkommen allerdings nicht angehören, gewährt ausübenden Künstlern keinen Schutz gegen die Sendung mittels einer Festlegung ihrer Darbietung (Art. 7 (1) a). Für ausübende Künstler und/oder Tonträgerhersteller sieht Art. 12 zwar einen Vergütungsanspruch für die Sendung mittels zu Handelszwecken veröffentlichter Tonträger vor; die nationale Gesetzgebung braucht diese Bestimmung jedoch nicht zu übernehmen (Art. 16 (i)).

von Tonaufnahmen vorsah. Die Streichung war erfolgt, um das ohnehin schon überaus schwierige Reformwerk nicht noch weiter zu belasten. Gleichzeitig waren aber sowohl im Senat[36]) als auch im Repräsentantenhaus[37]) neue Gesetzesvorlagen eingebracht worden, die das gleiche Ergebnis auf dem Wege über eine Änderung des geltenden Copyright Act von 1909 zu erreichen suchten.

Der Gesetzgeber des Jahres 1976 hat sich geschickt aus dieser offenen Affäre gezogen, indem er dem § 114 einen neuen Absatz (d) anfügte, in welchem dem Register of Copyrights die Auflage erteilt ist, zu Beginn des Jahres 1978 nach Anhörung der interessierten Kreise einen Bericht mit möglichen Empfehlungen zur Einführung eines Schutzes der Tonaufnahmen gegen öffentliche Wiedergaben vorzulegen. Dieser Bericht soll insb. auch die Rechtslage in anderen Ländern darstellen und gegebenenfalls auch schon konkrete gesetzgeberische oder sonstige Vorschläge enthalten[37a]). Insb. die Rundfunkanstalten werden hier also die weitere Entwicklung sorgfältig im Auge behalten müssen.

Neben den Tonaufnahmen (mit dem Vorbehalt einer eventuell bevorstehenden Gesetzesänderung) würden prinzipiell auch live-Sendungen keinen Schutz gegen die „public performance" genießen. Dies deswegen, weil vom Schutz des neuen Gesetzes grundsätzlich nur solche Werke[38]) erfaßt werden, die körperlich festgelegt sind (§ 102 (a); vgl. dazu oben I 3.). Jedoch gelten live-Sendungen des Hörfunks und Fernsehens dann als körperlich festgelegt, wenn gleichzeitig mit der Sendung eine Aufzeichnung vorgenommen wird[39]). Im übrigen ist in diesem Zusammenhang auch der Hinweis von Bedeutung, daß für nicht aufgezeichnete live-Sendungen gegebenenfalls ein staatenrechtlicher Schutz bestehen kann. Das Urheberrechtsgesetz des

---

[36]) S. 111, 94th Cong., 1st Sess.

[37]) H. R. 5345, 94th Cong., 1st Sess.

[37a]) Ohne diesen Bericht abzuwarten hat ein Abgeordneter des Repräsentantenhauses am 5. April 1977 einen Gesetzesentwurf eingebracht (H. R. 6063, 95th Cong., 1st Sess.), der das Recht der öffentlichen Wiedergabe grundsätzlich auch auf Tonaufnahmen erstrecken würde, allerdings in Form einer gesetzlichen Lizenz zugunsten der Benutzer von Tonaufnahmen. Diese hätten das Recht, erschienene Tonaufnahmen unter Beachtung bestimmter Formalitäten und gegen Zahlung einer jährlichen Lizenzgebühr zu Zwecken der öffentlichen Wiedergabe (insb. also auch der Sendung) zu benutzen. Freigestellt hiervon wären allerdings u. a. solche Radiostationen und Fernsehstationen, deren jährliche Bruttoeinnahmen aus Werbung $ 25 000 bzw. $ 1 000 000 nicht übersteigen.

[38]) Nach der Vorstellung des Gesetzgebers würde beispielsweise die Übertragung eines Fußballspiels mit Hilfe von 4 unterschiedlich postierten Kameras, gesteuert von einem Bildregisseur, ein urheberrechtlich schützbares Werk darstellen, vgl. H. R. Rep. 94—1476, S. 52.

[39]) Siehe § 101, „fixed".

Bundes läßt nämlich ausdrücklich den Schutz nicht festgelegter Werke nach common law oder Gesetzesrecht eines Einzelstaates unberührt (§ 301 (b) (1)).

3. Das Senderecht im einzelnen

Der Gesetzgeber hat keinen Zweifel daran gelassen, daß jeder nur denkbare oder heute sogar noch nicht einmal vorstellbare Akt der Sendung oder sonstigen öffentlichen Wiedergabe eines Werkes mittels eines beliebigen Gerätes oder Verfahrens der Kontrolle des Urhebers unterliegen soll[40]).

Nach der gesetzlichen Definition des § 101 bedeutet die öffentliche „Aufführung" oder Sichtbarmachung eines Werkes,

> „(1) das Werk an einem der Öffentlichkeit zugänglichen oder an einem sonstigen Orte, wo eine nicht unbedeutende Anzahl von Personen außerhalb des normalen Familien- und Bekanntschaftskreises versammelt ist, ‚aufzuführen' oder sichtbar zu machen; oder
>
> (2) eine ‚Aufführung' oder Sichtbarmachung des Werkes zu senden oder in sonstiger Weise mittels eines beliebigen Gerätes oder Verfahrens an einen in Satz (1) bezeichneten Ort oder an die Öffentlichkeit mitzuteilen, unbeschadet des Umstandes, ob die Mitglieder der Öffentlichkeit, die die ‚Aufführung' oder Sichtbarmachung empfangen können, diese an ein und demselben Orte oder an verschiedenen Orten und gleichzeitig oder zu verschiedenen Zeiten empfangen."

„Sendung" wird dann noch weiter definiert als die Wiedergabe einer „Aufführung" oder Sichtbarmachung des Werkes mit Hilfe eines beliebigen Gerätes oder Verfahrens, welches den Empfang von Bildern oder Tönen außerhalb des Ortes, von dem sie ausgesandt werden, ermöglicht.

Trotz bzw. wegen dieser zusätzlichen Definition der Sendung läßt sich keine exakte begriffliche Unterscheidung zwischen Sendung und sonstiger öffentlicher Wiedergabe treffen. Insb. bleibt unklar, welche Kriterien der ersteren Definition (öffentliche „Aufführung" oder Sichtbarmachung) gleichzeitig auch für die Sendung gelten. Daß zumindest das Erfordernis der „Öffentlichkeit" erfüllt sein muß (obwohl bei der speziellen Definition der Sendung nicht eigens erwähnt), daß also beispielsweise die bloße Richtfunküberspielung von einer Sta-

---

[40]) Vgl. hierzu auch H. R. Rep. 94—1476, S. 63 ff.

tion zu einer anderen urheberrechtlich noch keine „Sendung" darstellt, ergibt sich eindeutig aus den Gesetzesmaterialien[41]) und entspricht überdies auch traditionellem, international verbreitetem Verständnis[42]). Würde aber beispielsweise auch schon eine begrenzte Öffentlichkeit genügen (z. B. ein Tagungsraum, in dem 50 oder 100 Teilnehmer versammelt sind), oder würde man hier eher von einer sonstigen öffentlichen Wiedergabe sprechen? Diese Frage, möglicherweise im letzteren Sinne zu beantworten, ist freilich letztlich nur von akademischer Natur. Entscheidend ist nämlich allein, daß alle Akte der Sendung oder sonstigen öffentlichen Wiedergabe eines Werkes mit Hilfe eines beliebigen Gerätes oder Verfahrens als „public performance" bzw. „public display" zu qualifizieren sind und damit dem ausschließlichen Recht des Urhebers unterliegen.

Vorbehaltlich gewisser im einzelnen noch zu erörternder Schranken hat der Urheber also das Recht der Sendung im weitesten Sinne, und zwar ohne Beschränkung auf heute bereits bekannte Sendeformen wie die drahtlose Sendung mittels terrestrischer Sender oder Direktsatelliten oder die drahtgebundene Sendung (Kabel, Draht, optische Fiber) über Kabelanlagen, closed circuit — Einrichtungen usw. Weitersendungen sind ebenfalls Sendungen.

Senden im urheberrechtlichen Sinne kann jede natürliche oder juristische Person, ohne daß insoweit irgendwelche Voraussetzungen organisatorischer (Rundfunkanstalt), wirtschaftlicher (Gewinnerzielungsabsicht) oder sonstiger Art (z. B. staatliche Konzession, fernmelderechtliche Erlaubnis) erfüllt sein müßten.

Belanglos ist auch, ob die Sendung bzw. sonstige öffentliche Wiedergabe an einem Orte (z. B. im Kino, über closed circuit) oder an verschiedenen Orten empfangen wird oder ob es sich um eine live-Sendung oder eine aufgezeichnete Sendung handelt.

Dies alles gilt grundsätzlich, soweit einschlägig, gleichermaßen für den Hörfunk wie für das Fernsehen.

4. Das Recht der öffentlichen Wiedergabe einer Sendung

Im Jahre 1931 hatte der Supreme Court entschieden, daß der Inhaber eines Geschäftsbetriebes die Erlaubnis des Urhebers benötige,

---

[41]) H. R. Rep. 94—1476, S. 64/5.

[42]) Speziell im Hinblick auf Satellitensendungen ist dies allerdings umstritten, vgl. z. B. Ulmer, Protection des auteurs lors de la transmission par satellite des programmes de radiodiffusion, RIDA LXXXXIII (1977), S. 4 ff.; v. Ungern-Sternberg, Die Rechte der Urheber an Rundfunk- und Drahtfunksendungen, München 1973, S. 28 ff.

wenn er Rundfunksendungen auffangen und seinen Gästen oder Kunden zu Gehör bringen wolle[43]). Nachdem dasselbe Gericht jedoch bereits in den letzten Jahren zwei weithin beachtete und im folgenden noch näher darzustellende Entscheidungen erlassen hatte, denen zufolge die Kabelverbreitung rechtlich der Empfangsseite zuzurechnen und somit keine performance sei, hob es im Jahre 1975[44]) mit analoger Begründung seine Entscheidung aus dem Jahre 1931 im Ergebnis auf[45]): Der Inhaber eines Speiselokals, der mit Hilfe von vier Lautsprechern Rundfunkprogramme in seinem Lokal wiedergab, beging dadurch keine Urheberrechtsverletzung.

Der Gesetzgeber hat keinen Zweifel daran gelassen, daß er mit der weiten Definition des Rechts der öffentlichen Wiedergabe den früheren Rechtszustand im Prinzip wiederherstellen wollte[46]). Darüberhinaus ist hier die Position der Urheber durch den bereits erwähnten generellen Verzicht auf das Erfordernis der Gewinnerzielungsabsicht und eine enge Definition der Öffentlichkeit, die im Gegensatz zum bisherigen Recht[47]) insb. auch die „halb-öffentlichen" Lokalitäten wie Clubs, Herbergen, Heime, Fabriken, Schulen usw. erfaßt, noch weiter verbessert worden. Allerdings wird noch zu zeigen sein, daß dieses prinzipiell sehr weitgefaßte Recht der öffentlichen Wiedergabe von Rundfunksendungen nicht schrankenlos gewährleistet ist.

5. Die Schranken des Senderechts und des Zweitwiedergaberechts

a) Unterrichtssendungen

Gemäß § 110 (2) dürfen die „Aufführung" eines nicht-dramatischen literarischen oder musikalischen Werkes sowie die Sichtbarmachung eines Werkes unter folgenden engen Voraussetzungen gesendet werden: Das Programm bildet einen festen Bestandteil des systematischen Unterrichtsbetriebs einer Behörde oder einer nicht-kommerziellen Bildungseinrichtung; das Programm steht in unmittelbarem Zusammenhang mit dem Bildungsinhalt der Sendung und bedeutet eine maßgebende Unterstützung dafür; die Sendung ist in erster Linie für

---

[43]) Buck v. Jewell-LaSalle Realty Co., 283 U.S. 191 (1931).

[44]) Twentieth Century Music Corp. v. Aiken, 95 S.Ct. 2040 (1975).

[45]) Freilich wurde die Entscheidung formell nicht aufgehoben bzw. für „overruled" erklärt, vielmehr engte das Gericht die rechtliche Tragweite seines früheren Urteils auf den Fall der öffentlichen Wiedergabe einer unerlaubten Sendung ein.

[46]) Vgl. H. R. Rep. 94—1476, S. 86/7.

[47]) Metro-Goldwyn-Mayer Distributing Corp. v. Wyatt, 21 C.O.Bull. 203 (D. Md. 1932).

den Empfang in Klassenzimmern oder ähnlichen normalerweise dem Unterricht dienenden Räumen bestimmt, oder für den Empfang von Personen, die wegen Gebrechlichkeit oder aus sonstigen Gründen nicht am Unterricht im Klassenzimmer teilnehmen können, oder für den Empfang von Beamten oder Angestellten von Behörden als Bestandteil ihrer dienstlichen Pflichten.

b) nicht-kommerzielle Sendungen („public broadcasting")

Der nicht-kommerzielle Rundfunk, finanziert durch öffentliche Zuwendungen und Spenden, hatte unter Hinweis auf seine finanziell schwierige Situation und den durch das Erfordernis des individuellen Senderechtserwerbs angeblich stark aufgeblähten Verwaltungsapparat für bestimmte Werkgattungen eine gesetzliche Sendelizenz verlangt. Dies war von den betroffenen Urhebern insb. unter Bestreiten einer Sondersituation des nicht-kommerziellen Rundfunks abgelehnt worden.

Der Gesetzgeber hat sich nach langem Ringen schließlich für eine Kompromißformel entschieden, die kollektive Vereinbarungen zu fördern sucht und nur subsidiär für gewisse Werke eine eng umschriebene gesetzliche Lizenz zugunsten des Rundfunks vorsieht:

Das nach dem Gesetz zu errichtende Copyright Royalty Tribunal[48]), bestehend aus fünf vom Präsidenten im Einvernehmen mit dem Senat zu ernennenden „commissioners", wird für die Zeit bis 31. Dezember 1982 und danach jeweils für Zeiträume von fünf Jahren angemessene Bedingungen und Lizenzsätze für gewisse Nutzungen von nicht-dramatischen musikalischen Werken sowie veröffentlichten Bildwerken, Graphiken und Skulpturen aufstellen und im Federal Register veröffentlichen. Gleichzeitig sollen die beteiligten Kreise, unter ausdrücklicher Freistellung vom Antitrust-Recht, kollektive Vereinbarungen zu erzielen versuchen, welche jederzeit Vorrang gegenüber den vom Tribunal festgesetzten Lizenzsätzen hätten (§ 118 (b) u. (c))[49]).

Gegen Zahlung der vom Tribunal festgesetzten Lizenzsätze dürfen nicht-kommerzielle Rundfunkanstalten[50]) die genannten Werke sen-

---

[48]) Vgl. im einzelnen den 8. Abschnitt des Gesetzes, §§ 801 ff.; wichtige Einzelheiten wie die Zusammensetzung des Tribunal, die Amtsdauer der Mitglieder, die Aufsicht, ja sogar die Bezeichnung, waren bis zuletzt umstritten und wurden erst vom Vermittlungsausschuß beider Häuser des Kongresses festgelegt, vgl. H. R. Rep. 94—1773 (Comm. of Conference), S. 81/2.

[49]) Voraussetzung ist allerdings, daß dem Copyright Office innerhalb von 30 Tagen Kopien der betr. Vereinbarungen überlassen werden.

[50]) Gem. § 118 (g) ist die Definition in 47 USC 397 maßgebend.

den; zu diesem Zweck dürfen nicht-kommerzielle Unternehmen oder Organisationen entsprechende Rundfunkprogramme[51]) herstellen, vervielfältigen und verbreiten; Behörden und nicht-kommerzielle Unternehmen dürfen diese Sendungen mitschneiden und sie für nicht-kommerzielle Unterrichtszwecke (§ 110 (1)) benutzen, müssen den Mitschnitt jedoch spätestens nach sieben Tagen wieder löschen (§ 118 (d)). Für nicht-dramatische literarische Werke ist keine entsprechende gesetzliche Lizenz vorgesehen. Auch hier ermutigt das Gesetz jedoch zum Abschluß kollektiver Vereinbarungen, wiederum unter ausdrücklicher Freistellung vom Antitrust-Recht. Zu Beginn des Jahres 1980 soll der Register of Copyrights einen Bericht dazu vorlegen, in welchem Umfange derartige Vereinbarungen zustande gekommen sind und welche Probleme sich gegebenenfalls dabei erwiesen haben. Soweit angezeigt, soll der Bericht auch Vorschläge für gesetzgeberische oder sonstige Maßnahmen enthalten (§ 118 (e)).

c) Sendungen für Blinde und andere Behinderte

Nicht-dramatische literarische Werke dürfen in speziellen Sendungen für Blinde und andere Behinderte, die nicht lesen können, sowie für Taube und andere Behinderte, die den Tonteil einer Fernsehsendung nicht verstehen können, ausgestrahlt werden, sofern mit der Sendung kein direkter oder indirekter kommerzieller Zweck verfolgt wird. Auch dürfen diese Sendungen nur von bestimmten Einrichtungen durchgeführt werden (§ 110 (8)). Unter ähnlichen Bedingungen ist die einmalige Sendung eines vor mindestens zehn Jahren erschienenen dramatischen literarischen Werkes im Rahmen einer speziellen Blindensendung zulässig (§ 110 (9))[52]). In diesen Fällen steht dem Urheber kein Vergütungsanspruch zu.

d) öffentliche Wiedergabe einer Sendung

Zulässig ist die öffentliche Wiedergabe einer Rundfunksendung mittels eines einzigen Empfangsgerätes von der Beschaffenheit, wie es gewöhnlich in Privathaushalten verwendet wird, es sei denn, für das Zuschauen oder Zuhören würde eine direkte Gebühr verlangt oder die solcherart empfangene Sendung würde an die Öffentlichkeit weitergesendet (§ 110 (5)). Der Gesetzgeber wollte hiermit insb.

---

[51]) Diese werden in § 101 definiert als ausschließlich zum Zwecke der nicht unterbrochenen Sendung produzierte Programme.

[52]) Diese Bestimmung wurde in letzter Minute noch vom Vermittlungsausschuß in das Gesetz eingebracht; vgl. H. R. Rep. 94—1773, S. 74/5.

kleinere Geschäftsbetriebe freistellen, die haushaltsübliche Empfangsgeräte zugunsten ihrer Gäste oder Kunden betreiben und bei denen angesichts ihrer Größe aus praktischen Erwägungen heraus das Abonnement eines kommerziellen Hintergrundmusikdienstes nicht in Frage kommt[53]).

e) redlicher Gebrauch („fair use")

Im Rahmen des jetzt ausdrücklich im Gesetz geregelten „fair use"[54]) muß sich der Urheber auch eine Einschränkung des Senderechts gefallen lassen. Dies gilt vor allem für Zitate, ebenso aber auch für andere Fälle, in denen der Urheber einer bestimmten Benutzung seines Werkes im Rahmen einer Sendung billigerweise nicht widersprechen könnte. So ist beispielsweise der Fall der Nachrichten-Berichterstattung ausdrücklich im Gesetz angesprochen. Im Zweifel werden sich nicht-kommerzielle Anstalten eher auf fair use berufen können als die kommerziellen Sendeunternehmen (vgl. § 107 (1)).

f) Bestimmte Fälle von Weitersendungen

Gemäß § 111 (a) ist die Weitersendung einer Sendung des Hörfunks oder Fernsehens in folgenden Fällen zulässig:

Die Sendung einer von der Federal Communications Commission (FCC) lizenzierten Sendeanstalt wird innerhalb des örtlichen Versorgungsbereichs („local service area") von der Zentrale eines Hotels, Appartementhauses oder ähnlichen Etablissements in die privaten Räume der Gäste oder Bewohner weitergeleitet, ohne daß eine direkte Gebühr für das Sehen oder Hören der Sendung verlangt wird;

die Weitersendung erfolgt lediglich zum Zwecke und zu den Bedingungen einer Unterrichtssendung gemäß § 110 (2) (vgl. oben 5 a));

die Weitersendung wird von einem Netzträger („carrier") vorgenommen, der keinerlei direkten oder indirekten Einfluß auf Inhalt oder Auswahl der Sendungen hat und dessen Tätigkeit lediglich in dem Bereithalten von Kabel- oder ähnlichen Fernmeldeanlagen besteht;

die Weitersendung wird von einer Behörde oder sonstigen nichtkommerziellen Organisation durchgeführt, ohne direkte oder indirekte Gewinnerzielungsabsicht und ohne Erhebung von Gebühren

---

[53]) H. R. Rep. 94—1773, S. 75; vgl. auch H. R. Rep. 94—1476, S. 86/7.

[54]) § 107; vgl. dazu oben I 7. b).

(mit Ausnahme der Umlage der tatsächlichen Kosten für Betrieb und Instandhaltung der Anlage).

Jedoch ist in den genannten Fällen die Weitersendung dann nicht zulässig, wenn die Sendung selbst nicht für den allgemeinen Empfang bestimmt war, sondern lediglich für einen bestimmten Empfängerkreis (z. B. closed circuit, pay-tv, pay-cable, Hintergrundmusikdienst), es sei denn, daß es sich um die Sendung einer von der FCC lizenzierten Sendeanstalt handelte, die Weitersendung nach den Vorschriften der FCC vorgeschrieben ist und die Sendung in keiner Weise geändert wird (§ 111 (b).

g) Kommerzielle Kabelverbreitung von Fernsehsendungen[55])

Was die urheberrechtliche Beurteilung der Kabelverbreitung von Rundfunksendungen in Europa anbetrifft, so haben hier zahlreiche Autoren, allen voran wohl Michel M. Walter mit seinen umfassenden rechtsvergleichenden Studien[56]) wertvolle Aufklärungsarbeit geleistet. Problematisch erscheint hier und da bis zu einem gewissen Grade noch die exakte Definition der Kabelverbreitung (Abstellen auf die Zahl der Anschlüsse; das Kriterium der aktiven oder passiven Antenne; direkte, indirekte oder keine Gewinnerzielungsabsicht; Verbreitung nationaler oder ausländischer Programme innerhalb oder außerhalb der direkten Empfangszone, des Versorgungsbereichs oder sonstiger geographischer Zonen; Ausnahme kleiner Gemeinschaftsantennen; irgendeine Kombination dieser Kriterien), vor allem aber dann auch das Ob und Wie der Durchsetzung der Rechte (ob: gegenüber gewinnorientierter Kabelverbreitung nationaler Programme im eigenen Land; generell in gewissen Grenzzonen von Nachbarländern? — wie: Rahmenabkommen, Pauschalverträge; unterschiedliche Gebührensätze je nach Größe, Betätigungsort und kommerzieller Absicht des Kabelunternehmens; Wahrnehmung der Kabelrechte durch eine einzige oder einige wenige Verwertungsgesellschaften; evtl. gesetzgeberische Initiativen mit dem Ziel der Freistellung der Verbreitung nationaler Programme, der Einführung von gesetzlichen Lizenzen für die Verbreitung ausländischer Programme in gewissen

---

[55]) Vgl. hierzu Hadl, The copyright liability of cable television systems under the new United States Copyright Act, EBU Rev. vol. XXVIII No. 2 (1977), S. 40 ff.; Botein, The New Copyright Act and Cable Television — A Signal of Change, 24 Bull. Cr. Soc. 1 ff. (1976).

[56]) Vgl. vor allem Walter, Telediffusion and wired-distribution systems: Berne Convention and copyright legislation in Europe, Copyright 1974, S. 302 ff. (mit ausführlichem Literaturnachweis).

Grenzzonen, oder der Begründung einer ausschließlichen Zuständigkeit von Verwertungsgesellschaften für die Wahrnehmung von Kabelrechten[57])).

Trotz der grundlegend verschiedenen Rundfunkstruktur in den Vereinigten Staaten und der relativ nicht sehr ins Gewicht fallenden Grenzzonenproblematik hatte sich der amerikanische Gesetzgeber im Grunde mit den gleichen bzw. analogen Problemen auseinanderzusetzen (dazu vgl. bereits oben f)). Allerdings waren ihm angesichts etablierter Verhältnisse, begünstigt durch zwei Entscheidungen des Supreme Court aus den Jahren 1968 und 1974 und legitimiert durch Richtlinien und Bestimmungen der FCC, weitgehend die Hände gebunden. Stellte die Kabelregelung von Beginn an das wohl schwierigste Hindernis auf dem ohnehin recht mühsamen Weg zu einer grundlegenden Neuregelung des amerikanischen Urheberrechts dar[58]), so war es denn auch bezeichnenderweise nicht der Gesetzgeber selbst, der dieses Hindernis schließlich und letztlich aus dem Wege räumte. Kaum minder bezeichnend ist, daß dies auch nicht die Rundfunkanstalten (um deren Programme es ja schließlich geht) oder die Urheberverbände waren. Vielmehr blieb das einer Vereinbarung zwischen dem Nationalen Kabelfernsehverband (NTCA) und dem Amerikanischen Filmverband (MPAA) vorbehalten, welche diese dem Gesetzgeber zu Beginn des Jahres 1976 — mit Erfolg — zur „Annahme" vorlegten.

Hinter diesem Machtbeweis der Kabelindustrie stehen folgende Zahlen: Im Jahre 1976 existierten ca. 3450 Kabelsysteme („Community Antenna Television (CATV) systems"), die etwa 7700 Gemeinden und damit runde 11 Millionen Haushalte erreichten. Dabei sind unter CATV-Systemen nur solche kommerziellen Unternehmen zu verstehen, die fremde Fernsehsendungen auffangen und sie gegen Zahlung (von durchschnittlich etwa $ 6 pro Monat) an ihre Abonnenten weiterleiten. Diese Zahlungen machten im Jahre 1975 insgesamt etwa $ 770 Millionen aus[59]).

Rechtliche Basis für die vom Gesetzgeber des Jahres 1976 vorgefundenen CATV-Aktivitäten waren einmal die schon erwähnten zwei Entscheidungen des Supreme Court. Im Jahre 1968 entschied das Ge-

---

[57]) Etwa analog dem Vorbild der §§ 27 (1) 2, 53 (5) 4 des deutschen Urheberrechtsgesetzes.

[58]) Hadl, aaO., S. 40; vgl. allgemein hierzu Spindler, Die Urheberrechtsreform in den Vereinigten Staaten, GRUR Int. 1970, 171 ff.

[59]) Vgl. H. R. Rep. 94—1476, S. 86.

richt[60]), daß ein CATV-System keine „public performance for profit" im Sinne des Urheberrechtsgesetzes betreibe. Wenn man den gesamten Sendevorgang von der Ausstrahlung bis zum Empfang realistisch betrachte, so müsse man die Kabelverbreitung verständigerweise dem — urheberrechtlich irrelevanten — Empfang zurechnen. Sechs Jahre später dehnte das Gericht diesen Grundsatz auch auf die Kabelverbreitung örtlich nicht empfangbarer, sogenannter „entfernter" Rundfunksendungen („distant signals") aus[61]). In beiden Entscheidungen hatte der Supreme Court allerdings auf die bevorstehende Neuregelung durch den Gesetzgeber verwiesen.

Neben dieser höchstrichterlichen Freistellung vom Urheberrecht waren es dann insb. die Bestimmungen der FCC über den zulässigen Umfang der Kabelverbreitung von örtlichen und insb. auch von entfernten Programmen, die die rechtliche Basis für CATV-Aktivitäten, wie sie sich am Vorabend der Gesetzesreform etabliert hatten, geschaffen haben.

Der Gesetzgeber des Jahres 1976, gewissermaßen vor vollendete Tatsachen gestellt, hat sich ganz am status quo orintiert: Was die FCC erlaubt, soll der Urheber nicht verbieten können. Insoweit besteht jetzt eine gesetzliche Lizenz[62]) zugunsten der CATV-Systeme. Vergütungen sind jedoch nur insoweit zu zahlen, als der Urheber durch die Kabelverbreitung der Sendung tatsächlich einen wirtschaftlichen Verlust erleidet, d. h. lediglich für die Verbreitung von entfernten Programmen, die nicht von einem der networks (ABC, CBS, NBC) stammen („distant non-network signals").

Für den einzelnen CATV-Abonnenten bedeutet dies eine finanzielle Belastung von ca. 81 cents (ungefähr DM 2,—) pro Jahr[63]).

Im einzelnen sieht die gesetzliche Regelung wie folgt aus:

aa) Begrifflich ist zunächst noch einmal klarzustellen, daß es im folgenden nur um sogenannte CATV-Systeme geht. Darunter sind Kabelsysteme zu verstehen, die Programme der von der FCC lizenzierten

---

[60]) United Artists Television, Inc. v. Fortnightly Corp., 392 U.S. 390 (1968); GRUR Int. 1968, 293.

[61]) Teleprompter Corp. v. Columbia Broadcasting System, Inc., 415 U.S. 394 (1974); vgl. dazu den Bericht von v. Westerholt-Weissthanner, GRUR Int. 1975, 245; Olsson, Teleprompter v. CBS, and the United States Copyright Act of 1976, EBU Rev. vol. XXVIII No. 4 (1977), S. 51 ff.

[62]) Unglücklicherweise wird der Begriff „compulsory licence" (statt: „statutory licence") verwendet, obwohl es sich hier eindeutig um eine gesetzliche Lizenz und nicht um eine Zwangslizenz handelt.

[63]) H. R. Rep. 94—1476, S. 91.

Fernsehanstalten auffangen und sie zeitgleich[64]) über Draht, Kabel oder andere Informationsträger gegen Zahlung einer bestimmten Gebühr an ihre Abonnenten weiterleiten (§ 111 (f)). Alle anderen Spielarten der Kabelverbreitung von Hörfunk- und Fernsehprogrammen, aber auch alle sonstigen Tätigkeiten der CATV-Systeme (z. B. zeitversetzte Weitersendung, Weitersendung einer anderen Kabelsendung, originäre Kabelsendung, usw.) unterliegen den allgemeinen Regeln, d. h. grundsätzlich besteht volle urheberrechtliche Verantwortung gemäß § 106 (4) u. (5), es gibt jedoch gewisse Ausnahmen, insb. hinsichtlich des Rechts der Weitersendung (vgl. oben f)).

bb) CATV-Systeme kommen in den Genuß einer gesetzlichen Lizenz, soweit sie in dem von der FCC zugelassenen Umfang Sendungen einer von der FCC oder der zuständigen kanadischen oder mexikanischen Stelle lizenzierten Fernsehanstalt verbreiten.

Der von der FCC zugelassene Umfang richtet sich nach verschiedenen Kriterien. Es wird unterschieden zwischen örtlichen Programmen, die das CATV-System verbreiten muß („must-carry signals") und entfernten Programmen, die das CATV-System unter bestimmersteren gehören insb. in aller Regel die Programme der drei netten Voraussetzungen verbreiten darf („may-carry signals"). Zu den works (ABC, CBS, NBC), bei den letzteren hängt die zulässige Anzahl maßgebend von der Größe (wirtschaftlichen Bedeutung) des betreffenden Fernsehmarktes[65]) ab, in welchem das CATV-System betrieben wird, wobei diese Anzahl mit der Größe des Fernsehmarktes abnimmt[66]).

Bzgl. kanadischer Sendungen gilt die gesetzliche Lizenz nur innerhalb eines Bereiches von 150 Meilen von der kanadisch—amerikanischen Grenze und nördlich des 42. Breitengrades. Mexikanische Sendungen dürfen nur verbreitet werden, soweit sie direkt und unmittelbar aus der Luft empfangen werden[67]), § 111 (c) (4).

Voraussetzung ist ferner, daß die Sendungen selbst, Werbespots

[64]) Zeitversetzte Kabelverbreitung ist zulässig in Gebieten außerhalb der 48 zusammenhängenden Staaten, Hawais (teilweise) und Puerto Ricos (§ 111 (f), „secondary transmission"). Das Gesetz sieht jedoch sehr strenge Kontrollbestimmungen für den Umgang mit Video-Aufzeichnungen vor, und jeder Verstoß hiergegen führt automatisch auch zur Rechtswidrigkeit der zeitversetzten Kabelverbreitung (§ 111 (e)).

[65]) Die Fernsehmärkte sind in 3 Klassen eingeteilt: 1 bis 50, 51 bis 100, 101 und darüber.

[66]) Vgl. im einzelnen Botein, aaO., S. 5 ff.; auch Hadl, aaO., S. 42.

[67]) CATV-Systeme, die darüber hinaus bereits vor dem 15. 4. 1976 gemäß Bestimmungen der FCC mexikanische Programme verbreiteten bzw. verbreiten durften, dürfen dies auch weiterhin tun (§ 111 (c) (4)).

oder Stationsankündigungen nicht absichtlich geändert, ausgeblendet oder ergänzt werden[68]).

Schließlich ist noch erforderlich, daß die Bestimmungen über das Anmelde- und Abrechnungsverfahren eingehalten werden und die vorgeschriebenen Lizenzzahlungen geleistet werden (dazu unten cc)). Ein Verstoß gegen diese Bestimmungen und ebenso die Verbreitung von Sendungen, die von der FCC nicht erlaubt ist, stellt jedoch nur dann eine Urheberrechtsverletzung dar, wenn dies entweder absichtlich oder wiederholt geschieht (§ 111 (c) (2)). Dabei soll unter „wiederholt" ein Ausmaß von Fahrlässigkeit verstanden werden, das schon fast an Absicht grenzt[69]).

cc) CATV-Systeme müssen dem Copyright Office mindestens einen Monat vor Aufnahme ihrer Tätigkeit schriftliche Angaben über ihr eigenes Unternehmen sowie über die Sendeanstalten, deren Programme sie verbreiten, machen. Änderungen sind jeweils nachzutragen (§ 111 (d) (1)).

Ferner haben sie dem Copyright Office halbjährlich nach näherer Maßgabe von noch zu erlassenden Richtlinien des Register of Copyrights eine Abrechnung vorzulegen, die insb. Angaben zu den verbreiteten Sendungen (Kanälen) und zu den erzielten Bruttoeinnahmen enthalten muß. Gesonderte Angaben sind zu machen über die Verbreitung entfernter Programme, die nicht von einem der drei networks stammen. „Entfernte" Programme sind nach der Definition des § 111 (f) solche Programme, auf deren Verbreitung die Fernsehanstalt auf Grund am 15. April 1976 in Kraft befindlicher Bestimmungen der FCC[70]) gegenüber den CATV-Systemen nicht bestehen kann, die also außerhalb des örtlichen Versorgungsbereichs („local service area") der Anstalt verbreitet werden (§ 111 (d) (2) (A)).

Weiterhin haben diejenigen CATV-Systeme, deren halbjährliche Bruttoeinnahmen aus Zahlungen ihrer Abonnenten $ 160 000 übersteigen, halbjährlich folgende Lizenzzahlungen zuhänden des Copyright Office zu leisten: Mindestens 0,675 % dieser Einnahmen (auch wenn keine entfernten Programme verbreitet werden); darüberhinaus gewisse degressiv abgestufte Prozentsätze, sofern 1 „distant

---

[68]) § 111 (c) (3). Eine Ausnahme hiervon besteht unter bestimmten Voraussetzungen zugunsten von Marktforschungsunternehmen.

[69]) Vgl. H. R. Rep. 94—1476, S. 93.

[70]) Sollte die FCC also in Zukunft die Bestimmungen über den örtlichen Versorgungsbereich ändern, so hätte dies keinen Einfluß auf die urheberrechtliche Situation, vgl. H. R. Rep. 94—1476, S. 99.

signal equivalent"[71]) überschritten wird (§ 111 (d) (2) (B)). Würden beispielsweise (zusätzlich zu den örtlichen Programmen) zwei entfernte Programme unabhängiger Anstalten, drei entfernte Programme von network-Anstalten und ein entferntes Programm einer nichtkommerziellen Anstalt verbreitet, so wären hierfür 1,525 % der Bruttoeinnahmen aus Abonnentenzahlungen zu vergüten.

CATV-Systeme, deren halbjährliche Einnahmen aus Abonnentenbeiträgen $ 160 000 nicht übersteigen, zahlen einen bestimmten abgestuften Prozentsatz ihrer Einnahmen (ohne Rücksicht auf die Anzahl der „distant signal equivalents") wobei Unternehmen, deren Einnahmen unter $ 80 000 bleiben, noch weiter begünstigt werden (§ 111 (d) (2) (C) u. (D))[72]).

Nach Abzug angemessener Verwaltungsgebühren überweist das Copyright Office die eingegangenen Lizenzgelder an das Schatzamt der Vereinigten Staaten, welches die Gelder bis zu ihrer Verteilung an die Berechtigten zinsbringend anzulegen hat (§ 111 (d) (3)).

Zahlungsansprüche sind im Verlaufe des Monats Juli eines jeden Jahres an das Copyright Royalty Tribunal zu richten. Im August verteilt dieses dann nach Abzug angemessener Verwaltungsgebühren die Gelder unter denjenigen Urhebern bzw., genauer gesagt, Inhabern von Urheberrechten[73]), welche geltend machen, daß ihre Werke in dem maßgeblichen Halbjahreszeitraum außerhalb des örtlichen Versorgungsbereichs einer unabh. („non-network") Sendeanstalt von einem CATV-System verbreitet worden sind. Unter ausdrücklicher Freistellung vom Antitrust-Recht können sich die Berechtigten zwecks Geltendmachung ihrer Ansprüche zusammenschließen und auch die

---

[71]) Dieses ist der Wert, der der Verbreitung „entfernter" Programme, die nicht von den networks stammen, zugeschrieben wird. Er setzt sich zusammen aus dem Wert 1 für jedes entfernte Programm einer unabhängigen Anstalt und dem Wert 1/4 für jedes entfernte Programm einer network-Anstalt sowie einer nichtkommerziellen Anstalt. Vgl. die Definition in § 111 (f) sowie Hadl, aaO., S. 44/5 und H. R. Rep. 94—1476, S. 100.

[72]) Die gesetzlich festgelegten Lizenzsätze kann das Copyright Royalty Tribunal nach näherer Maßgabe des § 801 (b) (2) der Inflation oder sonstigen Gegebenheiten anpassen.

[73]) Der Umstand, daß das Urheberrecht teilbar ist (vgl. § 201 (d)) und daß beispielsweise auch die Rundfunkanstalt, die eine örtlich begrenzte ausschließliche Sendelizenz erworben hat, insoweit Inhaber des Urheberrechts ist (sh. H. R. Rep. 94—1476, S. 123 und S. Rep. 94—473, S. 107), könnte u. U. zu einer Fehlinterpretation führen. Gemeint sein kann hier nur derjenige, der bzgl. des Gebietes, in dem die Kabelverbreitung stattfindet, Inhaber des Urheberrechts ist, und nicht etwa derjenige, der Inhaber des Urheberrechts bzgl. der Sendung durch die Rundfunkanstalt ist (also in der Regel die Anstalt selbst). Dies ergibt sich insb. auch klar aus der Zielsetzung des Gesetzes, dem Urheber oder sonstigen Inhaber des Urheberrechts einen finanziellen Ausgleich für die Fälle zu sichern, wo die Kabelverbreitung bei der Senderechtsvergütung durch die Rundfunkanstalt noch nicht berücksichtigt worden ist.

proportionale Aufteilung der Gelder untereinander festlegen. Sofern Unstimmigkeiten bestehen, entscheidet das Tribunal hierüber (§ 111 (d) (4) u. (5)).

dd) Mag dieses ganze im einzelnen recht komplizierte System, das hier nicht in allen seinen Einzelheiten dargestellt wurde, einer inneren Logik nicht entbehren, so erscheint das Ergebnis selbst doch in materieller wie auch in verfahrensmäßiger Hinsicht nicht ganz befriedigend[74]). Wäre es nicht ohnehin offiziell bekannt, so ließe sich auch anhand des Ergebnisses unschwer erraten, wer der eigentliche „Urheber" dieser Kabelregelung war.

Die zu zahlenden Lizenzbeträge erscheinen relativ niedrig. Dies einmal und vor allem für die betroffenen Urheber, die lediglich an etwas mehr als 1 % der Bruttoeinnahmen der CATV-Systeme partizipieren werden, zum anderen aber auch im Verhältnis zu den Rundfunkanstalten, denen die Kabelsysteme aktiv Konkurrenz machen, ohne daß die Rundfunkanstalten das kostenlose „Schmarotzen" dieser Konkurrenten an ihren aufwendigen Sendungen verhindern können. Wenden die Kabelsysteme in Zukunft etwa 1 % für Lizenzzahlungen an Urheber auf, so sind es bei den Rundfunkanstalten ca. 30 % ihrer Bruottoeinnahmen[75]). Dieses vom Gesetzgeber verordnete (bzw. nunmehr sanktionierte) wettbewerbliche Ungleichgewicht zugunsten der CATV-Systeme könnte in nicht allzu ferner Zeit zu empfindlichen Störungen des gesamten amerikanischen Rundfunksystems führen, sofern hier nicht die FCC den wirtschaftlichen Vorteil der CATV-Systeme durch restriktive Regelungen in etwa wieder auszugleichen vermag.

Das im Gesetz vorgesehene Melde- und Abrechnungsverfahren wird den CATV-Unternehmen, einmal damit vertraut, keine besondere Mühe bereiten; es wird zu einer einfachen und unaufwendigen Routineangelegenheit für sie werden. Der Urheber muß demgegenüber selbst ermitteln, ob er möglicherweise einen Zahlungsanspruch hat, muß diesen dann innerhalb einer bestimmten Frist geltend machen, soll sich nach Möglichkeit mit den anderen Berechtigten (woher soll er sie kennen?) über die Aufteilung der auszuschüttenden Summe verständigen und muß sich im Zweifel letztlich von einer staatlichen Stelle den ihm angemessenen Betrag zuerkennen lassen. Kompliziert wird die Angelegenheit freilich weiter noch dadurch, daß der Gesetz-

---

[74]) Vgl. hierzu auch Ringer, First Thoughts on the Copyright Act of 1976, Copyright 1977, S. 187 ff.; Hadl, aaO., S. 47; Olsson, aaO., S. 56.

[75]) Hadl, aaO., S. 46.

geber nicht einmal andeutungsweise zu verstehen gegeben hat, nach welchen Kriterien das Copyright Royalty Tribunal die Gelder im Falle von Unstimmigkeiten unter den Beteiligten verteilen sollte. Auch ist nirgends bestimmt, ob und gegebenenfalls in welcher Form der Urheber das Bestehen seines Anspruchs nachzuweisen oder zumindest glaubhaft zu machen hat. Die Filmbranche wird im Zweifel genau wissen, für welche Filme sie im einzelnen Ansprüche geltend zu machen hat. Aber der individuelle Urheber, insb. derjenige, der keiner Verwertungsgesellschaft angehört oder der gar Ausländer ist und/oder seinen Wohnsitz außerhalb der Vereinigten Staaten hat? Und speziell auch diejenige Gruppe von Urhebern, deren Werke im kanadischen oder mexikanischen Fernsehen ausgestrahlt und in den USA über CATV-Systeme verbreitet werden[76])? Nicht oder nicht vollständig geltend gemachte Ansprüche werden im Zweifel verfallen (obwohl auch dies nicht ausdrücklich im Gesetz bestimmt ist) und kommen somit vor allem denjenigen zugute, die ohnehin schon das größte Stück des verteilbaren Kuchens erhalten, nämlich den Filmproduzenten.

Man wird gespannt darauf sein dürfen, wie sich dieses ganze auch für die Amerikaner völlig neuartige und ungewohnte System in der Praxis einspielen wird. Momentan ist zumindest noch schwer vorstellbar, daß es einmal zum Vorbild für gesetzliche Regelungen in anderen Ländern werden könnte.

6. Schranken sonstiger Rechte im Zusammenhang mit Rundfunksendungen

a) redlicher Gebrauch („fair use")

Zu denken ist hier insb. an den (privaten) Mitschnitt von Sendungen des Hörfunks und Fernsehens. Bei der Feststellung, ob im Einzelfalle ein „fair use" gegeben ist, ist u. a. auch auf die Auswirkung des Gebrauchs auf den potentiellen Markt des geschützten Werkes abzustellen (§ 107 (4))[77]). Das Ausmaß des Mitschnitts wird im Einzelfalle wesentlich von der Werkkategorie und der Beliebtheit eines bestimmten Werkes abhängen und entsprechende Auswirkungen auf die sonstige Vermarktung des Werkes haben. „Favoriten" sind naturgemäß populäre Musikstücke, neuerdings aber auch in zunehmen-

---

[76]) Der Gesetzgeber hat besonderes Gewicht auf die Feststellung gelegt, daß selbstverständlich auch diese Urheber Ansprüche gegenüber dem Copyright Royalty Tribunal erheben können, vgl. H. R. Rep. 94—1476, S. 95.

[77]) Vgl. dazu oben I 7. b).

dem Maße Filmwerke. So ist Presseberichten zufolge[78]) in Kalifornien ein Prozeß anhängig, mit dem ein Verbot der Auslieferung von Sony-Videorecordern angestrebt wird. Die klagenden Filmfirmen Walt Disney und Universal machen geltend, daß die Firma Sony zur Verletzung ihrer Urheberrechte aufmuntere.

b) Bibliotheken und Archive

§ 108 (f) (3) gestattet Bibliotheken und Archiven unter gewissen näher bezeichneten Voraussetzungen die Vervielfältigung und den Verleih einer begrenzten Anzahl von vollständigen oder auszugsweisen Kopien eines audiovisuellen Nachrichtenprogramms.

c) Ephemere Aufnahmen

Kannte das bisherige Recht keine besondere Bestimmung über die Zulässigkeit ephemerer Aufnahmen, so hat der Gesetzgeber diesem Zustand nunmehr mit einer sehr detaillierten Regelung abgeholfen (§ 112).

Rundfunkanstalten, die das Recht zur Sendung eines Werkes erworben haben, dürfen jetzt einen Bild- bzw. Tonträger des zu Sendezwecken hergestellten Programms anfertigen. Ausgenommen hiervon sind Filmwerke und sonstige audiovisuelle Werke. Voraussetzung ist allerdings, daß der Bild- bzw. Tonträger nur von dieser betreffenden Anstalt für eigene Sendungen innerhalb ihres örtlichen Versorgungsbereichs verwendet wird und keine weiteren Kopien davon gemacht werden. Außerdem ist der Bild- bzw. Tonträger spätestens 6 Monate nach Erstausstrahlung zu vernichten, es sei denn, er würde ausschließlich zu Archivzwecken aufgehoben (§ 112 (a)).

Ähnliche, z. T. aber großzügigere Bestimmungen gelten zugunsten von Behörden und sonstigen nicht-kommerziellen Institutionen, die Sendungen zu Bildungszwecken bzw. für Blinde oder Taube veranstalten (§ 112 (b)—(d)).

Schließlich bestimmt § 112 (e) noch ausdrücklich, daß das in dem Bild- oder Tonträger festgelegte Programm, als solches ja an sich in aller Regel als Bearbeitung schutzfähig, keinen Urheberrechtsschutz genießt, es sei denn, die Urheber der in dem Programm aufgegangenen Werke würden dem ausdrücklich zustimmen.

---

[78]) Financial Times vom 15. 3. 1977; Journal de Genève vom 16. 11. 1976.

d) Benutzung von Tonaufnahmen in Bildungssendungen

Das Recht der Vervielfältigung, Bearbeitung und Verbreitung (§ 106 (1)—(3)) an Tonaufnahmen besteht nicht, soweit diese zu Sendungen des Hörfunks oder Fernsehens von nicht-kommerziellen Rundfunkanstalten benutzt werden. Jedoch dürfen Bild- oder Tonträger solcher Sendungen nicht zu kommerziellen Zwecken an die Öffentlichkeit verbreitet werden (§ 114 (b)).

e) Mitschnitt durch den Librarian of Congress

§ 407 (e) sieht vor, daß der Register of Copyrights Richtlinien über den Erwerb von Kopien von körperlich festgelegten und ausgestrahlten, aber nicht veröffentlichten Rundfunksendungen durch die Library of Congress erläßt. Neben der Hinterlegung durch die Rundfunkanstalt selbst soll dabei als weitere Möglichkeit vorgesehen werden, daß der Librarian of Congress derartige Sendungen mitschneidet und eine Kopie zu Archivierungszwecken aufbewahrt (§ 407 (e) (1)).

7. Schutz der Sendeanstalten

Es wurde bereits erwähnt (oben II 2.), daß das neue Gesetz ein „Urheberrecht“ an Tonaufnahmen eingeführt hat, daß es sich aber angesichts des geschützten Personenkreises (Hersteller von Tonträgern und ausübende Künstler) der Sache nach eher um ein Leistungsschutzrecht handelt.

Den weiteren Schritt, nämlich auch der 3. Gruppe von Begünstigten unter dem Rom-Abkommen von 1961, den Rundfunkanstalten, in analoger Weise ein „Urheberrecht“[79]) zu gewähren, hat der Gesetzgeber jedoch nicht getan.

Gleichwohl stehen die Rundfunkanstalten nicht völlig schutzlos da. Dank ihrer Stellung als „employer for hire“[80]) gelten sie nämlich bzgl. der von ihnen selbst produzierten Sendungen als Urheber der Filmwerke oder sonstigen audiovisuellen Werke bzw. (im Hörfunk) der Tonaufnahmen[81]). Insoweit stehen ihnen alle Rechte zu, die das Gesetz den Urhebern dieser Werkgattungen einräumt. Hierzu zählt u. a. auch der (freilich nicht sehr bedeutsame) Vergütungsanspruch für die

---

[79]) Vgl. z. B. § 14 des brit. Copyright Act von 1956.

[80]) Vgl. dazu oben I 5. a).

[81]) Bei Tonaufnahmen ist allerdings zu beachten, daß dies nur hinsichtlich der Beiträge der echten Arbeitnehmer gilt und nicht auch hinsichtlich der Beiträge beauftragter Urheber vereinbart werden kann, vgl. § 101, „work made for hire“.

wegen der gesetzlichen Lizenz nicht zu verhindernde Kabelverbreitung von Fernsehsendungen außerhalb des örtlichen Versorgungsbereichs der Anstalten.

Eine weitere Verbesserung gegenüber der bisherigen Situation ist schließlich auch noch dadurch eingetreten, daß das Urheberrecht nunmehr teilbar ist und beispielsweise auch der Inhaber einer ausschließlichen Sendelizenz insoweit Inhaber des Urheberrechts ist und damit im Gegensatz zu früher vor allem ein eigenes Klagerecht wegen Urheberrechtsverletzungen besitzt (s. oben Fußn. 73).

8. Besondere prozessuale Bestimmungen

§ 501 (c) begründet die Aktivlegitimation zugunsten einer Rundfunkanstalt, die ein Recht zur Sendung eines Werkes erworben hat und in deren örtlichem Versorgungsbereich die gleiche Fassung des Werkes unter Verletzung der Bestimmung des § 111 (c)[82]) von einem CATV-System verbreitet wird. Besteht die rechtswidrige Handlung des CATV-Unternehmens in einer absichtlichen Änderung der Sendung selbst oder von Werbespots oder sonstigen Stationsankündigungen (§ 111 (c) (3)), so haben außerdem auch die Ursprungsanstalt, deren Sendung verändert wurde, sowie jede sonstige Anstalt, in deren örtlichem Versorgungsbereich die Kabelverbreitung erfolgt, ein Klagerecht gegenüber dem CATV-System (§ 501 (d)).

In Klagen wegen absichtlicher Änderung einer Sendung durch ein CATV-System (§ 111 (c) (3)) stehen der auf Grund des § 501 (c) aktivlegitimierten Anstalt folgende Ansprüche zu: Unterlassung (§ 502); Beschlagnahme oder Vernichtung verletzender Gegenstände (§ 503); Schadensersatz und Gewinnherausgabe oder Ersatz des gesetzlichen Schadens (§ 504); Verfahrens- und Anwaltskosten (§ 505). Den gemäß § 501 (d) aktivlegitimierten Anstalten steht in diesem Falle der Anspruch auf Unterlassung und auf Ersatz der Verfahrens- und Anwaltskosten zu (§ 510 (a) (1) u. (2)). Außerdem kann das Gericht in einem Prozeß wegen Verletzung des § 111 (c) (3) stets anordnen, daß das CATV-System für einen Zeitraum von höchstens 30 Tagen der gesetzlichen Lizenz zur Verbreitung eines oder mehrerer entfernter Programme verlustig geht (§ 510 (b)).

9. Errichtung eines nationalen Rundfunkarchivs

Abschließend sei noch erwähnt, daß der Gesetzgeber gleichzeitig auch die Errichtung eines nationalen Fernseh- und Hörfunkarchivs

---

[82]) Vgl. oben II 5. g) bb).

durch den Librarian of Congress angeordnet hat[83]). Aufgabe dieser American Television and Radio Archives soll es sein, eine fortlaufende Dokumentation von Hörfunk- und Fernsehprogrammen, die das kulturelle Erbe des amerikanischen Volkes darstellen, bereitzuhalten und Historikern und sonstigen Wissenschaftlern Zugang zu diesen Programmen zu verschaffen, ohne dabei freilich Urheberrechtsverletzungen zu begünstigen oder zu verursachen.

Resümee

Vor dem Hintergrund des bisher geltenden Rechts und unter Bezugnahme auf die Entstehungsgeschichte des Gesetzes werden in diesem Artikel die Bestimmungen über Hörfunk/Fernsehen/Film im neuen US Copyright Act von 1976 dargestellt und analysiert. Dabei werden auch Vergleiche zum Urheberrecht anderer Staaten gezogen.

1. Hinsichtlich der Filme unterscheidet das neue Gesetz zwischen Filmwerken und anderen audiovisuellen Werken. Filmwerke werden definiert als audiovisuelle Werke, die aus einer Reihe einander zugeordneter Bilder bestehen, welche, gegebenenfalls von Tönen begleitet, den Eindruck von Bewegung vermitteln, wenn sie hintereinander gezeigt werden. Andere audiovisuelle Werke unterscheiden sich dadurch, daß sie nicht den Eindruck von Bewegung vermitteln, wenn sie hintereinander gezeigt werden. Schutzvoraussetzung für beide Werkarten ist, daß sie schöpferische Eigenart aufweisen und in irgendeiner Form körperlich festgelegt sein müssen. Wenn es auf einem vorbestehenden Werk aufbaut, wozu die Zustimmung des Urhebers dieses Werkes erforderlich ist, so stellt das Filmwerk eine Bearbeitung dar. Bearbeitungen werden durch eine Beendigung der Rechtseinräumung, zu der der Urheber des vorbestehenden Werkes nach Ablauf von 35 Jahren berechtigt ist, nicht beeinträchtigt; sie dürfen auch nachher noch ausgewertet werden, lediglich Zweitverfilmungen sind dann nicht mehr möglich. Filmwerke sind in aller Regel im Dienst- oder Auftragsverhältnis geschaffene Werke, so daß der Dienstherr/Auftraggeber (Produzent) kraft Gesetzes der „Filmurheber“ ist; sofern die Parteien nicht ausdrücklich in einer von beiden unterschriebenen Urkunde etwas anderes vereinbart haben, stehen ihm damit automatisch alle urheberrechtlichen Befugnisse aus dem Gesetz zu. Falls 2 oder mehr Urheber gemeinsam ein Filmwerk schaffen, so sind sie Miturheber; jeder ist dann berechtigt, Lizenzen an

---

[83]) American Television and Radio Archives Act, 2 USC 170.

Dritte einzuräumen, allerdings sind etwaige Gewinne aufzuteilen. Die Schutzdauer für Filmwerke beträgt 75 Jahre ab Erstveröffentlichung. Der Umfang der Rechte am Filmwerk ist, soweit einschlägig, der gleiche wie bei allen anderen Werkarten. Das droit moral wird auch im neuen Gesetz nicht ausdrücklich geregelt. Schranken der ausschließlichen Rechte am Filmwerk werden insb. gebildet durch den redlichen Gebrauch, die Vorführung zu bestimmten Unterrichtszwecken, die Vervielfältigung durch Bibliotheken und Archive, sowie gewisse andere Beschränkungen im Zusammenhang mit dem Senderecht. An Formalitäten sind zu beachten der Copyright-Vermerk auf jedem öffentlich verbreiteten Werkstück sowie die Registrierung und Hinterlegung von zwei Werkstücken im Copyright Office.

2. Was Hörfunk und Fernsehen anbetrifft, so genießt der Urheber das ausschließliche Recht zur öffentlichen Wiedergabe im weitesten Sinne. Dieses Recht umfaßt insb. alle Spielarten der Sendung, Weitersendung und sonstigen öffentlichen Mitteilung. Tonaufnahmen, eine eigene Gattung urheberrechtlich geschützter Werke, sind von diesem Schutz ausgenommen; allerdings gibt es gesetzgeberische und andere Aktivitäten mit dem Ziel einer Änderung dieser Situation. Live-Sendungen werden nur geschützt, wenn zugleich mit der Sendung eine körperliche Festlegung des Werkes erfolgt. Gewisse Schranken des Rechts der öffentlichen Wiedergabe bestehen zugunsten des nicht-kommerziellen Rundfunks, sowie bei Unterrichtssendungen, Sendungen für Blinde und andere Behinderte, öffentlicher Wiedergabe von Sendungen in kleinen Gewerbebetrieben, redlichem Gebrauch und einigen anderen Fällen von Weitersendung und Kabelverbreitung. CATV-Systeme kommen bei Erfüllung bestimmter Bedingungen in den Genuß einer gesetzlichen Lizenz zur zeitgleichen Kabelverbreitung von Sendungen; Vergütungen sind allerdings nur für die Verbreitung entfernter und nicht von einem der networks stammender Programme zu entrichten. Schranken sonstiger ausschließlicher Rechte im Zusammenhang mit Rundfunksendungen bilden vor allem das Recht zur Herstellung ephemerer Aufnahmen, der redliche Gebrauch (insb. der private Mitschnitt von Sendungen, allerdings zweifelhaft), der Gebrauch von Tonaufnahmen für Unterrichtssendungen, usw. Im Gegensatz zu ausübenden Künstlern und Herstellern von Tonträgern genießen die Rundfunkanstalten kein ausschließliches Recht an ihren Sendungen. Auch bei den verfahrensrechtlichen und sonstigen Bestimmungen bestehen schließlich noch einige Besonderheiten für Rundfunksendungen und insb. für die Kabelverbreitung.

Im Anhang zum neuen Copyright Act hat der Gesetzgeber die Errichtung eines nationalen Rundfunkarchivs durch den Librarian of Congress angeordnet.

Résumé

L'article décrit, en les plaçant dans le contexte de l'ancienne législation sur le droit d'auteur et en tenant compte de quelques aspects de l'histoire législative, les dispositions qui gouvernent les films cinématographique, la radio et la télévision, dans la loi de 1976 sur le droit d'auteur des Etats-Unis d'Amérique. Le lecteur y trouvera également quelques points de comparaison avec les dispositions correspondantes des législations étrangères sur le droit d'auteur.

1. S'agissant des films cinématographiques, la nouvelle loi fait une distinction entre ces films et les autres œuvres audiovisuelles. Les films cinématographiques sont définis comme des œuvres audiovisuelles composées d'une série d'images associées les unes aux autres qui, lorsqu'elles sont montrées successivement, créent une impression de mouvement, et qui comportent éventuellement un accompagnement sonore. Aux autres œuvres audiovisuelles, il manque le pouvoir de créer une impression de mouvement lorsque les images sont montrées successivement. Pour être protégés, ces deux types d'œuvres doivent être originaux et fixés sous une forme tangible d'expression. Un film basé sur une œuvre préexistante, requérant de ce fait l'autorisation de l'auteur de ladite œuvre, constitue une œuvre dérivée. Les œuvres dérivées peuvent continuer à être utilisées même après la résiliation d'un transfert ou d'une licence, résiliation à laquelle l'auteur est en droit de procéder après un délai de 35 ans. Cependant, les «remakes» ne sont plus permis après la résiliation d'un tel transfert ou d'une licence. Les films cinématographiques constituent généralement des œuvres créées dans le cadre d'un contrat de louage d'ouvrage ou de services. Le producteur est donc à considérer comme «l'auteur» et, sauf stipulation contraire figurant dans un instrument écrit signé par les deux parties, il possède tous les droits compris dans le droit d'auteur. Une œuvre créée dans le cadre d'un contrat de louage d'ouvrage ou de services se définit comme une œuvre préparée par un employé dans le cadre de son emploi ou une œuvre commandée spécialement pour serviren tant qu'élément d'un film cinématographique, pour autant, dans ce dernier cas, que les parties soient expressément convenues, par un instrument écrit signé par elles, de considérer l'œuvre comme une œuvre créée dans le cadre d'un contrat de louage d'ouvrage ou de services. Si un film cinématographique a deux auteurs ou davantage, ceux-ci sont considérés comme les auteurs d'une œuvre de collaboration et, partant, sont cotitulaires du droit d'auteur sur l'œuvre. Les films cinématographiques sont protégés pendant une période de 75 ans après leur publication. Cette protection s'étend à tous les droits accordés aux auteurs d'une manière générale. Mais la nouvelle loi ne reconnaît pas expressément les droits moraux. Parmi les limitations des droits exclusifs s'agissant des films cinématographiques, on peut citer l'usage loyal, la représentation ou l'exécution à certaines fins éducatives, la reproduction par les bibliothèques et les services d'archives. A cela s'ajoute un certain nombre d'autres limitations relatives au droit de radiodiffusion. Les formalités à remplir comprennent notamment la mention de réserve du droit d'auteur pour chaque exemplaire de l'œuvre distribué au public, ainsi que le dépôt de deux exemplaires et l'enregistrement auprès du Copyright Office.

2. S'agissant de la radio et de la télévision, l'auteur jouit du droit exclusif de représentation ou d'exécution publique et de présentation publique de son œuvre. Ce droit s'étend à tous les aspects de la transmission, de la retransmission et des autres communications au public. Sont exclus de cette protection les enregistrements sonores, encore que des actions législatives et autres soient en cours pour modifier cet état de choses. Les émissions en direct ne sont protégées que si la fixation de l'œuvre intervient simultanément avec sa transmission. Il existe certaines limitations du droit de représentation ou d'exécution publique et de présentation publique en ce qui concerne la radiodiffusion publique, les usages à des fins éducatives, les émissions destinées aux aveugles, la communication publique d'une transmission dans de petites entreprises commerciales, l'usage loyal et certains cas de retransmission et de distribution par câble. Les systèmes de télévision par câble sont au bénéfice d'une licence obligatoire qui leur est délivrée à certaines conditions et assortie d'un paiement uniquement pour la distribution de signaux distants hors chaîne. Parmi les autres limitations des droits exclusifs relatifs aux émissions, citons l'usage loyal (en particulier l'enregistrement d'émissions à des fins privées), la réalisation d'enregistrements éphémères, l'usage d'enregistrements sonores pour des émissions éducatives, etc. Les organismes de radiodiffusion, contrairement aux artistes interprètes ou exécutants et aux producteurs de phonogrammes, ne jouissent pas d'un droit exclusif sur leurs émissions. S'agissant des infractions au droit d'auteur et recours prévus dans ces cas, la loi contient quelques dispositions spéciales relatives à la radiodiffusion et particulièrement à la distribution par câble.

Enfin, dans une disposition annexe de la nouvelle loi sur le droit d'auteur, le législateur a créé un service d'archives appelé «American Television and Radio Archives».

Summary

The article describes, against the background of the former law and taking into account some of the legislative history, the provisions governing motion pictures, radio and television in the 1976 US Copyright Act. Some parallels are also drawn with corresponding provisions in the copyright laws of other countries.

1. With regard to motion pictures, the new Act distinguishes between motion pictures and other audiovisual works. Motion pictures are defined as audiovisual works consisting of a series of related images which, when shown in succession, impart an impression of motion, together with accompanying sounds, if any. Other audiovisual works lack the capacity of imparting, when shown in succession, an impression of motion. In order to be protected, both types of work must be original and fixed in any tangible medium of expression. If it is based on a preexisting work, for which the authorization of the author of this work is necessary, the motion picture constitutes a derivative work. Derivative works may continue to be used after termination of a transfer or licence granted by the author of the preexisting work, to which the author is entitled after a lapse of 35 years; however, remakes are no longer possible after termination. Motion pictures generally constitute works made for hire, thereby rendering the producer the „author" and, unless the parties have expressly agreed otherwise in a written instrument signed by them, vesting in him all of the rights comprised in a copyright. A work made for hire is defined as a work prepared by an employee within the scope of his or her employment, or as a work specially ordered or commissioned for use as a part of a motion picture, provided that in the latter case the parties expressly agree in a written instrument signed by them that the work shall be considered a work made for hire. If there are two or more authors of a motion picture, then these are joint authors with the consequence of tenancy in common. Motion pictures enjoy protection for a period of 75 years after publication. This protection includes all the rights granted to authors in general. Moral rights are not expressly recognized by the new Act. Limitations on exclusive rights in motion pictures include fair use, performance for certain educational purposes, reproduction by libraries and archives, and certain other limitations on the right of broadcasting. Formalities to be observed include the notice of copyright on each individual copy that is publicly distributed as well as deposit of two copies and registration in the Copyright Office.

2. With regard to radio and television, the author enjoys the exclusive right of public performance and display. This right covers all aspects of broadcasting, rebroadcasting and other communication to the public. Sound recordings are excluded from this protection, though legislative and other activities are being conducted with a view to changing this situation. Live broadcasts are only protected if a fixation of the work is being made simultaneously with its transmission. Certain limitations on the right of public performance and display exist with regard to public broadcasting, educational uses, transmissions for the blind, public communication of a transmission in small business locations, fair use and certain cases of rebroadcasting and cable distribution. CATV systems enjoy a compulsory licence, upon the fulfilment of certain conditions, payments having to be made only for the distribution of distant non-network signals. Other limitations on exclusive rights in connection with broadcasting include fair use (especially private recording of broadcasts), the making of ephemeral recordings, use of sound recordings for educational broadcasts, etc. Broadcasting organizations, unlike performers and producers of phonograms, are not accorded an exclusive right in their broadcasts. With regard to infringements and remedies, some special provisions refer to broadcasting, especially cable distribution.

Finally, in an annex to the new Copyright Act, the legislature established the American Television and Radio Archives.

Copyright Royalty Tribunal

Von Professor Dr. h. c. **Erich Schulze**, München

Dem Tribunal ist in der amerikanischen Gesetzgebung vom 19. Oktober 1976 das letzte Kapitel, das Kapitel 8, gewidmet. Es umfaßt die §§ 801 bis 810. Die Bedeutung des Tribunals ist immens, weil neben der äußerst großzügigen Einschränkung der Ausschließlichkeitsrechte, die eine genehmigungs- und vergütungsfreie Nutzung des Werkes erlaubt, gesetzliche Einschränkungen unter Vorbehalt des Vergütungsanspruchs erfolgt sind, für dessen Bemessung das Tribunal zuständig ist.

Dem Tribunal gehören fünf Commissioners an. Der Präsident der Vereinigten Staaten von Amerika hat mit Zustimmung des Senats am 26. September 1977 die Ernennung auf sieben Jahre von Thomas C. Brennan, Douglas Coulter sowie Mary Lou Burg und auf fünf Jahre von Clarence L. James jr. sowie Frances Garcia vorgenommen[1]). Künftig erfolgt die Ernennung der Commissioners durchweg für sieben Jahre. Der Vorsitzende wird für jeweils ein Jahr gewählt. Wiederwahl ist erst zulässig, nachdem jeder eine volle Amtsperiode Vorsitzender gewesen ist. Die Commissioners sind ermächtigt, Durchführungsbestimmungen für das Verfahren vor dem Tribunal zu erlassen und sich eine Geschäftsordnung zu geben. Angesichts der erst am 26. September 1977 erfolgten Ernennung der Commissioners liegt beides verständlicherweise noch nicht vor. Wie sich aber schon aus dem Gesetzestext ergibt, hat das Tribunal seine Entscheidung zu begründen und im Federal Register zu veröffentlichen. Außerdem haben Präsident und Kongreß einen Jahresbericht zu erhalten. Jede Entscheidung des Tribunals ist innerhalb von 30 Tagen nach ihrer Veröffentlichung im Federal Register mit Berufung beim United States Court of Appeals anfechtbar. Dieses Gericht ist ausschließlich zuständig und seine Entscheidung ist endgültig.

Zwangslizenz für Zweitsendung mittels Kabel

Die Zuständigkeit des Tribunals ergibt sich zunächst für den Fall des § 111, der die Zweitsendung, die Weiterübertragung einer Erstsendung mittels Kabel, zum Gegenstand hat. Soweit nicht die Be-

---

[1]) Vol. 42, No. 187 of the Federal Register for Tuesday, September 27, 1977 (p. 49435).

nutzung des Werks genehmigungs- und vergütungsfrei ist, besteht Zwangslizenz. Das Kabelsendeunternehmen ist gegenüber dem Register of Copyrights unter Beachtung von Fristen zu laufenden Auskünften über die Besitzverhältnisse des Zweitsenders und die rechtlichen Beziehungen zum Erstsender, Gesamtzahl der Teilnehmer, Bruttoeinnahmen, Sende- und Programmdaten verpflichtet. Im besonderen ist das Unternehmen zur laufenden Rechnungslegung und Zahlung auf der Grundlage der im einzelnen genannten Prozentsätze von den Bruttoeinnahmen verpflichtet. Die Zahlungen werden vom Register of Copyrights entgegengenommen und nach Kürzung der Verwaltungskosten des Copyright Office beim Treasury of the United States hinterlegt (mit Verpflichtung zur verzinslichen Wertpapieranlage).

Für die Verteilung der auf diese Weise hinterlegten Beträge ist das Tribunal zuständig. Zu dem Zweck erhält es vom Register of Copyrights halbjährlich eine Zusammenstellung aller Abrechnungen der Lizenznehmer. Jeder Berechtigte hat im Juli seine Forderung beim Tribunal anzumelden.

Die Anspruchsberechtigten können jedoch auch untereinander die Verteilung vereinbaren — insoweit wird ihr gemeinsames Handeln vom Kartellrecht ausgenommen — und einen gemeinsamen Bevollmächtigten zum Geldempfang bestimmen. Nach dem 1. August jeden Jahres wird vom Tribunal festgestellt, ob die Verteilung strittig ist. Ist sie es nicht, erfolgt Auszahlung an die Berechtigten unter Kürzung der entstandenen Verwaltungskosten. Besteht dagegen Streit, erfolgt Einleitung eines Verfahrens zur Feststellung angemessener Verteilung. Für die Dauer des Verfahrens werden entsprechende Rückstellungen gemacht.

Darin erschöpft sich jedoch nicht die Zuständigkeit des Tribunals. Seine nicht minder wichtige Aufgabe besteht ferner darin, die Vergütungssätze den sich verändernden Verhältnissen anzupassen. Dies gilt für inflationistische und deflationistische Erscheinungen ebenso wie für Änderungen der Richtlinien und Vorschriften der Federal Communications Commission. Dies geschieht von Amts wegen oder auf Antrag. Antragsberechtigt sind der Urheber oder dessen Rechtsnachfolger und das Kabelsendeunternehmen, das sein Werk benutzt.

Zwangslizenz für Herstellung und Verbreitung von Tonträgern

Für Werke des kleinen Rechts, die zur Herstellung und Verbreitung von Tonträgern benutzt werden, besteht unter den Bedingungen des § 115 ebenfalls Zwangslizenz. Wer sie für sich in Anspruch nimmt, muß dies unter Wahrung von Frist und Form den Urheberrechtsinhaber wissen lassen und regelmäßig mit ihm die vorgeschriebenen Vergütungssätze abrechnen. Vom Register of Copyrights werden noch Durchführungsbestimmungen erlassen, die dem Lizenznehmer die Verpflichtung zur Vorlage einer von einem Wirtschaftsprüfer geprüften Jahresabrechnung auferlegen.

Das Tribunal ist wiederum dafür zuständig, die Vergütungssätze den sich verändernden Verhältnissen anzupassen. In seiner Rechtsprechung hat es jedoch zu beachten, daß

die geschaffenen Werke in möglichst großer Zahl der Allgemeinheit zugänglich gemacht werden können;

dem Urheberrechtsinhaber eine angemessene Beteiligung zufließt, dem Benutzer des Werkes aber auch der Marktlage entsprechend genügend vom Gewinn verbleibt;

die jeweilige Rolle zu berücksichtigen ist, die dem Urheberrechtsinhaber und dem Benutzer des Werkes bei Angebot und Nachfrage, Investitionen, Risikoverteilung, Öffnung neuer Märkte und Öffentlichkeitsarbeit zukommt;

die Auswirkung auf die Struktur der beteiligten Wirtschaftszweige und den anerkannten Handelsbrauch so gerecht wie möglich gehalten wird.

Zwangslizenz gegenüber den Automatenaufstellern

Zu der besprochenen Zwangslizenz für Herstellung und Verbreitung von Tonträgern kommt nach § 116 die Zwangslizenz gegenüber dem Aufsteller eines Musikautomaten. Der Gastwirt, in dessen Betrieb der Musikautomat aufgestellt ist, haftet nicht für Lizenzen, es sei denn, er ist gleichzeitig der Aufsteller oder er verhindert die Identifizierung des Aufstellers.

Dem Aufsteller eines Musikautomaten kann eine Zwangslizenz erteilt werden, wenn er bestimmte vom Copyright Office im Einvernehmen mit dem Tribunal festgelegte Formalitäten erfüllt, die vorgesehene Vergütung beim Register of Copyrights hinterlegt und die von der gleichen Stelle ausgestellte Bescheinigung für die Öffentlichkeit sichtbar am Musikautomaten anbringt. Die hinterlegten Beträge werden, wie bei der Zwangslizenz für Zweitsendung mittels Kabel beschrieben, angelegt und vom Tribunal, wenn auch zu anderen Terminen, in gleicher Weise an die Berechtigten verteilt.

Die Zuständigkeit des Tribunals umfaßt auch die Anpassung der Vergütung an veränderte Verhältnisse, für die die gleichen Grundsätze wie bei § 115 zu gelten haben.

Einschränkung des ausschließlichen Senderechts

Das ausschließliche Senderecht wird in § 118 zugunsten der nicht kommerziellen Sender der öffentlichen Hand, aber auch jeder gemeinnützigen Einrichtung oder Organisation erheblich eingeschränkt. Betroffen sind davon veröffentlichte Werke des sogenannten kleinen Rechts, veröffentlichte Werke der Malerei, Graphik und Bildhauerei. Die Sendungen sind nicht genehmigungspflichtig. Fremde Sendeprogramme dürfen mitgeschnitten werden, wenngleich die Vervielfältigungsstücke nach Gebrauch wieder vernichtet werden müssen.

Hierfür fällt dem Tribunal die Aufgabe zu, die angemessenen Bedingungen und Vergütungssätze festzustellen. Die Urheberrechtsinhaber und die von der Ausnahmeregelung profitierenden Sendeunternehmen sind aufgerufen, für eine Übergangszeit nach Treu und Glauben selbst miteinander zu verhandeln und mit dem Tribunal zusammen nach einer annehmbaren Berechnungsgrundlage für die Zukunft zu suchen. Das Tribunal erlaubt aber auch jedem anderen Interessenten, für das Verfahren sachdienliche Informationen zur Verfügung zu stellen. Innerhalb von sechs Monaten soll das Tribunal entscheiden.

Der Schranken sind zu viele

Dies ist man leicht geneigt zu sagen. Ein solches Urteil würde aber den Fortschritten gegenüber dem alten Gesetz nicht gerecht werden. Der urheberrechtliche Schutz hängt nicht mehr von der Registrierung ab. Alle ab 1. Januar 1978 geschaffenen Werke genießen eine Schutzfrist von 50 Jahren post mortem auctoris. Der Vergütungssatz für Tonträger beträgt statt 2 Cents 2¾ Cents, mindestens jedoch ½ Cent pro Spieldauerminute. Die Tonträgerwiedergabe mittels Musikautomaten ist vergütungspflichtig geworden. Auch für die Zweitsendung mittels Kabel besteht grundsätzlich Vergütungspflicht. Und die nicht kommerziellen Sender der öffentlichen Hand haben bisher an die Urheberrechtsinhaber überhaupt nichts bezahlt.

Mit dem COPYRIGHT ROYALTY TRIBUNAL müssen erst Erfahrungen gesammelt werden, vor allem bleiben die Durchführungsbestimmungen zum Gesetz abzuwarten. Gewiß ist die Errichtung des

Tribunals mit seinen weitgehenden Befugnissen ein Kompromiß zwischen den Interessengegensätzen, die zwei Jahrzehnte lang eine Gesetzesreform verhinderten. Würde mit jedem Kompromiß so viel Fortschritt verbunden sein wie mit diesem, könnten wir sehr zufrieden sein.

Résumé

Le Tribunal établi conformément avec le chapitre 8 de la législation américaine du 19 octobre 1976 et comprenant cinq Commissioners désignés par le Président des Etats-Unis pour la première fois le 26 septembre 1977 est d'une importance extraordinaire, parce qu'il est compétent pour la fixation des droits à rémunération dans bien des cas de limitation légale des droits exclusifs des auteurs.

Licence obligatoire pour les transmissions secondaires par câble

La compétence du Tribunal résulte tout d'abord de l'article 111 qui concerne la transmission secondaire par câble. Dans la mesure où l'utilisation de l'œuvre n'est pas permise sans autorisation et sans paiement d'une redevance, la licence obligatoire trouve application.

Le réseau de transmission par câble est obligé de rendre compte régulièrement et de payer au Register of Copyrights la redevance sur la base de pourcentages déterminés des recettes brutes énumérées. La répartition de ces fonds déposés tout d'abord auprès du Treasury of the United States (et investis en valeurs mobilières des Etats-Unis productrices d'intérêts) est faite par le Tribunal auprès duquel toute personne prétendant avoir le droit de percevoir des redevances au titre de licences obligatoires déposera au cours du mois de juillet de chaque année une requête. En cas de litige, le Tribunal engagera une action, afin de déterminer les modalités de la répartition des redevances.

En outre, il appartient au Tribunal d'ajuster les taux de redevance dans le cas d'une modification des circonstances.

Licence obligatoire pour la réalisation et la distribution des phonogrammes

Dans le cas d'œuvres musicales non dramatiques utilisées pour réaliser et distribuer des phonogrammes, l'article 115 prévoit également un régime de licences obligatoires.

Le Tribunal est aussi compétent pour ajuster les taux de redevance dans le cas d'une modification des circonstances.

Licence obligatoire pour les opérateurs des appareils d'écoute de phonogrammes mis en marche grâce à l'introduction d'une pièce de monnaie

L'article 116 prévoit également vis-à-vis des opérateurs des appareils d'écoute de phonogrammes mis en marche grâce à l'introduction d'une pièce de monnaie (juke-boxes) l'application d'une licence obligatoire.

De même que dans le cas de transmissions secondaires par câble, une redevance doit être payée au Register of Copyrights pour être distribuée par le Tribunal, qui est en même temps compétent pour ajuster les taux de redevance dans le cas d'une modification des circonstances.

Limitation du droit exclusif de radiodiffusion

Le droit exclusif de radiodiffusion est considérablement limité par l'article 118 en faveur de la radiodiffusion publique non commerciale et aussi en faveur de toute institution ou organisation à but non lucratif. La radiodiffusion d'œuvres musicales non dramatiques publiées et des œuvres de peinture, des arts graphiques et des sculptures publiées ne demande pas autorisation. Le Tribunal est chargé de fixer les conditions et taux de redevance raisonnables. Pour une période transitoire les titulaires du droit d'auteur et les organismes publics de radiodiffusion devront négocier de bonne foi et coopérer pleinement avec le Tribunal, afin de trouver une base de calcul raisonnable pour le futur. Le Tribunal permet à toute partie intéressée de soumettre des informations se rapportant à cette procédure. Le Tribunal doit décider dans un délai de six mois.

***

Il faut tout d'abord attendre les expériences à faire avec le COPYRIGHT ROYALTY TRIBUNAL, et surtout il faut attendre les dispositions d'exécution concernant la loi. Certainement, la constitution du Tribunal avec ses grandes compétences constitue un compromis entre des intérêts controversés qui ont empêché la réforme de la loi pendant deux décades. Si, cependant, chaque compromis était lié à un tel progrès nous pourrions être très contents.

Summary

The Tribunal established according to chapter 8 of the American legislation of October 19, 1976 and comprising five commissioners who have been appointed by the President of the United States for their first term on September 26, 1977 is of extraordinary importance, because it is in a good deal of cases of legal limitations on exclusive rights of authors competent for fixing the claims of remuneration.

Compulsory License for Secondary Transmissions by Cable

The competence of the Tribunal results at first out of § 111 which concerns the secondary transmission by cable systems. As far as the use of a work is not allowed without authorization and without royalty payment, the compulsory license is applied.

The cable system is obliged to render currently account and to pay to the Register of Copyrights a royalty fee on the basis of certain enumerated percentages of gross receipts. The distribution of such funds primarily deposited in the Treasury of the United States (and invested in interest-bearing United States securities) is made by the Tribunal with which every person claiming to be entitled to such compulsory license fees shall file a claim during the month of July in each year. In existence of a controversy a proceeding to determine the adequate distribution of royalty fees is conducted.

The Tribunal has furthermore the task to adjust the royalty rates in case of changes of conditions.

**Compulsory License
for Making and Distributing Phonorecords**

In the case of non dramatical musical works used for making and distributing phonorecords the conditions of § 115 stipulate likewise a compulsory license.

The Tribunal is again competent to adjust the royalty rates in case of changes of conditions.

Compulsory License for Operators of Coin-Operated Phonorecord Players

According to § 116 compulsory license is established vis-à-vis operators of coin-operated phonorecord players (jukeboxes).

Just as in case of secondary transmissions by cable, the royalty is to be paid to the Register of Copyrights and to be distributed by the Tribunal which is at the same time competent to adjust the royalty rates in case of changes of conditions.

Limitation of the Exclusive Right of Broadcasting

The exclusive right of broadcasting is considerably limited by § 118 in favour of non commercial public broadcasting, but also in favour of any nonprofit institution or organization. The broadcasting in case of published non dramatical musical works and published pictorial, graphic and sculptural works needs no authorization. The Tribunal is charged to fix reasonable terms and rates of royalty payments. For a transitional period copyright owners and the broadcasting entities concerned shall negotiate in good faith and cooperate fully with the Tribunal in an effort to find a reasonable basis of calculation for the future. The Tribunal permits any interested party to submit relevant informations. The Tribunal shall make a determination within six months.

***

Experiences with regard to the COPYRIGHT ROYALTY TRIBUNAL must at first be gathered, and above all the regulations and rules concerning the law must be waited for. Certainly, the establishment of the Tribunal with its far reaching competences is a compromise between controversial interests that have prevented for two decades a reform of the law. If, however, each compromise would also be connected with so much progress as in this case, we could be very content.

Die Übersetzungs-Lizenzverträge im deutsch-amerikanischen Rechtsverkehr

Von Dr. jur. **Ferdinand Sieger,** Rechtsanwalt in Stuttgart

Ob es sich um den Rechte-Export oder -Import der bundesdeutschen Buchverleger handelt, zu den Kollegen keines anderen Landes auf der Welt unterhalten sie seit Ende des zweiten Weltkrieges so enge oder so gewichtige Übersetzungslizenzbeziehungen wie zu denen der Vereinigten Staaten. Gelegentlich sind diese Beziehungen zwischen dem Verleger des einen Landes zu dem des anderen vertraglich, etwa durch Kooperations- oder Optionsbindungen, öfter noch nur faktisch durch gegenseitiges Vertrauen und gute Erfahrung, auf Kontinuität und Systematisierung angelegt. Die literarischen Agenten, derer sich amerikanische Autoren und Verlage bei der Verwertung ihrer Rechte in Übersee bedienen, spielen dabei als Mittler eine Rolle. Die Frankfurter Buchmesse als Begegnungsort und Börse eine andere. Die Formulare für die Lizenzverträge, die in aller Regel die „buchnahen Nebenrechte" (Zeitungs- und Zeitschrifts-Vor- und -Nachdruck, Buchgemeinschafts- und Taschenbuchausgaben), nicht aber die „buchfernen Nebenrechte" (Funk, Film, Fernsehen, weitere Audiovisions- oder Kabelnutzung) umfassen, sind oft standardisiert, auch wenn es die Lizenz-Vorauszahlungen, -Garantien, die Beteiligungen an den Nebenrechtseinnahmen, die Klauseln über die Verrechenbarkeit der Vorauszahlungen und Garantien mit den Beteiligungen an den Nebenrechtseinnahmen oder diejenigen über die Dauer der Lizenz keineswegs sind. Keineswegs auch akzeptieren amerikanische Lizenznehmer die Vertragsbedingungen, die sie als Lizenzgeber umgekehrt ihren deutschen Freunden mit moralischem Aplomb abverlangen. Weit mehr amerikanische Bücher werden in deutschen Übersetzungen herausgebracht als umgekehrt. Der Größenunterschied zwischen dem deutschen und englischen Sprachraum wirkt sich auch dann noch auf dem Lizenzmarkt aus, wenn deutsche Buchverleger für Großbritannien und die USA und deren jeweiligen Anhang, bei dem Canada zum Streitobjekt wird, getrennte Übersetzungslizenzen vergeben. Der Verband Schöngeistiger und Wissenschaftlicher Verleger (VSWV) — jetzt: Arbeitsgemeinschaft Literarische und Sachbuchverlage (AG LSV) im Börsenverein für den Deutschen Buchhandel e. V. — veröffentlicht die Ergebnisse seiner Anpassungs- und Fortentwicklungs-Abstimmungen mit den Buchverlegern der USA und ihren Agenten seit ungefähr zwanzig Jahren in seiner bisher nur für die Mitglieder bestimmten Loseblattsammlung, dem VSWV-Handbuch, das jetzt in einer Neubearbeitung vom Börsenverein herausgegeben wird[1]). Schon lange bevor am 10. Juli 1974[2]) das Welturheberrechtsabkommen (WUA) auch für die Bundesrepublik Deutschland und die USA in der Pariser Fassung vom 24. Juli 1971 in Kraft trat, seit die USA am 6. Dezember 1954 die Genfer Fassung vom 6. September 1952 ratifiziert und damit den Weg für einen urheberrechtlichen Schutz deutscher Werke in den USA nach den Regeln des WUA ohne Hinterlegung und Registrierung im Copyright-Register des Copyright Office bei der Library of Congress, Washington D.C., freigegeben hatten, wurde auf diese Weise für die Vertragspraxis des Lizenzaustausches zwischen den Verlegern der beiden Länder eine Rechtskongruenz oder doch -annäherung erreicht, die das bisherige Bundesgesetzesrecht der Vereingten Staaten[3]) und das Common Law durch ihre Abweichungen vom Recht der Mitgliedsstaaten der Revidierten Berner Übereinkunft (RBÜ) eher behinderte als förderte. Die konzeptionellen entscheidenden Unterschiede betrafen seit jeher: die Begründung des Urheberrechts aus der Person oder dem Werk; seine Entstehung nur für körperlich festgelegte oder auch für nicht fixierte Werke; die Abhängigkeit oder Unabhängigkeit seiner Entstehung von Förmlichkeiten; die Lehre vom Urheberpersönlichkeitsrecht und die weniger auf eine allgemeine Sozialbindung als auf spezielle politisch wünschbar erklärte Benutzungszwecke abzielende „fair use"-Lehre; schließlich die Berechnung der Schutzdauer[4]).

Mit welchen Änderungen des bisherigen amerikanischen Urheberrechts der deutsche Buchverleger für seine Lizenzverkehrs-Praxis zu rechnen hat, wenn am 1. Januar 1978 das neue Urheberrechtsgesetz der Vereinigten Staaten vom 19. Oktober 1976[5]) in Kraft tritt, welche Gräben zwischen dem geltenden deutschen Urheber- nebst Urhebervertragsrecht und dem neuen der Vereinigten Staaten auch

---

[1]) RECHT IM VERLAG — Ein Handbuch für die Mitgliedsverlage des Börsenvereins des Deutschen Buchhandels von Ferdinand Sieger.

[2]) GRUR Int., GRUR-Ber. 176/75.

[3]) Gesetz vom 4. März 1909 in der Fassung vom 30. Juli 1947 und vom 31. Dezember 1974 — Public Law 93-573 —, veröffentlicht in Möhring/Schulze/Ulmer/Zweigert, Quellen des Urheberrechts, Frankfurt/M. ab 1961 in Lieferungen = „Quellen" II.

[4]) Vgl. hierzu etwa: Bardia Khadjavi-Gontard, Der Grundsatz der Inländerbehandlung im internationalen Urheberrecht, Schriftenreihe der UFITA, Heft 44, Berlin 1977, S. 30.

[5]) Public Law 94-553, Veröffentlichung Committee Print, 6. August 1976, Title 17 Copyrights.

zukünftig noch durch die Vertragspraxis zu überbrücken sind, das soll hier untersucht werden. Einige Konstruktionsskizzen für einen solchen Brückenbau werden vorgeschlagen.

I. Anpassungsbedürfnisse konzeptioneller und rechtssystematischer Natur

Auf den Verdacht und Vorwurf hin, voreilig, weil erfahrungslos, zu urteilen, kann dem Ergebnis mehr als zwanzigjähriger Reformarbeit allenfalls das Prädikat „mäßig" oder „befriedigend" erteilt werden. *Rehbinder*[6]) hat schon auf die Kompromißschwächen hingewiesen, welche die Gastronomen der Bars und Diskotheken wegen ihrer jukeboxes und der darin durch den elektronischen Fleischwolf gedrehten Musik, welche die Kabelfernsehunternehmen, welche aber auch die Bibliotheken und Archive den Vertretern der Urheber und Verleger abgetrotzt haben. Diese Kompromißschwächen finden erkennbaren Niederschlag in den §§ 108, 109 (Reprografie der Bibliotheken und Archive), § 111 (Kabel- und andere Zweit- oder Weitergabe-Sendungen), § 116 (Musikboxen mit Münz-Abruf), Niederschlag in teils unbestimmten Generalklauseln, teils seitenlanger Kasuistik und gesonderten technischen Legaldefinitionen. Auf sie soll hier so wenig eingegangen werden wie auf die von *Rehbinder* beschriebenen Kollektivvereinbarungen zwischen den Interessenten-Verbänden. Auch nicht darauf, inwieweit die früher an das Reformwerk geknüpften Hoffnungen[7]) erfüllt oder enttäuscht worden sind, das neue amerikanische Copyright Law öffne insgesamt jetzt schon die Pforten zum Beitritt der Vereinigten Staaten zur RBÜ in der Pariser Fassung vom 24. Juli 1971. Bei allen unbestreitbaren Verbesserungen gegenüber dem bisherigen Rechtszustand werden Buchverleger diesseits und jenseits des Atlantiks durch ihre Vertragspraxis einen Teil der alten Unebenheiten im Lizenzverkehr weiterhin abtragen, daneben aber auch neu auftretende bedenken müssen. Und zwar gerade im Zusammenhang rechtspolitischer oder rechtssystematischer Wertentscheidungen des Gesetzgebers, deren prinzipielle Andersartigkeit an zwei Exempeln mit ihren Folgen für die Verlegerpraxis aufgezeigt werden soll.

---

6) Manfred Rehbinder, Hat das neue amerikanische Urhebergesetz das Reprografieproblem gelöst? in FILM UND RECHT Nr. 6/1977 S. 358 ff.

7) Etwa: Veröffentlichung des Copyright Office über den am 20. Juli 1964 beiden Häusern des Kongresses vorgelegten Gesetzesentwurf in GRUR Int. 1964, 634 ff.; Rie, Zur Reform des amerikanischen Copyright, München 1969, Schriftenreihe der UFITA, Heft 37 und UFITA Bd. 60 (1971) S. 87; Spindler, GRUR Int. 1970, 171.

1. Ablösung des „Common Law" durch das Bundesgesetz. Unveröffentlichte Werke. Recht der ersten Veröffentlichung. Urheberpersönlichkeitsrecht.

Das nach dem bisherigen Recht ergangene Urteil des New York Court of Appeals vom 12. Dezember 1968 in Sachen Hemingway et al. v. Random House, Inc. et al. („Papa Hemingway")[8]) ist geeignet, den Wandel des Rechts zum Guten oder nicht so Guten zu vergleichen.

Die Witwe Ernest Hemingways und sein Nachlaßverwalter klagten gegen den Autor des Buches „Papa Hemingway", A. E. Hotchner, einen jüngeren und wenig bekannten Trink- und Reisegefährten Hemingways, und gegen den Verleger dieses Buches, Random House. Während der letzten 31 Jahre seines 1961 endenden Lebens hatte Hemingway seinen Kumpanen mit Anekdoten, Erinnerungen, Aussagen über Literatur und Literaten, mit Erzählungen und Arbeitsentwürfen gefüttert, die der erfolgreiche Schriftsteller selbst nie aufzeichnete, während Hotchner sie sich jeweils beflissen notierte oder auf einem tragbaren Tonbandgerät festhielt. 1966 erschien das Ergebnis als Buch unter dem Titel „Papa Hemingway", mit dem Namen Hotchner als dem des Autors, mit einem unbestritten von Hemingway stammenden Inhalt.

Von den vielen in diesem Urteil behandelten und entschiedenen Rechtsfragen interessieren in unserem Zusammenhang nur diese: Unveröffentlichte Werke waren nur nach Common Law geschützt. Das Common Law Copyright an einem unveröffentlichten Werk dauerte ewig. Aber es erlosch unmittelbar mit der Veröffentlichung. Der Autor mußte Schutz durch das gesetzliche Copyright des Bundes, durch Anmeldung, Schutzvermerk und Hinterlegung suchen[9]). Den fand und findet er auch nach § 102 Abs. (a) des neuen Gesetzes nur, wenn er sein Werk in einer faßbaren und vervielfältigungsfähigen körperlichen Form niedergelegt hat. Kein Urheberrechtsschutz nach damaligem Recht für Ernest Hemingway, dessen ausdrückliche oder schlüssige Erklärung gegen eine Veröffentlichung, dessen Veröffentlichungsvorbehalt, nach Meinung des Gerichts jedenfalls nicht in ausreichendem Maße nachgewiesen werden konnte. Verbrauch des Com-

---

[8]) GRUR Int. 1970, 91 ff.

[9]) § 12 in Verbindung mit § 2 des Gesetzes vom 30. Juli 1947: § 2 des Gesetzes behält zwar dem Urheber das ihm nach Common Law zustehende Recht vor, über die Veröffentlichung und Verwertung seines Werkes zu bestimmen, § 12 macht aber den gesetzlichen Schutz von Vorträgen und anderen Werken, die nicht für den Verkauf vervielfältigt werden, von der Hinterlegung beim Copyright Office abhängig.

mon Law Copyright durch die Hotchner-Veröffentlichung; keine Schutzfähigkeit der von Hemingway nicht fixierten Werkbestandteile für Hemingway.

a) Nach neuem amerikanischem Urheberrecht hätten Hemingways Witwe und sein Nachlaßverwalter mit ihrer Klage gegen Hotchner und Random House auch in den USA Erfolg. Der Urheberschutz (§§ 102, 103 in Verbindung mit § 106 des neuen amerikanischen Gesetzes) gilt jetzt gemäß § 104 Abs. (a) und § 201 Abs. (a) für den ursprünglichen Autor, also originär für Hemingway entstanden, auch in Ansehung des unveröffentlichten Werkes. Auch unveröffentlichte Werke können gemäß §§ 408, 412 beim Copyright Office hinterlegt und registriert werden; sie stehen gemäß § 704 Abs. (b) unter der Obhut des Copyright Office. Voraussetzung für diesen gesetzlichen Schutz ist aber, daß das unveröffentlichte oder noch unveröffentlichte Werk in einem körperlichen Ausdrucksmittel festgehalten, daß seine Verkörperung in einem Werkexemplar dauerhaft oder beständig genug ist, um für eine mehr als nur vorübergehende Dauer sinnliche Wahrnehmung, Wiedergabe oder Übertragung in sonstiger Weise zu erlauben[10]). Das Entstehen des Urheberrechts — anders als etwa nach Urheberrechtsgesetz von 1965 (UG) — von einer solchen Fixierung abhängig zu machen, lassen beide multilateralen Urheberrechtskonventionen im Zusammenhang mit dem Gebot der Inländerbehandlung zu[11]). Ist ein Werk in dieser Weise körperlich festgelegt, gilt nach § 301 Abs. (a) Urheberschutz im Sinne von § 106[12]) und für geschützte Werke im Sinne von §§ 102, 103[13]) nur noch nach dem neuen Gesetzesrecht. Aber nach diesem neuen amerikanischen Gesetzesrecht hätte die Niederschrift oder Tonband-Fixierung der schützbaren Hemingway-Texte gesetzlichen und vererblichen Urheberschutz für Hemingway entstehen lassen.

Wie wäre in der Bundesrepublik zu entscheiden gewesen, wenn Random House damals Exemplare der Originalausgabe dorthin exportiert oder eine deutschsprachige Ausgabe lizenziert hätte? Der Klage gegen Random House, den Importeur, die Grossisten oder Sortimenter wäre wegen der in Deutschland vertriebenen Original-

---

[10]) Legaldefinition § 101 zum Stichwort „fixed".

[11]) Hierzu etwa: Khadjavi-Gontard, aaO., S. 70 f. und Anm. 119 und 122; Hinweis auf von Ungern-Sternberg in GRUR Int. 1973 S. 63 f.; Bappert/Wagner, Internationales Urheberrecht, München 1956, S. 78, 210 mit weiteren Nachweisen.

[12]) Etwa § 15 UG entsprechend.

[13]) Etwa §§ 3 bis 6 UG entsprechend.

ausgabe ebenso stattgegeben worden wie auch derjenigen gegen den deutschen Lizenzverleger und die Hersteller und Verbreiter der deutschsprachigen Lizenzausgabe. Dabei kommt es nicht einmal darauf an, ob die Original- oder gar die Lizenzausgabe gleichzeitig mit oder nicht später als 30 Tage nach der amerikanischen Ausgabe auf dem deutschen Markt war. Es kommt also nicht darauf an, ob Hemingway und seine Rechtsnachfolger in der Bundesrepublik Schutz schon nach § 121 Abs. 1 UG genießen. Auf jeden Fall steht ihnen dieser Schutz nach § 121 Abs. 4 UG in Verbindung mit Art. II WUA (Grundsatz der Inländerbehandlung) zu[14]. Der Untergang des Urheberrechtsschutzes am unveröffentlichten Werk nach amerikanischem Common Law durch die Hotchner-Veröffentlichung und das Nichtentstehen eines gesetzlichen Copyright für Hemingway mangels Werkfixierung ist für die deutsche Entscheidung unbeachtlich.

> „Das öffentliche Kollisionsrecht wird vom Grundsatz der Territorialität beherrscht (BGHZ 31, 367, 371 = NJW 1960, 1101). ... Das Urheberrecht ist zwar als einheitliches, umfassendes Recht an der geistigen Schöpfung mit der natürlichen Herrschaftsmacht des Urhebers territorial unbegrenzt und insoweit überall belegen (BGHZ 17, 266, 278 = NJW 1955, 1276 — „Grundig-Reporter" —); das dem Urheber positivrechtlich von den einzelnen Rechtsordnungen zugebilligte Urheberrecht ist dagegen notwendig auf die jeweiligen staatlichen Hoheitsgebiete begrenzt und im jeweiligen Schutzstaat belegen."[15]

Kein Beklagter könnte sich demgegenüber etwa auf eine Erschöpfung des Verbreitungsrechts nach § 17 Abs. 2 UG berufen. Nicht erst das Verwertungsverbot des § 96 steht einem solchen Einwand entgegen, vielmehr schon der Umstand, daß nach der allein maßgeblichen deutschen Rechtsvorstellung die Werkexemplare nicht „mit Zustimmung des zur Verbreitung im Geltungsbereich dieses Gesetzes Berechtigten" (§ 17 Abs. 2 UG) hier in den Verkehr gebracht wurden. Im Sinne der §§ 17, 6 und auch 15 Abs. 3 UG war allein Hemingway der Berechtigte.

Ebenso wäre übrigens in Deutschland auch schon zu der Zeit zu entscheiden gewesen, bevor sich die urheberrechtlichen Beziehungen zu den Vereinigten Staaten nach den Bestimmungen des WUA zu

---

[14]) Hierzu aber Bappert/Wagner, aaO., S. 256; Khadjavi-Gontard, aaO., S. 54 und Anm. 61.

[15]) Urteil des BGH vom 16. April 1975, BGHZ 64, 183 = UFITA Bd. 74 (1975) S. 303 = NJW 1975, 1220 ff. = GRUR Int. 1975, 361 „August Vierzehn".

richten hatten. Inländerbehandlung schrieb auch vor Art. 1 des Übereinkommens zwischen dem Deutschen Reich und den Vereinigten Staaten von Amerika über den gegenseitigen Schutz der Urheberrechte vom 15. Januar 1892[16]), dessen Weitergeltung die Partner dieses bilateralen Urheberrechts-Staatsvertrages sich nach dem ersten und zweiten Weltkrieg bestätigten[17]).

Damals wie heute wäre in Deutschland ein Anspruch auf Anerkennung der Urheberschaft bestanden, wie er heute in § 13 UG positivrechtlich normiert ist. Hemingways Erben hätten sich in Deutschland gegen Hotchner darauf berufen können, ohne daß es auf die Unverzichtbarkeit dieses Anspruchs ankäme[18]), geschweige denn darauf, ob die damaligen Kläger nach dem für sie in den USA ungünstig ausgegangenen Prozeß etwa resignierend verzichtet haben. Anders auch nach dem neuen Copyright Law. Urheberpersönlichkeitsrecht (droit moral) bleibt von ihm ausgeschlossen. Urheberpersönlichkeitsrechtlichen Ansprüchen wie dem auf Anerkennung der Urheberschaft kann aber auch Common Law oder das Recht der Einzelstaaten für solche Hemingway-Bedürfnisse gemäß § 301 Abs. (a) nicht mehr zur Verfügung stehen. Verdrängt durch das neue Gesetz ist auch urheberrechtsähnliches („equivalent") Recht. Von dieser Verdrängung macht zwar § 301 Abs. (b) Unterabsatz (1) eine Ausnahme gerade für nicht oder noch nicht in körperlicher Form festgelegte Werke. Für sie bleibt Common Law und Einzelstaatenrecht weiterhin anwendbar. Nach solchem Recht hatten einzelne Entscheidungen[19]) früher äußerst kühn einen gewissen Anspruch auf Anerkennung der Urheberschaft gestützt. Ob dies auch in Zukunft noch rechtens geschehen kann, muß bezweifelt werden. Der frühere Schutz nach dem Common Law ging urheberpersönlichkeitsrechtlich entschieden weiter als der gesetzliche[20]). Der Ausnahme-Katalog in § 301 Abs. (b) behält insgesamt dem Common Law eher die auf Kollision zum Urheberrecht ange-

---

[16]) RGBl. 1892, 473.

[17]) Hierzu: „Quellen", III, S. 2 f. und Anm. 2 D; Bappert/Wagner, aaO., S. 272 ff.; Eugen Ulmer, Urheber- und Verlagsrecht, 2. Aufl., Berlin 1960, S. 88; Eugen Ulmer, Der Vergleich der Schutzfristen im Welturheberrechtsabkommen, in GRUR Int. 1960, S. 57 ff.; Anm. Eugen Ulmers zum Urteil der Court de Paris vom 24. April 1974 „Buster-Keaton-Filme" in GRUR Int. 1975, 406 ff.; Eugen Ulmers Rezension von Desbois, Françon und Kerever, Les Conventions internationales du droit d'auteur et des droits voisins, in GRUR Int. 1977, 249 f.; a. A. hinsichtlich des Schutzfristvergleichs Heinrich Hubmann, Urheber- und Verlagsrecht, 3. Aufl., München 1974, S. 83.

[18]) Fromm/Nordemann, Urheberrecht, 3. Aufl., Stuttgart 1973, § 11 Anm. 2; Vorbemerkung vor § 28; § 29 Anm. 2.

[19]) Judge Seabury in Clemens v. Press Pub. Co. 18 Bull. 69 (71), Supreme Court, Appelate Term, 1910, nach „Quellen", aaO., I S. 8.

[20]) Hierzu: „Quellen" I, aaO., S. 4.

legten Persönlichkeitsrechte Dritter vor, etwa die im Werk beschriebener Personen, als die ideellen Interessen des Autors. Dessen ideelle Interessen können daher bei einem noch nicht fixierten Werk nicht nach Common Law Schutz beanspruchen, wenn die Ausnahmen nach Abs. (b) gegenüber der Regel des Abs. (a) restriktiv interpretiert werden müssen. Die Regel und das Prinzip ist aber nun einmal die Alleinherrschaft des neuen gesetzlichen Urheberrechts. Und das eben kennt kein droit moral. Der Unterschied zum bisherigen Rechtszustand beruht, auf einen einfachen Nenner gebracht, darauf, daß Common Law bzw. Einzelstaatenrecht und Gesetzesrecht früher im Verhältnis der Gleichberechtigung nebeneinander standen, künftig aber im Verhältnis der Ausnahme zur Regel im Über- und Unterordnungsverhältnis sich gegenüberstehen. Der persönlichkeitsrechtliche Schutz eines nicht oder noch nicht fixierten Werkes ist daher zukünftig schlechter ausgestattet als früher. Dieses Mangels haben sich deutsche Autoren und ihre Verleger bei der Vergabe von Übersetzungslizenzen in die Vereinigten Staaten zu versehen, wenn der Vertrag zur Finanzierung der Werkveröffentlichung schon zur Zeit der Werkplanung abgeschlossen wird.

b) Und eines weiteren sehr einschneidenden Unterschieds. Die aus Gründen der Rechtssystematik und -sicherheit natürlich zu begrüßende Vereinheitlichung des bisher zwischen „Statutory Law" (veröffentlichte Werke) und „Common Law" (unveröffentlichte Werke) zersplitterten amerikanischen Urheberrechts im neuen Gesetz hat zur Folge, daß die sehr großzügig bemessenen Beschränkungen des subjektiven Urheberrechts und die „fair use"-Freiheiten unveröffentlichte wie veröffentlichte Werke belasten. Das bisherige Common Law-Urheberrecht für unveröffentlichte Werke war durch „fair use"-Privilegien nicht eingeschränkt. Jetzt können nach der Generalklausel des § 107 auch unveröffentlichte Werke zu Zwecken der Kritik, Kommentierung, Berichterstattung, Lehre, Erziehung, Forschung im Rahmen der „fair use"-Anwendung benutzt, gemäß § 108 Abs. (b) von Bibliotheken und Archiven reprografiert und in Faksimile an andere Bibliotheken und Archive oder auch an deren Besucher (§ 109) weitergegeben werden. Um den Veröffentlichungsschutz des Autors, Ausfluß seines persönlichen Geheimnisschutzes, ist es also doch relativ schlecht bestellt. Relativ: Im Vergleich etwa mit § 46 UG (Schulbuchentnahme aus „erschienenen" Werken), § 47 UG (Schulfunkaufzeichnungen autorisiert ausgestrahlter Sendungen), § 51 UG (Freiheit des Zitierens aus „erschienenen" bzw. „veröffentlichten" Werken), § 52 UG (öffentliche Wiedergabe aus „erschienenen" Werken), § 58 UG (Katalogbilder-Privileg nur für autorisiert öffentlich ausgestellte oder zur öffentlichen Ausstellung bestimmten Bilder). Wer das Änderungsverbot von § 62 UG als selbstverständliches oder notwendiges persönlichkeitsrechtliches Korrelat der Sozialbindung unseres subjektiven Einzelrechts ansieht, wird sich nur schwer mit § 115 Abs. (a) Unterabsatz (2) abfinden. Danach darf der durch die Tonträger-Zwangslizenz (entsprechend § 61 UG) Privilegierte das nicht dramatische Musikwerk nach seinem eigenen Interpretationsstil oder -gusto arrangieren, also bearbeiten, also verändern. Diese Bearbeitung ist zwar selbst ausdrücklich vom Urheberschutz ausgenommen. Das aber ist schwacher Trost für den ungefragt Bearbeiteten, der dieser Bearbeitung keinen, jedenfalls nicht seinen Geschmack abgewinnen kann.

Der amerikanische Lizenzgeber ist in umgekehrter Richtung in Deutschland besser dran. Wegen der Anwendbarkeit deutschen Rechts als des Rechts des Landes, in welchem Schutz in Anspruch genommen wird, und wegen des Prinzips der Inländerbehandlung nach Art. II WUA (Pariser Fassung) kommt er in den Genuß des Urheberpersönlichkeitsschutzes und in den Genuß der Respekt-Kautelen, welche der 6. Abschnitt unseres Gesetzes den Schranken und Sozialhypotheken des Urheberrechts einbindet. Mit der in § 108 Abs. (f) Unterabsatz (4) vorgesehenen vertraglichen Abdingbarkeit der Reprografie-Freiheit für Bibliotheken und Archive kann der deutsche Buch- oder Rechts-Exporteur praktisch wenig anfangen. In beiden Fällen wird im Sinne von § 17 Abs. 2 UG auch in den USA das Verbreitungsrecht erschöpft sein, bevor mit der Bibliothek oder dem Archiv der Vertrag über den Ausschluß der Reprografie-Freiheit abgeschlossen werden kann. Um so mehr Aufmerksamkeit wird der deutsche Originalverleger bei der Lizenzvergabe an den amerikanischen Übersetzungsverleger der Vertragsbestimmung widmen, in welcher er seinem Autor Übersetzungs-Integrität sichert.

Beides muß dabei bedacht werden: Der Anspruch des deutschen Autors, sein Werk nicht durch eine ungetreue Übersetzung zu verschleissen; daneben aber auch sein Interesse daran, durch idiomatische Anpassungen der Übersetzung an die unterschiedliche Sprache und Sprachassoziation den amerikanischen Buch-Adressaten das Werkverständnis zu erleichtern. Für einen solchen vertraglichen Urheberpersönlichkeitsschutz mag eine Klausel dienlich sein wie:

> „The translation of the said work shall be made faithfully and accurately, and no abbreviations or alterations shall be made in

the text thereof without the written consent of the Proprietor, except that the translator may add explanations or make slight modifications in the original text of the work to achieve a competent and idiomatic translation, provided, however, that such explantations or modifications shall not materially change the meaning or otherwise materially alter the text of the said work."

In seinem Lizenzvertrag wird der eine Übersetzungslizenz an seinen amerikanischen Kollegen vergebende deutsche Buchverleger aber auch sich darauf einrichten müssen, daß § 301 Abs. (b) Unterabsatz (3) Ansprüche Dritter wegen Verletzung ihres Persönlichkeitsrechts etwa durch Werke mit dokumentarischem oder zeitgeschichtlichem Bezug weiterhin dem Common Law und dem Recht der Einzelstaaten überläßt. Die Unterschiede sind nicht unerheblich und machen es schwer, das Risiko einer „libel"-Haftung einigermaßen sicher einzuschätzen. Für dieses Risiko kann und sollte der deutsche Lizenzgeber nur im Rahmen des deutschen Rechts einstehen. Auch dann, wenn im übrigen für den Lizenzvertrag amerikanisches Recht und/oder das Recht des Staates New York als anwendbar vereinbart wird:

„The Proprietor (Owner) hereby warrants to the Publisher that the said work in the original German language is an original work and is in no way whatever a violation of any existing copyright that it does according to the German law contain nothing indecent or libelous, that all statements contained therein purporting to be facts are true, and that he has full power to make this agreement."

2. Werkschutz — Urheberschutz

Wenn es akzeptiert wird, die Abweichungen gegenüber dem deutschen und dem bisherigen amerikanischen Recht abermals an einem konkreten Prozeßfall zu exemplifizieren und zu verdeutlichen, so mag hierzu die Entscheidung des District Court, N.D. Illinois, E. Div., („The Chicago Picasso") vom 22. Dezember 1970[21]) taugen.

Ein Bildhauer fertigte für eine geplante Monumentalskulptur, von ihm selbst auszuführen, ein Modell an. Das kleinformatige Modell ging ohne jeden Copyright-Vermerk, ohne Verunstaltung durch das Schutzzeichen also, in eine öffentliche Ausstellung. Dort wurde es fotografiert. Reproduktionen des abgelichteten Modells, ebenso frei vom Urheberrechts-Vermerk, erschienen in Buch und Buchhandel.

---

[21]) GRUR Int. 1972, 169 ff.

Die ursprünglich als Originalwerk geplante und vom Bildhauer später so vollendete Monumentalskulptur blieb ungeschützt, konnte schutz- und zustimmungsfrei unbeschränkt vervielfältigt werden. Desgleichen das kleine Modell, das den Schutz verloren hatte.

Am Modell, als erste Skizze gedacht oder als fertige Vorlage, war Common Law-Urheberrecht entstanden und durch die Ausstellung, durch die es der Urheber veröffentlichte, wieder untergegangen. Das Modell war mangels Schutzvermerks durch Veröffentlichung gemeinfrei geworden. Danach stellte sich dann die als Original geplante große Endausführung als eine Vervielfältigung des Modells dar, deren weitere Vervielfältigung ebenfalls unbeschränkt zulässig war. Die Verleger konnten beliebig und zustimmungsfrei zwischen dem Modell und dem „Original" als ihrer Reproduktionsvorlage wählen. Das „fair use"-Prinzip verhalf dem Bildhauer nicht zum Erfolg, weil der gesetzliche Urheberschutz nicht zur Zeit der Veröffentlichung erworben war.

Die Frage, wie der Fall nach dem neuen amerikanischen Urheberrechtsgesetz und wie er nach deutschem Recht zu entscheiden wäre, beantwortet sich zunächst einmal in vollem Umfang nach den in vorstehend Ziffer 1) ausgewiesenen Regeln. Darüber hinaus demonstriert er aber die weiterhin bestehenden prinzipiellen Unterschiede zwischen dem deutschen und auch dem neuen amerikanischen Urheberrecht.

a) Im Gegensatz zum deutschen UG vom 9. September 1965 hebt das neue amerikanische Gesetz wie das alte das Werk an die Spitze des Gesetzes und seiner Schutzbestimmungen, nicht den Urheber. Und dies nicht bloß in der Reihenfolge. Als Gegenstand des Urheberrechts (subject matter of copyright) stellt es zunächst im ersten Kapitel die Werke vor, ehe es im zweiten sich der Urheber-Inhaberschaft (ownership of copyrights) annimmt. Das Werk ist — anders als nach deutschem Recht[22]) — schützbar gemäß § 102 Abs. (a) nur in festgelegter, wahrnehmbarer und vervielfältigungsfähiger Facon. Und was das heißen will, erklären die Legaldefinitionen von Begriffen wie etwa „created", „fixed", „Copy" in allen Einzelheiten. Sie erklären auch den Oberbegriff „compilation" und dessen Unterbegriff und Anwendungsfall „collective work", der sich im Werkscharakter mit demjenigen unseres „Verbundwerks" trifft, jedoch so wenig wie

[22]) OLG München in GRUR 1956, S. 432 = UFITA Bd. 23 (1957) S. 214 „Solange du da bist"; BGH in GRUR 1962, 531 ff., 533 = UFITA Bd. 38 (1962) S. 172 „Bad auf der Tenne II".

der Begriff „joint work" für die Werkschöpfer zwischen Miturhebern (§ 8 UG) und Urhebern verbundener Werke (§ 9 UG) unterscheidet. Sie erklären, was ein „derivative work" ist, „Bearbeitung" im Sinne von § 3 UG, aber wohl nicht die Vertonung eines Textes (nach dem Wortlaut der Legaldefinition in § 101 und seiner Sinnverbindung zu § 103 besteht auch die Vertonungsfreiheit fort (vgl. „Quellen", I, S. 6). Schließlich erklären sie, wann ein Werk „made for hire", im Arbeits-, Dienst-, aber auch Auftragsverhältnis geschaffen sei, als Beitrag zu einer Zeitschrift, Anthologie oder Enzyklopädie, als Vor- oder Nachwort, als Herausgeber-Notiz, Anhang oder Index. Insofern wird man an § 47 Verlagsgesetz (VerlG), an den Bestellvertrag, erinnert[23]), dessen einziger oder eigentlicher Effekt, die verlegerische Publikationspflicht auszuschließen, hier verpufft, weil das amerikanische Urhebergesetz nicht einmal die Andeutung einer Auswertungspflicht, etwa entsprechend § 41 UG, enthält. Andererseits läßt § 43 UG (Urheber in Arbeits- oder Dienstverhältnissen) das Urheberrecht originär beim angestellten Urheber entstehen. Das Urheberrecht an einem „work made for hire" steht dagegen gemäß § 201 Abs. (b) dem Auftraggeber originär zu, der natürlich auch eine juristische Person sein kann. Glücklicherweise aber noch nicht der Computer, den § 117 sowohl als Werkschöpfer als auch als möglichen „fair use"-Nutzer vorläufig aus dem Spiel läßt[24]). Einen anderen computerfreundlicheren Standpunkt einzunehmen, hätte dem neuen amerikanischen Gesetz kaum den Vorwurf der Systemwidrigkeit eintragen können. Denn als „literary works" werden in diesen Legaldefinitionen des § 101 Worte und Ziffern, Wort- und Ziffer-Symbole beschrieben. Von da aus ist auch der Weg nicht mehr weit zu dem umstrittenen „Wiener Abkommen über den Schutz typographischer Schriftzeichen und ihre internationale Hinterlegung". Eugen *Ulmer*[25]) berichtet darüber und

---

[23]) Vgl. Bappert/Maunz, Verlagsrecht, München 1952, § 47 Rdz. 11.

[24]) Nach Demetrius S. Oekonomidis. Die neuen Entwicklungen des internationalen Urheberrechts, in UFITA Bd. 60 (1977) S. 3 ff., 33 f., gibt es wohl noch keine nationale Gesetzgebung, die das vom Computer ausgegebene Resultat als ein urheberrechtlich geschütztes Werk ansieht. Sehr wohl dagegen können input wie output Bearbeitungen zugrundegelegter bereits geschützter Werke sein. Die Einspeicherung eines geschützten Werkes — input — ist im fortschrittlichen Urheberrecht eine dem Schutz unterliegende Vervielfältigung, die weitere Verwertung — output— öffentliche Wiedergabe, der gegenüber der Schutz nach dem Recht der beiden multilateralen Konventionen beschränkbar und nach nationalem Recht durch die Sozialbindungen des Urheberrechts oder durch das „fair use"- oder „fair dealing"-Prinzip beschränkt ist. Vgl. hierzu auch Eugen Ulmer, Der urheberrechtliche Schutz wissenschaftlicher Werke unter besonderer Berücksichtigung der Programme elektronischer Rechenanlagen, Bayerische Akademie der Wissenschaften, Sitzungsberichte, Heft 1/1967; Kastenmeier, The Information Explosion an copyright Law Revision, 15 Bull. Cap. Sec. USA, S. 203 ff.).

[25]) GRUR Int. 1974, 164 ff.

unterscheidet demgemäß zwischen Urheberschutz- und Musterschutz-Ländern. Zwischenstaatlich richtet sich nämlich nach diesem Wiener Abkommen, das bisher weder von der Bundesrepublik noch von den USA ratifiziert worden ist, der Schutz je nach seiner nationalen Ausgestaltung entweder nach WUA bzw. RBÜ oder aber nach der Pariser Verbandsübereinkunft zum Schutze des gewerblichen Eigentums vom 20. März 1883 (PVÜ) in den seither revidierten Fassungen[26]).

Diese Unterschiede im Schutzgegenstand und in der Schutzhöhe, zwischen geschütztem Werk und geschütztem Urheber, sind für die Übersetzungslizenzvergabe zwischen den beiden Ländern nichts neues. Nach wie vor wird die Vertragspraxis der Verleger zu bedenken haben, daß wegen des möglichen originären Erwerbs eines Urheberrechts durch den amerikanischen Verleger, wegen der relativ schwächeren Rechtsposition seines Urhebers, der stärkeren des in Lizenz angebotenen Werks, zumal aber wegen der „droit moral"-Abstinenz des amerikanischen Rechts der deutsche Übersetzungsverleger dem Bestande und der Unangreifbarkeit der von ihm in Lizenz erworbenen Rechte eher oder müheloser vertrauen kann als im umgekehrten Rechtsverkehr der amerikanische Lizenznehmer der Autorisation und Legitimation seines deutschen Rechtegebers. Das ist mit ein Grund für die jeden Verlagsjuristen immer wieder erschreckenden, den Umfang des Adressbuches einer mittleren Kleinstadt einnehmenden Formularverträge amerikanischer Verlage und Agenten, besonders in den Fällen, in denen sie von ihren deutschen Kollegen neben den Buchrechten etwa auch Broadway-Adaptions-(Dramatisierungs-)Rechte erwerben wollen, mit denen meist ohnehin die vertraglch noch komplizierter behandelten Weltverfilmungsrechte verbunden sind.

b) Überhaupt: Bei aller selbstverständlichen Erleichterung über den Fortfall vieler Hinterlegungs- und Registrierungs-Formzwänge gemäß Kapitel 4 des neuen Copyright Law haben deutsche Buchverleger doch Anlaß, im Rückblick auch der Rechtssicherheit dankbar zu gedenken, welche ihnen diese formalen Lästigkeiten andererseits vermittelten. Beim Einkauf von Übersetzungslizenzen amerikanischer Originalwerke waren sie ohnehin dadurch kaum beschwert: Geschäft der amerikanischen Lizenzgeber, die im Lizenzvertrag den genauen und stimmigen Schutzvermerk wörtlich für Original- und Übersetzungsausgabe vorschreiben. Umgekehrt nahm die hoch zu rühmende Hilfsbereitschaft und Zuverlässigkeit des Copyright Office dem deutschen

[26]) Darüber Alois Troller, Die mehrseitigen völkerrechtlichen Verträge im internationalen gewerblichen Rechtsschutz und Urheberrecht, Basel 1965, S. 10, 13 f., 36.

Originalverleger Sorgen und Ängste ab, wie er seinem Autor und sich den amerikanischen Schutz vor und nach Inkrafttreten des WUA erhalten könne. Die in § 410 Abs. (b) vorgesehene Vorprüfung des Copyright-Registers über Schutzfähigkeit oder Schutzfortbestand bedeutet auch in Zukunft für deutsche Buchverleger eine empfehlenswerte Erleichterung und Verbilligung ihrer Recherchen. Bis heute erfüllen keineswegs alle in die Vereinigten Staaten exportierten deutschen Bücher die Schutzzeichen-Anforderungen des Art. III WUA richtig und vollständig. Die Buchgemeinschafts- oder Taschenbuchausgabe „vergißt" ebenso leicht den Namen des Originalverlegers und das Datum der Erstveröffentlichung, wie dies der Zweitverleger tut, der bei der Erstveröffentlichung eben noch nicht Verleger dieses Werkes war. Der Wunsch, das alte Werk eines inzwischen mit einem neueren erst berühmt gewordenen Autors zur besseren Verkäuflichkeit ein wenig zu verjüngen, mag der Jahreszahl-Vergeßlichkeit ebenfalls gelegentlich nachhelfen. Berufung auf einen Rechteverfall oder gar Prozesse mit dem Zwang, wenigstens nachträglich dafür die Registrierung zu betreiben, sind dieserhalb, soweit bekannt, in den Vereinigten Staaten zwischen deutschen und amerikanischen Buchverlegern nicht geführt worden. Genügte für alle erstmals nach dem 16. September 1955 irgendwo veröffentlichten Werke nicht-amerikanischen Ursprungs die Schutzkennzeichnung nach WUA, so wurde förmliche Copyright-Anmeldung, -Hinterlegung und -Registrierung sowie -Erneuerung für solche Werke in der Regel von deutschen Buchverlegern nur dann betrieben, wenn sie wegen der Prominenz des Autors, der Bedeutung des Werks oder seiner Eignung zu einer Verfilmung in den USA mit größeren Prozeßrisiken belastet waren.

Einen besonders gefährdeten Personenkreis bildeten in die USA emigrierte deutsche Schriftsteller, die wie Thomas Mann oder Carl Zuckmayer in den deutschen Sprachraum zurückkehrten, nachdem sie die amerikanische Staatsangehörigkeit erworben hatten. Nachdem die amerikanische Gesetzgebung Verlängerungen der Erneuerungsfristen wegen kriegsbedingter Verhinderungen[27]) während der Zeit zwischen dem 3. September 1939 und dem 5. Mai 1956 bis zum 12. Juli 1968 und in Erwartung der angekündigten Urheberrechtsreform[28])

---

[27]) Proklamation Nr. 3792 des Präsidenten der USA vom 12. Juli 1967 auf Grund § 9 des damaligen amerikanischen Urheberrechtsgesetzes. Mitteilung des Bundesministers der Justiz vom 29. Aug. 1967, Aktenzeichen: 9123/3 A 5 — 32 148/67 und vom 6. März 1968, Aktenzeichen: 9123/3 A 5 — 30 572/68; Schreiben des Copyright Office vom 12. Jan. 1968 an das Bundesministerium der Justiz.

[28]) Public Law — 91-174 vom 16. Dez. 1969; Annoncemant from the Copyright Office, Library of Congress vom 29. Dez. 1968, SML — 93 —; veröffentlicht in GRUR Int. 1970, 91.

weitere Verlängerungen zunächst bis zum 31. Dezember 1969 gewährt hatte, entschied über die gebotene Art und Weise der Schutzsicherung in den USA — nach WUA oder Copyright Law? — die amerikanische oder deutsche Staatsangehörigkeit der ausgebürgerten Emigranten. Nach der zutreffenden erläuternden Stellungnahme des Copyright Office zur Proklamation Nr. 3792 des Präsidenten der USA vom 12. Juli 1967 komme es für die Frage, ob der durch NS-Akte Ausgebürgerte noch als deutscher Staatsangehöriger anzusehen und demnach die Vergünstigungen der Proklamation für sich in Anspruch nehmen könne, allein auf deutsches Recht an. Damit war der Knoten gelöst: Nach Art. 116 Abs. 2 GG sind frühere deutsche Staatsangehörige, die durch die berüchtigten NS-Gesetze ausgebürgert wurden, auf Antrag wieder einzubürgern. Sie gelten jedoch nicht als ausgebürgert, sofern sie nach Kriegsende, also nach dem 8. Mai 1945, ihren Wohnsitz in Deutschland genommen und nicht einen entgegengesetzten Willen zum Ausdruck gebracht haben. Das Bundesverfassungsgericht hat sich nun in einem Beschluß vom 14. Februar 1968[29]) mit dem häufigen Sonderfall befaßt, daß ein so ausgebürgerter Deutscher nicht mehr das Kriegsende erlebt, damit also nicht imstande war, entsprechenden Antrag zu stellen oder seinen Wohnsitz in Deutschland zu nehmen. Das Bundesverfassungsgericht stellt fest, daß die NS-Ausbürgerungsgesetze, insbesondere die berüchtigte 11. Verordnung zum Reichsbürgergesetz, schlechthin rechts- und verfassungswidrig, also nichtig seien, somit zunächst der Grundsatz gelte, daß die auf Grund solcher Vorschriften erfolgten Ausbürgerungen unbeachtlich seien. Gleichzeitig bestätigt aber das Bundesverfassungsgericht die vom Verfassungsgeber getroffene Regelung, daß der Ausgebürgerte seinen entsprechenden Willen zur Einbürgerung irgendwie kundtun müsse, z. B. durch Antrag oder Wohnsitzwahl, und kommt bei vorher verstorbenen Personen zu dem Schluß, daß diese nach wie vor als Deutsche gelten, wenn sich nicht aus den Umständen ein nachweisbarer anderer Wille des Ausgebürgerten erkennen lasse. Den deutschen Autoren war geholfen. Sie blieben vor dem Rechtsverlust und der Gemeinfreiheit bewahrt, welche die berühmte Entscheidung des District Court, S.D. New York vom 8. Februar 1965[30]) einem nicht in den USA erschienenen Werk eines Autors mit amerikanischer Staatsbürgerschaft bescheinigte.

Auch die Abschaffung der „Manufacturing Clause" des § 16 des alten durch § 601 des neuen Gesetzes kommt zunächst mehr den

[29]) NJW 1968, 1036.

[30]) G. P. Putnam's Sons et al. v. Lanier Books, Inc. et alter, GRUR Int. 1967, 32 ff.

Druckern und Bindern als den Buchverlegern zugute. Sie könnte auf die Dauer eine verstärkte Koproduktion etwa bei wissenschaftlichen oder Kunstbüchern zulasten des Lizenzaustauschs zur Folge haben. Standardisierte Muster für Verträge mit gemischtem Koproduktions- bzw. Lizenzinhalt, Rohbogen- und Rechte-Import und -Export sind bei den deutschen Buchverlegern schon überbetrieblich in Gebrauch.

So relativiert sich denn doch insgesamt für die Übersetzungslizenz-Beziehungen zwischen deutschen und amerikanischen Buchverlegern die spektakulär erscheinende Bedeutung der Herstellungs- und Formzwang-Beseitigung durch das Gesetz vom 19. Oktober 1976. Das WUA, eine im Rechtsverkehr mit RBÜ-Ländern form-unabhängiger werdende Gesetzgebung und Rechtsprechung und — nicht zuletzt — die vertraglich oder außervertraglich praktizierte Verleger-Kooperation lassen — jenseits des positiv-rechtlichen Systemwandels — das Abrücken von Formzwängen im neuen Gesetz eher als Bestätigung des status quo erscheinen. Mit keiner dieser Vorstellungen läßt sich freilich eine genaue und wörtliche Interpretation des § 401 Abs. (b) Unterabsatz 1 vereinbaren. Nach dieser Bestimmung muß das Schutzzeichen bestehen sowohl aus dem Symbol © als auch aus dem Wort „Copyright", das auch in der abgekürzten Form „Copr." angebracht werden kann. Im ersten Satz von § 19 des alten Gesetzes vom 4. März 1909 war nur alternativ („... either ... or ...") das Symbol oder das Wort gefordert, jetzt durch die Verkopplung („and") beides kumulativ: Ein vom neuen Gesetzestext anscheinend aufgezwungener und tendenzwidrig den Formzwang verschärfender Pleonasmus, den Art. III Abs. 1 WUA vermeidet, freilich auch nach Abs. 2 der nationalen Gesetzgebung freihält. Den Beweis der Überflüssigkeit erbringt § 402 Abs. (b) Unterabsatz 1. Für die dort sonst analog behandelte Schutzkennzeichnung der Tonträger genügt das Symbol ℗ für „Phonorecords", das zwar nicht dem WUA, wohl aber Art. 11 des Rom-Abkommens über den Schutz der ausübenden Künstler, der Hersteller von Tonträgern und der Sendeunternehmen vom 26. Oktober 1961[31]) und Art. 5 des Genfer Übereinkommens zum Schutz der Hersteller von Tonträgern gegen die unerlaubte Vervielfältigung ihrer Tonträger vom 29. Oktober 1971[32]) entspricht. Mit beiden Abkommen aber haben nun wieder die Vereinigten Staaten nichts zu schaffen. Wenn § 404 bei Sammelwerken das für das Werk insgesamt und einheitlich angebrachte Schutzzeichen für den Schutz aller in ihm enthal-

[31]) BGBl. 1965 II S. 1244 = UFITA Bd. 37 (1962) S. 73.

[32]) Abgedruckt in Fromm/Nordemann, aaO., S. 573 ff.

tener Einzelbeiträge ohne Rücksicht auf die Rechtsinhaberschaft an den veröffentlichten oder auch unveröffentlichten Einzelbeiträgen genügen läßt[33]); so sollte es auch § 401 Abs. (b) Unterabsatz 1 mit dem Copyright-Symbol in seiner WUA-Form und in Alleinstellung bewenden lassen.

Die üblichen Copyright-Verpflichtungen, die amerikanische lizenzgebende Buchverlage in ihren Formularverträgen ihren deutschen Kollegen beim Erwerb von Übersetzungslizenzen aufbürden, sind nach dem neuen Gesetz überprüfungsbedürftig.

Das gilt ganz sicher von § 6 des Vertragsformulars Bobbs-Merrill Company, Inc., New York:

> „The original American title and the original copyright notice shall be printed either beneath the title or on the back of the title page of every copy issued in translation, and the Publishers shall not do any act or permit any act to be done which will cause the said translation thereof to vest in the public domain in any country in which the same shall be circulated, and if in any such country any notice shall be necessary to protect the copyright of the said work or said translation, the Publishers will cause such notice to be affixed to each copy there circulated, in accordance with the terms of all pertinent domestic and international copyright conventions."

Aber auch noch von § 6 des Vertragsformulars Simon & Schuster, Inc., New York:

> „The entire copyright in the Work shall be and remain in the Proprietor, subject only to the rights herein granted. The Publisher shall take all necessary measures to protect the copyright of the said Work under the terms of all pertinent domestic and international copyright conventions."

Die entsprechende Klausel in § 5 des Vertragsformulars Harcourt Brace Jovanovich, Inc., New York, entspricht auch der neuen Rechtslage:

> „The Publisher agrees to print the original American title of the Work and the name of the Author on the title page or reverse of the title page of every copy of its edition, to take all necessary steps to protect the copyright of its edition, and to reproduce the following copyright notice in every copy it publishes: . . ."

---

[33]) So auch schon Urteil des Court of Appeals, Second Circuit vom 9. März 1970, „Dark Passage", GRUR Int. 1971, 281 ff.).

II. Anpassungsbedürfnisse bei der Einräumung und beim Rückruf von Übersetzungslizenzen

Eine typische, immer wieder hart umkämpfte und immer wieder Ärger bringende Vertragsbestimmung in Standard- oder Individual-Übersetzungslizenzverträgen amerikanischer Buchverleger lautet:

> „The entire copyright in the work and said translation shall be and remain in the Owner . . .
>
> This agreement shall expire and all rights licensed hereunder shall automatically revert to the Owner at whichever date occurs earlier:
>
> Ten (10) years from the date of this agreement
>
> Six (6) months after the book has been out of print and/or off the market."

Die nach § 3 UG in der Person des Übersetzers entstandenen Rechte an der Übersetzung, besser: am übersetzten Werk, Rechte, deren Nutzung der Übersetzer gemäß §§ 31 ff. dem deutschen Verleger eingeräumt hat, diese Rechte soll dieser Übersetzungsverleger von allem Anfang an seinem amerikanischen Lizenzgeber übertragen, und zwar über die Geltungsdauer des Lizenzvertrages hinaus. Zu dem Zeitpunkt, in welchem der deutsche Verleger den Übersetzungslizenzvertrag mit seinem amerikanischen Rechtegeber abschließt, das Recht zur Übersetzung erwirbt, steht der Übersetzer noch nicht fest. Der Verleger hat seine Wahl noch nicht getroffen, der Übersetzer sich noch nicht zur Annahme des Auftrags entschieden. Wechsel des Übersetzers kommt vor. Auf seine oder des Verlegers Veranlassung. Wie soll so der deutsche Verleger seinen mit dem Übersetzer abzuschließenden Vertrag mit demjenigen spiegelbildhaft symmetrisieren und synchronisieren, den er mit seinem amerikanischen Lizenzgeber abgeschlossen hat! Wie bei umgekehrter zeitlicher Abfolge gar den Übersetzungslizenzvertrag mit dem Übersetzervertrag! Der Übersetzungslizenzvertrag zwischen dem amerikanischen und dem deutschen Verleger endet entsprechend der Befristungsklausel. Der deutsche Übersetzungsverleger ist nicht mehr berechtigt. Danach vergibt der amerikanische Originalverleger eine neue Übersetzungslizenz etwa an eine Buchgemeinschaft oder an einen Taschenbuchverlag. Natürlich mit dem Recht zur Benutzung der früheren Übersetzung. Weiß der Übersetzer davon, der weder mit dem amerikanischen Lizenzgeber noch mit dessen neuem Lizenznehmer in Vertragsbeziehungen steht? Wird er an den Einnahmen beteiligt? Hatte der erste deutsche Übersetzungsverleger die formularmäßige Weiterübertragung auf den amerikanischen Originalverleger im Vertrag mit seinem Übersetzer vereinbart und finanziell geregelt? Hatte er seinen Übersetzer überhaupt von dieser nebensätzlichen, aber nicht nebensächlichen Weiterübertragung informiert? Auch von der Befristung des Übersetzungslizenzvertrages, die den verlegerischen Publikationsverpflichtungen, die auch dem Übersetzer gegenüber außerhalb des Bestellvertrages im Sinne von § 47 VerlG bestehen, ein Ende setzt? Hängt der Übersetzer mit seiner Übersetzung in der Luft?

An dem Debakel ist die vom deutschen System abweichende frühere und durch das neue Gesetz gewandelte Regelung der Copyright-Erneuerung und des „transfer of ownership of copyright" wahrlich nicht unschuldig.

1. Änderung im USA-Recht

Zwar konnte das Urheberrecht nach dem alten Gesetz (§ 28) ebenso übertragen, verpfändet, vererbt und vermacht werden, wie es nach dem neuen (§ 201 Abs. b) geschehen kann. Schriftform war nach Common Law, ist nach § 204 Abs. (a) vorgeschrieben. Das alte Recht unterschied aber — nicht allzu präzise — zwischen der Vollabtretung des Urheberrechts (assignment) und der Lizenzierung einzelner Nutzungsrechte (licences), die dem Erwerber keinen eigenen Klageanspruch eintrugen[34]). Am nachhaltigsten beeinflußte aber die Vertragspraxis der amerikanischen lizenzgebenden Buchverleger, daß nach dem alten Gesetz (§ 24) das Recht der Erneuerung des Urheberrechts um noch einmal 28 Jahre grundsätzlich nur dem Urheber, seinen Erben oder bestimmten Verwandten und dem Testamentsvollstrecker zustand, nicht aber dem sonstigen Rechtserwerber. Unrichtig war es daher, wenn Unkundige die weiteren 28 Jahre als „Verlängerung" ansahen. „Erneuerung" waren sie mit der Konsequenz, daß dieses neue Copyright prinzipiell nicht mehr mit den während der ersten Schutzfrist vergebenen Rechten und Lizenzen belastet war, daß es davon unbelastet frei wie Phoenix aus der Asche früherer Lizenzeinräumungen stieg[35]).

Nur durch ausdrückliche Vereinbarung, während der ersten Schutzfrist abgeschlossen, konnte das Erneuerungsrecht für die zweite auf

---

[34]) Goldwyn Pictures Corporation v. Howells Sales Co., 19 Bull. 111, 2 Cir. 17. April 1922.

[35]) Ricordi v. Paramount Pictures, Inc. 89, USPQ 289, 2 Cir. 8. Mai 1951 „Quellen" I, S. 9.

den Rechteerwerber übergehen[36]). Dies aber auch nur dann, wenn der Urheber noch den Anfang des letzten Jahres vor Ablauf der ersten Schutzfrist erlebt hat[37]). Später dann ermöglichte es die amerikanische Rechtsprechung[38]) dem Rechtserwerber eher, das Copyright zu erneuern. Im Zweifel sollte ihm dies Recht zustehen, wenn er vor Ablauf der ersten Schutzfrist seine Rechte übernommen hatte.

Voller Sorge, das Copyright-Erneuerungsrecht zu verlieren, lassen sich daher amerikanische Originalverleger, die während der ersten Schutzfrist einen Übersetzungslizenzvertrag abschließen, das Copyright auch an der Übersetzung übertragen. Und um bei der rechtzeitigen Copyright-Erneuerung nicht in Bedrouille zu kommen, setzen sie dem Übersetzungslizenzvertrag ein frühes, jedenfalls ein dafür rechtzeitiges und bestimmt terminiertes Ende. Eine solche Mißachtung der Rechte des Übersetzers wollte und will nun ganz und gar nicht in unser Rechtssystem (etwa die verlegerische Publikationspflicht gemäß § 14 VerlG) passen, der befristete automatische Rechterückfall ebenso wenig zu unserem Rückruf-System (etwa §§ 32, 30 VerlG, § 41 UG). Die Anfang der sechziger Jahre bei den Verhandlungen zwischen Verbandsvertretern amerikanischer und deutscher Verleger in New York mühsam gefundene Kompromiß- und Zauberformel, aus der Malaise herauszukommen, lautete für Übersetzungslizenzverträge:

> „However, in the event of a termination of the contract and a reversion of rights, the Proprietor shall not make further use of said translation without the written consent of the Publisher."

a) Das neue amerikanische Urheberrechtsgesetz hat von dem Alptraum der Schutzfristerneuerung, von dem Alptraum, das Erneuerungsrecht zu verlieren, befreit. Dabei mag dahingestellt bleiben, inwieweit reale Anlässe zu diesem Alptraum auf die ärgerliche Vertragspraxis einwirkten oder inwieweit schließlich nur noch Gewohnheit, Routine und die Übervorsicht amerikanischer Verlagsanwälte dabei am Werk waren.

Nachdem der Absatz (a) von § 201 präzise die originäre Entstehung des Werk-Urheberrechts in der Person seines Urhebers, die Absätze

---

[36]) Fisher Music Co., Inc. v. Witmark & Sons, 57 USPQ 50, Supreme Court of the United States 1943, „Quellen" ebenda.

[37]) Miller Music Corporation v. Daniels, Inc., 116 USPQ 92, D.C. New York S.D. 31. Dez. 1957, „Quellen", ebenda.

[38]) Rose et al. v. Bourne, Inc., 125 USPQ 509-1960, Court of Appeals, 2. Cir. 13. Mai 1960, GRUR Int., Auslandsberichte 968/62; District Court, S.D. New York, vom 6. März 1962, GRUR Int. 1964, S. 285.

(b) und (c) die bereits behandelten Ausnahmen für „works made for hire" und für „contribution to collective works" beschrieben haben, widmet sich Absatz (d) der Rechtsübertragung („transfer of Ownership"), und zwar „in whole or in part". Der Unterabsatz 2 und die Legaldefinition von „transfer of copyright ownership" in § 101 veranschaulichen und konkretisieren die Anpassungen oder Annäherungen an Rechtsvorstellungen, wie sie zum System des absoluten Urheberrechts und der von ihm abgespaltenen ausschließlichen Teilrechte auch die deutsche Rechtslehre und Rechtsprechung entwickelt haben und wie sie positivrechtlich in §§ 31 ff. UG eingeflossen sind. Gewichtige Ausnahme: Der Mangel des persönlichkeitsrechtlichen Anknüpfungspunktes und die Vernachlässigung der Zweckübertragungstheorie. Entsprechend § 301 Abs. (a), entsprechend auch der ebenfalls hier schon untersuchten Ausnahmebestimmung von § 301 Abs. (b) Unterabsatz 3 befaßt sich das Kapitel 2 über Rechtsinhaberschaft und -übertragung wie das neue Urhebergesetz überhaupt nur mit ausschließlichen Rechten, die mit absoluter Wirkung ausgestattet sind (§ 106). Die anderen überläßt es weiterhin dem Common Law und der Ländergesetzgebung. Rechtsübertragung („transfer") ist also die Abtretung, Verpfändung und Lizenzierung im Sinne des Gesetzes nur, wenn sie Ausschließlichkeitsrechte zum Gegenstand hat. Diese übertragenen Rechte können dann — wie in § 32 UG — räumlich, zeitlich oder inhaltlich beschränkt sein oder werden.

Als Veröffentlichung („Publication") gilt auch die Vermietung, Verpachtung oder der Verleih. Ähnlich wie in § 33 UG wirken gemäß § 205 Abs. (f) im Konfliktsfall mit der Übertragung ausschließlicher Rechte vorher und gutgläubig erworbene einfache Lizenzen weiter, ohne daß es auf die Protokollierung beim Copyright Office ankäme. Die für die verlegerische Praxis äußerst bedeutsame Streitfrage, ob diese Weiterwirkung bei Rückfall des „Hauptrechts" analog sich auch auf ausschließliche vom „Hauptrechts"-Lizenznehmer zulässig vergebene „Nebenrechts"-Lizenzen, wie etwa Buchgemeinschafts- und Taschenbuchrechte erstrecke[39]) oder nicht[40]), wird für das deutsche Recht eher im Sinne *v. Gamms,* für das amerikanische jedoch wegen des ausdrücklichen Gesetzgebungsvorbehalts für das bundesrechtliche Urhebergesetz und gegen Common Law und Staaten-Gesetze eher im Sinne *Fromm/Nordemanns* entschieden werden müssen[41]).

---

[39]) So v. Gamm, Urheberrechtsgesetz, München 1968, § 33 Rdz. 4, Einführung Rdz. 72 ff., 79.

[40]) So Fromm/Nordemann, aaO., § 33 Anm. 2 und §§ 31, 32 Anm. 1a.

[41]) Entsprechend § 203 Abs. (b) Copyright Law (nachstehend unter b zu behandelnder Rechterückruf).

Die Verbands-Verhandlungen zwischen amerikanischen und deutschen Verlegern haben inzwischen zu einer Kompromißlösung geführt, von der nachstehend unter Ziffer 2 noch die Rede sein wird.

Soviel kann jedenfalls mit Sicherheit festgestellt werden: Die im Lizenzverkehr zwischen deutschen und amerikanischen Verlegern eingeräumten ausschließlichen Übersetzungsrechte sind solche im Sinne von §§ 106, 201. Ihre Einräumung stellt Rechtsübertragung im Sinne von § 201 Abs. (d) dar. Die im Streit- und Prozeßfall nach dem 4. Kapitel des Gesetzes zu beachtenden Förmlichkeiten, Anmeldung, Hinterlegung, Registrierung, gelten für sie. Wer diesen Zwang als Lästigkeits-Relikt aus alten Zeit vermeiden will, müßte eine einfache nicht ausschließliche Lizenz, verbunden etwa mit einer Wettbewerbsenthaltungs-Verpflichtung, vereinbaren. Das sollte er sich allerdings mehr als zweimal überlegen. Wie die RBÜ tendiert auch das WUA zur absoluten Stellung urheberrechtlicher Befugnisse des einzelnen Urhebers, zu einer im Benutzungs- und Abwehrrecht eigentumsähnlichen Stellung des Urhebers am Werk[42]), die mangels „droit moral" im amerikanischen Recht dem Eigentum noch stärker angepaßt ist als im persönlichkeitsrechtlich besetzten deutschen Urheberrecht. Dieser Intention des WUA gebührt wegen des Prinzips der Inländerbehandlung im Lizenzverkehr zwischen deutschen und amerikanischen Buchverlegern Prävalenz.

b) Von vielleicht noch größerer Bedeutung für den Lizenzverkehr mit ausschließlichen Übersetzungsrechten zwischen amerikanischen und deutschen Buchverlegern ist jedoch der Umstand, daß anstelle der festen Termine für den Ablauf der ersten Schutzfrist und für deren mögliche einmalige Erneuerung das neue amerikanische Gesetz in § 203 erstmals ein Rückrufsrecht institutionalisiert hat, ein Recht, das den automatischen an eine bestimmte Frist oder Bedingung geknüpften Rückfall durch eine rechtsgeschäftliche Willenserklärung des Berechtigten ersetzt. In ähnlicher Weise gewährt § 304 Abs. (c) ein Rückrufsrecht. Rechtsübertragungen und -einräumungen, die vor dem 1. Januar 1978 vorgenommen wurden, können binnen fünf Jahren nach Ablauf der bisherigen 56jährigen Schutzdauer durch schriftliche Erklärung gegenüber dem Rechtserwerber zurückgerufen werden. Dieser Wandel bewirkt nicht nur Anpassung an deutsche Rechtsverhältnisse (§§ 32, 30 VerlG, § 41 UG), sondern größere Rechtssicherheit. Begriffe wie „out of print" oder „of the market"

---

[42]) Hierzu Khadjavi-Gontard, aaO., S. 70 und Anm. 119 mit Hinweis auf von Ungern-Sternberg, Die Wahrnehmungspflicht der Verwertungsgesellschaften und die Urheberrechtskonventionen, in GRUR Int. 1973, 63 f.

sind beim Stand der heutigen Herstellungs- und Vertriebstechnik so fragwürdig wie ihre deutschen Schwestern: „Beendigung der Auflage" oder „Vergriffensein". Die „Auflage", ursprünglich am einheitlichen technischen Druckvorgang orientiert[43]), hat schon am Stehsatz, geschweige denn an der Reprografie die Orientierung verloren[44]).

Das „Vergriffensein" der Auflage[45]), teilt dieses Schicksal, nicht erst seit terminals zwischen Sortiment, Barsortiment und Verlag diesem letzteren vor aufwendigen Fortsetzungsproduktionen es ratsam erscheinen lassen, sich einen kleinen Verlagsbestand zu reservieren, aus dem in Gottes Namen beliefert wird, wer denn auf Lieferung insistiert. Zur Not ist also das Werk erhältlich. Nachweisbar.

Um nicht mißverstanden zu werden: Die Bedeutung der §§ 203 und 304 Abs. (c) liegt nicht im unmittelbaren Bezug, nicht in der unmittelbaren Wirkung, nicht in dem subjektiven Recht, das diese neue Bestimmung dem einzelnen Rechtsinhaber gibt. Nach dem Ablauf einer fünfunddreißigjährigen Lizenzzeit zu jedem Zeitpunkt innerhalb weiterer fünf Jahre die Lizenz beenden zu können, stellt sich im Vergleich mit unserem Rückrufsrecht wegen Nichtausübung (§ 41 UG) und angesichts der immer kürzer werdenden Lebenszeit der meisten Bücher doch als ein eher bescheidenes Recht dar. Nicht anders ist die Sonder- und Übergangsbestimmung in § 304 Abs. (c) zu beurteilen. Es braucht daher hier auch nicht auf die im Anwendungsbereich ausländischen Rechts gemäß § 203 Abs. (b) Unterabsatz 5 wie entsprechend gemäß § 304 Abs. (c) Unterabsatz 6 E geltende Ausnahme eingegangen zu werden. Die Bedeutung dieser „Termination of transfers and licenses" liegt vielmehr — mindestens für den deutsch/amerikanischen Lizenzverkehr mit Übersetzungsrechten — darin, daß ein Ereignis- oder Zeitablauf nicht ohne weiteres, nicht automatisch[46]), zu Rückfall-, Beendigungs- oder anderen Rechtsfolgen führt, daß deren Eintritt vielmehr von einer einseitigen empfangsbedürftigen Willenserklärung des Berechtigten oder Begünstigten abhängig gemacht wird. Auch ihm ist mehr damit gedient, daß die Ausübung dieses oder eines ähnlichen Rechts in seine Disposition

---

43) Löffler, Presserecht I, 2. Aufl., München 1969, S. 717 Rdz. 82; Voigtländer/Elster, Gesetz über das Verlagsrecht, 3. Aufl. Berlin 1939, § 5 Anm. II.

44) Bappert/Maunz, aaO., § 5 Rdz. 2.

45) Bappert/Maunz, aaO., § 16 Rdz. 8; Allfeld, Das Verlagsrecht, 2. Aufl., München 1929, § 16 Anm. 3.

46) Auf Befristung, aufschiebende oder auflösende Bedingung braucht in diesem Zusammenhang eines deutsch/amerikanischen Lizenzvertrags ebenso wenig eingegangen zu werden wie auf den Unterschied zwischen Verpflichtungs- und Erfüllungsgeschäft.

gestellt wird, als daß auch ohne seinen Willen, ohne seine Kenntnis, ohne seine Entscheidung und sein Dazutun diese Rechtsfolgen eintreten. Der deutsch-amerikanische Lizenzverkehr mit Übersetzungsrechten sollte zukünftig von den bewußten oder unbewußten Zwangsvorstellungen amerikanischer Verleger oder Agenten nicht mehr in Mitleidenschaft gezogen werden, ohne befristete Verträge sich einem allzu großen Risiko eines vermeidbaren Rechtsverlustes auszusetzen.

Und auch das hier beschriebene Dilemma vertraglich herbeigeführter Kollisionen oder Konflikte zwischen Übersetzungs-Lizenzvertrag und Übersetzervertrag löst sich für den deutschen Übersetzungsverleger in Wohlgefallen auf, wenn sich seine amerikanischen Kollegen zukünftig in ihrer Vertragspraxis allgemein an die Regelung halten, die § 203 Abs. (b) Unterabsatz 1 — und wiederum entsprechend § 304 Abs. (c) Unterabsatz 6 A — jetzt neu in das Urheberrechtsgesetz einführt.

Danach gelten die Rechte an Übersetzungen, die vor Rückruf autorisiert worden sind, nach dem Rückruf des Rechts am Original weiter. Das übersetzte Werk gehört nach der Legaldefinition des § 101 zu den „derivative works", die vom Rückruf des Rechts am bearbeiteten Werk nicht erfaßt werden. Es sollte also auch vertraglich ein Ende haben mit den Wünschen der amerikanischen Lizenzgeber, im Übersetzungs-Lizenzvertrag die Rechte am übersetzten Werk abgetreten zu erhalten.

2. Anpassung der Übersetzungs-Lizenzverträge an das geänderte US-Recht

Die als Einleitung zu diesem Abschnitt II zitierte typische Klausel amerikanischer Vertrags-Muster braucht die Verhandlungen über Übersetzungslizenzen nicht länger zu erschweren. Den Rechten des Übersetzers und den Rechten am übersetzten Werk wird aber auch eine Bestimmung nicht gerecht, wie sie heute noch § 10 des gedruckten Vertragsformulars etwa des Verlages Random House, Inc., New York, enthält:

> „In the event the author disposes of the motion picture or other performance rights, the purcheaser of such rights will be free to publish or cause publication of excerpts and summaries of the Work up to an aggregate of 10 000 words for advertising and exploiting such rights."

Wobei der Exzeß und seine Unzumutbarkeit sich mindestens darauf beziehen, daß „the Work" auch das in Lizenz übersetzte Werk sein soll; daß also der amerikanische Lizenzgeber in dieser Weise auch die lizenzierten Rechte am übersetzten Werk verschleißen darf.

a) Das neue amerikanische Urheberrechtsgesetz sollte durch seine veränderte Systematik und durch seine erstmalige Institutionalisierung eines Rückrufrechts alle amerikanischen Buchverleger beim Rechteexport wie -import eine Beendigungs-Vereinbarung akzeptieren lassen, wie sie vom Verband Schöngeistiger und Wissenschaftlicher Verleger ursprünglich 1969 mit den Agenten der amerikanischen Autoren, Agenten und Verlegern als Kompromiß abgesprochen war und wie sie dann etwa in das gedruckte Vertragsmuster des Verlages Seligmann & Collier, New York, gemäß § 10 übernommen wurde:

> „The Proprietor shall be at liberty after one (1) month's written notice to the Publishers to cancel this agreement and resume possession of the license granted to the Publishers hereunder without prejudice to any monies already paid or then due, in the event of any of the following conditions arising:
>
> a) ...
> b) ...
> c) ...
> d) ...
> e) if the Publisher does not sell and account for more then ... copies during two consentive years, or pays a correspondending royalty.
>
> In the event of the Publisher having published or agreed to publish the maiority or an important part of the author's total work, then paragraph e shall be subject to separate agreements between the Proprietor and the Publisher."

Der Lizenznehmer wird vorgewarnt. Er muß seine Verkaufsanstrengungen verstärken, kann aber auch die Differenz zwischen der absatzabhängigen und der Mindestlizenzvergütung zahlen, um sich das Lizenzrecht zu erhalten. Langjähriger oder treuer Verbundenheit zwischen Original- und Übersetzungsverleger wird Rechnung getragen.

b) Die gleichen Moderatoren für den Lizenzverkehr zwischen amerikanischen und deutschen Buchverlagen entschlossen sich am 7. März 1977 in Zürich schon zu einem Stück Vorgriff auf das am 1. Januar 1978 in Kraft getretene neue amerikanische Urheberrechtsgesetz, als sie die Muster oder Regeln feststellten, die individuell zu vereinbaren, oder von denen abzuweichen jede Vertragsfreiheit belassen bleibt:

„**Rechterückfall**

Folgende Regel-Vertragsauflösungen scheinen in Fortsetzung der Besprechungsergebnisse vom 23. November 1973 angemessen:

a) Ein automatischer Rechterückfall sollte — als dem deutschen Rechtssystem fremd — nicht vereinbart, ein etwaiger Rechterückruf vom Lizenzgeber dem Lizenznehmer vielmehr in der Regel mindestens sechs Monate vor dem Zeitpunkt schriftlich erklärt werden, zu welchem die Rechte nach individueller Vereinbarung und im Sinne von nachstehend b) zurückgerufen werden können.

b) Übersetzungs-Lizenzverträge sollen ihre Geltung behalten, solange im Durchschnitt der letzten Jahre bestimmte individuell zu vereinbarende Stückzahlen der Lizenzausgabe abgesetzt oder entsprechende Lizenzvergütungen abgerechnet werden.

c) Vor Rückruf der Übersetzungslizenz vom Lizenznehmer (Übersetzungsverleger) vertragsgemäß vergebene Nebenrechtslizenzen laufen auch nach Rückfall des dem Übersetzungsverleger eingeräumten Rechts mit der Maßgabe weiter, daß

aa) die dem Nebenrechts-Unterlizenznehmer etwa eingeräumte Ausschließlichkeit von vornherein vertraglich terminiert werden sollte;

bb) sich die vereinbarte Beteiligung des Übersetzungsverlegers an den Nebenrechtseinnahmen nach Rückfall auf die Hälfte ermäßigt;

cc) der Nebenrechts-Unterlizenznehmer ab Rechterückfall unmittelbar mit dem lizenzgebenden Originalberechtigten abrechnet."

Zwei von amerikanischen Autoren, Verlegern und deren Agenten bei der Vergebung von Übersetzungslizenzen geforderte, beim Erwerb von Übersetzungslizenzen an deutschen Originalwerken umgekehrt nicht akzeptierte Vertragsbedingungen standen bisher im Mittelpunkt der Vertragsverhandlungs-Kontroversen: Die unbefristete Übertragung der Rechte am deutsch übersetzten Werk auf den amerikanischen Originalverleger und der durch Zeitablauf oder schwer kontrollierbare Ereignisse wie „out of print" oder „off the market" eintretende automatische Rückfall der Rechte zur Übersetzung an den amerikanischen Lizenzgeber.

Das neue amerikanische Urheberrechtsgesetz macht es möglich, auf beide Klauseln zu verzichten. Weder zur Übertragung der Rechte am übersetzten Werk auf den amerikanischen Lizenzgeber noch zur zeitlich bestimmten Beendigung des Übersetzungs-Lizenzvertrages besteht künftig Anlaß. Anstelle des automatischen Rechterückfalls kann der bisher nur dem deutschen, jetzt auch dem amerikanischen Recht entsprechende Rückruf treten. Die Rechte am übersetzten Werk können mit denen zur Übersetzung synchronisiert werden.

Die von den Buchverlegern in der Bundesrepublik und in den Vereinigten Staaten für die Vergabe von Übersetzungsrechten im beiderseitigen Lizenzverkehr teils individuell, teils durch die Vertreter der Organisationen standardisierten Muster- oder Regelverträge haben in der Vergangenheit schon die Spannungen auszugleichen vermocht, welche die von den RBÜ-Ländern abweichende Konzeption und Systematik des amerikanischen Urheberrechts ihnen auflud. Das neue amerikanische Urheberrechtsgesetz beseitigt einige daraus stammende Kollisionen. Die Vertragspraxis ist aufgerufen, diese Chance zu weiterer Angleichung des Rechts und zur Harmonisierung des Verkehrs mit Übersetzungslizenzen in beiden Richtungen zu nutzen.

Resümee

Schon bisher hat die Vertragspraxis bei der Vergabe von Übersetzungslizenzen konzeptionelle und rechtssystematische Unterschiede zwischen dem amerikanischen und deutschen Urheberrecht ausgleichen müssen und ausgeglichen. Das wird sie auch nach Inkrafttreten des neuen Urheberrechtsgesetzes der Vereinigten Staaten weiterhin tun müssen. Die Ablösung des „Common Law" durch das neue Bundesgesetz tendiert nicht ausnahmslos zu einer Anpassung des Rechts an das der RBÜ-Länder. Die gesetzliche Abstinenz von „droit moral" und die Abhängigkeit des Schutzes von einer körperlichen Fixierung des Werkes kann in Zukunft urheberpersönlichkeitsrechtlichen Schutz, insbesondere den auf Anerkennung der Urheberschaft am nicht oder noch nicht fixierten Werk schmälern. Ähnliches gilt in Ansehung der „fair use"-Freiheiten gegenüber unveröffentlichten Werken und in Ansehung der Rechtsunsicherheit beim Konflikt zwischen Meinungs- und Kunstfreiheit auf der einen Seite, Persönlichkeitsschutz im literarischen Werk behandelter Personen auf der anderen Seite. Die prinzipiell zu begrüßende Integration des bisherigen „Common Law"- und Einzelstaaten-Urheberrechts in das neue Bundesgesetz ist wegen politisch gebotener Rücksichtnahme auf starke Verbraucherinteressen nicht allenthalben geglückt, ging merkbar nicht ohne Kompromisse vonstatten.

Für zwei den Verkehr mit Übersetzungslizenzen besonders belastende Konfliktsbereiche schafft das neue Gesetz der Vertragspraxis jedoch erhebliche Erleichterung. Der Fortfall des Erneuerungszwanges, die zweite 28jährige Schutzfrist zu gewinnen, und die erstmalige Einführung eines Rechterückrufs in das System des amerikanischen Urheberrechts machen es amerikanischen Lizenzgebern jetzt leicht, auf die mit dem Lizenzvertrag nicht synchronisierte Übertragung der Rechte am übersetzten Werk ebenso zu verzichten wie auf den zeitlich bestimmten oder an bestimmte Ereignisse („out of print", „off the market") geknüpften automatischen Rechterückfall.

Nach Meinung des Verfassers zu empfehlende oder abzulehnende Beispiel-Klauseln aus Standard-Lizenzverträgen werden im englischen Wortlaut zitiert und erörtert.

Résumé

Jusqu'à maintenant il a déjà été nécessaire dans la pratique, pour l'accord de licences de traduction, de compenser certaines différences dans la conception et dans la systématique juridique existant entre le droit d'auteur américain et allemand. Il continuera à en être de même après l'entrée en vigueur de la nouvelle loi sur le droit d'auteur des Etats-Unis. Le remplacement de la „common law" par la nouvelle loi fédérale ne va pas sans exceptions dans le sens d'une adaptation du droit à celui des Etats membres de la Convention de Berne. Le silence gardé par la loi sur le droit moral et la condition de fixation matérielle de l'œuvre dont dépend sa protection peuvent à l'avenir réduire la protection de la personnalité de l'auteur, en particulier en ce qui concerne la reconnaissance de la qualité d'auteur d'une œuvre non fixée ou non encore fixée. Il en va de même en ce qui concerne la liberté de „fair use" existant à l'égard des œuvres non publiées et en ce qui concerne le manque de sécurité juridique en cas de conflit entre la liberté d'opinion et la liberté de l'art, d'une part, et la protection de la personnalité de personnes dont il est question dans une œuvre littéraire, d'autre part. L'incorporation de la „common law" et du droit d'auteur des différents Etats jusqu'ici en vigueur, dont il *y a lieu en principe de se féliciter, dans la nouvelle loi fédérale n'est pas en tous points réussie par suite de la prise en considération nécessaire sur le plan politique de puissants intérêts des consommateurs, et elle n'a manifestement pas été réalisée sans compromis.*

Pour deux domaines dans lesquels se produisent des conflits particulièrement gênants pour les échanges de licence de traduction, la nouvelle loi apporte cependant pour la pratique contractuelle un allègement important. La disparition de l'obligation de renouvellement pour profiter de la seconde période de protection de 28 ans, et l'introduction pour la première fois dans le système américain du droit d'auteur de la possibilité de résiliation facilitent désormais pour les concédants américains la renonciation aussi bien à la cession des droits sur l'œuvre traduite, non synchronisée avec le contrat de licence qu'au retour automatique des droits lié à des considérations temporelles ou à certains événements („out of print", „off the market").

Des clauses retenues à titre d'exemple, tirées de contrats de licence modèles et qu'il y a lieu, selon l'auteur, de recommander ou de rejeter, sont citées dans leur rédaction anglaise et étudiées. *Fr. U.*

Summary

Until now, the contracting parties have had to adjust translation licensing agreements to account for conceptual and systematic legal differences between American and German copyright law. This will still have to be done even after the new United States Copyright Act becomes effective. The replacement of the common law by the new federal statute does not achieve complete harmonization of the law with that of the parties to the Berne Convention. The failure to adopt a „droit moral", and the prerequisite of a fixation of the work may in the future encroach upon the protection of droit moral aspects of copyright, particularly upon the recognition of authorship in an unpublished or a yet unfixed work. Similar principles apply to „fair use" liberties towards unpublished works and the legal uncertainty when there is a conflict between the freedoms of expression on the one side, and the right of personal integrity and privacy of the persons portayed on the other side. The principle of integration of the earlier „common law" and the copyright laws of the states is to be welcomed basicly, but it achieved undesireable results in some respects where powerful consumer interests called for political compromises.

Yet, the new act considerably improves the ease of granting translation licences into perplexing areas of conflict. The abolition of the need for a renewal in order to get the second term of copyright protection for another 28 years and the introduction of a termination right into American copyright law make it simple for American licencors to disclaim rights in the translated work, which are not transferred automatically with the licence agreement, as well as to disclaim the automatic termination of rights after a certain period of time or in certain events („out of print", „off the market").

Model clauses of standard licencing agreements, which in the author's view could be recommended or should be rejected, are cited and discussed in their English wording. v. W.

II. Gesetzgebung

Vereinigte Staaten von Amerika

Staatsgesetz 94—553 zur Änderung des Urheberrechtsgesetzes

Vom 19. Oktober 1976*)

101. Titel 17 des U.S. Code[1]) mit dem Titel „Urheberrecht" wird hiermit völlig geändert und lautet wie folgt:

Titel 17 — Urheberrecht

Kapitel

1. Gegenstand und Umfang des Urheberrechts
2. Urheberrechtsinhaberschaft und Übertragung
3. Schutzdauer des Urheberrechts
4. Copyright Vermerk, Hinterlegung und Eintragung
5. Urheberrechtsverletzung und Rechtsbehelfe
6. Erfordernis der Herstellung und Einfuhr
7. Copyright Office
8. Schiedsstelle für Urheberrechtsvergütungen

KAPITEL 1

Gegenstand und Umfang des Urheberrechts

§

101 Begriffsbestimmungen

102 Gegenstand des Urheberrechts im allgemeinen

103 Gegenstand des Urheberrechts: Zusammenstellungen und Bearbeitungen

104 Gegenstand des Urheberrechts: Nationaler Ursprung

105 Gegenstand des Urheberrechts: Werke der Regierung der Vereinigten Staaten

106 Ausschließlichkeitsrechte an urheberrechtlich geschützten Werken

107 Schranken der Ausschließlichkeitsrechte: Freie Benutzung (Fair use)

---

*) Vorstehende Übersetzung aus United States Statutes 90 Stat. 2541 ff. ist dem Blatt für Patent-, Muster- und Zeichenwesen 1977, Heft 9 (S. 251 bis 268) und Heft 10 (S. 286 bis 298) mit freundlicher Genehmigung des Herrn Präsidenten des Deutschen Patentamts Dr. Erich Häußler entnommen, dem für die der UFITA erteilte Nachdruckserlaubnis auch an dieser Stelle gedankt sei. — D. Schr.

[1]) Bl. f. PMZ 1956, 289 ff.; 1958, 283; 1961, 331; 1966, 304; 1975, 281 f., 282 f.

§ 101

Begriffsbestimmungen

Die in diesem Gesetz verwendeten und nachstehend aufgeführten Begriffe und ihre verschiedenen Abwandlungen haben folgende Bedeutungen:

Ein „anonymes Werk" ist ein Werk auf Werkstücken oder Tonträgern, bei denen eine natürliche Person als Autor nicht feststellbar ist.

„Audiovisuelle Werke" sind Werke, die aus einer Serie verbundener Bilder bestehen, die ihrem Wesen nach dazu bestimmt sind, durch Verwendung von Maschinen oder Geräten wie z. B. Projektoren, Betrachtern oder elektronischen Anlagen gegebenenfalls in Verbindung mit einem begleitenden Tonstreifen vorgeführt zu werden und zwar unabhängig von der Natur der Ton- und Bildträger wie z. B. Filmen oder Bändern, in denen die Werke verkörpert sind.

Die „beste Ausgabe" eines Werkes ist die Ausgabe, die in den Vereinigten Staaten zu einem Zeitpunkt vor dem Datum der Hinterlegung veröffentlicht wird und die die Kongreßbibliothek als die für ihre Zwecke am besten geeignete Ausgabe bestimmt.

Die „Kinder" einer Person sind die ehelichen und nicht ehelichen unmittelbaren Abkömmlinge dieser Person sowie von dieser Person adoptierte Kinder.

Ein „Sammelwerk (collective work)" ist ein Werk wie z. B. eine Zeitschrift, Anthologie oder Enzyklopädie, in der eine Anzahl von Beiträgen, die jeweils selbständige und unabhängige Werke darstellen, zu einem gesammelten Ganzen zusammengestellt sind.

Eine „Zusammenstellung (compilation)" ist ein Werk, das durch die Sammlung und Zusammenfügung vorbestehenden Materials oder Unterlagen gebildet wird, wobei diese in einer Weise ausgewählt, koordiniert oder geordnet sind, daß das sich daraus ergebende Werk als Ganzes ein eigenständiges Werk von Urheberschaft darstellt. Der Begriff „Zusammenstellung" schließt Sammelwerke ein.

„Werkexemplare (Werkstück)" sind körperliche Gegenstände mit Ausnahme von Tonträgern, in denen ein Werk auf irgendeine heute bekannte oder später entwickelte Weise festgehalten ist und von dem das Werk direkt oder mit Hilfe einer Maschine oder eines Gerätes wahrgenommen, wiedergegeben oder sonstwie übertragen werden kann. Der Begriff „Werkexemplare" erstreckt sich mit Ausnahme von Tonträgern auf den körperlichen Werkträger, auf dem das Werk erstmalig festgehalten ist.

„Urheberrechtsinhaber" in bezug auf alle im Urheberrecht enthaltenen Ausschließlichkeitsrechte ist der Inhaber des jeweiligen Rechts.

Ein Werk ist „geschaffen", wenn es in einem Werkstück oder Tonträger erstmalig festgehalten ist; erstreckt sich die Schaffung des Werks über eine Zeitspanne, so stellt der Teil, der jeweils zu einem bestimmten Zeitpunkt niedergelegt ist, das gegenwärtige Werk dar. Wurde das Werk in verschiedenen Bearbeitungsformen geschaffen, so stellt jede Version ein eigenes Werk dar.

Eine „Bearbeitung (derivative work)" ist ein Werk, das auf einem oder mehreren vorbestehenden Werken basiert wie z. B. einer Übersetzung, musikalischen Bearbeitung, Dramatisierung, Bearbeitung als Roman, Verfilmung, Tonaufnahme, Kunstdruck, Kurzfassung, Werkkomprimierung oder jede andere Bearbeitungsform, in die sich ein Werk fassen, umformen oder adaptieren läßt. Ein Werk, das aus redaktionellen Überarbeitungen, Anmerkungen, Ausarbeitungen oder anderen Änderungen besteht und insgesamt ein eigenständiges urheberrechtliches Werk darstellt, ist als „Bearbeitung" anzusehen.

Der Begriff eines „Geräts", einer „Maschine" oder eines „Verfahrens" bezieht sich auf solche, die heute bekannt sind oder später entwickelt werden.

Ein Werk „vorzuführen" bedeutet, ein Werkexemplar davon entweder direkt oder mittels eines Films, Dias, Fernsehbildes oder jeder anderen Einrichtung zu zeigen oder im Fall eines Films oder eines anderen audiovisuellen Werks einzelne nicht aufeinanderfolgende Bilder vorzuführen.

Ein Werk ist in einem körperlichen Ausdrucksmittel „festgehalten", wenn seine Verkörperung in einem Werkexemplar oder Tonträger durch den Autor oder unter seiner Leitung dauerhaft oder beständig genug ist, um für eine mehr als nur vorübergehende Dauer dessen sinnliche Wahrnehmung, Wiedergabe oder Übertragung in sonstiger Weise zu erlauben. Ein Werk, das aus Tönen, Bildern oder aus beiden besteht, die übertragen werden, ist im Sinne dieses Gesetzes festgehalten, wenn zu gleicher Zeit mit der Übertragung eine Aufnahme des Werkes gemacht wird.

Die Begriffe „einschließlich" und „wie z. B." bezeichnen lediglich beispielhafte und keine abschließenden Aufzählungen.

Ein „gemeinschaftliches Werk" ist ein Werk, das von zwei oder mehreren Autoren in der Absicht geschaffen wird, ihre Beiträge zu untrennbaren oder voneinander abhängigen Teilen eines einheitlichen Ganzen zu verschmelzen.

„Literarische Werke" sind andere als audiovisuelle Werke, die in Worten, Zahlen und anderen Wort- oder Zahlsymbolen oder Angaben ausgedrückt sind, unabhängig von der Natur der Werkträger wie z. B. Bücher, Zeitschriften, Manuskripte, Tonträger, Filme, Bänder, Schallplatten oder Karten, in denen sie verkörpert sind.

„Spielfilme" sind audiovisuelle Werke, die aus einer Serie zusammengehörender Bilder bestehen, die, wenn sie hintereinander gezeigt werden, den Eindruck einer Bewegung vermitteln und gegebenenfalls von Tonstreifen begleitet werden.

Ein Werk „aufzuführen" bedeutet es vorzutragen, wiederzugeben, zu spielen, zu tanzen oder darzustellen und zwar entweder direkt oder mittels eines Geräts oder Verfahrens oder im Falle eines Filmes oder anderer audiovisueller Werke deren Bilder in irgendeiner Szene zu zeigen bzw. den Begleitton hörbar zu machen.

„Tonträger" sind körperliche Gegenstände, in denen Töne mit Ausnahme von Begleittonstreifen zu einem Film oder einem anderen audiovisuellen Werk in einer jetzt bekannten oder später entwickelten Weise festgehalten sind und von denen die Töne wahrgenommen, wiedergegeben oder auf andere Weise übertragen werden können und zwar entweder direkt oder mit Hilfe einer Maschine oder eines Gerätes. Der Begriff „Tonträger" schließt den körperlichen Gegenstand ein, auf dem die Töne erstmalig festgehalten sind.

„Werke der Malerei, Graphik und Bildhauerei" umfassen zweidimensionale und dreidimensionale Werke der schönen, graphischen und angewandten Künste, Photographien, Drucke und Kunstdrucke, Landkarten, Globen, Karten, Tabellen, technische Zeichnungen, Diagramme und Modelle. Kunstgewerbliche Werke sind hinsichtlich ihrer Form, nicht dagegen in bezug auf ihren mechanischen oder Gebrauchszweck hierin eingeschlossen. Die äußere Form eines Gebrauchsgegenstandes wird nur dann und nur in dem Umfang als Werk der Malerei, Graphik oder Bildhauerei im Sinne dieses Gesetzes angesehen, als die Formgebung bildliche, graphische oder bildhauerische Gestaltungselemente aufweist, die sich losgelöst von dem Gebrauchszweck des Gegenstandes wahrnehmen lassen und geeignet sind, unabhängig von diesem zu bestehen.

Bei einem „pseudonymen Werk" handelt es sich um Werkexemplare oder Tonträger, bei denen der Autor unter einem fiktiven Namen angegeben ist.

„Veröffentlichung" ist die Verbreitung von Werkexemplaren oder Tonträgern eines Werkes in der Öffentlichkeit durch Veräußerung bzw. eine andere Art der Eigentumsübertragung oder durch Vermietung, Verpachtung oder Verleih. Das Angebot, Werkexemplare oder Tonträger einer Personengruppe zum Zweck der Weiterverbreitung, der öffentlichen Aufführung oder öffentlichen Vorführung zugänglich zu machen, stellt eine Veröffentlichung dar. Eine öffentliche Aufführung oder Vorführung eines Werkes stellt für sich keine Veröffentlichung dar.

Ein Werk „öffentlich" aufzuführen oder vorzuführen bedeutet

1. es an einem der Öffentlichkeit zugänglichen Ort aufzuführen oder vorzuführen oder an einem Ort, an dem eine erhebliche Zahl von Personen außerhalb des Familien- und Bekanntenkreises versammelt ist oder

2. eine Aufführung oder Vorführung eines Werkes an einem unter 1. definierten Ort oder in der Öffentlichkeit mittels einer Einrichtung oder eines Verfahrens zu senden oder anderweitig zu übertragen, sei es, daß der Teil der Öffentlichkeit, der die Aufführung oder Vorführung empfangen kann, diese an demselben oder an unterschiedlichen Orten und zur selben oder zu verschiedenen Zeiten empfängt.

„Tonaufnahmen" bezeichnen Werke, die das Ergebnis der Festlegung einer Serie musikalischer, gesprochener oder anderer Töne sind unter Ausschluß von Begleittonstreifen zu einem Spielfilm oder anderen audiovisuellen Werk und unabhängig von der Natur der Werkträger wie z. B. Platten, Bändern oder anderen Tonträgern, in denen sie verkörpert sind.

„Staat" schließt den District of Columbia und das Commonwealth Puerto Rico und jedes Gebiet ein, auf das der Kongreß das Gesetz für anwendbar erklärt.

Mit „Übertragung des Urheberrechts" ist eine Abtretung, ein Pfandrecht, eine ausschließliche Lizenz oder jede andere Abtretung, Übertragung oder Verpfändung des Urheberrechts oder eines der im Urheberrecht enthaltenen Ausschließlichkeitsrechte gemeint, unabhängig davon, ob es zeitlich oder im örtlichen Wirkungsbereich begrenzt ist oder nicht. Auf eine nichtausschließliche Lizenz erstreckt sich der Begriff nicht.

Ein „Sendeprogramm" ist das zusammengestellte Material, das in seiner Gesamtheit zu dem alleinigen Zweck hergestellt worden ist, es in der Öffentlichkeit hintereinander und als Einheit zu senden.

Eine Aufführung oder Vorführung „zu senden" bedeutet, sie durch irgendein Gerät oder Verfahren zu übertragen, wobei die Bilder und Töne über den Sendeort hinaus empfangen werden.

Wenn der Begriff der „Vereinigten Staaten" im geographischen Sinne verwendet wird, umfaßt er sämtliche Einzelstaaten, den District of Columbia, das Commonwealth Puerto Rico und die unter der Hoheit der Regierung der Vereinigten Staaten stehenden Territorien.

Ein „Gebrauchsartikel" ist ein Artikel, der eine ihm eigene Gebrauchsfunktion hat, die sich nicht in der Abbildung der äußeren Erscheinung des Artikels oder in der Verbreitung von Informationen erschöpft. Ein Gegenstand, der üblicherweise Teil eines Gebrauchsartikels ist, gilt als „Gebrauchsartikel".

Die „Witwe" oder der „Witwer" des Autors ist der überlebende Eheteil, der sich nach dem Recht des Wohnsitzes beurteilt, den der Autor zum Zeitpunkt seines oder ihres Todes innehatte, unabhängig davon, ob der Eheteil später wieder geheiratet hat.

Ein „Werk der Regierung der Vereinigten Staaten" ist ein Werk, das ein Beamter oder Angestellter der Regierung der Vereinigten Staaten als Teil seiner öffentlichen Aufgaben geschaffen hat.

Ein „Auftragswerk" („work made for hire") ist

1. ein von einem Angestellten im Rahmen seines oder ihres Arbeitsverhältnisses geschaffenes Werk oder

2. ein Werk, das speziell für die Benutzung als Beitrag zu einem Sammelwerk, als Teil eines Spielfilms oder anderen audiovisuellen Werks, als Übersetzung, als Ergänzungswerk, als Zusammenstellung, als Unterrichtstext, als Testbogen, als Antwortmaterial für einen Test oder als Atlas bestellt oder in Auftrag gegeben ist, falls die Parteien in einem von ihnen unterschriebenen Schriftstück ausdrücklich vereinbaren, daß das Werk als Auftragswerk angesehen werden soll. Ein „Ergänzungswerk" im Sinne des vorangehenden Satzes ist ein Werk, das für die Veröffentlichung als Hilfsanhang zum Werk eines anderen Autors zum Zwecke der Einleitung, der Schlußbemerkung, der Illustration, der Erklärung, Überarbeitung und der Kommentierung geschaffen ist und dem Gebrauch des anderen Werkes dient wie z. B. Vorworte, Nachworte, Bildillustrationen, Karten, Tafeln, Tabellen, redaktionelle Anmerkungen, musikalische Bearbeitungen, Antwortmaterial für Tests, Literaturverzeichnisse, Anhänge und Inhaltsverzeichnisse. Ein „Unterrichtstext" ist ein literarisches, bildliches oder graphisches Werk, das zum Zweck des systematischen Unterrichtsgebrauchs zur Veröffentlichung hergestellt wird.

§ 102

Gegenstand des Urheberrechts im allgemeinen

(a) Urheberrechtsschutz besteht in Übereinstimmung mit diesem Gesetz an vom Autor geschaffenen Originalwerken, die in einem heute bekannten oder später entwickelten körperlichen Ausdrucksmittel festgehalten sind, von denen sie entweder direkt oder mit Hilfe einer Maschine oder eines Gerätes wahrgenommen, wiedergegeben oder in sonstiger Weise übertragen werden können. Autorenwerke umfassen folgende Kategorien:

1. Literarische Werke;
2. Musikwerke einschließlich des Begleittextes;
3. dramatische Werke einschließlich der Begleitmusik;
4. Pantomimen oder choreographische Werke;
5. Werke der Malerei, Graphik und Bildhauerei;
6. Spielfilme und andere audiovisuelle Werke und
7. Tonaufnahmen.

(b) Der Urheberrechtsschutz an einem Originalwerk erstreckt sich in keinem Fall auf eine Idee, ein Vorgehen, ein Verfahren, ein System, eine Arbeitsmethode, einen Begriff, ein Prinzip oder eine Entdeckung, unabhängig von der Form, in der sie in einem derartigen Werk beschrieben, erklärt, erläutert oder verkörpert sind.

§ 103

Gegenstand des Urheberrechts: Zusammenstellungen und Bearbeitungen

(a) Der Gegenstand des Urheberrechts, wie er in § 102 näher bestimmt ist, schließt Zusammenstellungen (compilations) und Bearbeitungen (derivative works) mit ein. Der Schutz an einem Werk, das geschütztes, vorbestehendes Material verwendet, erstreckt sich nicht auf diejenigen Teile des Werkes, in denen derartiges Material unrechtmäßig verwendet wurde.

(b) Das Urheberrecht an einer Zusammenstellung oder einer Bearbeitung erstreckt sich lediglich auf das Material, das der Autor zu einem solchen Werk beigetragen hat im Unterschied zu dem vorbestehenden, im Werk verwendeten Material. Es schließt kein ausschließliches Recht an dem vorbestehenden Material ein. Das Urheberrecht an einem derartigen Werk ist unabhängig von dem Umfange der Schutzdauer, der Inhaberschaft oder dem Bestehen des Urheberrechtsschutzes an dem vorbestehenden Material.

§ 104

Gegenstand des Urheberrechts: Nationaler Ursprung

(a) Unveröffentlichte Werke — Die in den §§ 102 und 103 definierten Werke unterliegen, solange sie unveröffentlicht sind, dem Schutz nach diesem Gesetz unabhängig von der Staatsangehörigkeit oder dem Wohnsitz des Autors.

(b) Veröffentlichte Werke — Die in den §§ 102 und 103 im einzelnen angegebenen Werke unterliegen, wenn sie veröffentlicht sind, dem Schutz nach diesem Gesetz, wenn

1. zum Zeitpunkt der erstmaligen Veröffentlichung einer oder mehrerer der Autoren ein Staatsangehöriger oder Wohnsitzinhaber der Vereinigten Staaten oder ein Angehöriger, Wohnsitzinhaber oder Hoheitsträger eines ausländischen Staates ist, der Mitglied eines Urheberrechtsabkommen ist, dem die Vereinigten Staaten ebenfalls angehören oder wenn er ein Staatenloser ist, wo immer er seinen Wohnsitz haben mag oder

2. das Werk erstmalig in den Vereinigten Staaten oder in einem ausländischen Staat, der zum Zeitpunkt der Erstveröffentlichung Mitglied des Welturheberrechtsabkommens ist, veröffentlicht wurde oder

3. wenn das Werk erstmalig von den Vereinigten Nationen oder einer ihrer Sonderorganisationen oder von der Organisation amerikanischer Staaten veröffentlicht ist oder

4. das Werk in den Zuständigkeitsbereich einer Bekanntmachung des Präsidenten fällt. Wenn der Präsident feststellt, daß ein bestimmter ausländischer Staat Werken von Autoren Urheberrechtsschutz gewährt, die Staatsangehörige oder Wohnsitzinhaber der Vereinigten Staaten sind oder auf Werke erstreckt, die erstmalig in den Vereinigten Staaten veröffentlicht worden sind und der Urheberrechtsschutz im wesentlichen auf der gleichen Basis beruht, auf der der ausländische Staat ihn Werken seiner eigenen Staatsangehörigen und Wohnsitzinhaber und Werken gewährt, die in dem Staat erstmalig veröffentlicht worden sind, so kann der Präsident durch Bekanntmachung den nach diesem Gesetz bestehenden Schutz auf Werke erstrecken, bei denen einer oder mehrere Autoren zum Zeitpunkt der Erstveröffentlichung ein Angehöriger, Wohnsitzinhaber oder Hoheitsträger dieses Staates ist oder auf solche Werke, die erstmalig in diesem Staat veröffentlicht worden sind. Der Präsident kann diese Bekanntmachung ändern, zeitweilig außer Kraft setzen und widerrufen oder den nach der Bekanntmachung bestehenden Schutz an Bedingungen oder Beschränkungen knüpfen.

§ 105

Gegenstand des Urheberrechts: Werke der Regierung der Vereinigten Staaten

Für Werke der Regierung der Vereinigten Staaten kann Urheberrechtsschutz nach diesem Gesetz nicht erlangt werden. Die Regierung der Vereinigten Staaten ist jedoch nicht daran gehindert, Urheberrechte zu erhalten oder auszuüben, die durch Übertragung, Vermächtnis oder auf sonstige Weise auf sie übergegangen sind.

§ 106

Ausschließlichkeitsrechte an urheberrechtlich geschützten Werken

Der Inhaber eines gesetzlichen Urheberrechts kann nach Maßgabe der §§ 107 bis 118 folgende ausschließliche Rechte ausüben oder ausüben lassen:

1. Von dem urheberrechtlich geschützten Werk Werkstücke oder Tonträger anzufertigen;
2. Bearbeitungen herzustellen, die auf dem urheberrechtlich geschützten Werk basieren.

3. Werkstücke oder Tonträger des urheberrechtlich geschützten Werkes in der Öffentlichkeit durch Veräußerung und jede andere Eigentumsübertragung oder durch Vermietung, Verpachtung oder Leihe zu verbreiten;
4. bei literarischen, musikalischen, dramatischen und choreographischen Werken, Pantomimen und Spielfilmen sowie anderen audiovisuellen Werken das urheberrechtlich geschützte Werk öffentlich aufzuführen und
5. im Falle eines literarischen musikalischen, dramatischen und choreographischen Werks, bei Pantomimen und Werken der Malerei, Graphik und Bildhauerei einschließlich der Einzelbilder eines Spielfilms oder anderen audiovisuellen Werkes das urheberrechtlich geschützte Werk öffentlich vorzuführen bzw. darzubieten.

§ 107
Schranken der Ausschließlichkeitsrechte: Freie Benutzung (Fair use)

Ungeachtet der Vorschriften des § 106 ist die freie Benutzung eines urheberrechtlich geschützten Werkes einschließlich einer Benutzung durch Vervielfältigung von Werkexemplaren oder Tonträgern oder durch andere in dem Paragraphen näher bestimmte Benutzungsformen keine Urheberrechtsverletzung, wenn sie für Zwecke wie z. B. des kritischen Kommentars, der Nachrichtenverbreitung, des Unterrichts (einschließlich der Herstellung mehrerer Werkexemplare für die Verwendung im Unterricht), der Lehre oder der Forschung erfolgt. Bei der Entscheidung, ob es sich in einem bestimmten Fall um die freie Benutzung eines Werkes gehandelt hat, sind folgende Kriterien zu berücksichtigen:

1. Der Zweck und der Charakter der Benutzung einschließlich der Frage, ob der Gebrauch kommerzieller Natur ist oder gemeinnützigen Erziehungs- und Unterrichtszwecken dient;
2. die Art des urheberrechtlich geschützten Werks;
3. der Umfang und die Bedeutung des verwendeten Teils im Verhältnis zum urheberrechtlich geschützten Werk als Ganzem und
4. die Auswirkung der Benutzung auf den poteniellen Verkaufsmarkt und auf den Wert des urheberrechtlich geschützten Werkes.

§ 108
Schranken der Ausschließlichkeitsrechte: Nachdruck durch Bibliotheken und Archive

(a) Ungeachtet der Regelung des § 106 liegt keine Urheberrechtsverletzung vor, wenn eine Bibliothek oder ein Archiv oder einer ihrer Angestellten, der im Rahmen des Angestelltenverhältnisses handelt, nicht mehr als ein Werkexemplar oder einen Tonträger vervielfältigt oder dieses Werkexemplar bzw. den Tonträger verbreitet, sofern die in diesem Paragraphen näher bestimmten Bedingungen erfüllt sind. Wenn

1. die Vervielfältigung oder Verbreitung weder direkt noch indirekt in der Absicht erfolgte, einen kommerziellen Vorteil zu erlangen;
2. die Sammlungen der Bibliotheken oder Archive (i) der Öffentlichkeit offenstehen oder (ii) nicht nur Wissenschaftlern zugänglich sind, die der Bibliothek, dem Archiv oder der Institution angehören, zu denen die Sammlungen gehören, sondern auch anderen Personen offenstehen, die auf einem Spezialgebiet Forschung betreiben und
3. die Vervielfältigung oder Verbreitung des Werks einen Hinweis auf das Urheberrecht enthält.

(b) Die Vervielfältigungs- und Verbreitungsrechte dieser Vorschrift gelten für ein Werkexemplar oder einen Tonträger eines unveröffentlichten Werks, das im Faksimileverfahren ausschließlich zum Zweck der Erhaltung oder aus Sicherheitsgründen oder für die Hinterlegung zu Forschungszwecken in einer anderen Bibliothek oder einem anderen Archiv der in Abs. a Ziff. 2 beschriebenen Art kopiert ist, wenn sich das kopierte Werkexemplar oder der Tonträger zu diesem Zeitpunkt in den Bibliotheks- oder Archivsammlungen befindet.

(c) Das Vervielfältigungsrecht bezieht sich nach dieser Vorschrift auf ein Werkexemplar oder auf einen Tonträger eines veröffentlichten Werkes, das in Faksimileverfahren allein zu dem Zweck hergestellt ist, ein beschädigtes, verfallenes, verlorenes oder gestohlenes Werkexemplar oder Tonträger zu ersetzen, wenn die Bibliothek oder das Archiv nach angemessenen Bemühungen festgestellt hat, daß ein ungebrauchtes Ersatzstück zu einem angemessenen Preis nicht erhältlich ist.

(d) Die Vervielfältigungs- und Verbreitungsrechte dieses Paragraphen gelten für ein Werkexemplar, das aus den Bibliotheks- oder Archivbeständen gemacht wird, wenn die Nachfrage seitens des Benutzers oder einer anderen Bibliothek oder Archivs auf nicht mehr als einen Artikel oder anderen Beitrag einer urheberrechtlich geschützten Sammlung oder einer einzelnen Auflage eines Periodikums, auf ein Werkexemplar oder auf einen Tonträger beschränkt ist, die jeweils einen geringen Teil eines anderen urheberrechtlich geschützten Werks ausmachen, wenn

1. das Werkexemplar oder der Tonträger Eigentum des Benutzers wird und die Bibliothek oder das Archiv keinen Hinweis darauf erhalten haben, daß das Werkexemplar oder der Tonträger für andere als private Studien-, Lehr- oder Forschungszwecke benutzt wird und
2. die Bibliothek oder das Archiv an dem Platz, an dem Bestellungen entgegengenommen werden und in ihren Bestellungsformularen deutlich sichtbar einen Hinweis auf das Bestehen von Urheberrechten anbringt, der den Anforderungen entspricht, die der Register of Copyrights durch Verordnung vorschreiben wird.

(e) Die Vervielfältigungs- und Verbreitungsrechte dieses Paragraphen gelten für das gesamte Werk oder für einen wesentlichen Teil davon, wenn es auf Grund des Bestands der Bibliothek oder Archivs gemacht ist, bei der der Benutzer seinen oder ihren Antrag gestellt hat oder auf dem Bestand einer anderen Bibliothek oder eines anderen Archivs beruht, sofern die Bibliothek oder das Archiv zunächst auf der Grundlage einer angemessenen Untersuchung festgestellt hat, daß ein Exemplar oder ein Tonträger des kopierten Werkes zu einem angemessenen Preis nicht erhältlich ist, und wenn

1. das Werkexemplar oder der Tonträger Eigentum des Benutzers wird und die Bibliothek oder das Archiv keinen Hinweis dahingehend erhalten haben, daß das Werkexemplar oder der Tonträger für andere als private Studien, Lehr- oder Forschungszwecke benutzt werden soll und

2. die Bibliothek oder das Archiv an dem Platz, an dem Bestellungen entgegengenommen werden und in ihren Bestellungsformularen deutlich sichtbar einen Hinweis auf das Bestehen von Urheberrechten anbringt, der den Anforderungen entspricht, die der Register of Copyrights durch Verordnung vorschreiben wird.

(f) In diesem Paragraphen

1. soll nichts so ausgelegt werden, daß die Bibliothek, das Archiv oder seine Angestellten für Urheberrechtsverletzungen haftbar gemacht werden, die bei der unbeaufsichtigten Benutzung von Kopiergeräten geschehen, die sich in ihren Räumlichkeiten befinden, mit der Maßgabe, daß bei derartigen Geräten ein Hinweis ausliegt, wonach die Herstellung einer Kopie unter das Urheberrechtsgesetz fallen kann.

2. In keiner Weise wird derjenige, der solche Kopiergeräte benutzt oder ein Werkexemplar oder einen Tonträger nach Abs. d verlangt, von der Haftung für Urheberrechtsverletzungen befreit, die für jede derartige Handlung oder für jeden späteren Gebrauch eines solchen Werkexemplars oder Tonträgers eingreift, wenn sie über die freie Benutzung hinausgeht, wie sie in § 107 geregelt ist.

3. Dieser Paragraph soll in keiner Weise so ausgelegt werden, daß die Vervielfältigung und Verbreitung durch das Ausleihen einer begrenzten Zahl von Werkexemplaren und von Auszügen eines audiovisuellen Nachrichtenprogramms seitens der Bibliothek oder des Archivs beschränkt werden, wobei Abs. a Ziff. 1, 2 und 3 Anwendung finden.

4. Dieser Paragraph berührt in keiner Weise das Recht der freien Benutzung, wie sie in § 107 geregelt ist, noch vertragliche Verpflichtungen, die die Bibliothek oder das Archiv zu einer Zeit eingegangen sind, als sie das Werkexemplar oder den Tonträger eines Werkes in ihre Bestände aufgenommen haben.

g) Die Vervielfältigungs- und Verbreitungsrechte dieses Paragraphen erstrecken sich auf eine vereinzelte und unzusammenhängende Vervielfältigung oder Verbreitung eines einzelnen Werkexemplars oder Tonträgers aus demselben Material, die zu unterschiedlichen Gelegenheiten erfolgen kann, bezieht sich jedoch nicht auf Fälle, in denen sich die Bibliothek, das Archiv oder ihre Angestellten

1. bewußt sind oder hinreichenden Grund zu der Annahme haben, daß sie an einer zusammengehörenden und geplanten Vervielfältigung oder Verbreitung mehrerer Werkexemplare oder Tonträger aus demselben Material beteiligt sind, unabhängig davon, ob diese nun auf einmal oder über einen Zeitraum hinweg hergestellt worden sind und ob eine Gesamtbenutzung durch eine oder mehrere Personen oder eine gesonderte Benutzung durch einzelne Mitglieder der Gruppe beabsichtigt ist oder

2. die systematische Vervielfältigung oder Verbreitung einzelner oder einer Reihe von Werkexemplaren und Tonträgern von den in Abs. d beschriebenen Materialunterlagen betreiben, mit der Maßgabe, daß die Vorschrift Bibliotheken und Archive nicht daran hindert, an Austauschprogrammen zwischen den Bibliotheken teilzunehmen, die weder das Ziel noch die Wirkung haben, daß die Bibliothek oder das Archiv derartige Werkexemplare oder Tonträger in solcher Menge zur Verteilung erhalten, daß dadurch ein Abonnement oder der Verkauf des Werkes ersetzt werden.

(h) Die Vervielfältigungs- und Verbreitungsrechte dieses Paragraphen gelten nicht für ein Musikwerk, ein Werk der Malerei, der Graphik oder Bildhauerei, einen Spielfilm oder ein anderes audiovisuelles Werk, sofern es sich nicht um ein audiovisuelles Werk handelt, das Nachrichten behandelt. Keine derartige Beschränkung gilt im Hinblick auf Rechte, die in den Absätzen b und c gewährt sind oder im Hinblick auf Bild- und graphische Werke, die als Illustrationen, Diagramme oder ähnliche Beifügungen von Werken veröffentlicht sind, von denen Werkexemplare in Übereinstimmung mit den Absätzen d und e vervielfältigt oder verbreitet werden.

(i) Fünf Jahre nach dem Inkrafttreten dieses Gesetzes und danach in Fünfjahresabständen wird der Register of Copyrights nach Rücksprache mit den Vertretern von Autoren, Buch- und Zeitschriftenverlegern und anderen Inhabern urheberrechtlich geschützten Materials sowie mit Vertretern der Bibliotheksbenutzer und der Bibliothekare dem Kongreß einen Bericht vorlegen, der darlegt, in welchem Ausmaß diese Regelung den beabsichtigten gesetzlichen Ausgleich zwischen den Rechten der Urheber und den Bedürfnissen der Benutzer erreicht hat. Der Bericht soll außerdem sämtliche Probleme beschreiben, die aufgetreten sind und gegebenenfalls berechtigte gesetzliche Maßnahmen vorschlagen oder entsprechende andere Empfehlungen abgeben.

§ 109
Schranken der Ausschließlichkeitsrechte:
Wirkung und Übertragung eines einzelnen Werkexemplars oder eines Tonträgers

(a) Ungeachtet der Vorschriften des § 106 Ziff. 3 ist der Eigentümer eines nach diesem Gesetz rechtmäßig hergestellten einzelnen Werkexemplars oder Tonträgers oder jede von diesem Eigentümer ermächtigte Person ohne Genehmigung des Urheberrechtsinhabers berechtigt, dieses Werkexemplar oder Tonträger zu verkaufen oder über den Besitz in anderer Weise zu verfügen.

(b) Ungeachtet der Regelung des § 106 Ziff. 5 ist der Eigentümer eines nach diesem Gesetz rechtmäßig hergestellten einzelnen Werkexemplars oder jede von diesem Eigentümer ermächtigte Person ohne Genehmigung des Urheberrechtsinhabers berechtigt, dieses Werkexemplar entweder direkt oder durch Projektion von nicht mehr als jeweils einem Bild vor Zuschauern öffentlich vorzuführen, die an dem Ort anwesend sind, an dem sich das Werkexemplar befindet.

(c) Die in den Absätzen a und b geregelten Sonderrechte erstrecken sich — wenn keine Genehmigung des Urheberrechtsinhabers vorliegt — nicht auf eine Person, die vom Urheberrechtsinhaber den Besitz des Werkexemplars oder des Tonträgers durch Miete, Pacht, Leihe oder auf andere Weise erhalten hat, ohne das Eigentum daran zu erwerben.

§ 110
Schranken der Ausschließlichkeitsrechte:
Bestimmte genehmigungsfreie Aufführungen und Vorführungen

Ungeachtet der Regelung des § 106 sind keine Urheberrechtsverletzungen:

1. Die Aufführung und Vorführung eines Werks durch Lehrkräfte und Schüler im Rahmen der unmittelbaren Unterrichtstätigkeit einer gemeinnützigen Bildungseinrichtung, im Klassenzimmer oder in einer ähnlichen, dem Unterricht gewidmeten Räumlichkeit, es sei denn, daß im Falle eines Spielfilms oder eines anderen audiovisuellen Werkes die Aufführung oder Vorführung einzelner Bilder durch ein Werkexemplar erfolgt, das nach diesem Gesetz nicht rechtmäßig hergestellt worden ist, und daß die für die Vorführung verantwortliche Person dies wußte oder Grund zur Annahme hatte, daß es nicht rechtmäßig hergestellt war.

2. Die Aufführung eines nichtdramatischen literarischen oder Musikwerks oder die Vorführung eines Werks durch oder im Laufe einer Sendung, wenn

   (A) die Aufführung oder Vorführung ein regulärer Bestandteil des systematischen Lehrprogramms einer staatlichen Einrichtung oder einer gemeinnützigen Bildungsinstitution ist und

(B) die Aufführung oder Vorführung zum Lehrinhalt der Sendung in unmittelbarer Beziehung steht oder ihn wesentlich fördert und

(C) die Sendung in erster Linie gemacht wurde

(i) für den Empfang in Klassenzimmern und ähnlichen Räumlichkeiten, die üblicherweise dem Unterricht gewidmet sind, oder

(ii) für den Empfang durch Personen, an die sich die Sendung richtet, weil sie behindert sind oder andere Umstände sie an einer Teilnahme im Klassenzimmer oder in ähnlichen Räumlichkeiten, die üblicherweise dem Unterricht gewidmet sind, hindern oder

(iii) für den Empfang durch Beamte oder Angestellte staatlicher Einrichtungen als Teil ihrer öffentlichen Aufgaben oder ihres Arbeitsverhältnisses.

3. Die Aufführung eines nichtdramatischen literarischen oder musikalischen Werks und eines dramatisch-musikalischen Werks religiöser Art oder die Vorführung eines Werks im Rahmen eines Gottesdienstes in einer Kirche oder an einem anderen religiösen Versammlungsort.

4. Die Aufführung eines nichtdramatischen literarischen oder Musikwerks in anderer Weise als durch eine öffentliche Sendung ohne direkte oder indirekte Gewinnabsicht und ohne daß den Schauspielern, Werbemanagern oder Veranstaltern ein Honorar oder eine andere Entschädigung bezahlt wird, sofern

(A) kein direkter oder indirekter Eintrittspreis verlangt wird oder

(B) der Erlös nach Abzug angemessener Herstellungskosten für die Aufführung ausschließlich für Bildungs-, religiöse oder Wohltätigkeitszwecke und nicht zur Erlangung eines privaten finanziellen Gewinns verwendet wird, außer wenn der Urheberrechtsinhaber unter den nachfolgenden Voraussetzungen seinen Einwand gegen die Aufführung angezeigt hat:

(i) die Anzeige muß schriftlich und vom Urheberrechtsinhaber oder von einem vom Inhaber bevollmächtigten Vertreter unterzeichnet sein und

(ii) die Anzeige muß der für die Veranstaltung verantwortlichen Person mindestens sieben Tage vor dem Aufführungsdatum zugestellt sein und die Gründe des Einwands angeben und

(iii) die Anzeige muß nach Form, Inhalt und Zustellungsart den Anforderungen entsprechen, die der Register of Copyrights durch Verordnung vorschreiben wird.

5. Die Verbreitung einer Sendung, die eine Aufführung oder Vorführung eines Werks enthält, durch öffentlichen Empfang der Sendung auf einem Einzelempfangsgerät, wie es üblicherweise in Privathaushalten verwendet wird, es sei denn,

(A) daß ein Entgelt für das Zuschauen oder Anhören der Sendung verlangt wird oder

(B) die so empfangene Sendung an die Öffentlichkeit weiter gesendet wird.

6. Die Aufführung eines nichtdramatischen Musikwerks durch eine staatliche Einrichtung oder eine Landwirtschafts- oder Gartenbauorganisation im Verlauf einer Landwirtschafts- oder Gartenbaumesse oder -ausstellung, die unter der Leitung einer solchen Einrichtung oder Organisation steht. Die nach dieser Vorschrift vorgesehene Freistellung erstreckt sich auf jede Haftung für Urheberrechtsverletzungen, die diese Einrichtung oder Organisation sonst nach den Grundsätzen der Haftung für fremdes Verschulden oder für damit im Zusammenhang stehende Verletzungshandlungen bei einer Aufführung durch einen Konzessionär, Geschäftsbetrieb oder anderen Messe- oder Ausstellungsteilnehmer treffen würde. Sie befreit die jeweilige Person jedoch nicht von einer Haftung für die Aufführung.

7. Die Aufführung eines nichtdramatischen Musikwerks durch eine Verkaufsstätte, die der allgemeinen Öffentlichkeit ohne direkten oder indirekten Eintrittspreis offensteht, bei der die Aufführung allein zum Zweck der Verkaufs- und Absatzförderung der Werkexemplare oder Tonträger erfolgt und bei der die Aufführung nicht über die Geschäftsräume hinaus übertragen wird und im unmittelbaren Verkaufsbereich geschieht.

8. Die Aufführung eines nichtdramatischen Werks der Literatur durch oder im Laufe einer Sendung, die speziell für Blinde und andere Behinderte bestimmt und in erster Linie an diese Personen gerichtet ist, die normal gedruckte Texte auf Grund ihrer Behinderung nicht lesen können oder an Taube und andere Behinderte, die die akustischen Signale, die eine Übertragung visueller Signale begleitet, nicht hören können, sofern die Aufführung weder unmittelbar noch mittelbar für kommerzielle Zwecke gemacht wird und die Übertragung über die Anlagen (i) einer staatlichen Einrichtung, (ii) eines nichtkommerziellen Bildungssenders (wie er in § 397 des Titels 47 definiert ist), auf Grund (iii) einer Berechtigung zur Funkweiterleitung (im Sinne von 47 CFR 73.293—73.295 und 73.593—73.595) oder (iv) eines Kabelsystems erfolgt (wie es in § 111 Abs. f definiert ist).

9. Die Einzelaufführung eines dramatischen Werks der Literatur, das mindestens zehn Jahre vor der Aufführung erschienen ist, durch oder im Laufe einer Sendung, die speziell für Blinde und andere Behinderte bestimmt und in erster Linie an diese Personen gerichtet ist, die normal gedruckte Texte auf Grund ihrer Behinderung nicht lesen können, sofern die Aufführung weder unmittelbar noch mittelbar für kommerzielle Zwecke gemacht wird und die Übertragung über die Anlagen eines zur Funkweiterleitung berechtigten Senders erfolgt, auf den in Ziff. 8 (iii) verwiesen wird, mit der Maßgabe, daß die Regelung dieser Vorschrift für nicht mehr als eine Aufführung desselben Werks durch dieselben Vortragenden oder unter der Leitung derselben Organisation anwendbar ist.

§ 111
Schranken der Ausschließlichkeitsrechte: Zweitsendungen

(a) Bestimmte genehmigungsfreie Zweitsendungen. Die Zweitsendung einer Erstsendung, die eine Aufführung oder Vorführung eines Werks enthält, stellt keine Urheberrechtsverletzung dar, wenn

1. die Zweitsendung nicht durch ein Kabelsendesystem erfolgt und lediglich darin besteht, daß das leitende Personal eines Hotels, Appartmenthauses oder einer ähnlichen Einrichtung die Signale weiterleitet, die ein von der Federal Communications Commission genehmigter Rundfunksender sendet und die Übertragung innerhalb des örtlichen Sendebereichs eines solchen Rundfunksenders in die Gästezimmer oder die Privaträume der Bewohner solcher Einrichtungen geht und unmittelbar kein Entgelt für das Sehen oder Hören der Zweitsendung erhoben wird oder wenn

2. die Zweitsendung allein zu dem in § 110 Ziff. 2 festgelegten Zweck und unter den dort niedergelegten Voraussetzungen geschieht oder wenn

3. die Zweitsendung von einem Trägersender durchgeführt wird, der keine direkte oder indirekte Kontrolle über Inhalt oder Auswahl der Erstsendung oder über die einzelnen Empfänger der Zweitsendung hat und dessen Betätigung in bezug auf die Zweitsendung lediglich darin besteht, Drähte, Kabel oder andere Übermittlungskanäle für den Gebrauch durch andere zur Verfügung zu stellen, mit der Maßgabe, daß die Regelung dieser Bestimmung sich allein auf die Tätigkeit des besagten Trägersenders hinsichtlich Zweitsendungen erstreckt und die Handlungen anderer in bezug auf ihre eigene Erst- oder Zweitsendung nicht von der Haftung befreit, oder wenn

4. die Zweitsendung nicht durch ein Kabelsendesystem, sondern seitens einer staatlichen Einrichtung oder anderen gemeinnützigen Organisation ohne direkte oder indirekte Gewinnabsicht und ohne Erhebung eines Entgelts für die Empfänger der Zweitsendung erfolgt mit Ausnahme der Abgaben, die notwendig sind, um die tatsächlichen und angemessenen Unterhalts- und Betriebskosten für den Zweitsendungsdienst zu bestreiten.

(b) Zweitsendung der Erstsendung an eine begrenzte Gruppe. Ungeachtet der Vorschriften der Absätze a und c ist die öffentliche Zweitsendung einer Erstsendung, die eine Aufführung oder Vorführung eines Werks enthält, als Verletzungshandlung nach § 501 verfolgbar und unterliegt in vollem Umfang den in den §§ 502 bis 506 und 509 vorgesehenen Rechtsbehelfen, wenn die Erstsendung nicht für den Empfang der breiten Öffentlichkeit gemacht wird, sondern durch bestimmte Mitglieder der Öffentlichkeit kontrolliert und auf deren Empfang beschränkt ist, jedoch mit der Maßgabe, daß diese Zweitsendung nicht als Verletzungshandlung mit einer Klage verfolgt werden kann, wenn

1. die Erstsendung von einer Radiostation gesendet wird, die eine Sendegenehmigung von der Federal Communications Commission hat und
2. die Weiterleitung der Signale der Zweitsendung nach den Richtlinien, Vorschriften und Genehmigungsbestimmungen der Federal Communications Commission vorgeschrieben ist und
3. die Signale des Erstsenders nicht abgeändert oder in sonstiger Weise durch den Zweitsender verändert werden.

(c) Zweitsendungen durch Kabelsendesysteme

1. Gemäß den Bestimmungen der Ziffern 2, 3 und 4 dieses Absatzes unterliegen Zweitsendungen, die durch ein Kabelsendesystem an die Öffentlichkeit gelangen und bei denen die Erstsendung von einem Rundfunksender hergestellt ist, der eine Sendegenehmigung der Federal Communications Commission oder einer entsprechenden staatlichen Behörde Kanadas oder Mexikos hat, und bei der die Erstsendung eine Aufführung oder Vorführung eines Werks enthält, der Zwangslizenzierung unter Einhaltung der Voraussetzungen des Abs. d, wenn die Weiterleitung der Signale der Zweitsendung nach den Richtlinien, Vorschriften oder Genehmigungsbestimmungen der Federal Communications Commission zulässig ist.
2. Ungeachtet der Vorschriften der Ziff. 1 dieses Absatzes ist die vorsätzliche oder wiederholte Zweitsendung, die durch ein Kabelsendesystem an die Öffentlichkeit gelangt und bei der die Erstsendung von einem Rundfunksender hergestellt ist, der eine Sendegenehmigung der Federal Communications Commission oder einer entsprechenden staatlichen Behörde Kanadas oder Mexikos hat, als Verletzungshandlung nach § 501 verfolgbar und unterliegt in vollem Umfang den Rechtsbehelfen, die in den §§ 502 bis 506 und 509 vorgesehen sind und zwar in den folgenden Fällen:
   (A) Wenn die Weiterleitung der die Zweitsendung ausmachenden Signale nach den Richtlinien, Vorschriften und Genehmigungsbestimmungen der Federal Communications Commission nicht zulässig ist oder
   (B) wenn das Kabelsendeunternehmen den in Abs. d im einzelnen angegebenen Hinweis nicht aufgenommen und die nach Abs. d erforderliche Rechnungsaufstellung und Tantiemenabrechnung nicht hinterlegt hat.
3. Ungeachtet der Bestimmungen der Ziff. 1 dieses Absatzes und gemäß der Regelung des Abs. e dieses Paragraphen ist eine Zweitsendung, die durch ein Kabelsendesystem an die Öffentlichkeit gelangt und bei der die Erstsendung von einem Rundfunksender hergestellt ist, der eine Sendegenehmigung der Federal Communications Commission oder einer entsprechenden staatlichen Behörde Kanadas oder Mexikos hat und bei der die Erstsendung eine Aufführung oder Vorführung eines Werks enthält, dann als Verletzungshandlung nach § 501 verfolgbar und unterliegt

in vollem Umfang den Rechtsbehelfen, die in den §§ 502 bis 506, 509 und 510 vorgesehen sind, wenn der Inhalt des jeweiligen Programms, das die Aufführung oder Vorführung enthält, die Werbesendungen oder die Stationsansagen, die der Erstsender während oder unmittelbar vor oder nach der Sendung dieses Programms ausstrahlt, in irgendeiner Weise von dem Kabelsendesystem durch Änderungen, Weglassen oder Zusätze willentlich verändert ist, mit Ausnahme der Abänderung, Kürzung und Ersetzung von Werbesendungen, die von den in der Marktforschung des Werbefernsehens Tätigen durchgeführt werden. Dies gilt mit der Maßgabe, daß das Marktforschungsinstitut zuvor das Einverständnis der werbenden Firma eingeholt hat, die die ursprüngliche Werbesendung gekauft hat, sowie der Fernsehstation, die diese Werbesendung sendet und des Kabelsendeunternehmens, das die Zweitsendung durchführt. Außerdem darf die Änderung, die Streichung oder die Ersetzung der Werbesendung nicht zum Zweck der Erzielung von Einkünften aus dem Verkauf dieser Werbezeit erfolgen.

4. Ungeachtet der Bestimmungen der Ziff. 1 dieses Absatzes ist die Zweitsendung, die durch ein Kabelsendesystem an die Öffentlichkeit gelangt und bei der die Erstsendung von einem Rundfunksender hergestellt ist, der eine Sendegenehmigung einer entsprechenden staatlichen Behörde Kanadas oder Mexikos hat und bei der die Erstsendung eine Aufführung oder Vorführung eines Werkes enthält, als Verletzungshandlung nach § 501 verfolgbar und unterliegt in vollem Umfang den Rechtsbehelfen, die in den §§ 502 bis 506 und 509 vorgesehen sind, wenn (A) hinsichtlich kanadischer Signale die Gemeinde, in der sich das Kabelsendeunternehmen befindet, mehr als 150 Meilen von der amerikanisch-kanadischen Grenze entfernt oder südlich des 42. Breitengrades gelegen ist oder (B) hinsichtlich mexikanischer Signale, wenn die Zweitsendung mit einem Kabelsendesystem gemacht ist, das die Erstsendung auf andere Weise als durch direktes Abfangen der im freien Raum befindlichen Radiowellen empfangen hat, die die Fernsehanstalt ausgestrahlt hat, es sei denn, das Kabelsendeunternehmen hat vor dem 15. April 1976 die Signale des ausländischen Senders bereits in seinem System gemäß den Richtlinien, Vorschriften und Genehmigungsbestimmungen der Federal Communications Commission tatsächlich weitergeleitet oder die Genehmigung hierzu gehabt.

(d) Zwangslizenz für Zweitsendungen durch Kabelsendeunternehmen.

1. Das Kabelsendeunternehmen hat für jede Zweitsendung, die nach Abs. c der Zwangslizenz unterliegt, mindestens einen Monat bevor es den Betrieb aufnimmt oder innerhalb von 180 Tagen nach Inkrafttreten dieses Gesetzes, je nachdem welches Datum später liegt, und nachher innerhalb von 30 Tagen jedesmal, wenn sich die Inhaberschaft, die maßgebliche Geschäftsleitung oder die Signalträgerzahl des Kabelsendeunternehmens ändert, im Copyright Office einen Vermerk eintragen zu lassen, der eine

Erklärung über die Identität und Adresse der Person enthält, der der Zweitsender gehört, die ihn betreibt, oder die die maßgebliche Geschäftsleitungs- und Verfügungsgewalt innehat zusammen mit dem Firmennamen und Sitz des bzw. der Erstsender, deren Signale das Kabelsendesystem regelmäßig übermittelt, und danach von Zeit zu Zeit die weiteren Auskünfte zu erteilen, die der Register of Copyrights nach Rücksprache mit der Schiedsstelle für Urheberrechtsvergütungen (wenn und nachdem die Schiedsstelle eingerichtet ist) durch Ausführungsverordnung vorschreibt.

2. Ein Kabelsendeunternehmen, dessen Zweitsendungen der Zwangslizenzierung nach Abs. c unterliegen, hat auf halbjährlicher Basis beim Register of Copyrights gemäß den Anforderungen, die das Amt nach Rücksprache mit der Schiedsstelle für Urheberrechtsvergütungen (wenn und nachdem die Schiedsstelle eingerichtet ist) durch Verordnung aufstellt,

(A) eine Rechnungsaufstellung zu hinterlegen, die sich auf die vorangehenden sechs Monate bezieht und die Zahl der Kanäle, auf denen das Kabelsendeunternehmen die Zweitsendung an seine Teilnehmer sendet, die Namen und den Sitz aller Erstsender, deren Sendungen das Kabelsendeunternehmen weiter übertragen hat, die Gesamtzahl der Teilnehmer, die Bruttoeinnahmen das Kabelsendeunternehmens für die Bereitstellung der Zweitsendung von Erstsendungen sowie weitere Daten anzugeben, wie sie der Register of Copyrights nach Rücksprache mit der Schiedsstelle für Urheberrechtsvergütungen (wenn und nachdem die Schiedsstelle eingerichtet ist) von Zeit zu Zeit durch Verordnung vorschreiben kann. Die Erklärung muß außerdem eine gesonderte Rechnungsaufstellung enthalten, die jedes nicht vom Sendenetz bezogene Fernsehprogramm benennt, das das Kabelsendeunternehmen ganz oder teilweise über den lokalen Sendebereich des Erstsenders hinaus nach den Richtlinien, Vorschriften und Genehmigungsbestimmungen der Federal Communications Commission übertragen hat, die unter bestimmten Umständen gestatten, Signale in Verbindung mit einem Meldebuch zu ersetzen oder hinzuzufügen, aus dem sich Zeit, Datum, Sender und Programme der betroffenen Ersatz- oder Zusatzübermittlung ergeben;

(B) außer im Fall eines Kabelsendeunternehmens, dessen Tantiemen in den Absätzen C und D spezifiziert sind, eine Gesamtvergütung für die Zeit der Rechnungslegung zu hinterlegen, die sich auf der Grundlage im einzelnen angegebener Prozentsätze der Bruttoeinnahmen, die die Teilnehmer für die Bereitstellung von Zweitsendungen eines Erstsenders während dieser Periode an das Kabelsendeunternehmen gezahlt haben, wie folgt berechnet:

(i) 0,675 Prozent der genannten Bruttoeinnahmen für das Recht der Weiterübertragung von nicht netzangehörigen Programmen oder Programmteilen des Erstsenders über den lokalen Sendebereich dieses Erstsenders hinaus, wobei der Betrag mit der Gebühr verrechnet wird, die gegebenenfalls nach den Absätzen (ii) bis (iv) zu zahlen ist;

(ii) 0,675 Prozent der genannten Bruttoeinnahmen für das erste Fernsignaläquivalent;

(iii) 0,425 Prozent der genannten Bruttoeinnahmen für jedes zweite, dritte und vierte Fernsignaläquivalent;

(iv) 0,2 Prozent der genannten Bruttoeinnahmen für das fünfte Fernsignaläquivalent und für jedes weitere Fernsignaläquivalent.

Bei der Berechnung der nach den Absätzen (ii) bis (iv) zu zahlenden Beträge wird jeder Bruchteil eines Fernsignaläquivalents mit seinem Bruchteilswert angesetzt, und wenn ein Kabelsendeunternehmen zum Teil innerhalb und zum Teil außerhalb des örtlichen Sendebereichs des Erstsenders liegt, werden die Bruttoeinnahmen auf diejenigen beschränkt, die von Teilnehmern außerhalb des örtlichen Sendebereichs dieses Erstsenders stammen und

(C) wenn sich die tatsächlichen Bruttoeinnahmen, die die Teilnehmer des Kabelsendeunternehmens für die Bereitstellung von Zweitsendungen der Erstsendeanstalten während des Zeitraumes der Rechnungslegung bezahlt haben, auf $ 80 000,— oder weniger belaufen, werden die Bruttoeinnahmen des Kabelsendeunternehmens für die Anwendung dieser Bestimmung in der Weise berechnet, daß von den tatsächlichen Bruttoeinnahmen der den Betrag von $ 80 000,— übersteigende Betrag abgezogen wird mit der Einschränkung, daß die Bruttoeinnahmen eines Kabelsendeunternehmens in keinem Fall dadurch auf weniger als $ 3 000,— reduziert werden. Die nach dieser Bestimmung zu zahlende Tantieme beträgt 0,5 Prozent, unabhängig von der Zahl der gegebenenfalls vorhandenen Fernsignaläquivalente;

(D) Wenn die tatsächlichen Bruttoeinnahmen, die die Teilnehmer dem Kabelsendeunternehmen für die Bereitstellung von Zweitsendungen der Erstsendeanstalten während des maßgeblichen Zeitraums gezahlt haben, mehr als $ 80 000,—, aber weniger als $ 160 000,— ausmachen, beläuft sich die nach dieser Bestimmung zu zahlende Tantieme auf (i) 0,5 Prozent aller Bruttoeinnahmen bis zum Betrag von $ 80 000,— und (ii) 1 Prozent aller Bruttoeinnahmen, die den Betrag von $ 80 000,— übersteigen, aber weniger als $ 160 000,— ausmachen, unabhängig von der Zahl der gegebenenfalls vorhandenen Fernsignaläquivalente.

3. Der Register of Copyrights nimmt alle nach diesem Absatz hinterlegten Gebühren entgegen und hinterlegt nach Abzug angemessener, auf Grund dieses Paragraphen dem Copyright Office entstandener Kosten den Restbetrag beim Finanzministerium der Vereinigten Staaten nach den Anweisungen des Finanzministers. Alle beim Finanzministerium liegenden Gelder werden in verzinslichen Wertpapieren der Vereinigten Staaten

angelegt zur späteren Verteilung mit Zinsgewinn durch die nach diesem Titel vorgesehene Schiedsstelle für Urheberrechtsvergütungen. Der Register legt der Schiedsstelle für Urheberrechtsvergütungen auf halbjähriger Basis eine Zusammenstellung aller Rechnungsaufstellungen vor, die sich auf den nach Ziff. 2 dieses Absatzes einschlägigen Sechsmonatszeitraum beziehen.

4. Die auf diese Weise hinterlegten Tantiemen werden gemäß dem in Ziff. 5 vorgesehenen Verfahren an diejenigen im folgenden aufgeführten Urheberrechtsinhaber verteilt, die behaupten, daß ihre Werke während des relevanten Halbjahreszeitraums Gegenstand von Zweitsendungen durch Kabelsendeunternehmen waren:

   (A) An die Inhaber, deren Werk Teil einer Zweitsendung war, die ein Kabelsendeunternehmen von einem nicht netzangehörigen Fernsehprogramm oder Programmteil über den örtlichen Sendebereich des Erstsenders hinaus gemacht hat und

   (B) an die Inhaber, deren Werk Teil einer Zweitsendung war, die in einer nach Ziff. 2 A hinterlegten, gesonderten Rechnungsaufstellung ausgewiesen ist; und

   (C) an die Inhaber, deren Werk in einem nicht netzangehörigen Programm enthalten war, das ausschließlich aus akustischen Signalen bestand und von einem Kabelsendeunternehmen ganz oder teilweise über den örtlichen Sendebereich des Erstsenders eines derartigen Programms hinaus übermittelt worden war.

5. Die auf diese Weise hinterlegten Tantiemen werden gemäß dem folgenden Verfahren verteilt:

   (A) Jeder, der behauptet, einen Rechtsanspruch auf die Zwangslizenztantiemen für Zweitsendungen zu haben, hat jedes Jahr im Juli seine Forderung bei der Schiedsstelle für Urheberrechtsvergütungen gemäß den Anforderungen einzureichen, die die Schiedsstelle durch Verordnung vorschreibt. Ungeachtet der Bestimmungen der Kartellgesetze können die Anspruchsberechtigten zum Zweck der Durchführung dieser Vorschrift unter sich vereinbaren, wie die anteilmäßige Verteilung der Zwangslizenztantiemen unter ihnen vorgenommen werden soll. Sie können ihre Geldansprüche zusammenlegen und sie entweder als Gesamt- oder als Einzelforderung einreichen oder einen gemeinsamen Bevollmächtigten bestimmen, der die Zahlungen für sie entgegennimmt.

   (B) Nach dem 1. August jeden Jahres wird die Schiedsstelle für Urheberrechtsvergütungen entscheiden, ob Streitigkeiten hinsichtlich der Verteilung der Tantiemen bestehen. Wenn die Schiedsstelle feststellt, daß keine derartige Streitigkeit vorliegt, verteilt sie die Tantiemen an die berechtigten Urheberrechtsinhaber oder an die von ihnen genannten Bevollmächtigten nach Abzug der auf Grund dieses Paragraphen entstandenen angemessenen Verwaltungskosten. Stellt die Schiedsstelle das Bestehen einer Streitigkeit fest, so führt sie gemäß Kap. 8 dieses Titels ein Feststellungsverfahren über die Tantiemenverteilung durch.

(C) Während der Rechtshängigkeit eines jeden nach diesem Absatz durchgeführten Verfahrens hält die Schiedsstelle für Urheberrechtsvergütungen einen Betrag zurück, der zur Befriedigung aller jeweils streitigen Forderungen ausreicht. Es steht jedoch in ihrem Ermessen, die Verteilung der unstreitigen Beträge weiterzuführen.

(e) Nichtsimultan gesendete Zweitsendungen durch Kabelsendeunternehmen.

1. Ungeachtet der Bestimmungen des Abs. 2 f, der sich auf Zweitsendungen bezieht, die ein Kabelsendeunternehmen nicht simultan sendet, sind diese Sendungen als Verletzungshandlung nach § 501 verfolgbar und unterliegen in vollem Umfang den Rechtsbehelfen der §§ 502 bis 506, 509 und 510, es sei denn

(A) daß das Programm auf dem Videoband nicht mehr als einmal an die Teilnehmer der Kabelsendeanstalt übertragen wird und

(B) daß das urheberrechtlich geschützte Programm, die Episode oder das Videoband eines Spielfilmes unter Einschluß der in diesem Programm, der Episode oder dem Film enthaltenen Werbesendungen ohne Streichung oder Redigierung gesendet wird und

(C) daß ein Inhaber oder Angestellter der Kabelsendeanstalt (i) das Kopieren des Videobandes verhindert, während es im Besitz der Anstalt ist, (ii) unerlaubtes Kopieren verhindert, während das Videoband im Besitz der Einrichtung ist, die es für die Kabelsendeanstalt herstellt, wenn der Anstalt diese Einrichtung gehört oder sie sie kontrolliert oder angemessene Sicherheitsvorkehrungen trifft, um das unerlaubte Kopieren zu verhindern, wenn die Einrichtung der Kabelsendeanstalt nicht gehört oder sie sie nicht kontrolliert, (iii) geeignete Sicherheitsvorkehrungen trifft, um zu verhindern, daß das Band beim Transport kopiert oder (iv) gemäß Ziff. 2 gelöscht oder zerstört bzw. das Löschen oder die Zerstörung des Videobandes verursacht werden und daß

(D) ein Inhaber oder Angestellter eines Kabelsendeunternehmens innerhalb von 45 Tagen nach Ablauf jeden Kalendervierteljahres eine eidliche Erklärung abgibt, die die Maßnahmen und Sicherheitsvorkehrungen bezeugt, die (i) zur Verhinderung des Kopierens des Videobands und (ii) gemäß Ziff. 2 zur Verhinderung der Löschung oder Zerstörung aller während des betreffenden Vierteljahres hergestellten und verwendeten Videobänder ergriffen worden sind und

(E) der Inhaber oder Angestellte jede dieser eidlichen Erklärungen und die gemäß Ziff. 2 C erhaltenen eidlichen Erklärungen in Akten ablegt oder einordnen läßt, die einer öffentlichen Einsichtnahme im

Hauptgebäude der Sendeanstalt in der Gemeinde zugänglich sein müssen, in der die Sendung erfolgte oder in der nächsten Gemeinde, in der das Sendeunternehmen ein Büro unterhält und

(F) die nicht simultane Sendung eine solche ist, die das Kabelsendeunternehmen nach den zur Zeit der nicht simultanen Sendungen geltenden Richtlinien, Vorschriften und Genehmigungsbestimmungen der Federal Communications Commission zulässigerweise hätte sein dürfen, wenn die Sendung gleichzeitig gesendet worden wäre. Dieser Absatz findet jedoch keine Anwendung auf unbeabsichtigte und zufällige Sendungen.

2. Wenn ein Kabelsendeunternehmen jemandem ein Videoband eines von ihm nicht simultan gesendeten Programms überträgt, so ist diese Übertragung (transfer) als Verletzungshandlung nach § 501 verfolgbar und unterliegt in vollem Umfang den Rechtsbehelfen der §§ 502 bis 506 und 509. Ausgenommen hiervon ist die Übertragung eines gemäß Ziff. 1 nicht gleichzeitig gesendeten Videobands von einem Kabelsender in Alaska an einem anderen in Alaska, von einem Kabelsender in Hawaii, der die Erlaubnis zur Übertragung von nicht simultanen Sendungen hat, an einen anderen Kabelsender in Hawaii und von einem Kabelsender in Guam, von den nördlichen Marianen-Inseln oder von den Treuhandgebieten der Pazifischen Inseln an einen anderen Kabelsender in einem der drei genannten Gebiete, wenn die Übertragung auf Grund eines schriftlichen, nicht auf Gewinn gerichteten Vertrages über eine gerechte und billige Teilung der Kosten für das Videoband und seine Übertragung erfolgt, und sofern

(A) jeder dieser Verträge in den Büros der betroffenen Kabelsendeunternehmen öffentlich eingesehen werden kann und eine Abschrift des Vertrags innerhalb von 30 Tagen nach Abschluß des Vertrages beim Copyright Office eingereicht wird (wobei das Copyright Office jeden der Verträge für eine öffentliche Einsichtnahme zugänglich machen muß) und

(B) das Kabelsendeunternehmen, dem das Videoband übertragen wird, die Voraussetzungen der Ziffern 1 A, B, C, i, iii, iv und D bis F erfüllt und

(C) das Kabelsendeunternehmen eine Abschrift der eidlichen Erklärung, die gemäß den Voraussetzungen der Ziff. 1 D angefertigt sein muß, jedem Kabelsender zustellt, der eine frühere, nicht simultane Sendung desselben Videobandes macht.

3. Diese Regelung soll nicht so ausgelegt werden, daß sie die ausschließlichen Schutzbestimmungen einer bestehenden Vereinbarung oder eines später geschlossenen Übereinkommens zwischen einem Kabelsendeunternehmen und einer Fernsehanstalt außer Kraft setzt, die sich in dem Gebiet befindet, in dem das Kabelsendeunternehmen seinen Sitz hat oder mit einem Sender, der der Fernsehanstalt angegliedert ist.

4. Der in diesem Paragraphen verwendete Begriff „Videoband" und seine abgewandelten Formen bedeuten die Wiedergabe von Bildern und Tönen eines oder mehrerer Programme, die von einer mit einer Sendegenehmigung der Federal Communications Commissions ausgestatteten Fernsehanstalt ausgestrahlt wird, unabhängig von der Natur der die Wiedergabe verkörpernden Materialträger wie z. B. Tonbändern oder Filmen.

(f) Begriffsbestimmungen: Die in diesem Paragraphen verwendeten und im folgenden genannten Begriffe und ihre Abwandlungen haben folgende Bedeutung:

Eine „Erstsendung" ist eine an die Öffentlichkeit gerichtete Sendung der Sendeeinrichtung, deren Signale von der Zweitsendeanstalt empfangen und weiter gesendet werden, unabhängig davon, wo und wann die Aufführung oder Vorführung zuerst gesendet worden ist.

Eine „Zweitsendung" ist die Weiterübertragung einer Erstsendung, die entweder gleichzeitig mit der Erstsendung oder nicht simultan gesendet wird, wenn diese durch einen Kabelsender erfolgt, der weder vollständig noch zum Teil innerhalb der Grenzen der 48 aneinander grenzenden Einzelstaaten, von Hawaii oder Puerto Rico gelegen ist. Dies gilt jedoch mit der Maßgabe, daß eine nicht gleichzeitig gesendete Weiterübertragung einer Erstsendung durch ein in Hawaii gelegenes Kabelsendeunternehmen als Zweitsendung angesehen wird, wenn die Weiterleitung des Fernsehsendesignals, das eine solche Weiterübertragung enthält, nach den Richtlinien, Vorschriften und Genehmigungsbestimmungen der Federal Communications Commission zulässig ist.

Ein „Kabelsendeunternehmen" ist eine Einrichtung, die in einem Einzelstaat, Territorium, Treuhandgebiet oder einer Besitzung gelegen ist und vollständig oder zum Teil Signale und Programmsendungen empfängt, die von einer oder mehreren mit einer Sendegenehmigung der Federal Communications Commission ausgestatteten Fernsehanstalten übertragen oder ausgestrahlt werden und die eine Zweitsendung dieser Signale oder Sendungen durch Draht, Kabel oder andere Übermittlungskanäle für Abonnenten durchführt, die für diese Dienstleistung zahlen. Für die Feststellung der Tantiemen nach Abs. d 2 werden zwei oder mehr Kabelsender in benachbarten Gemeinden, die unter gemeinsamer Inhaberschaft oder Geschäftsleitung stehen und von einer Zentrale betrieben werden, als eine Sendeanstalt angesehen.

Der „örtliche Sendebereich eines Erstsenders" umfaßt bei einer Fernsehanstalt den Bereich, in dem die Anstalt berechtigt ist, ihr Signal gemäß den Richtlinien, Vorschriften und Genehmigungsbestimmungen der Federal Communications Commission, wie sie am 15. April 1976 in Kraft getreten sind, von einem Kabelsendeunternehmen rückübertragen zu lassen. Im Fall einer Fernsehanstalt, die eine Sendegenehmigung einer entsprechenden staatlichen Behörde Kanadas oder Mexikos hat, ist es der Bereich, in dem sie berechtigt ist, auf einer Rückübertragung ihres Signals zu bestehen, wenn sie eine Fernsehsendestation wäre, die den genannten Richtlinien, Vorschriften und Genehmigungsbestimmungen unterläge. Der „örtliche Sendebereich eines Erstsenders" umfaßt bei einem Rundfunksender das Hauptsendegebiet dieses Senders im Sinne der Richtlinien und Vorschriften der Federal Communications Commission.

Ein „Fernsignaläquivalent" bezeichnet den der Zweitsendung zugewiesenen Wert eines nicht netzgebundenen Fernsehprogramms, das entweder ganz oder teilweise von einem Kabelsender über den örtlichen Sendebereich des Erstsenders der Programmgestaltung hinaus ausgestrahlt wird. Es wird in der Weise berechnet, daß jeder unabhängigen Sendestation ein Wert von 1 und jedem Rundfunksender und nicht kommerziellem Unterrichtssender ein Wert von 1/4 zugewiesen wird für die nicht netzgebundene Programmgestaltung, die gemäß den Richtlinien, Vorschriften und Genehmigungsbestimmungen der Federal Communications Commission ausgestrahlt wird. Die vorgenannten Werte für unabhängige Stationen, Netzsender und nicht kommerzielle Unterrichtssender unterliegen jedoch den folgenden Ausnahmen und Beschränkungen. Wenn die Richtlinien und Vorschriften der Federal Communications Commission verlangen, daß ein Kabelsendeunternehmen die Weitersendung eines bestimmten Programms unterläßt und die Richtlinien und Vorschriften außerdem die Ersetzung der gestrichenen Sendung durch ein anderes Programm erlauben, das seinerseits eine Aufführung oder Vorführung eines Werks zum Inhalt hat, oder wenn die oben genannten, zum Zeitpunkt des Inkrafttretens dieses Gesetzes geltenden Richtlinien und Vorschriften einem Kabelsender gestatten, nach seiner Wahl ein aufgezeichnetes Programm zu streichen oder zu ersetzen oder zusätzliche Sendungen auszustrahlen, die von dem Erstsender, innerhalb dessen örtlichen Sendebereichs der Kabelsender gelegen ist, nicht gesendet worden sind, so wird für das Ersatz- und Zusatzprogramm kein Wert zugewiesen. Wenn die zur Zeit des Inkrafttretens dieses Gesetzes geltenden Richtlinien, Vorschriften und Genehmigungsbestimmungen der Federal Communications Commission dem Kabelsendeunternehmen gestatten, nach seiner Wahl die Weitersendung eines bestimmten Programms zu unterlassen und diese Richtlinien, Vorschriften und Genehmigungsbestimmungen außerdem erlauben, daß an die Stelle der gestrichenen Sendung eine andere Sendung tritt, die eine Aufführung oder Vorführung eines Werks enthält, so ist der für das Ersatz- und Zusatzprogramm zugewiesene Wert im Falle einer Direktsendung der Wert eines vollen Fernsehäquivalents multipliziert mit dem Bruchteil, der als Zähler die Anzahl der Tage des Jahres, in dem die Ersetzung vorgenommen wurde, und als Nenner die Zahl der Tage des Jahres hat. Im Fall eines Senders, der gemäß den Richtlinien der Federal Communications Commission für Spät- und Sonderprogramme ausstrahlt und im Fall eines Teilzeitsenders, der ein Vollzeitprogramm deshalb nicht senden kann, weil dem Kabelsendeunternehmen die in Betrieb gesetzte Kanalkapazität für die Rückübertragung aller Signale auf einer Vollzeitbasis nicht zur Verfügung steht, zu deren

Ausstrahlung der Sender ansonsten aber berechtigt ist, so wird der für die oben genannten unabhängigen Sender, Netzsender und nicht kommerziellen Unterrichtssender jeweils geltende Wert multipliziert mit dem Bruchteil, der dem Verhältnis der Sendestunden einer solchen Station, die durch ein Kabelsendeunternehmen ausgestrahlt werden, zu den gesamten Sendestunden der Station entspricht.

Ein „Netzsender" ist eine Fernsehsendestation, die einer oder mehreren Fernsehanstalten gehört, von ihr betrieben wird oder ihr angegliedert ist, die in den Vereinigten Staaten das gesamte Bundesgebiet mit Sendungen versorgen und die einen wesentlichen Teil des von den genannten Fernsehanstalten gelieferten Programms ausstrahlen, wobei die Übernahme einen beträchtlichen Teil des normalen Sendetags der Station ausmacht.

Mit einem „unabhängigen Sender" wird ein kommerzieller Fernsehsender bezeichnet, der nicht einem Sendenetz angehört. Bei einem nicht kommerziellen Unterrichtssender handelt es sich um eine Fernsehstation, die einer gemeinnützigen Bildungssendeanstalt entspricht, wie sie in § 397 des Titels 47 definiert ist.

§ 112

Schranken der Ausschließlichkeitsrechte: Ephemere Tonaufnahmen

(a) Ungeachtet der Regelung des § 106 und außer im Fall eines Spielfilms oder anderen audiovisuellen Werks, stellt es keine Urheberrechtsverletzung dar, wenn eine Sendeeinrichtung, die auf Grund einer Lizenz, einer Übertragung des Urheberrechts oder auf Grund der Schranken für Ausschließlichkeitsrechte, wie sie in § 114 a im einzelnen festgelegt sind, zur öffentlichen Sendung berechtigt ist, nicht mehr als eine Kopie oder Tonträger eines bestimmten Sendeprogramms anfertigt, das die Aufführung oder Vorführung beinhaltet, sofern

1. die Kopie oder der Tonträger von der Sendeeinrichtung, die sie hergestellt hat, einbehalten und ausschließlich von ihr benutzt und weitere Kopien oder Tonträger davon nicht gemacht werden und
2. die Kopie oder der Tonträger ausschließlich für eigene Sendungen der Sendeeinrichtung innerhalb ihres örtlichen Sendebereichs oder zum Zweck der archivarischen Erhaltung und Sicherstellung verwendet werden und
3. die Kopie oder der Tonträger innerhalb von sechs Monaten nach dem Tag, an dem das Sendeprogramm zum erstenmal in der Öffentlichkeit ausgestrahlt wurde, vernichtet wird, es sei denn, daß sie ausschließlich für Archivzwecke aufbewahrt werden.

(b) Ungeachtet der Vorschriften des § 106 liegt keine Urheberrechtsverletzung vor, wenn eine staatliche Einrichtung oder eine andere gemeinnützige Organisation, die nach § 110 Ziff. 2 oder auf Grund der in § 114 Abs. a festgelegten Schranken des Ausschließlichkeitsrechts an Tonaufnahmen zur Sendung einer Aufführung oder Vorführung eines Werks berechtigt ist, nicht mehr als 30 Kopien oder Tonträger eines bestimmten Sendeprogramms herstellt, das eine Aufführung oder Vorführung beinhaltet, sofern

1. keine weiteren Kopien oder Tonträger von den nach dieser Bestimmung hergestellten Kopien oder Tonträgern reproduziert werden und
2. wenn die Kopien oder Tonträger mit Ausnahme einer Kopie oder eines Tonträgers, die ausschließlich für Archivzwecke aufbewahrt werden darf, innerhalb von sieben Jahren nach dem Tag vernichtet werden, an dem die Sendung erstmals öffentlich ausgestrahlt worden ist.

(c) Ungeachtet der Regelung des § 106 stellt es keine Urheberrechtsverletzung dar, wenn eine staatliche Einrichtung oder eine andere gemeinnützige Organisation nicht mehr als eine Kopie oder Tonträger eines bestimmten Sendeprogramms, das eine Aufführung eines nicht dramatischen Musikwerks religiöser Art oder die Tonaufnahme eines solchen Musikwerks verkörpert, zur Verbreitung an jede in Ziff. 2 im einzelnen bezeichnete Sendeanstalt herstellt, sofern

1. für die Herstellung oder Verbreitung dieser Kopien oder Tonträger weder unmittelbar noch mittelbar ein Entgelt verlangt wird und
2. keine dieser Kopien oder Tonträger für eine andere als die Aufführung einer öffentlichen Einzelsendung seitens einer Sendeeinrichtung benutzt wird, die zur öffentlichen Sendung einer Aufführung des Werks auf Grund einer Lizenz oder Urheberrechtsübertragung berechtigt ist und
3. sämtliche Kopien und Tonträger mit Ausnahme einer Kopie oder Tonträgers, die ausschließlich für Archivzwecke aufbewahrt werden darf, innerhalb eines Jahres seit dem Tag, an dem das Sendeprogramm erstmalig öffentlich ausgestrahlt wurde, vernichtet werden.

(d) Ungeachtet der Regelung des § 106 liegt keine Urheberrechtsverletzung vor, wenn eine staatliche Einrichtung oder eine andere gemeinnützige Organisation, die zur Sendung der Aufführung eines Werks nach § 110 Ziff. 8 berechtigt ist, nicht mehr als zehn die Aufführung verkörpernde Kopien oder Tonträger herstellt oder die Benutzung einer dieser Kopien oder Tonträger durch eine staatliche Einrichtung oder gemeinnützige Organisation erlaubt, die zur Sendung der Aufführung eines Werks nach § 110 Ziff. 8 berechtigt ist, sofern

1. jede dieser Kopien oder Tonträger von der Organisation, die sie hergestellt hat, oder von der staatlichen Einrichtung oder gemeinnützigen Organisation einbehalten und ausschließlich benutzt wird, die zur Sendung der Aufführung eines Werks nach § 110 Ziff. 8 berechtigt ist, und keine weiteren Kopien oder Tonträger davon reproduziert werden und
2. jede dieser Kopien oder Tonträger lediglich für nach § 110 Ziff. 8 genehmigte Sendungen oder zum Zweck der archivarischen Erhaltung oder Sicherstellung verwendet wird und

3. die staatliche Einrichtung oder gemeinnützige Organisation, die die Benutzung dieser Kopien oder Tonträger durch staatliche Einrichtungen oder gemeinnützige Organisationen im Sinne dieser Vorschrift erlaubt, für die Benutzung kein Entgelt verlangt.

(e) Das Sendeprogramm, das in einer nach dieser Vorschrift hergestellten Kopie oder Tonträger verkörpert ist, fällt nicht unter den Schutz einer Bearbeitung nach diesem Titel, außer wenn der Urheberrechtsinhaber der in der Sendung verwendeten vorbestehenden Werke seine Zustimmung hierzu ausdrücklich erteilt hat.

§ 113

Umfang der Ausschließlichkeitsrechte an Werken der Malerei, Graphik und Bildhauerei

(a) Gemäß der Regelung der Bestimmungen b und c dieses Paragraphen umfaßt das ausschließliche Vervielfältigungsrecht an einem urheberrechtlich geschützten Werk der Malerei, Graphik und Bildhauerei nach § 106 das Recht, das Werk in jeder Form und auf jedwedem Gegenstand zu vervielfältigen, unabhängig davon, ob er nützlich ist oder nicht.

(b) Dieses Gesetz gewährt dem Inhaber eines Urheberrechts an einem Werk, das einen nützlichen Gegenstand darstellt, nicht mehr oder weniger Rechte hinsichtlich der Herstellung, der Verbreitung und der Darbietung des so abgebildeten nützlichen Gegenstandes als die Rechte, die solchen Werken nach den am 31. Dezember 1977 geltenden Rechtsvorschriften des Titels 17, des Common Law oder nach den Gesetzen eines Einzelstaates eingeräumt werden, soweit diese Gesetze einschlägig sind und in dem Umfang, in dem sie von einem Gericht in einem nach diesem Titel erhobenen Klageverfahren ausgelegt worden sind.

(c) Bei einem Werk, das rechtmäßig in nützlichen Gegenständen reproduziert wird, die zum Verkauf angeboten oder auf andere Weise in der Öffentlichkeit verbreitet worden sind, beinhaltet das Urheberrecht nicht das Recht, die Herstellung, die Verbreitung oder die Darbietung von Bildern oder Photographien des Gegenstandes in Verbindung mit Werbe- oder Begleittexten bezüglich der Verbreitung oder Darbietung der Nutzgegenstände oder in Verbindung mit Nachrichtensendungen zu verbieten.

§ 114

Umfang der Ausschließlichkeitsrechte an Tonaufnahmen

(a) Die Ausschließlichkeitsrechte eines Urheberrechtsinhabers an einer Tonaufnahme sind auf die in § 106 Ziff. 1, 2 und 3 im einzelnen festgelegten Rechte beschränkt und beinhalten kein Aufführungsrecht nach § 106 Ziff. 4.

(b) Das Ausschließlichkeitsrecht des Urheberrechtsinhabers an einer Tonaufnahme nach § 106 Ziff. 1 beschränkt sich auf das Recht, die Tonaufnahme in Form von Tonträgern oder in Spielfilmkopien und anderen audiovisuellen Werken zu vervielfältigen, die die in der Aufnahme jeweils fixierten Töne unmittelbar oder mittelbar aufnehmen. Das Ausschließlichkeitsrecht eines Urheberrechtsinhabers an einer Tonaufnahme nach § 106 Ziff. 2 beschränkt sich auf das Recht, eine Bearbeitung herzustellen, bei der die in der Tonaufnahme fixierten Töne neu arrangiert, zusammengestellt oder in sonstiger Weise in ihrer Reihenfolge oder ihrer Art verändert sind. Das Ausschließlichkeitsrecht eines Urheberrechtsinhabers an einer Tonaufnahme nach § 106 Ziff. 1 und 2 erstreckt sich nicht auf die Herstellung oder Vervielfältigung einer anderen Tonaufnahme, die in einer völlig selbständigen und unabhängigen Festlegung anderer Töne besteht, auch wenn diese die Töne der urheberrechtlich geschützten Tonaufnahme imitieren oder nachahmen. Das Ausschließlichkeitsrecht eines Urheberrechtsinhabers an einer Tonaufnahme nach § 106 Ziff. 1, 2 und 3 bezieht sich nicht auf Tonaufnahmen, die Teile von Bildungsfernseh- und Bildungsradiosendungen sind (wie sie in § 397 des Titels 47 definiert sind) und die entweder von oder durch öffentliche Sendeanstalten, die in § 118 g definiert sind, verbreitet oder gesendet werden. Dies gilt mit der Maßgabe, daß Kopien oder Tonträger dieser Sendungen von den öffentlichen Sendeanstalten nicht kommerziell an die Öffentlichkeit verbreitet werden.

(c) Dieser Paragraph begrenzt oder beeinträchtigt nicht das ausschließliche Recht, die in § 106 Ziff. 4 genannten Werke öffentlich durch einen Tonträger aufzuführen.

(d) Am 3. Januar 1978 legt der Register of Copyrights nach Rücksprache mit Vertretern von Inhabern urheberrechtlich geschützten Materials, Vertretern der Sende-, Aufnahme-, Film- und Unterhaltungsunternehmen und von Kunstorganisationen, Gewerkschaftsvertretern und Vertretern der Künstlervereinigungen dem Kongreß einen Bericht vor, der in Empfehlungen darlegen soll, ob dieser Paragraph geändert werden soll, um für ausübende Künstler und Urheberrechtsinhaber von geschütztem Material einen Leistungsschutz vorzusehen. Der Bericht soll den Rechtszustand in anderen Ländern darstellen und die Stellungnahmen der wesentlichen beteiligten Kreise sowie konkrete Gesetzesmaßnahmen oder gegebenenfalls andere Empfehlungen angeben.

§ 115

Umfang der Ausschließlichkeitsrechte an nichtdramatischen Musikwerken: Zwangslizenz für die Herstellung und die Verbreitung von Tonträgern

Im Fall von nichtdramatischen Musikwerken unterliegen die in § 106 Ziff. 1 und 3 vorgesehenen ausschließlichen Rechte zur Herstellung und Verbreitung von Tonträgern solcher Werke der Zwangslizenzierung unter den in diesem Paragraphen geregelten Voraussetzungen.

(a) Gewährung und Umfang der Zwangslizenz.

1. Wenn Tonträger eines nichtdramatischen Musikwerks mit Zustimmung des Urheberrechtsinhabers in der Öffentlichkeit verbreitet worden sind, kann jeder, der die Bestimmungen dieses Paragraphen erfüllt, eine Zwangslizenz zur Herstellung und Verbreitung von Tonträgern dieses Werks erhalten. Eine Zwangslizenz darf jedoch nur demjenigen eingeräumt werden, der mit der Herstellung der Tonträger den Hauptzweck verfolgt, sie der Öffentlichkeit zur privaten Verwendung zugänglich zu machen. Eine Zwangslizenzierung kann nicht erhalten, wer das Werk für die Herstellung von Tonträgern benutzt, die eine von einem anderen festgelegte Tonaufnahme kopieren, es sei denn:

   (i) die Tonaufnahme war rechtmäßig aufgezeichnet und

   (ii) die Herstellung des Tonträgers erfolgte mit Zustimmung des Urheberrechtsinhabers der Tonaufnahme oder falls die Tonaufnahme vor dem 15. Februar 1972 festgelegt worden ist, wenn die Aufzeichnung der Tonaufnahme gemäß einer ausdrücklichen Lizenz des Urheberrechtsinhabers an dem Musikwerk oder gemäß einer gültigen Zwangslizenz zur Benutzung des Werks für Tonaufnahmen erfolgte.

2. Eine Zwangslizenz berechtigt dazu, das Werk in dem Umfang musikalisch zu arrangieren, der nötig ist, um es dem Interpretationsstil und der Interpretationsweise der betreffenden Aufführung anzupassen. Das Arrangement soll die Grundmelodie und den wesentlichen Charakter des Werks jedoch nicht verändern und nicht den Schutz einer Bearbeitung nach diesem Gesetz genießen, ausgenommen wenn diese mit der ausdrücklichen Zustimmung des Urheberrechtsinhabers erfolgt.

(b) Mitteilung der Absicht, eine Zwangslizenz zu erhalten.

1. Wer nach diesem Paragraphen eine Zwangslizenz erhalten will, hat vor oder innerhalb von 30 Tagen nach Herstellung und vor Verbreitung des Tonträgers des Werks dem Urheberrechtsinhaber eine schriftliche Mitteilung seiner Absicht zuzustellen. Wenn die Eintragung oder andere öffentliche Urkunden des Copyright Office den Urheberrechtsinhaber nicht erkennen lassen und keine Zustellungsadresse enthalten, genügt es, die Absichtserklärung beim Copyright Office einzureichen. Die Mitteilung muß nach Form, Inhalt und Zustellungsart den Anforderungen entsprechen, die der Register of Copyrights in einer Verordnung erläßt.

2. Wird die nach Ziff. 1 erforderliche Mitteilung nicht zugestellt oder eingereicht, so schließt das Unterlassen die Möglichkeit einer Zwangslizenz aus, macht das Herstellen und Verbreiten der Tonträger bei Fehlen einer vereinbarten Lizenz zu einer einklagbaren Verletzungshandlung nach § 501 und unterliegt voll den in den §§ 502 bis 506 und 509 vorgesehenen Rechtsfolgen und Rechtsbehelfen.

(c) Tantiemenzahlungen bei Zwangslizenzen.

1. Für die Berechtigung, Tantiemen auf Grund einer Zwangslizenz zu er-

halten, muß die Identität des Urheberrechtsinhabers aus einer bereits vorgenommenen Eintragung oder anderen öffentlichen Urkunden des Copyright Office feststellbar sein. Der Inhaber ist berechtigt, Tantiemen für Tonträger zu erhalten, die nach der angegebenen Identitätsfeststellung hergestellt und verbreitet sind. Er hat jedoch kein Vergütungsrecht für Tonträger, die vorher gemacht und verbreitet worden sind.

2. Vorbehaltlich der Ziff. 1 ist eine Zwangslizenztantieme für jeden Tonträger zu zahlen, der in Übereinstimmung mit der Lizenz gemacht und verbreitet worden ist. Zu diesem Zweck gilt ein Tonträger als „verbreitet", wenn derjenige, der im Rahmen der Zwangslizenz handelt, sich von dem Besitz an dem Tonträger willentlich und auf Dauer getrennt hat. In bezug auf jedes in dem Tonträger verkörperte Werk beläuft sich die Tantieme entweder auf 2¾ cents oder auf ½ cent pro Spielminute bzw. den entsprechenden Minutenanteil, je nachdem welcher Betrag höher liegt.

3. Tantiemenzahlungen sind an oder vor dem 20. jeden Monats zu leisten und erstrecken sich auf alle Tantiemen des vorangehenden Monats. Jede monatliche Zahlung hat mit einer eidlichen Erklärung zu erfolgen und muß den Anforderungen entsprechen, die der Register of Copyrights durch Verordnung vorschreibt. Der Register erläßt außerdem Bestimmungen, wonach für jede Zwangslizenz nach diesem Paragraphen zusätzlich eine von einem Wirtschaftsprüfer bestätigte, detaillierte Jahresabrechnung einzureichen ist. Form, Inhalt und Art der Bestätigung in bezug auf die Zahl der hergestellten und verbreiteten Tonträger bestimmen sich nach den Vorschriften, die sowohl für die Monats- als auch für die Jahresabrechnung gelten.

4. Erhält der Urheberrechtsinhaber die monatlichen Zahlungen und die Monats- und Jahresabrechnungen nicht bei Fälligkeit, so kann der Inhaber den Lizenznehmer schriftlich darauf hinweisen, daß die Zwangslizenz automatisch beendet wird, wenn der Mangel der unterbliebenen Leistung nicht innerhalb von 30 Tagen nach dem Datum des Hinweises behoben wird. Diese Beendigung macht sowohl die Herstellung wie die Verbreitung sämtlicher Tonträger, für die die Tantieme nicht bezahlt worden ist, zu klagbaren Verletzungshandlungen nach § 501, die den in den §§ 502 bis 506 und 509 vorgesehenen Rechtsfolgen und Rechtsbehelfen voll unterliegen.

§ 116

Umfang der Ausschließlichkeitsrechte an nichtdramatischen Musikwerken: Öffentliche Aufführungen mittels Münzautomaten für Tonträger

(a) Schranke des Ausübungsrechts

Im Fall eines nichtdramatischen Musikwerks, das in einem Tonträger verkörpert ist, wird das nach § 106 Ziff. 4 bestehende ausschließliche Recht zum öffentlichen Abspielen (Aufführung) des Werks mittels Münzautomaten für Tonträger wie folgt begrenzt:

1. Der Inhaber des Geschäftslokals, in dem das öffentliche Abspielen stattfindet, ist für Verletzungen in bezug auf die öffentliche Aufführung nicht haftbar, es sei denn

   (A) der Inhaber ist zugleich der Musikautomatenaufsteller oder

   (B) der Inhaber weigert sich oder unterläßt es, innerhalb eines Monats nach Erhalt einer mit Einschreiben zugestellten Aufforderung seitens des Urheberrechtsinhabers, die Identität des Musikautomatenaufstellers per Einschreiben vollständig mitzuteilen, zu einem Zeitpunkt, an dem die in Abs. b Ziff. 1 C erforderliche Bescheinigung an dem Musikautomaten noch nicht angebracht ist.

2. Dem Aufsteller eines Münzautomaten für Tonträger kann eine Zwangslizenz für das öffentliche Abspielen des Werks durch einen Musikautomaten erteilt werden, wenn er die in Abs. b vorgeschriebene Anmeldung einreicht, die erforderliche Bescheinigung anbringt und die Lizenzgebühr bezahlt.

(b) Eintragung von Münzautomaten für Tonträger, Anbringung der Bescheinigung und Zwangslizenzgebühr

1. Jeder Musikautomatenaufsteller, der eine Zwangslizenz für die öffentliche Aufführung von Werken durch Münzautomaten für Tonträger bekommen will, muß folgende Bedingungen erfüllen:

   (A) Innerhalb eines Monats, nachdem das Abspielen des Werkes (Aufführung) durch einen bestimmten Musikautomaten ermöglicht worden ist oder davor und im Laufe des Monats Januar eines jeden darauffolgenden Jahres, in dem diese Art der Aufführung durch einen bestimmten Musikautomaten angeboten worden war, hat der Musikautomatenaufsteller beim Copyright Office eine Anmeldung entsprechend den Anforderungen einzureichen, die der Register ob Copyrights nach Rücksprache mit der Schiedsstelle für Urheberrechtsvergütungen (sofern und nachdem die Stelle eingerichtet ist) durch Verordnung vorschreibt. In der Anmeldung sind der Name und die Adresse des Musikautomatenaufstellers sowie der Hersteller und die Seriennummer oder ein anderes eindeutiges Erkennungszeichen des Musikautomaten anzugeben. Der Aufsteller hat außerdem beim Register of Copyrights für den bestimmten Musikautomaten eine Vergütungsgebühr von $ 8,— für das laufende Jahr zu hinterlegen. Wird das Abspielen auf einem bestimmten Musikautomaten erstmalig nach dem 1. Juli eines betreffenden Jahres vorgenommen, so beträgt die für den verbleibenden Teil des Jahres zu hinterlegende Vergütungsgebühr $ 4,—.

   (B) Innerhalb von 20 Tagen nach Eingang der Anmeldung und der in Abschn. (A) angegebenen Vergütungsgebühr erteilt der Register of

Copyrights dem Anmelder eine Bescheinigung für den Musikautomaten.

(C) Am oder vor dem 1. März des Jahres, in dem die nach Abschn. (B) vorgeschriebene Bescheinigung erteilt worden ist, oder innerhalb von 10 Tagen nach dem Erteilungsdatum der Bescheinigung, hat der Musikautomatenaufsteller die vom Register of Copyrights nach Abschn. (B) erteilte Bescheinigung seiner letzten, gemäß Abschn. (A) für diesen Musikautomaten getätigten Anmeldung an dem betreffenden Musikautomaten an einer für die Allgemeinheit gut sichtbaren Stelle anzubringen.

2. Das Unterlassen der Anmeldung, der Anbringung der Bescheinigung oder der Zahlung der nach Ziff. 1 dieses Absatzes erforderlichen Lizenzgebühr macht das Abspielen (öffentliche Aufführung) zu einer mit der Klage verfolgbaren Verletzungshandlung nach § 501, auf die die in den §§ 502 bis 506 und 509 vorgesehenen Rechtsfolgen und Rechtsbehelfe volle Anwendung finden.

(c) Verteilung der Tantiemen

1. Der Register of Copyrights erhält alle nach diesem Paragraphen eingezahlten Gebühren und hinterlegt nach Abzug angemessener Kosten, die dem Copyright Office auf Grund dieser gesetzlichen Regelung entstanden sind, das verbleibende Guthaben beim Schatzamt der Vereinigten Staaten in der vom Finanzminister vorgeschriebenen Weise. Alle Gelder, die beim Finanzminister hinterlegt werden, sind in verzinslichen US-Wertpapieren anzulegen zur späteren Verteilung unter Einbeziehung der Zinsen durch die in diesem Gesetz vorgesehene Schiedsstelle für Urheberrechtsvergütungen. Der Register of Copyrights legt der Schiedsstelle für Urheberrechtsvergütungen jährlich eine detaillierte Abrechnung über alle Zahlungen vor, die sie für den nach Abs. b maßgeblichen Zeitraum erhalten hat.

2. Im Laufe des Monats Januar eines jeden Jahres hat jeder, der ein Recht auf Zwangslizenzgebühren für Aufführungen während der vorangehenden zwölf Monate geltend macht, seinen Anspruch bei der Schiedsstelle für Urheberrechtsvergütungen gemäß den Bestimmungen einzureichen, die die Stelle durch Verordnung erläßt. Die Forderung muß die Zustimmung enthalten, daß die Entscheidung der Schiedsstelle für Urheberrechtsvergütungen in Streitigkeiten, die die Verteilung der nach Abs. b Ziff. 1 (A) dieses Paragraphen hinterlegten Lizenzgebühren betreffen, und bei denen der Antragsteller Verfahrensbeteiligter ist, als endgültig angenommen wird, soweit sich nicht etwas anderes aus § 810 dieses Gesetzes ergibt. Ungeachtet der Bestimmungen der Kartellgesetze können sich Anspruchsberechtigte zum Zweck der Durchführung der vorliegenden Regelung darüber einigen, wie die anteilmäßige Aufteilung der Zwangslizenzgebühren untereinander vorzunehmen ist, sie können ihre Ansprüche verbinden und

sie als Gesamt- oder als Einzelforderung einreichen oder einen gemeinsamen Bevollmächtigten bestellen, der die Zahlungen für sie in Empfang nimmt.

3. Nach dem 1. Oktober eines jeden Jahres entscheidet die Schiedsstelle für Urheberrechtsvergütungen darüber, ob Streitigkeiten hinsichtlich der Aufteilung der nach Abs. b Ziff. 1 (A) eingezahlten Lizenzgebühren bestehen. Wenn die Schiedsstelle feststellt, daß keine derartige Streitigkeit vorliegt, verteilt sie die Lizenzgebühren nach Abzug angemessener Verwaltungskosten an die berechtigten Urheberrechtsinhaber oder an die von ihnen bezeichneten Bevollmächtigten. Stellt sie fest, daß eine Streitigkeit besteht, führt sie ein Feststellungsverfahren über die Verteilung der Lizenzeinnahmen durch.

4. Die zur Verteilung anstehenden Gebühren werden wie folgt aufgeteilt:

   (A) Jeder Urheberrechtsinhaber, der keiner Verwertungsgesellschaft angehört, erhält den verhältnismäßigen Anteil der zu verteilenden Gebühren, für den er seine Berechtigung nachweist.

   (B) Die Verwertungsgesellschaften erhalten den verbleibenden Rest der zu verteilenden Gebühren in dem anteilmäßigen Verhältnis, das sie durch Vereinbarung untereinander festsetzen, oder falls sie sich nicht einigen, den verhältnismäßigen Anteil, für den die Verwertungsgesellschaften ihre Berechtigung nachweisen.

   (C) Solange ein nach diesem Gesetz vorgesehenes Verfahren anhängig ist, hält die Schiedsstelle für Urheberrechtsvergütungen einen Betrag zurück, der zur Befriedigung aller jeweils streitigen Forderungen ausreicht. Es steht jedoch in ihrem Ermessen, die Verteilung der unstreitigen Beträge weiterzuführen.

5. Die Schiedsstelle für Urheberrechtsvergütungen veröffentlicht im Wege der Verordnung Vorschriften, nach denen Personen, von denen berechtigterweise erwartet werden kann, daß sie Vergütungsansprüche haben, während des Jahres, in dem die Aufführung stattfindet, Zugang zu Geschäftslokalen und den darin befindlichen Musikautomaten haben, ohne dadurch Kosten oder Beeinträchtigungen für die Musikautomatenaufsteller oder für die Inhaber der Geschäftslokale zu verursachen, in denen sich die Musikautomaten befinden. Die Berechtigten haben außerdem die Möglichkeit, sich in einem für die Feststellung notwendig erscheinenden Maße durch Stichproben oder auf andere Weise zu informieren, in welchem Verhältnis die Musikwerke eines jeden Berechtigten zu den Einkünften aus den Musikautomaten beitragen, für den Gebühren einzuzahlen waren. Jeder, der geltend macht, daß ihm der nach den von der Schiedsstelle für Urheberrechtsvergütungen vorgeschriebenen Bestimmungen zulässige Zugang verweigert worden ist, kann eine Klage auf Löschung der Zwangslizenz beim United States District Court für den District of Columbia in bezug auf den Musikautomaten erheben, für den

der Zugang verweigert worden ist. Das Gericht ist ermächtigt, die Zwangslizenz mit Wirkung vom Tag ihrer Erteilung für nichtig zu erklären.

(d) Strafbestimmungen

Wer in einer gemäß Abs. b Ziff. 1 (A) eingereichten Anmeldung bewußt eine falsche Angabe über eine wesentliche Tatsache macht, wer wissentlich eine gemäß Abs. b Ziff. 1 (B) erteilte Bescheinigung ändert oder wer wissentlich eine solche Bescheinigung an einem Musikautomaten anbringt, für den sie nicht gilt, wird mit einer Geldstrafe bis zu $ 2 500,— bestraft.

(e) Begriffsbestimmungen

Die in diesem Paragraphen verwendeten Begriffe und ihre verschiedenen Abwandlungen haben folgende Bedeutung:

1. Ein Münzautomat für Tonträger (Musikautomat) ist eine Maschine oder ein Gerät, das
   (A) ausschließlich für das Abspielen nichtdramatischer Musikwerke durch Tonträger verwendet und durch Münzen, Geldstücke, Jetons oder andere Zahlungsmittel und ihre Äquivalente in Betrieb gesetzt wird;
   (B) das in einem Geschäftslokal aufgestellt ist, in dem weder unmittelbar noch mittelbar ein Eintrittsgeld verlangt wird;
   (C) dem eine Liste aller Musikwerktitel beigefügt ist, die für ein Abspielen auf dem Gerät zur Verfügung stehen, wobei die Liste an dem Musikautomaten angebracht oder an deutlich sichtbarer Stelle in dem Geschäftslokal angeschlagen ist, an der sie von der Öffentlichkeit jederzeit eingesehen werden kann und
   (D) das eine Auswahl von Werken bietet, die zum Abspielen (Aufführung) bereitstehen und bei dem die Auswahl von den Besuchern des Geschäftslokals, in dem es sich befindet, getroffen werden kann.
2. Ein „Musikautomatenaufsteller" ist eine Person, die allein oder gemeinsam mit anderen
   (A) einen Münzautomaten für Tonträger besitzt,
   (B) die Befugnis hat, einen Münzautomaten für Tonträger für die Aufstellung in einem Geschäftslokal zum Zweck der öffentlichen Aufführung bereitzustellen oder
   (C) die die Befugnis hat, in erster Linie die Kontrolle über die Auswahl der Musikwerke auszuüben, die für die öffentliche Aufführung durch einen Münzautomaten für Tonträger bereitgestellt worden sind.
3. „Verwertungsgesellschaft" ist eine Personengesellschaft oder eine juristische Person, die für die öffentliche Aufführung nichtdramatischer Musikwerke im Namen der Urheberrechtsinhaber Lizenzen erteilt, wie z. B. die „American Society of Composers, Authors and Publishers, Broadcast, Inc." und die „SESAC, Inc.".

§ 117

Umfang der Ausschließlichkeitsrechte bei Benutzung im Zusammenhang mit Computern und vergleichbaren Informationssystemen

Ungeachtet der Bestimmungen der §§ 106 bis 116 und 118 gibt dieses Gesetz den Inhabern von Urheberrechten an einem Werk nicht mehr oder weniger Rechte im Hinblick auf die Benutzung des Werks in Verbindung mit automatischen Systemen für die Speicherung, Steuerung, Recherche und Übermittlung von Informationen oder in Verbindung mit ähnlichen Geräten, Maschinen oder Verfahren, als sie solchen Werken nach den am 31. Dezember 1977 geltenden Rechtsvorschriften des Titels 17, des Common Law oder nach den Gesetzen eines Einzelstaates eingeräumt werden, soweit diese Gesetze einschlägig sind und in dem Umfang, in dem sie von einem Gericht in einem nach diesem Titel erhobenen Klageverfahren ausgelegt worden sind.

§ 118

Umfang der Ausschließlichkeitsrechte bei Benutzung bestimmter Werke in Verbindung mit nichtkommerziellen Rundfunksendungen

(a) Die in § 106 geregelten Ausschließlichkeitsrechte in bezug auf Werke, die in Abs. b im einzelnen bestimmt sind, und bezüglich der in Abs. d näher bestimmten Tätigkeiten unterliegen den Voraussetzungen und Beschränkungen dieses Paragraphen.

(b) Nicht später als 30 Tage nachdem die Schiedsstelle für Urheberrechtsvergütungen gemäß § 802 eingerichtet worden ist, veranlaßt der Vorsitzende der Schiedsstelle, daß im Federal Register ein Hinweis auf den Beginn von Verfahren zum Zweck der Feststellung angemessener Bedingungen und Vergütungstarife veröffentlicht wird für die in Abs. d im einzelnen aufgeführten Handlungen in bezug auf veröffentlichte nichtdramatische Werke und veröffentlichte Werke der bildenden Kunst, der Graphik und der Bildhauerei für einen gemäß Ziff. 3 dieses Absatzes beginnenden und am 31. Dezember 1982 endenden Zeitraum. Der Urheberrechtsinhaber und die öffentlichen Sendeanstalten haben nach den Grundsätzen von Treu und Glauben miteinander zu verhandeln und mit der Schiedsstelle in dem Bemühen voll zusammenzuarbeiten, angemessene und zügige Ergebnisse zu erreichen. Ungeachtet der Kartellrechtsbestimmungen kann jeder Inhaber eines Urheberrechts an den in diesem Absatz aufgeführten Werken und ebenso jede öffentliche Sendeanstalt Verhandlungen führen und Vereinbarungen über die Bedingungen und Vergütungstarife sowie über die verhältnismäßige Aufteilung der eingezahlten Gebühren unter die einzelnen Urheberrechtsinhaber treffen und gemeinsame Bevollmächtigte für Verhandlungen, Vereinbarungen, Zahlungen und für den Empfang von Leistungen bestellen:

1. Jeder Urheberrechtsinhaber eines in diesem Absatz aufgeführten Werks oder jede öffentliche Sendeanstalt kann innerhalb von 120 Tagen nach Veröffentlichung des in diesem Absatz geregelten Hinweises der Schiedsstelle für Urheberrechtsvergütungen Lizenzvorschläge unterbreiten, die sich auf solche Tätigkeiten in bezug auf die genannten Werke beziehen. Die Schiedsstelle für Urheberrechtsvergütungen geht auf der Grundlage der eingereichten Vorschläge sowie auf Grund anderer einschlägiger Auskünfte vor. Die Schiedsstelle für Urheberrechtsvergütungen erlaubt jedem interessierten Beteiligten, für das Verfahren sachdienliche Informationen einzureichen.

2. Lizenzvereinbarungen, die zwischen einem oder mehreren Urheberrechtsinhabern und einer oder mehreren öffentlichen Sendeanstalten irgendwann frei ausgehandelt worden sind, haben an Stelle jeglicher Entscheidungen der Schiedsstelle Wirksamkeit mit der Maßgabe, daß innerhalb von 30 Tagen seit Durchführung der Lizenz beim Copyright Office Kopien der Vereinbarungen gemäß den Bestimmungen eingereicht werden, die der Register of Copyrights im Wege der Verordnung vorschreibt.

3. Innerhalb von 6 Monaten, aber nicht früher als 120 Tage seit dem Veröffentlichungsdatum des in diesem Absatz im einzelnen geregelten Hinweises, entscheidet die Schiedsstelle für Urheberrechtsvergütungen und veröffentlicht im Federal Register eine Aufstellung der Tarifsätze und Bedingungen, die unter Anwendung von Ziff. 2 dieses Absatzes für alle Inhaber von Urheberrechten an den in diesem Absatz aufgeführten Werken und für öffentliche Sendeanstalten bindend sind, unabhängig davon, ob die Urheberrechtsinhaber und die Sendeanstalten der Schiedsstelle Vorschläge eingereicht haben. Die Schiedsstelle für Urheberrechtsvergütungen kann bei der Festlegung der Tarife und Bedingungen die Vergütungssätze berücksichtigen, die unter vergleichbaren Umständen bei den nach Ziff. 2 dieses Absatzes frei vereinbarten Lizenzverträgen ausgehandelt worden sind. Die Schiedsstelle für Urheberrechtsvergütungen stellt außerdem die Bedingungen auf, nach denen Urheberrechtsinhaber von der Benutzung ihrer Werke nach diesem Paragraphen angemessen benachrichtigt werden und wonach von den öffentlichen Sendeanstalten ein Verzeichnis über deren Benutzung geführt werden muß.

4. Hinsichtlich des Zeitraums, der bei Inkrafttreten dieses Gesetzes beginnt und am Tag der Veröffentlichung der Tarifsätze und Bedingungen endet, räumt dieses Gesetz Urheberrechtsinhabern oder öffentlichen Sendeanstalten nicht mehr oder weniger Rechte in bezug auf die in Abs. d aufgeführten Handlungen hinsichtlich der in diesem Absatz angegebenen Werke ein, als sie nach den am 31. Dezember 1977 geltenden Rechtsvorschriften bestehen, soweit sie einschlägig sind und von einem Gericht in einem nach diesem Gesetz eingeleiteten Klageverfahren ausgelegt worden sind.

(c) Das anfängliche, in Abs. b geregelte Verfahren wird gemäß den Bestimmungen, die die Schiedsstelle für Urheberrechtsvergütungen erläßt, wiederholt und zwischen dem 30. Juni und dem 31. Dezember 1982 abgeschlossen und danach in Fünfjahresabständen durchgeführt.

(d) Vorbehaltlich der Übergangsvorschriften von Abs. b Ziff. 4 und der in freien Lizenzvereinbarungen, wie sie in Abs. b Ziff. 2 vorgesehen sind, ausgehandelten Bedingungen kann eine öffentliche Sendeanstalt unter Beachtung der gesetzlichen Bestimmungen dieses Paragraphen und der von der Schiedsstelle für Urheberrechtsvergütungen gemäß Abs. b Ziff. 3 aufgestellten Tarifsätze und Bedingungen, folgende Benutzungshandlungen in bezug auf veröffentlichte nichtdramatische Musikwerke und veröffentlichte Werke der Malerei, Graphik und Bildhauerei vornehmen:

1. Die Aufführung und die Vorführung eines Werkes durch oder im Laufe einer Sendung, die von einem in Abs. g genannten nichtkommerziellen Bildungssender gemacht worden ist.
2. Die Herstellung eines Sendeprogramms, dessen Vervielfältigung in Werkexemplaren oder Tonträgern und die Verbreitung dieser Werkexemplare oder Tonträger, sofern die Herstellung, Vervielfältigung oder Verbreitung von einer gemeinnützigen Einrichtung oder Organisation ausschließlich zu dem in Ziff. 1 näher bestimmten Sendezweck vorgenommen werden.
3. Die Herstellung von Vervielfältigungsstücken eines Sendeprogramms, das gleichzeitig mit dessen in Ziff. 1 näher bestimmten Übertragung erfolgt, durch eine staatliche Körperschaft oder eine gemeinnützige Einrichtung sowie die Aufführung und die Vorführung des Programminhalts unter den in § 110 Ziff. 1 näher angegebenen Voraussetzungen, jedoch nur, wenn die Vervielfältigungsstücke für Aufführungen und Vorführungen innerhalb von sieben Tagen seit dem Tag der in Ziff. 1 näher angegebenen Sendung benutzt werden und vor oder am Ende des genannten Zeitraums vernichtet werden. Wer in Übereinstimmung mit Ziff. 2 ein Vervielfältigungsstück eines Sendeprogramms an staatliche Körperschaften oder gemeinnützige Einrichtungen nach dieser Vorschrift liefert, haftet nicht für Folgen, wenn es die Körperschaft oder Einrichtung unterläßt, das Vervielfältigungsstück zu vernichten. Dies gilt mit der Maßgabe, daß der Betreffende die Körperschaft oder Einrichtung auf das gemäß dieser Vorschrift bestehende Erfordernis der Vernichtung hingewiesen hat, und ferner mit der Maßgabe, daß die Körperschaft oder Einrichtung, wenn sie versäumt hat, das Vervielfältigungsstück zu vernichten, als Verletzer angesehen wird.

(e) Soweit nicht ausdrücklich in diesem Absatz vorgesehen, findet diese Vorschrift nur auf die in Abs. b im einzelnen bestimmten Werke Anwendung:

1. Urheberrechtsinhaber von nichtdramatischen literarischen Werken und

öffentliche Sendeanstalten können in freien Verhandlungen untereinander Vereinbarungen treffen, beziehungsweise hinsichtlich der Bedingungen und Tarifsätze der Vergütungszahlungen Übereinkommen abschließen, ohne nach den Kartellbestimmungen zu haften. Die Bedingungen und Tarifsätze der Lizenzzahlungen werden mit Einreichung beim Copyright Office gemäß den Vorschriften wirksam, die der Register of Copyrights erläßt.

2. Am 3. Januar 1980 legt der Register of Copyrights nach Rücksprache mit Autoren und anderen Urheberrechtsinhabern von nichtdramatischen literarischen Werken, deren Vertretern sowie mit öffentlichen Sendeanstalten und deren Vertretern dem Kongreß einen Bericht über das Ausmaß vor, in dem freie Lizenzvereinbarungen für die Benutzung nichtdramatischer literarischer Werke durch Rundfunk- und Fernsehsender getroffen worden sind. Der Bericht soll außerdem sämtliche Probleme beschreiben, die aufgetreten sind und gegebenenfalls gesetzliche Maßnahmen vorschlagen oder entsprechende andere Empfehlungen abgeben.

(f) Dieser Paragraph ist in keiner Weise so auszulegen, daß er über die Schranken der in § 107 geregelten freien Benutzung hinaus die nichtgenehmigte Dramatisierung eines nichtdramatischen Musikwerks, die Herstellung einer Sendung, die in einem wesentlichen Maße von einer veröffentlichten Zusammenstellung von Werken der Malerei, Graphik oder Bildhauerei Gebrauch macht oder die unbefugte Benutzung eines Teils von einem audiovisuellen Werk erlaubt.

(g) Der in diesem Paragraphen verwendete Begriff „öffentliche Sendeanstalt" bedeutet einen in § 397 des Titels 47 definierten nichtkommerziellen Bildungssender sowie jede gemeinnützige Einrichtung oder Organisation, die die in Abs. d Ziff. 2 beschriebenen Benutzungshandlungen vornimmt.

KAPITEL 2

Urheberrechtsinhaberschaft und Übertragung

§

201 Urheberrechtsinhaberschaft

202 Urheberrechtsinhaberschaft im Unterschied zum Eigentum an Sachen

203 Kündigung der Übertragung und vom Urheber gewährter Lizenzen

204 Durchführung von Übertragungen der Urheberrechtsinhaberschaft

205 Eintragung von Übertragungen und anderen Urkunden

§ 201

Urheberrechtsinhaberschaft

(a) Erstinhaberschaft

Das Urheberrecht an einem nach diesem Gesetz geschützten Werk liegt im Anfang bei dem oder den Urhebern des Werks. Die Urheber eines gemeinschaftlichen Werks sind Mitinhaber des Urheberrechts an dem Werk.

(b) Auftragswerke (Works made for hire)

Bei einem Auftragswerk gilt der Arbeitgeber oder Auftraggeber, für den das Werk geschaffen worden ist, als Urheber im Sinne dieses Gesetzes. Soweit die Parteien nicht etwas anderes in einem von ihnen unterzeichneten Schriftstück vereinbart haben, gehören ihm alle aus dem Urheberrecht fließenden Rechte.

(c) Beiträge zu Sammelwerken

Das Urheberrecht an jedem gesonderten Beitrag eines Sammelwerks unterscheidet sich von dem Urheberrecht an dem Sammelwerk als Ganzem und liegt im Anfang bei dem Urheber des Beitrags. In Ermangelung einer ausdrücklichen Übertragung des Urheberrechts oder anderer darunterfallender Rechte wird davon ausgegangen, daß der Inhaber des Urheberrechts an dem Sammelwerk lediglich das Recht erworben hat, den Beitrag als Teil des betreffenden Sammelwerks, jeder Überarbeitung des Sammelwerks und jeder späteren Ausgabe des Sammelwerks in derselben Serie zu vervielfältigen und zu verbreiten.

(d) Übertragung der Inhaberschaft

1. Die Inhaberschaft an einem Urheberrecht kann ganz oder teilweise durch jede Form der Übertragung oder auf Grund Gesetzes übertragen werden und kann testamentarisch vermacht oder als persönliches Eigentum im Wege der einschlägigen Bestimmungen der gesetzlichen Erbfolge vererbt werden.
2. Jedes aus dem Urheberrecht fließende Ausschließlichkeitsrecht einschließlich der Aufteilung der in § 106 näher bestimmten Rechte kann in der in Ziff. 1 vorgesehenen Weise übertragen werden und man kann es gesondert innehaben. Dem Inhaber eines bestimmten Ausschließlichkeitsrechts stehen im Umfang des jeweiligen Rechts der Schutz und die Rechtsbehelfe zu, die dieses Gesetz den Urheberrechtsinhabern gewährt.

(e) Unfreiwillige Übertragung

Ist die Inhaberschaft eines Einzelurhebers hinsichtlich des Urheberrechts oder eines der urheberrechtlich geschützten Ausschließlichkeitsrechte vorher nicht freiwillig von dem Einzelurheber übertragen worden, so entfallen Maßnahmen einer staatlichen Körperschaft, eines Beamten oder einer staatlichen Einrichtung, die auf Pfändung, Enteignung Übertragung oder Ausübung der Urheberinhaberrechte oder der urheberrechtlich geschützten Ausschließlichkeitsrechte gerichtet sind, keine Wirkung nach diesem Gesetz.

§ 202

Urheberrechtsinhaberschaft im Unterschied zum Eigentum an Sachen

Die Inhaberschaft an einem Urheberrecht oder einem der urheberrechtlich geschützten Ausschließlichkeitsrechte ist verschieden von dem Eigentum an den Gegenständen, in denen das Werk verkörpert ist. Die Übereignung des Eigentums an einer Sache, einschließlich des Werkexemplars und des Tonträgers, in denen das Werk erstmalig festgehalten ist, allein überträgt weder Rechte an dem urheberrechtlich geschützten Werk, das in der Sache verkörpert ist, noch überträgt der Rechtsübergang eines Urheberrechts oder eines der urheberrechtlich geschützten Ausschließlichkeitsrechte in Ermangelung einer Vereinbarung Eigentumsrechte an irgendwelchen Gegenständen.

§ 203

Kündigung der Übertragung und vom Urheber gewährter Lizenzen

(a) Voraussetzungen der Kündigung

Die ausschließliche und nichtausschließliche Bewilligung (grant) der Übertragung oder einer Lizenz am Urheberrecht oder einem urheberrechtlich geschützten Recht unterliegt bei allen Werken mit Ausnahme von Auftragswerken der Kündigung, sofern die Übertragung oder Lizenz durch den Urheber am oder nach dem 1. Januar 1978 anders als im Wege einer letztwilligen Verfügung erfolgt ist, und zwar unter folgenden Bedingungen:

1. Hat ein Urheber die Übertragung bewilligt, so kann sie von diesem gekündigt werden. Nach dem Tod des Urhebers können der- oder diejenigen, denen gemäß Ziff. 2 dieses Absatzes das Kündigungsrecht des Urhebers zusteht und die berechtigt sind, einen Gesamtbetrag von mehr als der Hälfte des Kündigungsrechts geltend zu machen, die Übertragung kündigen. Ist die Übertragung von zwei oder mehreren Urhebern eines gemeinschaftlichen Werks bewilligt worden, so wird die Kündigung der Übertragung von der Mehrheit der Urheber ausgesprochen, die die Erteilung bewirkt haben. Bei Tod eines der Urheber kann das Kündigungsrecht dieses Urhebers nur einheitlich von der oder den Personen geltend gemacht werden, denen gemäß Ziff. 2 dieses Absatzes der Anteil des betreffenden Urhebers gehört und die berechtigt sind, davon einen Gesamtbetrag von mehr als der Hälfte geltend zu machen.

2. Nach dem Tod des Urhebers steht das Kündigungsrecht seiner Witwe oder ihrem Witwer und seinen bzw. ihren Kindern und Enkeln zu und kann von diesen wie folgt geltend gemacht werden:

   (A) Der Witwe oder dem Witwer steht das gesamte Kündigungsrecht des Urhebers zu, es sei denn, daß überlebende Kinder oder Enkel vorhanden sind. In diesem Fall gehört der Witwe oder dem Witwer die Hälfte der Urheberbeteiligung;

   (B) Den überlebenden Kindern und den überlebenden Kindern eines verstorbenen Kindes des Urhebers, gehört das gesamte Kündigungsrecht des Urhebers, es sei denn, daß eine Witwe oder ein Witwer vorhanden sind. In diesem Fall wird die Inhaberschaft an der Hälfte der Urheberbeteiligung unter ihnen aufgeteilt;

(C) Die Rechte der Kinder und Enkel des Urhebers werden in allen Fällen nach der Erbfolge nach Stämmen (per stirpes) entsprechend der Zahl der vertretenen Kinder des Urhebers aufgeteilt und ausgeübt. Der Anteil des Kindes eines verstorbenen Kindes an dem Kündigungsrecht kann nur nach dem Mehrheitsprinzip geltend gemacht werden.

3. Die Kündigung der Erteilung kann während eines Zeitraums von 5 Jahren nach Ablauf von 35 Jahren seit dem Tag der Vertragsausfertigung erfolgen. Wenn die Erteilung sich auf das Recht der Veröffentlichung des Werkes erstreckt, beginnt der Zeitraum nach Ablauf von 35 Jahren seit dem Veröffentlichungstag des lizenzierten Werks oder nach Ablauf von 40 Jahren seit der Vertragsausfertigung, je nachdem, welcher Zeitraum früher endet.

4. Die Kündigung erfolgt durch Zustellung einer schriftlichen Voranzeige an den Lizenznehmer oder dessen Rechtsnachfolger, die von der nach Ziff. 1 und 2 dieses Absatzes erforderlichen Anzahl und dem Anteilsverhältnis der Inhaber des Kündigungsrechts oder von deren ordnungsgemäß bevollmächtigten Vertretern unterschrieben sein muß.

(A) Die Anzeige gibt das Datum an, an dem die Kündigung wirksam wird. Das Datum muß innerhalb der in Ziff. 3 dieses Absatzes näher bestimmten Fünfjahresfrist liegen, und die Anzeige darf nicht weniger als zwei und nicht mehr als zehn Jahre vor diesem Zeitpunkt gestellt werden. Ein Doppel der Anzeige ist als Wirksamkeitsvoraussetzung beim Copyright Office vor dem gültigen Kündigungszeitpunkt zu registrieren.

(B) Die Anzeige muß nach Form, Inhalt und Zustellungsart den Anforderungen entsprechen, die der Register of Copyrights durch Verordnung erläßt.

5. Die Kündigung kann ungeachtet entgegenstehender Vereinbarungen bewirkt werden einschließlich von Vereinbarungen, ein Testament zu errichten oder eine künftige Bewilligung zu erteilen.

(b) Wirkung der Kündigung

Mit dem wirksamen Kündigungszeitpunkt fallen sämtliche nach diesem Gesetz bestehenden Rechte, auf die sich die gekündigte Erteilung bezog, an den Urheber oder die Urheber und an andere Personen, denen das Kündigungsrecht nach Abs. a Ziff. 1 und 2 zusteht einschließlich der Inhaber, die die Kündigungsanzeige nach Abs. a Ziff. 4 nicht mit unterschrieben haben. Es gelten jedoch folgende Einschränkungen:

1. Eine Bearbeitung, die im Rahmen der Lizenzbewilligung vor deren Beendigung geschaffen worden ist, kann nach der Kündigung gemäß den Vertragsbedingungen weiter benutzt werden. Dieses Recht erstreckt sich jedoch nicht auf die Herstellung weiterer Bearbeitungen nach der Kün-

digung, soweit sie auf dem urheberrechtlich geschützten Werk basieren, auf das sich die gekündigte Übertragung bezieht.

2. Die künftigen Rechte, die mit Beendigung der Bewilligung zurückfallen, gehen am Tag der in Abs. a Ziff. 4 geregelten Zustellung der Kündigungsanzeige über. Die Rechte fallen dem oder den Urhebern und den anderen in Abs. a Ziff. 1 und 2 genannten Personen in den dort bestimmten verhältnismäßigen Anteilen zu.

3. Vorbehaltlich der Bestimmung der Ziff. 4 dieses Absatzes ist eine weitere Bewilligung eines Rechts, auf das sich die beendete Bewilligung erstreckte, oder die Vereinbarung, eine derartige künftige Bewilligung zu erteilen, nur dann gültig, wenn sie von derselben Anzahl und demselben Anteilsverhältnis der Inhaber unterschrieben ist, auf die das Recht nach Ziff. 2 dieses Absatzes übergegangen ist, wie es in Abs. a Ziff. 1 und 2 für die Beendigung der Bewilligung vorgeschrieben ist. Diese weitere Bewilligung oder Vereinbarung gilt gegenüber allen Personen, denen das betreffende Recht nach Ziff. 2 dieses Absatzes zugefallen ist einschließlich derer, die sie nicht mit unterzeichnet haben. Stirbt jemand, nachdem Rechte aus einer gekündigten Bewilligung auf ihn übergegangen sind, so vertreten ihn dessen gesetzliche Vertreter, Testamentserben, Vermächtnisnehmer oder gesetzliche Erben für die Anwendung dieser Bestimmung.

4. Eine weitere Einräumung eines Rechts, auf das sich die gekündigte Bewilligung erstreckte oder die Vereinbarung, eine derartige künftige Bewilligung zu erteilen, ist nur gültig, wenn sie nach dem wirksamen Kündigungszeitpunkt erfolgt. Eine Ausnahme kann jedoch für eine Vereinbarung über eine derartige weitere Einräumung zwischen den in Ziff. 3 dieses Absatzes genannten Personen und dem ursprünglichen Lizenznehmer oder dessen Rechtsnachfolgern gemacht werden, nachdem die Kündigungsanzeige wie in Abs. a Ziff. 4 vorgesehen zugestellt ist.

5. Die Kündigung der Einräumung von Urheberrechten nach diesem Paragraphen berührt lediglich die Rechte, auf die sich die Bewilligung erstreckt und die nach diesem Gesetz bestehen, sie betrifft jedoch in keiner Weise Rechte, die auf Grund anderer Bundes-, Einzelstaats- oder ausländischer Rechtsvorschriften entstehen.

6. Wenn die Bewilligung nichts anderes vorsieht, gilt sie für die nach diesem Gesetz vorgeschriebene Dauer des Urheberrechts weiter, sofern und bis die Kündigung gemäß diesem Paragraphen bewirkt ist.

§ 204

Durchführung von Übertragungen der Urheberrechtsinhaberschaft

(a) Die Übertragung der Urheberrechte, die nicht auf Grund Gesetzes erfolgt, ist nur gültig, wenn eine Übertragungsurkunde, ein entsprechendes

Schreiben oder eine Niederschrift der Übertragung schriftlich abgefaßt und von dem Inhaber der übertragenen Rechte oder seines ordnungsgemäß bevollmächtigten Vertreters unterzeichnet ist.

(b) Eine Beglaubigungsbescheinigung ist für die Gültigkeit der Übertragung nicht erforderlich. Sie dient jedoch als Glaubhaftmachung für die Durchführung der Übertragung, wenn

1. die Bescheinigung im Fall einer in den Vereinigten Staaten durchgeführten Übertragung von einer zur Abnahme von Eiden innerhalb der Vereinigten Staaten befugten Person ausgestellt ist oder
2. wenn die Bescheinigung im Fall einer im Ausland vollzogenen Übertragung von einem diplomatischen Vertreter, einem Konsularbeamten oder von einer zur Abnahme von Eiden ermächtigten Person ausgestellt ist, deren Befugnis durch eine Bescheinigung der genannten Beamten nachgewiesen ist.

§ 205

Eintragung von Übertragungen und anderen Urkunden

(a) Eintragungsvoraussetzungen

Jede Übertragung der Urheberrechtsinhaberschaft und andere zum Urheberrecht gehörende Urkunden können beim Copyright Office eingetragen werden, wenn die zur Eintragung eingereichten Unterlagen die eigenhändige Unterschrift des Ausstellers tragen oder, falls ihnen eine beeidigte oder amtliche Beglaubigung beigefügt ist, daß es sich um eine echte Kopie der unterzeichneten Originalurkunde handelt.

(b) Eintragungsbescheinigung

Der Register of Copyrights trägt nach Empfang einer in Abs. a vorgesehenen Urkunde und der in § 708 vorgeschriebenen Gebühr die Urkunde ein und sendet sie mit einer Eintragungsbescheinigung zurück.

(c) Zurechenbare Kenntnis auf Grund der Eintragung

Mit der Eintragung einer Urkunde beim Copyright Office wird die Kenntnis der in der eingetragenen Urkunde angegebenen Tatsachen mit Wirkung gegen jedermann unterstellt, jedoch nur, wenn

1. die Urkunde oder die beigefügten Anlagen das Werk, auf das sie sich beziehen, im einzelnen so bezeichnen, daß es nach Aufnahme im Verzeichnis durch den Register of Copyrights bei einer angemessenen Recherche unter dem Werktitel oder unter der Eintragungsnummer des Werks gefunden würde und
2. wenn die Copyrighteintragung für das betreffende Werk erfolgt ist.

(d) Eintragung als Voraussetzung für eine Verletzungsklage

Wer geltendmacht, kraft Übertragung Inhaber eines Urheberrechts oder eines urheberrechtlich geschützten Ausschließlichkeitsrechts zu sein, kann eine Verletzungsklage nach diesem Gesetz erst erheben, nachdem die Übertragungsurkunde, auf die er seinen Anspruch stützt, beim Copyright Office eingetragen ist. Eine Klage kann nach der Eintragung jedoch auch erhoben werden, wenn sie sich auf einen Sachverhalt vor der Eintragung stützt.

(e) Vorrang bei kollidierenden Übertragungen

Bei zwei kollidierenden Übertragungen ist die zuerst vollzogene maßgeblich, wenn sie in der nach Abs. c für die Unterstellung der zurechenbaren Kenntnis erforderlichen Weise innerhalb eines Monats bei Vollziehung in den Vereinigten Staaten, innerhalb von zwei Monaten nach Vollziehung außerhalb der Vereinigten Staaten oder irgendwann vor der ordnungsgemäßen Eintragung der späteren Übertragung eingetragen worden ist. Andernfalls geht die spätere Übertragung vor, wenn sie als erste in der vorgeschriebenen Weise eingetragen worden ist und in gutem Glauben, gegen Entgelt oder auf der Grundlage eines bindenden Versprechens, Lizenzgebühren zu zahlen, sowie ohne Kenntnis der früheren Übertragung erfolgt ist.

(f) Vorrang bei Kollision zwischen der Inhaberschaftsübertragung und einer nichtausschließlichen Lizenz

Eine nichtausschließliche Lizenz geht ungeachtet ihrer Eintragung oder Nichteintragung einer kollidierenden Übertragung der Urheberrechtsinhaberschaft vor, wenn die Lizenz durch eine schriftliche und vom Inhaber der lizenzierten Rechte oder einem von ihm ordnungsgemäß bevollmächtigten Beauftragten unterschriebenen Urkunde nachgewiesen ist und wenn

1. die Lizenz vor Vollziehung der Übertragung erteilt war oder
2. wenn die Lizenz in gutem Glauben vor der Eintragung der Übertragung und in Unkenntnis davon erworben worden war.

KAPITEL 3

Schutzdauer des Urheberrechts

§

301 Vorrang gegenüber anderen Gesetzen
302 Dauer des Urheberrechts bei am oder nach dem 1. Januar 1978 geschaffenen Werken
303 Dauer des Urheberrechts bei unveröffentlichten und nicht vor dem 1. Januar 1978 urheberrechtlich geschützten Werken
304 Dauer des Urheberrechts und bestehende Urheberrechte
305 Dauer des Urheberrechts und Beendigungszeitpunkt

§ 301

Vorrang gegenüber anderen Gesetzen

(a) Alle am und nach dem 1. Januar 1978 auf Grund Gesetzes oder nach Equity-Recht bestehenden Rechte, die den Ausschließlichkeitsrechten an vom

Urheber geschaffenen Werken innerhalb des allgemeinen Rahmens des in § 106 näher bestimmten Urheberrechts gleichwertig sind, bestimmen sich ausschließlich nach diesem Gesetz, wenn die Werke in einem körperlichen Ausdrucksmittel festgehalten und urheberrechtsfähig im Sinne der §§ 102 und 103 sind, unabhängig davon, ob sie vor oder nach diesem Zeitpunkt geschaffen und veröffentlicht worden sind oder nicht. Nach diesem Zeitpunkt kann kein Urheberausschließlichkeitsrecht oder ein gleichwertiges Recht an einem Werk nach dem Common Law oder den Gesetzen eines Einzelstaates geltend gemacht werden.

(b) Dieses Gesetz hebt weder die nach dem Common Law oder einzelstaatlichen Gesetzen bestehenden Rechte und Rechtsbehelfe auf noch beschränkt es sie, soweit sie sich beziehen auf

1. einen Gegenstand, der nicht urheberrechtsfähig im Sinne der §§ 102 und 103 ist einschließlich der vom Urheber geschaffenen Werke, die nicht in einem körperlichen Ausdrucksmittel festgehalten sind oder
2. auf einen Klagegrund, der sich auf Vorgänge stützt, die vor dem 1. Januar 1978 begonnen haben oder
3. auf die Verletzung gesetzlicher oder Equity-Rechte, die den innerhalb des allgemeinen Rahmens des in § 106 näher bestimmten Urheberrechts fallenden Ausschließlichkeitsrechten nicht gleichwertig sind.

(c) Hinsichtlich Tonaufnahmen, die vor dem 15. Februar 1972 fixiert worden sind, werden die nach dem Common Law oder einzelstaatlichen Gesetzen bestehenden Rechte und Rechtsbehelfe bis zum 15. Februar 2047 nicht aufgehoben oder beschränkt. Der in Abs. a geregelte gesetzliche Vorrang findet auf solche Rechte und Rechtsbehelfe Anwendung, die sich auf einen Klagegrund beziehen, der am und nach dem 15. Februar 2047 begonnene Vorgänge betrifft. Ungeachtet der Regelung des § 303 unterliegt eine vor dem 15. Februar 1972 fixierte Tonaufnahme dem nach diesem Gesetz bestehenden Urheberrecht weder vor, am noch nach dem 15. Februar 2047.

(d) Dieses Gesetz hebt Rechte und Rechtsbehelfe, die auf anderen Bundesgesetzen beruhen, weder auf noch beschränkt es sie.

§ 302

Dauer des Urheberrechts bei am oder nach dem 1. Januar 1978 geschaffenen Werken

(a) Allgemein gültige Regelung

Das Urheberrecht an einem am 1. Januar 1978 oder danach geschaffenen Werk besteht von der Werkschöpfung an und erstreckt sich — mit Ausnahme der folgenden Absätze — auf eine Schutzdauer, die sich aus der Lebenszeit des Urhebers und 50 Jahren nach dem Tod des Urhebers zusammensetzt.

(b) Gemeinschaftliche Werke

Bei einem von zwei oder mehreren Urhebern geschaffenen gemeinschaftlichen Werk, das nicht im Rahmen eines Arbeits- oder Auftragsverhältnisses zustandegekommen ist, erstreckt sich das Urheberrecht auf eine Schutzdauer, die sich aus der Lebenszeit des letzten überlebenden Urhebers und 50 Jahre nach dessen Tod zusammensetzt.

(c) Anonyme Werke, pseudonyme Werke und Auftragswerke

Im Fall eines anonymen Werkes, eines pseudonymen Werkes oder eines Werkes, das im Rahmen eines Arbeits- oder Auftragsverhältnisses geschaffen worden ist, beträgt die Schutzdauer des Urheberrechts 75 Jahre seit dem Jahr der Erstveröffentlichung oder 100 Jahre seit seiner Schöpfung, je nachdem, welcher Zeitraum zuerst abläuft. Wenn vor Ablauf dieses Zeitraums die Identität eines oder mehrerer Urheber eines anonymen oder pseudonymen Werks in den Akten für die Registrierung des Werks nach § 408 Abs. a oder d oder in den in diesem Absatz vorgesehenen Akten offengelegt ist, hat das Urheberrecht an dem Werk für den in Abs. a oder b bestimmten Zeitraum Bestand, der sich nach der Lebensdauer des oder der Urheber berechnet, deren Identität offengelegt ist. Wer ein berechtigtes Interesse an dem Urheberrecht eines anonymen oder pseudonymen Werks hat, kann jederzeit eine Erklärung, die einen oder mehrere Urheber des Werks kenntlich macht, in den zu diesem Zweck beim Copyright Office geführten Akten eintragen lassen. Die Erklärung muß außerdem den Antragsteller, die Art seines rechtlichen Interesses, die Informationsquelle und das betroffene Werk bezeichnen und nach Form und Inhalt den Erfordernissen entsprechen, die der Register of Copyrights durch Verordnung erläßt.

(d) Eintragungen bezüglich des Todes von Urhebern

Wer ein berechtigtes Interesse an einem Urheberrecht hat, kann jederzeit beim Copyright Office eine Erklärung zum Todesdatum des Autors des urheberrechtlich geschützten Werks oder dahingehend eintragen lassen, daß der Urheber zu einem bestimmten Zeitpunkt noch lebt. Die Erklärung muß den Antragsteller, die Art seines rechtlichen Interesses und die Informationsquelle bezeichnen und nach Form und Inhalt den Erfordernissen entsprechen, die der Register of Copyrights durch Verordnung erläßt. Der Register führt laufende Akten über Informationen, die sich auf den Tod von Urhebern geschützter Werke beziehen und sich auf die eingetragenen Erklärungen sowie im Rahmen dessen, was der Register of Copyrights für tunlich hält, auf Daten stützen, die in den Akten des Copyright Office oder in anderen Fundstellen enthalten sind.

(e) Vermutung hinsichtlich des Todes des Urhebers

Nach 75 Jahren seit dem Jahr der Erstveröffentlichung eines Werks oder 100 Jahren seit dem Jahr der Werkschöpfung, je nachdem, welcher Zeitraum zuerst abläuft, wird zugunsten desjenigen, der vom Copyright Office einen bestätigten Bericht erhält, daß die in Abs. d vorgesehenen Akten nichts darüber enthalten, daß der Urheber des Werks lebt oder vor weniger als 50 Jahren gestorben ist, vermutet, daß der Urheber mindestens 50 Jahre tot ist. Das gutgläubige Vertrauen auf diese Vermutung ist ein begründeter Rechtfertigungseinwand in einem Verletzungsverfahren nach diesem Gesetz.

§ 303

Dauer des Urheberrechts bei unveröffentlichten und nicht vor dem 1. Januar 1978 urheberrechtlich geschützten Werken

Das Urheberrecht an einem vor dem 1. Januar 1978 geschaffenen Werk, das aber weder Gemeingut (public domain) geworden noch urheberrechtlich geschützt worden ist, besteht vom 1. Januar 1978 an und erstreckt sich auf die in § 302 bestimmte Schutzdauer. Die Laufzeit des Urheberrechtsschutzes an solchem Werk läuft jedoch in keinem Fall vor dem 31. Dezember 2002 aus. Ist das Werk am oder vor dem 31. Dezember 2002 veröffentlicht, läuft die Urheberschutzfrist nicht vor dem 31. Dezember 2027 aus.

§ 304

Dauer des Urheberrechts und bestehende Urheberrechte

(a) Urheberrechte, die sich am 1. Januar 1978 innerhalb der ersten Schutzfrist befinden

Jedes Urheberrecht, dessen erste Schutzfrist am 1. Januar 1978 noch besteht, dauert 28 Jahre von dem Tag, an dem es ursprünglich erworben worden ist, jedoch mit der Maßgabe, daß bei einem posthumen Werk, periodischen Werk, einer Enzyklopädie oder einem anderen zusammengesetzten Werk, für das der Rechtsinhaber das ursprüngliche Urheberrecht erworben hatte, oder bei einem Werk, für das eine juristische Person (corporate body) (jedoch nicht als Zessionär oder Lizenznehmer des individuellen Urhebers) oder ein Arbeitgeber, wenn das Werk im Rahmen eines Arbeitsvertrages hergestellt worden ist, das Urheberrecht erworben hatte, der Inhaber dieses Urheberrechts Anspruch auf Erneuerung und Verlängerung des Urheberrechts an einem solchen Werk für eine weitere Frist von 47 Jahren hat, wenn innerhalb eines Jahres vor Ablauf der ursprünglichen Schutzfrist ein Antrag auf diese Erneuerung und Verlängerung beim Copyright Office gestellt und ordnungsgemäß eingetragen worden ist. Bei jedem anderen urheberrechtlich geschützten Werk, einschließlich der Beiträge eines einzelnen Urhebers zu einem periodischen Werk, einer Enzyklopädie oder einem sonstigen zusammengesetzten Werk, steht dem Urheber, falls er noch lebt oder im Fall seines Todes dessen überlebendem Ehegatten oder seinen Kindern oder, falls der Urheber, sein Ehegatte oder seine Kinder nicht mehr leben, dessen Testamtensvollstrecker oder in Ermangelung einer letztwilligen Verfügung dessen nächsten Verwandten das Recht auf Erneuerung und Verlängerung des Urheberrechts an einem solchen Werk für eine weitere Frist von

47 Jahren zu, wenn innerhalb eines Jahres vor Ablauf der ursprünglichen Schutzfrist ein Antrag auf diese Erneuerung und Verlängerung beim Copyright Office gestellt und ordnungsgemäß eingetragen worden ist. Fehlt die Eintragung eines solchen Antrags auf Erneuerung und Verlängerung, so endet das Urheberrecht an dem Werk mit dem Ablauf von 28 Jahren nach dem Tag, an dem das Urheberrecht ursprünglich gewährt worden ist.

(b) Urheberrechte, die sich innerhalb der Erneuerungsschutzfrist befinden oder deren Erneuerung vor dem 1. Januar 1978 eingetragen worden ist

Die Schutzdauer eines Urheberrechts, dessen Erneuerungsschutzfrist zwischen dem 31. Dezember 1976 und einschließlich dem 31. Dezember 1977 noch besteht oder für das die Eintragung der Erneuerung zwischen dem 31. Dezember 1976 und einschließlich dem 31. Dezember 1977 erfolgt ist, verlängert sich auf eine Laufzeit von 75 Jahren von dem Tag, an dem das Urheberrecht ursprünglich erworben worden ist.

(c) Kündigung von Übertragungen und Lizenzen, die sich auf die verlängerte Erneuerungsschutzfrist beziehen

Im Fall eines Urheberrechts, das am 1. Januar 1978 entweder innerhalb der ersten oder der Erneuerungsschutzfrist Bestand hat, mit Ausnahme eines Urheberrechts an einem im Rahmen eines Arbeits- oder Auftragsverhältnisses geschaffenen Werk, unterliegen die ausschließliche und die nichtausschließliche Bewilligung der Übertragung oder die Erteilung einer Lizenz an einem erneuerten Urheberrecht oder einem sonstigen darunterfallenden Recht, soweit sie von einer der in der zweiten Klausel von Abs. a dieses Paragraphen vor dem 1. Januar 1978 und nicht auf Grund einer letztwilligen Verfügung vollzogen worden sind, der Kündigung unter den folgenden Bedingungen:

1. Bei einer Erteilung (grant), die eine andere Person als der Urheber vollzogen hat, kann die Kündigung der Erteilung von dem oder den Überlebenden bewirkt werden, die sie vollzogen haben. Ist die Erteilung von einem oder mehreren Urhebern des Werks vollzogen worden, kann die Kündigung der Erteilung von dem Urheber, der sie vollzogen hat, im Umfang seines Inhaberanteils an dem erneuerten Urheberrecht, bewirkt werden und bei Tod dieses Urhebers von der oder den Personen, denen nach Ziff. 2 dieses Absatzes ein Gesamtanteil von mehr als der Hälfte des Kündigungsrechts dieses Urhebers zusteht und die berechtigt sind, es in diesem Umfang auszuüben.

2. Nach dem Tod eines Urhebers steht dessen Kündigungsrecht seiner Witwe oder ihrem Witwer und deren Kindern und Enkelkindern zu und kann von ihnen wie folgt ausgeübt werden:

   (A) Der Witwe oder dem Witwer steht das gesamte Kündigungsrecht des Urhebers zu, es sei denn, daß überlebende Kinder oder Enkel vorhanden sind. In diesem Fall gehört der Witwe oder dem Witwer die Hälfte der Urheberbeteiligung;

(B) Den überlebenden Kindern und den überlebenden Kindern eines verstorbenen Kindes des Urhebers gehört das gesamte Kündigungsrecht des Urhebers, es sei denn, daß eine Witwe oder ein Witwer vorhanden sind. In diesem Fall wird die Inhaberschaft an der Hälfte der Urheberbeteiligung unter ihnen aufgeteilt;

(C) Die Rechte der Kinder und Enkel des Urhebers werden in allen Fällen nach der Erbfolge nach Stämmen entsprechend der Zahl der vertretenen Kinder des Urhebers aufgeteilt und ausgeübt. Der Anteil des Kindes eines verstorbenen Kindes an dem Kündigungsrecht kann nur nach dem Mehrheitsprinzip geltend gemacht werden.

3. Die Kündigung der Erteilung kann während eines Zeitraums von 5 Jahren erfolgen, der nach Ablauf von 56 Jahren von dem Tag, an dem das Urheberrecht ursprünglich erworben worden ist, oder am 1. Januar 1978 beginnt, je nachdem, welcher Zeitpunkt später liegt.

4. Die Kündigung wird durch Zustellung einer schriftlichen Voranzeige an den Lizenznehmer oder dessen Rechtsnachfolger bewirkt. War die Rechtsübertragung von einem andern als dem Urheber vollzogen worden, muß die Anzeige von allen zur Kündigung der Rechtsübertragung nach Ziff. 1 dieses Absatzes Berechtigten oder deren ordnungsgemäß bevollmächtigten Vertretern unterzeichnet sein. Im Fall der Durchführung der Rechtsübertragung durch einen oder mehrere Urheber des Werks, muß die Anzeige für jeden Urheberanteil eines Urhebers von diesem oder seinen bzw. ihren ordnungsgemäß bevollmächtigten Vertretern unterzeichnet sein oder falls der Urheber tot ist, von der nach Ziff. 1 und 2 dieses Absatzes erforderlichen Anzahl und dem Anteilsverhältnis der Inhaber des Kündigungsrechts oder von deren ordnungsgemäß bevollmächtigten Vertretern.

(A) Die Anzeige gibt das Datum an, an dem die Kündigung wirksam wird. Das Datum muß innerhalb der in Ziff. 3 dieses Absatzes näher bestimmten Fünfjahresfrist liegen, und die Anzeige darf nicht weniger als zwei und nicht mehr als zehn Jahre vor diesem Zeitpunkt zugestellt werden. Ein Doppel der Anzeige ist als Wirksamkeitsvoraussetzung beim Copyright Office vor dem gültigen Kündigungszeitpunkt zu registrieren.

(B) Die Anzeige muß nach Form, Inhalt und Zustellungsart den Anforderungen entsprechen, die der Register of Copyrights durch Verordnung erläßt.

5. Die Kündigung kann ungeachtet entgegenstehender Vereinbarungen bewirkt werden einschließlich von Vereinbarungen, ein Testament zu errichten oder eine künftige Bewilligung zu erteilen.

6. War die Rechtsübertragung von einem anderen als dem Urheber durchgeführt worden, fallen sämtliche nach diesem Gesetz bestehenden Rechte, auf die sich die gekündigte Übertragungserteilung bezog, mit dem wirksamen Kündigungszeitpunkt an die nach Ziff. 1 dieses Absatzes zur Kün-

digung der Übertragung Berechtigten. Bei einer von einem oder mehreren Urhebern des Werks vollzogenen Rechtsübertragungen fallen alle nach diesem Gesetz bestehenden Rechte des betreffenden Urhebers, auf die sich die gekündigte Übertragungserteilung bezog, mit dem wirksamen Kündigungszeitpunkt an diesen Urheber oder bei dessen Tod an die Personen, denen sein oder ihr Kündigungsrecht nach Ziff. 2 dieses Absatzes zusteht, einschließlich der Inhaber, die die Kündigungsanzeige nach Ziff. 4 dieses Absatzes nicht mitunterschrieben haben. In allen Fällen unterliegt das Rückfallrecht den folgenden Einschränkungen:

(A) Eine Bearbeitung, die im Rahmen der Lizenzbewilligung vor deren Beendigung geschaffen worden ist, kann nach der Kündigung gemäß den Vertragsbedingungen weiter benutzt werden. Dieses Recht erstreckt sich jedoch nicht auf die Herstellung weiterer Bearbeitungen nach der Kündigung, soweit sie auf dem urheberrechtlich geschützten Werk basieren, auf das sich die gekündigte Übertragung bezieht.

(B) Die künftigen Rechte, die mit Beendigung der Bewilligung zurückfallen, gehen am Tag der in Ziff. 4 dieses Absatzes geregelten Zustellung der Kündigungsanzeige über.

(C) Wenn die Urheberrechte nach Ziff. 2 dieses Absatzes an zwei oder mehr Personen zurückfallen, gehen sie an diese in den dort vorgesehenen verhältnismäßigen Anteilen über. In einem solchen Falle und vorbehaltlich der Regelung von Abschn. D der vorliegenden Ziffer ist eine weitere Übertragung des Anteils eines bestimmten Urhebers hinsichtlich eines Rechts, auf das sich die gekündigte Übertragung bezieht, oder die Vereinbarung, eine derartige weitere Übertragung zu bewilligen, nur dann gültig, wenn sie von derselben Anzahl und demselben Anteilsverhältnis der Inhaber, an die das Recht nach der vorliegenden Bestimmung übergeht, unterschrieben ist, wie es nach Ziff. 2 dieses Absatzes für die Kündigung der Übertragung vorgeschrieben ist. Diese weitere Übertragungsbewilligung oder Vereinbarung gilt gegenüber allen Personen, auf die das betreffende Recht nach diesem Abschnitt übergeht einschließlich derer, die sie nicht mit unterzeichnet haben. Stirbt jemand, nachdem Rechte aus einer gekündigten Bewilligung auf ihn übergegangen sind, so vertreten ihn dessen gesetzliche Vertreter, Testamentserben, Vermächtnisnehmer oder gesetzliche Erben für die Anwendung dieser Bestimmung.

(D) Eine weitere Einräumung eines Rechts, auf das sich die gekündigte Übertragungsbewilligung erstreckte oder die Vereinbarung, eine derartige künftige Übertragung zu bewilligen, ist nur gültig, wenn sie nach dem wirksamen Kündigungszeitpunkt erfolgt. Eine Ausnahme kann jedoch für eine Vereinbarung über eine derartige weitere Einräumung zwischen dem Urheber oder den in Satz 1 der Ziff. 6 dieses Absatzes vorgesehenen Personen sowie zwischen den in Abschn. C dieser Ziffer und dem ursprünglichen Lizenznehmer oder dessen Rechtsnachfolgern gemacht werden, nachdem die Kündigungsanzeige gemäß der Regelung der Ziff. 4 dieses Absatzes zugestellt ist.

(E) Die Kündigung der Einräumung von Urheberrechten nach diesem Paragraphen berührt lediglich die Rechte, auf die sich die Bewilligung erstreckt und die nach diesem Gesetz bestehen, sie betrifft jedoch in keiner Weise Rechte, die auf Grund anderer Bundes-, Einzelstaats- oder ausländischer Rechtsvorschriften entstehen.

(F) Wenn die Bewilligung nichts anderes vorsieht, gilt sie für den Rest der verlängerten Erneuerungsschutzfrist weiter, sofern und bis die Kündigung gemäß diesem Absatz bewirkt ist.

§ 305

Dauer des Urheberrechts und Beendigungszeitpunkt

Alle in den §§ 302 bis 304 geregelten Urheberrechtsschutzfristen laufen bis zum Ende des Kalenderjahres, in dem sie andernfalls ablaufen würden.

KAPITEL 4

Copyright Vermerk, Hinterlegung und Eintragung

§

§ 401

Optisch wahrnehmbare Anbringung des Copyright Vermerks auf den Werkexemplaren

(a) Allgemeine Voraussetzungen

Bei jedem nach diesem Gesetz geschützten und in den Vereinigten Staaten oder anderswo mit Zustimmung des Urheberrechtsinhabers veröffentlichten Werk ist ein Copyright Vermerk gemäß den Vorschriften dieser Bestimmung auf allen öffentlich verbreiteten Werkexemplaren anzubringen, von dem das Werk entweder unmittelbar oder mit Hilfe einer Maschine oder eines Gerätes optisch wahrgenommen werden kann.

(b) Form des Vermerks

Der auf den Werkexemplaren erscheinende Vermerk muß aus den folgenden drei Elementen bestehen:

1. dem Kennzeichen © (dem Buchstaben C im Kreis) oder dem Wort „Copyright" oder der Abkürzung „Copr." und
2. dem Jahr der Erstveröffentlichung des Werks. Bei Zusammenstellungen (compilations) oder Bearbeitungen, die bereits früher veröffentlichtes Material enthalten, genügt die Jahresangabe der Erstveröffentlichung der Zusammenstellung oder der Werkbearbeitung. Das Erscheinungsjahr kann fehlen, wenn ein Werk der Malerei, der Graphik oder der Bildhauerei gegebenenfalls mit Begleittext auf Grußkarten, Postkarten, Briefpapier, Schmucksachen, Puppen, Spielzeug oder anderen Gebrauchsgegenständen wiedergegeben ist und
3. dem Namen des Inhabers des Urheberrechts an dem Werk, oder einer Abkürzung, aus der der Name zu erkennen ist, oder einer allgemein bekannten anderweitigen Bezeichnung des Inhabers.

(c) Anbringung des Vermerks

Der Vermerk ist auf den Werkexemplaren in einer Weise und an einer Stelle anzubringen, daß er den Anspruch des Urheberrechts genügend zum Ausdruck bringt. Der Register of Copyrights legt durch Verordnung Beispiele bestimmter Methoden der Anbringung und der Plazierung des Vermerks auf verschiedenen Werktypen fest, die die erforderlichen Voraussetzungen erfüllen, ohne daß diese als erschöpfende Aufzählung anzusehen sind.

§ 402

Copyright Vermerk bei Tonträgern von Tonaufnahmen

(a) Allgemeine Voraussetzungen

Bei jeder Tonaufnahme, die nach diesem Gesetz geschützt und in den Vereinigten Staaten oder anderswo mit Zustimmung des Urheberrechtsinhabers veröffentlicht wird, ist ein Copyright Vermerk auf allen Tonträgern der öffentlich verbreiteten Tonaufnahmen nach den Vorschriften dieser Bestimmung anzubringen.

(b) Form des Vermerks

Der auf den Tonträgern erscheinende Vermerk muß aus den folgenden drei Elementen bestehen:

1. dem Kennzeichen ℗ (dem Buchstaben P im Kreis) und

2. dem Jahr der Erstveröffentlichung der Tonaufnahme und

3. dem Namen des Inhabers des Urheberrechts an der Tonaufnahme, einer Abkürzung, aus der der Name zu erkennen ist, oder einer allgemeinen bekannten anderweitigen Bezeichnung des Inhabers. Ist der Hersteller der Tonaufnahme auf den Tonträgeretiketten oder -hüllen bzw. -behältern namentlich genannt und erscheint in Verbindung mit dem Vermerk kein anderer Name, so gilt der Name des Herstellers als Teil des Vermerks.

(c) Anbringung des Vermerks

Der Vermerk ist auf der Oberfläche des Tonträgers oder auf dem Tonträgeretikett bzw. -behälter in einer Weise und an einer Stelle anzubringen, daß er den Anspruch des Urheberrechts genügend zum Ausdruck bringt.

§ 403

Copyright Vermerk bei Veröffentlichungen, die Werke der Regierung der Vereinigten Staaten enthalten

Bei einem Werk, das in Werkexemplaren oder Tonträgern veröffentlicht wird, die überwiegend aus einem oder mehreren Werken der Regierung der Vereinigten Staaten bestehen, muß der in den §§ 401 und 402 geregelte Copyright Vermerk außerdem eine Erklärung enthalten, die die Teile der Werkexemplare oder Tonträger entweder positiv oder negativ kenntlich macht, die ein nach diesem Gesetz geschütztes Werk bzw. Werke verkörpern.

§ 404

Copyright Vermerk bei Beiträgen zu Sammelwerken (collective works)

(a) Ein selbständiger Beitrag eines Sammelwerks (collective work) kann einen eigenen Copyright Vermerk tragen, wie er in den §§ 401 bis 403 vorgesehen ist. Ein auf das Sammelwerk als Ganzes bezogener Einzelvermerk ist jedoch ausreichend, um die Formerfordernisse der §§ 401 bis 403 auch für die selbständigen Beiträge zu erfüllen, die sie*) enthält (mit Ausnahme von Werbematerial, das von einem anderen als dem Inhaber des Urheberrechts des Sammelwerks eingefügt worden ist). Dabei kommt es weder auf die Inhaberschaft des Urheberrechts an den Beiträgen noch darauf an, ob sie bereits vorher veröffentlicht worden sind.

(b) Ist die Person, die in einem Einzelvermerk, der sich auf ein Sammelwerk als Ganzes bezieht, genannt ist, nicht der Inhaber des Urheberrechts an einem selbständigen Beitrag, der selbst keinen eigenen Vermerk trägt, so regelt sich der Fall nach den Bestimmungen des § 406 Abs. a.

---

*) Muß richtig wohl heißen: „die e s (= Sammelwerk) enthält . . .". — D. Schr.

§ 405

Fortlassung des Copyright Vermerks

(a) Auswirkung auf das Urheberrecht bei Fortlassung des Vermerks.

Das Fortlassen des in den §§ 401 bis 403 vorgeschriebenen Copyright Vermerks auf Werkexemplaren oder Tonträgern, die mit Zustimmung des Urheberrechtsinhabers öffentlich verbreitet worden sind, macht das Urheberrecht nicht ungültig, wenn

1. der Vermerk nur bei einer verhältnismäßig kleinen Anzahl von Exemplaren oder Tonträgern, die der Öffentlichkeit zugänglich gemacht worden sind, unterblieben ist oder
2. die Eintragung des Werks vor oder innerhalb von fünf Jahren nach der Veröffentlichung ohne den Vermerk erfolgt ist und angemessene Anstrengungen unternommen worden sind, den Vermerk auf allen Werkexemplaren und Tonträgern, die der Öffentlichkeit in den Vereinigten Staaten zugänglich gemacht worden sind, nachträglich anzubringen, nachdem die Fortlassung entdeckt worden ist oder
3. der Vermerk unter Verstoß gegen ein ausdrücklich erklärtes, schriftliches Verlangen, daß die Exemplare oder Tonträger als Bedingung für die vom Urheberrechtsinhaber eingeräumte Befugnis zu deren öffentlicher Verbreitung den erforderlichen Vermerk tragen, unterblieben ist.

(b) Wirkung der Fortlassung auf den schuldlosen Verletzer

Wer im Vertrauen auf ein autorisiertes Werkexemplar oder Tonträger, bei dem der Copyright Vermerk unterblieben ist, ohne Verschulden ein Urheberrecht verletzt, haftet nicht für den tatsächlichen oder gesetzlichen Schadenersatz nach § 504 bei Verletzungshandlungen, die vor der tatsächlichen Kenntniserlangung von der Eintragung des Werks nach § 408 begangen worden sind, sofern er oder sie nachweist, daß er bezw. sie durch die Fortlassung irregeführt worden ist. In einem Verfahren wegen Urheberrechtsverletzung kann das Gericht in einem solchen Falle die Herausgabe des gesamten Verletzergewinns zusprechen oder versagen, der durch die Verletzung erzielt worden ist, die Fortsetzung der verletzenden Betätigung untersagen oder als Bedingung für die Erlaubnis der Fortführung der verletzenden Betätigung vom Verletzer die Zahlung einer angemessenen Lizenzgebühr an den Urheberrechtsinhaber verlangen, wobei die Höhe und die Zahlungsbedingungen vom Gericht festgesetzt werden.

(c) Entfernung des Vermerks

Der nach diesem Gesetz bestehende Schutz wird durch die Entferung, Zerstörung oder Unkenntlichmachung des Vermerks auf öffentlich verbreiteten Werkexemplaren oder Tonträgern, die ohne Zustimmung des Urheberrechtsinhabers erfolgen, nicht berührt.

§ 406

Fehlerhafte Namens- und Datumsangaben beim Copyright Vermerk

(a) Fehlerhafte Namensangabe

Ist die im Copyright Vermerk auf den Werkexemplaren oder Tonträgern, die mit Zustimmung des Urheberrechtsinhabers öffentlich verbreitet worden sind, genannte Person nicht der Inhaber des Urheberrechts, so werden die Gültigkeit und die Inhaberschaft des Urheberrechts dadurch nicht berührt. In einem solchen Fall hat jedoch derjenige, der ohne Verschulden eine Tätigkeit beginnt, die das Urheberrecht verletzt, einen umfassenden Rechtfertigungsgrund gegenüber einer Verletzungsklage, wenn er nachweist, daß er oder sie durch den Vermerk irregeleitet worden ist und die Tätigkeit in gutem Glauben auf Grund einer angeblichen Übertragung oder Lizenz seitens der im Vermerk genannten Person begonnen hat, es sei denn, daß vor Aufnahme der Tätigkeit

1. die Eintragung für das Werk im Namen des Urheberrechtsinhabers erfolgt ist oder
2. ein von der im Vermerk benannten Person ausgefertigtes Dokument, das die Inhaberschaft des Urheberrechts anzeigt, eingetragen worden ist.

Die in dem Vermerk genannte Person ist verpflichtet, dem Urheberrechtsinhaber über alle Einnahmen aus den Übertragungen oder Lizenzen, die auf Grund des vorgegebenen Urheberrechts von der im Vermerk genannten Person gemacht worden sind, Rechnung zu legen.

(b) Fehlerhafte Datumsangabe

Ist das Jahresdatum im Vermerk auf Exemplaren oder Tonträgern, die mit Zustimmung des Urheberrechtsinhabers verbreitet worden sind, früher angegeben, als es dem Jahr entspricht, in dem die Veröffentlichung tatsächlich stattgefunden hat, so ist jede Zeitdauer, die sich nach § 302 von dem Jahr der ersten Veröffentlichung an berechnet, von dem im Vermerk angegebenen Jahr zu bemessen. Wenn das Jahresdatum mehr als ein Jahr nach dem Jahr liegt, in dem die erste Veröffentlichung stattfand, wird das Werk so angesehen, als sei es ohne Vermerk veröffentlicht worden, und es unterliegt den Bestimmungen des § 405.

(c) Fortlassen des Namens oder des Datums

Enthalten Werkexemplare und Tonträger, die mit Zustimmung des Urheberrechtsinhabers öffentlich verbreitet worden sind, keine Namens- oder Datumsangaben, die billigerweise als Teil des Vermerks betrachtet werden könnten, wird das Werk so angesehen, als sei es ohne Vermerk veröffentlicht worden, und es unterliegt den Bestimmungen des § 405.

§ 407

Hinterlegung von Werkexemplaren oder Tonträgern für die Kongreßbibliothek

(a) Der Inhaber eines Urheberrechts oder eines ausschließlichen Veröffentlichungsrechts an einem Werk, das mit einem Copyright Vermerk in den Vereinigten Staaten veröffentlicht worden ist, hat außer im Fall des Abs. c und vorbehaltlich der Regelung des Abs. e innerhalb von drei Monaten nach dem Datum der Veröffentlichung

1. zwei vollständige Werkexemplare der besten Auflage zu hinterlegen oder
2. wenn das Werk eine Tonaufnahme ist, zwei vollständige Tonträger der besten Ausgabe zusammen mit sämtlichem gedruckten oder anderweitig optisch wahrnehmbaren Material zu hinterlegen, das mit den Tonträgern veröffentlicht worden ist.

Weder die Hinterlegungsanforderungen dieses Absatzes noch die Vorschriften über den Erwerb nach Abs. e sind Voraussetzung für den Urheberrechtsschutz.

(b) Die erforderlichen Werkexemplare und Tonträger werden im Copyright Office zum Gebrauch und zur Verfügung der Kongreßbibliothek hinterlegt. Der Register of Copyrights stellt auf Verlangen des Hinterlegers und nach Zahlung der in § 708 vorgesehenen Gebühr eine Hinterlegungsbestätigung aus.

(c) Der Register of Copyrights kann durch Verordnung jede Kategorie von Material von den Hinterlegungsanforderungen dieses Paragraphen freistellen oder die Hinterlegung von nur einem Werkexemplar oder Tonträger für jede Kategorie verlangen. Die Verordnungsvorschriften sehen entweder eine völlige Freistellung von den Hinterlegungsanforderungen dieses Paragraphen oder andere Formen der Hinterlegung vor, die darauf abzielen, eine ausreichende archivarische Aufzeichnung des Werks zu gewährleisten, ohne dem Hinterleger die Durchführung erschwerende oder finanzielle Härten aufzuerlegen, wenn der betreffende Inhaber des Copyrights an einem Werk der Malerei, der Graphik oder der Bildhauerei ist, und (i) weniger als fünf Exemplare des Werks veröffentlicht worden sind oder (ii) das Werk in einer begrenzten Auflage herausgegeben worden ist, die aus numerierten Exemplaren besteht, deren finanzieller Wert bei obligatorischer Hinterlegung von zwei Exemplaren der besten Werkausgabe eine unbillige oder unangemessene Bürde darstellen würde.

(d) Nach Veröffentlichung eines Werks, wie sie in Abs. a vorgesehen ist, kann der Register of Copyrights jederzeit die erforderliche Hinterlegung von den nach Abs. a zur Hinterlegung verpflichteten Personen schriftlich verlangen. Wird die Hinterlegung nicht innerhalb von drei Monaten nach Erhalt der Aufforderung durchgeführt, unterliegen der- oder diejenigen, an die die Aufforderung gerichtet war,

1. einer Geldstrafe bis zu $ 250,— für jedes Werk und
2. der Verpflichtung, den gesamten Einzelhandelspreis der angeforderten Werkexemplare und Tonträger an einen dafür speziell vorgesehenen Sonderfonds bei der Kongreßbibliothek zu zahlen oder, falls kein Einzelhandelspreis festgesetzt ist, die angemessenen Kosten der Kongreßbibliothek für den Erwerb der Hinterlegungsstücke zu erstatten und
3. der Verpflichtung, eine Geldstrafe von $ 2 500,— zusätzlich zu der nach Ziff. 1 und 2 auferlegten Geldstrafe und Schadenersatzleistung zu zahlen, wenn die Person vorsätzlich oder wiederholt der Hinterlegungsaufforderung nicht nachkommt oder sie verweigert.

(e) Für Sendeprogramme, die bereits mit einem Ton- oder Bildträger festgehalten und in den Vereinigten Staaten in der Öffentlichkeit gesendet, aber noch nicht veröffentlicht worden sind, stellt der Register of Copyrights nach Rücksprache mit dem Librarian of Congress und anderen interessierten Organisationen und Amtsträgern Bestimmungen auf, die den Erwerb von Werkexemplaren oder Tonträgern dieser Programme, sei es durch Hinterlegung oder auf andere Weise, für die Sammlung der Kongreßbibliothek regeln.

1. Dem Librarian of Congress ist es gestattet, eine körperliche Festlegung des Sendeprogramms unmittelbar von einer Ausstrahlung an die Öffentlichkeit gemäß den Anforderungen und Bedingungen, die in den Verordnungsbestimmungen angegeben sind, zu machen und von dieser Festlegung ein Exemplar oder einen Tonträger für Archivzwecke herzustellen.
2. Die Verordnungsbestimmungen sehen außerdem Richtlinien und Verfahrensregeln vor, nach denen der Register of Copyrights vom Inhaber des Senderechts in den Vereinigten Staaten die Hinterlegung eines Werkexemplars oder Tonträgers eines bestimmten Sendeprogramms schriftlich verlangen kann. Die Hinterlegung kann der Inhaber des Senderechts in den Vereinigten Staaten nach seiner Wahl als Schenkung, als Leihgabe zum Zweck der Vervielfältigung oder durch Verkauf zu einem Preis vornehmen, der die Herstellungs- und Lieferkosten für das Werkexemplar oder den Tonträger nicht übersteigen darf. Die auf Grund dieser Vorschrift aufgestellten Bestimmungen müssen angemessene Fristen von mindestens drei Monaten zur Befolgung der Hinterlegungsaufforderung vorsehen und Fristverlängerungen und Möglichkeiten der Anpassung in bezug auf das Ausmaß der Aufforderung und der Art der Erfüllung zulassen, wie sie nach den Umständen des Einzelfalls angebracht erscheinen. Bei vorsätzlicher Nichtbefolgung oder bei Weigerung, die durch die Verordnungsbestimmungen vorgeschriebenen Bedingungen zu erfüllen, unterliegt der Inhaber des Senderechts in den Vereinigten Staaten der Haftung für einen Betrag bis zur Höhe der Vervielfältigungs- und Lieferkosten für das betreffende Werkexemplar oder Tonträger, der an einem dafür speziell vorgesehenen Sonderfonds bei der Kongreßbibliothek zu zahlen ist.

3. Diese Bestimmung ist in keiner Weise so auszulegen, daß sie die Herstellung oder Einbehaltung eines Werkexemplars oder eines Tonträgers von einem unveröffentlichten Sendeprogramm für Hinterlegungszwecke verlangt, dessen Ausstrahlung vor Erhalt einer bestimmten schriftlichen Aufforderung, wie sie in Ziff. 2 vorgesehen ist, stattfand.

4. Handlungen, die unter Beachtung der in Ziff. 1 und 2 vorgeschriebenen Bestimmungen dieses Absatzes vorgenommen worden sind, ziehen keine Haftung nach sich, wenn sie lediglich in der Absicht begangen wurden, den Erwerb von Werkexemplaren oder Tonträgern nach dieser Vorschrift zu unterstützen.

§ 408

Allgemeine Grundsätze für die Copyright Eintragung

(a) Zulässigkeit der Eintragung

Während des Bestehens des Urheberrechts an einem veröffentlichten oder unveröffentlichten Werk kann der Inhaber eines Urheberrechts oder eines Ausschließlichkeitsrechts an dem Werk jederzeit die Eintragung des Urheberrechtsanspruchs erreichen, indem er die in diesem Paragraphen angegebenen Hinterlegungsexemplare dem Copyright Office zusammen mit der Anmeldung und der in den § 409 und 708 vorgesehenen Gebühr zusendet. Vorbehaltlich der Vorschrift des § 405 Abs. a ist die Eintragung jedoch keine Voraussetzung für den Urheberrechtsschutz.

(b) Hinterlegung zur Eintragung des Urheberrechts

Das für die Eintragung hinterlegte Material muß außer im Fall des Abs. c folgendes umfassen:

1. Bei einem unveröffentlichten Werk ein vollständiges Werkexemplar oder Tonträger;

2. bei einem veröffentlichten Werk zwei vollständige Werkexemplare oder Tonträger der besten Ausgabe;

3. bei einem Werk, das zuerst außerhalb der Vereinigten Staaten veröffentlicht worden ist, ein vollständiges Werkexemplar oder Tonträger dieser Ausgabe;

4. bei einem Beitrag zu einem Sammelwerk ein vollständiges Werkexemplar oder Tonträger der besten Ausgabe des Sammelwerks.

Werkexemplare oder Tonträger, die für die Kongreßbibliothek gemäß § 407 hinterlegt worden sind, können verwendet werden, um den Hinterlegungsvorschriften dieses Paragraphen zu genügen, wenn ihnen die vorgeschriebene Anmeldung und Gebühr sowie alles sonstige kenntlichmachende Material beigefügt ist, das der Register of Copyrights durch Verordnung zusätzlich verlangen kann. Der Register erläßt außerdem Bestimmungen darüber, welche Anforderungen Werkexemplare oder Tonträger, die die Kongreßbibliothek anders als durch Hinterlegung gemäß § 407 Abs. e erworben hat, erfüllen müssen, um den Hinterlegungsbestimmungen dieses Paragraphen zu genügen.

(c) Verwaltungsmäßige Klassifizierung und wahlweise Hinterlegung.

1. Der Register of Copyrights ist berechtigt, durch Verordnung die verwaltungsmäßigen Klassen festzulegen, in die die Werke zu Hinterlegungs- und Eintragungszwecken fallen, sowie die Art der Werkexemplare oder Tonträger, die in den verschiedenen, im einzelnen aufgeführten Klassen zu hinterlegen sind. Die Verordnungsbestimmungen können für bestimmte Klassen statt der Werkexemplare oder Tonträger die Hinterlegung von Material zur Identifizierung, die Hinterlegung von nur einem Exemplar oder Tonträger, wo normalerweise zwei erforderlich wären, oder eine einzige Eintragung für eine Gruppe zusammengehöriger Werke verlangen oder zulassen. Die verwaltungsmäßige Klassifizierung der Werke hat keine Bedeutung für den Gegenstand des Urheberrechts oder der nach diesem Gesetz vorgesehenen Ausschließlichkeitsrechte.

2. Ohne Beeinträchtigung der nach Nr. 1 eingeräumten allgemeinen Befugnis stellt der Register of Copyrights Bestimmungen auf, die eine Einzeleintragung für eine Gruppe von Werken desselben Urhebers gesondert zulassen, die alle erstmals als Beiträge zu Periodika, einschließlich Zeitungen, innerhalb eines zwölfmonatigen Zeitraums auf der Grundlage einer einzigen Hinterlegung, Anmeldung und Eintragungsgebühr veröffentlicht worden sind und alle folgenden Bedingungen erfüllen.

   (A) Wenn jedes Werk bei der Erstveröffentlichung einen gesonderten Copyright Vermerk getragen hat und der Name des Urheberrechtsinhabers an dem Werk, eine Abkürzung, die den Namen erkennen ließ oder eine allgemein bekannte, anderweitige Benennung des Inhabers in jedem Vermerk derselbe war und

   (B) wenn die Hinterlegung in einem Exemplar der Gesamtausgabe des periodischen Werks oder im Fall einer Zeitung in dem gesamten Abschnitt bestand, in dem jeder Beitrag erstmalig veröffentlicht worden war, und

   (C) wenn die Anmeldung jedes Werk gesondert kenntlich macht unter Einschluß des periodischen Werks, in dem es enthalten ist, sowie dessen Erstveröffentlichungsdatum.

3. Alternativ zur gesonderten Erneuerungseintragung gemäß § 304 Abs. a kann eine einzige Erneuerungseintragung für eine Gruppe von Werken desselben Urhebers, die alle erstmalig als Beiträge zu Periodika, einschließlich Zeitungen, veröffentlicht worden sind, durch Einreichung einer einzigen Anmeldung und Gebühr beantragt werden, wenn alle folgenden Bedingungen erfüllt worden sind:

   (A) Der oder die Antragsteller für die Erneuerung und die Grundlage des oder der Ansprüche nach § 304 Abs. a sind für jedes Werk dieselben;

(B) alle Werke waren bei ihrer ersten Veröffentlichung entweder durch einen gesonderten Copyright Vermerk und eine Eintragung oder auf Grund eines allgemeinen Copyright Vermerks in der periodischen Ausgabe als Ganzem urheberrechtlich geschützt;

(C) der Erneuerungsantrag und die Erneuerungsgebühr sind höchstens 28 und mindestens 27 Jahre nach dem 31. Dezember des Kalenderjahres eingegangen, in dem sämtliche Werke erstmals veröffentlicht worden sind, und

(D) der Erneuerungsantrag weist jedes Werk gesondert aus, einschließlich des periodischen Werks, in dem es enthalten ist, sowie dessen Erstveröffentlichungsdatum.

(d) Berichtigungen und Erweiterungen

Der Register kann außerdem durch Verordnung Formvorschriften für das Verfahren zur Einreichung eines Antrags auf Ergänzungseintragung, zur Berichtigung eines Fehlers in einer Urheberrechtseintragung oder zur Erweiterung der in einer Eintragung angegebenen Informationen erlassen. Dem Antrag ist die in § 708 vorgesehene Gebühr beizufügen, und er muß die zu berichtigende oder zu erweiternde Eintragung eindeutig bezeichnen. Die in einer Ergänzungseintragung enthaltene Information erweitert die in der früheren Eintragung gemachten Angaben, tritt aber nicht an deren Stelle.

(e) Veröffentlichte Auflage eines bereits früher eingetragenen Werks.

Die Eintragung einer erstveröffentlichten Auflage eines Werks, das bereits früher in unveröffentlichter Form eingetragen worden ist, ist zulässig, auch wenn das nunmehr veröffentlichte Werk im wesentlichen mit der unveröffentlichten Fassung identisch ist.

§ 409

Antrag auf Eintragung eines Urheberrechts

Der Antrag auf Eintragung eines Urheberrechts muß auf einem vom Register of Copyrights vorgeschriebenen Formblatt erfolgen und die folgenden Angaben enthalten:

1. Den Namen und die Adresse des Antragstellers;
2. im Falle eines Werks, das kein anonymes oder pseudonymes Werk ist, den Namen und die Staatsangehörigkeit oder den Wohnsitz des oder der Urheber und falls einer oder mehrere von ihnen nicht mehr leben, ihre Todesdaten;
3. bei einem anonymen oder pseudonymen Werk die Staatsangehörigkeit oder den Wohnsitz des oder der Urheber;
4. bei einem Werk, das im Rahmen eines Arbeits- oder Auftragsverhältnisses geschaffen ist, eine dahingehende Erklärung;

5. wenn der Antragsteller nicht der Urheber ist, eine kurze Erklärung, auf welche Weise der Antragsteller Inhaber des Urheberrechts geworden ist;
6. den Titel des Werks zusammen mit früheren oder anderweitigen Titeln, unter denen das Werk identifiziert werden kann;
7. das Jahr in dem die Werkschöpfung abgeschlossen worden ist;
8. wenn das Werk veröffentlicht worden ist, das Datum und den Staat der Erstveröffentlichung;
9. im Fall einer Zusammenstellung oder einer Bearbeitung die genaue Angabe des oder der vorbestehenden Werke, auf dem sie jeweils beruht oder das sie enthält, sowie eine kurze allgemeine Erklärung des zusätzlichen Materials, auf das sich der einzutragende Urheberrechtsanspruch bezieht;
10. im Fall eines veröffentlichten Werks, das Material enthält, bei dem die Werkexemplare gemäß § 601 in den Vereinigten Staaten hergestellt sein müssen, die Namen der Personen oder der Organisationen, die die in § 601 Abs. c im einzelnen angegebenen Herstellungsverfahren für das betreffende Material durchgeführt haben sowie die Orte, an denen diese Verfahren durchgeführt worden sind, und
11. jede weitere Information, die der Register of Copyrights als sachdienlich für die Vorbereitung oder die Kenntlichmachung des Werks oder für das Bestehen, die Inhaberschaft oder die Dauer des Urheberrechts ansieht.

§ 410

Eintragung des Anspruchs und Erteilung der Bestätigung

(a) Stellt der Register of Copyrights nach Überprüfung fest, daß das hinterlegte Material in Übereinstimmung mit den Bestimmungen dieses Gesetzes urheberrechtlich schutzfähig ist und daß die sonstigen rechtlichen und formalen Gesetzesanforderungen erfüllt sind, trägt er den Anspruch ein und erteilt dem Antragsteller eine Eintragungsbestätigung mit dem Siegel des Copyright Office. Die Bestätigung enthält die in der Anmeldung gemachten Angaben zusammen mit der Nummer und dem Datum, an dem die Eintragung wirksam wird.

(b) In jedem Fall, in dem der Register of Copyrights feststellt, daß das hinterlegte Material nach den Bestimmungen des Gesetzes keinen urheberrechtlichen Schutzgegenstand darstellt oder daß der Anspruch aus anderen Gründen nichtig ist, muß er die Eintragung zurückweisen und dem Antragsteller die Zurückweisungsgründe schriftlich mitteilen.

(c) Die Bestätigung der Eintragung, die vor oder innerhalb von fünf Jahren nach der ersten Veröffentlichung des Werks vorgenommen worden ist, begründet bei allen gerichtlichen Verfahren den Beweis des ersten Anscheins für die Gültigkeit des Urheberrechts und der in der Bestätigung angegebenen

Tatsachen. Die Beweiskraft, die der Bestätigung einer danach vorgenommenen Eintragung beizumessen ist, liegt jedoch im Ermessen des Gerichts.

(d) Das Wirksamkeitsdatum der Urheberrechtseintragung ist der Tag, an dem ein Antrag, eine Hinterlegung und eine Gebühr, deren Eintragungsfähigkeit der Register of Copyrights oder ein zuständiges Gericht später feststellt, beim Copyright Office sämtlich eingegangen sind.

§ 411

Eintragung als Voraussetzung für eine Verletzungsklage

(a) Vorbehaltlich der Regelung des Abs. b kann Klage wegen Verletzung des Urheberrechts an einem Werk erst erhoben werden, wenn die Eintragung des Urheberrechtsanspruchs in Übereinstimmung mit diesem Gesetz erfolgt ist. In allen Fällen, in denen die Hinterlegung, der Antrag und die erforderliche Eintragungsgebühr beim Copyright Office formgerecht eingereicht worden sind und die Eintragung zurückgewiesen wurde, ist der Anmelder zur Erhebung der Verletzungsklage berechtigt, wenn er dem Register of Copyrights darüber eine schriftliche Mitteilung zusammen mit einer Zweitschrift der Klage zustellt. Der Register kann nach seiner oder ihrer Wahl als Partei in das Verfahren bezüglich der Streitfrage der Eintragbarkeit des Urheberanspruchs eintreten, indem er sich innerhalb von 60 Tagen nach Zustellung der Mitteilung auf die Klage einläßt. Wird der Register nicht Verfahrensbeteiligter, so ist das zuständige Gericht aber nicht daran gehindert, über diese Streitfrage zu entscheiden.

(b) Im Fall eines Werks, das aus Tönen, Bildern oder aus beidem besteht, und bei dem die erste Festlegung gleichzeitig mit seiner Sendung gemacht worden ist, kann der Urheberrechtsinhaber entweder vor oder nachdem die Festlegung vorgenommen wird, eine Verletzungsklage gemäß § 501 erheben, die den Rechtsbehelfen, wie sie in den §§ 502 bis 506 und §§ 509 und 510 vorgesehen sind, voll unterliegt, wenn der Urheberrechtsinhaber gemäß den Bestimmungen, die der Register of Copyrights durch Verordnung erläßt.

1. dem Verletzer mindestens 10 oder höchstens 30 Tage vor der Festlegung eine schriftliche Mitteilung zustellt, das Werk und die betreffende Sendezeit sowie den Sendeort der Erstsendung genau bezeichnet und erklärt, daß er die Absicht habe, sich für das Werk Urheberrechtsschutz zu sichern und
2. die Eintragung für das Werk innerhalb von drei Monaten nach seiner Erstsendung tätigt.

§ 412

Eintragung als Voraussetzung für bestimmte Rechtsfolgen bei Verletzung

In allen Fällen von Klagen nach diesem Gesetz mit Ausnahme einer Klage, die gemäß § 411 Abs. b erhoben worden ist, werden ein gesetzlicher Schadensanspruch und Anwaltskosten, wie sie in den §§ 504 und 505 vorgesehen sind, nicht zugesprochen

1. bei Verletzung des Urheberrechts an einem unveröffentlichten Werk, das vor dem Wirksamkeitsdatum seiner Eintragung begonnen worden ist oder
2. bei Verletzung des Urheberrechts, die nach der Erstveröffentlichung des Werkes und vor dem Wirksamkeitsdatum seiner Eintragung begonnen worden ist, es sei denn, die Eintragung ist innerhalb von drei Monaten nach der ersten Veröffentlichung des Werkes vorgenommen worden.

KAPITEL 5

Urheberrechtsverletzung und Rechtsbehelfe

§ 501

Urheberrechtsverletzung

(a) Wer ein in den §§ 106 bis 118 geregeltes Ausschließlichkeitsrecht des Urheberrechtsinhabers verletzt oder Werkexemplare und Tonträger unter Verstoß gegen § 602 in die Vereinigten Staaten einführt, ist ein Urheberrechtsverletzer.

(b) Der formelle oder der materielle Inhaber eines Ausschließlichkeitsrechts an einem Urheberrecht ist vorbehaltlich der Voraussetzungen der §§ 205 Abs. d und 411 berechtigt, bei jeder Verletzung des betreffenden Rechts, die während seiner oder ihrer Inhaberschaft begangen worden ist, Klage zu erheben. Das Gericht kann dem Inhaber aufgeben, jedem der auf Grund der Eintragungen des Copyright Office oder auf andere Weise ein Interesse an dem Urheberrecht dargelegt oder geltend gemacht hat, von der Klageerhebung schriftlich Mitteilung zu machen und eine Kopie der Klageschrift zuzustellen. Das Gericht muß die Zustellung der Mitteilung an alle verlangen, deren Interesse durch die Entscheidung des Falles wahrscheinlich betroffen wird. Es kann die Streitgenossenschaft anordnen und muß die Nebenintervention zulassen bei jedem, der ein rechtliches oder sonstiges Interesse an dem Urheberrecht hat oder geltendmacht.

(c) Bei jeder Zweitsendung durch ein Kabelsendeunternehmen, das eine Aufführung oder Vorführung eines Werks verkörpert, die als Verletzungshandlung nach § 111 Abs. c gerichtlich einklagbar ist, gilt die Fernsehsendeanstalt, die das Urheberrecht oder eine andere Sende- bzw. Aufführungsgenehmigung für dieselbe Fassung des Werks innehat, für die Anwendung des Abs. b dieses Paragraphen als formeller oder materieller Inhaber, wenn die Zweitsendung innerhalb des örtlichen Sendebereichs der Fernsehanstalt stattfindet.

(d) Bei jeder Zweitsendung durch ein Kabelsendeunternehmen, die als Verletzungshandlung gemäß § 111 Abs. c Ziff. 3 gerichtlich einklagbar ist, besteht ebenfalls ein Rechtsschutzinteresse für die Klage (i) des Erstsenders, dessen Sendung von dem Kabelsendeunternehmen verändert worden ist und (ii) der Sendeanstalten, innerhalb deren örtlichen Sendebereich die Zweitsendung stattfindet.

§ 502

Unterlassungsanspruch bei Verletzung

(a) Jedes Gericht, das für zivilrechtliche Ansprüche aus diesem Gesetz zuständig ist, kann vorbehaltlich der Regelung des § 1498 des Titels 28 einstweilige Verfügungen und endgültige Unterlassungsanordnungen mit den Auflagen erlassen, die ihm zur Verhinderung oder Unterbindung der Urheberrechtsverletzung angemessen erscheinen.

(b) Die Unterlassungsanordnungen können den Adressaten innerhalb der Vereinigten Staaten überall zugestellt werden. Sie haben im gesamten Bundesgebiet der Vereinigten Staaten Geltung und sind im Wege der Zwangsvollstreckung oder sonstiger Vollstreckungsmaßnahmen durch jedes Gericht vollstreckbar, das für den Verletzer zuständig ist. Der Urkundsbeamte des Gerichts, der die Unterlassungsverfügung ausfertigt, hat auf Verlangen des Gerichts, bei dem die Vollstreckung der Unterlassungsanordnung beantragt ist, unverzüglich eine beglaubigte Abschrift aller ihm vorliegenden Aktenstücke des Falls zu übermitteln.

§ 503

Beschlagnahme und Veräußerungen der Verletzungsgegenstände bei Verletzung

(a) Während der Rechtshängigkeit einer Klage nach diesem Gesetz kann das Gericht jederzeit die Beschlagnahme aller Werkexemplare oder Tonträger, von denen behauptet wird, daß sie unter Verletzung der Ausschließlichkeitsrechte des Urheberrechtsinhabers hergestellt oder verwendet worden sind sowie aller Druckplatten, Formen, Matrizen, Schallplattenmatrizen, Tonbänder, Filmnegative oder sonstiger Gegenstände, mit deren Hilfe Werkexemplare und Tonträger vervielfältigt werden können, unter den Auflagen anordnen, die dem Gericht angemessen erscheinen.

(b) Das Gericht kann im Endurteil oder in der Verfügung die Vernichtung aller Werkexemplare und Tonträger, bei denen festgestellt worden ist, daß sie unter Verletzung der Ausschließlichkeitsrechte des Urheberrechtsinhabers hergestellt oder verwendet worden sind, sowie aller Druckplatten, Formen, Matrizen, Schallplattenmatrizen, Tonbänder, Filmnegative oder sonstiger Gegenstände, mit deren Hilfe Werkexemplare und Tonträger vervielfältigt werden können, oder andere angemessene Maßnahmen anordnen.

§ 504

Schadenersatz und Gewinnherausgabe bei Verletzung

(a) Allgemeines

Soweit in diesem Gesetz nicht etwas anderes bestimmt ist, ist der Urheberrechtsverletzer

1. zum Ersatz des konkreten Schadens des Urhebers und zur Herausgabe des Verletzergewinns, wie in Abs. b geregelt, verpflichtet oder
2. er haftet für den in Abs. c vorgesehenen gesetzlichen Schadenersatz.

(b) Konkreter Schaden und Verletzergewinn

Der Urheberrechtsinhaber ist berechtigt, Ersatz des konkreten Schadens, den er oder sie infolge der Verletzung erlitten haben, sowie den gesamten Verletzergewinn zu erhalten, der der Verletzung zuzurechnen und bei der Berechnung des konkreten Schadens noch nicht berücksichtigt worden ist. Bei der Aufstellung des Verletzergewinns muß der Urheberrechtsinhaber lediglich Beweis für die Umsätze des Verletzers beibringen, und der Verletzer ist verpflichtet, die abzugsfähigen Aufwendungen und Gewinnanteile nachzuweisen, die anderen Faktoren als dem urheberrechtlich geschützten Werk zuzurechnen sind.

(c) Gesetzlicher Schadenersatz

1. Ausgenommen, wenn die Regelung der Ziff. 2 dieses Absatzes eingreift, kann der Urheberrechtsinhaber jederzeit bis zur Urteilsfällung wählen, statt des konkreten Schadenersatzes und Gewinnherausgabe den gesetzlichen Schadenersatz für alle Verletzungshandlungen zuerkannt zu bekommen, die Streitgegenstand der Klage sind und zwar für jedes Werk, für das ein Verletzer allein ersatzpflichtig ist oder für das zwei oder mehr Verletzer gesamtschuldnerisch haften, einen Betrag in Höhe von mindestens $ 250,— und höchstens $ 10 000,—, wie es dem Gericht gerecht erscheint. Für die Anwendung dieses Absatzes bilden alle Teile einer Zusammenstellung und einer Bearbeitung ein Werk.
2. In einem Fall, bei dem der Urheberrechtsinhaber den ihm obliegenden Beweis erbringt und das Gericht feststellt, daß die Verletzung vorsätzlich begangen worden war, kann das Gericht nach seinem Ermessen die

Zuerkennung des gesetzlichen Schadenersatzes bis auf einen Betrag von nicht mehr als $ 50 000,— erhöhen. Erbringt der Verletzer den ihm obliegenden Beweis und gelangt das Gericht zu der Überzeugung, daß der Verletzer sich nicht bewußt war und keinen Grund für die Annahme hatte, daß seine oder ihre Handlungen eine Urheberrechtsverletzung darstellten, so kann das Gericht nach seinem Ermessen die Zuerkennung des gesetzlichen Schadenersatzes bis auf einen Betrag von $ 100,— herabsetzen. Das Gericht erläßt den gesetzlichen Schadenersatz für jeden Fall, bei dem der Verletzer glaubte, daß sein oder ihr Gebrauch des urheberrechtlich geschützten Werks eine freie Benutzung im Sinne des § 107 war und hierzu begründeten Anlaß hatte, sofern (i) der Verletzer ein Angestellter oder Handlungsbevollmächtigter einer gemeinnützigen Bildungseinrichtung, Bibliothek oder Archivs, der im Rahmen seines Dienstverhältnisses handelt, oder die Einrichtung, Bibliothek oder das Archiv selbst ist, die das Werk durch dessen Vervielfältigung in Exemplaren oder Tonträgern verletzt oder (ii) der Verletzer eine öffentliche Sendeanstalt ist, die oder jemand, der im Zuge der ordnungsgemäßen Tätigkeit einer öffentlichen Sendeanstalt (wie sie in § 118 Abs. g definiert ist) dadurch die Verletzung begeht, daß er ein veröffentlichtes nichtdramatisches literarisches Werk aufführt oder ein Sendeprogramm wiedergibt, das die Aufführung eines solchen Werks verkörpert.

§ 505

Auslagenersatz für Kosten und Anwaltsgebühren bei Verletzung

In jeder Zivilklage nach diesem Gesetz kann das Gericht nach seinem Ermessen jeder Partei mit Ausnahme der Vereinigten Staaten und seiner Beamten die Erstattung der gesamten Kosten auferlegen. Soweit dieses Gesetz nicht etwas anderes bestimmt, kann das Gericht außerdem der obsiegenden Partei angemessene Anwaltsgebühren als Teil der Kosten zuerkennen.

§ 506

Strafbare Handlungen

(a) Strafbare Verletzung

Wer ein Urheberrecht vorsätzlich und zum Zweck der Erlangung eines kommerziellen Vorteils oder privaten finanziellen Gewinns verletzt, wird mit Geldstrafe bis zu $ 10 000,— oder Gefängnis bis zu einem Jahr oder mit beidem bestraft. Dies gilt mit der Maßgabe, daß jeder, der das in § 106 Ziff. 1, 2 oder 3 gewährte Urheberrecht an einer Tonaufnahme oder das in § 106 Ziff. 1, 3 oder 4 gewährte Urheberrecht an einem Film verletzt, mit Geldstrafe bis zu $ 25 000,— oder Gefängnis bis zu einem Jahr oder mit beidem für jeden ersten Verstoß und bei Rückfall mit einer Geldstrafe bis zu $ 50 000,— oder Gefängnis bis zu zwei Jahren oder mit beidem bestraft wird.

(b) Verfall und Vernichtung

Wenn jemand wegen einer Verletzung des Abs. a für schuldig befunden worden ist, hat das Gericht in dem Strafurteil zusätzlich zu der dort ausgesprochenen Strafe den Verfall und die Vernichtung oder anderweitige Beseitigung aller verletzenden Werkexemplare und Tonträger sowie aller Werkzeuge, Geräte und Anlagen, die bei deren Herstellung verwendet worden sind, anzuordnen.

(c) Betrügerischer Copyright Vermerk

Wer in betrügerischer Absicht auf einem Gegenstand einen wissentlich falschen Copyright Vermerk oder Wörter mit demselben Inhalt anbringt, oder wer in betrügerischer Absicht Gegenstände öffentlich verbreitet oder für die öffentliche Verbreitung einführt, die einen solchen wissentlich falschen Vermerk oder die entsprechenden Wörter tragen, wird mit Geldstrafe bis zu $ 2 500,— bestraft.

(d) Betrügerische Entfernung des Copyright Vermerks

Wer in betrügerischer Absicht einen Copyright Vermerk von dem Exemplar eines urheberrechtlich geschützten Werks entfernt oder verändert, wird mit Geldstrafe bis zu $ 2 500,— bestraft.

(e) Falsche Angaben

Wer wissentlich falsche Angaben über eine wesentliche Tatsache in einer Anmeldung zur Eintragung des Urheberrechts im Sinne von § 409 oder in einer schriftlichen Erklärung, die zusammen mit der Anmeldung eingereicht worden ist, macht, wird mit Geldstrafe bis zu $ 2 500,— bestraft.

§ 507

Strafverfolgungs- und Klageverjährung

(a) Strafverfahren

Strafverfahren werden nach den Bestimmungen dieses Gesetzes nur durchgeführt, wenn sie innerhalb von drei Jahren nach Entstehen des Klaggrundes eingeleitet worden sind.

(b) Zivilverfahren

Zivilverfahren werden nach den Bestimmungen dieses Gesetzes nur durchgeführt, wenn sie innerhalb von drei Jahren nach Entstehen des Anspruchs anhängig gemacht worden sind.

§ 508

Förmliche Mitteilung über die Klageerhebung und die Gerichtsentscheidung

(a) Innerhalb eines Monats nach Einreichung einer Klage nach diesem Gesetz, senden die Urkundsbeamten der Gerichte der Vereinigten Staaten dem Register of Copyrights eine schriftliche Mitteilung mit den Namen und Adressen der Parteien und dem Werktitel, dem Urheber und der Eintragungsnummer jedes Werks, das Streitgegenstand der Klage ist, soweit die Angaben aus den beim Gericht eingereichten Unterlagen ersichtlich sind. Wenn in die Klage weitere urheberrechtlich geschützte Werke im Wege der Ergänzung, der Erwiderung oder eines anderen Parteivorbringens eingeführt werden, so hat der Urkundsbeamte des Gerichts dem Register innerhalb eines Monats seit Einreichung des schriftsätzlichen Parteivorbringens eine entsprechende Mitteilung zuzuleiten.

(b) Innerhalb eines Monats, nachdem die gerichtliche Entscheidung oder das Endurteil in der Rechtssache erlassen ist, gibt der Urkundsbeamte des Gerichts dem Register davon Nachricht und fügt der Mitteilung eine Ausfertigung der Anordnung oder des Urteilsspruchs gegebenenfalls zusammen mit den schriftlichen Gründen des Gerichts bei.

(c) Nach Erhalt der in diesem Paragraphen im einzelnen angegebenen Mitteilungen macht der Register sie als Teil der öffentlichen Aufzeichnungen des Copyright Office aktenkundig.

§ 509

Einziehung und Verfall

(a) Alle Werkexemplare und Tonträger, die unter Verstoß gegen § 506 Abs. a hergestellt, vervielfältigt, verbreitet, verkauft oder anderweitig benutzt werden, deren Benutzung beabsichtigt wird oder die jemand mit der Absicht der Benützung in Besitz hat, sowie alle Druckplatten, Formen, Matrizen, Schallplattenmatrizen, Tonbänder, Filmnegative oder andere Gegenstände, mit deren Hilfe die Werkexemplare oder Tonträger vervielfältigt werden können, und alle elektronischen, mechanischen oder sonstige Vorrichtungen zur Herstellung, Vervielfältigung und Zusammenstellung solcher Werkexemplare oder Tonträger können beschlagnahmt werden und den Vereinigten Staaten verfallen.

(b) Die geltenden Verfahren für (i) die Beschlagnahme, die Verwirkung im gerichtlichen und im summarischen Verfahren und die prisengerichtliche Einziehung von Schiffen, Fahrzeugen, Handelswaren und Gepäckstücken wegen Verstoß gegen die in Titel 19 enthaltenen Zollvorschriften, (ii) für die Veräußerung dieser Schiffe, Fahrzeuge, Handelswaren und Gepäckstücke oder den Erlös bei deren Verkauf, (iii) den Erlaß und die Herabsetzung der verwirkten Geldstrafe, (iv) den Vergleich über die Ansprüche und (v) die Entschädigungszahlung an Informanten für die Verwirkung sind auf die Beschlagnahme und Verwirkung, die nach den Bestimmungen dieses Paragraphen vorgenommen worden sind oder deren Vornahme behauptet wird, anzuwenden, soweit sie mit den Bestimmungen dieses Paragraphen vereinbar sind. Eine Ausnahme gilt für die Pflichten, die Beamten und Bediensteten des Schatzministeriums oder anderen Personen in bezug auf die Beschlagnahme und den Eigentumsverlust bei Schiffen, Fahrzeugen, Handelswaren und Gepäckstücken nach den Vorschriften der in Titel 19 enthaltenen

Zollgesetze auferlegt sind und die in bezug auf die Beschlagnahme und Verwirkung aller in Abs. a angegebenen Gegenstände von Beamten, Beauftragten oder anderen Personen durchgeführt werden, die der Justizminister zu diesem Zweck ermächtigt und bestimmt.

§ 510

Rechtsbehelfe bei Programmveränderungen durch Kabelsendeunternehmen

(a) Bei jeder gemäß § 111 Abs. c Ziff. 3 eingereichten Klage, stehen folgende Rechtsbehelfe zur Verfügung:

1. Wenn die Klage eine der in § 501 Abs. b oder c genannten Parteien erhoben hat, die in den §§ 502 bis 505 vorgesehenen Rechtsbehelfe und der in Abs. b dieses Paragraphen geregelte Anspruch und
2. bei einer Klage, die eine der in § 501 Abs. d genannten Parteien eingelegt hat, die in den §§ 502 und 505 vorgesehenen Rechtsbehelfe zusammen mit dem jeweiligen konkreten Schaden, den die Partei infolge der Verletzung erlitten hat, sowie der in Abs. b dieses Paragraphen geregelte Rechtsanspruch.

(b) Bei jeder gemäß § 111 Abs. c Ziff. 3 eingereichten Klage kann das Gericht anordnen, daß dem Kabelsendeunternehmen für einen Zeitraum bis zu 30 Tagen die Zwangslizenzberechtigung für ein oder mehrere Fernsignale, die dieses Kabelunternehmen in seinem Programm hat, entzogen wird.

KAPITEL 6

Erfordernisse der Herstellung und Einfuhr

§ 601

Herstellung, Einfuhr und öffentliche Verbreitung bestimmter Werkexemplare

(a) Vor dem 1. Juli 1982 ist die Einfuhr oder öffentliche Verbreitung mit Ausnahme der Regelung des Abs. b von Exemplaren eines Werks, das überwiegend aus nichtdramatischem literarischem Material der englischen Sprache besteht und nach diesem Gesetz geschützt ist, in die Vereinigten Staaten verboten, wenn die Teile, aus denen das Material besteht, nicht in den Vereinigten Staaten oder Kanada hergestellt worden sind.

(b) Die Vorschrift des Abs. a gilt jedoch nicht,

1. wenn der Urheber eines wesentlichen Teils des Materials zum Zeitpunkt der angestrebten Einfuhr oder der öffentlichen Verbreitung in den Vereinigten Staaten weder ein Staatsangehöriger der Vereinigten Staaten ist noch dort seinen Wohnsitz hat, oder falls der Urheber Staatsangehöriger der Vereinigten Staaten ist, mindestens ein Jahr unmittelbar vor dem Zeitpunkt seinen Wohnsitz ununterbrochen außerhalb der Vereinigten Staaten hatte. Bei einem Werk im Rahmen eines Arbeits- oder Auftragsverhältnisses gilt die Freistellung dieser Vorschrift nur, wenn ein wesentlicher Teil des Werks für einen Arbeitgeber oder anderen Auftraggeber geschaffen war, der weder Staatsangehöriger der Vereinigten Staaten ist noch seinen Wohnsitz dort hat und bei dem es sich auch nicht um eine inländische Gesellschaft oder Unternehmen handelt;
2. wenn dem Zoll der Vereinigten Staaten eine Einfuhrerklärung vorgelegt wird, die mit dem Siegel des Copyright Office ausgestellt ist, so ist die Einfuhr von höchstens 2 000 Exemplaren eines Werks zulässig. Die Einfuhrerklärung wird auf Verlangen des Urheberrechtsinhabers oder einer von ihm bei der Eintragung des Werks nach § 408 oder jederzeit später bezeichneten Person ausgestellt;
3. wenn die Einfuhr mit Genehmigung der Regierung der Vereinigten Staaten, eines Einzelstaates oder einer Gebietskörperschaft eines Einzelstaates oder für deren Benutzung mit Ausnahme des Schulgebrauchs begehrt wird;
4. wenn die Einfuhr zum persönlichen Gebrauch und nicht zum Verkauf begehrt wird
   (A) von einer Person für nicht mehr als jedesmal ein Werkexemplar;
   (B) von einer Person, die von außerhalb der Vereinigten Staaten ankommt, für Werkexemplare, die Teil des persönlichen Gepäcks sind, oder
   (C) von einer Organisation, die auf dem Gebiet der Wissenschaft, Bildung oder Religion tätig ist und nicht der privaten Gewinnerzielung dient, für Werkexemplare, die Teil ihrer Bibliothek werden sollen;
5. wenn die Exemplare in erhabenen Typen für den Gebrauch durch Blinde vervielfältigt sind;
6. wenn zusätzlich zu den nach den Ziff. 3 und 4 dieses Absatzes eingeführten Exemplaren nicht mehr als 2 000 Exemplare eines Werks, das nicht in den Vereinigten Staaten oder Kanada hergestellt ist, in den Vereinigten Staaten öffentlich verbreitet werden oder
7. wenn zum Zeitpunkt, an dem die Einfuhr begehrt oder die öffentliche Verbreitung in den Vereinigten Staaten vorgenommen wird,
   (A) der Urheber eines wesentlichen Teils des Materials eine Privatperson ist, die für die Übertragung oder Lizenzerteilung des Verbreitungsrechts an dem Werk in den Vereinigten Staaten Entschädigung erhält,

(B) die Erstveröffentlichung des Werks vorher außerhalb der Vereinigten Staaten auf Grund einer Übertragung oder Lizenz vorgenommen worden ist, die der Urheber dem Erwerber oder Lizenznehmer eingeräumt hat, der weder Staatsangehöriger der Vereinigten Staaten war, noch dort seinen Wohnsitz hatte und bei dem es sich auch nicht um eine inländische Gesellschaft oder Unternehmen handelte,

(C) keine Veröffentlichung einer autorisierten Ausgabe des Werks, von dem in den Vereinigten Staaten Exemplare hergestellt worden sind, stattgefunden hat und

(D) die Werkexemplare auf Grund einer Übertragung oder Lizenz vervielfältigt worden sind, die der Urheber, der Erwerber oder Lizenznehmer des in (B) erwähnten Erstveröffentlichungsrechts gewährt hat und der Erwerber oder Lizenznehmer des Vervielfältigungsrechts weder Staatsangehöriger der Vereinigten Staaten war, noch seinen Wohnsitz dort hatte und bei dem es sich auch nicht um eine inländische Gesellschaft oder Unternehmen handelte.

(c) Das Erfordernis dieser Bestimmung, daß Werkexemplare in den Vereinigten Staaten oder in Kanada hergestellt sein müssen, ist erfüllt, wenn

1. bei einem Druckverfahren, bei dem die Werkexemplare direkt von gesetzten Typen oder direkt von Platten gedruckt werden, die von solchen Typen angefertigt worden sind, das Setzen der Typen und die Anfertigung der Platten in den Vereinigten Staaten oder in Kanada durchgeführt worden sind oder

2. bei einem Verfahren, bei dem die Anfertigung der Platten im lithographischen oder Photosetzverfahren eine dem Druckvorgang der Exemplare unmittelbar vorangehende End- oder Zwischenstufe ist, die Anfertigung der Platten in den Vereinigten Staaten oder in Kanada vorgenommen worden ist, und

3. wenn der Druck oder jedes andere Verfahren zur Herstellung einer Vielzahl von Exemplaren und das Binden der Werkexemplare in den Vereinigten Staaten oder in Kanada vorgenommen worden sind.

(d) Die unter Verstoß gegen diese Bestimmung vorgenommene Einfuhr oder öffentliche Verbreitung von Werkexemplaren berührt nicht den nach diesem Gesetz für ein Werk bestehenden Schutz. In jedem Zivil- oder Strafverfahren wegen Verletzung des ausschließlichen Vervielfältigungs- und Verbreitungsrechts von Werkexemplaren, hat der Verletzer jedoch einen umfassenden Rechtfertigungsgrund in bezug auf alles nichtdramatische literarische Material, das in dem Werk oder in anderen Teilen des Werks enthalten ist, dessen ausschließliche Vervielfältigungs- und Verbreitungsrechte demselben Inhaber gehören, der Inhaber der Ausschließlichkeitsrechte an dem nichtdramatischen literarischen Material ist, sofern der Verletzer nachweist,

1. daß von dem Inhaber oder mit Zustimmung des Inhabers der Ausschließlichkeitsrechte Werkexemplare in die Vereinigten Staaten eingeführt

oder dort unter Verstoß gegen diese Bestimmung öffentlich verbreitet worden sind und

2. daß die verletzenden Werkexemplare in den Vereinigten Staaten oder in Kanada in Übereinstimmung mit den Bestimmungen des Abs. c hergestellt worden sind und
3. daß die Verletzung vor dem Wirksamkeitsdatum der Eintragung für eine autorisierte Ausgabe des Werks begonnen war, deren Werkexemplare in den Vereinigten Staaten oder in Kanada in Übereinstimmung mit den Bestimmungen des Abs. c hergestellt worden sind.

(e) Bei jeder Klage wegen Verletzung der ausschließlichen Vervielfältigungs- und Verbreitungsrechte an einem Werk, das Material enthält, das nach dieser Bestimmung in den Vereinigten Staaten oder in Kanada hergestellt sein muß, hat der Urheberrechtsinhaber in der Klageschrift die Namen der Personen und Organisationen anzugeben, die die in Abs. c festgelegten Verfahren hinsichtlich des Materials durchgeführt haben, sowie die Orte, an denen die Verfahren ausgeführt worden sind.

§ 602

Verletzende Einfuhr von Werkexemplaren und Tonträgern

(a) Die Einfuhr von Exemplaren oder Tonträgern eines Werks, das außerhalb der Vereinigten Staaten erworben worden ist, in die Vereinigten Staaten ohne Zustimmung des nach diesem Gesetz geltenden Urheberrechtsinhabers stellt eine Verletzung des ausschließlichen Verbreitungsrechts nach § 106 dar, die gemäß § 501 gerichtlich eingeklagt werden kann. Dieser Absatz erstreckt sich nicht auf

1. die Einfuhr von Werkexemplaren oder Tonträgern mit Zustimmung oder zum Gebrauch der Regierung der Vereinigten Staaten, eines Einzelstaates oder einer Gebietskörperschaft eines Einzelstaates mit Ausnahme von Exemplaren oder Tonträgern für den Schulgebrauch oder von Exemplaren eines audiovisuellen Werks, das für andere als Archivzwecke eingeführt worden ist,
2. die Einfuhr von jeweils nicht mehr als einem Exemplar oder Tonträger eines Werks, wenn sie zum persönlichen Gebrauch des Einführenden und nicht zur Verbreitung erfolgt oder bei einem von außerhalb der Vereinigten Staaten Einreisenden die Werkexemplare oder Tonträger, die einen Teil seines persönlichen Gepäcks bilden, oder
3. die Einfuhr durch oder für eine Organisation, die auf dem Gebiet der Wissenschaft, Bildung oder Religion tätig ist und nicht der privaten Gewinnerzielung dient, soweit es sich um nicht mehr als ein Vervielfältigungsstück eines audiovisuellen Werks ausschließlich für Archivzwecke und um höchstens 5 Werkexemplare oder Tonträger eines jeden anderen Werks für den Bibliotheksverleih und für Archivzwecke der Organisation handelt, sofern die Einfuhr der Werkexemplare und Tonträger nicht Teil

einer Betätigung ist, die in der systematischen Vervielfältigung oder Verbreitung besteht, die die Organisation unter Verstoß gegen die Bestimmungen des § 108 Abs. g Ziff. 2 betreibt.

(b) Die Einfuhr von Werkexemplaren oder Tonträgern ist verboten, wenn ihre Herstellung bei unterstellter Anwendung dieses Gesetzes eine Verletzung des Urheberrechts darstellen würde. Bei Werkexemplaren und Tonträgern, die rechtmäßig hergestellt worden sind, sind die Zollbehörden der Vereinigten Staaten nicht berechtigt, deren Einfuhr zu verhindern, sofern nicht die Bestimmung des § 601 eingreift. In beiden Fällen ist der Finanzminister ermächtigt, durch Verordnung ein Verfahren vorzusehen, wonach jedem, der ein Interesse an dem Urheberrecht eines bestimmten Werks geltendmacht, bei Zahlung einer näher bestimmten Gebühr das Recht eingeräumt werden kann, von den Zollbehörden eine Mitteilung über die Einfuhr von Gegenständen zu erhalten, die den Eindruck von Exemplaren oder Tonträgern des Werks machen.

§ 603
Einfuhrverbote: Vollstreckung und Veräußerung ausgeschlossener Gegenstände

(a) Der Finanzminister und die Postbehörden der Vereinigten Staaten erlassen durch Verordnung getrennt oder gemeinsam Vorschriften über die Durchsetzung der Bestimmungen dieses Gesetzes zum Einfuhrverbot.

(b) Die Verordnungsbestimmungen können als Voraussetzung für den Ausschluß von Gegenständen nach § 602 verlangen,

1. daß derjenige, der den Ausschluß begehrt, eine gerichtliche Anordnung erwirkt, die die Einfuhr der Gegenstände untersagt oder
2. daß derjenige, der den Ausschluß begehrt, gemäß den vorgeschriebenen Verfahren im einzelnen genauen Beweis darüber antritt, daß das Urheberrecht, an dem er ein rechtliches oder wirtschaftliches Interesse geltendmacht, gültig ist und daß die Einfuhr gegen das Verbot des § 602 verstoßen würde. Von demjenigen, der den Ausschluß von der Einfuhr begehrt, kann außerdem verlangt werden, Sicherheitsleistung für jeden Schaden zu erbringen, der entstehen kann, wenn die Zurückbehaltung oder der Ausschluß der Gegenstände sich als ungerechtfertigt erweist.

(c) Gegenstände, die unter Verstoß des Einfuhrverbots nach diesem Gesetz eingeführt worden sind, unterliegen der Beschlagnahme und Verwirkung in der gleichen Weise wie Vermögensgegenstände, die unter Verstoß gegen die Zolleinnahmebestimmungen eingeführt worden sind. Verwirkte Gegenstände werden nach Anweisung des Finanzministeriums oder des Gerichts vernichtet. Die Gegenstände können jedoch in das Exportland zurückgesandt werden, wenn zur Zufriedenheit des Finanzministers der Nachweis erbracht ist, daß der Importeur keine Veranlassung für die Annahme haben mußte, sein oder ihr Handeln stellte einen Gesetzesverstoß dar.

KAPITEL 7

Copyright Office

§ 701

Allgemeiner Aufgabenbereich und Organisation des Copyright Office

(a) Soweit nicht etwas anderes bestimmt ist, obliegen alle nach diesem Gesetz bestehenden Verwaltungsaufgaben und -pflichten dem Register of Copyrights als Leiter des Copyright Office der Kongreßbibliothek. Der Register of Copyrights und die ihm unterstellten Beamten und Angestellten des Copyright Office werden vom Librarian of Congreß ernannt und unterliegen dem allgemeinen Weisungsrecht und der Aufsicht des Librarian.

(b) Der Register of Copyrights führt ein Siegel ein für den Gebrauch vom 1. Januar 1978 an zur Beglaubigung aller amtlichen Schriftstücke, die das Copyright Office herausgibt.

(c) Der Register of Copyrights hat dem Librarian of Congress jährlich einen Bericht über die Arbeit und Leistungen des Copyright Office während des vorangehenden Finanzjahres zu erstatten. Der Jahresbericht des Register of Copyrights wird gesondert und als Teil des Jahresberichts des Librarian of Congress veröffentlicht.

(d) Mit Ausnahme der Regelung des § 706 Abs. b und seiner Ausführungsbestimmungen unterliegen alle auf Grund dieses Gesetzes vorgenommenen Amtshandlungen des Register of Copyrights den Bestimmungen des Verwaltungsverfahrensgesetzes (Administrative Procedure Act) vom 11. Juni 1946 in der derzeitigen Fassung (c. 324, 60 Stat. 237, Titel 5, United States Code, Kap. 5, Abschn. II und Kap. 7).

§ 702

Rechtsverordnungen des Copyright Office

Der Register of Copyrights ist ermächtigt, Rechtsverordnungen zu erlassen, die mit dem Recht der Verwaltungsaufgaben und -pflichten, die dem Register of Copyrights nach diesem Gesetz obliegen, vereinbar sind. Alle vom Register nach diesem Gesetz erlassenen Rechtsverordnungen unterliegen der Genehmigung des Librarian of Congress.

§ 703

Wirksames Datum für fristgebundene Handlungen beim Copyright Office

Sind für die Vornahme einer Handlung beim Copyright Office nach diesem Gesetz Fristen gesetzt und fällt der letzte Tag der vorgeschriebenen Frist auf einen Samstag, Sonntag, Ferien- oder sonstigen Feiertag im District of Columbia oder bei der Bundesregierung, so kann die Handlung am darauffolgenden Werktag vorgenommen werden mit Wirkung vom Tag des Fristablaufs.

§ 704

Einbehaltung und Verfügung über Hinterlegungsstücke beim Copyright Office

(a) Mit der Hinterlegung beim Copyright Office nach den §§ 407 und 408 werden sämtliche Werkexemplare, Tonträger und identifizierende Unterlagen, einschließlich des Materials, das im Zusammenhang mit zurückgewiesenen Eintragungsansprüchen hinterlegt worden ist, Eigentum der Regierung der Vereinigten Staaten.

(b) Bei veröffentlichten Werken stehen alle hinterlegten Exemplare, Tonträger und identifizierenden Unterlagen der Kongreßbibliothek für ihre Sammlung, für den Austausch oder die Übertragung an andere Bibliotheken zur Verfügung. Bei unveröffentlichten Werken ist die Bibliothek berechtigt, gemäß den Verordnungsbestimmungen, die der Register of Copyrights erläßt, Hinterlegungsstücke für ihre Sammlung, für die Übertragung an die Nationalarchive der Vereinigten Saaten oder an ein zentrales Bundesregister auszuwählen, wie es in § 2901 des Titels 44 definiert ist.

(c) Der Register of Copyrights ist ermächtigt, für bestimmte oder allgemeine Werkkategorien eine Faksimilereproduktion der gesamten nach § 408 hinterlegten Unterlagen oder eines Teils davon anzufertigen und sie zu einem Bestandteil der Eintragungsakten des Copyright Office zu machen, bevor die Unterlagen nach Abs. b an die Kongreßbibliothek übertragen oder nach Abs. d vernichtet werden bzw. über das Material auf andere Weise verfügt wird.

(d) Hinterlegungsstücke, die die Bibliothek nach Abs. b nicht ausgewählt hat oder identifizierende Teilunterlagen oder Vervielfältigungsstücke werden einbehalten und unterstehen der Aufsicht des Copyright Office einschließlich der in Aufbewahrungseinrichtungen der Regierung einbehaltenen Unterlagen, solange es dem Register of Copyrights und dem Librarian of Congress tunlich und wünschenswert erscheint. Nach diesem Zeitraum steht es im gemeinschaftlichen Ermessen des Register und des Librarian, deren Vernichtung oder anderweitige Verfügung anzuordnen. Im Fall unveröffentlichter Werke darf jedoch kein Hinterlegungsstück während der Laufzeit des Urheberrechts wissentlich oder vorsätzlich vernichtet oder darüber anderweitig verfügt werden, es sei denn, daß eine Faksimilereproduktion der gesamten Hinterlegungsunterlagen Bestandteil der Registerakten des Copyright Office geworden ist, wie es in Abs. c vorgesehen ist.

(e) Der Hinterleger von Werkexemplaren, Tonträgern oder identifizierenden Unterlagen nach § 408 oder der aktenmäßige Urheberrechtsinhaber kann die Einbehaltung von einem oder mehreren Hinterlegungsstücken unter der Aufsicht des Copyright Office für die gesamte Schutzdauer des Urheberrechts an dem Werk beantragen. Der Register of Copyrights erläßt durch Verordnung die Voraussetzungen, unter denen solche Anträge zu stellen sind und gewährt werden und setzt die nach § 708 Abs. a Ziff. 11 zu entrichtende Gebühr bei Gewährung des Antrags fest.

§ 705

Das Register des Copyright Office: Vorbereitung, Erhaltung, öffentliche Einsichtnahme und Recherche

(a) Der Register of Copyrights führt im Copyright Office ein Register aller Hinterlegungen, Eintragungen, Aufzeichnungen und sonstiger Maßnahmen, die nach diesem Gesetz vorgenommen werden, und bereitet Verzeichnisse aller amtlichen Aufzeichnungen vor.

(b) Das Register und die Verzeichnisse sowie die im Zusammenhang mit vervollständigten Urheberrechtseintragungen hinterlegten und unter der Aufsicht des Copyright Office befindlichen Gegenstände können von der Öffentlichkeit eingesehen werden.

(c) Auf Antrag und nach Zahlung der in § 708 festgelegten Geführ führt das Copyright Office eine Recherche im Rahmen seines öffentlichen Registers, der Verzeichnisse und der Hinterlegungsstücke durch und liefert einen Bericht über die Informationen, die darin bezüglich bestimmter Hinterlegungsstücke, Eintragungen oder Aufzeichnungen offenbar sind.

§ 706

Auszüge aus dem Register des Copyright Office

(a) Von den öffentlichen Registereintragungen oder Verzeichnissen des Copyright Office können Auszüge angefertigt werden. Zusätzliche Eintragungsbestätigungen und Auszüge aus den öffentlichen Registereintragungen oder Verzeichnissen können auf Antrag und nach Zahlung der in § 708 festgelegten Gebühr erteilt werden.

(b) Auszüge oder Vervielfältigungen von Hinterlegungsstücken, die unter der Aufsicht des Copyright Office einbehalten sind, werden nur unter den Bestimmungen bewilligt oder ausgestellt, die durch Verordnung des Copyright Office festgelegt sind.

§ 707

Copyright Office Formulare und Veröffentlichungen

(a) Katalog der Urheberrechtseintragungen

Der Register of Copyrights stellt einen Katalog aller Urheberrechtseintragungen zusammen und veröffentlicht ihn in regelmäßigen Zeitabständen. Die Kataloge sind entsprechend den verschiedenen Werkklassen einzuteilen. Es liegt im Ermessen des Register, Form und Häufigkeit der Veröffentlichung eines jeden Teils nach Gesichtspunkten der Zweckmäßigkeit und Durchführbarkeit zu bestimmen.

(b) Andere Veröffentlichungen

Der Register stellt auf Verlangen Anmeldeformulare für die Urheberrechtseintragung und allgemeines Informationsmaterial über die Aufgaben des Copyright Office kostenlos zur Verfügung. Der Register ist außerdem befugt, Zusammenstellungen von Informationen, Bibliographien und anderes Material, das seiner Meinung nach für die Öffentlichkeit von Wert ist, zu veröffentlichen.

(c) Verbreitung von Veröffentlichungen

Alle Veröffentlichungen des Copyright Office sind an die in § 1905 des Titels 44 näher bestimmten Verwahrerbibliotheken zu liefern und mit Ausnahme der kostenlos zur Verfügung gestellten zum Verkauf an die Allgemeinheit zu Preisen anzubieten, die auf den Vervielfältigungs- und Verbreitungskosten beruhen.

§ 708

Copyright Office Gebühren

(a) Folgende Gebühren sind an den Register of Copyrights zu zahlen:

1. Für die Eintragung eines Urheberrechtsanspruchs oder einer Ergänzungseintragung im Sinne von § 408, einschließlich der Erteilung einer Eintragungsbestätigung $ 10,—;
2. für die Eintragung eines Erneuerungsanspruchs eines bestehenden Urheberrechts während seiner ersten Laufzeit gemäß § 304 Abs. a einschließlich der Erteilung einer Eintragungsbestätigung $ 6,—;
3. für die Ausstellung einer Hinterlegungsbestätigung nach § 407 $ 2,—;

4. für die in § 205 geregelte Eintragung einer Übertragung der Urheberrechtsinhaberschaft oder eines anderen Dokuments bis zu sechs Seiten, das sich auf nicht mehr als einen Titel bezieht $ 10,—,
für jede weitere Seite und jeden weiteren Titel zusätzlich 50 cents;

5. für die Einreichung einer Absichtsmitteilung nach § 115 Abs. b Tonträger herzustellen $ 6,—;

6. für die Eintragung einer Erklärung nach § 302 Abs. c, mit der die Identität des Urhebers eines anonymen oder pseudonymen Werks offenbart wird, oder für die Eintragung einer Erklärung nach § 302 Abs. d, die sich auf den Tod eines Urhebers bezieht $ 10,—,
wenn das Dokument sechs Seiten oder weniger hat und sich auf nicht mehr als einen Titel bezieht. Für jede weitere Seite und jeden weiteren Titel zusätzlich $ 1,—;

7. für die Ausstellung einer Einfuhrerklärung nach § 601 $ 3,—;

8. für die Ausstellung einer zusätzlichen Eintragungsbestätigung nach § 706 $ 4,—;

9. für die Ausstellung einer sonstigen Bestätigung $ 4,—;
es liegt im Ermessen des Registers, die Gebühr für die Fertigung von Registerauszügen des Copyright Office auf der Grundlage der Kosten unabhängig davon festzusetzen, ob sie beglaubigt sein müssen oder nicht;

10. für die Durchführung eines Rechercheberichts nach § 705 und für ähnliche Dienstleistungen $ 10,— für jede ganze oder angefangene Stunde;

11. für jede sonstige spezielle Dienstleistung, die einen beträchtlichen Zeit- oder Kostenaufwand beansprucht, die Gebühren, die der Register of Copyrights auf der Grundlage der Kosten einer solchen Dienstleistung festsetzen kann.

(b) Die nach dieser Bestimmung vorgeschriebenen Gebühren gelten auch für die Regierung der Vereinigten Staaten und ihre Behörden, Angestellten und Beamten; es steht jedoch im Ermessen des Register of Copyrights, auf das Erfordernis dieses Absatzes in gelegentlichen und vereinzelten Fällen bei verhältnismäßig geringfügigen Beiträgen zu verzichten.

(c) Der Register of Copyrights zahlt sämtliche Gebühren beim Finanzministerium der Vereinigten Staaten gemäß den Anweisungen des Finanzministers ein. Der Register kann in Übereinstimmung mit von ihm bzw. ihr zu erlassenden Vorschriften versehentlich gezahlte Beträge und Gebührenüberschüsse rückerstatten. Handelt es sich jedoch um einen Fall der Zurückweisung eines Eintragungsanspruchs nach § 410 Abs. b, so kann der Register vor der Rückerstattung die vorgeschriebene Eintragungsgebühr entweder ganz oder teilweise zur Deckung angemessener Verwaltungskosten für die Bearbeitung des Anspruchs abziehen.

§ 709

Zustellungsverzögerungen auf Grund einer Unterbrechung der Postzustellung oder anderer Dienste

In jedem Fall, bei dem der Register of Copyrights feststellt, daß auf der Grundlage von Beweismaterial, das der Register durch Verordnung verlangen kann, eine Hinterlegung, Anmeldung, Gebühr oder sonstiges beim Copyright Office zu einem bestimmten Zeitpunkt einzureichendes Material fristgerecht beim Copyright Office eingegangen wäre, wenn keine allgemeine Unterbrechung oder Einstellung des Postverkehrs oder anderer Beförderungsdienste und Kommunikationsmittel eingetreten wäre, so gilt der tatsächliche Eingang des Materials beim Copyright Office innerhalb eines Monats nach dem Zeitpunkt, den der Register als Beendigung der Unterbrechung oder Einstellung des Zustellungsverkehrs festlegt, als fristgerecht.

§ 710

Vervielfältigungen für den Gebrauch von Blinden und Körperbehinderten: Formulare für freiwillige Lizenzen und Verfahrensvorschriften

Der Register of Copyrights erläßt nach Rücksprache mit dem Leiter der Abteilung für Blinde und Körperbehinderte und mit anderen zuständigen Beamten der Kongreßbibliothek im Wege der Verordnung genormte Formulare und Verfahrensvorschriften, nach denen der Urheberrechtsinhaber zum Zeitpunkt der Einreichung von Anmeldungen für bestimmte, im einzelnen festgelegte Kategorien nichtdramatischer literarischer Werke zur Eintragung nach § 408 dieses Gesetzes der Kongreßbibliothek freiwillig eine Lizenz einräumt, das urheberrechtlich geschützte Werk in Blindenschrift und ähnlichen Tastsymbolen oder durch Fixierung einer Lesung des Werks auf einem Tonträger oder auf beide Weisen zu vervielfältigen und die gewonnenen Werkexemplare und Tonträger ausschließlich zum Gebrauch für Blinde und Körperbehinderte sowie unter eingeschränkten Bedingungen zu vertreiben, die in den genormten Formularen im einzelnen näher anzugeben sind.

KAPITEL 8

Schiedsstelle für Urheberrechtsvergütungen (Copyright Royalty Tribunal)

§ 801

Errichtung und Zweck der Schiedsstelle für Urheberrechtsvergütungen

(a) Innerhalb der gesetzgebenden Gewalt wird eine unabhängige Schiedsstelle für Urheberrechtsvergütungen geschaffen.

(b) Vorbehaltlich der Bestimmungen dieses Kapitels dient die Schiedsstelle folgendem Zweck:

1. Entscheidungen über die Anpassung angemessener Urhebertantiemensätze zu treffen, wie sie in den §§ 115 und 116 vorgesehen sind und die in § 118 vorgesehenen angemessenen Bedingungen und Tarifsätze für Lizenzzahlungen festzusetzen. Die nach den §§ 115 und 116 anwendbaren Sätze sind so zu berechnen, daß sie folgende Ziele erreichen:

   (A) In größtmöglicher Zahl schöpferische Werke für die Allgemeinheit verfügbar zu machen,

   (B) dem Urheberrechtsinhaber einen angemessenen Gewinn für sein schöpferisches Werk und dem Urheberrechtsbenutzer im Rahmen der bestehenden Wirtschaftsbedingungen angemessene Einkünfte zu gewähren,

   (C) die jeweilige Rolle zu berücksichtigen, die der Urheberrechtsinhaber und der Urheberrechtsbenutzer bei dem Zugänglichmachen des Erzeugnisses an die Allgemeinheit spielen und zwar im Hinblick auf ihren verhältnismäßigen schöpferischen und technologischen Beitrag, die Kapitalinvestitionen, die Kosten, das Risiko und den Beitrag bei der Öffnung neuer Märkte für schöpferische Ausdrucksmittel und deren Kommunikationsmedien,

   (D) die auflösende Wirkung auf die Struktur der beteiligten Wirtschaftszweige und auf den allgemein anerkannten Handelsbrauch so gering wie möglich zu halten.

2. Entscheidungen über die Anpassung der Urhebervergütungssätze nach § 111 ausschließlich in Übereinstimmung mit den folgenden Bestimmungen zu treffen:

   (A) Die in § 111 Abs. d Ziff. 2 B festgesetzten Tarifquoten können so angepaßt werden, daß sie (i) die nationale Inflation oder Deflation und (ii) Änderungen der Durchschnittsgebühren widerspiegeln, die den Teilnehmern der Kabelsendeunternehmen für die Bereitstellung von

Zweitsendungen berechnet werden, um den wirklich gleichbleibenden Dollarwert der Vergütungen pro Teilnehmer aufrecht zu erhalten, wie er bei Inkrafttreten dieses Gesetzes bestand. Dies gilt mit der Maßgabe, daß keine Änderung der in § 111 Abs. d Ziff. 2 B festgesetzten Tarifquoten zulässig ist, wenn die Durchschnittsgebühren, die den Teilnehmern der Kabelsendeunternehmen für die Bereitstellung von Zweitsendungen berechnet werden, so geändert werden, daß sie die nationale Geldentwertung übersteigen, und mit der weiteren Maßgabe, daß keine Anhebung der Vergütung gestattet ist, die sich auf die Verringerung der durchschnittlichen Fernsignaläquivalente pro Teilnehmer stützt. Die Kommission kann alle Faktoren berücksichtigen, die sich auf die wertmäßige Beibehaltung dieses Zahlungsstandards beziehen, einschließlich der als mildernder Umstand zu berücksichtigenden Tatsache, ob die Kabelindustrie durch die behördliche Festsetzung von Teilnehmergebühren an der Anhebung der Grundtarifsätze für die Bereitstellung von Zweitsendungen gehindert worden ist.

(B) Falls die Richtlinien und Vorschriften der Federal Communications Commission irgendwann nach dem 15. April 1976 dahin geändert werden, daß die Weitersendung von zusätzlichen Fernsehsendungen durch Kabelsysteme über den örtlichen Sendebereich des Erstsenders hinaus erlaubt werden, können die in § 111 Abs. d Ziff. 2 B festgelegten Tarife dahin angepaßt werden, daß sichergestellt ist, daß die Gebühren für die zusätzlichen Fernsignaläquivalente, die sich aus der Weitersendung ergeben, im Hinblick auf die Änderungen angemessen sind, die durch die Änderungen der Richtlinien und Vorschriften bewirkt werden. Bei der Entscheidung über die Angemessenheit vorgeschlagener Tarifsätze im Anschluß an eine Änderung der Federal Communications Commissions-Richtlinien und -Vorschriften zieht die Schiedsstelle für Urheberrechtsvergütungen neben anderen Umständen die wirtschaftlichen Auswirkungen auf die Inhaber von Urheberrechten und Benutzer in Betracht, mit der Maßgabe, daß keine Anpassung der Urheberrechtsvergütungen auf Grund dieser Bestimmung in bezug auf ein Fernsignaläquivalent oder dessen Bruchteil erfolgen darf, das sich ergibt durch (i) die Sendung von Signalen, die gemäß den am 15. April 1976 geltenden Richtlinien und Vorschriften der Federal Communications Commission erlaubt sind, oder durch die Sendung von Signalen derselben Art (d. h. unabhängiges, dem Sendenetz angehöriges oder nicht-kommerzielles Unterrichtsprogramm), die an die Stelle der erlaubten Sendungen treten, oder (ii) durch eine Fernsehsendung, die zum erstenmal nach dem 15. April 1976 auf Grund eines persönlichen Verzichts auf die Richtlinien und Vorschriften der Federal Communications Commission so wie sie zum 15. April 1976 in Kraft waren, gesendet worden ist.

(C) Im Falle einer Änderung der Federal Communications Commissions-Richtlinien und -Vorschriften in bezug auf die Ausschließlichkeit von Gemeinschaftsübertragungen und Sportprogrammen nach dem 15. April 1976 können die Tarifsätze gemäß § 111 Abs. d Ziff. 2 B so angepaßt werden, daß sie im Hinblick auf die Änderungen dieser Vorschriften angemessen sind. Jede derartige Anpassung soll jedoch nur für die betroffenen Fernsehsignale gelten, die von Sendern übertragen werden, die ihrerseits von der Änderung betroffen sind.

(D) Die Begrenzung der Bruttoeinnahmen gemäß § 111 Abs. a Ziff. 2 C und D sind so anzupassen, daß sie der nationalen Geldinflation und Deflation und Änderungen der durchschnittlichen Gebühren entsprechen, die den Teilnehmern der Kabelsendeunternehmen für die Bereitstellung von Zweitsendungen berechnet werden, um den wirklich gleichbleibenden Dollarwert der Befreiung dieses Paragraphen beizubehalten, und daß der dort festgelegte Tantiemesatz von der Anpassung ausgeschlossen ist sowie daß,

3. Lizenzgebühren, die beim Register of Copyrights gemäß den §§ 111 und 116 hinterlegt worden sind, verteilt werden und im Fall von Streitigkeiten über die Verteilung solcher Vergütungen entschieden wird.

(c) Sobald wie möglich nach dem Tag des Inkrafttretens dieses Gesetzes und nicht später als sechs Monate danach veröffentlicht der Präsident eine Mitteilung, in der die in § 802 vorgesehenen Ersternennungen bekanntgegeben werden und legt die Rangordnung innerhalb der ersternannten Mitglieder der Schiedsstelle (Commissioners) für die Zwecke des § 802 Abs. b fest.

§ 802
Mitglieder der Schiedsstelle

(a) Die Schiedsstelle besteht aus fünf Commissioners, die vom Präsidenten auf Vorschlag und mit Zustimmung des Senats für einen Zeitraum von sieben Jahren ernannt werden. Von den ersten fünf Mitgliedern werden drei für sieben Jahre ernannt und zwei für fünf Jahre, jeweils gerechnet ab dem in § 801 Abs. c festgelegten Datum. Die Commissioners werden nach dem jeweils geltenden Höchstbetrag der Stufe 18 der Besoldungsordnung bezahlt (5 U.S.C. 5332).

(b) Beim Zusammentreten der Schiedsstelle wählen die Commissioners einen Vorsitzenden aus den Reihen der für die vollen sieben Jahre gewählten Commissioners. Der Vorsitzende wird für ein Jahr gewählt. Danach übernimmt der älteste Commissioner, der noch nicht Vorsitzender gewesen ist, für ein Jahr den Vorsitz. Für den Fall, daß alle Commissioners eine volle Amtsperiode Vorsitzender gewesen sind, übernimmt der älteste Commissioner den Vorsitz, der die geringste Zahl von Wahlperioden Vorsitzender gewesen ist.

(c) Eine Nichtbesetzung der Schiedsstelle beeinflußt nicht ihre Beschlußfähigkeit. Die offene Stelle wird für die Restlaufzeit der Erennung auf dieselbe Weise besetzt wie die ursprüngliche Ernennung.

§ 803

Verfahren vor der Schiedsstelle

(a) Die Schiedsstelle erläßt im Rahmen der bestehenden Gesetze Vorschriften zur Regelung ihres Verfahrens und ihrer Geschäftsordnung. Soweit sich aus diesem Kapitel nichts anderes ergibt, unterliegt die Schiedsstelle den Vorschriften des Verwaltungsverfahrensgesetzes (Administrative Procedure Act) vom 11. Juni 1946 in der revidierten Fassung (c. 324, 60 Stat. 237, Titel 5, United States Code, Kap. 5, Abschn. II und Kap. 7).

(b) Jede Endentscheidung der Schiedsstelle wird im Federal Register veröffentlicht. Sie soll im einzelnen die Gesichtspunkte, die die Schiedsstelle in dem betreffenden Verfahren für entscheidungserheblich angesehen hat, die verschiedenen Tatsachen, die es für die Entscheidung als einschlägig erachtet hat und die genauen Gründe für die Entscheidung angeben.

§ 804

Einleitung und Beendigung der Verfahren

(a) Im Hinblick auf Verfahren nach § 801 Abs. b Ziff. 1 betreffend die Anpassung von Vergütungssätzen gemäß den §§ 115 und 116 und im Hinblick auf Verfahren nach § 801 Abs. b Ziff. 2 A und D

1. wird der Vorsitzende der Schiedsstelle am 1. Januar 1980 im Federal Register die Veröffentlichung eines Hinweises über die Einleitung von Verfahren nach diesem Kapitel veranlassen.
2. kann jeder Inhaber von Urheberrechten oder jeder Benutzer von geschützten Werken, dessen Vergütungen nach diesem Titel berechnet werden oder auf einem von der Schiedsstelle festgesetzten Satz beruhen, in dem Kalenderjahr, das sich aus dem nachstehenden Zeitplan im einzelnen ergibt, einen Antrag auf Anpassung durch die Schiedsstelle stellen. Die Schiedsstelle entscheidet, ob der Antragsteller ein besonderes Interesse an der Vergütung hat, für die eine Anpassung begehrt wird. Wenn die Schiedsstelle feststellt, daß der Antragsteller ein gewichtiges Interesse hat, läßt der Vorsitzende einen Hinweis auf diese Entscheidung unter Angabe der Gründe im Federal Register veröffentlichen zusammen mit einem Hinweis auf die Einleitung eines Verfahrens nach diesem Kapitel.
   (A) Bei Verfahren nach § 801 Abs. b Ziff. 2 A und D kann ein solcher Antrag 1985 und von da an alle fünf Jahre gestellt werden.
   (B) Bei Verfahren nach § 801 Abs. b Ziff. 1 betreffend die Anpassung von Vergütungssätzen gemäß § 115 kann ein solcher Antrag 1987 gestellt werden und von da an alle 10 Jahre.

(C) Bei Verfahren nach § 801 Abs. b Ziff. 1 betreffend die Anpassung von Vergütungssätzen gemäß § 116 kann ein Antrag 1990 gestellt werden und von da an alle 10 Jahre.

(b) Im Hinblick auf Verfahren nach § 801 Abs. b Ziff. 2 B oder C, die sich als Folge von dort beschriebenen Vorgängen ergeben, kann jeder Inhaber oder Benutzer von geschützten Werken, dessen Vergütungssätze im einzelnen nach § 111 festgelegt sind oder auf einem von der Schiedsstelle aufgestellten Tarifsatz beruhen, innerhalb von 12 Monaten bei der Schiedsstelle einen Antrag auf Anpassung der Vergütung stellen. In diesem Fall geht die Schiedsstelle gemäß Abs. a Ziff. 2 oben vor. Jede Änderung der Vergütungssätze nach diesem Absatz kann 1980, 1985 und danach alle fünf Jahre gemäß den Bestimmungen in § 801 Abs. b Ziff. 2 B bzw. C überprüft werden.

(c) Im Hinblick auf Verfahren nach § 801 Abs. d Ziff. 1 betreffend die Festlegung von angemessenen Vergütungsbedingungen und -sätzen, wie sie in § 118 vorgesehen sind, wird die Schiedsstelle in den dort aufgeführten Fällen und gemäß dem dort festgelegten Verfahren tätig.

(d) Im Hinblick auf Verfahren nach § 801 Abs. b Ziff. 3 betreffend die Verteilung der Vergütungen unter bestimmten Umständen nach §§ 111 oder 116 läßt der Vorsitzende der Schiedsstelle nach Feststellung durch die Schiedsstelle, daß Streit über die Verteilung besteht, einen Hinweis über die Einleitung des Verfahrens nach diesem Kapitel im Federal Register veröffentlichen.

(e) Alle Verfahren nach diesem Kapitel sind unverzüglich nach Veröffentlichung des obigen Hinweises zu beginnen und die Schiedsstelle entscheidet abschließend in jedem dieser Verfahren innerhalb eines Jahres nach der Veröffentlichung.

§ 805

Mitarbeiterstab der Schiedsstelle

(a) Die Schiedsstelle ist ermächtigt, die für die Durchführung der Gesetzesvorschriften erforderlichen Angestellten einzustellen und deren Bezahlung sowie deren Aufgaben- und Pflichtenkreis festzulegen.

(b) Die Schiedsstelle kann zeitweise und vorübergehend in gleichem Umfang Dienste erbringen, wie dies nach § 3109 des Titels 5 zulässig ist.

§ 806

Verwaltungsmäßige Hilfe für die Schiedsstelle

(a) Die Kongreßbibliothek versorgt die Schiedsstelle mit den erforderlichen Verwaltungsdiensten einschließlich solcher, die sich auf Haushalt, Buchhaltung, Buchprüfung, Reisen, Personalverwaltung und Beschaffung beziehen.

Die Schiedsstelle zahlt der Kongreßbibliothek für diese Dienste entweder im voraus oder durch Erstattung aus den Mitteln der Schiedsstelle, wobei sich der Librarian und die Schiedsstelle über die Höhe einigen.

(b) Die Kongreßbibliothek wird ermächtigt, für die Schiedsstelle Mittel auszulegen auf Grund von Bestimmungen, die gemeinsam von dem Librarian und der Schiedsstelle mit Billigung des Präsidenten des Rechnungshofes (Comptroller General) festgelegt werden. Die Bestimmungen legen die Bedingungen und das Verfahren fest, nach denen jeder Beleg, der zur Zahlung durch die Kongreßbibliothek auf Grund dieses Kapitels bestimmt ist, von einem hierzu ermächtigten Beamten oder Angestellten der Schiedsstelle beglaubigt wird. Die Bestimmungen schreiben die Verantwortlichkeit und die Rechenschaftspflicht dieser Beamten und Angestellten der Schiedsstelle hinsichtlich ihrer Zeichnungsbefugnis vor.

§ 807

Abzug von Verfahrenskosten

Bevor irgendwelche Gelder auf Grund einer Endentscheidung in einem Verfahren auf Vergütungsverteilung aufgeteilt werden, setzt die Schiedsstelle die auf das Verfahren entfallenden angemessenen Kosten fest.

§ 808

Berichte

Zusätzlich zur Veröffentlichung des in § 803 Abs. b vorgesehenen Berichts aller Endentscheidungen erstattet die Schiedsstelle dem Präsidenten und dem Kongreß Bericht über die Arbeit der Schiedsstelle während des vorangegangenen Finanzjahres einschließlich einer eingehenden Finanzaufstellung.

§ 809

Wirksamkeitsdatum der Endentscheidungen

Jede Endentscheidung der Schiedsstelle nach diesem Kapitel wird 30 Tage nach ihrer in § 803 Abs. b vorgesehenen Veröffentlichung im Federal Register wirksam, es sei denn, daß vorher gemäß § 810 Berufung eingelegt worden ist, die Entscheidung aufzuheben, abzuändern oder zu berichtigen, und daß die Benachrichtigung von der Einlegung des Rechtsmittels allen Beteiligten, die in dem betreffenden Verfahren vor der Schiedsstelle aufgetreten sind, zugestellt worden ist. Betrifft das Verfahren die Verteilung der Lizenzgebühren nach den §§ 111 oder 116, so verteilt die Schiedsstelle nach Ablauf der 30tägigen Frist die nicht von dem gemäß § 810 eingelegten Rechtsmittel erfaßten Lizenzgebühren.

§ 810

Gerichtliche Überprüfung

Gegen jede abschließende Entscheidung der Schiedsstelle in einem Verfahren nach § 801 Abs. b kann von der beschwerten Partei innerhalb von 30 Tagen nach seiner Veröffentlichung im Federal Register beim Berufungsgericht der Vereinigten Staaten (United States Court of Appeals) Berufung eingelegt werden. Die gerichtliche Überprüfung der Entscheidung erfolgt gemäß den Bestimmungen des Titels 5 Kap. 7 auf der Grundlage des Protokolls vor der Schiedsstelle. Kein anderes als das in diesem Paragraphen vorgesehene Gericht ist für die rechtliche Überprüfung einer Endentscheidung der Schiedsstelle zuständig.

Übergangs- und Ergänzungsbestimmungen

102. Dieses Gesetz tritt am 1. Januar 1978 in Kraft, soweit im Gesetz nicht ausdrücklich etwas anderes bestimmt ist, einschließlich der Bestimmungen des ersten Abschnitts (101.) dieses Gesetzes. Die Bestimmungen der §§ 118, 304 Abs. b und Kap. 8 des Titels 17 in der Fassung des ersten Abschnitts dieses Gesetzes treten mit der Verabschiedung dieses Gesetzes in Kraft.

103. Dieses Gesetz sieht keinen Urheberrechtsschutz für Werke vor, die vor dem 1. Januar 1978 Gemeingut geworden sind. Die in § 106 des Titels 17 in der Fassung des ersten Abschnitts dieses Gesetzes geregelten Ausschließlichkeitsrechte, ein Werk in Tonträgern zu vervielfältigen und Tonträger des Werks zu verbreiten, erstrecken sich nicht auf nichtdramatische Musikwerke, die vor dem 1. Juli 1909 urheberrechtlich geschützt worden sind.

104. Alle vom Präsidenten nach §§ 1 Abs. e oder 9 Abs. b des Titels 17 in der Fassung, wie sie am 31. Dezember 1977 gilt, oder auf Grund früherer Urheberrechtsgesetze der Vereinigten Staaten erlassenen Bekanntmachungen bleiben in Kraft, bis der Präsident sie beendet, aufhebt oder abändert.

...

106. Wer vor dem 1. Januar 1978 rechtmäßig Teile von Geräten hergestellt hat, die zur mechanischen Vervielfältigung eines urheberrechtlich geschützten Werks dienen, und zwar nach den Zwangslizenzvorschriften des § 1 Abs. e des Titels 17, wie sie am 31. Dezember 1977 galten, kann die Herstellung und Verbreitung der Teile, die dieselbe mechanische Vervielfältigung verkörpern, fortsetzen, ohne sich eine neue Zwangslizenz nach den Bedingungen des § 115 des Titels 17 in der durch den ersten Abschnitt dieses Gesetzes geänderten Fassung zu verschaffen. Teile, die am oder nach dem 1. Januar 1978 gefertigt worden sind, stellen jedoch Tonträger dar und unterliegen im übrigen den Bestimmungen des genannten § 115.

107. Bei einem Werk, an dem ein vorläufiges Urheberrecht (ad interim copyright) besteht oder bis zum 31. Dezember 1977 nach § 22 des Titels 17 in der zu diesem Zeitpunkt geltenden Fassung erlangt werden kann, wird der Urheberrechtsschutz hiermit erweitert auf die in § 304 des Titels 17 in der durch den ersten Abschnitt dieses Gesetzes geänderten Fassung vorgesehene Schutzdauer bzw. Schutzperioden.

108. Die Vorschriften der §§ 401 bis 403 des Titels 17 in der durch den ersten Abschnitt dieses Gesetzes geänderten Fassung über den Copyright Vermerk sind auf alle Werkexemplare und Tonträger anwendbar, die am oder nach dem 1. Januar 1978 öffentlich verbreitet worden sind. Bei einem Werk, das vor dem 1. Januar 1978 veröffentlicht worden ist, genügt jedoch die Erfüllung der Vermerkvorschriften des Titels 17, sei es in der am 31. Dezember 1977 geltenden oder in der durch dieses Gesetz geänderten Fassung für Werkexemplare, die nach dem 31. Dezember 1977 öffentlich verbreitet worden sind.

109. Die Registrierung von Urheberrechtsansprüchen, bei denen die erforderliche Hinterlegung, Anmeldung und Gebühr beim Copyright Office vor dem 1. Januar 1978 eingegangen sind, und die Eintragung von Urheberrechtsübertragungen oder anderen Urkunden, die vor dem 1. Januar 1978 beim Copyright Office eingegangen sind, erfolgen nach den Bestimmungen des Titels 17 in der am 31. Dezember 1977 geltenden Fassung.

110. Die Aufforderungs- und Strafbestimmungen des Abschnitts 14 des Titels 17 in der am 31. Dezember 1977 geltenden Fassung sind auf jedes Werk anwendbar, bei dem das Urheberrecht durch Veröffentlichung mit Copyright Vermerk an oder vor diesem Zeitpunkt erlangt worden ist. Jede Hinterlegung und Eintragung, die nach diesem Zeitpunkt in Beantwortung einer Aufforderung nach dem genannten Abschnitt erfolgt, ist jedoch gemäß den Bestimmungen des Titels 17 in der durch den ersten Abschnitt dieses Gesetzes geänderten Fassung vorzunehmen.

...

112. Alle Klagerechte aus dem Titel 17, die vor dem 1. Januar 1978 entstanden sind, bestimmen sich nach Titel 17 in der zur Zeit der Anspruchsentstehung geltenden Fassung.

113. (a) Der Librarian of Congress (nachstehend als „Librarian" wiedergegeben) richtet in der Kongreßbibliothek eine Bibliothek unter der Bezeichnung „Amerikanisches Fernseh- und Radio Archiv" (American Television and Radio Archives — nachstehend mit „Archiv" bezeichnet) ein und unterhält sie. Der Zweck des Archivs besteht darin, eine ständige Aufzeichnung der Fernseh- und Radioprogramme zu bewahren, die das Erbe des amerikanischen Volkes sind und Historikern und Wissenschaftlern Zugang zu diesen Programmen zu verschaffen, ohne dabei zu Urheberrechtsverletzungen zu ermuntern oder sie zu verursachen.

1. Der Librarian entscheidet nach Rücksprache mit interessierten Organisationen und Personen, welche Werkexemplare und Tonträger von Fernseh- und Radioprogrammen, die in den Vereinigten Staaten und anderen Ländern in der Öffentlichkeit gesendet worden sind, von gegenwärtigem

oder potentiellem öffentlichen oder kulturellen Interesse sind, historische Bedeutung oder Erkenntnis haben oder ansonsten erhaltenswert sind und nimmt sie in das Archiv auf, einschließlich der Werkexemplare und Tonträger von veröffentlichten und unveröffentlichten Sendeprogrammen, die

(A) gemäß den §§ 407 und 408 des Titels 17 in der durch den ersten Abschnitt dieses Gesetzes geänderten Fassung erworben,

(B) von der bestehenden Sammlung der Kongreßbibliothek übertragen,

(C) dem Archiv überlassen oder mit anderen Bibliotheken, Archiven, Organisationen und Personen ausgetauscht und

(D) vom Eigentümer gekauft worden sind.

2. Der Librarian führt und veröffentlicht geeignete Kataloge und Verzeichnisse der Archivbestände und stellt sie für Studien- und Forschungszwecke unter den in dieser Bestimmung vorgeschriebenen Bedingungen zur Verfügung.

(b) Ungeachtet der Vorschriften des § 106 des Titels 17 in der durch den ersten Abschnitt dieses Gesetzes geänderten Fassung ist der Librarian berechtigt, bei Sendeprogrammen, die in einer planmäßigen Nachrichtensendung oder in einer außerordentlichen Übertragung von Neuigkeiten bestehen, unter den Voraussetzungen und Bedingungen, die der Librarian durch Verordnung erläßt,

1. eine Fixierung eines solchen Programms in derselben oder einer anderen körperlichen Form zum Zweck der Erhaltung, aus Sicherheitsgründen oder zur Verbreitung unter den Voraussetzungen der Ziff. 3 dieses Absatzes zu vervielfältigen,

2. Teile dieser Fixierungen ohne Kürzung oder anderes Redigieren nach Sachgebieten zusammenzustellen und die Zusammenstellungen für die in Ziff. 1 dieses Absatzes genannten Zwecke zu vervielfältigen,

3. eine unter der Geltung der Ziff. 1 oder 2 dieses Absatzes hergestellte Vervielfältigung zu verbreiten

(A) im Wege des Verleihs an Forschungstätige und

(B) für die Hinterlegung in einer Bibliothek oder einem Archiv, das die Anforderungen des § 108 Abs. a des Titels 17 in der durch den ersten Abschnitt dieses Gesetzes geänderten Fassung erfüllt;

in beiden Fällen ausschließlich zum Forschungsgebrauch und nicht für weitere Vervielfältigungen oder Aufführungen.

(c) Der Librarian und jeder Bibliotheksangestellte, der im Rahmen der Ermächtigung dieser Bestimmung handelt, haften nicht bei Klagen wegen Urheberrechtsverletzung, die von einer anderen Person begangen worden sind, es sei denn, der Librarian oder der Angestellte haben sich wissentlich an der Verletzungshandlung dieser Person beteiligt. Diese Bestimmung ist nicht so auszulegen, daß sie die nach Titel 17 in der durch den ersten Abschnitt dieses Gesetzes geänderten Fassung bestehende Haftung für eine nach dem Titel oder diesem Paragraphen unbefugte Handlung oder für jede Handlung, die ein nach dem Titel oder diesem Paragraphen Unberechtigter ausführt, entschuldigt oder beschränkt.

(d) Diese Bestimmung kann als „Amerikanisches Fernseh- und Rario-Archivgesetz" (American Television and Radio Archives Act) zitiert werden.

114. Die Bereitstellung der zur Durchführung dieses Gesetzes erforderlichen Mittel wird hiermit bewilligt.

115. Wird eine Bestimmung des Titels 17 in der durch den ersten Abschnitt dieses Gesetzes geänderten Fassung für verfassungswidrig erklärt, so bleibt der Rest des Titels davon unberührt.

100 JAHRE
ASSOCIATION LITTERAIRE ET ARTISTIQUE INTERNATIONALE

Die Association Littéraire et Artistique Internationale (ALAI) ist eine internationale Vereinigung, die dem Schutz und der Weiterentwicklung des Urheberrechts gewidmet ist. Sie erfüllt auf dem Gebiet des Urheberrechts die gleichen Aufgaben, denen die Association Internationale pour la Protection de la Propriété Industrielle (AIPPI) auf dem Gebiet des gewerblichen Rechtsschutzes dient. Die ALAI ist jedoch in der Bundesrepublik Deutschland und zwar auch in Fachkreisen, nicht annähernd so bekannt, wie ihre größere Schwester, die AIPPI. Mit dieser Mitteilung sollen daher diejenigen auf die ALAI aufmerksam gemacht werden, denen die Pflege und Weiterentwicklung des Urheberrechts am Herzen liegt. Zugleich soll ihnen der Beitritt zu dieser Vereinigung empfohlen werden.

Die ALAI wurde im Jahr 1878 aufgrund der Initiative der „Société des Gens de Lettres de France" und unter der Schirmherrschaft von Victor Hugo gegründet, der ihr erster Ehrenpräsident war. Sie hat ihren Sitz in Paris, ihr gegenwärtiger Präsident ist Professor Henri Desbois, der Nestor der französischen Urheberrechtler.

Die ALAI hat maßgebend an der Schaffung der Berner Übereinkunft zum Schutz der Werke der Literatur und Kunst im Jahr 1886 sowie bei den zahlreichen Konferenzen zur Revision dieser Übereinkunft mitgewirkt. Sie hält seit ihrem Bestehen laufend Kongresse, Arbeitstagungen und Symposien ab, auf denen die jeweils aktuellen Fragen des Urheberrechts im internationalen Gedankenaustausch behandelt und vertieft werden. Ein nächster Kongreß steht kurz bevor: Vom 29. Mai bis 3. Juni 1978 feiert die ALAI ihr hundertjähriges Bestehen mit einem Jubiläumskongreß in Paris, für den ein der Bedeutung des Ereignisses entsprechendes Programm vorgesehen ist.

Mitglied der ALAI kann jede natürliche und juristische Person werden, die an den Belangen des Urheberrechts interessiert ist. Das sind neben Juristen und Urhebern auch die Verwerter urheberrechtlich geschützten Gutes wie Verleger, Schallplattenhersteller, Filmproduzenten, Rundfunkanstalten und Verwertungsgesellschaften.

Die ALAI unterhält Landesgruppen in einzelnen Ländern. Es ist das Bestreben der deutschen Landesgruppe, die Aktivitäten der ALAI auf deutschem Boden und gleichzeitig auch den deutschen Einfluß in der Gesamtvereinigung zu stärken. Dies kann jedoch nur gelingen, wenn die am Urheberrecht interessierten Kreise in der Bundesrepublik Deutschland in größerem Umfang als bisher der ALAI beitreten und an deren Arbeit aktiven Anteil nehmen. Es ist zu beobachten, daß andere Landesgruppen, die wesentlich mehr Mitglieder als die deutsche Landesgruppe haben, auf die Vorhaben der ALAI und die Entwicklung des Urheberrechts entsprechend stärkeren Einfluß nehmen können.

Der Jahresbeitrag beträgt zur Zeit DM 50,–; für Studenten und Referendare DM 30,–; für juristische Personen mindestens DM 140,–. Anfragen wegen der Mitgliedschaft sind an den Präsidenten der deutschen Landesgruppe der ALAI, Herrn Dr. Dietrich Reimer (Siebertstraße 3, 8000 München 80, Tel. 0 89 / 92 46 / 239) zu richten.

ASSOCIATION LITTERAIRE ET ARTISTIQUE INTERNATIONALE
DEUTSCHE LANDESGRUPPE

Dr. Dietrich Reimer   Dr. Adolf Dietz   Dr. Arthur L. Sellier

tischen Urheberrechts und rechtliche Aspekte der Tätigkeit der VAAP. Ein zusammenfassender Überblick. — Adolf Dietz (München): Vor europäischer Kurzsichtigkeit wird gewarnt. Eine Erwiderung auf den aktuellen Beitrag von Dr. Ferdinand Sieger in FILM UND RECHT Nr. 5/1977; ders.: Möglichkeiten der Harmonisierung des Urheberrechts in Europa. Referat von Dr. Adolf Dietz (Zusammenfassung) auf der Tagung der Gesellschaft für Rechtsvergleichung 1977 in Münster (Westf.). — Siegfried Dörffeldt (Schlangenbad/Wiesbaden): Tätigkeitsbericht des Kuratoriums junger deutscher Film für das Jahr 1976. — C. A. Dumesnil (Brüssel): Das Europa des Films 1976. Bemerkenswerte Aktivitäten bei den internationalen Berufsverbänden. Anhang: Zahl der Filmbesucher auf den vier europäischen Hauptmärkten im Jahre 1975; ders.: Existenzfragen der nationalen Filmwirtschaften. Probleme, Diskussionen und Taten im europäischen Filmbereich. — Wolfram Ehlers (München): Gewaltdarstellung und Pornographie im Lichte jüngster Rechtsprechung. Überlegungen zur Begriffsproblematik und zur Methode der Begriffsbestimmung. — Norbert P. Flechsig (Freiburg/Brsg.): Filmwirtschaft und neues Wirtschaftsstrafrecht. Mögliche Auswirkungen des 1. WiKG insbesondere auf staatliche Filmförderungsmaßnahmen. — Stefan Geiger (Pforzheim): Versuch einer Eingrenzung des Informationsbegriffs. Kriterien einer Definition. — Albrecht Götz von Olenhusen (Freiburg/Brsg.): Verbraucherschutz unter medienpolitischen Aspekten. Rechtsgrundlagen und Rechtspolitik; ders.: (mit Ass. Elisabeth Martens) Die steuerliche Begünstigung von Nebeneinkünften aus wissenschaftlicher, künstlerischer oder schriftstellerischer Tätigkeit (§ 34 Abs. 4 EStG). Zur Bedeutung einer jüngsten Entscheidung des Bundesfinanzhofs für die Praxis der steuerlichen Beurteilung von Kulturberufen. — Roland Grossenbacher (Könitz): Das Übersetzungsrecht des Welturheberrechtsabkommen und Schutzausnahmen im sowjetischen Urheberrecht. Konventionsrechtliche Grenzen innerstaatlicher Einschränkungen des Übersetzungsrechts. — Wolfram Hamann (Essen): Nochmals: Volksgrafik oder Postwertzeichen? Zum Erscheinen der Briefmarke Arik Brauers. — Horst von Hartlieb (Wiesbaden): Strafrecht und Filmfreiheit. Zwei Filme jetzt vor der Entscheidung durch den Bundesgerichtshof. — Ernst Hefti (Zürich): Krise des Schweizer Films? Eine Betrachtung über die 12. Solothurner Filmtage; ders.: Die Parodie im Urheberrecht. Zum Problem der Parodiebehandlung in Rechtsprechung und Rechtslehre (Zusammenfassung). — Kurt Hentschel (München): Zum Anspruch der politischen Parteien auf Vertretung in den Kontrollorganen der Landesrundfunkanstalten. Ein in Bayern akut gewordenes Problem von grundsätzlicher Bedeutung für alle Bundesländer; ders.: Das Parteienprivileg und die Verantwortung der Rundfunkintendanten. Zur Streitfrage, ob den politischen Parteien ein Anspruch auf ungeprüfte Ausstrahlung ihrer Wahlpropagandasendungen zusteht. — Wilhelm Herschel (Bonn/Köln): Tarifvertragliche Protokollnotizen. Ungewöhnliche und abträgliche Formen einer Tarifregelung; ders.: Wechsel des Auftraggebers arbeitnehmerähnlicher freier Mitarbeiter. Analoge Anwendung des § 613 a BGB; ders.: Die Kündigung der arbeitnehmerähnlichen freien Mitarbeiter. Differenzierung nach der jeweiligen Rechtsform der Tätigkeit und Ermittlung des Sinngehalts arbeitsrechtlicher Schutzvorschriften für deren Anwendung auf Nichtarbeitnehmer. — Peter Holeschofsky (Wien): Schiedskommissionen nach dem österreichischen Verwertungsgesellschaftengesetz (VerwGesG). Zu Fragen ihres Rechtscharakters und der Vereinbarkeit mit dem Verfassungsrecht; ders.: Urheberrechtlich geschützte Werke im Schulgebrauch. Ausgestaltung und Beschränkung der Rechte. — Gerhard Jacoby (München): Die Jahrbücher von ARD und ZDF. Informationsquellen zur Praxis der Sendeanstalten. — Ehrenfried Klauer (Mainz): Wo steht das ZDF mit der Tarifregelung für „Freie"? Personalvertretung im letzten Augenblick gesetzlich von der Vertragsüberwachung ausgeschlossen. — Wolfgang Larese (Zürich): Eine Revision des urheberrechtlichen Werkbegriffs? Anmerkungen zu einer aktuellen Frage der schweizerischen Urheberrechtsreform. — Martin Löffler (Stuttgart): Arbeitskampfrecht und Pressefreiheit. 41. Tagung des Studienkreises für Presserecht und Pressefreiheit; ders.: Informationsfreiheit und Datenschutz. 42. Arbeitstagung des Studienkreises für Presserecht und Pressefreiheit. — Claus Maiwald (Hamburg): Zum Verhältnis von Urheberrecht und Leistungsschutz. Überlegungen für eine Angleichung beider Rechtssysteme. — Elisabeth Mart e n s (Freiburg/Brsg.): siehe Götz von Olenhusen. — Joachim N e u f e l d t (München): Tarifverträge für „auf Produktionsdauer Beschäftigte". Eine Stellungnahme aus der Sicht der RFFU. — Manfred R e h b i n d e r (Zürich): Hat das neue amerikanische Urheberrechtsgesetz das Reprografieproblem gelöst? Gesetzliche Generalklausel mit der Abstellung auf „fair use"; d e r s .: Zur Rechtfertigung des Zeitvertrags im Bühnenarbeitsrecht. Gründe der künstlerischen Qualität. — Werner R e u t e r (Köln): Tarifverträge für auf Produktionsdauer Beschäftigte und arbeitnehmerähnliche Personen bei den Rundfunkanstalten. Leitfunktion der WDR-Vereinbarung. — Robert R i e (Fredonia/N.Y.): Der amerikanisch-kanadische Fernsehkrieg. Ein Lagebericht; d e r s .: Regelungen für Kinder und Frauen im amerikanischen und französischen Reklamefernsehen. Eine komparatische Studie. — Bernhard R i e p e n h a u s e n (Bad Nauheim): Tarifverträge für freie Mitarbeiter der Rundfunkanstalten. Dargestellt am jüngsten Regelungsfall mit dem ZDF. — Georg R o e b e r (München): Tatbestände mit rechtlichen Auswirkungen. Ein Streifzug durch die Tagespresse des Jahres 1976; d e r s .: Arbeiten beim Institut für Film- und Fernsehrecht. Kurzbericht im Rückblick auf das Jahr 1976 und im Ausblick auf die weiteren Aufgaben; d e r s .: Die internationalen Konventionen auf den Gebieten des geistig-künstlerischen Schaffens. Nach dem Stand vom 1. Januar 1977. Unter Zugrundelegung der WIPO/OMPI-Angaben in „Le Droit d'Auteur" Nr. 1/1977; d e r s .: Die Organisation von Rundfunk und Fernsehen in rechtsvergleichender Sicht. Vortragsveranstaltung des Instituts für Rundfunkrecht an der Universität zu Köln; d e r s .: Überlegungen zum Bundesdatenschutzgesetz (BDSG). Diskussionsthema einer Arbeitssitzung beim Institut für Film- und Fernsehrecht; d e r s .: Moderne Kunst in fachlicher und rechtlicher Sicht. Tatsachen und Überlegungen zur Meinungsbildung; d e r s .: Videotext — Bildschirmzeitung — Bildschirmtext. Begriffliche Abgrenzungen im Sprachwirrwarr. — Walter S c h e e l (Bonn): Von der Freiheit der Kunst und der Kunst der Freiheit. — Jochen S c h n e i d e r (München): Zum Verhältnis von Datenschutz und Datensicherung. Fehlende Verbindung im BDSG. — Eckhard S c h u l z (Berlin): Das neue Erhebungssystem für Urhebertantiemen an den Bühnen. Statt der früheren Prozentualabgabe von den Kasseneinnahmen nunmehr Urheberabgabe pro Besucher. — Erich S c h u l z e (München): Mißverhältnis zwischen Urheberrecht und Leistungsschutz? Eine Antwort von Professor Schulze, Vorstand der GEMA. — Jürgen S c h w a p p a c h (Köln): Anwendungsprobleme des Bundesdatenschutzgesetzes (BDSG) für Unternehmen der privaten Wirtschaft. Schwierigkeiten der neuen Rechtsmaterie und der jetzigen Gesetzesregelung. — Joachim S c h w e i n o c h (München): Datenschutz im öffentlichen Bereich der Länder. Vollzug des Bundesdatenschutzgesetzes und Vervollständigung des Datenschutzes durch Länderregelungen. — Friedrich-Wilhelm v. S e l l (Köln): Information und Meinungsvermittlung. Wie wird der Bürger vor einseitiger Meinungsvermittlung geschützt?; d e r s .: Öffentlich-rechtliche Rundfunkstruktur und privatwirtschaftliche Fernsehproduktion. Produktionsfreiheit — ein Stück Rundfunkfreiheit. — Ferdinand S i e g e r (Stuttgart): Vor EG-Urheberrecht wird gewarnt. Drohende Gefahren einer Fehlentwicklung für Urheberrecht und Leistungsschutz; d e r s .: Möglichkeiten der Harmonisierung des Urheberrechts in Europa. Bericht über die Tagung der Gesellschaft für Rechtsvergleichung 1977 in Münster (Westf.). — Bernhard S i n o g o w i t z (Erlangen): Zur urheberrechtlichen Vergütung von Reprographien. Pläne der Verleger in der Kritik der Bibliothekare. — Lloyd S o m m e r l a d (UNESCO): Großversuch einer Telekonferenz. Machen Tele-Satelliten große Konferenzen überflüssig? UNESCO-Erfahrung mit SYMPHONIE. — Wilhelm S t e i n m ü l l e r (Regensburg): Überlegungen zur weiteren Datenschutzarbeit. Ausgangs- und Zielpunkte eines „Datenschutzverkehrsrechts". — Gustav W e b e r (Freiburg/Brsg.): Persönlichkeitsschutz gegen Verwertung von Vorstrafen. Ein Problem der Güterabwägung; d e r s .: Persönlichkeitsrecht und Tonbandaufnahmen in gerichtlichen Strafverhandlungen. Zur noch ungelösten Frage der Zulässigkeit für gerichtsinterne Zwecke ohne Zustimmung des Betroffenen. — Karl W e r n y (Bielefeld): Ausfuhrverbot für pornographische Filme. Kann der § 184 Abs. 1 Ziff. 9 StGB das Strafbarkeitsgefälle des Sexualstrafrechts im Verhältnis der Bundesrepublik Deutschland zu Österreich ausgleichen oder mildern? — Georg W r o n k a (Bonn-Bad Godesberg): Datenschutz in der Diskussion. Bemühungen um weitere Klärungen.

Kolibri 360 GmbH
Ferdinand-Jühlke-Straße 7
99095 Erfurt, Deutschland
produktsicherheit@kolibri360.de

Social Simulation of COVID-19 with AI in Japan

Satoshi Kurihara
Editor

Social Simulation of COVID-19 with AI in Japan

Multi-agent Simulation, Multi-layered AI Simulation, Deep Learning-Based Modelling, and Beyond

Springer

Editor
Satoshi Kurihara
Faculty of Science and Technology
Keio University
Yokohama, Kanagawa, Japan

ISBN 978-981-96-8065-8 ISBN 978-981-96-8066-5 (eBook)
https://doi.org/10.1007/978-981-96-8066-5

This Springer imprint is published by the registered company Springer Nature Singapore Pte Ltd.
The registered company address is: 152 Beach Road, #21-01/04 Gateway East, Singapore 189721, Singapore

Preface

For 3 years, starting in 2020, the world had to concentrate its efforts on combating COVID-19, and Japan was no exception. In Japan, the COVID-19 AI and Simulation Project was established within the Cabinet Secretariat during this period to explore and implement the potential applications of various technologies to balance infection prevention measures with economic activities. The primary focus areas of this project included "infection prevention simulations," "strategies for reducing contact opportunities," and "simulations for infection spread control and early detection." Specifically, the project undertook the following initiatives:

- Utilizing AI-driven data analysis based on information from SNS and web platforms to identify early signs of infectious disease outbreaks and spread.
- Various approaches will be used to conduct simulations to predict the number of new positive and severe cases in the future, and similar simulations will assess the impact of infection spread on medical resources and the economy.
- Comparing infection trends between Japan and other countries to analyze the factors influencing infection expansion and contraction.
- Developing simulations for estimating infection status and analyzing its impact on healthcare and economic systems.
- Developing and implementing a suite of technologies that enable effective measures to reduce high-risk contact opportunities while validating their effectiveness through data-driven analysis.
- Estimating infection spread trends and forecasting, verifying, and analyzing the impact of countermeasures, medical resource burdens, and economic consequences.
- Conducting research and development on infection prevention and detection methods for early containment and establishing a systematic clinical research infrastructure for emerging infectious diseases.

Successfully put into practical use, deep learning technologies have enabled access to vast amounts of big data related to infection spread, allowing the project to incorporate machine learning-based infection spread predictions. Additionally, *agent-based simulation* was extensively utilized in this project. Agent-based simulation involves recreating a virtual real-world environment where numerous human-like agents interact dynamically. This approach facilitates the reproduction of complex societal problems and the exploration of potential solutions, which can be fed back into real-world problem-solving.

While machine learning-based AI is limited to making predictions within the scope of its training data, simulations do not require prior learning and can generate diverse predictive scenarios. By leveraging machine learning-based AI, which learns from the past, and simulation models, which enable foresight into the future, it becomes possible to deepen the understanding of social issues and anticipate future developments.

This book comprises 11 chapters, including research contributions from five participating researchers and an overview of the project provided by Dr. Kitano, who led the initiative.

This publication serves as a valuable record of how AI and simulation technologies were applied in response to the national crisis posed by COVID-19 in Japan. We hope the insights gained from this endeavor will contribute to preparedness for the next inevitable pandemic.

Yokohama, Kanagawa, Japan Satoshi Kurihara

Contents

Mission-Critical Policy Decisions in a Pandemic: Japan's Use of AI and Complex Systems Simulation in COVID-19 Response

Hiroaki Kitano

1 The Project Framework: Designed for Science-based Mission-Critical Policy Decision-Making

The emergence of SARS-CoV-2 in late 2019 and its rapid global spread fundamentally challenged traditional approaches to epidemic management and policy formation. As governments worldwide struggled to balance public health imperatives with economic stability, the need for sophisticated modeling tools to inform policy decisions became increasingly apparent. The unprecedented scale and complexity of the COVID-19 pandemic demanded novel data analysis and prediction approaches, particularly given the virus's unique characteristics and transmission patterns.

The Japanese government's response to this challenge was distinctive in its systematic integration of advanced computational methods with policymaking processes. The COVID-19 AI & Simulation Project (https://www.caicm.go.jp/action/survey/covid19-ai.jp/ja-jp/index.html), initiated in April 2020 under the Cabinet Secretariat, represented a novel approach to evidence-based crisis management. Unlike traditional epidemiological modeling efforts, this initiative combined multiple modeling methodologies with real-time data analysis to support policy decisions, creating a more comprehensive and adaptive framework for pandemic response. The project's significance lies in its technical innovations and its successful integration with governmental decision-making processes.

H. Kitano (✉)
Okinawa Institute of Science and Technology Graduate School, Okinawa, Japan

The Systems Biology Institute, Tokyo, Japan

Sony Computer Science Laboratories, Inc., Tokyo, Japan
e-mail: kitano@sbi.jp

S. Kurihara (ed.), *Social Simulation of COVID-19 with AI in Japan*,
https://doi.org/10.1007/978-981-96-8066-5_1

1.1 Mission

The COVID-19 AI & Simulation Project was established to empower policymakers with high-quality, science-based insights to address the complex challenges posed by the pandemic. The mission focused on (1) the development of practical risk reduction technologies and protocols for maintaining essential social activities and (2) providing actionable data, simulation results, and, where applicable, multiple policy options and potential "Courses of Action (CoA)," thereby assisting policy-makers in making well-informed quality decisions. Therefore, data collection and simulation efforts are aligned to best support decisions in critical policy decisions rather than academic achievements. Issues requiring well-informed decisions were identified during the project, and all teams were aligned to provide the best possible policy options.

1.2 The Project Structure

The project developed a comprehensive, multi-tiered approach to COVID-19 risk mitigation, recognizing the complex chain of events from initial exposure to disease outcomes. This framework was structured around key intervention points in the transmission and progression pathway of SARS-CoV-2 infection (Fig. 1).

Figure 1 illustrates the comprehensive framework and multi-layered approach adopted by the COVID-19 AI & Simulation Project to mitigate infection risks and support informed decision-making. The diagram highlights the integration of scientific methodologies and technological innovations to address key challenges across the pandemic's lifecycle.

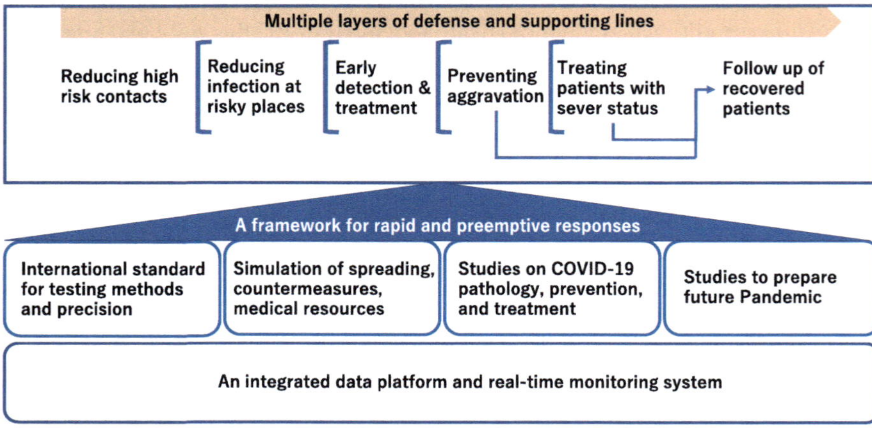

Fig. 1 Overall Structure of COVID-19 AI & Simulation Project

The structure consists of the following key components:

1. Infection Risk Mitigation Strategies: The primary focus is reducing the risk of infection at various stages, starting with minimizing contact between individuals through telework, human flow control, and promoting safer behaviors. Additional layers of defense target infection risks during unavoidable interactions, incorporating guidelines for industries and public spaces to reduce exposure. This involves airflow simulation and laser-based measurements to visualize airborne infection risks in various situations and defining science-based guidelines for ventilation and partitioning of offices and public spaces to reduce infection risks.
2. Simulation and Policy Support: The framework emphasizes using diverse simulation approaches—such as complex network models, multi-agent systems, machine learning, and epidemiological models—to predict outcomes of different policy scenarios. These simulations provide insights for key decisions, including state-of-emergency declarations, vaccination prioritization, and policy options.
3. Use of AI and High-Performance Computing System: The project employed advanced tools, including AI-driven analytics, data integration, and scenario-based modeling, to adapt to the evolving pandemic dynamics. Innovations in aerosol modeling and real-world behavioral data were integrated to refine infection prevention strategies. Some simulations were performed on the FUGAKU Super-computer at RIKEN, which provided maximum computing power of 537 Peta-Flops double precision floating point operations (https://www.r-ccs.riken.jp/en/fugaku/). Other simulations may run on local cluster machines.
4. Feedback Loop Between Science and Policy: A core feature of the structure is the iterative feedback loop between researchers and policymakers, which ensures that real-time data and simulation results continuously inform and refine policy decisions. Continuous feedback loops between modeling predictions and real-world outcomes enhance the effectiveness of this multi-layered approach. These loops allow for dynamic adjustment of intervention strategies based on emerging data and changing circumstances.

1.3 Team Composition

The project team comprises experts in fluid dynamics, large-scale physical simulation, laser optics, complex systems, AI, human behaviors, and economics. Experts in physical simulations, laser optics, and human behaviors worked mostly on infection prevention in high-risk environments providing critical insight on guidelines to mitigate infection risks in service establishments, public transportation, and offices.

For the simulation of the spreading of infection and vaccine strategy, the dedicated multidisciplinary team comprised experts with deep knowledge of complex systems, such as human contact networks and mobility distributions, often characterized by power-law dynamics. The team consisting specialists in various fields, including:

- Multi-agent simulations.
- Complex network models.
- Extensions of the (susceptible-infected-recovered (SIR) model.
- Deep learning and long short term memory (LSTM)-based prediction.
- Integrated models combining epidemiological frameworks with macroeconomic analyzes.

Seven teams contributed to the infection simulation efforts, enabling a diverse and multi-faceted exploration of pandemic scenarios. This collaborative structure allowed for nuanced assessments and robust modeling of dynamic situations, ensuring comprehensive coverage of potential outcomes.

1.4 Reporting Line

The project established a streamlined communication structure to ensure that findings directly informed policy. Weekly online meetings facilitated updates on simulation results and data analyzes, which were conveyed to the Cabinet Secretariat. These insights were subsequently shared with the Minister in charge of COVID-19 response (mostly to Minister Nishimura) and escalated to the Prime Minister when necessary. Aside from the official reporting line, there have been informal requests for discussions from various segments of the government and local authorities, most notably the Metropolitan Government of Tokyo and Minister Kono in Charge of Vaccination.

1.5 Policy Implications

The simulations were pivotal in shaping government decisions, such as issuing or lifting state-of-emergency declarations, implementing infection prevention measures, and deciding the vaccination strategy and implementation. By presenting policymakers with various scientifically grounded options, the project fostered a rational and flexible approach to crisis management.

To enhance decision quality, the project emphasized the inclusion of diverse perspectives and methodological approaches. Since each approach has its strength and weakness, multi-faceted approach was critical to provide well-informed policy options to the policy makers. During the project, the team start to recognize specific characteristic of each approach thereby adjusting interpretations from simulation results reflecting recognized characteristics. This ensured that policy recommendations were scientifically sound and adaptable to the fluid realities of the pandemic.

1.6 Roles of Simulation

Simulations in the project served two key purposes:

1. Predictive Analysis: Generating scenarios to anticipate the trajectory of infections and resource utilization under varying conditions.
2. What-If Simulations: Exploring the impact of hypothetical policy decisions, enabling proactive measures.

Notably, simulations were not deterministic predictions of the future but tools for conditional analysis. For example, projections of infection surges often prompted behavioral changes in the public, such as increased adherence to social distancing, which could alter actual outcomes. In such case, consistency between the simulation result and the actual data may vary depends on how people react to the disclosure the government made. Since the simulation is used as a tool for decision-making, pure accuracy of the prediction is not important because it will be affected by various factors including the disclosure of the simulation results itself. What is important is how a series simulation can provide insights for policy makers on which policy options to take. A certain level of accuracy was required to deliver accurate and actionable insights that aligned with evolving situations and decision-making needs.

2 Multiple Layers of Infection Risk Mitigation

The project aimed to create multiple lines of defense to mitigate the risk and reduce health damages. Therefore, a pipeline to minimize the risk was designed, as shown in Fig. 1.

2.1 Primary Prevention: Contact Reduction Strategies

Given that SARS-CoV-2 transmission occurs primarily through direct and indirect inter-personal contact, the first tier of intervention focused on reducing transmission opportunities through (1) Remote work implementation protocols, (2) Population mobility management, and (3) Risk-stratified behavioral modification guidelines.

These interventions were designed to minimize the frequency and duration of inter-personal contacts, particularly in high-risk settings where transmission probability is elevated.

2.2 Secondary Prevention: Exposure Risk Management

The second tier addressed scenarios where inter-personal contact was unavoidable, emphasizing mitigating transmission risk from asymptomatic carriers. This component developed evidence-based infection prevention protocols customized for different industrial sectors. Key elements included (1) Environmental modification guidelines, (2) Ventilation optimization protocols, (3) Personal protective equipment recommendations, and (4) Workplace restructuring strategies.

These guidelines were developed by integrating computational fluid dynamics simulations and empirical transmission data (Liu et al., 2021).

2.3 Tertiary Prevention: Disease Management

The final tier focused on minimizing severe outcomes among infected individuals and supporting recovery. This encompassed (1) Early intervention protocols, (2) Healthcare resource optimization, (3) post-infection follow-up systems, and (4) Infrastructure development for long-term health monitoring.

Since medical countermeasures will be led by other government teams and at each medical institution, the project will focus on primary and secondary prevention measures.

3 The Models Behind the Simulation

Traditional epidemiological models, such as the (Susceptible-Infected-Recovered (SIR) and its extensions like Susceptible-Exposed-Infected-Recovered (SIER), have been foundational tools for understanding disease dynamics. These models are particularly effective in scenarios where population interactions are homogeneous and exhibit asymptotic behavior over time. However, their ability to represent real-world complexities diminishes when societal heterogeneity, localized interactions, and dynamic behavioral changes significantly affect infection spread. COVID-19 spreads through human contact in proximity through airborne and droplets. Therefore, the transmission path reflects the human encountering network.

The real-world human encountering network is highly heterogeneous, where a small number of individuals encounters many people, and more people encounter fewer people [1, 2]. Most likely, it shall represent long-tail distribution. Therefore, infection spreading simulation using the SIR or SIER model consistently provided substantially larger the number of cases than the reality because the bottleneck created by local network structures cannot be accounted for. The network-based or multi-agent-based approach properly representing such heterogeneity is expected to provide more realistic simulation results.

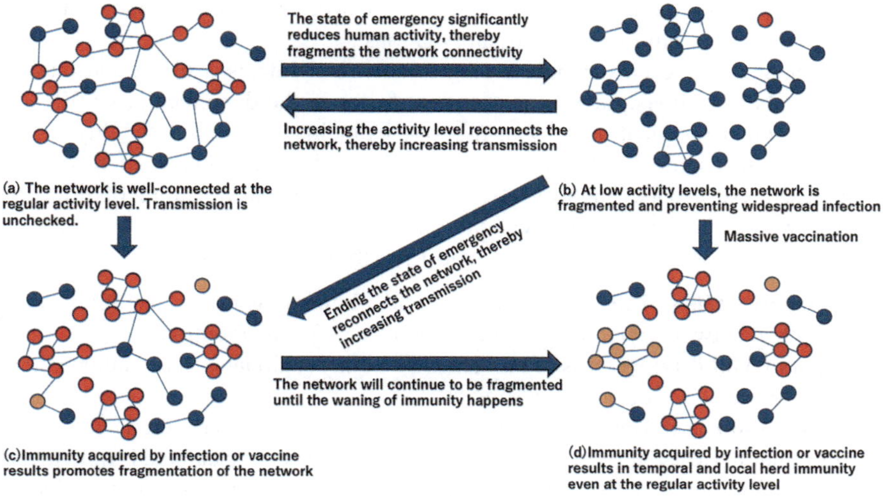

Fig. 2 Dynamics of transmission at different levels of human activities and vaccination

Central to the project was the recognition that infection dynamics are influenced by the underlying structure of human interactions, which form a dynamic and complex network. This network structure dynamically changes in response to individual behaviors, public health interventions, and vaccination status.

Without restrictions, individuals engage in a mix of short- and long-distance movements, often following a long-tail distribution. This creates a highly interconnected network where infections can spread rapidly across local and distant nodes (Fig. 2a). During states of emergency or heightened public awareness of infection risks, behavioral changes lead to network fragmentation (Fig. 2b). Individuals limit their interactions to more minor, localized clusters, reducing connectivity across the network. With increased activity levels, the network will reconnect, and transmission will surge. However, immunity can be acquired through infection and vaccination, which continues to fragment the network (Fig. 2c). This fragmented structure impedes the spread of infection, as transmission is confined within isolated clusters. This can sometimes result in temporary herd immunity within specific clusters, as the infection exhausts susceptible individuals locally (Fig. 2d).

To address these limitations, the COVID-19 AI & Simulation Project integrated advanced modeling techniques that could capture human interactions' intricate, non-linear behaviors. Researchers specializing in complex networks, multi-agent systems, and hybrid models combining epidemiological and macroeconomic frameworks brought the simulations a new level of sophistication.

The inclusion of multi-agent simulations allowed the team to model individual behaviors and their aggregate effects on infection dynamics. This approach provided insights into how policy decisions, such as lockdowns or vaccination campaigns, could reshape the network and alter the course of the pandemic. Additionally, complex network models revealed critical points of vulnerability and resilience within the system, guiding targeted interventions.

Superspreading events, where a single individual infects a disproportionately large number of others, have been a critical factor in the dynamics of COVID-19 transmission. Biological and social aspects, including the transmissibility of the virus, the environment, and the density of susceptible individuals in proximity, influence these events. Such events highlight the non-linear nature of infection spread, where a few occurrences can drive significant spikes in case numbers.

The simulations incorporated real-world variability in factors such as:

1. **Transmissibility of the Virus**: Variants with higher transmissibility significantly influence network dynamics and the effectiveness of interventions.
2. **Human Mobility**: Patterns of movement, whether regional or international, alter the rate and scope of infection spread.
3. **Vaccination and Immunity**: Introducing vaccinated or recovered individuals into the network affects its structure. For instance, vaccinated individuals participating in high-risk activities can reduce overall transmission by replacing susceptible participants in these settings, a phenomenon termed "immunological crowding out."

The project's innovative modeling approach demonstrated how dynamic interactions and heterogeneity within a population could dramatically influence the trajectory of a pandemic. By moving beyond the limitations of conventional models, the simulations provided nuanced, actionable insights that better aligned with the complexities of real-world scenarios. This enriched understanding laid the foundation for adaptive and effective policymaking, ensuring that interventions were both scientifically grounded and practically feasible.

4 Countermeasure 1: The "Stay with Your Community" Campaign—December 2020

Non-pharmacological countermeasures have been the main countermeasures before vaccination. It was comprised of a state of emergency that recommended that citizens stay at home and avoid closed and crowded places. It also included a range of measures expected to reduce infections.

Airflow simulation using FUGAKU super-computer by Tsubokura's team resulted in a groundbreaking research on droplet and aerosol dispersion in various settings—such as public transportation, restaurants, and karaoke rooms—provided very appealing visual images that helped the government campaign. Tsubokura's research, which earned the Gordon Bell COVID-19 Special Award, vividly illustrated infection risk in various situations, and how infection risks could be mitigated through practical measures like using masks, partitions, and proper ventilation [3] (https://youtu.be/DxnwV-L2EiM?si=gfLiMKo3aiA94V5a).

Fig. 3 A press conference describing the "Stay with your community" campaign presented by Minister Yasutoshi Nishimura (Left) and Dr. Shigeru Omi, the chair of expert committee for COVID-19 (Right)

Nevertheless, the main countermeasures at the early phase of COVID-19 pandemic was to ask people to stay at home.

However, as the year-end and new-year festive season approaches, the government recognized that simply asking citizens to stay at home would not work and that economic damages to service industries would be unacceptably high. The government needed to launch a campaign to allow people to enjoy the upcoming festive seasons while minimizing the infection risk.

At the end of 2020, the Japanese government, led by the Minister in charge of economic revitalization, Mr. Nishimura, and Chairman Omi of the Subcommittee on Countermeasures against the New Coronavirus, launched the "Stay with Your Community" campaign [4]. This initiative, unveiled at a press conference on December 23, 2020, was underpinned by findings from the COVID-19 AI & Simulation Project and aimed to mitigate infection risks during the high-contact year-end holiday season (Fig. 3).

The campaign was based on insights from two key simulations, both emphasizing the importance of limiting social interactions to small, familiar groups.

Professor Ohsawa of the University of Tokyo's School of Engineering took the behavioral network-based approach. This concept advocated minimizing contact with individuals outside one's immediate social circle, such as family, close friends, and colleagues. Using a complex systems network approach, the simulation demonstrated that reducing interactions beyond these core groups could significantly lower infection risk by restricting the potential spread across broader social networks [4].

Dr. Kurahashi of Tsukuba University led the multi-agent model approach; this simulation examined how varying group sizes and compositions influenced infection risk during social gatherings. The results highlighted a clear escalation in risk when group sizes exceeded four people or included individuals from different regular contact networks [5]. The findings emphasized that maintaining interactions within consistent, small groups was crucial for reducing transmission.

The timing of the campaign was critical. The year-end and new-year period typically involved increased travel and social gatherings, presenting heightened risks for virus transmission. While restricting all public activities might have maximized infection control, such measures were deemed impractical and unlikely to garner widespread compliance.

The "Stay with Your Community" campaign balanced scientific rigor and social feasibility by promoting small, familiar gatherings as the optimal compromise. The campaign aligned with both public health goals and societal norms. This approach was communicated to the public through the December 23, 2020, press conference, ensuring timely dissemination of guidance during a pivotal period. Following this campaign, most restaurants limited the maximum size of parties to four at a time. Accordingly, the restaurant floor was rearranged to have a table maximum of four or fewer.

The campaign exemplified how data-driven insights could inform practical, targeted interventions. The initiative provided a scientifically sound strategy by leveraging simulation results and visual tools and fostered public understanding and cooperation. This case study highlights the importance of integrating advanced modeling, real-world applicability, and clear communication in shaping effective public health policies during crises.

5 Countermeasure 2: Extending the State of Emergency—March 2021

The decision to lift or extend a state of emergency has profound implications for public health and socio-economic stability. In early February 2021, the COVID-19 AI & Simulation Project team identified critical questions about the transition from emergency measures to widespread vaccination. Recognizing the gravity of this policy decision, the team developed simulations to provide actionable insights for optimal timing and its potential consequences.

The goal is to find the optimal policy measures to keep infections low until widespread vaccination for the elderly population can be achieved. The best scenario would be to keep infection under a certain level until early June, when a substantial percentage of the elderly population completes the second round of vaccination. At the same time, economic damage due to the state of emergency need to be minimized.

The simulation conducted in late February 2021 focused on the implications of lifting the state of emergency in Tokyo. It analyzed infection trends under different scenarios, considering the number of daily new positive cases as the key metric. The findings indicated that if the emergency declaration was lifted while daily new cases in Tokyo remained above 200, the simulation predicted a rapid resurgence of infections, necessitating another state of emergency by the end of April. Conversely, waiting until cases dropped below 200 would significantly delay or potentially prevent a rebound, offering a more sustainable path forward. Based on these projections, the team recommended extending the emergency until the 200 daily new cases threshold was achieved. This strategy aimed to consolidate the gains from earlier restrictions and prevent a premature resurgence. Informed by the simulation results, the Prime Minister extended the state of emergency by 2 weeks in early

March 2021. This decision reflected the alignment between scientific modeling and policymaking. However, practical constraints and unforeseen factors complicated the outcome. Despite the extension, new cases in Tokyo hovered around 250 per day when the emergency measures were lifted. This was partly due to behavioral fatigue and challenges in adhering to strict restrictions during the extended period. March in Japan is the best season for a Cheery blossom-watching party, making it extremely difficult for people to stay home. The simulation's forecast of a resurgence proved accurate. By the end of April, Tokyo faced escalating cases, prompting the re-issuance of a state of emergency. While the extension was a sound policy choice, it fell short of achieving the intended reduction in cases to a sustainable level.

This case study underscores both the strengths and limitations of simulations in guiding policy: The simulations accurately predicted the timing and scale of the resurgence, enabling policymakers to make informed, proactive decisions. Integrating real-time data and scenario analysis highlighted the importance of clear thresholds for transitioning between policy phases. However, the effectiveness of any policy depends not only on its design but also on its implementation and public compliance. In this instance, external factors such as behavioral fatigue, Cheery blossom party, and enforcement challenges impacted the outcome. While extending the state of emergency was necessary, additional measures to ensure sustained reductions in infections during the extended period could have improved its effectiveness.

This case illustrates the critical role of simulations in navigating the delicate balance between public health and socio-economic impacts. It highlights the importance of coupling evidence-based recommendations with strategies to address behavioral and logistical challenges. Future applications of simulation in policy should include contingency plans for scenarios where optimal thresholds cannot be fully achieved, ensuring adaptive and resilient responses to dynamic crises.

6 Countermeasure 3: Computationally Derived Vaccination Strategy

Developing a robust vaccination strategy in early 2021 demonstrated how simulation-based insights could inform and refine critical public health decisions. This case study highlights the importance of tailoring vaccination priorities to the dynamics of infection spread, population demographics, and emerging real-world evidence on vaccine efficacy.

When will we get an effective vaccine for COVID-19, and how effective may it be? This has been a big issue in 2020. Some expect vaccines to be effective only in reducing the severity of symptoms, not in preventing infection.

An initial clinical report on the mRNA vaccines by Pfizer/BioNTech and Moderna suggests a strong potential for infection prevention [6, 7]. This expectation is reinforced by Real World Evidence (RWE) from various studies, which show that mRNA vaccines are highly effective in preventing infections [8, 9].

The optimal vaccination strategy depends on the virus's transmissibility and virulence, the vaccine's efficiency in infection prevention and symptom mitigation, population dynamics, including demography and mobility, and other factors affecting human behavioral networks.

The original vaccination plan of the Japanese government was to vaccinate medical professionals, followed by elderly populations and individuals with underlying conditions. Individuals younger than 65 will be vaccinated after complete vaccination of priority groups.

Prof. Kurahashi's team identified that 50% of infections in an elderly population may cause by their contact with the younger generation (less than age 60). Since the elderly population may have compromised immunity, as well as the person who may not be able to tolerate vaccination, we consider that reducing exposure to the virus shall be reduced. Furthermore, the alpha variant emerged and started spreading, which is more infectious and has higher virulence, followed by the delta variant, which is far more contagious and has much higher virulence. We run multi-faceted simulations to see if the ongoing vaccination strategy is optimal; if not, what would the optimal strategy be?

A series of simulation results suggested the following:

1. The current vaccination strategy is optimal, assuming the virus transmissibility is at the level of the virus that is dominantly circulating at that time.
2. When virus R0 and virulence increase, an alternative optimal strategy exists. Assuming the Alpha variant will dominate in the coming month, this strategy provides a significant advantage over the ongoing strategy.
3. The alternative vaccination strategy suggests an early focus on the working-age population should complement priority vaccinations for the elderly. The ratio of vaccination for the elderly and the younger populations depends on R0, virulence, the speed of immunization, and other factors.

Characteristics of the alternative strategy are as follows (Fig. 4):

1. The ratio of daily vaccination for the elderly and younger populations is between 60–80%, depending on the speed of the immunization and the virus characteristics [10].
2. The speed of immunization shall be above one million shots per day, ideally 1.2 million shots per day in Japan and 100,000 shots per day for Tokyo [11].
3. Faster immunization for areas with higher new cases per population is desired and shall significantly shorten the time needed to reduce new cases [12].
4. Priority shall be given to the individual who may have higher inter-personal contact. Such a person may act as a hub for the spread of infection.

These observations resulted in two significant policy actions taken by the Japanese Government:

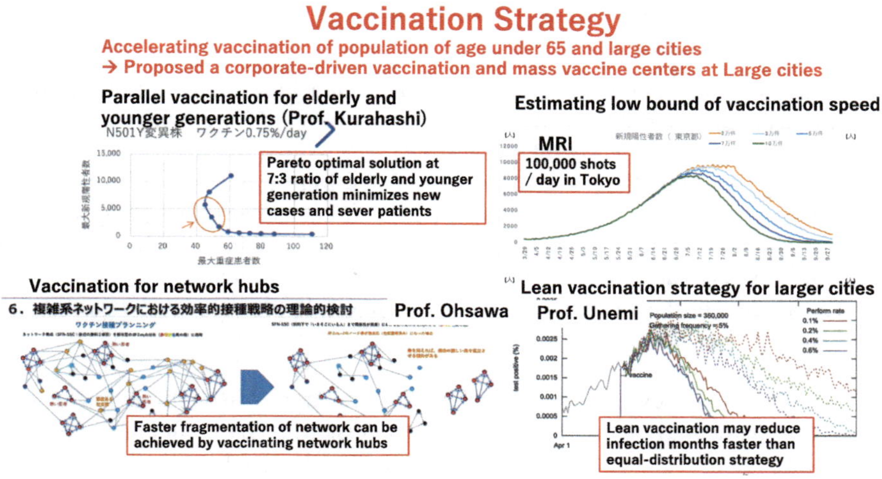

Fig. 4 Vaccination Strategy. (Taken from the original material used for the policy discussions with English translation)

Workplace Vaccination Programs To vaccinate the younger population who are primarily at the workplace or school, the Workplace Vaccination Program was created. Creating dedicated workplace vaccination centers nationwide was considered the most efficient way to vaccinate many people and started on 21 June 2021. This measure is associated with a priority that individuals working for industries with higher human contact in nature (caretakers, police, logistics, transportation, public servants, among others) shall be given a fast track for vaccination opportunities. One of the expectations is that large companies vaccinate not only their employees but also their clients and people in their supply chain. Moderna mRNA Vaccine has been used for this operation. Vaccination at workplaces began in late June, 3 weeks later than initially recommended. These delays underscored the challenges of aligning logistical execution with computationally derived timelines.

Large-Scale Vaccination Centers in Tokyo and Osaka Large-scale vaccination centers have been created with the support of 280 medical professionals in the Self-Defense Forces and 400 civilians at the Tokyo site and 180 medical professionals in the Self-Defense Force and 310 Civilians at the Osaka site, providing the capability of 10,000 and 5000 shots per day, respectively for the first phase. Each center offers a broader segment of individuals to apply themselves to make reservations for vaccination. Centers were operational on 24 May 2021 and operated until 25 March 2023. During the first phase of the operation (from 24 May 2021 to 30 Nov. 2021), 1,964,442 shots were performed. The second phase of the operation (from 31 January 2022 to 25 March 2023) was in reduced size, providing a capability of 5040 and 2500 shots per day in Tokyo and Osaka, respectively. All vaccinations were done using mRNA vaccine by Moderna. (https://www.mod.go.jp/j/approach/defense/covid/index.html).

As a result, the nationwide vaccination program achieved 1.5 million shots per day at peak, and over 90% of the population above age 50 were vaccinated, over 80% of those 20–40, and 66% of those 12–19.

Although the simulations identified the early May timeframe as optimal for vaccinating the working-age population, real-world constraints led to adjustments. The Moderna vaccine, a cornerstone of workplace and large-scale vaccination programs, was not approved until late May, delaying the rollout.

The success of the vaccination strategy dramatically decreased new cases from mid-August. They maintained a very low new cases status until the end of December 2021, when the Omicron variant emerged.

This case study exemplifies the power of simulations in guiding vaccination strategies, particularly in rapidly changing circumstances. By combining computational insights with practical considerations, the COVID-19 AI & Simulation Project demonstrated how science and technology could enhance the quality and precision of public health policies. While execution challenges persisted, the alignment of policy direction with simulation recommendations contributed to mitigating the impact of the pandemic and provided a foundation for future crisis management.

7 Immunological Crowding Out

An intriguing phenomenon observed in the project's simulations was the impact of vaccinated or recovered individuals on infection dynamics, particularly in high-risk settings like bars, social gatherings, and travel hubs. These individuals, by their immunity, indirectly reduced the exposure risk for susceptible populations in shared environments—a concept referred to as immunological crowding out (Fig. 5).

This effect operates as follows: (1) Vaccinated or recovered individuals, participating in high-risk activities, occupy spaces that susceptible individuals would otherwise fill; (2) By "crowding out" susceptible individuals in such environments, they reduce the probability of transmission chains forming or persisting, even in settings where capacity is limited, and (3) this dynamics indirectly protects susceptible individuals, as it decreases their chances of encountering infected individuals in these high-risk scenarios.

The phenomenon of immunological crowding out was particularly notable during the late summer of 2021, marked by a dramatic decline in COVID-19 infections. Simulation data suggested that the increased activity of vaccinated or recovered individuals played a significant role in this reduction. These immune individuals effectively disrupted potential transmission chains by occupying high-risk environments, contributing to the observed decline in infection rates. During this period, infection prevention efficacy of mRNA vaccine was very high that enabled such phenomenon to emerge. It is less obvious if such this effect can play

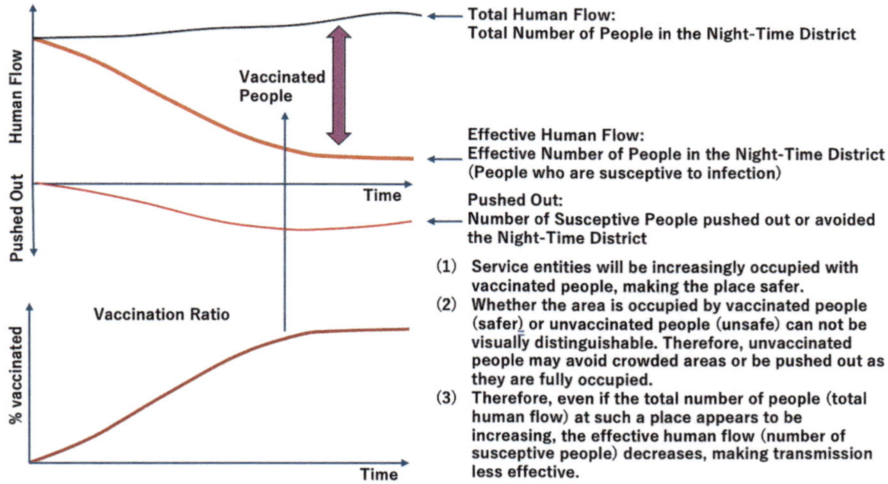

Fig. 5 Rapid reduction of cases can be attributed to vaccination and immunological crowding out

significant role after the emergence of Omicron subtype where mRNA vaccine's infection prevention efficacy dropped dramatically as well as quickly fading infection prevention efficacy of mRNA vaccines.

The insights gained from immunological crowding out emphasize the broader impact of vaccination beyond individual protection. Encouraging vaccinated individuals to participate in controlled, high-risk activities can help create a protective barrier for the unvaccinated or those recovering. Understanding this phenomenon allows policymakers to effectively refine strategies, such as targeted vaccination campaigns or adjusted restrictions, to leverage immune populations' protective effects.

This finding underscores the importance of nuanced modeling in uncovering indirect effects of public health interventions, revealing mechanisms that extend beyond traditional views of infection dynamics.

8 Science and Technology as a Foundation for Preparedness for Pandemic in Future

A pandemic's chaotic and rapidly evolving nature creates a "fog-of-war" scenario where complete and accurate data is often unavailable. While these data gaps limit quantitative precision in simulations, the focus on qualitative accuracy—ensuring that policy directions are aligned with sound scientific principles—remains crucial. The COVID-19 AI & Simulation Project prioritized providing actionable guidance to policymakers at an acceptable level of precision. While quantitative accuracy is essential, the most critical issue is whether actionable policy options and their implications are well-founded, assisting policymakers in quality decisions. This is particularly important in a fog-of-war situation.

Our operating principle is to define the level of accuracy for each policy decision and design the simulation model to best provide reasonable simulation results. In some cases, accuracy of cases over 3-month horizon may be important for the decision, but there were cases only approximate range or direction of change of new infection cases and severe cases suffice. When the direction of change and approximate range of change is required, efforts will be made not only to make numerically accurate simulation to be performed, but also to fortify simulation results using qualitative and logical reasoning to support the logic behind the predicted direction of change and their range of change.

The COVID-19 AI & Simulation Project demonstrated how science and technology can be pivotal in shaping effective and rational public health policies and importance of the mission-oriented approach backed by diversity of approaches flexibly adapted for the needs of decision-making.

The lessons from this project echo historical precedents, such as the contributions of the RAND Corporation in the United States and Bletchley Park during World War II, where mathematical science played a decisive role in operational planning. Similarly, science and technology are poised to become policy cornerstones during future emergencies, particularly in areas like AI and complex systems modeling.

The COVID-19 pandemic has underscored the critical importance of integrating advanced analytics, cross-disciplinary collaboration, and real-time data to navigate global crises. It offers a profound opportunity to redefine the role of science and technology in public policy, ensuring better preparedness for future challenges.

We have accumulated sufficient expertise and tools to simulate a broad range of pandemic outbreaks that can be used to prepare pandemic readiness. Combining our resources with policy decision-making simulation, as seen in Dark Winter, Clade X, and Catastrophic Contagion at Johns Hopkins University [13], would provide an ideal proving ground for policymakers to experience decision-making during a pandemic and improve preparedness.

References

1. Christakis, N. A., & Fowler, J. H. (2011). *Connected*. Little, Brown and Company.
2. Barabasi, A.-L. (2014). *Linked: How everything is connected to everything else and what it means for business, science, and everyday life*. Basic Books.
3. Bale, R., Iida, A., Yamakawa, M., Li, C., & Tsubokura, M. (2022). Quantifying the COVID19 infection risk due to droplet/aerosol inhalation. *Scientific Reports, 12*, 11186.
4. Ohsawa, Y., & Tsubokura, M. (2020). Stay with your community: Bridges between clusters trigger expansion of COVID-19. *PLoS One, 15*, e0242766.
5. Kurahashi, & Setsuya. (2021). Assessment of the impact of COVID-19 infections considering risk of infected people inflow to the region. In *International Workshop: Artificial intelligence of and for business (AI-Biz-2021 vols. 3–3).*

6. Polack, F. P., et al. (2020). Safety and efficacy of the BNT162b2 mRNA Covid-19 vaccine. *New England Journal of Medicine, 383*(27), 2603–2615. https://doi.org/10.1056/nejmoa2034577
7. Jackson, L. A., et al. (2020). An mRNA vaccine against SARS-CoV-2—Preliminary report. *The New England Journal of Medicine, 383*(20), 1920–1931.
8. Keehner, J., et al. (2021). SARS-CoV-2 infection after vaccination in health Care Workers in California. *The New England Journal of Medicine, 384*(18), 1774–1775. https://doi.org/10.1056/nejmc2101927
9. Daniel, W., Nivet, M., Warner, J., & Podolsky, D. K. (2021). Early evidence of the effect of SARS-CoV-2 vaccine at one medical center. *The New England Journal of Medicine, 384*(20), 1962–1963. https://doi.org/10.1056/nejmc2102153
10. Kurahashi, S., (2021). 世代別ワクチン優先接種の効果推定(Estimating impacts of age-stratified priority vaccination). Preprint retrieved from https://www.caicm.go.jp/action/survey/covid19-ai.jp/ja-jp/presentation/2021_rq3_countermeasures_simulation/articles/article037/index.html
11. MRI. (2021). 医療および検査リソースの最適化シミュレーション ワクチン接種による効果検討#4 (Simulating the optimal resource allocation for vaccination and testing). Preprint retrieved from https://www.caicm.go.jp/action/survey/covid19-ai.jp/ja-jp/presentation/2021_rq3_countermeasures_simulation/articles/article014/index.html
12. Unemi, T. (2021). ワクチン接種の優先順位に関するシミュレーション#2 (Simulation of priorities of vaccination #4). Preprint retrieved from https://www.caicm.go.jp/action/survey/covid19-ai.jp/ja-jp/presentation/2021_rq3_countermeasures_simulation/articles/article074/index.html
13. O'Toole, T., Michael, M., & Inglesby, T. V. (2002). Shining light on "dark winter". *Clinical Infectious Diseases, 34*, 972–983.

Projection of COVID-19 Positive Cases Considering New Viral Variants and Vaccination Effectiveness Models: Deep Learning Approach

Akimasa Hirata, Sachiko Kodera, and Essam A. Rashed

1 Introduction

1.1 Background

Since its emergence in late 2019, SARS-CoV-2 has spread rapidly across the globe, resulting in widespread hospitalizations and fatalities [1]. The transmission patterns of the virus have been influenced by the evolution of variants and sublineages with differing infectivity, as well as public behaviors shaped by regional policies, cultural practices, and societal attitudes [2, 3]. Countries in the Asia–Pacific region, such as Hong Kong, Japan, New Zealand, Singapore, and South Korea, generally implemented stricter behavioral policies [4] than many European and American nations [5, 6].

The progression and decline of COVID-19 waves varied significantly across countries [7]. During the first wave, China's strict lockdown measures led to a rapid reduction in positive cases [8, 9]. Similarly, Japan experienced a swift rise and fall in cases during its first wave, which was attributed to the implementation of a state of emergency [10]. In contrast, the decline phases of waves in European countries, such as the United Kingdom and Germany, were generally more prolonged than those in Asian countries [7].

The spread of infectious diseases, including COVID-19, is heavily influenced by immunity, particularly adaptive immunity. In this context, immunity is defined as the

A. Hirata (✉) · S. Kodera
Department of Electrical and Mechanical Engineering, Nagoya Institute of Technology, Nagoya, Japan
e-mail: ahirata@nitech.ac.jp; kodera@nitech.ac.jp

E. A. Rashed
Graduate School of Information Science, University of Hyogo, Kobe, Japan
e-mail: rashed@gsis.u-hyogo.ac.jp

S. Kurihara (ed.), *Social Simulation of COVID-19 with AI in Japan*,
https://doi.org/10.1007/978-981-96-8066-5_2

level of antibody-mediated protection against symptomatic infection, encompassing both vaccine-induced immunity and naturally acquired immunity from previous infections. Adaptive immunity, however, wanes over time following infection or vaccination [11]. Tang et al. [12] provide a detailed summary of population-level immunity in various countries as of early 2021. Rather than achieving herd immunity, transient suppression of transmission has been suggested as a more feasible outcome [13], emphasizing the importance of localized approaches and targeted interventions over broad, nationwide strategies. Thus, an analytical or computational approach is needed, considering these aspects, to forecast new daily positive and death cases as well as to support the interpretation of the results.

1.2 Vaccination and COVID-19 Situation in Japan

Vaccination efforts began in December 2020 in Israel, leading to a sharp decline in positive cases by January 2021 [14]. mRNA vaccines demonstrated high efficacy, providing over 90% protection against symptomatic infection by the Delta variant two weeks after full vaccination [15–18]. However, their effectiveness waned against the Omicron variant and its subvariants due to the immune evasion properties of these strains [16, 19, 20]. Additionally, several countries, including Taiwan, Australia, South Korea, and Japan [1, 21], experienced substantial surges in new cases starting in late 2021 and early 2022. These surges were largely driven by viral variants with greater infectivity and shorter generation times compared to earlier variants [22, 23]. These findings highlight the critical need to monitor spatiotemporal variations in population-level (adaptive) immunity to more accurately estimate viral transmission dynamics.

In Japan, the SARS-CoV-2 pandemic began in early 2020, with waves categorized as the first through seventh based on the cycles of reported daily positive cases (DPCs) [24]. The dominant variants during these waves were identified as follows: the Wuhan strain during the first to third waves, the Alpha variant in the fourth wave, the Delta variant in the fifth wave, Omicron BA.1 and BA.2 in the sixth wave, and Omicron BA.5 in the seventh wave. Before the seventh wave, the proportion of reported positive cases relative to the total population was limited to 11% (estimated from [24]), and a nationwide vaccination campaign had been launched in March 2021. These factors, along with the uniformity of Japan's health insurance and healthcare system, played a critical role in preventing the collapse of medical resources during the pandemic. By the fourth and fifth waves, the cumulative number of positive cases in Japan had reached approximately 785,000 and 1,750,000, representing 0.63% and 1.4% of the total population, respectively.

A serologic survey conducted in Tokyo estimated that the actual number of infections was 3.9 times (95% CI: 3.0–7.0) higher than the reported positive cases [25]. Despite accounting for asymptomatic infections, the estimated proportion of infected individuals remained well below the herd immunity threshold, which ranged from 50% to 80% [11, 26, 27]. Thus, the decline observed up to the fourth wave, when vaccination rates were still low, was primarily attributed to a reduction in the effective reproductive number. This reduction was largely influenced by behavioral changes induced by state-of-emergency measures, such as those implemented in Tokyo from April 25 to June 20, 2021, during the fourth wave [3].

The administration of the third vaccination (booster dose) began in Japan in January 2022, coinciding with the emergence of the Omicron BA.1 variant. Unlike earlier waves, the sixth and seventh waves affected a substantial portion of the population, with the Omicron BA.1 variant and its BA.5 subvariant emerging as the dominant strains, respectively. Assessing transient suppression across three metropolitan prefectures in Japan and incorporating the estimated parameters into transmission models provide valuable insights for developing future policies and interventions in other regions [27].

1.3 Purpose

This chapter aims to evaluate population-level immunity during the fifth to seventh waves of COVID-19 across all three metropolitan prefectures [28], with a particular focus on vaccination status and the waning effects of immunity [18]. The analysis is designed to be systematic and highly quantitative, ensuring its suitability as input for machine learning models. We performed detailed analyzes in three major metropolitan prefectures—Tokyo, Osaka, and Aichi—to gain insights into the propagation and decline patterns of COVID-19 waves. To validate the numerical estimates of the temporal evolution of population-level immunity, we replicated the DPCs in these prefectures using machine learning techniques [29].

2 Network Architecture Based on Machine Learning

Numerous prediction models, including SIR/SEIR frameworks [30] and deep neural networks, have been developed to forecast new positive cases during epidemics. While these models provide valuable insights, their predictive accuracy is highly dependent on the quality of the data used for calibration. Furthermore, when contact rates are suppressed under a state of emergency, modeling and parameter extraction become more complex, as highlighted by studies employing multi-agent simulations [31, 32]. Machine learning models enable more flexible data modeling allowing various measurements to be considered as potential factors to address future prediction problems. During the training phase, deep neural networks can process multiple data inputs and adjust network parameters to represent data dependencies and their potential contributions to known outputs. The trained network can then be used to predict future trends related to the pandemic through data analysis and

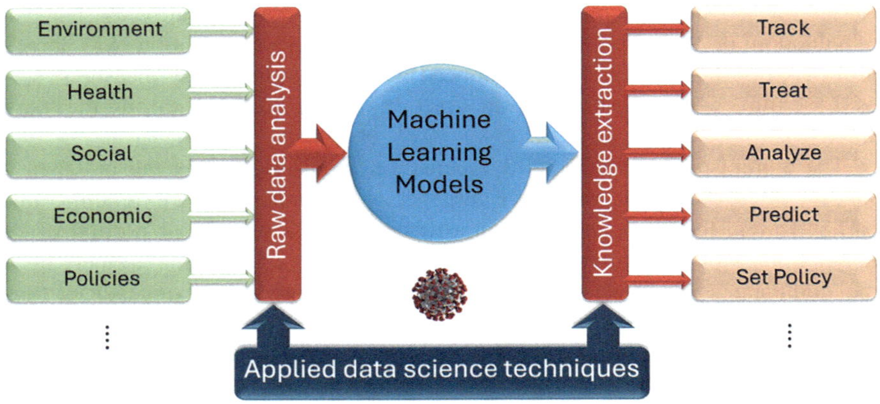

Fig. 1 Machine learning enable extracting knowledge from different data sources and analyze data dependances with several future predictions associated with pandemics

knowledge extraction processes. Figure 1 illustrates an overview of a forecasting model using machine learning approaches.

Deep neural networks are widely utilized for forecasting DPCs and death counts. A significant advantage of deep neural networks is their capacity to identify and model correlations between various factors and the incidence of infections and deaths. In [29, 33], we introduced a multipath neural network architecture that integrates long short-term memory (LSTM) modules, which are primarily used for time-series forecasting, with fully connected layers designed to capture correlation features. This architecture operates in two distinct phases and was developed based on insights gained from an ablation study.

The training process follows the procedure described in [34]. The input values, as detailed above, spanning a certain period (14 days), are used along with the target output values for the successive 14-day period to train the model. The training is conducted by minimizing the cross-entropy loss function using the Adam algorithm over 1000 epochs, with the training rate automatically estimated.

Deep learning models are commonly presented as a black box, where the contribution of different factors is unknown. To mitigate this limitation, we mathematically derived population-level immunity (Sect. 3.2). In [35], the optimal combination of input values was investigated, including mobility, meteorological data, parameters related to social behavior, day labels, population vaccine effectiveness (VE), and variant infectivity. The selection of the inputs was based on their correlation with morbidity and several potential factors.

The input data were structured in a 2D array, where the x-axis represented the time-series data and the y-axis indicated the values of different input variables. The target output was defined as the DPC associated with each date. The following factors were selected as input values based on the mean absolute percentage error (MAPE) by comparing the reported and estimated DPC: mobility at transit stations,

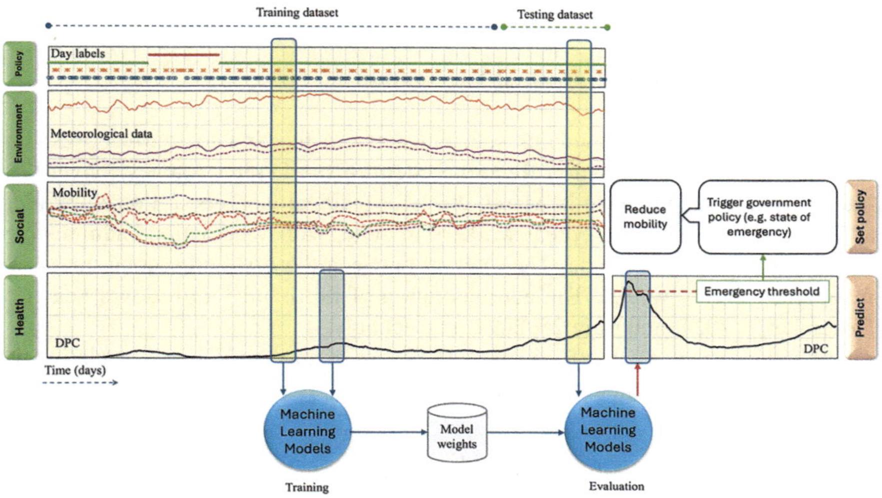

Fig. 2 Data measurements including different data types are used to train deep neural network to estimate future DPC. The estimated DPC with specific threshold can be used to alert policy maker to set a new policy (for example, to restrict public mobility)

the number of tweets containing risk-related keywords on Twitter (renamed as X), and population VE, which was calculated from individual VE and vaccination rates [23]. A demonstration of the DPC prediction using a deep neural network is shown in Fig. 2.

3 Data

3.1 Number of Reported Positive Cases per Day

The DPC data for each prefecture were sourced from open data provided by the Ministry of Health, Labor and Welfare [24]. The number of DPCs is affected by factors such as the incubation period and the day of the week, with typically fewer tests conducted on weekends than on weekdays. To minimize the impact of these variations, we applied a 7-day moving average (±3 days from the corresponding day) to smooth the data. Using the smoothed 7-day moving average of the DPCs, we identified the peak date as the day with the highest value for each wave. We assumed that each wave followed a Gaussian distribution and numerically fitted the data using the least squares method to analyze the time course of the 7-day average DPCs. Based on the fitted curve, we defined the start of a wave as the date when the curve's peak value first exceeded 10%. In some prefectures, the decay phase of one wave overlapped with the propagation phase of the subsequent wave.

3.2 *Vaccination Effectiveness*

3.2.1 Effectiveness of Individual Vaccination

The daily number of individuals vaccinated (from the first to fourth doses) was obtained from the Vaccination Record System of the Digital Agency, Japan [29]. Vaccination in Japan began in March 2021 for medical workers, followed by older adults in April, and nonmedical workers in June, with vaccinations administered nearly uniformly nationwide. The interval between the first and second doses was maintained at 3–4 weeks. The administration of third and fourth doses began on December 1, 2021, and May 25, 2022, respectively.

Individual vaccination effectiveness (VE) was defined as VE = 1 − relative risk in the real world without controlling for conditions, as follows:

$$e_t(i) = \begin{cases} a_t \cdot i/K \ \ (i \leq K), \\ a_t - s\,(i - K) \ \ (i > K), \end{cases} \tag{1}$$

$$e_{inf}(i) = a_{inf} - s \cdot i, \tag{2}$$

where e_t (i) represents the effectiveness of vaccination of an individual on day i after the t-th vaccination (t = 1, 2, 3, 4). This linear equation [18] is derived from the logistic relationship between neutralization level and protective efficacy [30]. This assumption is consistent with findings from a cohort study of VE in Japan [36].

The effectiveness of vaccination for an individual reaches its peak a_t, K days after vaccination ($K = 14$ for the second dose, $K = 7$ for the third and fourth doses). The parameters a_t for each variant were derived by comparing the prevalence of COVID-19 among unvaccinated individuals and those without immunity to prevent infection in our previous study [31]. The waning immunity s from vaccination was approximated linearly. Similarly, the waning effect of VE against symptomatic infection s was also approximated linearly. The function e_{inf} (i) represents the natural immunity of an individual on day i after infection, which wanes as day i progresses from the peak a_{inf}. The parameters a_t for each variant, a_{inf}, and s were used as described in [37].

The reported number of positive cases is influenced by latency, which is a combination of the incubation period and the delay in reporting from hospitals or clinics to the prefecture. When analyzing the correlation between mobility and the effective reproduction number in relation to positive cases, the latency (the lag between reported social behavior and the number of DPCs) was estimated at 10 days for the Delta variant [3] and 8 days for the Omicron variant and its subvariants. To evaluate population-level immunity appropriately, the immunity levels from 8 to 10 days prior to the peak date of DPC was used in the analysis.

3.2.2 Estimation of Population-Level Immunity

Population-level immunity is defined as the combination of VE at the population level and the estimated proportion of infected cases within the entire population. In a serological survey conducted in Tokyo during the third wave (end of March 2021), the number of infected cases was estimated to be 3.9 times higher (95% CI: 3.0–7.0) than the number of positive cases [25].

As part of surveillance efforts in Tokyo beginning on April 1, 2021, polymerase chain reaction (PCR) tests were conducted on asymptomatic individuals in various locations, including downtown areas, restaurants, airports, and major train stations, to estimate the population with asymptomatic infections [38].

Population-level immunity E is defined as the combined VE at the population level and the estimated ratio of infected cases within the entire population:

$$\begin{aligned} E(d) = & \sum_{t=1}^{T}\sum_{i=0}^{d}\sum_{s} \left(N_t(d-i)\cdot e_t(i) v_s(d)\right)/P \\ & + \sum_{i=0}^{d}\sum_{s} \left((1+f)\cdot \mathrm{DPC}(d-i)\, v_s(d)\cdot e_{inf}(i)\right)/P \end{aligned} \tag{3}$$

where the first term on the right-hand side represents the VE at the population level. The second term accounts for natural immunity resulting from infections, assuming that natural immunity is effective only against the same variant. In Eq. (3), d denotes the day index, N_t refers to the number of individuals newly administered a vaccination dose ($t = 1$–4), P represents the population of each prefecture, and $\mathrm{v_s}$ represents the rate of each variant of SARS-CoV-2 on the d day. This equation is derived from Eqs. (1) and (2) considering the prefecture-specific populations and the waning effect of vaccination. The DPC represents the number of cases reported on a given day, and parameter f denotes the rate of asymptomatic individuals, assumed to be four to eight times greater than that of symptomatic cases.

The SARS-CoV-2 sequences by variants are shown in Fig. 3a. Figure 3b depicts the time course of the ratio of estimated infected cases to confirmed positive cases based on PCR tests. From the figure, the ratio varies depending on the time window which is consistent across other variants [32]. The ratio tends to become relatively unstable when the number of DPCs is small. It should be noted that different operators conducted surveillance activities before and after April 2022. Figure 3c illustrates the vaccination rate in Japan over time.

Empirically, it is assumed that the number of infected cases is calculated as the number of reported cases multiplied by a factor of 6 (3–5 for the Omicron variant and 7–11 for the BA.5 variant). Due to the lack of similar surveys in other regions, this assumption has been applied uniformly across all prefectures. It is worth noting that this ratio is close to 3.0–7.0 times (95% CI) obtained in earlier waves of the

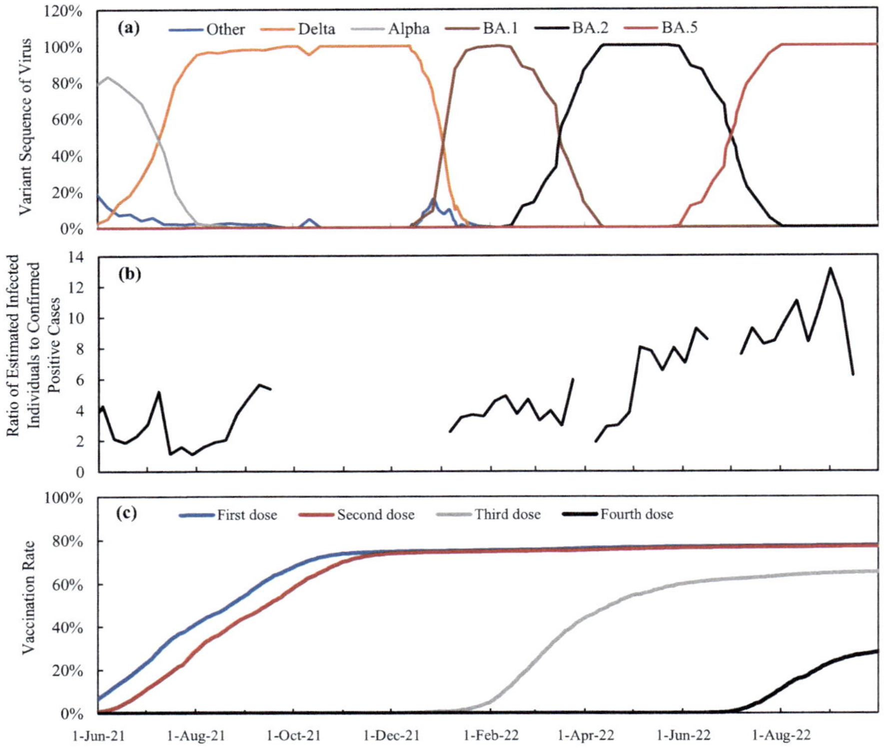

Fig. 3 Time course of (**a**) dominant viral variants, (**b**) ratio of infected individuals without symptoms to empirically derived from the report in Tokyo, and (**c**) vaccination rate in Tokyo. In (**b**), the data for periods with less than 500 DPCs are excluded due to considerable uncertainty. (Kodera et al., *Vaccines*, **11**, 1457, 2023)

cohort study [24], although this ratio may vary depending on age groups and viral variants.

3.2.3 Waning Effect of Vaccination among the Japanese Population

Figure 4 shows the waning effect of vaccination among the Japanese population aged 65 years and older and those under 65 years. As shown in Fig. 4a, waning immunity was approximately linear for individuals in both age groups. Due to the shorter elapsed time for individuals younger than 65 years, the difference in waning immunity between the two groups was unclear, although an IEV of approximately 95% was estimated immediately after the second dose. The coefficient of determination was 0.9984 ($p < 0.0001$) for individuals under 65 and 0.9927 ($p < 0.0001$) for those over 65 years of age.

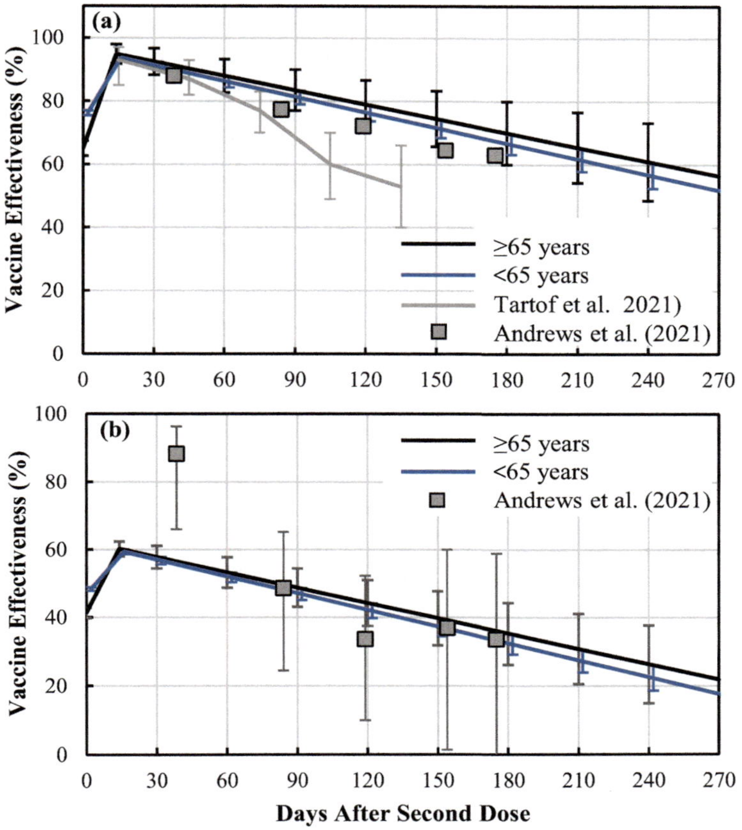

Fig. 4 Waning effect of vaccination in Japan, for individuals over and under 65 years of age, with respect to protection against symptomatic infection by (**a**) Delta and (**b**) Omicron variants derived for Japanese population. Bars represent the standard deviation. (Kodera et al., *Vaccines*, **10**, 430, 2022)

Based on the ratio of positive cases between non-vaccinated and fully vaccinated individuals for the Delta and Omicron variants, the waning effect for the Omicron variant was estimated as 64.5% (95% CI: 50%–68%) of that for the Delta variant. In the following discussion, the IEV for protection against infection with Omicron is assumed as depicted in Fig. 4b. The parameters used in Eq. (1) are presented in Table 1.

Table 1 Parameters for the individual effectiveness of vaccination used in Eq. (1) for delta and omicron variants (Kodera et al., *Vaccines*, **10**, 430, 2022)

	Delta		Omicron	
	Mean	95%CI	Mean	95%CI
	All age category			
a_1	74.9	(70.8–78.9)	48.3	(35.6–53.7)
a_2	96.2	(95.6–96.9)	62.1	(48.0–66.0)
s	0.149	(0.132–0.165)	0.149	(0.132–0.165)
	Under 65 years of age			
a_1	76.3	(73.9–78.7)	49.2	(37.1–53.6)
a_2	93.8	(93.1–94.6)	60.5	(46.7–64.4)
s	0.164	(0.152–0.177)	0.164	(0.152–0.177)
	Over 65 years of age			
a_1	65.0	(70.8–78.9)	41.9	(22.9–57.5)
a_2	95.0	(95.6–96.9)	61.3	(46.5–66.3)
s	0.150	(0.111–0.189)	0.150	(0.111–0.189)

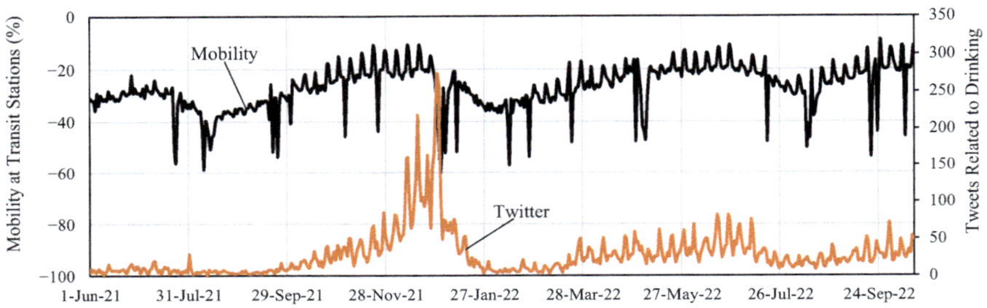

Fig. 5 Time series of mobility at transit stations and the volume of drinking-related tweets on Twitter (X) in Tokyo. (Kodera et al., *Vaccines*, **11**, 633, 2023)

3.3 Mobility at City Centers

3.3.1 Data Source

Mobility data were collected from Google Mobility [24]. Mobility is defined as the percentage difference in population volume at transit stations compared to a baseline. The baseline represents the median value for that day of the week over the 5 weeks from January 3 to February 6, 2020 (before the COVID-19 pandemic). Twitter data were obtained from NTT Data, Inc.; processed by the Toyoda Lab., University of Tokyo; and shared through the Cabinet Secretariat COVID-19 AI & Simulation Project. Keywords from tweets posted during the day, the previous day, or planned for the next day were extracted when determining the number of tweeted keywords. Time-series data for mobility and the number of tweets are summarized in Fig. 5.

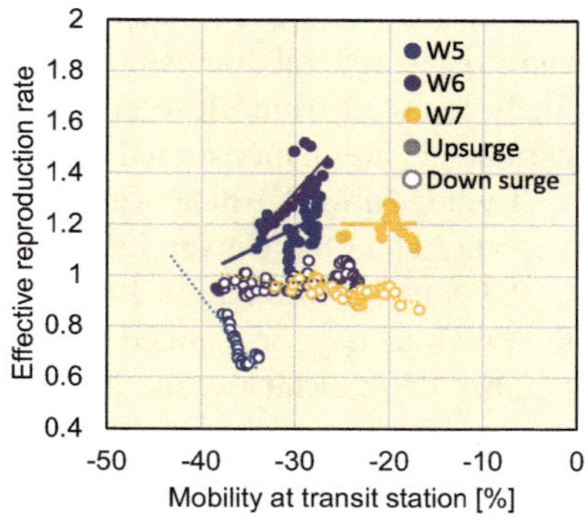

Fig. 6 Correlation between the mobility at the transit station and the effective reproduction rate in Tokyo. Mobility was averaged over 8 days with a latency of 6 days

3.3.2 Correlation with Effective Reproduction Number

Figure 6 shows the correlation between the ERN and the average mobility at transit stations during the upsurge and downsurge of DPC, with the duration and latency set to 8 and 6 days, respectively. A positive correlation was observed between the ERN and the time-window-averaged mobility during the upsurge, while a negative correlation was observed during the downsurge of positive cases in the fifth and sixth waves.

The slopes of the regression lines are comparable between different variants. The ERN for the Omicron variant was approximately 20% higher than that of the Delta variant in Tokyo. However, a direct comparison remains difficult between the variants due to the increased rate of vaccination campaigns during and after the spread of the Delta variant.

3.4 Data Associated with Social Behavior

We considered three metrics to assess the effect of social behavior on the individual VE: (1) mobility at the transit stations, (2) nighttime population who stayed in the downtown area including restaurants and bars [39], and (3) Twitter keywords (social gathering for drinking and BBQ). These are the human behavior metrics made available by the Cabinet Secretariat COVID-19 AI Simulation Project (https://www.covid19-ai.jp/en-us/). The rationale for these metrics is based on a study [40] that found that most infections can be traced back to specific locations, particularly restaurants. If these metrics can explain the daily variation in VE, they would be excellent candidates for long-term monitoring.

The nighttime population in areas near restaurants and bars was obtained from NTT DOCOMO, Inc., and made accessible through the Cabinet Secretariat COVID-19 AI Simulation Project, Japan. Twitter data was utilized as it may reflect social activities where close contact occurs. The downtown population was included in the analysis, as several domestic reports have suggested that the main infection clusters likely resulted from close contacts in these areas. The time-series data for these parameters are demonstrated in Fig. 7.

Twitter (now X) data were obtained from NTT Data, Inc., processed by the Toyoda Lab at the University of Tokyo, and shared through the Cabinet Secretariat COVID-19 AI Simulation Project. Keywords from tweets made on the same day, the previous day, or planned for the following day were extracted to determine the number of relevant tweets. The recorded data clearly indicates timeframes when these events were more popular, although it remains challenging to confirm whether these gathering events were actually held. For the corresponding tweets, information about the prefecture was extracted from the user's registered address.

A 7-day average value was used to account for the weekly effect when analyzing the correlation with VE. Time lags of 8 and 5 days for the three behavioral metrics were also considered during the New Year holidays and Golden Week, respectively. These lags correspond to the incubation period and reporting delays for the Delta and Omicron variants [3].

To assess the effect of human behavior on population VE, statistical analysis was conducted using Python 3.9.7. A linear regression model was applied to fit the drop in estimated population VE as the dependent variable against each independent variable: the number of tweets, nighttime population, and mobility at transit stations. The Spearman's rank correlation test was performed as well. The threshold for statistical significance was set at $p < 0.05$.

3.5 Data Associated with Weather

Other factors that may influence viral transmission include meteorological data [41, 42], which were extensively discussed in the early stages of the pandemic [43–45]. However, correlations between viral transmission and human behavior were more prominently reported during the later stages of the pandemic, particularly with the advent of vaccination campaigns and the emergence of viral variants [46, 47]. According to [35], the contribution of meteorological factors is marginal for mid- and long-term projections compared to other factors. The association between meteorological factors and viral infection may also be closely tied to social behavior [44], as infections in metropolitan areas often occur indoors. As a result, meteorological factors were not considered in this analysis.

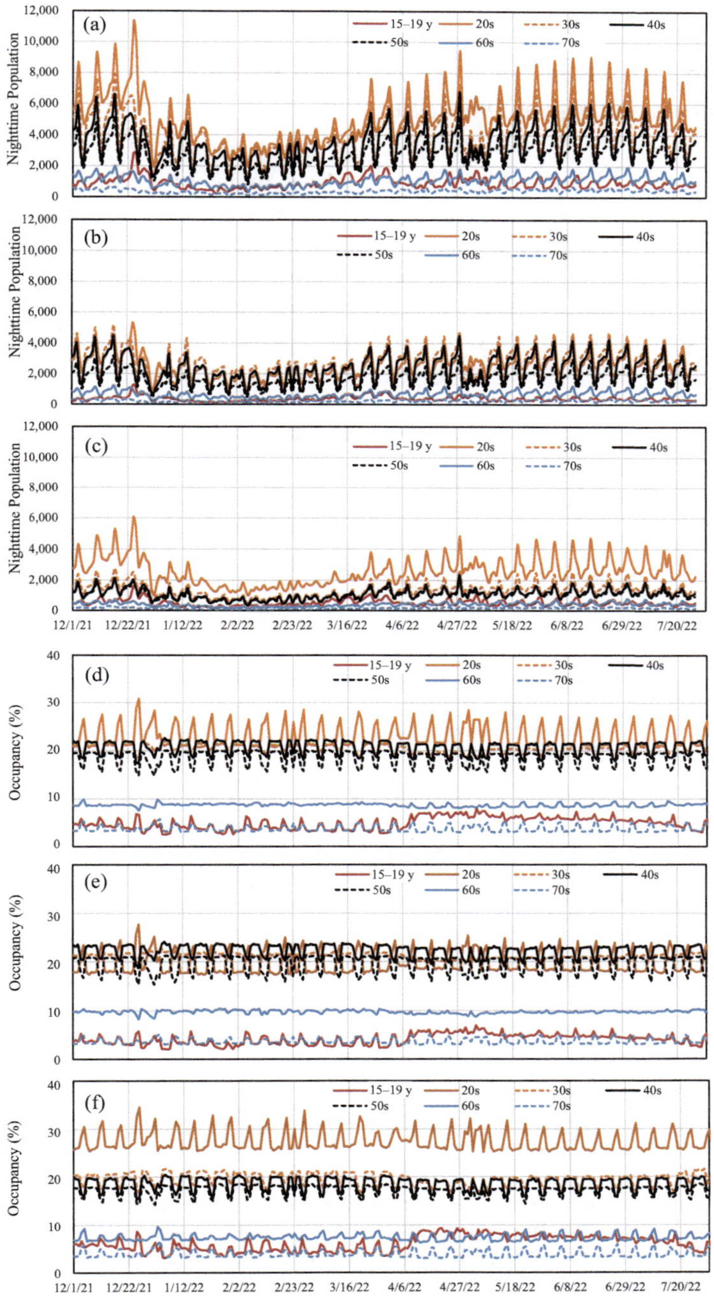

Fig. 7 (**a**–**c**) Time course of the nighttime population by age category and (**d**–**f**) the occupancy of age category in the mobility at the Tokyo stations. The gender categories are (**a**, **d**) all, (**b**, **e**) male, and (**c**, **f**) female. (Kodera et al., *Vacciness*, **10**, 1820, 2022)

4 Results

4.1 Daily Reported Positive Cases and Estimated Population-Level Immunity

Figure 8 shows the DPCs and population-level immunity estimates for Tokyo, Osaka, and Aichi. Considering that asymptomatic infections are estimated to be four to eight times greater than reported DPCs, the numbers reflect the uncertainty in immunity efficacy (Fig. 2b). Before the sixth wave, the impact of the infected population on population-level immunity was minimal, but it became relatively significant thereafter. This trend was similarly observed in Osaka and Aichi.

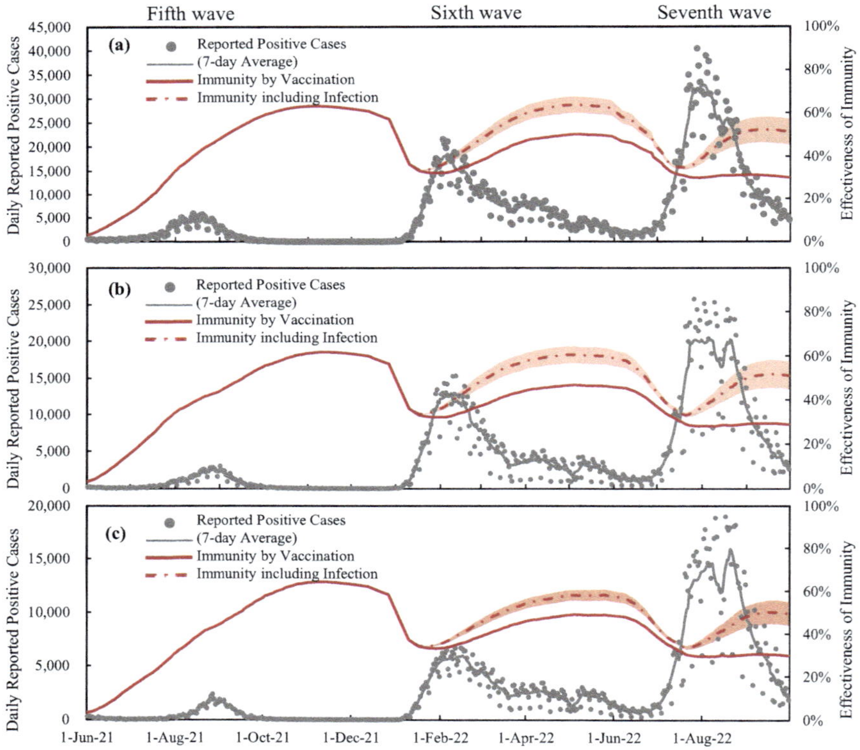

Fig. 8 Daily reported positive cases and estimated population-level immunity in (**a**) Tokyo, (**b**) Osaka, and (**c**) Aichi. The dashed line indicates population-level immunity assuming that the number of asymptomatically infected individuals is six times the number of positive cases reported daily. The colored area represents the variation in the immunity effectiveness due to the variation in the number of asymptomatically infected individuals (4–8 times). (Kodera et al., *Vaccines*, **11**, 1457, 2023)

As a result, comparable levels of population-level immunity were required in the three prefectures during the fifth to seventh waves. For all waves, the required level of population-level immunity for suppression was approximately 40%. The sixth and seventh waves showed a gradual increase in immunity, despite immunity for the entire population remaining relatively similar. Notably, for the fifth wave, the immunity of the population aged 10–64 years required for peak formation was less than that of the entire population. This is attributable to the early vaccination strategy, which prioritized the older population (see Sect. 1.2). The percentage of fully vaccinated individuals aged 10–64 years was approximately 20% at the peak of the fifth wave, whereas for those aged ≥65 years, it exceeded 80% [48].

4.2 Verification and Interpolation with Machine Learning

Using the estimated effectiveness of immunity, we replicated daily new cases using machine learning. In this replication, future mobility and the number of tweets were assumed to be known variables. Figure 9 illustrates 1-month forecast examples in Tokyo, Osaka, and Aichi, comprising 15 time frames. The mean absolute percentage error for the forecast after 1 month was 23.7% in Tokyo, 28.1% in Osaka, and 27.3% in Aichi for days with more than 500 DPCs.

From these results, machine learning proved useful for assessing the impact of tweets, mobility, and VE on new DPCs. As a hypothetical scenario, we assumed that no new vaccines were administered after July 11, 2021. As shown in Fig. 9, a further increase in DPCs was projected in the absence of vaccination.

4.3 Model Application of Hypothetical Scenarios

From these results, machine learning proved to be a valuable tool for assessing the impact of the number of tweets, mobility, and VE on new DPCs. We considered two hypothetical scenarios.

In the first scenario, the vaccination campaign begins 1 month earlier than it actually did. This hypothesis accounts for the vaccine shortage immediately following the production of mRNA vaccines and the emergence of the Delta variant prior to the Olympic Games. If the spread of the Delta variant had been suppressed, the situation during the Olympic Games might have been different. To explore this, we simulated the fifth wave, spanning June 1, 2021, to November 30, 2021.

The second scenario assumes that prevention measures to curb the spread of the disease were implemented before the emergence of the Omicron variant. In Japan, the Omicron variant appeared and spread rapidly just after the New Year season. An open question remains: if prevention measures had been enforced before the variant's emergence, could its spread have been effectively suppressed? To simulate this, we predicted the number of new positive cases by multiplying the number of

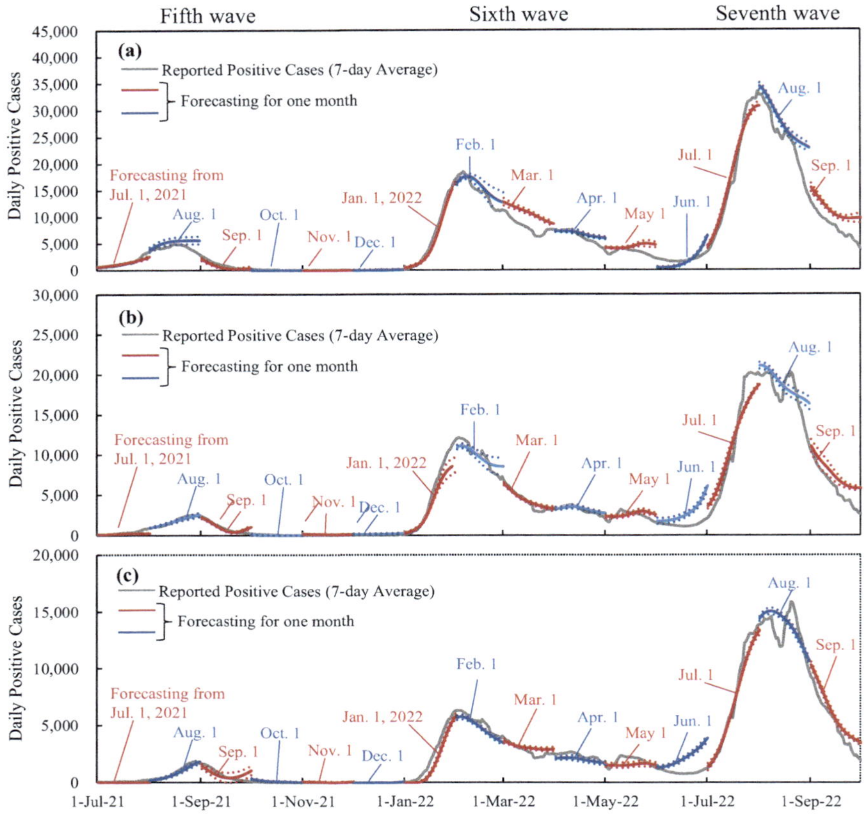

Fig. 9 Performance of the prediction of daily positive cases in (**a**) Tokyo, (**b**) Osaka, and (**c**) Aichi. In the forecasting, Twitter and mobility were assumed to be known from the reported values, and the estimated population-level immunity in Fig. 2 was used. The dotted lines represent 95% CI (Kodera et al., *Vacciness*, **11**, 1457, 2023)

tweets related to drinking by factors of 0.5 and 0.7, representing scenarios with fewer social gatherings.

As shown in Fig. 10 (a), the total number of positive cases during the fifth wave (221,124 cases) is estimated to decrease to 122,985 cases when the vaccination campaign starts 1 month earlier, while the peak number of new DPCs would be suppressed by 67%. From Fig. 10 (b), the total number of positive cases during the sixth wave (1,158,167 cases) is estimated to decrease to 633,888 cases, with the peak number of DPCs reduced by up to 46.3% through behavioral restrictions.

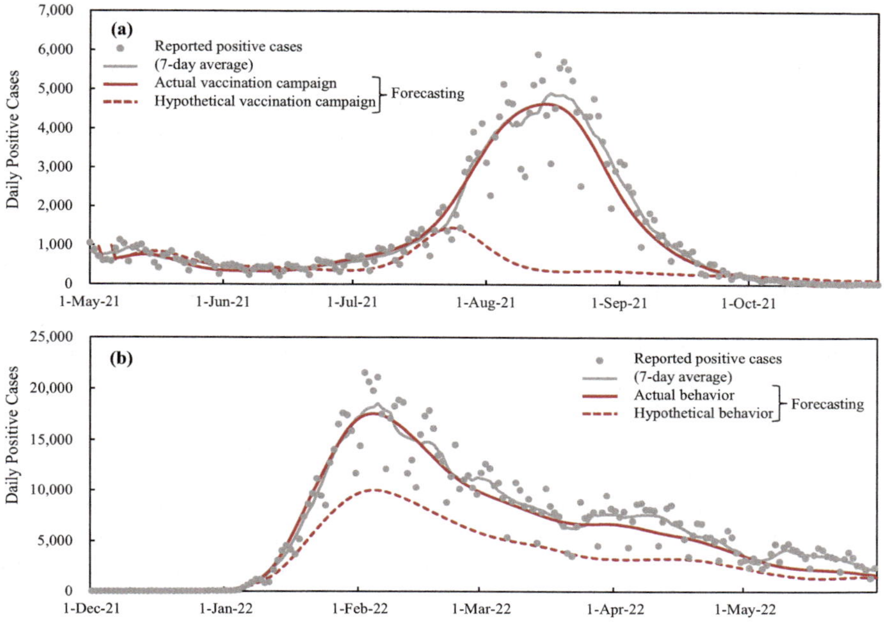

Fig. 10 Forecasting daily positive cases in Tokyo based on actual vaccination administration and the drinking-related tweets (solid line) and a hypothetical scenario (dashed line) (**a**) fifth wave and (**b**) sixth wave. The hypothetical scenarios considered are: (**a**) the vaccination campaign commencing 1 month earlier, and (**b**) behavioral restrictions resulting in a 50% reduction in drinking-related tweet volume

5 Discussion

This chapter reviewed the modeling of COVID-19 spread and decay using machine learning. Specifically, it focuses on population-level immunity required for transient suppression during Japan's fifth, sixth, and seventh waves, when the Delta variant, Omicron variant, and BA.5 subvariant were predominant, respectively.

We developed an analytic approach to estimate protection against symptomatic infections, which is essential for assessing population-level VE (Fig. 4). Additionally, we reviewed parameters that potentially influence viral transmission, including social behavior metrics such as mobility and sentiment analysis. The effectiveness of some parameters was demonstrated using statistical analysis.

From Fig. 8, in the fifth wave, the population-level immunity required to suppress the spread of infection was approximately 40% for the entire population and the population aged 10–64 years, respectively. Most cases were found for the population aged 10–64 years; therefore, an immunity level of 20% would be close to the immunity required in reality under the condition of state of emergency [28]. Unlike the later wave, mobility for the population aged 10–64 years was smaller in the fifth wave than in the later waves due to the declaration of the state of emergency. The reduction in mobility in downtown areas was approximately 40%, 25%, and 20% lower than the levels in Tokyo, Osaka, and Aichi, respectively (see Fig. 7). When social activity is low, the transmission of SARS-CoV-2 may also be suppressed.

To validate the aforementioned heuristic method, we used machine learning to estimate the DPC. As depicted in Fig. 9, the prediction based on the assumption that future behavioral and vaccination parameters are known was in good agreement with the cases reported by the three prefectures. This comparison suggested that the heuristic method based on the numerical derivation of immunity was appropriate. Note that our vaccination parameters and the prediction model were verified to be acceptable using machine learning under various periods during COVID-19 pandemic [16, 22, 31, 32, 42]. Using machine learning, we have provided an interpolation of what would have happened if the vaccination campaign started earlier during the Olympic Games (Fig. 10(a)). From the computational example, the number of DPC would be much smaller than actual values if the vaccination had started 1 month earlier. Several papers discussed the incidence of COVID-19 new cases during and after the Olympic games [49, 50]. However, our point here is that the number of DPC may be saturated earlier if the vaccination campaign has started earlier. This simulation provides interesting perspective for vaccination planning for such a large event.

The primary limitations of this study are as follows:

1. Due to the limited number of people who were infected in Japan prior to the sixth wave, the population with asymptomatic infection is a major source of uncertainty (see Fig. 3(b)). Even when considering a factor of four to eight for the ratio of asymptomatic infected individuals to the DPC, the population-level immunity in the sixth and seventh waves have varied by 8% and 12%, respectively.
2. The decay of infection-acquired immunity is assumed to be identical to that of vaccination. However, it is well-established that the former is longer than the latter. This simplification does not lead to significant differences because the number of infected people in Japan was limited until the wave we focused on. Similarly, the consideration of hybrid immunity [51, 52] defined as immunity acquired through complete vaccination and infection, was marginal. Nonetheless, the impact of the above-mentioned limitations on the forecasting or the transmission was demonstrated to be marginal through machine learning replication.

6 Conclusions

This chapter numerically discussed the population-level immunity required for transient suppression across the fifth, sixth, and seventh waves of COVID-19 across three major metropolitan prefectures in Japan. A feature of COVID-19 infection in Japan was that only 11% of the population was infected before the seventh wave. Therefore, the uncertainty factor associated with immunity (such as hybrid immunity and reinfection) was relatively small. The population-level immunity required for transient suppression was consistent across prefectures. The effect of the vaccination rate on positive cases per population was mild for the fifth and sixth waves, when the effect of the restriction was dominant. The correlation between the vaccination ratio and positive cases was more statistically significant for the seventh wave. Meanwhile, viral infectivity and population activity that increased with subsequent waves, characterize the immunity required for suppression at the population level. Our discussion suggested that if viral infectivity is known, then the number of people who can become infected until transient suppression can be roughly estimated. This hypothesis can be confirmed using machine learning. The combination of heuristic derivation and machine learning would be beneficial for policy formulation and the allocation of medical resources, particularly for vaccination strategies.

References

1. World Health Organization (WHO). *Coronavius (COVID-19) dashboard*. Retrieved December 13, 2024, from https://covid19.who.int/
2. Badr, H. S., Du, H., Marshall, M., Dong, E., Squire, M. M., & Gardner, L. M. (2020). Association between mobility patterns and COVID-19 transmission in the USA: A mathematical modelling study. *The Lancet Infectious Diseases, 20*(11), 1247–1254.
3. Kodera, S., Rashed, E. A., & Hirata, A. (2023). The effects of time window averaged mobility on effective reproduction number of COVID-19 viral variants in urban cities. *Journal of Urban Health, 100*, 29–39.
4. Shaw, R., Kim, Y.-k., & Hua, J. (2020). Governance, technology and citizen behavior in pandemic: Lessons from COVID-19 in East Asia. *Progress in Disaster Science, 6*, 100090.
5. Han, E., et al. (2020). Lessons learnt from easing COVID-19 restrictions: An analysis of countries and regions in Asia Pacific and Europe. *The Lancet, 396*(10261), 1525–1534.
6. Unruh, L., et al. (2022). A comparison of 2020 health policy responses to the COVID-19 pandemic in Canada, Ireland, the United Kingdom and The United States of America. *Health Policy, 126*(5), 427–437.
7. Diao, Y., Kodera, S., Anzai, D., Gomez-Tames, J., Rashed, E. A., & Hirata, A. (2021). Influence of population density, temperature, and absolute humidity on spread and decay durations of COVID-19: A comparative study of scenarios in China, England, Germany, and Japan. *One Health, 12*, 100203.
8. Sun, Z., Zhang, H., Yang, Y., Wan, H., & Wang, Y. (2020). Impacts of geographic factors and population density on the COVID-19 spreading under the lockdown policies of China. *Science of the Total Environment, 746*, 141347.
9. Lau, H., et al. (2020). The positive impact of lockdown in Wuhan on containing the COVID-19 outbreak in China. *Journal of Travel Medicine, 27*(3), taaa037.
10. Odagaki, T. (2020). Analysis of the outbreak of COVID-19 in Japan by SIQR model. *Infectious Disease Modelling, 5*, 691–698.
11. Tetteh, J. N., & Hernandez-Vargas, E. A. (2021). Network models to evaluate vaccine strategies towards herd immunity in COVID-19. *Journal of Theoretical Biology, 531*, 110894.
12. Tang, J. W., Wu, S., & Kwok, K. O. (2021). Can Asia now learn from the experience of the west? *Clinical Microbiology and Infection, 27*(12), 1864–1866.

13. Tkachenko, A. V., Maslov, S., Elbanna, A., Wong, G. N., Weiner, Z. J., & Goldenfeld, N. (2021). Time-dependent heterogeneity leads to transient suppression of the COVID-19 epidemic, not herd immunity. *Proceedings of the National Academy of Sciences, 118*(17), e2015972118.
14. Our World in Data. *Coronavirus (COVID-19) vaccinations*. Retrieved December 13, 2024, from https://ourworldindata.org/covid-vaccinations
15. Arashiro, T., et al. (2022). COVID-19 vaccine effectiveness against symptomatic SARS-CoV-2 infection during Delta-dominant and omicron-dominant periods in Japan: A multicenter prospective case-control study (factors associated with SARS-CoV-2 infection and the effectiveness of COVID-19 vaccines study). *Clinical Infectious Diseases, 76*(3), e108–e115.
16. Buchan, S. A., et al. (2022). Effectiveness of COVID-19 vaccines against omicron or Delta infection. In *medRxiv*, p. 2021.12. 30.21268565.
17. Reis, B. Y., et al. (2021). Effectiveness of BNT162b2 vaccine against delta variant in adolescents. *New England Journal of Medicine, 385*, 2101–2103.
18. Kodera, S., Rashed, E. A., & Hirata, A. (2022). Estimation of real-world vaccination effectiveness of mRNA COVID-19 vaccines against Delta and omicron variants in Japan. *Vaccine, 10*(3), 430. Retrieved from https://www.mdpi.com/2076-393X/10/3/430
19. Andrews, N., et al. (2022). Covid-19 vaccine effectiveness against the omicron (B. 1.1. 529) variant. *New England Journal of Medicine, 386*(16), 1532–1546.
20. Kirsebom, F. C., et al. (2022). COVID-19 vaccine effectiveness against the omicron (BA. 2) variant in England. *The Lancet Infectious Diseases, 22*(7), 931–933.
21. Seong, H., et al. (2021). Comparison of the second and third waves of the COVID-19 pandemic in South Korea: Importance of early public health intervention. *International Journal of Infectious Diseases, 104*, 742–745.
22. Araf, Y., et al. (2022). Omicron variant of SARS-CoV-2: Genomics, transmissibility, and responses to current COVID-19 vaccines. *Journal of Medical Virology, 94*(5), 1825–1832.
23. Kodera, S., Niimi, Y., Rashed, E. A., Yoshinaga, N., Toyoda, M., & Hirata, A. (2022). Estimation of mRNA COVID-19 vaccination effectiveness in Tokyo for omicron variants BA. 2 and BA. 5-effect of social behavior. *Vaccine, 10*(11), 1820.
24. Ministry of Health Labour and Welfare. *Visualizing the data: Information on COVID-19 infections*. Retrieved June 19, 2023, from https://covid19.mhlw.go.jp/en/
25. Sanada, T., et al. (2021). Serologic survey of IgG against SARS-CoV-2 among hospital visitors without a history of SARS-CoV-2 infection in Tokyo, 2020–2021. *Journal of Epidemiology, 32*(2), 105–111.
26. Randolph, H. E., & Barreiro, L. B. (2020). Herd immunity: Understanding COVID-19. *Immunity, 52*(5), 737–741.
27. Núñez-Zapata, S. F., Benites-Peralta, B., Mayta-Tristan, P., & Rodríguez-Morales, A. J. (2021). High seroprevalence for SARS-CoV-2 infection in South America, but still not enough for herd immunity! *International Journal of Infectious Diseases, 109*, 244–246.
28. Kodera, S., Ueta, H., Unemi, T., Nakata, T., & Hirata, A. (2023). Population-level immunity for transient suppression of COVID-19 waves in Japan from April 2021 to September 2022. *Vaccine, 11*(9), 1457.
29. Rashed, E. A., Kodera, S., & Hirata, A. (2022). COVID-19 forecasting using new viral variants and vaccination effectiveness models. *Computers in Biology and Medicine, 149*, 105986.
30. He, S., Peng, Y., & Sun, K. (2020). SEIR modeling of the COVID-19 and its dynamics. *Nonlinear Dynamics, 101*(3), 1667–1680.
31. Block, P., et al. (2020). Social network-based distancing strategies to flatten the COVID-19 curve in a post-lockdown world. *Nature Human Behaviour, 4*(6), 588–596.
32. Rockett, R. J., et al. (2020). Revealing COVID-19 transmission in Australia by SARS-CoV-2 genome sequencing and agent-based modeling. *Nature Medicine, 26*(9), 1398–1404.
33. Rashed, E. A., & Hirata, A. (2021). One-year lesson: Machine learning prediction of COVID-19 positive cases with meteorological data and mobility estimate in Japan. *International Journal of Environmental Research and Public Health, 18*(11), 5736.

34. Rashed, E. A., & Hirata, A. (2021). Infectivity upsurge by COVID-19 viral variants in Japan: Evidence from deep learning modeling. *International Journal of Environmental Research and Public Health, 18*(15), 7799.
35. Niimi, Y., Gomez-Tames, J., Wasaka, T., & Hirata, A. (2023). Selective stimulation of nociceptive small fibers during intraepidermal electrical stimulation: Experiment and computational analysis. *Frontiers in Neuroscience, 16*, 1045942.
36. Khoury, D. S., et al. (2021). Neutralizing antibody levels are highly predictive of immune protection from symptomatic SARS-CoV-2 infection. *Nature Medicine, 27*(7), 1205–1211.
37. Kodera, S., Takada, A., Rashed, E. A., & Hirata, A. (2023). Projection of COVID-19 positive cases considering hybrid immunity: Case study in Tokyo. *Vaccine, 11*(3), 633.
38. Tokyo Metropolitan Government. *The disaster prevention information, Tokyo*. Retrieved September 2, 2022, from https://www.bousai.metro.tokyo.lg.jp/taisaku/saigai/index.html
39. Nakanishi, M., et al. (2021). On-site dining in Tokyo during the COVID-19 pandemic: Time series analysis using Mobile phone location data. *JMIR mHealth and uHealth, 9*(5), e27342.
40. Chang, S., et al. (2021). Mobility network models of COVID-19 explain inequities and inform reopening. *Nature, 589*(7840), 82–87.
41. Kodera, S., Rashed, E. A., & Hirata, A. (2020). Correlation between COVID-19 morbidity and mortality rates in Japan and local population density, temperature, and absolute humidity. *International Journal of Environmental Research and Public Health, 17*(15), 5477.
42. Rashed, E. A., Kodera, S., Gomez-Tames, J., & Hirata, A. (2020). Influence of absolute humidity, temperature and population density on COVID-19 spread and decay durations: Multi-prefecture study in Japan. *International Journal of Environmental Research and Public Health, 17*(15), 5354.
43. Liu, J., et al. (2020). Impact of meteorological factors on the COVID-19 transmission: A multi-city study in China. *Science of the Total Environment, 726*, 138513.
44. Ganslmeier, M., Furceri, D., & Ostry, J. D. (2021). The impact of weather on COVID-19 pandemic. *Scientific Reports, 11*(1), 22027.
45. McCann, H., & Beltrachini, L. (2022). Impact of skull sutures, spongiform bone distribution, and aging skull conductivities on the EEG forward and inverse problems. *Journal of Neural Engineering, 19*(1), 016014.
46. Silva, C. J., et al. (2022). Complex network model for COVID-19: Human behavior, pseudo-periodic solutions and multiple epidemic waves. *Journal of Mathematical Analysis and Applications, 514*(2), 125171.
47. Wellenius, G. A., et al. (2021). Impacts of social distancing policies on mobility and COVID-19 case growth in the US. *Nature Communications, 12*(1), 3118.
48. Digital Agency. *Vaccination recording system*. Retrieved from https://info.vrs.digital.go.jp/dashboard/
49. Hoang, V. T., Al-Tawfiq, J. A., & Gautret, P. (2020). The Tokyo Olympic games and the risk of COVID-19. *Current Tropical Medicine Reports, 7*(4), 126–132.
50. Hirata, A., Kodera, S., Diao, Y., & Rashed, E. A. (2022). Did the Tokyo Olympic Games enhance the transmission of COVID-19? An interpretation with machine learning. *Computers in Biology and Medicine, 146*, 105548.
51. Crotty, S. (2021). Hybrid immunity. *Science, 372*(6549), 1392–1393.
52. Sette, A., & Crotty, S. (2022). Immunological memory to SARS-CoV-2 infection and COVID-19 vaccines. *Immunological Reviews, 310*(1), 27–46.

Projections of COVID-19 Severity and Case Fatality Rates in Tokyo: Real-Time Analysis and Ex-Post Assessment

Taisuke Nakata and Wataru Okamoto

1 Introduction

The severity and case fatality rates play key roles in designing policies during a pandemic. On the one hand, if the severity rate and case fatality rate are high, all else equal, the government may feel compelled to impose strict containment policies because an infection wave of a given magnitude would lead to a large number of patients in need of hospitalization and deaths. On the other hand, if the severity rate and case fatality rate are low, all else equal, the government may judge that it is not necessary to impose strict containment policies: Even if the infection wave is large, the number of hospitalized patients and deaths from infection would be limited when the severity and case fatality rates are low.

In this chapter, we describe the projection of the severity rate and case fatality rate associated with COVID-19 for the sixth infection wave in Tokyo. The sixth infection wave—featuring the Omicron variant—started in early January 2022 and intensified in late January 2022, as shown in Fig. 1. We computed our projection in early January before the sixth infection wave intensified [1].[1] Our projection

The analysis in this paper was conducted when Wataru Okamoto was a graduate student at the University of Tokyo. We thank Jianing Chu and Kumiko Udea for their excellent research assistance.

[1] We also conducted a similar analysis at the beginning of the seventh infection wave. See Miyamoto et al. [2].

T. Nakata (✉)
University of Tokyo, Tokyo, Japan
e-mail: taisuke.nakata@e.u-tokyo.ac.jp

W. Okamoto
EY Strategy and Consulting Co., Ltd, Tokyo, Japan

S. Kurihara (ed.), *Social Simulation of COVID-19 with AI in Japan*,
https://doi.org/10.1007/978-981-96-8066-5_3

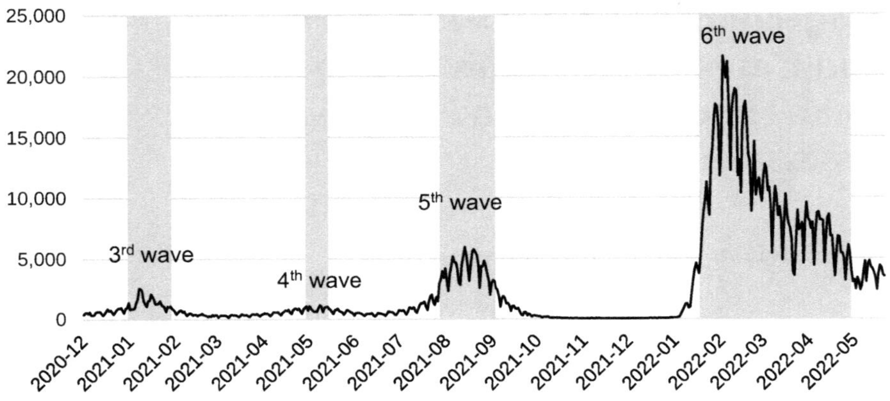

Fig. 1 The evolution of new infection in Tokyo from December 1, 2020 to May 21, 2022. (*Source: Tokyo Open Data* (https://catalog.data.metro.tokyo.lg.jp/dataset/t000055d0000000397))

was informed by the data on COVID-19 infection from the previous wave as well assumptions—informed by early evidence on the Omicron variant from other countries—about (1) the efficacies of the first/second/third doses of vaccines against the Omicron variant and (2) the relative severity and case fatality rates of the Omicron variant to those of the Delta variant—dominant variant for the previous infection wave observed from July 2021 to September 2021—for persons vaccinated less than twice.

In our baseline scenario, we projected a large decline in both severity and case fatality rates from the fifth wave to the sixth wave. In particular, we projected the severity rate and case fatality rates to decline from 0.66% and 0.31% in the fifth wave to 0.15% and 0.09% in the sixth wave, respectively. The actual severity rate was even lower than our baseline projection (0.04% versus 0.15%), whereas the actual case fatality rate was about the same as our projection (0.11% versus 0.09%). Shortly after the sixth wave ended, we analyzed the sources of the overall discrepancy between our projection and the actual data [3].

This chapter is organized as follows. Section 2 describes our methodology. Section 3 describes our projections. Section 4 contrasts our projection with the actual data.

2 Methodology

Our methodology is a bottom-up approach. The overall severity or case fatality rate is a weighted average of group-specific severity or case fatality rates. We divided infected persons into four groups based on (1) whether the person was vaccinated twice or less than twice and (2) whether the person is old (60 years old or over) or young (less than 60 years old). For each group, we projected the severity or case

Table 1 Fifth infection wave

	Vaccinated twice	Vaccinated less than twice	Total
Share (%)			
Under 60	3.1	90.4	93.5
60 and above	2.5	3.9	6.5
Total	5.7	94.3	100
	Vaccinated twice	Vaccinated less than twice	Average
Severity rate (%)			
Under 60	0.15	0.50	0.48
60 and above	1.33	4.43	3.27
Average	**0.68**	**0.66**	**0.66**
Fatality rate (%)			
Under 60	0.03	0.09	0.08
60 and above	1.48	4.94	3.65
Average	**0.68**	**0.29**	**0.31**

Source: Tokyo Open Data (https://catalog.data.metro.tokyo.lg.jp/dataset/t000055d0000000367)

fatality rate as well as the share of infected persons in that group among all infected persons—which serves as the weight. With the severity or case fatality rate and the share for each group, we took the weighted average to compute the overall severity or case fatality rate for infected persons.

We projected the group-specific severity or case fatality rate and the group's share for the sixth infection wave in reference to their values in the fifth infection wave. Table 1 provides the group's share as well as the group-specific severity and case fatality rates in the fifth infection wave. According to the table, the majority of infected persons was young, likely reflecting the fact that the majority of elderlies had received the first dose of vaccines before the peak of the fifth wave, while young persons were yet to be vaccinated twice during the fifth wave. The majority of young infected persons were vaccinated less than twice, as shown by the first row of the table (90.4% among 93.5%). In contrast, only about 60% of old infected persons were vaccinated less than twice, according to the second row of the table (3.9% among 6.5%).

According to the middle part of Table 1, the severity rate was substantially lower for young than for old (0.48% versus 3.27%). For both young and old groups, the severity rate was lower for persons vaccinated twice than for persons vaccinated less than twice (0.15% versus 0.50% for young; 1.33% versus 4.43% for old). The overall severity rate for the fifth wave—the weighted average of these group-specific severity rates—was 0.66%.

We also used the fifth rate as a reference for the projection of group-specific case fatality rates, given in the bottom part of Table 1. Consistent with the pattern observed for the severity rate, the case fatality rate was substantially lower for young than for old (0.08% versus 3.65%). For both young and old groups, the severity rate was lower for persons vaccinated twice than for persons vaccinated less than twice (0.03 versus 0.09 for young; 1.48 versus 4.94 for old). Taking the weighted average of these group-specific severity rates, the overall severity rate for the fifth wave was 0.31%.

3 Projection

3.1 Share

The top two lines of Table 2 provide our assumption related to the share of four groups among infected persons in the sixth wave.

We projected that the share of people vaccinated twice or more would be substantially higher in the sixth wave than in the fifth wave because the majority of the adult population had been vaccinated twice prior to the sixth wave. In the baseline scenario, we projected 75%. In the optimistic and pessimistic scenarios, we projected 90% and 60%, respectively.

We projected the share of each of the four groups for the sixth wave by projecting (1) the share of elderlies among infected people and (2) the share of people vaccinated twice or more among infected people. For simplicity, we assumed that the share of people vaccinated twice or more is the same for both young and old.

We projected that the elderly share would be higher for the sixth wave than for the fifth wave. The fifth wave occurred in the middle of the first major national vaccination program. Because priority was given to vaccinating elderlies, the majority of infected persons during the fifth wave were young. However, prior to the sixth wave, the majority of young people also had been vaccinated. Thus, we would expect the share of elderly among infected would increase in the sixth wave from the fifth wave. We assumed that the elderly share would increase to 10% in the sixth wave from 6.5% in the fifth wave under the baseline. Reflecting the large uncertainty, we also considered two alternative scenarios. In the pessimistic scenario, the elderly share would increase to 20%. In the optimistic scenario, the elderly share would decline to 5%.

Table 2 Key assumptions for the projection

Assumptions	Optimistic	Baseline	Pessimistic
Assumptions related to the share			
Vaccinated twice or more (%)	90	75	60
Elderly (%)	5	10	20
Assumptions related to the rates			
Vaccinated less than twice (compared with Delta) (%)	10	30	50
Vaccinated twice or more (compared with non-vaccinated) (%)	30	40	60

3.2 Severity Rate

We projected the severity rate of each of the four groups for the sixth wave by projecting (1) the severity rate for persons vaccinated less than twice under the Omicron variant relative to that under the Delta variant and (2) the severity rate for persons vaccinated twice or more relative to that for persons vaccinated less than twice.

For (1), very early studies of the Omicron variant in December 2021 as well as anecdotal evidence suggested that the severity rate for the Omicron variants might be possibly substantially lower than that for the Delta variant [4–7]. In the baseline scenario, we projected the severity rate of the Omicron variant to be 30% of that of the Delta variant. In the optimistic and pessimistic scenarios, we projected 10% and 50%, respectively.

For (2), a number of studies studied the effectiveness of vaccines in terms of reducing the severity rate. However, there was a large degree of uncertainty regarding the speed of decay in the effectiveness as well as the effectiveness against the newly emerged Omicron variant [8]. In the baseline scenario, we projected the severity rate for vaccinated people to be 40% of that of unvaccinated people. In the optimistic and pessimistic scenarios, we projected 30% and 60%, respectively.

3.3 Case Fatality Rate

We projected the case fatality rate of each of the four groups for the sixth wave in a manner similar to the severity rate projection. In particular, we projected (1) the case fatality rate for persons vaccinated less than twice under the Omicron variant relative to that under the Delta variant and (2) the case fatality rate for persons vaccinated twice or more to that for persons vaccinated less than twice. We had even less information available for these relative case fatality rates than for the relative severity rates at the time of projection. We set the values for these relative case fatality rates to the same values as for the relative severity rates.

3.4 Projections Overall

The assumptions discussed thus far—and summarized in Table 2—imply projections for the overall severity and case fatality rates for the sixth wave, which are shown in Figs. 2 and 3.

As shown in these figures, under the baseline scenario, the severity and case fatality rates would be 0.15% and 0.09%, respectively. These were sizable declines from the severity and case fatality rates during the previous wave. Under the pessimistic scenario, the severity would be 0.49%—only a small decline from the

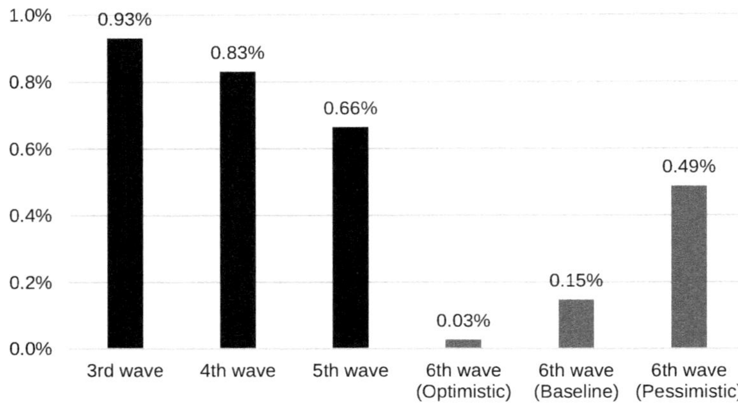

Fig. 2 Projections for the severity rate in the sixth wave. (*Source: Tokyo Metropolitan Government. Disaster Prevention Information* (See https://www.bousai.metro.tokyo.lg.jp/_res/projects/default_project/_page_/001/015/652/64/20210930g.pdf))

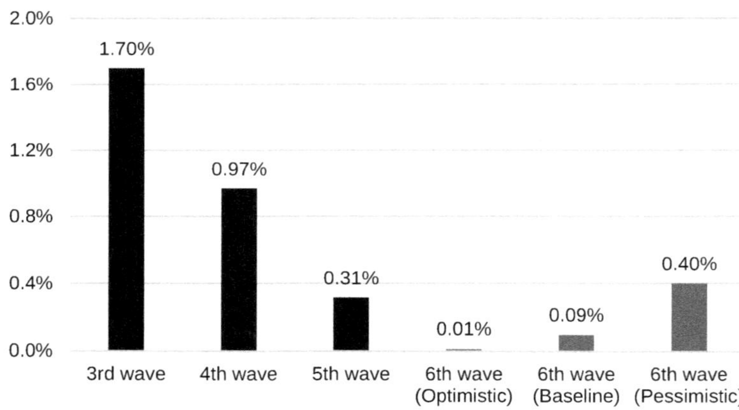

Fig. 3 Projections for the case fatality rates in the sixth wave. (*Source: Tokyo Metropolitan Government. Disaster Prevention Information* (See https://www.bousai.metro.tokyo.lg.jp/_res/projects/default_project/_page_/001/015/652/64/20210930g.pdf))

fifth wave—and the case fatality rate would be 0.40%—a small increase from the fifth infection wave. Under the optimistic scenario, the severity and case fatality rate would 0.03% and 0.01%, respectively. Both of these two numbers represented substantial declines from the fifth wave.

Tables 3, 4, and 5 provide what the assumptions described in Table 2 mean for group-specific shares as well as group-specific severity or case fatality rate in the baseline, optimistic, and pessimistic scenarios, respectively.

Table 3 Projections for the sixth wave (baseline)

	Vaccinated twice or more	Vaccinated less than twice	Total
Share (%)			
Under 60	67.5	22.5	90
60 and above	7.5	2.5	10
Total	75	25	100
	Vaccinated twice or more	Vaccinated less than twice	Average
Severity rate (%)			
Under 60	0.06	0.15	0.08
60 and above	0.53	1.33	0.73
Average	**0.11**	**0.27**	**0.15**
Fatality rate (%)			
Under 60	0.01	0.03	0.01
60 and above	0.59	1.48	0.82
Average	**0.07**	**0.17**	**0.09**

Table 4 Projections for the sixth wave (optimistic)

	Vaccinated twice or more	Vaccinated less than twice	Total
Share (%)			
Under 60	85.5	9.5	95
60 and above	4.5	0.5	5
Total	90	10	100
	Vaccinated twice or more	Vaccinated less than twice	Average
Severity rate (%)			
Under 60	0.01	0.05	0.02
60 and above	0.13	0.44	0.16
Average	**0.02**	**0.07**	**0.03**
Fatality rate (%)			
Under 60	0.00	0.01	0.00
60 and above	0.15	0.49	0.18
Average	**0.01**	**0.03**	**0.01**

4 Ex-Post Assessment

Table 6 contrasts our projections with the actual severity and case fatality rates during the sixth infection wave. According to the table, the actual severity rate was 0.04%— substantially lower than 0.15% in our baseline projection—and was close to 0.03% in our optimistic projection.[2] The actual death rate was 0.11%—close to

[2] For the purpose of computing the actual rates, we define the sixth wave as starting in December 15, 2021 and ending in April 30, 2022.

Table 5 Projections for the sixth wave (pessimistic)

	Vaccinated twice or more	Vaccinated less than twice	Total
Share (%)			
Under 60	48	32	80
60 and above	12	8	20
Total	60	40	100
	Vaccinated twice or more	Vaccinated less than twice	Average
Severity rate (%)			
Under 60	0.15	0.25	0.19
60 and above	1.33	2.21	1.68
Average	**0.38**	**0.64**	**0.49**
Fatality rate (%)			
Under 60	0.03	0.04	0.03
60 and above	1.48	2.47	1.88
Average	**0.32**	**0.53**	**0.40**

Table 6 Comparison of projections versus actual

	Projection			Actual
	Optimistic	Baseline	Pessimistic	
Severity rate (%)	0.03	0.15	0.49	**0.04**
Case fatality rates (%)	0.01	0.09	0.40	**0.11**

Source: Nakata & Okamoto [9]. (https://covid19outputjapan.github.io/JP/icudeathmonitoring.html)

Table 7 Comparison of the assumptions versus actual

	Assumption			Actual
	Optimistic	Baseline	Pessimistic	
Vaccinated twice or more (%)	90	75	60	63.0
Elderly (%)	5	10	20	**9.8**

Source: Tokyo Open Data (https://catalog.data.metro.tokyo.lg.jp/dataset/t000055d0000000397; https://www.metro.tokyo.lg.jp/tosei/hodohappyo/press/2022/index.html)

0.09% in our baseline projection. Overall, we successfully projected large declines in these two rates in the sixth wave from the corresponding rates in the fifth wave.

What accounts for the discrepancy between our baseline projections and the actual rates? At the time of conducting the ex-post assessment report (June 13, 2022), we did not have the actual value for both (1) the relative severity and case fatality rates of the Omicron variant to those of the Delta variant and (2) the relative severity and case fatality rates of people vaccinated twice or more to those of vaccinated less than twice. However, we did have data for the share of young versus old and the shares of vaccinated versus unvaccinated people, which are given in Table 7.

According to Table 7, the actual share of vaccinated persons was lower than our baseline projection (63% versus 75%). Had we used this number to compute our baseline projection, our projected severity rate would have been larger, making the discrepancy between the projected severity rate and the actual severity rate even larger. The actual share of the elderly was 9.8%, close to our baseline projection of 10%.

With these two factors unable to account for the discrepancy between our projection and the actual, the other two factors—(1) the relative severity and case fatality rates of the Omicron variant to those of the Delta variant and (2) the relative severity and case fatality rates of people vaccinated twice or more to people vaccinated less than twice—must have played a key role in creating the discrepancy. We found that even if the relative severity and case fatality rates of people vaccinated twice or more to people vaccinated less than twice had been zero, the projected overall severity rate would have been still much higher than the actual. As a result, we could say that the actual severity rate was much lower than our baseline projection because the relative severity and case fatality rates of the Omicron variant to those of the Delta variant were much lower than our projection. In other words, the severity rate inherent to the Omicron variant was lower than the Delta variant by substantially more than what we had assumed in our baseline.

5 Real-Time Monitoring

In addition to providing the projection for the severity and case fatality rates at the onset of the sixth wave, we provided real-time estimates of these rates throughout the sixth wave. The idea behind our real-time estimate was as follows. The overall severity rate or the case fatality rate is the cumulative severely-ill patients or cumulative deaths over the cumulative number of infected people during the sixth wave. If we compute the severity rate or the case fatality rate from the beginning of the sixth wave to an arbitrary date during the sixth wave, those rates will converge to the rates for the sixth wave when the date approaches the end of the sixth infection wave. Based on this idea, we created a website and updated these two rates at a daily frequency from January 10, 2021 [10].

Because there is a time lag between the timing of infection and the timing of an infected person getting severely ill or dying from infection, our estimators for these two rates in the initial phase of an infection wave could underestimate the severity and case fatality rates for the sixth wave. By applying our estimators to the previous three waves (third, fourth, and fifth waves), we found that our estimator for the severity rate typically converges to the final severity rate for each infection wave within about 40 days from the start of the infection wave [11]. We also found that our estimator for the case fatality rate tends to converge to the final case fatality rate for each infection wave within about 60 days from the start of the infection wave, but that our estimator could still increase after 60 days.

6 Policy Implications

The Japanese government issued a state-of-emergency order in Tokyo three times in 2021 in response to the third, fourth, and fifth waves. However, given that the first national vaccination program had ended prior to the sixth wave and that the severity and case fatality rates would likely be lower in the sixth wave than in the previous waves, there was a rigorous debate in January 2022 about whether to issue the state-of-emergency order to restrict social and economic activities. While some researchers produced projections for infection for the upcoming sixth wave to inform that debate, projections for severely-ill patients and COVID-19 deaths were rare. And, there was no projection for the severity rate and the case fatality rate besides our analysis.

As a result, our projection attracted the attention of the media and policymakers [12–14]. We also released a report explaining the pros and cons of issuing the state-of-emergency on January 15, 2021, which also got some public attention [15]. In the end, the government did not issue a state-of-emergency during the sixth wave. However, they still issued a looser version of the state-of-emergency—let's call it the quasi-state-of-emergency—to implement some infection-prevention measures to fight against the spread of the virus.

Given the issuance of the quasi-state-of-emergency order, there was a debate about how long to continue the order throughout the sixth wave. Our real-time estimate attracted the public's attention in that context [13, 14, 16, 17]. The Japanese government of course monitored the evolution of infection, severely-ill patients, and COVID-19 deaths. However, as in previous waves, the government did not compute the severity and case fatality rates for the wave until a bit after the infection wave became over. Because our real-time estimates were the only timely estimates for these rates in Japan, the public paid attention to them as they debated on how to normalize our society and economy.

7 Conclusion

The severity rate and case fatality rate declined dramatically in the sixth infection wave. Our analysis shows that it was possible to predict the dramatic decline in these rates before the infection wave even began by combining data from the past wave and early evidence on the Omicron variant from other countries. Our timely analysis as well as our real-time monitoring contributed to the policy debate in Japan on whether to issue the state-of-emergency order during the sixth wave, how long to continue the quasi-state-of-emergency order, and how to normalize the society from the crisis phase to a post-crisis phrase.

References

1. Nakata, T., & Okamoto, W. (2022a). *Severity and case fatality rates for the sixth wave*. University of Tokyo. Retrieved January 10, 2022, from https://covid19outputjapan.github.io/JP/files/NakataOkamoto_ICUDeath_20220110.pdf
2. Miyamoto, S., Nakata, T., & Okamoto, W. (2022). *Hospitalization, severity, and case fatality rates for the seventh wave*. University of Tokyo. Retrieved July 1, 2022, from https://www.bicea.e.u-tokyo.ac.jp/wp-content/uploads/9999/01/NakataOkamoto_ICUDeath_20220701.pdf
3. Nakata, T., & Okamoto, W. (2022e). *Severity and case fatality rates for the sixth wave: Ex-post assessments of our projections on January 10, 2022*. University of Tokyo. Retrieved June 13, 2022, from https://covid19outputjapan.github.io/JP/files/NakataOkamoto_ICUDeath_20220613.pdf
4. Barnard, R. C., Davies, N., Pearson, C. A. B., Jit, M., & John Edmunds, W. (2021). Modelling the potential consequences of the omicron SARS-CoV-2 variant in England. Retrieved from https://cmmid.github.io/topics/covid19/reports/omicron_england/report_23_dec_2021.pdf
5. Dyson, L., & Keeling, M. (2021). *Warwick: Omicron modelling*. University of Warwick. Retrieved from https://assets.publishing.service.gov.uk/media/61c5c2bbd3bf7f1f6edf936b/S1463_Warwick_Omicron_Modelling.pdf
6. Ferguson, N., Ghani, A., Cori, A., Hogan, A., Hinsley, W., & Volz, E. (2021a). *Growth and immune escape of the omicron in England*. Imperial College London. Retrieved December 16, 2021, from https://assets.publishing.service.gov.uk/media/61bc5f42d3bf7f055fce7572/S1449_COVID19_Report_49.pdf
7. Ferguson, N., Ghani, A., Hinsley, W., & Volz, E. (2021b). *Hospitalisation risk for omicron cases in England*. Imperial College London. Retrieved December 22, 2021, from https://assets.publishing.service.gov.uk/media/61c5c3108fa8f54c16e1a6be/S1461_Imperial_Hospitalisation_risk_for_Omicron_cases_in_England.pdf
8. Hogan, A. B., Wu, S. L., Doohan, P., Watson, O. J., Winskill, P., Charles, G., Barnsley, G., Riley, E. M., Khoury, D. S., Ferguson, N. M., & Ghani, A. C. (2021). *The value of vaccine booster doses to mitigate the global impact of the omicron SARS-CoV-2 variant*. Imperial College London. Retrieved December 16, 2021, from https://www.imperial.ac.uk/media/imperial-college/medicine/mrc-gida/2021-12-16-COVID19-Report-48.pdf
9. Nakata, T., & Okamoto, W. (2022d). *Severity and case fatality rates for the sixth wave: Implications of PCR testing constraints*. University of Tokyo. Retrieved January 31, 2022, from https://covid19outputjapan.github.io/JP/files/NakataOkamoto_ICUDeath_20220131.pdf
10. Nakata, T., & Okamoto, W. (2022b). *Real-time monitoring of the severity and case fatality rates for the sixth wave*. University of Tokyo. Retrieved January 10, 2022, from https://covid19outputjapan.github.io/JP/files/NakataOkamoto_ICUDeathMonitoring_20220110.pdf
11. Nakata, T., & Okamoto, W. (2022c). *The evolution of real-time estimates of the severity and case fatality rates in previous infection waves*. University of Tokyo. Retrieved January 13, 2022, from https://covid19outputjapan.github.io/JP/files/NakataOkamoto_ICUDeathMonitoring_20220113.pdf
12. Shinbun, C. (2022a). The severity rate: One-fifth of the fifth wave? Real-time analysis by University of Tokyo. Retrieved January 14, 2022, from https://www.chunichi.co.jp/article/399919
13. Shinbun, T. (2022c). What's the severity rate for the sixth wave with omicron variant? How low would it be relative to the fifth wave?. Retrieved January 14, 2022, from https://www.tokyo-np.co.jp/article/154044
14. Shinbun, T. (2022d). Fatality rate higher than severity rate in the sixth wave.. Retrieved February 27, 2022, from https://www.chunichi.co.jp/article/399919
15. Nakata. (2022). *Policy options for the sixth wave*. University of Tokyo. Retrieved January 15, 2022, from https://covid19outputjapan.github.io/JP/files/Nakata_PolicyOptions_20210115.pdf

16. Shinbun, H. (2022b). Why COVID-19 deaths have increased despite less severe symptoms? Mystery of the sixth wave.. Retrieved April 29, 2022, from https://www.chunichi.co.jp/article/399919
17. Nikkei. (2022). The sixth-wave severity rate, 2% of the fifth wave: An unofficial estimate. Retrieved January 30, 2022, from, https://www.chunichi.co.jp/article/399919

Prefecture-Level Projections for COVID-19 Hospital Bed Demand in Japan

Kazuya Haganuma, Taisuke Nakata, and Wataru Okamoto

1 Introduction

In this chapter, we present a framework for computing conditional projections of hospitalized patients, ICU patients, and COVID-19 deaths—conditional on a specified path of future new infections—in each of the 47 prefectures in Japan. We regularly used our framework to compute projections for hospital demand from April 2022 to March 2023. We also developed a user-friendly online tool allowing users to generate projections for hospitalized and ICU patients conditional on a user-specified path of new infections.

The unique feature of our analysis is that we used our framework to compute projections for hospitalized patients, ICU patients, and COVID-19 deaths for all 47 prefectures and for an extended period. Although many researchers produced COVID-19 projections throughout the COVID-19 crisis, these projections were typically for Japan overall, Tokyo, or a few other prefectures. Examples include, but are not limited to, Document 3-2 and 3-3 regularly submitted to the COVID-19 Advisory Board for the Ministry of Health, Labour, and Welfare and projections from the members of the Cabinet Secretariat AI & Simulation Project. Furthermore, instead of providing projections for all 47 prefectures just once, we provided projections regularly for an extended period. Our first report was on April 13, 2022

The analysis in this chapter was conducted when Wataru Okamoto was a graduate student at the University of Tokyo. We thank Kumiko Ueda for her excellent research assistance.

K. Haganuma · T. Nakata (✉)
University of Tokyo, Tokyo, Japan
e-mail: khaganuma1278781763@g.ecc.u-tokyo.ac.jp; taisuke.nakata@e.u-tokyo.ac.jp

W. Okamoto
EY Strategy and Consulting Co., Ltd., Tokyo, Japan

S. Kurihara (ed.), *Social Simulation of COVID-19 with AI in Japan*,
https://doi.org/10.1007/978-981-96-8066-5_4

and our last report was on February 27, 2023 [1, 2]. We produced 37 reports in total during this period. Our online tool was available for the same duration. This longevity is one of the key differences between our work and Furuse et al. [3], which provided outlooks for infections, hospitalizations, and severe cases across 47 prefectures from October 2021 to January 2022.

Our work contributed to the voluminous literature on model-based projections of COVID-19. In particular, our work is closely related to studies projecting local hospital demand during the COVID-19 crisis. Examples include Begen et al. [4], Redondo et al. [5], Kociurzynski [6], and Weissman [7], among many others.

This chapter is structured as follows. Section 2 describes our model. Section 3 discusses how we set parameter values. Section 4 discusses how to compute projections for hospitalized patients, ICU patients, and COVID-19 deaths—conditional on the specified future path of new infection. Section 5 explains the online tool we created that allows users to generate projections under the user-specified path of new infections. Section 6 provides readers with the context in which we developed our projection framework. Section 7 concludes.

2 Model

We created a path for the number of newly infected persons based on a standard SIR model similar to the one in Fujii and Nakata [8].

$$S^{\mathrm{p}}(t+1) = S^{\mathrm{p}}(t) - N^{\mathrm{p}}(t) - \left(V^{\mathrm{p}}(t+1) - V^{\mathrm{p}}(t)\right)$$

$$I^{\mathrm{p}}(t+1) = I^{\mathrm{p}}(t) + N^{\mathrm{p}}(t) - \gamma^{\mathrm{p}} I^{\mathrm{p}}(t)$$

$$N^{\mathrm{p}}(t) = \beta^{\mathrm{p}}(t) \frac{S^{\mathrm{p}}(t)}{\mathrm{Pop}^{\mathrm{p}}} I^{\mathrm{p}}(t)$$

$$H^{\mathrm{p}}(t+1) = H^{\mathrm{p}}(t) + \delta^{\mathrm{p}}_{\mathrm{hospital}}(t) N^{\mathrm{p}}(t) - \gamma_{\mathrm{hospital}} H^{\mathrm{p}}(t)$$

$$\mathrm{ICU}^{\mathrm{p}}(t+1) = \mathrm{ICU}^{\mathrm{p}}(t) + \delta^{\mathrm{p}}_{\mathrm{icu}}(t) H^{\mathrm{p}}(t) - \gamma_{\mathrm{icu}} \mathrm{ICU}^{\mathrm{p}}(t)$$

$$D^{\mathrm{p}}(t+1) = D^{\mathrm{p}}(t) + \delta^{\mathrm{p}}_{\mathrm{death}}(t) H^{\mathrm{p}}(t)$$

For all variables and parameters, the superscript p denotes the prefecture. The variables S^p, I^p, and N^p denote the number of susceptible, infected, and newly infected individuals, respectively. Pop^p is the population. V^p is the cumulative effective number of vaccinated people. H^p is the number of hospitalized patients, ICU^p is the number of seriously ill patients, and D^p is the cumulative number of deaths. Note that there are no direct transitions between I and H, between I and ICU, and between ICU and D. These specifications mean that H is modeled as a subset of I and that ICU is modeled as a subset of H.

γ^p, γ_{icu}, and $\gamma_{\mathrm{hospital}}$ are parameters governing the recovery rate from infection, hospitalization, and ICU hospitalization, respectively. β^p, $\delta^p_{\mathrm{hospital}}$, δ^p_{icu}, and $\delta^p_{\mathrm{death}}$ are time-varying parameters for the infection rate, the hospitalization rate, the ICU hospitalization rate, and the death rate.

V^p is given by the following equation:

$$V^p(t) = \mathrm{ve}_1\left(V_1^p(t) - V_2^p(t)\right) + \mathrm{ve}_2\left(V_2^p(t) - V_3^p(t)\right) + \mathrm{ve}_3 V_3^p(t)$$

where $V_i^p(t)$ is the number of people who have gotten their ith vaccine. ve_1, ve_2, and ve_3 are the preventive effects of the first, second, and third vaccines, respectively.

3 Parameter Calibration and Estimation

We assume the recovery rate, discharge rate, and discharge rate for critically ill patients to follow an exponential distribution. Assuming the generation time of the Omicron variant is 2.1 days, and given that the model is specified in weekly frequency, we set the recovery rate, γ, to 7/2. Assuming the average length of hospitalization is 9 days, we set the discharge rate, $\gamma_{\mathrm{hospital}}$, to 7/9. Assuming that the average hospitalization length for critically ill patients is 12 days, we set the discharge rate for critically ill patients, γ_{icu}, to 7/12.

For the vaccine effectiveness, we set ve_1, ve_2, and ve_3 to 47.5%, 50%, and 80%, respectively. These values are informed by epidemiological data. For the historical path of vaccines, we rely on data from the Digital Agency.

As described in Fujii and Nakata [8], given the paths of S^p, I^p, and N^p, the matching function for N^p can be used to estimate the sequence of β^p. Similarly, given the paths of N^p, H^p, ICU^p, and D^p, the equations governing the dynamics of H^p, ICU^p, and D^p can be used to estimate the sequence of $\delta^p_{\mathrm{hospital}}$, δ^p_{icu}, and $\delta^p_{\mathrm{death}}$. For each prefecture, we obtain the number of infected persons and ICU patients from the Toyo Keizai Online; We obtain the number of hospitalized patients from the Ministry of Health, Labour, and Welfare.

4 Conditional Projections

4.1 Setting the Path of Future Vaccination

The national vaccination programs for the first two doses had ended long before the development of the model. However, the program for distributing the third vaccine dose was on the way. We set the path of the number of people vaccinated three times so that it would increase gradually to cover 70% of the total population in each prefecture. Figure 1 shows the assumed path for the number of people vaccinated three times in Tokyo from our report on April 14, 2022.

4.2 Setting the Path of Newly Infected Persons

Our goal is to construct projections for hospitalized patients, ICU patients, and COVID-19 deaths conditional on a specified future path of new infection. In our regular report, we typically created three scenarios for the future path of new infection. We call them optimistic, basic, and pessimistic. To construct these scenarios, we adjust the future path of β^{p} in the following way.

For the pessimistic scenario, if the recent trend is declining, we adjust the future path of β^{p} so that the peak of new positive cases would be 2–2.5 times the peak of the sixth wave. If the recent trend is increasing, we adjust the future path of β^{p} so that the peak of new positive cases would be 2.5–3 times the peak of the sixth wave.

For the baseline scenario, if the recent trend is declining, we adjust the future path of β^{p} so that the peak of new positive cases would be the same or slightly decline at the start and end. If the recent trend is increasing, we adjust the future path of β^{p} so that the peak of new positive cases would be about halfway between the red line and the blue line.

Finally, for the optimistic scenario, if the recent trend is declining, we adjust the future path of β^{p} so that the peak of new positive cases would gradually decline to

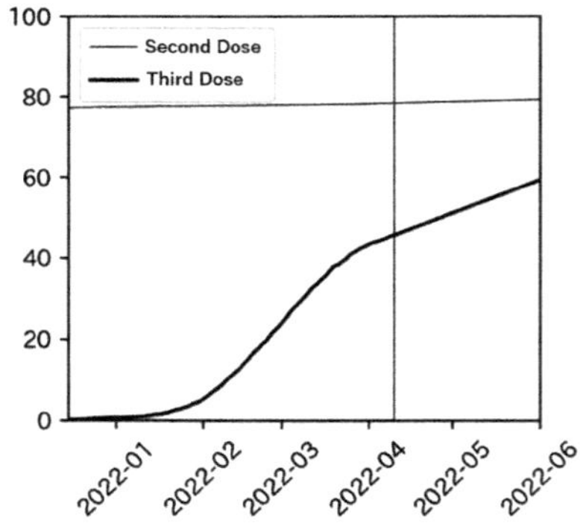

Fig. 1 The Assumed Path of Vaccination in Tokyo (April 13, 2022)

Fig. 2 Three scenarios for the future path of new infection in Tokyo (April 13, 2022)

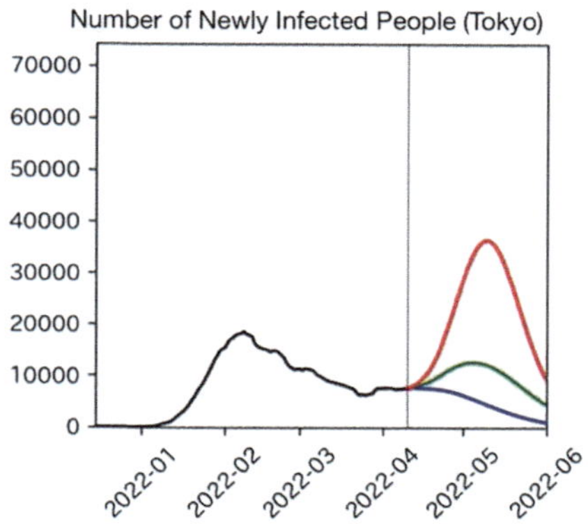

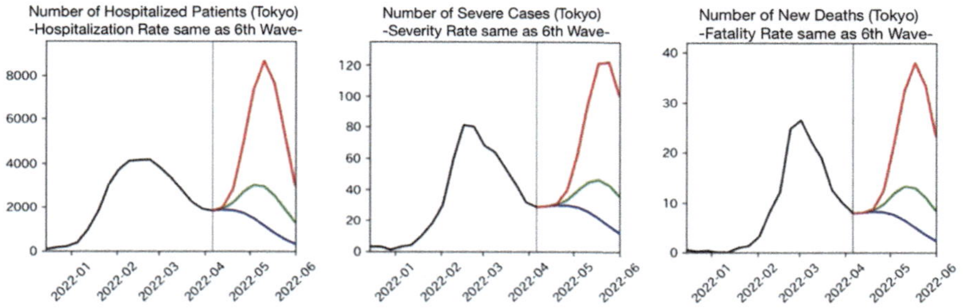

Fig. 3 Projections for hospitalization, severe cases, and deaths in Tokyo (April 13, 2022). The rates are the same as those in the sixth wave

make the path smoother. If the recent trend is increasing, we adjust the future path of β^{p} so that the peak of new positive cases would be flat or a slight increase.

Figure 2 shows an example of our scenarios in Tokyo from our report released on April 13, 2022. In the figure, the red, green, and blue lines correspond to pessimistic, baseline, and optimistic scenarios.

4.3 Conditional Projections for Hospitalized Patients, ICU Patients, and COVID-19 Deaths

Figures 3 and 4 show the conditional projections for hospitalized patients, ICU patients (severe cases), and new deaths for Tokyo, as presented in our report published on April 13, 2022. Figure 3 is for the case in which the hospitalization, ICU, and death rates were the same as the average rates in the sixth wave. Figure 4 is for the case in which the hospitalization rate, ICU rate, and death rates were half of the average rates in the sixth wave. In each panel of each figure, the red, green, and blue lines correspond to pessimistic, baseline, and optimistic scenarios for new infections.

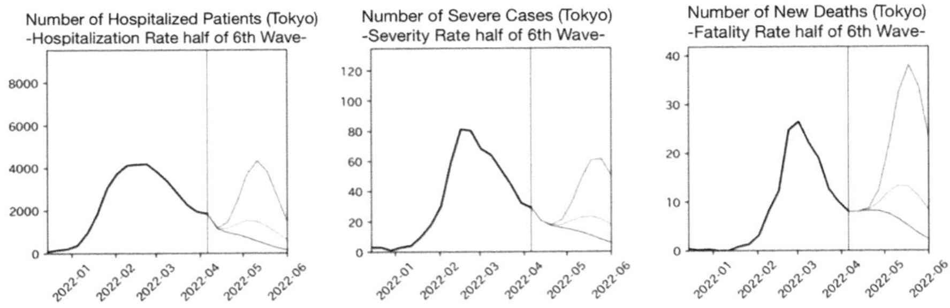

Fig. 4 Projections for hospitalization, severe cases, and deaths in Tokyo (April 13, 2022). The rates are half of those in the sixth wave

5 An Online Tool

In addition to regularly constructing the projections discussed above from April 2022 to March 2023, we developed an online tool that allows users to generate their own projections for hospitalizations and severe cases under the user-specified path for new infections for any prefecture.

We built an app using Heroku. In this app, users can select any prefecture in Japan and create an infection wave of differing magnitude by moving the knob in the tool. When the user moves the knob, the future values of β^{p} change. Based on these inputs, the code predicts future trends in COVID-19 infections, hospitalizations, and ICU cases. Users can see trends for new infections, hospitalizations, and severe cases over time. Figures 5 and 6 show the images of input and output sections of the online tool.

6 Discussion and Policy Implications

The need for a unified framework to generate the outlook of hospital demands had existed among policymakers at national and local levels prior to the development of our model and online tool. An early attempt at building such a framework was by Furuse et al. [3]. On November 8, 2021, the Excel-based prediction tool for hospital demands was introduced to the public as a guide for future decisions regarding the state-of-emergency at the Subcommittee on Novel Coronavirus Disease Control of the Cabinet office. However, the prediction tool could not properly handle the

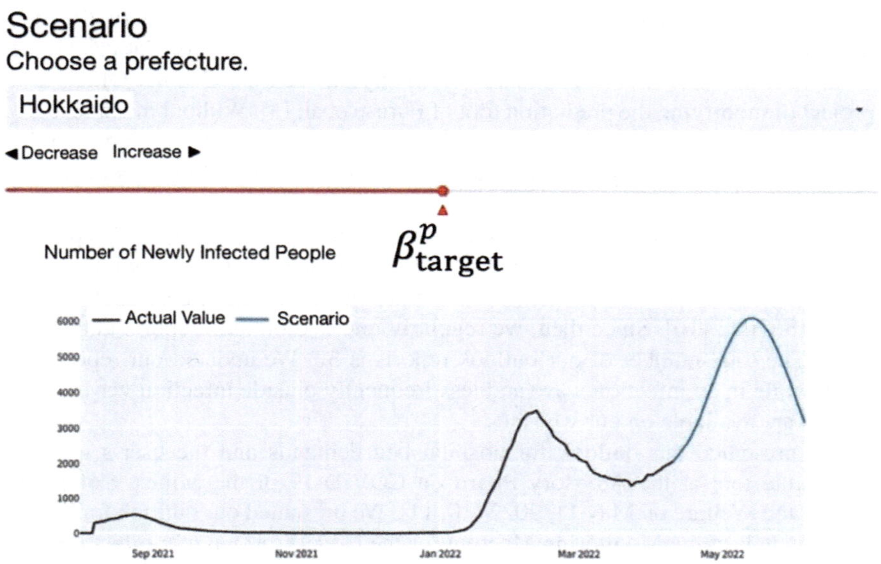

Fig. 5 Input in the online tool

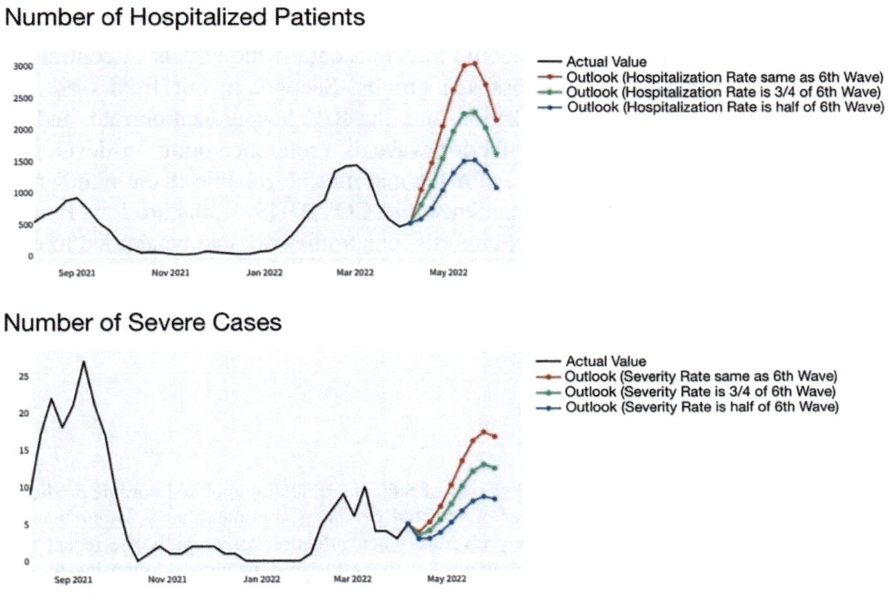

Fig. 6 Output in the online tool

increased transmissivity associated with the Omicron variant in January 2022 [9].[1] And, the task of modifying the prediction tool was transferred to the Cabinet Office.[2]

In February and March 2022, we informally advised the Cabinet Office in the project of modifying the prediction tool of Furuse et al. [3]. Without much resources to work on the project and with many other issues to attend to, the Cabinet Office terminated the project around mid-March 2022. We began developing our analytical framework and the online tool soon after.

We released our first report presenting the conditional outlook for hospitalized patients, ICU patients, and COVID-19 deaths based on our model for all 47 prefectures in April 13, 2022 [2]. We also made the online tool publicly available in April 13, 2022 [10]. Since then, we regularly released outlook reports until March 2023. The total number of our outlook reports is 32. We updated our report every week while in an infection wave and less frequently outside infection waves. These reports are available on our websites.[3]

We presented our outlook for hospital bed demands and the user's guide for our online tool at the Advisory Board on COVID-19 of the Ministry of Health, Labor, and Welfare on May 11, 2022 [10, 11]. We presented our outlook for hospital bed demands at the Monitoring Meeting for the Novel Coronavirus Infection of the Tokyo Metropolitan Government on July 7, 2022 and at the Advisory Board on COVID-19 of the Ministry of Health, Labor, and Welfare on July 17, 2022 [12, 13].

Our framework can be improved in many ways. First, we had to abstract away from age heterogeneity in our model due to data limitations. Some prefectures did not publish age-specific infection data in a timely manner. It would be desirable that all prefectures publish age-specific infection data if the effects of contracting the virus are heterogeneous across age groups. Second, in our framework, we use the estimates of the hospitalization rate, the ICU hospitalization rate, and the mortality rate from the previous infection wave as a reference point for developing future scenarios. However, those estimates may not be reliable if the numbers of hospitalized patients, severely ill patients, and COVID-19 deaths are low. Finally, while we focus on prefecture-level analysis, our framework can be applied to even smaller geographical regions, such as cities and towns, as long as data is available. Some cities and towns publish detailed infection data at high frequency. Modifying the online tool to accommodate those cities and towns would have been a fruitful project.

---

[1] In particular, as Motohiro Ohno, the Governor of Saitama Prefecture, pointed out, the prediction tool of Furuse [3] predicted the number of infected persons sometimes that is larger than the number of the entire population in the prefecture when infection rose rapidly the recent past. Our analytical framework avoids the problem of such explosive dynamics by imposing the SIR structure. Our framework is also unique because we estimate prefecture-specific transmission rate, hospitalization rate, ICU hospitalization rate, and COVID-19 death rate in the past infection waves using prefecture-specific infection data and provide the user of our online tool with those estimates.

[2] See "News" in https://github.com/yukifuruse1217/COVIDhealthBurden

[3] https://www.bicea.e.u-tokyo.ac.jp/ and https://covid19outputjapan.github.io/JP/resources.html

7 Conclusion

In this chapter, we presented a framework for computing conditional projections of hospitalized patients, ICU patients, and COVID-19 deaths—conditional on a specified path of future new infections—in each of the 47 prefectures in Japan. We regularly used our framework to compute projections for hospital demand from April 2022 to March 2023. We also developed a user-friendly online tool allowing users to generate projections for hospitalized and ICU patients conditional on a user-specified path of new infections.

References

1. Haganuma, K., Nakata, T., Tsukahara, Y., & Uneya, H. (2023): Outlook for Hospital Bed Demand (Tokyo, Hokkaido, Yamagata, Osaka). Retrieved from https://www.bicea.e.u-tokyo.ac.jp/wp-content/uploads/2023/03/NakataOkamoto_After8thWaveProjection_20230227.pdf
2. Nakata, T., & Okamoto, W. (2022a). Outlook for hospital bed demands in 47 prefectures. Retrieved April 13, 2022, from https://covid19outputjapan.github.io/JP/files/NakataOkamoto_Outlook_20220413.pdf
3. Furuse, Y., Wada, K., Oshitani, J., Ko, Y., Suzuki, M., & Wakita, T. (2021). *A prediction tool for health burden*. The Ministry of Health, Labor, and Welfare: Advisory Board on COVID-19. Document 6. Retrieved from https://www.mhlw.go.jp/content/10900000/000845990.pdf
4. Begen, M. A., Rodrigues, F. F., Rice, T., & Zaric, G. S. (2024). A forecasting tool for a hospital to plan inbound transfers of COVID-19 patients from other regions. *BMC Public Health, 24*, 505.
5. Redondo, E., Nicoletta, V., Bélanger, V., Garcia-Sabater, J. P., Landa, P., Maheut, J., Marin-Garcia, J. A., & Ruiz, A. (2023). A simulation model for predicting hospital occupancy for Covid-19 using archetype analysis. *Healthcare Analytics, 3*, 100197.
6. Kociurzynski, R., D'Ambrosio, A., Papathanassopoulos, A., Bürkin, F., Hertweck, S., Eichel, V. M., Heininger, A., Liese, J., Mutters, N. T., Peter, S., Wismath, N., Wolf, S., Grundmann, H., & Donker, T. (2023). Forecasting local hospital bed demand for COVID-19 using on-request simulations. *Scientific Reports, 13*, 21321.
7. Weissman, G. E., Crane-Droesch, A., Chivers, C., Luong, T. B., Hanish, A., Levy, M. Z., Lubken, J., Becker, M., Draugelis, M. E., Anesi, G. L., Brennan, P. J., Christie, J. D., William Hanson, C., III, Mikkelsen, M. E., & Halpern, S. D. (2020). Locally informed simulation to predict hospital capacity needs during the COVID-19 pandemic. *Annals of Internal Medicine, 173*, 21–28.
8. Fujii, D., & Nakata, T. (2021). COVID-19 and output in Japan. *The Japanese Economic Review*. Special Issue: SIR Model and Macroeconomics of COVID-19*, 72*, 609–650.
9. Ohno, M. (2022). Transcript for Saitama governor's press conference. Retrieved from https://www.pref.saitama.lg.jp/a0001/room-kaiken/kaiken20220125.html.
10. Nakata, T., & Okamoto, W. (2022b). *Outlook for hospital bed demands in 47 prefectures: Instructional manual for the report and the online tool*. The Ministry of Health, Labor, and Welfare: Advisory Board on COVID-19. Document 3-9-1. Retrieved April 13, 2022, from https://www.mhlw.go.jp/content/10900000/000937665.pdf
11. Maeda, Y., Nakata, T., Okamoto, W., Sakamoto, D., & Sugiyama, M. (2022). *Outlook for hospital bed demands in 47 prefectures*. The Ministry of Health, Labor, and Welfare: Advisory Board on COVID-19. Document 3-9-2. Retrieved https://www.mhlw.go.jp/content/10900000/000937666.pdf

12. Kawawaki, S., Maeda, Y., Miyashita, S., Nakata, T., & Okamoto, W. (2022a). Outlook for hospital bed demands in Tokyo, Osaka, Kanagawa. In *The monitoring meeting for the novel coronavirus infection*. Tokyo Metropolitan Government. Retrieved from https://www.bousai.metro.tokyo.lg.jp/_res/projects/default_project/_page_/001/021/822/92/20220707_08.pdf
13. Kawawaki, S., Maeda, Y., Miyashita, S., Nakata, T., & Okamoto, W. (2022b). *Outlook for hospital bed demands during the seventh infection wave*. The Ministry of Health, Labor, and Welfare: Advisory Board on COVID-19. Document 3-9-1. Retrieved from https://www.mhlw.go.jp/content/10900000/000964718.pdf

Driven by Models, Data, and People Toward Lessons from "Stay with Your Community"

Yukio Ohsawa, Sae Kondo, Tomohide Maekawa, Tadahiko Murata, and Kaira Sekiguchi

1 Introduction: Three Questions to the Wisdoms So Far

Since year 2020, "clusters" came to be a trendy word which means a place where a group of infection cases have been observed. People avoided dropping at such places as hospitals, restaurants, drinking places, or schools, which disturbed the mobility of people and the expected economic prosperity in the local regions. Was this restraint really necessary to reduce the risk of the pandemic?

The hypothetical answer to this question was no. The reason for this answer is abstracted as in Fig. 1, drawn in 2022 when we developed a new methodology, Feature Concept (FC hereafter: [1]), which abstracts the information or knowledge expected to be acquired by using data or computing tools. An FC is represented in various ways, including text or drawings, but can generally be illustrated as an image, as shown in Fig. 1. In Fig. 1, nodes colored red represent more densely infected individuals; that is, the intensity decreases in the order of red, brown, purple, and blue. Our pure question was "the cluster of infected individuals on the left should be immunized and will be less infective, whereas those on the right are

Y. Ohsawa (✉) · S. Kondo · K. Sekiguchi
The University of Tokyo, Tokyo, Japan

S. Kondo
Mie University, Mie, Japan
e-mail: skondo@arch.mie-u.ac.jp

T. Maekawa
Trust Architecture Inc., Tokyo, Japan
e-mail: t-maekawa@trst-arc.com

T. Murata
University of Osaka, Osaka, Japan
e-mail: tadahiko.murata.cmc@osaka-u.ac.jp

S. Kurihara (ed.), *Social Simulation of COVID-19 with AI in Japan*,
https://doi.org/10.1007/978-981-96-8066-5_5

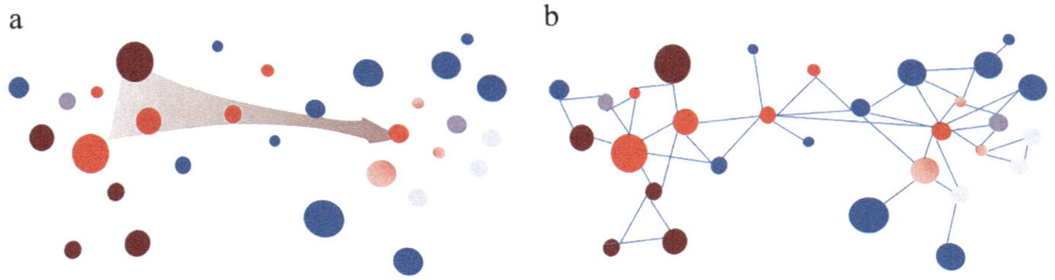

Fig. 1 Our feature concept about pandemics

susceptible, maybe infected immediately, and become infective. Therefore, visiting a place in the right is riskier – is not it?"

Figure 1 could be used as a model for simulating the infection expansion by reflecting the distance from each infected node to others within infectable distances. However, computing the distances between each pair of nodes is necessary for this computation, which spends time, so we employed the social network model as in Fig. 1b in this project of Cabinet Secretariat of AI Simulation (https://www.caicm.go.jp/action/survey/covid19-ai.jp/ja-jp/researcher/yukio-ohsawa). Especially, we introduced a constrained scale-free network (C-SFN) constructed following the procedure to construct a SFN [2] with considering the constraint of the upper limit of the number of adjacent nodes to each node [3]. In this simulation, we first found a problem in the policy Stay Home [4], which means each individual should stay at home in order to avoid infectious contacts. A sudden release from a tight constraint due to the emergence of new links among communities triggers an expansion of infection spread as illustrated in Fig. 2b. Here, the appearance of a new link from Step 3 to Step 4 in **b** has been found to cause a rapid increase in the number of infections in **a**. If the social network had this inter-community connection from before, such an expansion is rather suppressed. Similarly, we came to be skeptical about the approach of "Three Cs" (Closed spaces, Crowded places, and Close-contact settings) applied in Japan during the pandemic [5], where individuals were recommended not to meet in a closed or crowded place, or contact others closely.

2 "Stay with Your Community" and Its Implications

Here, we show the results of the simulations of the model using C-SFN. The essence of the result can be summarized here that the Stay Home constraint, which has been prevalent worldwide, may be too stringent to reduce the risk of infection expansion. We proposed Stay with Your Community, which means to suppress the number of people each individual meets (denoted by W) to be equal to or less than twice the number of people one intentionally chooses to meet (m_0), which turned out to work in suppressing infection expansion. SWYC meant to forbid the inequality W-

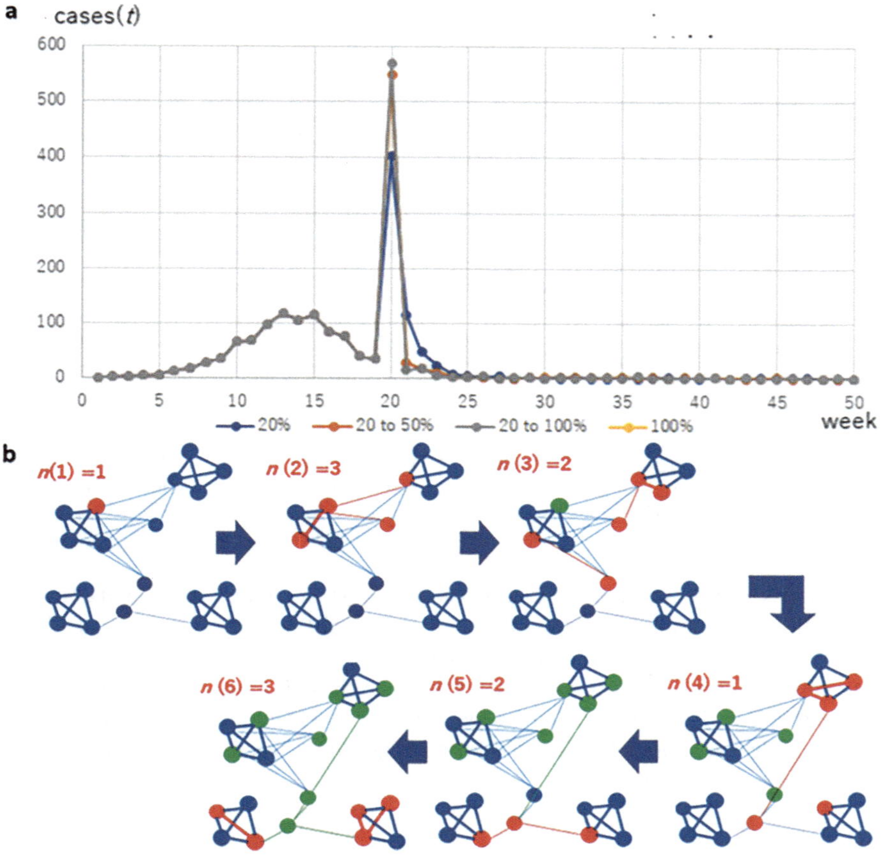

Fig. 2 An expansion of infections in (**a**) due to a sudden connection of communities in (**b**)

$m_0 > m_0$ and to set the number of people and individuals unintentionally $(W - m_0)$ to be equal to or less than m_0 as shown in Fig. 3.

The peak height in the time series of the number of infected cases depends on the difference between the upper bound of the number of people each member meets and the number of people they choose to meet during the period of infection spread. The risk of long-distance traveling is due to this effect, that is, meeting unintended others, rather than infections in trains. However, the release of a previously imposed constraint may trigger a second wave that is higher than the peak of the time series without introducing any constraint if the release is introduced at a time close to the peak. Thus, both the government and individuals should introduce SWYC rather than introducing Stay Home once and release it suddenly to return to the original society, where people freely enjoy contact.

Essentially, the SWYC means that if people from various communities meet at an infective distance, the meeting point will be a trigger for infection expansion.

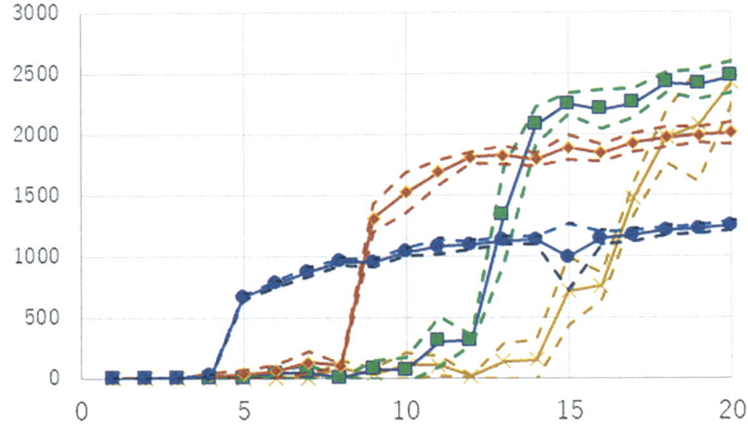

Fig. 3 The number of new infection cases in Y axis for $K = 0.1\ N/W$ of SFN-SC, $N = 10{,}000$, with varying W and m_0, for $p_{active} = 0.5$. The dotted lines indicate the confidence interval of 95%. For $W > m0$, the value of Y suddenly increases

If this risk is not managed, the expansion will be magnified into a pandemic. In the following sections, we show how we grounded this basic principle of SWYC to (1) a model-driven approach to simulating the dynamics of infection expansion in a multi-cultural, multi-regional real society in Sect. 3, (2) a data-driven approach using mobility data to evaluate the pandemic risk in a local region in Sect. 4, and (3) a human-driven approach using a network of questions to create a safe and rich life in each local region in Sect. 5.

3 Model-Driven Approach to SWYC

3.1 Inter-Community Bridges as the Social Bottle Necks

Following the discussion above, referring to the SWYC policy, an individual who meets various communities creates a risk of infection expansion because, for others, meeting this individual means meeting someone from another community. For example, those working at the front of a city hall or bank meet various unknown people who may be housekeepers, salesclerks of groceries, medical doctors, teachers, and so on. In addition, a salesclerk at a supermarket meets various customers.

As shown in Fig. 4, where the colored nodes with thick rims represent those who have been infected in the first place and the white nodes are vaccinated, the infection propagates from each infected node to those of the corresponding color and stops at

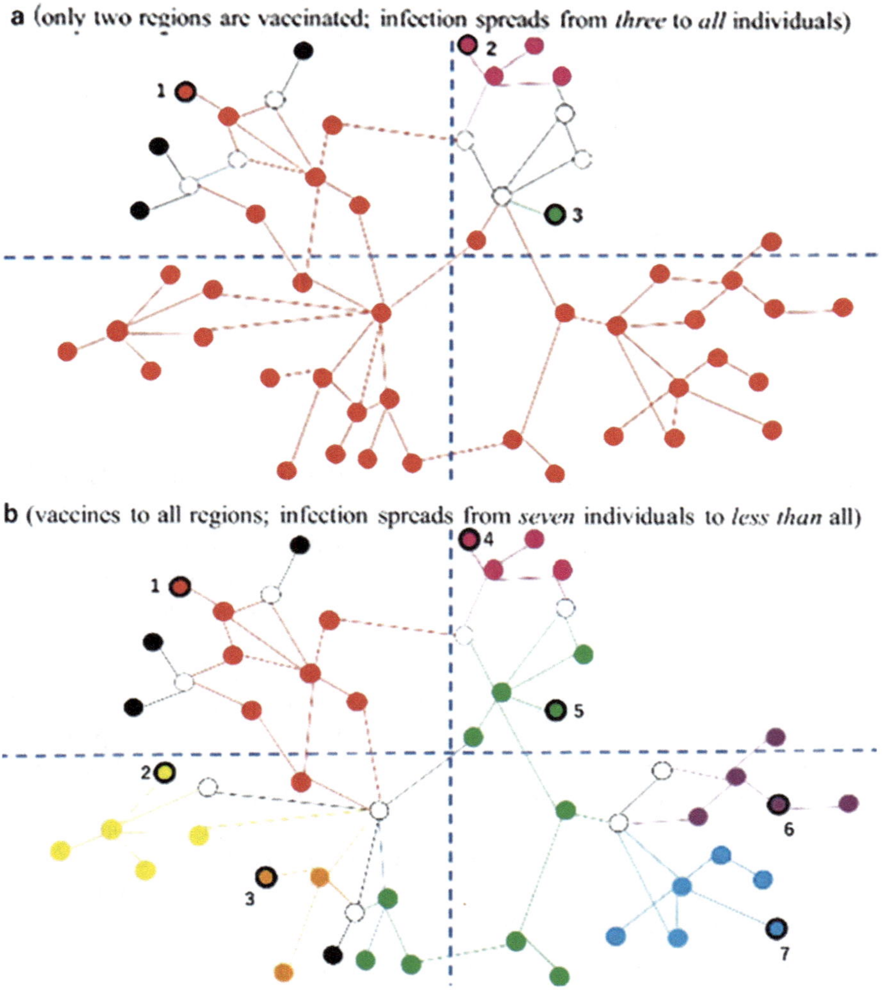

Fig. 4 Vaccination (white nodes) restricted to peripheral (**a**) and bridging (**b**) individuals. Here, the colored nodes show the infected individuals and the rimmed nodes show initially infected ones. Although this figure was published in [6] to explain social stirring in an environment where vaccines are distributed equally to each local region, here we show this to show an individual who plays the role of an inter-community bridge comes to be a social bottle neck, i.e., triggers infection expansion unless vaccinated

the white nodes. The comparison of Fig. 4a, b provides the intuition that vaccinating the individuals at hub nodes works to separate the regions into color, which means that a larger number of initial infections are necessary for spreading the infection to all people, that is, the spread rarely occurs from a few initial infections.

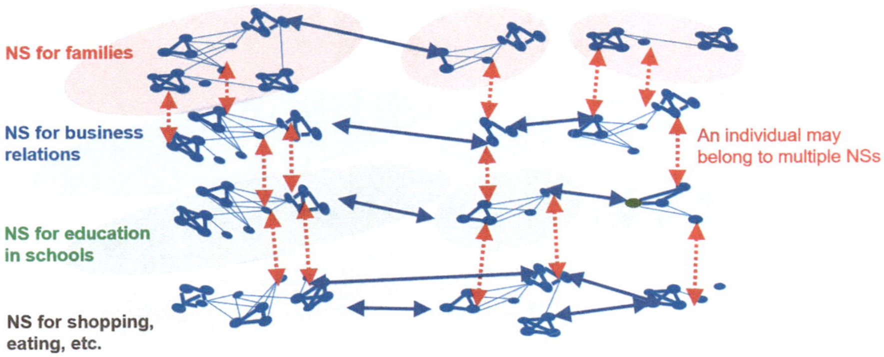

Fig. 5 Vaccination (white nodes) restricted to peripheral (**a**) and bridging (**b**) individuals

3.2 Network Slices as the Multi-Cultural Social Network Model

A community may correspond to people living in the same working group, in a similar context, or in the same local region such as a municipality. In Fig. 5, each level shows a network slice (NS, invented by author Ohsawa and developed by our group member Maekawa and his colleagues in Trust Architecture Inc.) representing the relationships among individuals in the same context. A node has a mechanism of the state-transition circuit of susceptible-exposed-infectious-recovered (SEIR) model with vaccination and/or hybrid vaccination (vaccination to a previously infected case) and returns from the R to the S state as in Fig. 5. Modification of SEIR is an established approach to capture complex infection processes, as in [7], and our model in Fig. 5 can be positioned as an extension to a multi-context social network. The living locations in longitude and latitude were obtained using artificial population data developed by our member Murata [8]. Using this NS model, we obtained the following important findings.

1. The number of infected cases per day depends substantially on the number of others that each individual meets actually (corresponding to W), setting the number of known others to meet intentionally (corresponding to m_0).
2. Tracing the routes of transmission, contacts for amusement, or with random partners is of higher risk than daily contact with family members or neighbors, which corresponds to SWYC.
3. The effect of applying SWYC on the suppression of expansion tends to be observed at a stage of some degree of control, for example, before the infection explodes.
4. The radical release of restraints on daily activities significantly affected the number of infection cases.
5. Transmission spread in Tokyo from the city center to its surrounding residential areas and then decayed.

6. The prediction accuracy tends to be improved by considering multiple contexts using NSs e.g., the 11th surge was suppressed by April 2024.

3.3 *Does Travel Matter? Equalized Vaccination Changes the World*

The specification of NSs is the Grid of regional SEIR circuits, as shown in Fig. 6, which we developed and called the SEIRS circuit grid [6]. The point of this method is that an individual traveling in a region succeeds in the average infectivity of the region one is from, and, after the travel, one's risk is affected by the average infectivity of the traveled region. Here, each circular node represents people in the corresponding state, which should be noted as a difference from Fig. 6, where each node represents an individual. That is, this grid represents the dynamics of state transitions in regions owing to cross-regional travelers. Using an entropy-based evaluation of equality in distributing vaccines to local regions (prefectures in this study), we discovered the following tendencies.

1. A certain number of vaccines works efficiently by maximizing the conditional entropy of the distribution of vaccines to regions, which means that vaccines are equally distributed in proportion to the population of each region.

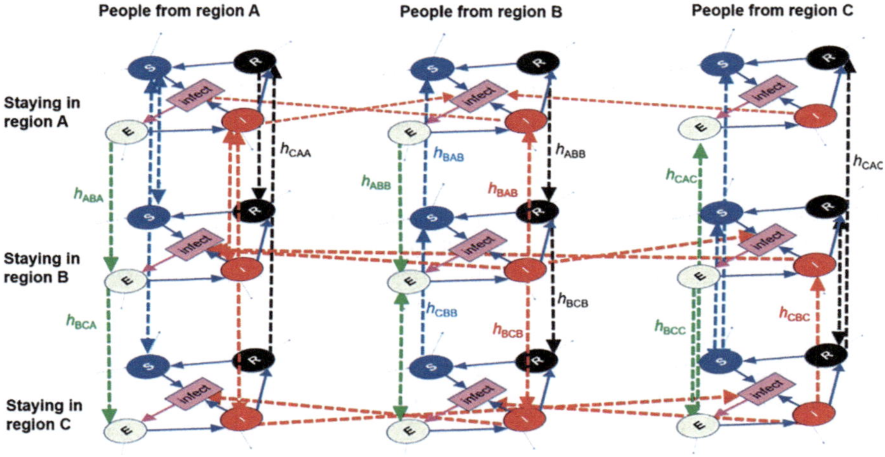

Fig. 6 The SEIRS Grid considering the number of infective influx travelers (red arrows) in the region receiving travelers. The italicized letters show the variables and parameters. The dynamics of S, E, I, and R with travel, having a circuit where people return from R to S due to the loss of acquired immunity, are represented by blue arrows. The vertical alignment of the SEIR circuit shows the movement of people from the same region to other regions, and the horizontal the interaction of people, from various regions, who meet in a region. h_{ijk} is proportional to T_{ij}/N_{ki}, i.e., the percentage of travelers from i to j among those who came from k to i

2. As a deduction from (1), and according to our simulation, vaccinated individuals in regions with larger populations better suppress the spread of infection if we have to choose a few regions to vaccinate.
3. The strategy described in (1) outperformed vaccination in selected regions with a larger effective regeneration number.
4. Traveling across regional borders rather suppresses the expansion of infections if vaccines are distributed quickly enough, following strategy (1).

The result in (4) may be surprising but is understandable through the new concept of Social Stirring by our member Kondo because the travel activities shuffle the vaccines and equalize the distribution.

4 Data-Driven Approach to Causality: Where, When, and How Will the Society Violates SWYC?

Another question we observed in daily announcements and publications about COVID-19 was about the causality between COVID-19 infections and events in nature or society. In Japan, when the Go-to (Travel) campaign was introduced, government officials and some prefectural governors claimed that there was "no clear evidence" of causality between transportation and COVID-19.

There are three possible reasons for the lack of evidence. First, the data necessary to show a causal relationship between long-distance travelers staying for only a few days and the spread of infection has not yet been collected. However, even in such a situation, data showing long-distance travel, such as data on flights, can be obtained. The second reason can be found in the results of analyzing the available data, where they could not demonstrate a causal relationship between long-distance travel and the spread of infection. For example, based on materials submitted by the Secretariat of the 13th Subcommittee on Countermeasures against the New Coronavirus Infection (29 October, 2020), the Cabinet Secretariat and Cabinet Office created materials (https://www.mhlw.go.jp/content/10900000/000696903.pdf), the Cabinet has concluded that there is no causal relationship between long-distance travel and the spread of infection by calculating the Granger causality.

To briefly explain Granger causality, suppose there are two events, one of which is thought to be the result and the other the cause. When a dataset on the event that is thought to be the cause (in this case, a time series of the number of air travelers) and a dataset of the event that is thought to be the result (in this case, a time series of the increase in the number of infected people) are obtained, a causal relationship is recognized when the values at each point in time in the latter dataset can be estimated more accurately by estimating them together than by estimating them from the linear combination of values in the past periods within the latter dataset. Granger causality should not be used when attempting to capture the causality of phenomena that occur due to a cascade of indirect effects of the original cause, as in the following problem.

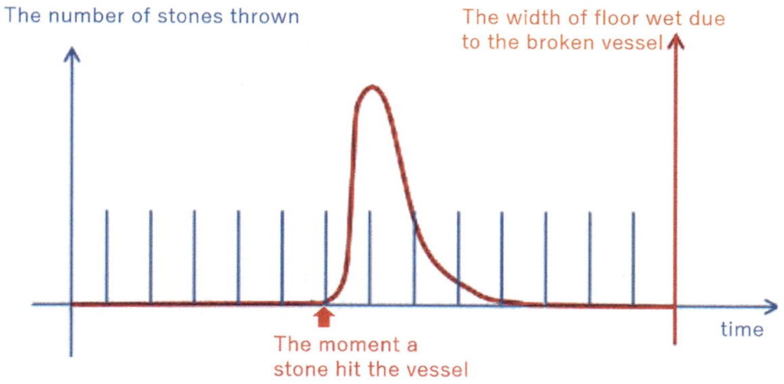

Fig. 7 How can you evaluate the causality between the stones and the water?

(Example of an explanation of a causal relationship) A poor pitcher called P, who only hits the glass water tank filled with water in the room once in ten times by chance, keeps throwing stones one by one per second. When he hits the target, the tank breaks, and the area of the floor of the room that becomes wet spreads at once, then gradually, and finally stops spreading. Answers to the following questions:

Q1: At each point in time, draw a diagram showing the number of stones that P newly throws.
Q2: At each point in time, show the area of the floor that is newly wetted by water.
Q3: Show how to verify the causal relationship between the two sequences above.

It is clear that P's throwing of stones by P caused the floor to become wet. However, if the data used did not include information about which stone actually hit the floor, no causal relationship could be found using any statistical testing method, which can be easily inferred from Fig. 7. The social phenomenon of infection spreading can also be understood in analogy to the above questions in terms of the corresponding relationship between the floor and society, the water and the state of infection of people, the throwing of stones and the movement of people, the probability of a stone hitting someone, and the probability of a person infecting others with whom they come into contact. The spread of infection is a nonlinear phenomenon in which uncertainty intervenes between the cause and the result. Once it starts, the result spreads explosively, and it has a refractory period to the virus due to the acquisition of immunity. Even if there are data, it is difficult to verify causality using an analysis method such as Granger causality.

The transient long-distance movement of people can also be seen as a stone in the above sense from the viewpoint of the area receiving travelers, as can be intuitively seen from the rapid progression in the network model in Figs. 1 and 2b. There are many studies on the spread of COVID-19 through transport and travel [9, 10]. One of the reasons why the Cabinet Secretariat's project was important was that it consisted of model-driven studies that set up a causal relationship model to simulate future events and, if necessary, to check the results against actual data. As mentioned earlier, one of the reasons the authors were able to grasp the impact of long-distance travel on the spread of infection from the context related to SWYC was because of this. In this chapter, we present two data-driven studies of this project.

4.1 Yes, Weather Matters

The effects of weather on the spread of infection have also been demonstrated by combining data on weather and COVID-19 cases from various aspects. For example, it has been pointed out that humidity has a negative correlation with the number of infection cases, as in [11], but a positive correlation with rainfall, according to [12]. Temperature has a negative correlation [13], but the correlation is uncertain according to Guite. Overall, the statistical analyzes challenging the correlation or causality hardly converged to consensus for different studies under different regional, seasonal, or other conditions.

The reason for this diversity can also be explained by considering the thrown-stone case above, that is, some regions tend to catch the virus early, and this infection affects other areas via the interaction of humans from different regions and communities. Since 2021, the Cabinet Secretariat has continuously provided datasets on the occurrence of "clusters" in the sense mentioned above, including the date/month/year, local region (cities and/or prefectures), and additional information such as inferred causality if available. Simultaneously, the Japan Meteorological Agency (JMA) publishes open weather data for each selected city in each prefecture, including time/date/month/year, local region (cities and/or prefectures), and weather attribute values, such as temperature, humidity, rainfall, wind speed, snowfall, and cloudiness. Using this dataset, we visualized the relationship between weather and COVID-19 infection spreading. An example of KeyGraph visualization of the combined data for autumn 2020 (September to November) is shown in Fig. 8. It is noteworthy that the connection between the node clusters in the obtained KeyGraph appeared for data on Autumns both in 2020 and 2021, and was not found in other seasons. A reasonable explanation of the infection spread due to the decrease in rainfall would be "People in the middle to middle-west (including Tokushima and Nagoya) of the main island of Japan tend to go out and contact others from other families when the rain stops in Autumn, although the tendency of virus to drift in the air in the dry season is not monotonic [14]. As a result, those from Hyogo, Hiroshima, and Gifu are infected by contact with others living in these rainless regions, which means a violation of SWYC, and carry the virus in eating places in their hometowns. Furthermore, via the meeting of individuals from various regions, as in the left-half nodes in Fig. 8, the infection spread to the entire country of Japan."

Because the infection of COVID-19 spreads in such a complex process involving indirect propagation via regions, rather than direct causality from weather and infection, statistical or linear analyzes such as Grenger causality may fail to find consensus for all regions for all datasets and seasons. Simultaneously, this example implies that an interpretation of human empirical knowledge is required,

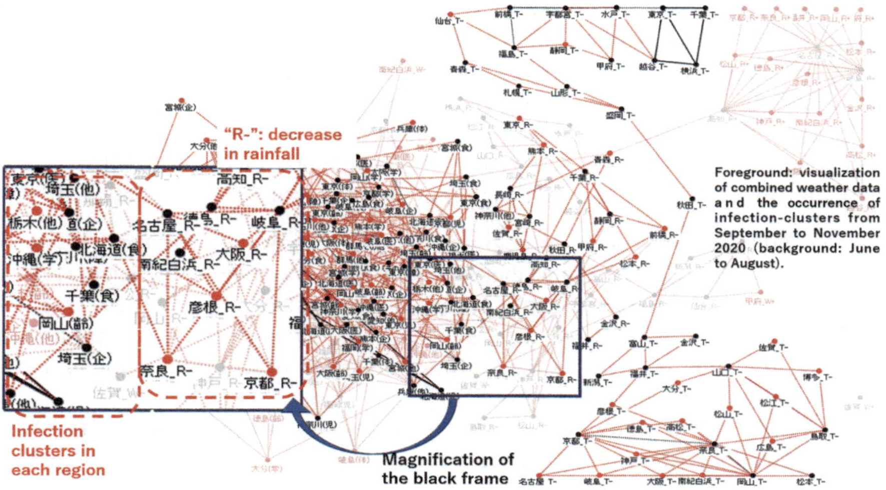

Fig. 8 The correlations between weather and COVID-19 infection clusters. Nodes ending with "R+" and "R–" represent the increase and decrease in rainfall, R+ (T+) and R– (T–) represent the increase and decrease in rainfall (daily average air temperature). Do not read the Chinese letters in this figure, but pay attention to the "+" and "–" in the end of node labels in the magnified part

which may be affected by subjective senses. Thus, we still need a human-driven discovery approach involving researchers with their respective scopes and datasets as evidence.

4.2 *Moving Direction Entropy as the Risk Index for Local Regions*

Policies such as staying home, bubbling [15] and staying in the community, recommending that individuals reduce contact with diverse communities, including families, firms, schools, etc., have been introduced to mitigate the spread of the COVID-19 pandemic, as shown above. However, these policies are violated if individuals from various communities gather, as mentioned in this chapter, which is a latent risk in a real society where people move among various unreported communities. In this study, we aimed to create a physical index to assess the possibility of contact between individuals from diverse communities, which serves as an indicator of the potential risk of COVID-19 spread. This index may become useful when considered and combined with existing indices.

As in Ohsawa et al., [16], here we discovered the moving direction entropy (MDE), which quantifies the diversity of moving directions of individuals in each local region as an index to evaluate a region's risk of contact with individuals from diverse communities. The MDE can be computed for each local region if people use smartphones, which collect mobility data using GPS sensors. Below we used the point data on the movement of smartphone users, purchased from AGOOP Corp. Based on the principle of SYWC, that is, the impact of inter-community contact on infection expansion is positive and expected to be larger for a virus with larger infectivity, we compared the correlations of the expansion of infectious diseases with indices, including MDE and the densities of population, supermarkets, restaurants, etc. In addition, we analyzed the temporal changes in MDE in the municipalities of Tokyo. The following four important findings were obtained:

1. The MDE values for local regions showed significant invariance between different periods according to the Spearman rank correlation coefficient (>0.9), which means that the MDE can be regarded as a constant property of each region.
2. The MDE was found to correlate highly, as high as or higher than other highly correlative indexes, with the rate of infection cases of COVID-19 among local populations in 53 inland regions in Tokyo.
3. The spread of COVID-19 was accelerated in regions with high-rank MDE values compared to those with high-rank restaurant densities during and after the period of the governmental declaration of emergency ($P < 0.001$).
4. MDE values tended to be high and increased during the pandemic period in regions where influx or daytime movement was active.

Items (1) and (2) imply that MDE, which represents the extent to which SYWC is violated by active individuals in a region, is a reliable and explanatory index of the risk of infection expansion. In particular, (3) and (4) imply that the governmental declaration of emergency was not sufficient to suppress the spread of infection, but MDE, which has been overlooked by people working in active regions where many restaurants exist. Thus, we recommend monitoring the regional values of MDE to reduce the risk of infection spread. To aid in this monitoring, we presented a heatmap of MDE values, as shown in Fig. 9, thereby drawing public attention to behaviors that facilitate contact between communities during a highly infectious disease pandemic.

5 Human-Driven Approach

In the previous sections, we present some parts of our computational, model-driven, and data-driven results. However, it is a certain truth that we should finally ground such results into the real life of humans. In this 3-year project, our group came to list the following four essential problems for this grounding step.

1. Consensus of researchers to contribute to peoples' life.
2. The difficulty in translating a scientific finding to knowledge for daily like.
3. Difficulty in mutual understanding of the interests of researchers and others, including the government and living people.
4. Consensus matching of the importance of understanding, collecting, preparing, and sharing useful data.

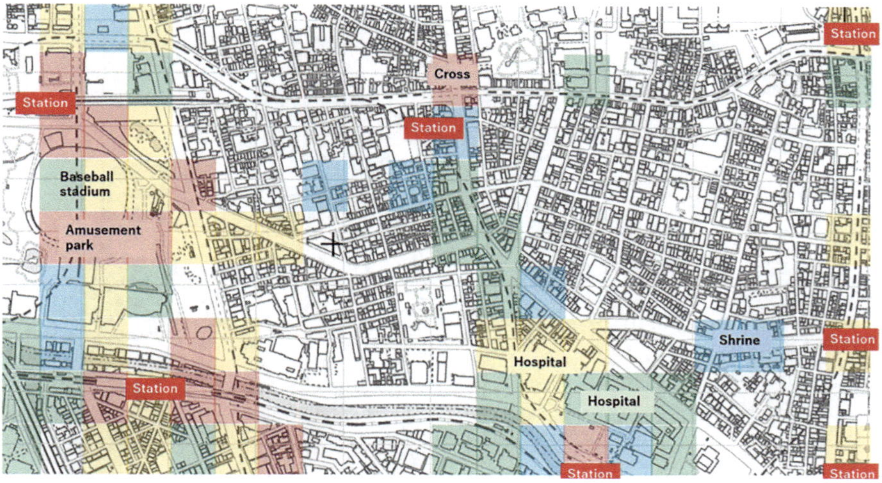

Fig. 9 The heatmaps of moving direction entropy (MDE) for 100-m^2 meshes corresponding to a part of Bunkyo ward in Tokyo. The meshes are classified according to MDE values (red: top 1000 meshes in Tokyo, yellow: second top 1000 meshes, green: third top 1000 meshes, blue: fourth top 1000 meshes). Published in [16]

Regarding (1), we suffered from misunderstandings within the research group. For example, in an online meeting in which all members of all research groups were encouraged to take part, a researcher who was listed as an official member of this project was just talking about irrelevant matters with others, during the time his labmate was making a presentation in the project meeting from the same room. Such behavior may be terminated by sharing earnest concerns about public health and human life. However, a researcher tends to work within one's specific scope, not paying attention to this important meeting if his restricted research domain is not directly related to public health or infectious diseases. This is a problem in today's academia, where papers in one's domain tend to be the evaluation target. Regarding (2) and (3), let us show the workshops we proposed and executed in real regions where participants live. Regarding (4), we present a short proposal in the conclusion section.

5.1 Workshops for Grounding Computation to Human Life

Case 1. The Map of MDE to Life Style in Reach Region

The MDE expressed in the equation in [16] is said to be difficult for ordinary people to understand. Even if we "talk" about this equation in daily natural language in such a way as "the diversity of moving direction of people in the local region," its essential meaning is still difficult to understand. Thus, we additionally explain that MDE is used to represent the diversity of communities in the region. However, the

a

b

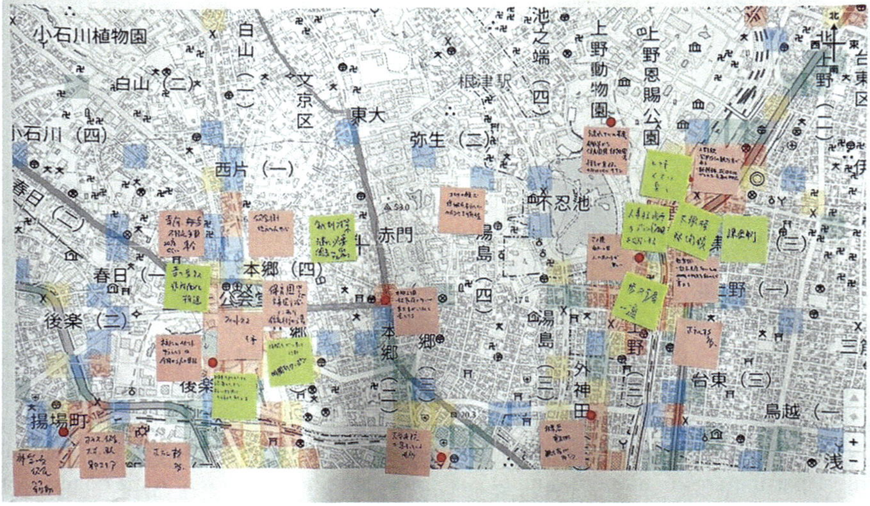

Fig. 10 The MDE-map based workshop in (**a**) and the result in (**b**). In (**b**), the green stickers show the problems in the region which may cause infection spreading, and the red show the methods, i.e., the proposed ways to cope with the problems. Note Japanese was used here and do not try to read them because not all the contents are in the scope of this chapter

sense of "community" and "diversity" turned out to be ambiguous. "Community" may mean the original region from which an individual comes, or the group one is working for, and "diversity" may mean the range of ages or the variety of occupations. Thus, we proposed sharing the map in Fig. 9 with the workshop participants, as shown in Fig. 10, to discuss how to improve the way to live to

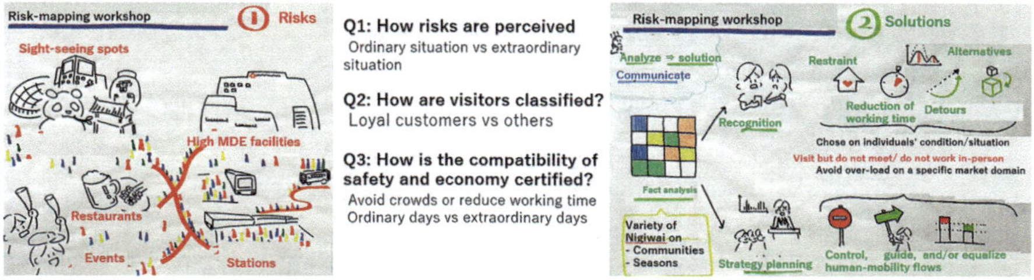

Fig. 11 The results of workshop for the Bunkyo ward, structured by graphic recording. This result clarifies the specific living context of the local region

suppress infection expansion. By showing the map, the habits in the corresponding region understood the meaning of "diversity" and "community" based on their own daily experiences.

As shown in Fig. 10a, the 20 participants in the workshop were divided into four groups and, in advance, provided with the topic "creation of risk maps for each region and guidelines for avoiding those risks" and then viewed the map in Fig. 9. They pointed out the considered causes of the existing risks of infections in each mesh (100 m^2) based on their daily experience of living in the region, and put the green stickers writing the causes and problems they pointed out. They then proposed methods to eliminate the causes and solutions to these problems. The graphic recording results in Fig. 11 show the structure of the risks (causes and problems) and the corresponding solutions proposed in the workshop.

A noteworthy point here is that the solutions proposed for Bunkyo ward in Tokyo turned out to partially differ from those in Yokohama, where the measures that were suggested included "dividing space/time/people" as well as similar solutions to Bunkyo were proposed and "increasing options/avoiding face-to-face contact." There was also an awareness that the difficulty of choosing a means of avoidance would differ depending on the person. In Yokohama, participants reached a consensus that they rediscovered the charm of the city and the importance of urban planning. Thus, we can say that such an on-site workshop based on computation results plays an essential role in policymaking and creating new with-virus lifestyles.

Case 2. Creating Tools Suitable for the Living Region

This case presents an example of activities to spread the SWYC principle to citizens and visitors in Shimoda City, Shizuoka Prefecture, to control the spread of COVID-19. For more details, see Ohsawa and Kondo [17].

On 22nd July 2021, Shimoda City, in which the mayor learned SWYC by watching the TV broadcast of Ohsawa's interview, distributed cards (Shimoda Model Card, Fig. 12a) during the summer season at various places and facilities including restaurants and supermarkets in the city, as well as to tourists visiting Shimoda to fill in the "number of contacts with people outside the community."

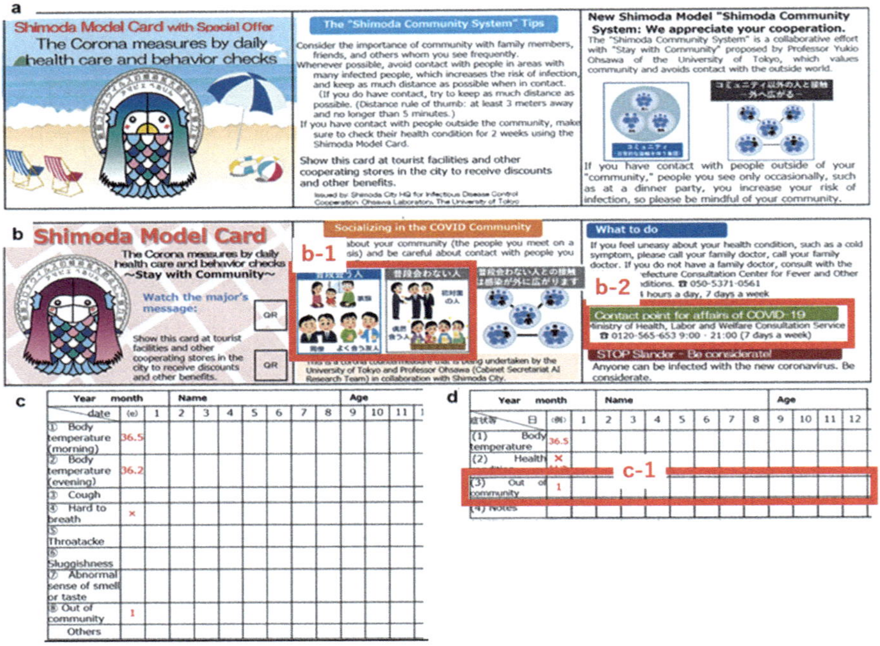

Fig. 12 The Shimoda model card from July 2021 (**a**) and revised one executed since 25 Feb 2022 (**a**). Translated from Japanese read the main text about the parts marked by b-1, b-2, and d-1

To further circulate the card and suppress the spread of the infection, two-times workshops in Shimoda were held in August 2021. The first WS on August 23rd was set to devise effective countermeasures against new coronavirus infections by promoting the use of the Shimoda Model Card. Thirteen participants from Shimoda City gathered in the main conference room and were divided into two groups for group work. They exchanged opinions about the issues with the cards and proposed educational methods to promote their use. Several proposals in the workshop were executed, including that the Shimoda Model Card information on the website was changed more easily to understand.

The second meeting was conducted on ninth November 9, 2022. The mayor, section chief, and staff members of the sections were engaged in infection suppression. This study aimed to devise specific measures, including the Shimoda Model Card for winter, considering the effects of vaccination, out of concern for the sixth serge predicted by the author (broadcast in major TV programs). The following issues were addressed.

1. Layout and description of Shimoda Model Card (Winter, 2021).
2. Incentives, that is, special offers as the benefit of using the card, for citizens.

To identify problems, we asked participants to write "reasons for using (the card)," "reasons for not using," "reasons for recommending the card to others," "reasons for not recommending to others," and "reasons for improvement," and used these to categorize and understand the overall structure of the reasons using the Affinity Graph method. As a result, the design and utility of the card are discussed. A point of this WS was that (1) and (2) above were not proposed separately, but as an integrated proposal by including an explanation of the significance of the Shimoda Model Card referring to the basic principle of SWYC to be included in (1). Policies for fostering card use were obtained.

Based on these results, a video message from the mayor explaining the significance of the new Shimoda Model Card, made on February 25, was distributed, and the card size was changed to a size similar to that of a business card, making it easier to understand (cartooned as b-1 in Fig. 2) and carry around in a wallet. The font size became larger, making it easier for the elderly to read. In addition, QR codes for take-out information, including tourist information such as the "Shimoda 100 Scenic Spots," are shown on the card, and a contact number is provided in the case of health problems (revised from Fig. 12a to b). The fields for writing symptoms were simplified to convey the significance of community-relevant features (revised from Fig. 12c to d, as marked by d-1 highlighting the number of people from external communities).

According to a subsequent survey, the Shimoda Model Card, of the basic version and the elementary and junior high school versions, and the concept of "outside the community," has raised awareness of the importance of SWYC. The children also learned about countermeasures against infectious diseases. As shown in Fig. 13, the surges of infection expansion were suppressed within a week after the initial introduction of the original Shimoda card (July 22, 2021) and after the introduction of the revised card (February 25, 2022), as in the following details.

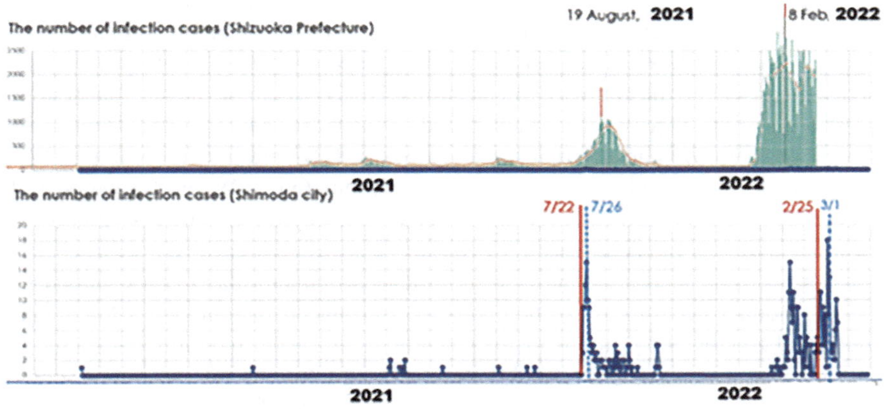

Fig. 13 The number of infection cases in (**a**) Shizuka prefecture; (**b**) Shimoda city: The peak in Shimoda City is off the peak in Shizuoka Prefecture, and it is clear that it is moving up and down due to other factors. The peak tends to pass within the incubation period after the introduction of a new card

5.2 Network of Questions

Living individuals sought correct information for the normalization of their lives, and their active intellectual demands increased, while researchers involved in COVD-19-related studies were also concerned about the need to fit social requirements and deliver the latest research information to people, rather than reporting research content and results within closed institutions. However, our communication with people was not easy enough to change their beliefs in Stay Home to SWYC. For example, in a workshop in a local region in Tokyo with habitats, one participant claimed that coming together to attend a workshop is risky because it violates the Stay Home policy, although we talked about SWYC easily, as we usually did in other regions, and went home before starting the conversation with others. In addition, we sometimes heard the questions from the national and the regional government politicians were about the estimated volume or timing of the forthcoming surges, but seldom about qualitative knowledge we aimed to obtain, such as "stay with your community, or you trigger pandemic," "a regions where people move in diverse directions has a potential risk," "distribute vaccines equally to regions with respect to their populations," etc., although these can be reused in future pandemics. Overall, their questions about COVID-19 did not correspond to our research questions regarding generalized laws in nature.

Thus, we proposed a network linking the interests of researchers and the general public as a Living Lab where living individuals themselves can create their own life guidelines by adopting scientific findings that mesh with their own requirements, which are presented as questions, in preparation for a post-corona society and unexpected pandemics using the following methods [18].

First, we conducted a questionnaire survey with people in general and researchers to collect their questions. The former was conducted using an online survey from a targeted group and by directly asking researchers in the project of the Cabinet Secretariat. We then visualized the connections between these two types of questions, called the Network of Questions (NoQ), where the nodes represent the questions and the edges connect them based on the words shared by questions using KeyGraph [19]. We can say that the questions in NoQ are intentions (e.g., "Why are drinking places said to be risky?") or constraints (e.g., "When can we take off masks ?") of actions. Thus, NoQ can be regarded as a Tsugo Network [20], a tool for innovative communications.

Then, we executed a Living Lab in which participants themselves guided the living guidelines according to their locality, introduced their region's DNA [21], and visualized the NoQ. In this manner, scientists and other individuals—including politicians if available—can collaborate to derive solutions for creating a society as a secure life environment (e.g., "We can chat with friends in restaurants or drinking places without masks as far as the Stay with Your Community measure is undertaken." In Fig. 14 (a and b), we show the case of Yokohama Living Lab's workshop executed in February 2023 in Yokohama city. The participants were 18 citizens, including students, housewives, English teachers, fortune tellers,

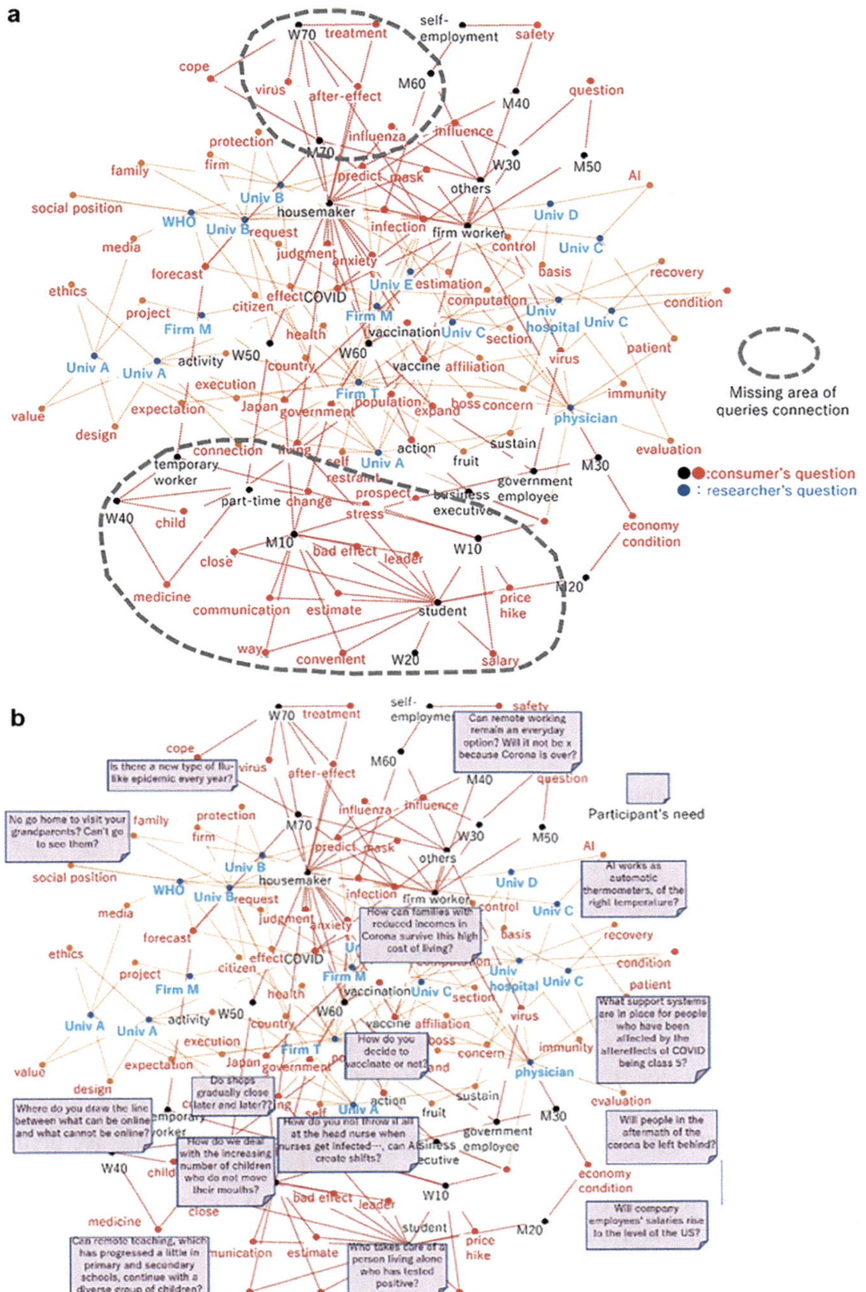

Fig. 14 The visualized NoQ (**a**), overlaying participant's questions (**b**) in a workshop in Yokohama City. Do not read the small letters in the pink rectangular frames: they just show the positions of questions

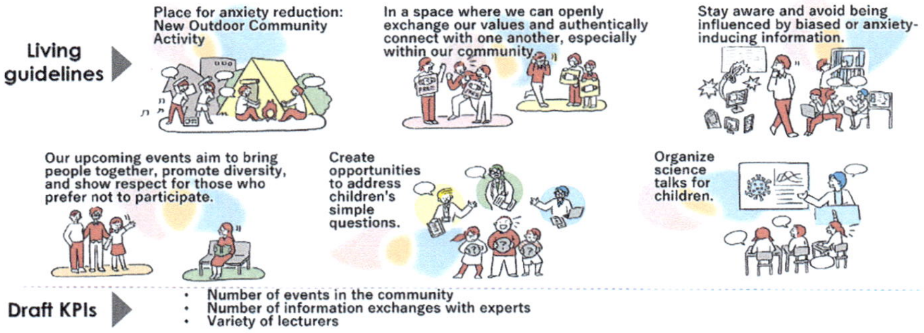

Fig. 15 Living guidelines for Yokohama citizens and its draft KPIs

NPO employees, private company employees, and one COVID-19 AI & Simulation Project researcher. An overlay of participants' questions on the NoQ was obtained, as shown in Fig. 14b. As a result, the essential domains we should work in for creating life guidelines were obtained: community, information, economy, wearing masks, mental care, gatherings, and the use of scientific knowledge. Lifestyle guidelines and draft KPIs were derived as shown in Fig. 15.

6 Conclusions

The outline of the studies we executed in the Cabinet Secretariat Project on AI and Simulation may be rephrased as integration of data- and model-driven approaches. Our findings "stay with your community, or you trigger pandemic," "a regions where people move in diverse directions has a potential risk," "distribute vaccines equally to regions with respect to their populations," etc. will be essential and useful knowledge for coping with forthcoming pandemics. However, from this study, we can conclude that humans who live in the real site of infections and their questions play the most essential role in starting research and grounding the results in the real life of people.

Because the society of these real lives does not stop, we propose two important missions of the government: (1) keep listening, collecting, and storing questions from researchers and all kinds of living people, (2) keep storing useful data such as mobility (human-flow) data and confirming the privacy protection policy undertaking in the collection of those data. By executing these missions, society should be tolerant and resilient against future pandemics.

Acknowledgments This study was supported by the Cabinet Secretariat Project on AI & Simulation, and partially by the Japan Science and Technology Agency Grant (JPMJPF2013), Japan Society for the Promotion of Science Kakenhi (20 K20482 and 23H00503), and the MEXT Initiative for Life Design Innovation. We used Paperpal.com for screening and revising the English of the text.

References

1. Ohsawa, Y., Sekiguchi, K., Maekawa, T., Yamaguchi, H., Son, Y. H., & Kondo, S. (2022). Data leaves as scenario-oriented metadata for data federative innovation on trust. In *2022 IEEE International Conference on Big Data (Big Data)* (pp. 6159–6168). https://doi.org/10.1109/BigData55660.2022.10020879
2. Barabási, A. L., & Albert, R. (1999). Emergence of scaling in random networks. *Science, 286*, 509–512. pmid:10521342.
3. Ohsawa, Y., & Tsubokura, M. (2020). Stay with your community: Bridges between clusters trigger expansion of COVID-19. *PLoS One, 15*(12), e0242766. https://doi.org/10.1371/journal.pone.0242766
4. Patterson, S. (2021). The politics of pandemics: The effect of stay-at-home orders on COVID-19 mitigation. *State Politics and Policy Quarterly, 22*(1), 1–23.
5. Allgayer, S., & Kanemoto, E. (2021). The three Cs of Japan's pandemic response as an ideograph. *Frontiers in Communication, 6*, 595429.
6. Ohsawa, Y., Kondo, S., & Maekawa, T. (2024a). Does travel spread infection?—Effects of social stirring simulated on SEIRS circuit grid. *The Review of Socionetwork Strategies, 18*, 1–23. https://doi.org/10.1007/s12626-024-00156-4
7. López, L., & Rodó, X. V. (2021). A modified SEIR model to predict the COVID-19 outbreak in Spain and Italy: Simulating control scenarios and multi-scale epidemics. *Results in Physics, 21*, 103746. https://doi.org/10.1016/j.rinp.2020.103746
8. Murata, T., Murata, T., Date, S., Goto, Y., Hanawa, T., Harada, T., Ichikawa, M., Lee, H., Munetomo, M., & Sugiki, A. (2020). Distribution system for Japanese synthetic population data with protection level. In *2020 International Conference on Machine Learning and Cybernetics (ICMLC), Adelaide, Australia* (pp. 187–193). https://doi.org/10.1109/ICMLC51923.2020.9469550
9. Farzanegan, M. R., Gholipour, H. F., Feizi, M., Nunkoo, R., & Andargoli, A. E. (2021). International tourism and outbreak of coronavirus (COVID-19): A cross-country analysis. *Journal of Travel Research, 60*(3), 687–692. https://doi.org/10.1177/0047287520931593
10. Hu, D., Meng, N., Lou, X., Li, Z., Teng, Y., Zou, Y., & Wang, F. (2022). Significantly correlation between tourism and COVID-19: Evidence from 178 countries and territories. *Journal of Infection in Developing Countries, 16*(2), 283–290. https://doi.org/10.3855/jidc.149295a
11. Wang, J., Tang, K., Feng, K., Lin, X., Lv, W., Chen, K., & Wang, F. (2021). Impact of temperature and relative humidity on the transmission of COVID-19: A modelling study in China and the United States. *BMJ Open, 11*, e043863. https://doi.org/10.1136/bmjopen-2020-043863
12. Guite, H., et al. (2020). How does weather affect COVID-19? In *Medical news today, 2020.* Fact checked by Beake, J. Retrieved from https://www.medicalnewstoday.com/articles/how-does-weather-affect-covid-19
13. Ujiie, M., Tsuzuki, S., & Ohmagari, N. (2020). Effect of temperature on the infectivity of COVID-19. *International Journal of Infectious Diseases, 95*, 301–303.
14. Aganovic, A., Bi, Y., Cao, G., Kurnitski, J., & Wargocki, P. (2022). Modeling the impact of indoor relative humidity on the infection risk of five respiratory airborne viruses. *Scientific Reports, 12*, 11481. https://doi.org/10.1038/s41598-022-15703-8
15. Leng, T., White, C., Hilton, J., Kucharski, A., Pellis, L., Stage, H., & Davies, N. G. (2021). Centre for Mathematical Modelling of infectious disease 2019 nCoV working group, et al. the effectiveness of social bubbles as part of a Covid-19 lockdown exit strategy, a modelling study. *Wellcome Open Research, 5*, 213. https://doi.org/10.12688/wellcomeopenres.16164.2
16. Ohsawa, Y., Sun, Y., Sekiguchi, K., Kondo, S., Maekawa, T., Takita, M., Tanimoto, T., & Kami, M. (2024b). Risk index of regional infection expansion of COVID-19: Moving direction entropy study using mobility data and its application to Tokyo. *JMIR Public Health and Surveillance, 10*, e57742. https://doi.org/10.2196/57742. PMID: 39037745. PMCID: 11375397.

17. Ohsawa, Y., & Kondo, S. (2022). Regional workshop for policy implementation based on the stay with your community principles. *Procedia Computer Science, 207*, 3057–3064. https://doi.org/10.1016/j.procs.2022.09.363
18. Kondo, S., & Ohsawa, Y. (2024). Discovery of livelihood improvement KPI with COVID-19 by living lab based on network of questions. *Procedia Computer Science, 246*(2024), 5498–5455. https://doi.org/10.1016/j.procs.2024.09.698
19. Ohsawa, Y., Benson, N. E., & Yachida, M. (1998). KeyGraph: Automatic indexing by co-occurrence graph based on building construction metaphor. In *Proceedings IEEE International Forum on Research and Technology Advances in Digital Libraries* (pp. 12–18). https://doi.org/10.1109/ADL.1998.670375
20. Ohsawa, Y., Horie, K., & Akimoto, H. (2012). Sticky Tsugoes underlying sticky information. *Frontiers in Artificial Intelligence and Applications, 243*, 1622–1631. https://doi.org/10.3233/978-1-61499-105-2-1622
21. Kondo, S. (2019). Collaborative Community Design for Area Revival, presentation in SXSW 2019. Retrieved from https://schedule.sxsw.com/2019/events/PP92283

Risk of COVID-19 Infection at Home and in the Office

Setsuya Kurahashi

1 Introduction

New mutant strains of the novel coronavirus have continued to emerge, and their rapid spread has directly impacted the nation's healthcare system. Viral infections include droplet infections, which occur when droplets from conversation are spread through the air and inhaled, and contact infections, in which droplets adhering to desks, household items, and personal belongings are spread to the mouth through hands and other objects.

People feel that it is difficult to take countermeasures against infectious diseases because viruses and bacteria are invisible to them, which exacerbates their anxiety. In response to these major societal changes, the development of RNA vaccines and products to combat infectious diseases has been promoted. As a result, research on virus analysis and infection prevention measures through interdisciplinary approaches has made significant progress. In particular, knowledge of fluid engineering and computational science has been integrated into the study of virus transmission routes, with droplet exposure simulations illustrating the risks of droplet and aerosol infections [2]. Regarding contact infections, case studies have demonstrated correlations between the amount of virus in public facilities and the number of infected individuals [9]. However, the mechanisms by which viruses adhere to equipment surfaces remain unclear, and there is limited information on pathogen spread associated with human contact behavior.

This section focuses on contact-based infection and introduces a model that simulates how viruses on hands and personal belongings spread to various household items within the home, thereby visualizing the risk of infection to family members

S. Kurahashi (✉)
University of Tsukuba, Tokyo, Japan
e-mail: kurahashi.setsuya.gf@u.tsukuba.ac.jp

S. Kurihara (ed.), *Social Simulation of COVID-19 with AI in Japan*,
https://doi.org/10.1007/978-981-96-8066-5_6

through contact. Data on contact objects was generated as a probabilistic model based on a questionnaire survey regarding behavior after returning home.

The probability of visiting each room and contacting furniture, household goods, etc. is analyzed. A material distribution rate table is prepared based on laboratory experiments measuring virus distribution rates after droplet contact. Additionally, the model's layout creation function incorporates multiple rooms and facilities. The risk of infection is estimated by analyzing the amount of viruses transferred through repeated contact behaviors and conversations in home, school, and office settings.

2 Related Studies and Research Objectives

Jaramillo et al. developed an agent-based simulation model to estimate the infection rate of hospital-acquired *methicillin-resistant Staphylococcus aureus* (MRSA) through contact transmission [11]. The study identified common infection routes, including medical staff hands, devices, and personal belongings, with transmission occurring through patient-device interactions. The simulation model used environmental objects and medical staff agents to estimate nosocomial infections as passive and active. Results indicated that patient arrival rates and handwashing frequency affected the number of infected patients. This study was conducted within medical institutions and lacked empirical data on movement and contact rates within such facilities.

Contact infections involve the direct transmission of pathogens via skin or mucous membranes or indirect transmission through contaminated fingers contacting mucous membranes of the mouth, eyes, or nose [8, 22, 24]. Studies have shown that pathogens, including novel coronaviruses (SARS-CoV-2), retain infectivity on surfaces for hours to months depending on microbiological type, environmental conditions, and quantity attached [12, 13]. Research has also highlighted the role of environmental surfaces in daycare centers [3, 4, 14], schools [6], and offices [5, 7] as sources of secondary infections due to contaminated hands. However, while studies on contact infection risk in public facilities are advancing, research focusing on the closed home environment is limited.

Paleg et al. developed a theoretical model estimating microbial inactivation by disinfectants using differential equations and the Weibull distribution function [23]. This model effectively demonstrated disinfectant efficacy but did not address virus spread through household behaviors.

Similarly, Mokhtari et al. developed an agent-based model simulating microbial persistence and spread within food facilities, identifying indirect contamination pathways [17]. However, these studies relied on assumptions and did not represent real-world behavior.

Mori et al. measured the effect of hand washing on virus removal [18]. They examined the effect of water and firmer washing with soapy water on virus reduction using viruses of the Caliciviridae family, which includes noroviruses. In addition, Akahori et al. analyzed the relationship between the disinfection effect of ozonated water and nosocomial infections and measured the effect of ozonated water on reducing the amount of resistant bacteria [1]. Murata et al. and Yasugi et al. also used virus solutions and examined the inactivation effect of ozone water on resistant bacteria [19, 29].

Additionally, Kurahashi et al. constructed SEIR and agent-based models to estimate the effectiveness of infection control measures during emergencies [15]. Results indicated that behavior, such as dining with friends, influenced infection spread. This study used a constant probability setting for house infections. Differences in behavior after returning home should be considered to understand infections in the house. Thus, previous studies have investigated contact infections in healthcare facilities, the effect of handwashing with running water and soapy water, and the effect of ozonated water on reducing resistant bacteria. However, there are currently no studies based on actual surveys of home infection, which is a significant issue in COVID-19 transmission. This study conducted an in-home behavioral history survey of residents, using the survey results to construct a household contact infection model and validate it through simulation experiments.

The actual dynamics of contact transmission in household infections involving SARS-CoV-2 and seasonal influenza remain unclear. Therefore, we focused on behaviors at home following an individual's return from outside. By doing so, we aimed to visualize the effects of contact behavior on the spread of viruses within the home and assess mitigation measures with care behavior. However, it is challenging from a biosafety perspective to conduct virus spraying experiments in actual households or to collect virus samples from the homes of infected individuals. In order to provide risk and care information for various household scenarios, the number of viruses spreading to items must be estimated by considering the sequence and frequency of contact behaviors within the household. Furthermore, to present risk and care information for each family unit, it is necessary to extend the simulation model to account for multi-person households, family structures, and behavioral diversity. Thus, a simulation model that reflects the variety of behaviors within households is required. We developed an agent-based simulation that visualizes virus spread and indoor distribution through contact behavior when returning home. This model integrates human behavioral data collected under normal circumstances with virus distribution rates obtained from laboratory virus distribution tests. The effectiveness of basic hygiene behaviors in preventing virus spread was then verified using this simulation.

3 Model Summary

An agent-based model was constructed to visualize virus contact transmission from outside to the home. This model reproduces conditions where viruses adhering to hands are transmitted to household items through various behaviors upon returning home. Data for the model included a qualitative survey conducted in 2020 among employees of LION Corporation in Tokyo, which captured home layouts, movement

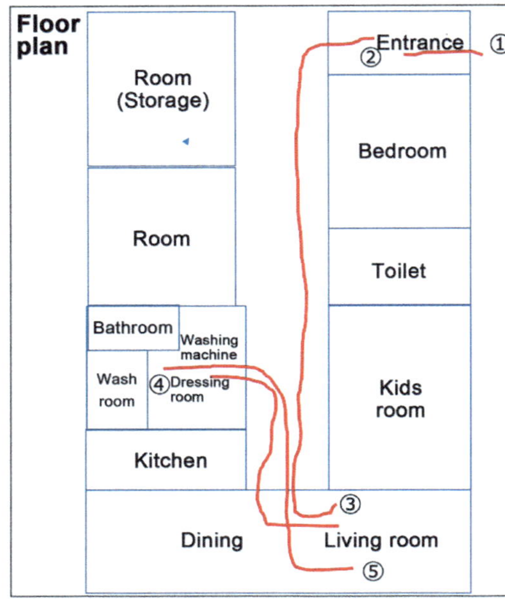

Fig. 1 Example of flow line survey data

routes, behaviors, and contacted objects to determine whether the behavior of people when they return home can be expressed probabilistically.

In this qualitative survey, the subjects were asked to write down the layout of their home, their route of movement from the time they came home to the time they switched to their own room, their behavior in each place, and the objects they came in contact with on a response sheet. A sample of the traffic flow survey is shown in Fig. 1 [16, 25].

In addition, we analyzed information on behavior, contact objects, and location from surveys of return-home behavior between November 2 and 9, 2021. These surveys were used to create motion line probabilities, action transition probabilities, action frequency distributions, contact frequency distributions, stop conditions, and other relevant data.

Additionally, a material partitioning table was developed by measuring the viral partitioning between an artificial skin and various materials through contact experiments in a laboratory. We used the influenza virus as a model for the novel coronavirus in these experiments. Using these datasets, an agent-based simulation model was constructed to visualize the contact risk infection within the house. This model is adaptable to various floor plan configurations.

In this model, agents act based on predefined probability tables, moving repeatedly between rooms within the home and engaging in contact behaviors. The model estimates the risk of contact with the virus again for both the agent and its cohabitants based on the number of viruses attached. We constructed the model to reproduce flow lines and contact behaviors for 30 minutes after returning home.

These behaviors were modeled using probabilities for motion lines, distributions of contact frequency, probabilities of initial contact behaviors, and transition probabilities between contact behaviors derived from the questionnaire survey data. In the simulation, the moving speed of the agent was set to 0.2 m/s, consistent with the average walking speed of an adult. Contact time for each object and time spent in each room were adjusted under the assumption that agents probabilistically move between rooms and interact with objects. To evaluate the impact of virus care in a multi-person household, the model adopted a two-bedroom layout that includes all necessary room functions for daily living.

3.1 Virus Distribution Test

To calculate the number of viruses adhering to and spreading via the agent's contact behavior, we conducted a virus distribution test following contact between the agent's fingers and the target surface. In actual homecoming scenarios, users may come into contact with a variety of objects continuously. Therefore, in this study, we conducted single-virus distribution tests and continuous distribution tests using the influenza virus. This virus, being an enveloped virus similar to SARS-CoV-2, has established methods for virus solution preparations.

Substrates used in the tests were selected with reference to materials commonly used for household goods. Stainless steel, polypropylene, ceramic, decorative laminate, cotton cloth, wallpaper, and cardboard were used in the experiments. Substrates of 10×10 cm^2 were used for stainless steel, polypropylene, ceramics, and decorative laminates, while 5×5 cm^2 substrates were employed for cotton cloth, wallpaper, and cardboard. The artificial skin was constructed using protein leather, a material with a tactile feel similar to human skin. It is often used for cosmetic application tests.

Experimental results indicated that the virus distribution rate from contaminated substrate surfaces to the skin model in the droplet state, assuming droplets from an infected person, ranged between 4% and 17%, except for cotton cloth. On cotton cloth, virus transfer to the skin model was negligible. The virus distribution rate from the contaminated skin model to the substrate surface, however, was consistently 68% or higher, irrespective of the substrate. Notably, the virus distribution rate from the skin model to the substrate surface was higher than the reverse transfer from the substrate surface to the skin model.

4 Experimental Results

The model was used to simulate 1000 instances of household movements and possible contact behaviors within 30 minutes after returning home.

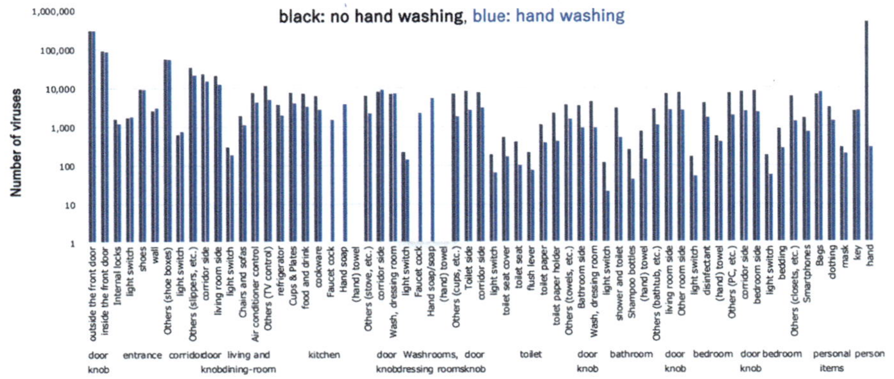

Fig. 2 Changes in viral spread distribution with handwashing practices

4.1 Reducing Viral Spread Distribution by Handwashing Practices

The viral reduction factor by handwashing with hand soap was set to 1/10000 [18]. After the first viral load was set to 10^6 copies, simulations were performed for 1000.

As a result, the handwashing group (blue: 852 data points) and the no-handwashing group (black: 148 data points) were extracted. The average viral residuals in these groups are shown in Fig. 2.

The figure demonstrates that although handwashing behavior reduces viruses on the fingers (far right), various contacts prior to handwashing diminish its effectiveness in inhibiting viral spread. This finding indicates the difficulty of preventing the spread of viruses indoors through standard handwashing practices alone.

4.2 Estimation of Viral Attachment by Early Handwashing Behavior

Figure 3 presents the number of contacts before handwashing in the handwashing group (852 data points) obtained from the simulation results. The number of contacts with household items before the first handwashing ranged from a minimum of 7 to a maximum of 91, with a median of 17.

Simulation results reveal a pattern of frequent contacts occurring prior to handwashing. To compare the effects of early handwashing, the mode and median number of contacts were 12 and 17, respectively, and the number of contacts before handwashing was set to 15.

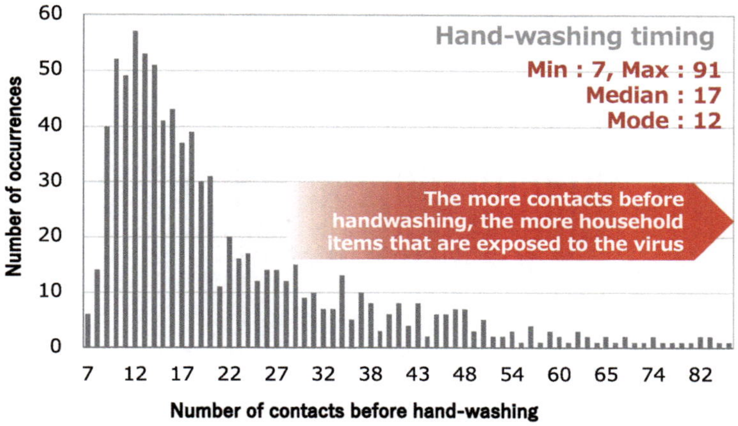

Fig. 3 Number of contacts before first handwashing

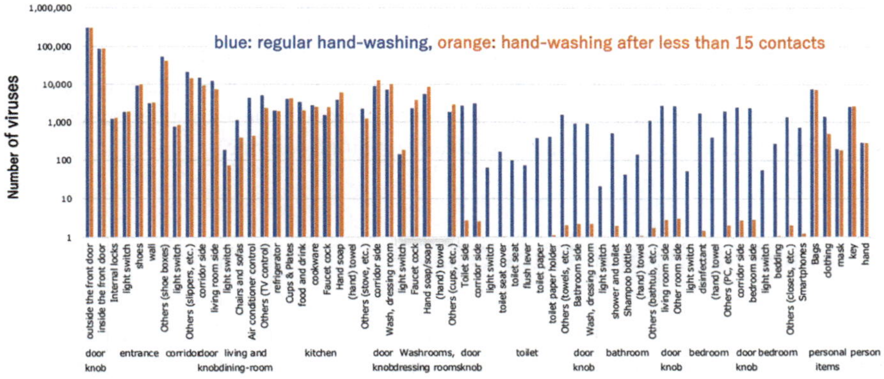

Fig. 4 Distribution of virus spread by handwashing timing

Figure 4 illustrates that the number of contact objects that the virus adheres to decreases (orange) when the timing of handwashing is accelerated upon returning home. The result suggests that early handwashing has possibility to significantly reduce the viral spread.

4.3 *Estimation of Virus Adhesion by Hand Sanitization at the Entrance*

As demonstrated, early handwashing behavior has proven to be effective. However, we estimated the effectiveness of hand disinfection conducted immediately inside the entranceway after returning home. This estimation was based on the large

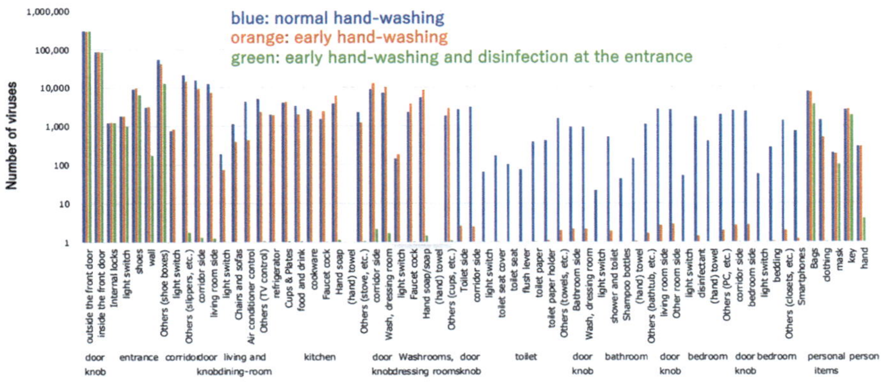

Fig. 5 Distribution of virus spread by hand sanitization at the entrance

volume of viral residues found in areas such as hallways, living/dining rooms, kitchens, and washrooms—frequently used before handwashing.

Figure 5 shows the experimental results where the coefficient of virus reduction was set to 1/10000 by hand disinfection based on Kampf et al. [12]. The results indicate that the amount of viruses remaining outside the entrance (green) was significantly reduced compared to handwashing alone (orange).

5 Model of Infection in the Office

Many companies are returning to a more office work-based approach with the pandemic coming to an end. One automobile company, for example, required its employees for more than 40 hours a week in the office, while another IT company instructed employees to work more than 3 days a week in the office, citing the importance of face-to-face communication.

However, face-to-face communication between employees in an office definitely carries a risk of infection. Therefore, infection risks in office work must also be considered.

A method utilizing communication data was implemented to obtain data on the status of face-to-face communication in the office. In many companies, Wi-Fi communication environments are standard. Additionally, communication data from the devices used by employees can provide information about employee locations. Using this data, we aimed to detect face-to-face communication and perform an analysis of the risk of COVID-19 infection in office work with simulation.

Researchers have developed a variety of methods to detect face-to-face communication in the office. One method involves employees carrying card-type sensor devices equipped with accelerometers and microphones [20, 21, 26]. While this method provides detailed behavioral data, it requires mandatory possession of sensor devices, which can be burdensome.

Another method involves building an in-office location measurement system using Bluetooth Low Energy (BLE) beacons attached to employee straps [10]. However, this approach requires the installation of dedicated measurement equipment and incurs significant costs to construct the system.

In contrast, the face-to-face communication measurement method proposed by [28] uses communication data between employee devices with Wi-Fi. Although this method is not as accurate as BLE beacons or wearable sensor devices, it has the advantage of requiring minimal additional installation costs.

In this chapter, we adopt the methodology proposed by Yamashita et al. The algorithm for detecting face-to-face communication among employees relies on the observation of employees gathering and dispersing. Specifically, multiple employees congregate in an area within a certain range simultaneously and then disperse after a given period.

The algorithm for the discrete-collection model is described below:

(1) Employees who participate in a meeting are in different locations before the meeting.
(2) When the meeting starts, each employee gathers at the meeting location with their device.
(3) When the meeting ends, each employee leaves the meeting location.

This method offers a cost-effective approach to detecting face-to-face interactions, enabling simulations and analyses of infection risks in office settings.

5.1 Office Model

The in-office location data was provided by IT firms and represents a single day in 2019, prior to the outbreak of COVID-19, when no restrictions on coming to work were in place. This daily employee location data was analyzed to detect occurrences of face-to-face meetings using the discrete-collective model illustrated in Fig. 6.

It should be noted that the detected movements with this algorithm may include numerous short-duration movements that are not indicative of meetings. To address this, only discrete movements lasting 15 minutes or longer were classified as meetings, while those lasting less than 15 minutes were excluded from the analysis [27].

The total number of meeting occurrences lasting 15 minutes or more in a single day was 5414. The maximum duration is 60 minutes. The highest frequency observed was 31.8% (1720) lasting 15 minutes. The distribution of meeting occurrences is depicted in the left of Fig. 7. 82.0% of meetings lasted between 15 and 30 minutes. The total number of unique participants across all meetings was 4531. Meeting sizes ranged from two participants to 52 participants. The most frequent meeting size was two participants, occurring in 67.6% of cases. It indicated

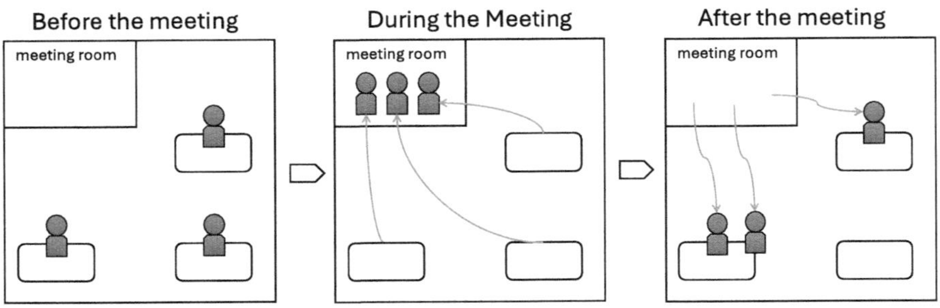

Fig. 6 Discrete-meeting model

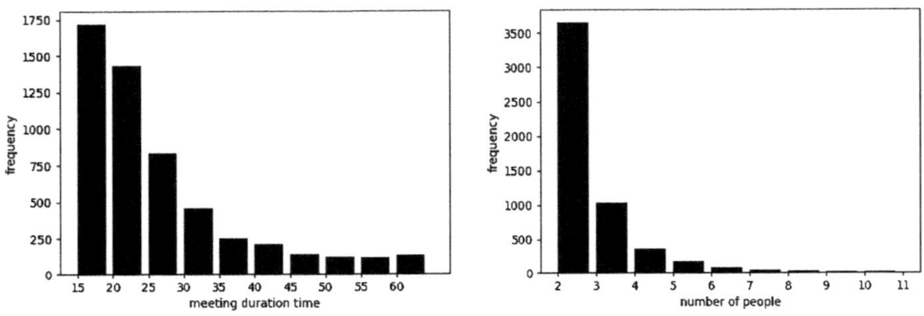

Fig. 7 Meeting duration time and participants

that small in the scale of meetings were the majority of them. The participant's distribution of meetings is presented on the right side of Fig. 7.

Of the total meetings, 2998 meetings (55.4%), or more than half of the total, involved two participants and lasted less than 30 minutes. Shorter, smaller meetings suggest that the meetings were highly dynamic and frequent. When we consulted the companies that provided the data, it was revealed that one-on-one meetings between supervisors and subordinates were typically recommended to occur approximately once a week. These meetings generally lasted about 30 minutes.

5.2 Meeting Duration Time

This study defines three types of area attributes:

Formal Meeting Area: This is a general meeting room area that requires prior reservation. Meetings conducted in this space are typically planned and involve formal communication.

Informal Meeting Area: This refers to open and simple conversation spaces, such as break sofas or meeting tables. No reservation is required to use these areas, making them conducive to spontaneous and informal communication.

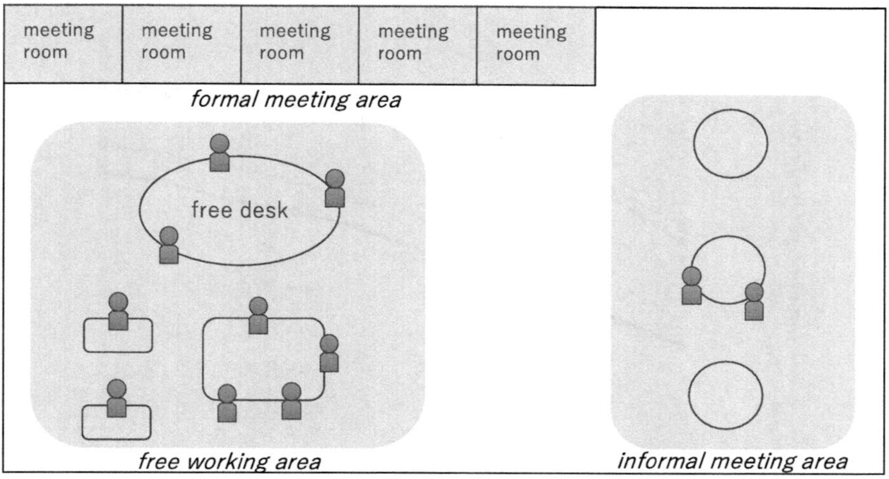

Fig. 8 Area attribute type

Free Working Area: This includes all other office spaces not categorized above. The free-address system is applied in these areas, allowing employees to use free desks and surrounding spaces for their work activities.

The concept of these area attributes is illustrated in Fig. 8.

5.3 Calculation of Infection Probability

The overtime risk of infection for each strain of COVID-19, including the original strain, B.1.1.7 (alpha strain), B.1.617.2 (delta strain), and B.1.1.529 (omicron strain), when conversing with an infected person at a distance of 1 meter without a mask, is summarized in Fig. 9. It was resulted by the infection risk calculated by Bale et al. and the antibody nonpossession rate in Tokyo, 2023 spring [2].

5.4 Infection Risk in the Office

The average daily probability of infection was calculated for all 4531 participants across all meetings. A total of meetings were detected using the discrete-collection model, with each meeting involving 2–52 participants. We estimated the meeting duration by breaking down the interactions into one-to-one pairs among the participants for each meeting. Using the meeting duration data and the infection

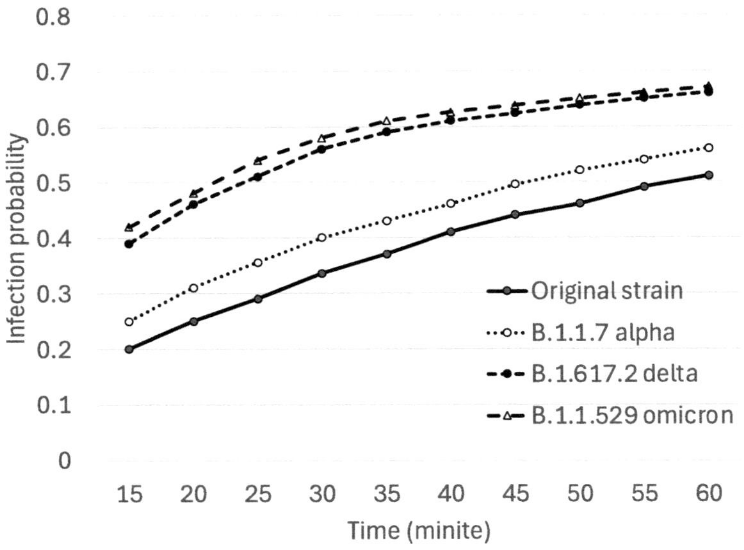

Fig. 9 Infection probability

Table 1 Comparison of infection probability

Virus strain type	15 min	30 min	45 min	60 min
Wild-type	0.197	0.339	0.441	0.509
B.1.1.7 (alpha)	0.251	0.400	0.495	0.563
B.1.617.2 (delta)	0.386	0.556	0.624	0.658
B.1.1.529 (omicron)	0.420	0.576	0.641	0.671

probabilities [2] shown in Table 1, corresponding to the meeting time, we calculated the infection probabilities for all 4531 employees. These calculations were based on the presence or the absence of face-to-face contact, the meeting duration, and the specific strain of COVID-19, including its original strain and variants.

The results are summarized in Fig. 10.

The number of daily infections for each virus strain is shown in Fig. 11. For the original strain of COVID-19, the average number of cases was the lowest, at 1.06 cases, with a maximum of 5.74 cases. The alpha strain did not show a statistically significant difference. In contrast, both the delta and omicron strains exhibited approximately double the mean and maximum number of cases. For the delta strain, the mean and maximum reached 1.84 and 9.66 cases, respectively, while for the omicron strain, they reached 1.93 and 10.11 cases, respectively.

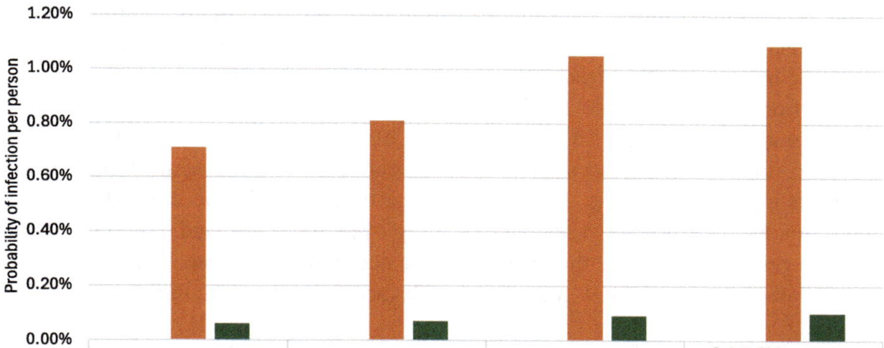

	Original strain	B.1.1.7_alpha strain	B.1.617.2_delta strain	B.1.1.529_omicron strain
min	0.00%	0.00%	0.00%	0.00%
max	0.71%	0.81%	1.05%	1.09%
mean	0.06%	0.07%	0.09%	0.10%

min max mean

Fig. 10 Probability of infection per person by virus strain type

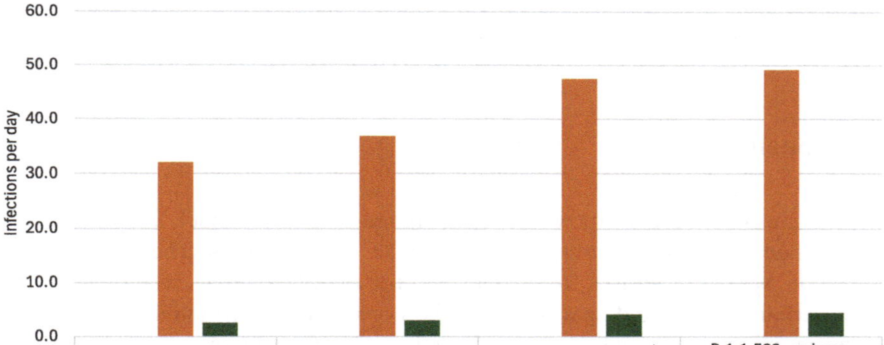

	Original strain	B.1.1.7_alpha strain	B.1.617.2_delta strain	B.1.1.529_omicron strain
min	0.0	0.0	0.0	0.0
max	32.0	36.8	47.5	49.2
mean	2.6	3.0	4.2	4.3

min max mean

Fig. 11 Infections per day by virus strain type

6 Discussion

Simulation experiments demonstrated that early handwashing after returning home, combined with hand disinfection at the entrance, significantly reduced the amount of viral residues. However, there was little to no reduction in the amount of viruses remaining on portable items such as smartphones and bags. Similarly, the amount of viruses on hands that should have been disinfected showed minimal decrease. This could be attributed to the transfer of viruses from portable items. These findings suggest that disinfection efforts should also include portable items, doorknobs, light switches, locks, and other frequently touched surfaces near the entrance.

Additionally, when other family members are present in the home, they may inadvertently spread the virus to other parts of the household by touching walls, furniture, and other surfaces. It is also essential to address virus transmission when an infected person is undergoing home treatment. In the context of office environments, we utilized real data on employee locations and communication occurrences while keeping the costs of dedicated equipment low. This allowed us to estimate the infection risk associated with face-to-face communication in office settings.

To evaluate the office work risk of infection, the number of daily infected individuals was simulated by each virus strain, using probabilistic infection models. The results indicated that the infection risk for the omicron strain of COVID-19 was approximately double that of the original strain. The overall probability of infection is expected to increase with larger numbers of meeting participants and extended meeting durations. To mitigate infection risks in office meetings, limiting the number of participants and reducing meeting lengths is crucial. For example, when the number of participants is substantial, dividing them into smaller remote and face-to-face sessions may be an effective strategy.

7 Conclusion

In this chapter, we constructed an agent-based infection model to estimate the risk of household contact transmission of novel coronaviruses. The model reproduced the spread of viruses from hands and personal belongings when interacting with various objects and spaces within the home. Virus partitioning experiments between different materials were conducted using influenza viruses as a proxy for novel coronaviruses. The virus partitioning rates derived from these experiments, combined with behavioral contact history data from a survey of 1100 individuals, were used to estimate the residual viral load under a handwashing scenario in the home. The experimental results confirmed the effectiveness of early handwashing and disinfection practices upon returning home.

We also simulated the risk of COVID-19 infection in office environments by analyzing face-to-face communication patterns based on employee location data. Furthermore, we found that conducting meetings in smaller groups and for shorter durations is effective in reducing infection risks in office settings. These findings provide a quantitative evaluation of infection risks associated with office work, considering specific company sizes and meeting scenarios. I would like to thank Dr. Y. Kakizawa et al. of LION Corporation and Dr. S. Yada for useful discussions and experimental design. This work is supported by LION Corporation and the Cabinet Secretariat.

References

1. Akahori, Y., Murakami, A., & Hoshi, S. (2000). Sterilization effects and prevention of hospital-acquired infections by ozonated waterer. *Journal of the Japanese Society of Intensive Care Medicine*, *7*(1), 3–10.
2. Bale, R., Iida, A., Yamakawa, M., Li, C., & Tsubokura, M. (2022). Quantifying the COVID19 infection risk due to droplet/aerosol inhalation. *Scientific Reports*, *12*(1), 1–15.
3. Barker, J., Stevens, D., & Bloomfield, S. F. (2001). Spread and prevention of some common viral infections in community facilities and domestic homes. *Journal of Applied Microbiology*, *91*(1), 7–21.
4. Boone, S. A., & Gerba, C. P. (2005). The occurrence of influenza A virus on household and day care center fomites. *Journal of Infection*, *51*(2), 103–109.
5. Boone, S. A., & Gerba, C. P. (2010). The prevalence of human parainfluenza virus 1 on indoor office fomites. *Food and Environmental Virology*, *2*(1), 41–46.
6. Bright, K. R., Boone, S. A., & Gerbaand, C. P. (2010). Occurrence of bacteria and viruses on elementary classroom surfaces and the potential role of classroom hygiene in the spread of infectious diseases. *Journal of School Nursing*, *26*(1), 33–41.
7. Contreras, R. D., Wilson, A. M., Garavito, F., Sexton, J. D., Reynolds, K. A., & Canales, R. A. (2020). Assessing virus infection probability in an office setting using stochastic simulation. *Journal of Occupational and Environmental Hygiene*, *17*(1), 30–37.
8. Hall, C. B. l., Douglas Jr, R. G., Schnabel, K. C., & Geimanand, J. M. (1981). Infectivity of respiratory syncytial virus by various routes of inoculation. *Infection and Immunity*, *33*(3), 779–783.
9. Harvey, A. P., Fuhrmeister, E. R., Cantrell, M. E., PitolJenna, A. K., Swarthout, M., Powers, J. E., Nadimpalli, M. L., Julian, T. R., & Pickering, A. J. (2021). Longitudinal monitoring of SARS-CoV-2 RNA on high-touch surfaces in a community setting. *Environmental Science and Technology Letters*, *8*(2), 168–175.
10. Iseki, A., & Hagiwara, T. (2018). Analysis and improvement for communication between R&D teams using indoor positioning system. In: *The Japan Society for Management Information 2018 National Research and Presentation Conference*, Session ID: 1P-5-1.
11. Jaramillo, C., Taboada, M.,Epelde, F., Rexachs, D., & Luque, E. (2015). Agent based model and simulation of MRSA transmission in emergency departments. *Procedia Computer Science*, *51*, 443–452.
12. Kampf, G., Todt, D., Pfaender, S., & Steinmann, E. (2020). Persistence of coronaviruses on inanimate surfaces and their inactivation with biocidal agents. *Journal of Hospital Infection*, *104*(3), 246–251.
13. Kramer, A., Schwebke, I., & Kampfand, G. (2006). How long do nosocomial pathogens persist on inanimate surfaces? A systematic review. *BMC Infectious Diseases*, *6*, 1–8.
14. Keswick, B. H., Pickering, L. K., DuPont, H. L., & Woodward, W. E. (1983). Survival and detection of rotaviruses on environmental surfaces in day care centers. *Applied and Environmental Microbiology*, *46*(4), 813–816.
15. Kurahashi, S., Yokomaku, H., Yashima, K., & Nagai, H. (2021). Assessment of the impact of COVID-19 infections considering risk of infected people inflow to the region and the vaccination effect. *Transactions of the Japanese Society for Artificial Intelligence*, *37*(1), C-L42_1-9.
16. Kurahashi, S., Mukai, T., Sekine, Y., Nakajima, K., Otake, K., Sugiyama, J., Takizawa, T., & Kakizawa, Y. (2023). A tipping point of spreading viruses: Estimating the risk of household contact transmission of COVID-19. *Frontiers in Physics*, *10*, Art. no. 1044049. https://doi.org/10.3389/fphy.2022.1044049.
17. Mokhtari, A., & Van Doren, J. M. (2019). An agent-based model for pathogen persistence and cross-contamination dynamics in a food facility. *Risk Analysis*, *39*(5), 992–1021.
18. Mori, K., Hayashi, Y., Noguchi, Y., Kai, A., Sakai, K., Hara, M., & Morozumi, S. (2006). Effects of handwashing on Feline Calici virus removal as norovirus surrogate. *The Journal of the Japanese Association for Infectious Diseases*, *80*, 496–500.

19. Murata, T., Komot, S., Iwahori, S., Sasaki, J., Nishitusji, H., Hasebe, T., Hoshinaga, K., & Yuzawa, Y. (2020). Reduction of severe acute respiratory syndrome coronavirus - 2 infectivity by admissible concentration of ozone gas and water. *Risk Analysis*, *65*, 10–16.
20. Nakajima, K., Uehara, K., & Tsuru, T. (2018). Impact of workplace communication networks on productivity: A new approach using wearable sensors. *The Economic Review*, *69*(1), 18–34.
21. Orbach, M., Demko, M., Doyle, J., Waber, B., & Pentland, A. (2015). Sensing informal networks in organizations. *American Behavioral Scientist*, *59*(4), 508–524.
22. Otter, J. A., Donskey, C., Yezli, S., Douthwaite, S., Goldenberg, S. D., & Weber, D. J. (2016). Transmission of SARS and MERS coronaviruses and influenza virus in healthcare settings: The possible role of dry surface contamination. *Journal of Hospital Infection*, *92*(3), 235–250.
23. Peleg, M. (2021). Modeling the dynamic kinetics of microbial disinfection with dissipating chemical agents-a theoretical investigation. *Applied Microbiology and Biotechnology*, *105*, 539–549.
24. Reed, S. E. (1975). An investigation of the possible transmission of rhinovirus colds through indirect contact. *Journal of Hygiene*, *75*(2), 249–258.
25. Sekine, Y., Nakajima, K., Otake, K., Takizawa, K., Sugiyama, J., Mukai, T., Kakizawa, Y., & Kurahashi, S. (2023). Visualization of the risk and the care effects on the viral contact infection in the home. *Transactions of the Japanese Society for Artificial Intelligence*, *38*(2), B-MA6_1-11.
26. Tsuji, S., Sato, N., Otsuka, R., Beniyama, F., & Yano, K. (2012). Business microscope display: activity log application for attracting workers and encouraging communication in the office. *FIT : Forum on Information Technology*, *11*(4), 69–76.
27. Yada, S., Mukai, T., Nagai, H., & Kurahashi, S. (2023). COVID-19 infection risk in face-to-face meetings in an office. *Procedia Computer Science*, *225*, 2392–2401.
28. Yamashita, T., Teraoka, T., & Taguchi, H. (2020). Extracting interpersonal relationships from Wi-Fi connection data. In *Annual Conference of the Japanese Society for Artificial Intelligence 34th*, No. 4Rin1-31.
29. Yasugi, M., Kuroda, M., & Chihiro, II. (2021). Effect of aqueous ozone on SARS-CoV-2 under the condition with low-dose oxidizable materials. *Indoor Environment*, *24*(1), 12–18.

Individual-Based Epidemic Simulation with One Million Agents

Tatsuo Unemi

1 Introduction

Not only SARS-CoV-2 and COVID-19 but also an epidemic of new infectious disease is one of the menaces for human beings. From a view point of Complex System and its related researches, a multi-agent-based ecological simulation will be a helpful tool to understand the dynamics of epidemic. The advantage comparing to another type of mathematical model, such as SIR model [4] based on differential equations, is that it allows us to introduce concrete models of people's behavior and countermeasures, even though those features bring a disadvantage for mathematical analysis. It also provides a source of visualization that helps our intuitive understanding of the complex phenomena. This chapter introduces an approach to build an individual-based simulator in multiple scales, from smartphone to high-performance computer, with graphical user interface and visualization.

The model and algorithm are inherited from the author's previous work [11] on evolutionary simulation for sexual dimorphism and speciation. The models of individual behavior, pathogenesis, and measures are implemented. The individuals move in a two-dimensional Euclidean space basically following a simple Newtonian mechanics with mass and friction, affected by forces for collision avoidance and gatherings. They could also jump to another position as a model of long-distance travel. The measures include social distancing, mobility restriction, gathering restriction, tests, quarantine, and contact tracing.

As the real-world tactics to take a balance between epidemic suppression and economic activity, we usually change the public restriction following the situation of both sides. To examine a strategy of such reactive countermeasures, we implemented a functionality of scenario, a set of rules to change the restriction strength under

T. Unemi (✉)
Soka University, Tokyo, Japan
e-mail: tatsuo@unemi.vivian.jp

S. Kurihara (ed.), *Social Simulation of COVID-19 with AI in Japan*,
https://doi.org/10.1007/978-981-96-8066-5_7

conditions on statistical indexes, though the implementation of an economy model is remaining as our future work.

The rest of this chapter describes the model overview, software architecture, and some results of simulation as examples, followed by concluding remarks and future works.

2 Model Overview

This section describes an overview of simulation model on both an individual agent and the environment.

2.1 Spatiotemporal Model of the World

The field of the simulation is a two-dimensional square plane in which a position is represented by continuous Cartesian coordinates. Each of individual agents has its own coordinate (x, y) and velocity (v_x, v_y). The individual action is acceleration synthesized from a number of forces as its selected action following the rules described in a later Sect. 2.2. The individuals in the population are placed in the field in a random position and have zero velocity at the beginning. The health condition of each individual is susceptible except a number of randomly selected individuals as infected. The population density is adjustable by tuning the population size and the field's area size.

2.2 Individual Behavior

Each individual moves following a force vector affected by surroundings. The force is a combination of repulsion forces proportional to the square of distance to the others and attraction force toward its favorite one. The new position is approximately calculated together with mass and friction based on Newtonian mechanics using a modified version of Euler method. The individual located near from the edge of the field is affected by a repulsion force from it to avoid travel beyond the border. The force F_i affecting the individual i is

$$F_i = \alpha \cdot \sum_j \frac{p_i - p_j}{|p_i - p_j|^3} + \beta \cdot (p_b - p_i) + \gamma \cdot \sum_{j=1}^{4} \frac{p_i - w_j}{|p_i - w_j|^3} + \zeta \cdot G_i \quad (1)$$

where p_i is the position of individual i, b is the most favorite individual around it, w_j is the nearest point on the border j from i, and α, β, γ, and ζ are coefficients.

G_i is the force toward the center of the nearest gatherings described later. $|p_i - p_j|$ is a notation of the Euclidean distance between two positions p_i and p_j here.

2.2.1 Long-Distance Move

An individual who does not show a symptom moves to another position in the field with a specified probability. The mobility restriction as a countermeasure is implemented by tuning the distance and probability of this type of move.

On the other hand besides the move in the inside of the field, an individual may move to the outside for quarantine or burial. When the individual becomes positive in test, he/she moves to the hospital area. When the individual died, he/she moves to the cemetery area. An individual who has been fully recovered comes back to the original position in the field.

2.2.2 Gatherings

As a model of events where people gather together, *gatherings* probabilistically happen in the field. Each gathering occupies a circular area with parameters of size, duration, and strength. The individuals without any symptom around the edge of the circle receive a force toward the center of gathering. The force strength has a maximum on the circular edge, and it reduces proportionally to the inverse of distance from there. Figure 1 illustrates the force field applied to individuals. The value of G_i in the above equation is

$$G_i = \begin{cases} 0 & \text{if } |p_i - G_p| > G_r + C_r \\ 1 - (|p_i - G_p| - G_r) \,/\, C_r & \text{else if } |p_i - G_p| > G_r \\ |p_i - G_p| \,/\, G_r & \text{otherwise} \end{cases} \quad (2)$$

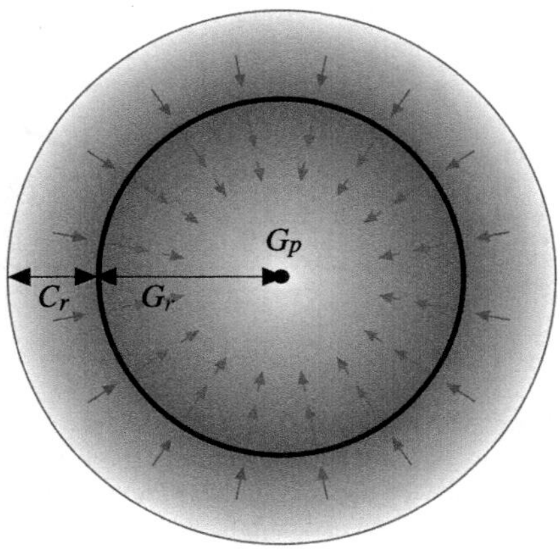

Fig. 1 Force field of gathering. All forces are toward the center point. They are the strongest on the circumference of radius G_r

where G_p is the center position of the nearest gathering, G_r is its radius, and C_r is a constant distance from the circumference of affected area.

2.3 Infection

The probability $P_{a \to b}$ of infection of virus from a patient a to a susceptible person b is represented in the model as the following equation:

$$P_{a \to b} = F \cdot R_v \cdot C_a \cdot D_{ab} \cdot (1 - I_b) \tag{3}$$

where C_a is contagious factor of a, D_{ab} is the factor of physical distance between a and b, and I_b is on the immunity of b. R_v is the reproductivity of the virus v that described in the later section. F is the effect of environmental factors such as ventilation, sanitization, face mask, and so on. The details of C_a and D_{ab} are available in the project website [10].

2.4 Pathogenesis

Figure 2 illustrates the individual pathogenesis that includes changes of severeness and infectiousness with events such as infection, showing symptom, turning to recovery, and death. The health condition of each individual takes one of the five

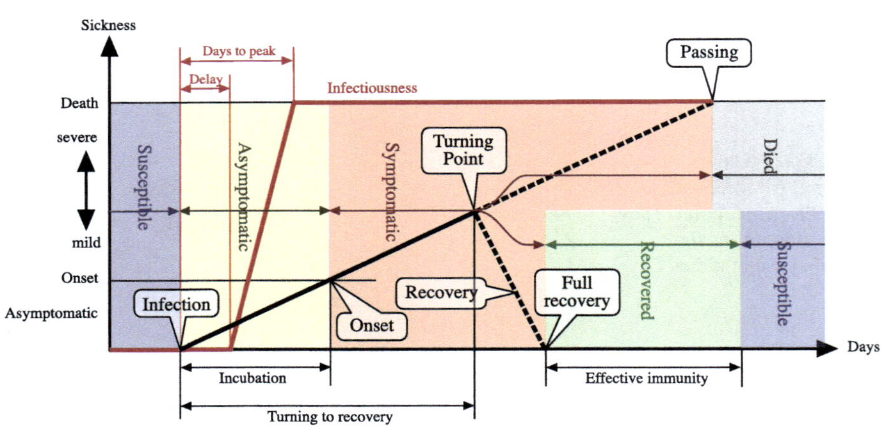

Fig. 2 Pathogenesis. The patient's sickness follows the black thick line from the left bottom. It turns to go lower at the turning point when the patient starts recovery. Otherwise he/she is going to die toward the upper boundary. The red thick line shows the path of infectiousness that indicates how strongly the patient infects the virus to the others

states: 1. susceptible, 2. asymptomatic, 3. symptomatic, 4. recovered, and 5. died. A susceptible individual may be infected in a probability when he/she approaches to an infected individual within a fixed distance. The symptomatic severeness progresses in a speed depending on the patient's characteristic, and it reaches the onset of sickness and then passes away when the severeness goes beyond each of the threshold. When the period of the turning point allocated to each individual has passed before his/her death, the severeness reduces in a constant speed toward the full recovery. A recovered individual is assumed to obtain immunity against the infection, but the effect disappears to turn the health state back to be susceptible after a fixed period.

The contagious strength of infected individual is zero until a fixed length of delay passes from the infection, and then it increases up to the peak level before it reaches the level of onset.

2.5 *Countermeasures*

The models of social distancing, mobility restriction, gathering restriction, quarantine, and contract tracing are implemented as follows, together with tests described in the next section.

Social distancing is adjusted using a repulsion force to avoid a mutual collision among individuals as described in Sect. 2.2, with two parameters, magnification bias of the force and rate of obedience.

Mobility restriction is adjustable using a distribution of the distances for long-distance movement and the frequency as described in Sect. 2.2.1.

Gathering restriction is adjustable using a distribution of the size, strength, and frequency as described in Sect. 2.2.2.

The individuals whose test results are positive move to the hospital for *quarantine*. They return back to the original position in the field when they get fully recovered.

Contact tracing is implemented by managing a list of contacts for each individual in the field. When it encounters an individual in the list again, the time stamp associated with the individual identifier is revised. The items in the list older than 14 days are removed. The contact is not always recorded but done with a predefined probability.

2.6 *Tests*

Tests are important to identify who are infected for both ways to go to and return from the hospital or other places for separation and care. The tests are conducted for the subjects selected from three groups with a probability assigned for each group: symptomatic, susceptible, and contacted individuals. A subject of susceptible individual can be assumed that he/she shows similar symptoms as the target disease but caused by something else. The result is determined with sensitivity, the ratio of correct detection among infected subjects, and specificity, the ratio of negative results among susceptible and recovered subjects, of the test. The other characteristics, such as delay of the conduct and delay of the result, are also adjustable. It is not necessary to specify the probability for contacts other than the probability to record them into the lists of contacts, because the resulted probability is the multiplication of these two values and it is meaningless to separate them for this simulation.

2.7 Vaccination

The vaccination is a powerful countermeasure to prevent the explosive spread of infectious diseases by assisting the immune system of individual body. Immunity against a specific pathogen is naturally acquired after the patient is infected by the pathogen. It is not only to produce antigen but also to make some types of immune cells to memorize the key to trigger the efficient immune response. The antigen is effective to suppress the activity of pathogen. The immune memory is effective for quick response to produce appropriate antigen for infection in the next occasion. Such effect usually becomes stronger after the exposure within a number of days and then gradually declines through some months or years. The duration of efficacy depends on the type of pathogen and the individual characteristics. The vaccination triggers the same response of immune system without real infection.

Each type of vaccine has its own recommended protocol that specifies how it should be treated. It is sometimes required to conduct the second dose some days or weeks after the first dose to achieve the enough level of efficacy. Figure 3 illustrates the model of time transition of efficacy on an individual in case the second dose

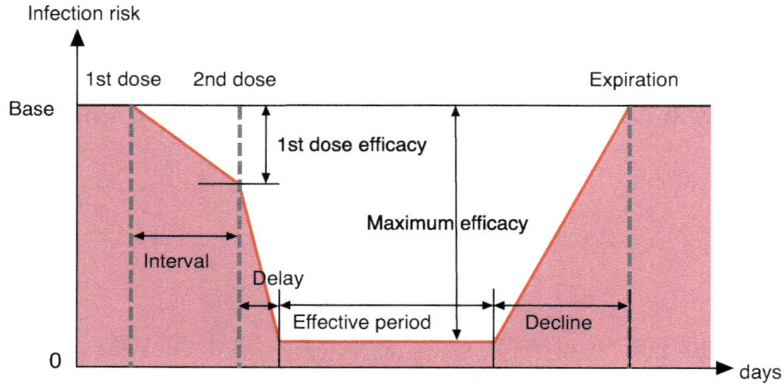

Fig. 3 Model of vaccination efficacy

is necessary. It is difficult to measure the efficacy directly, in terms of reduction of infection and severe symptom risk, but it is possible to estimate it from the results of clinical trials. The parameter values of both efficacy and duration are given from the reports of a clinical trial such as [1]. Because the efficacy of vaccination depends on the types of target virus variants, the parameter set is in a form of a table of rows and columns as shown in the next Sect. 2.8. The efficacy of acquired immunity by infection is also in the same form. It is also possible to add an application schedule for each vaccine to the scenario.

2.8 Virus Variants

Virus has an ability to evolve by erroneous copy of genetic information that happens when it replicates itself. As coronavirus uses RNA to convey the information, the mutation rate is relatively higher than other DNA-based organisms. This means new variants are frequently produced in the patient body. The mutation usually brings a decay of reproductivity as the replication mechanism is complicated somehow, but in a probability it provides a more sophisticated mechanism of efficient reproduction. The features of virus variants are usually described in basic reproduction rate R_0 in terms of the average number of infection cases from single spreader to other persons under assumption without any special countermeasures. Because this index depends on a lot of environmental condition, this system employs a reproduction rate within an infected patient instead, which indicates how fast the viruses reproduce themselves in his/her body. In the case of new coronavirus, the variants vary in the efficiency of invasion into host cells depending on the type of spike protein. When this index is high, the incubation period becomes shorter, and the immune response tends to be late to prevent a severe symptom.

The reproductivity affects the pathogenic mechanism as follows. It is assumed that the incubation period and the time to death are shortened in proportion to this rate. The larger reproductivity increases the viral load excreted by infected individuals. The resulting changes in infectivity and toxicity are also in line with the reproductivity; therefore it affects the coefficient R_v in Eq. (3) of infection probability. In addition, under the assumption that the larger value of R_v results the faster the symptom progress, the values are divided by $\sqrt[3]{R_v}$ for all of the pathogenic mechanisms including incubation period, recovery start period, contagious delay, and period to contagious peak.

The number of false negative cases in the tests to check the individual infection is also affected by reproductivity because the specimen includes more the viral load. This means that the larger reproductivity causes the higher sensitivity of the tests. Here the sensitivity S_e is revised using the following equation:

$$S_e = 1 - (1 - S_1)^{R_v} \tag{4}$$

where S_1 is the standard sensitivity when $R_v = 1$.

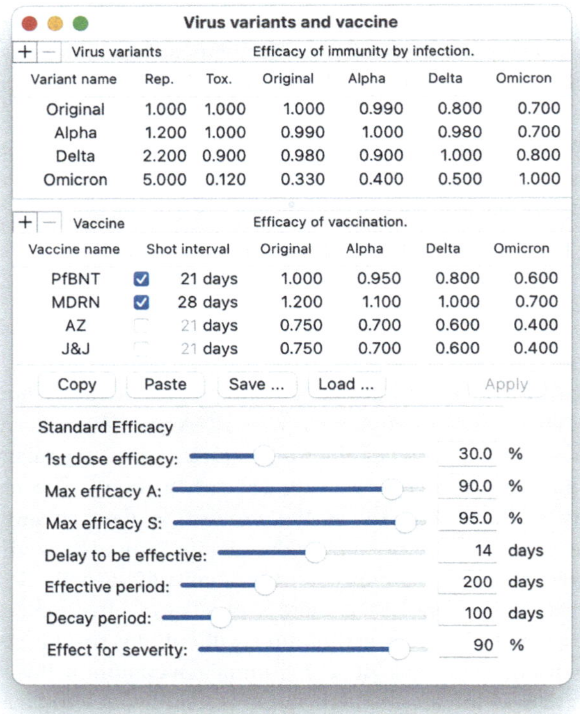

Fig. 4 Graphical user interface for virus variants and vaccines. The panel contains four parts, two tables, a buttons' row, and sliders. The top table is for immunity efficacies by infection, in which the first column is the name of variants, the second and third columns are reproductivity and toxicity, and the other right columns are for efficacy against each variant

The effect of acquired immunity is represented in the same form of the case of vaccination, that is, a table form whose cells contain the scalar values that indicate how much effective the immunities are against each known type of virus variants.

Figure 4 shows a screen image of the graphical user interface to set up virus variants and vaccines facilitated with the version of macOS application software described later in Sect. 4.1.2. The efficacies of immunity obtained by both infection and vaccination against each variant are specified by coefficients.

3 Algorithm for Acceleration

In addition to this extension concerning the model, the algorithm is improved to manage 1 million individuals in a single two-dimensional space utilizing a type of parallel processing by multicore CPU. The heaviest part of computation in the simulation is for aggregation of mutual effects between all of the combinations of individuals. It would waste the computing time proportional to the square of the population size by a naive algorithm to sequentially enumerate all possible pairs. In a similar manner with an algorithm for simulation of flocking behavior in Euclidean space, such as BOIDS [6], it is possible to improve the performance by restring the relations only into the relatively adjacent individuals, because the interaction between the individuals in distance is usually very small. There are a number of possible methods to achieve such improvement, and we employed a method to divide the space into a uniform partition in the square lattice. It is enough to calculate the interaction between individuals in the same or neighboring partition. This method has an advantage to allow the separated partitions in parallel utilizing the multithreading. The process is sequentially conducted with nine subprocesses for interaction between individuals (1) within a same partition, (2) vertically neighboring partitions of even number rows, (3) vertically neighboring partitions of odd number rows, (4) horizontally neighboring partitions of even number columns, (5) horizontally neighboring partitions of odd number columns, (6) orthogonally neighboring partitions by upper left of even number rows and lower right, (7) orthogonally neighboring partitions by upper left of odd number rows and lower right, (8) orthogonally neighboring partitions by upper right of even number rows and lower left, and (9) orthogonally neighboring partitions by upper right of odd number rows and lower left. By tuning the number of threads and reorganization of memory structure for a population, it achieved the throughput time as approximately 70 steps per minute for 1 million individuals on Mac mini M1. By giving an array of parameters to the code unit of submodule instead of the each single value, it makes easy for the compiler to find the part of code to be compiled into a short code sequence utilizing the vector processor in CPU.

4 Control and Monitor

4.1 Software Architectures

The software we developed includes three different scales: web application, macOS application, and web server.

4.1.1 Web Application

The first prototype was developed in March, 2020 using p5.js [5], a JavaScript library for creative coding. It has the basic functionality of graphics and parameter settings available on popular web browsers running on the personal computer and smartphone. Because of the restriction of computing performance and storage, it

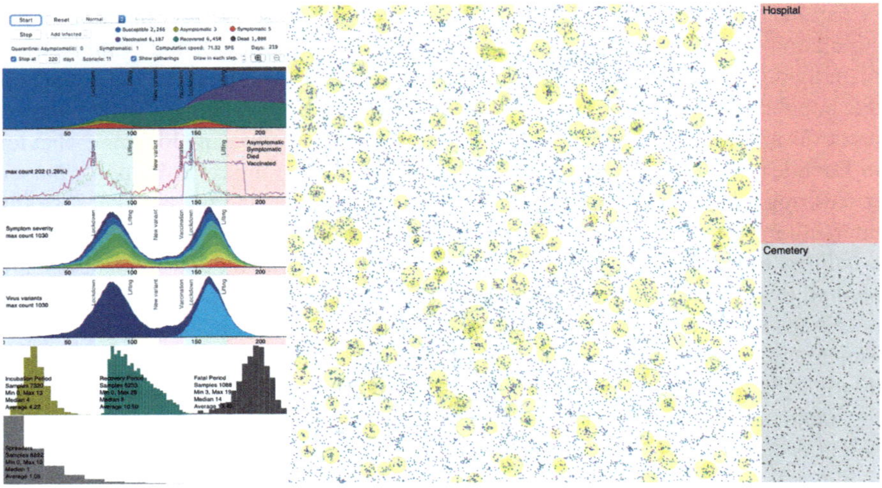

Fig. 5 A sample screen shot of macOS application version in full-screen mode

manages only four or five thousand individuals as the population. The scale is not enough, but it will be useful to provide an opportunity for many people to have the usage experience. It is accessible from the authors' website [10].

4.1.2 Mac Application

The version of macOS application software has almost full set of functionality except the batch job management. The user is allowed to save the parameter and scenario settings as a document in the local or cloud storage to open it later again. By employing a multi-thread parallelism, it manages 40,000 individuals on an older machine such as MacBook Pro 2013 and 100,000 individuals in high-performance machine in 2020, such as Mac Pro and Mac mini 2020, for smooth animation in real time. The binary code is downloadable from the authors' website [10]. Figure 5 shows an example of screen shot that runs on a population of 10,000 individuals in a full-screen mode.

4.1.3 Web Server

The web server version runs as a background job that accepts requests from the HTTP client software, typically a web browser. It also provides a set of codes written in HTML and JavaScript, so that the user can access the simulator through graphical user interfaces on a web browser just as a web service.

For the purpose of statistical analysis, it also has a functionality to manage multiple batch jobs with different parameter settings and different random number sequences. We need to wait for hours, but it can complete a simulation process of 365 days with a population of 1 million individuals using a machine with many-core CPU under a setting of 12 simulation steps per day. It is possible for the user to download the numerical data in CSV format including several indexes after the jobs are completed.

It is useful to prepare a command script that controls a set of batch jobs for a variation of settings without a web browser. The author conducted several times of simulation by this type of method using a shell script including a command, `curl`, to request starting a batch job and collecting the results. In such cases, the parameters and the scenario are coded in JSON format that the user can organize by the version of either Mac application or web service.

We built a cluster of 16 Mac mini M1s connected via wired LAN in order to conduct an enough number of trials to obtain statistically plausible results of analysis. Script codes were used to control and monitor the simulation processes running on each machine through the HTTP protocol.

4.2 Statistical Indexes

It is necessary to record a number of indexes in order to investigate what has happened in the simulation to compare with the events in the real world. The indexes include the number of susceptible, vaccinated, asymptomatic, symptomatic, recovered, and died individuals; the number of hospitalization and returns; the number of tests; the daily number of test positives and test-positive ratio; and so on. These indexes are recorded in every specified step.

It also records frequency distribution on incubation period, recovery period, fatal period, the number of infects, the number of contacts, symptom severity, and virus variants among infected patients. It is possible to specify the interval for recording these distributions to download after the simulation process is completed.

4.3 Scenario

To suppress a tragic epidemic of deadly disease, it is usually important for people to cooperate in the countermeasure organized by the national and local governments, such as lockdown. Simulation of epidemic dynamics combined with a scenario, a schedule of countermeasures as the response against the aspects of spread, will be helpful for both the measure planner and the citizens. It is also useful to revise the model in order to reduce the gap with the reality by comparing the simulation results and the real events that have already happened.

A scenario is represented as a form of array of two types of elements, *condition* and *action*. The elements are principally interpreted from head to tail in the order of arrangement in the array.

The condition itself is also constructed by *conditional expression* and *control*. The conditional expression is constructed by predicates, comparison between the value of index and constant, and logical operation, conjunction, disjunction, and negation. The indexes include not only those described in Sect. 4.2 but also the number of elapsed days from the starting point of the simulation process. When the system interprets a condition element, it waits until the result of conditional expression becomes true, and then it interprets the control. The control may be a demand to jump to another element indicated by the index number attached or just to move to the next element.

The action may be a demand to add a number of infects or a demand to assign a new value to a parameter. In the former case, the system randomly selects the indicated number of susceptible individuals to turn their health states to be asymptomatic. In the latter case, the system changes the parameter value to the value given as the argument.

Figure 6 shows an example of scenario in the graphical user interface. The user is allowed to add an action of parameter change, a condition, and an action to add new infectious individuals by clicking a button of the top row. The buttons with up and down arrows at the right side of +infection button are to rearrange the order of items in the sequence. A circular button with a minus sign at the right edge of each row is to remove the item in the row.

4.4 Graphical Animation

The simulator provides graphical animations of both people's movements and the time series of indexes.

The world in which the individuals are living is a two-dimensional space. The whole population is observable when the size is smaller than 40,000, but it is difficult for larger population due not only to the tiny size of individuals but also to the computational cost for rendering many individuals. The Mac application version has a convenient functionality that allows the user to magnify the world view to observe a part of area and to explore in the space by drag operation of the pointing device. Such observation is helpful to monitor what types of events are happening in the simulation. It also provides a useful visualization for people to help their understanding on the dynamics of epidemic.

The user is allowed to open a number of windows each of which graphically shows the indexes by the user's choice. For the time evolution of indexes, the scale of horizontal axis representing the time is automatically adjusted as the simulation process is going on. The histograms showing distributions of incubation period, recovery period, fatal period, and the number of infects by a single infected individual are also included in the choice.

Fig. 6 Graphical user interface for scenario. This scenario contains six pairs of conditions and actions. The first condition is to check if the number of symptomatic patients becomes more than 1000. The word lockdown typed in a text input field is the name of this event displayed in the index graph along the time sequence. The next row is an action to be immediately taken when the condition became satisfied that sets the parameter named gathering frequency to 10

4.5 Batch Jobs

In a type of simulation including a stochastic process, it is important to examine a number of different processes for the same parameter settings in order to induce a statistically meaningful consequence. In such a case, a phenomenon happening in a single process might be an occasional case.

To satisfy this requirement, the web server version accepts a request to conduct a number of processes using a POST method of HTTP, by giving information as the *payload* including the number of processes, the longest duration in days, initial parameter set, scenario, and a set of index names to be collected after the completion. The information is represented in JSON format, so that the user can import it from Mac application version and it is easy for the user to edit it. The server responds a unique alphanumerical character string as the identifier for submitted job, so that the user uses this identifier for queries on the job. The submitted jobs are enqueued as they are processed in a manner of first come first served. The number of simulation processes executable in parallel is specified as a command option given when the server process is launched.

After the submission of batch jobs, the server responds to a query asking the processing status including information on how many simulation processes are completed, ongoing, and waiting. After the job is completed, the server becomes ready for a query to download the results in a form of compressed archive containing a number of text files of CSV format.

5 Result Examples

During the epidemic was going on, we developed and improved the simulation software and conducted a number of simulations in order to understand the fundamental mechanism and to provide hints for the counter measurę strategy by future projection from the current data. We issued 52 reports from October 2020 to July 2022 based on the results of simulation in a variety of setups. Here are three of those trials below as examples of the results.

5.1 Effects of Population Size

Targeting COVID-19, we set the parameters according to the literatures such as [3, 7, 12] for pathogenesis and tests. It is difficult to correctly identify the real values for formalizing the mathematical model, because our observation is not perfect. For example, the length of incubation period is one of the important features, but it is possible to gather the data only for the patients who were detected as positive. We might miss many other cases on who did not report as positive because of false negative on test and recovery before showing severe symptoms.

Figure 7 shows an example of the results related to the effects of long-distance travel on the epidemic dynamics. We conducted ten times of simulation processes of 200 days for each combination of the population sizes, 10,000, 40,000, and 90,000 individuals, and travel frequency, 0–10% stepping by 1%. The number of processes is $3 \times 11 \times 10 = 330$ in total. The number of simulation steps per day is 16, which means each process is $16 \times 200 = 3200$ steps. The top figure *a* illustrates the average time sequences of the percentage of infected in the population of 40,000 individuals. It shows a similar figure to SIR model when the travel frequency is higher than 3%, that is, more individuals are infected and the spread ends earlier when people are traveling more frequently. However, as the middle figure *b* shows, the spread also ends earlier when the frequency is lower than 2%. It is possible to assume that this phenomenon is caused by the probability of remaining infected individual when the percentage is low enough. As shown in the bottom figure *c*, the early end of spread happens in lower frequency when the population size is large. It suggests that it is relatively difficult to stop the spread in the large city comparing to the small town.

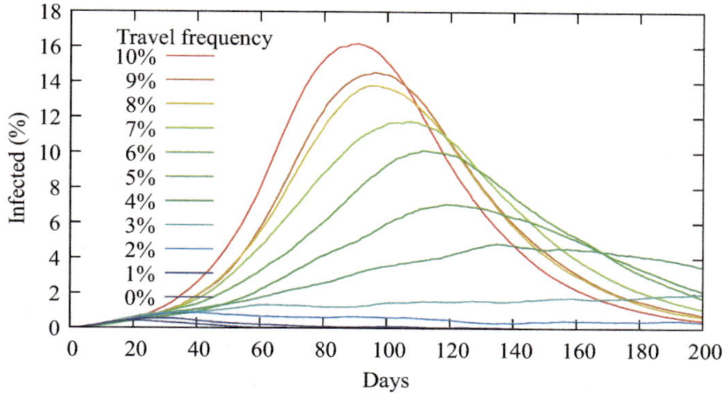

a. Average percentage of infected in the population of 40,000 individuals.

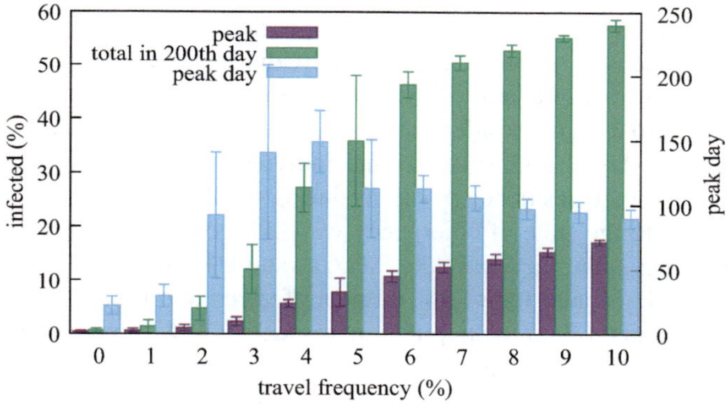

b. Average percentage of infected at the peak day and cumulative number at 200th day, and peak day.

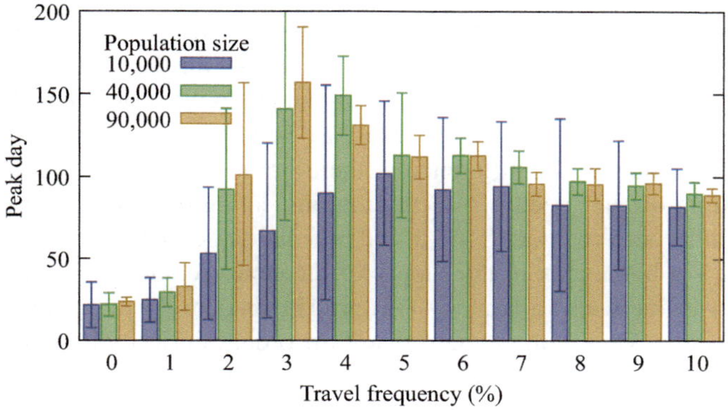

c. **Comparison of the peak day among different sizes of population. and peak day.**

Fig. 7 Simulation results on the effect of long-distance travel

5.2 Vaccination Strategy

In the late of 2020, new vaccines were released from pharmaceutical companies under the certifications by governmental health organizations in some nations. The organizational vaccination in Japan started in early March in 2021 prioritizing medical staffs. It was necessary for the national and local government to organize an effective system of vaccination under the cooperation among all of the related organizations. One of the questions is the strategy of vaccination: how fast, widely, and prioritizing the vaccination should be given to people. Simulations are conducted to confirm the difference in effectiveness between giving priority to densely populated areas and giving vaccinations equally to these areas. Since the spread of infection tends to be faster and larger in densely populated areas, we hypothesized that prioritizing vaccination in such areas would be more effective. The simulation described below was conducted in early March in 2021.

We have added a new function to specify the distribution of individuals so that the center is more densely populated. Since individuals move within the region, the population density will gradually shift to a homogeneous state. To avoid this, a function was added to assign a residence position to each individual and to assume that one-third of the day is nighttime, so that individuals move freely during the daytime but return to their residence positions during the nighttime.

For the case where the state of emergency was lifted on March 21 and the frequency of subsequent gatherings was 4%, 5%, 6%, and 8% and where vaccinations started on April 1, May 1, and June 1, the number of vaccinations per day was set to 0.1%, 0.2%, 0.4%, and 0.6% of the population, respectively. We conducted 40 trials with different random number sequences for each parameter combination to certify how effective this method works by statistical analysis.

Figure 8 shows the percentage of test-positive patients in the upper figure and the percentage of the infected patients in the lower figure as an example of simulation result, in which parameters are set up as the gathering frequency is 5% after the lifting of the emergency declaration and the vaccination starts on May 1. The solid line shows the case the prioritizing strategy was taken, and the dashed line shows the case of vaccination in a random order. It is clear that the number of infected persons at the peak is reduced, and the end of the disease is earlier when priority is given to the center. In particular, the difference in the time of cessation of the disease is smaller depending on the speed of vaccination, indicating that the vaccine can be effective even at a speed of about 0.2% of the population per day.

When there is a bottleneck in the supply of resources required for vaccination, especially the vaccine itself, a strategy that prioritizes densely populated areas is likely to be effective. The results suggest that if the order of priority is appropriately selected, a certain degree of effectiveness can be expected even if the vaccination speed is slow.

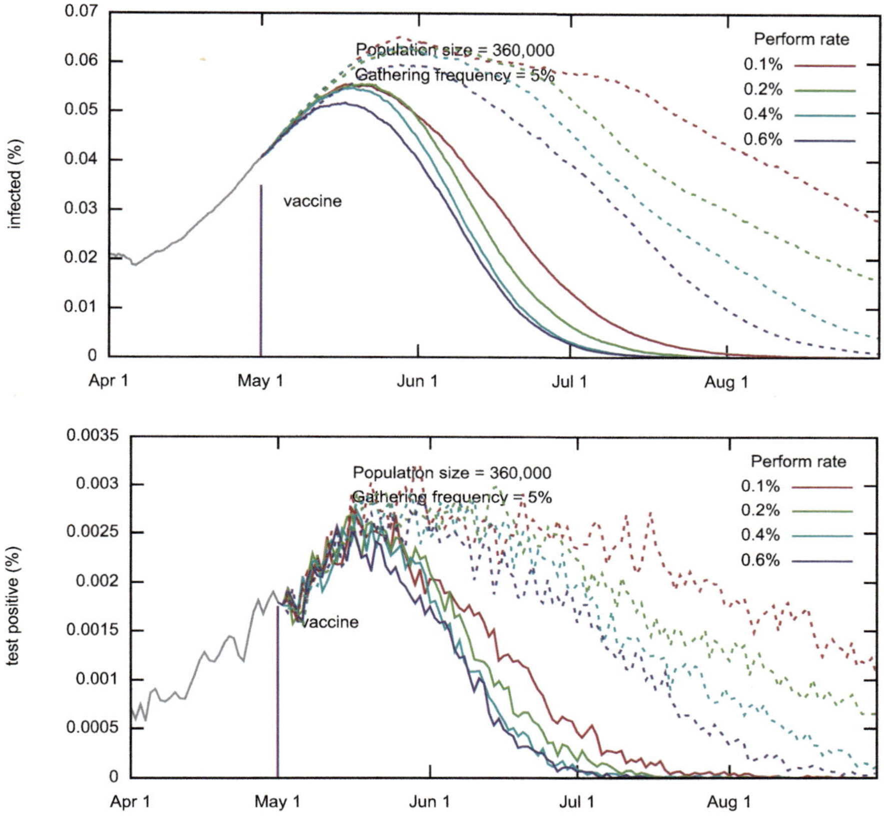

Fig. 8 Simulation results comparing different strategies of vaccination. The upper graph is the percentage of infected patients in the simulated population. The lower graph shows the percentage of test-positive patients

5.3 Virus Variants

Figure 9 shows an example of statistic summary over 128 times of trials with different random number sequences in a single scenario, concerning the number of patients infected by four types of virus variants. The parameter values were tuned to fit with the real observation in the case happened in Tokyo from late December 2020 to the end of November 2021. The part of December 2021 is the extension using predicted parameter values and some facts revealed on omicron variant. The reason why the replacement of dominating variants is progressing more slowly than expected is that the percentage of infected patients is less than 1/1000 in the population. This means the distribution of contagious individuals is too sparse to fit to a model of differential equations using the variables representing the ratio of each health state in the population.

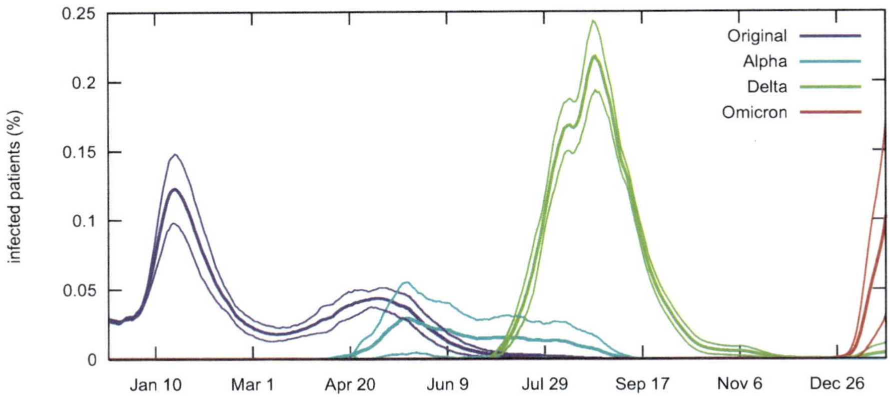

Fig. 9 A sample of simulation result on spread transition of virus variants. The scenario was adjusted so as to fit to the real observation in Tokyo. Thick lines indicate the average values over 128 trials. Thin lines are on the average ± standard deviation

6 Concluding Remarks

Some cases of simulation results of this simulator have been reported in the meetings of governmental committee of the experts to suggest the strategy of countermeasures. The reports are accessible from the website of AI simulation project [2] together with the other subprojects. The source codes are also available from GitHub repository [9].

One of the general issues in the design of simulation is the choice of parameters from an enormous number of features in the real system. Typically in the target area of such epidemic of infectious diseases, it is necessary to focus on a variety of features in a very wide scale from microscopic physiological reaction to macroscopic social phenomena including the natural environment. For the characteristics of a new virus variant after omicron, the pathogenesis should be designed more sophisticated so as to represent more precise difference between toxicity and infectiousness, as it is reported a possibility that the toxicity is less than the others though the infectiousness is very strong [8].

We would like to continue our effort to develop the model and simulator to be more helpful for strategic decision and education in future.

Acknowledgments The author would like to thank the professors of Soka University, Shoko Nishihara, Sayaka Takase, Norihiko Shinomiya, and Isamu Okada, and two graduate course students who helped the author to develop the software, Saki Nawata and Masaaki Miyashita. This work was partially supported by JSPS KAKENHI Grant Number 21K12064.

References

1. CDC. (2021). Information about the Pfizer-BioNTech COVID-19 vaccine. Tech. rep., Centers for Disease Control and Prevention, USA. https://www.cdc.gov/coronavirus/2019-ncov/vaccines/different-vaccines/Pfizer-BioNTech.html
2. Cabinet Secretariat of Japan Government. (2021). COVID-19 AI and simulation project. https://www.covid19-ai.jp/en-us/
3. He, X., Lau, E.H.Y., Wu, P., Deng, X., Wang, J., Hao, X., Lau, Y.C., Wong, J.Y., Guan, Y., Tan, X., Mo, X., Chen, Y., Liao, B., Chen, W., Hu, F., Zhang, Q., Zhong, M., Wu, Y., Zhao, L., Zhang, F., Cowling, B.J., Li, F., & Leung, G.M. (2020). Temporal dynamics in viral shedding and transmissibility of COVID-19. *Nature Medicine*, *26*(5), 672–675. https://doi.org/10.1038/s41591-020-0869-5
4. Ogilvy, K. W., & McKendrick, A. G. (1927). A contribution to the mathematical theory of epidemics. *Proceedings of the Royal Society A*, *115*(772), 700–721.
5. Processing Foundation. p5.js. https://p5js.org
6. Reynolds, C. W. (1987). Flocks, herds, and schools: A distributed behavioral model. In: *ACM SIGGRAPH '87 Conference Proceedings* (pp. 25–34). Anaheim, California.
7. Sethuraman, N., Jeremiah, S. S., & Ryo, A. (2020). Interpreting diagnostic tests for SARS-CoV-2. *JAMA*, *323*(22), 2249–2251. https://doi.org/10.1001/jama.2020.8259
8. The National Institute for Communicable Diseases, S.A. (2021). https://www.nicd.ac.za/early-assessment-of-the-clinical-severity-of-the-sars-cov-2-omicron-variant-in-south-africa/
9. Unemi, T. SimEpidemic. https://github.com/unemi/SimEpidemic
10. Unemi, T. Simepidemic1: An individual-based epidemic simulator. https://unemi.vivian.jp/SimEpidemic1/info/
11. Unemi, T., & Matsumoto, H. (2018). LoversFlow v2 : an individual-based evo-eco simulator on sexual dimorphism – a challenge toward evolutionary aesthetics. In: *Proceedings of the 23rd International Symposium on Artificial Life and Robotics* (pp. 295–300). Beppu, Japan.
12. Wölfel, R., Corman, V.M., Guggemos, W., Seilmaier, M., Zange, S., Müller, M.A., Niemeyer, D., Jones, T.C., Vollmar, P., Rothe, C., Hoelscher, M., Bleicker, T., Brünink, S., Schneider, J., Ehmann, R., Zwirglmaier, K., Drosten, C., & Wendtner, C. (2020). Virological assessment of hospitalized patients with COVID-2019. *Nature*, *581*(7809), 465–469. https://doi.org/10.1038/s41586-020-2196-x

Effect of Small-World Network on Infection Diffusion: A Multi-agent Simulation Reflecting Human Travel Network

Satoshi Kurihara

1 Introduction

Since it was first reported in 2019, COVID-19 has caused many infections and deaths worldwide. It has not only threatened people's health but also caused significant economic damage, especially in the entertainment and food service industries. Until 2022, Japan's control measures against infectious diseases had kept the daily number of new, confirmed COVID-19 cases per million people at a low level relative to other developed countries. Because of fear of the virus and the government's request for voluntary restraint on travel, many people in Japan had limited their mobility. However, the increased mobility and quantitative change in the movement of people as a result of fatigue from self-restraint caused the infection to spread rapidly. Thus, a real-life infection phenomenon involves two aspects: On the one hand, it is difficult to transmit the infection if people engage in self-restraint and restrict their travel, and on the other hand, frequent movement of people causes the infection to spread all at once. It is thus essential to clarify the reasons for these two aspects of infectious phenomena for future countermeasures against COVID-19 and new infectious diseases.

In modeling infectious diseases, it is common practice to divide people into categories based on their infection status, as in the SIR [1] and SEIR models [2]. In these models, the statuses are "susceptible (S)," "exposed (E)," "infectious (I)," and " recovered (R)." After classification of people according to their infection status, there are two major methods: One is to use mathematical models such as differential equations, and the other is to use multi-agent simulation. In this study, we classified

S. Kurihara (✉)
Faculty of Science and Technology, Keio University, Kanagawa, Kohoku-ku, Yokohama-shi, Japan
e-mail: satoshi@keio.jp

S. Kurihara (ed.), *Social Simulation of COVID-19 with AI in Japan*,
https://doi.org/10.1007/978-981-96-8066-5_8

agents into SIR segments and reproduced an infection phenomenon with the latter approach of multi-agent simulation. The advantage of multi-agent simulation is that it can account for microscale contact, as complex networks can be used to explicitly model such relationships.

There are two major approaches to analyzing infectious diseases through multi-agent simulation using complex networks. The first approach is a model in which the infection moves, with people as nodes. In this model, the edges represent physical contact pathways, which is a suitable approach for modeling the relationships between people. The second approach is to treat a city as a node, with agents moving through nodes. In this model, the edges represent transportation routes, allowing focus on the movement of agents and the city's transportation network. Hence, our study adopts the latter approach, in which nodes represent regions and edges represent transportation routes. Through our simulation, we confirmed that the small-world nature of a human travel network has two properties on an infection phenomenon: a low epidemic extent or a high extent.

The rest of this chapter is structured as follows. In the Simulation Structure section, we describe our multi-agent simulation to investigate the small-world nature of human travel networks. Then, in the following two sections, we describe our experiments and results for the influence of this small-world nature on an infection phenomenon. Finally, after reviewing the results in the Discussion section, we summarize our study in the Conclusion section.

2 Related Works

The SIR model [1] is a valuable model for describing infectious phenomena and predicting their future spread. This model, proposed by Kermack and McKendrick in the UK in 1927, is a bottom-up model that classifies a population into SIR categories and attempts to capture the mechanism of epidemic development through probability transitions between the categories.

Starting from the SIR model, models have been extended to consider agent states that better reflect reality and the heterogeneity of the natural world, such as the SEIR model [2–4]. It has been used to predict past outbreaks of infectious diseases such as measles, SARS, and influenza, as well as COVID-19, and to propose infection prevention measures [5–7]. Hence, when modeling infectious diseases, it is common practice to divide people into compartments depending on their infection status, as in the SIR model [1] or the SEIR model [2].

Many methods for forecasting and estimating the effects of policies on infectious diseases such as COVID-19, via decomposition of agents into infectious states, have used mathematical models based mainly on differential equations [8–15]. The study by Wang et al. [6] provided valuable predictions in the early stages of the COVID-19 outbreak in Wuhan, China. Prem et al. [16] found that physical distance delays and even lowers the peak of infection. Eikenberry et al. [17] showed that widespread mask use reduced the numbers of infections, hospitalizations, and peak deaths. Mathematical models have also been used in Japanese policymaking and have successfully reduced the number of people infected with diseases. Although mathematical models are widely used in policy- and decision-making on infectious diseases, it is difficult to capture micro-relationships such as human-to-human contact. Because COVID-19 is spread by human travel and contact, micro-contact is important. Kramer et al. analyzed travel data and found that social isolation and sanitation were more effective than long-distance travel restrictions [18].

Multi-agent simulation can be used for this purpose to model human movement and contact while incorporating microscale aspects. This approach allows us to prepare human agents, model their interactions such as movement and contact, and simulate their overall impact. For infectious phenomena, this makes it possible to evaluate the overall impact of microscale phenomena, including risk assessment of human movement and contact [19, 20]. Furthermore, one feature is the ability to make more elaborate arguments about the thresholds of infection spread and convergence [21–23]. Sokadjo et al. used air traffic data and data on the number of infected people to test a mathematical model in which travel increases the number of people infected with COVID-19 [24]. Such modeling can help researchers to introduce vaccinations, test their effectiveness, and propose optimal interventions [25, 26]. Japan's COVID-19/AI simulation project has contributed to government decision-making through multiple simulations and discussions. Among studies using multi-agent simulation, methods using complex networks are helpful. They not only enable explicit modeling of person-to-person relationships but also introduce such elements as mobile networks [27–30]. Because we can simulate various scenarios on a computer, simulation is an ideal tool for predicting future trends. There are two major approaches to studying complex networks in relation to infectious diseases.

The first approach in multi-agent simulation using complex networks is a model in which the infection moves around a person [31–35]. In this model, nodes represent people and edges represent physical contacts. By putting the SIR-based infection status in a network model, Karavanov et al. [36] found that the presence of superspreaders introduces uncertainty and pathway dependence in the epidemic dynamics and that testing and contact tracing are effective. Salathe et al. focused on individuals who bridge communities and proposed that it is effective to inoculate them [37]. Herrera et al. confirmed that vaccination based on the number of infected acquaintances is effective [38]. Osawa et al. [39] constructed a model of infection in a scale-free network with people as nodes and found that avoiding contact with people one does not normally see lowers the overall peak of infection. Their results contributed to Japan's decision-making process on COVID-19 policy. Du [40] used a modified Watts-Strogatz model [41] to represent the spread of COVID-19 infection and identify the optimal timing for non-pharmaceutical mitigating interventions. That study evaluated policy by mapping the removal of regular edges to social distancing, mask-wearing, and telecommuting and the removal of rewired random edges to movement restrictions and mandatory quarantines. While these models are useful for examining human relationships and the extent to which the number of contacts influences infection phenomena, it is difficult to focus on human mobility and urban networks.

The second approach in multi-agent simulation using complex networks is to treat a city as a node with agents moving through it. Our study adopts this approach. In this model, nodes represent regions, and edges represent transportation routes, allowing us to focus on agents' movements and the city's transportation network. Ruan et al. constructed various types of simulations incorporating various modes of transportation [42], both travel and contact [43], infections occurring along travel routes [44], and integration of rail and regional transportation networks [45]. These simulations revealed that the speed of human movement increases the infection rate and that the infection rate increases with the influence of transportation. Belik et al.'s approach [46] used a more realistic human mobility pattern, in which individuals have a home base and can only travel to a limited number of locations from that home base. They found that the infection rate saturates as the mobility rate increases. Our approach is similar to that study, as it is based on the reality that people have a home base. Moreover, Chang et al. studied effective control of infection by using real data [47], while Rader et al. created a hierarchical network and showed that congested cities can suffer from long-term epidemics [48].

Many researchers have studied the nature of human travel networks. Data from digital terminals have verified the small-world nature of human travel networks. Hossmann et al. [49] confirmed the small-world nature of human mobile networks by exploiting the wireless contact of mobile devices. Cacciapuoti et al. [50] confirmed the small-world nature of people's mobile networks by using location information from approximately 2000 cell phone users scattered throughout a metropolitan area. Vazquez et al. [51] used GPS data to track fine-scale movement patterns in Peru, and they also confirmed the small-world nature of human travel networks. Other studies have used complex network analysis to confirm the small-world nature of transportation networks. By conducting a network analysis of international air transportation graphs, Barrat et al. [52] confirmed that their network structure has small-world characteristics. Ma et al. [53] analyzed the statistical characteristics of urban public bus networks in Beijing and Chengdu, China and showed that both networks have small-world characteristics. Using a weighted network analysis approach, Andrea et al. [54] analyzed municipal commuter systems in Sardinia and Sicily, Italy and confirmed that they share a common small-world nature. In addition, Sen et al. [55] showed that India's rail network has small-world characteristics.

Our study focuses on the small-world nature of human travel networks. A small-world network has the properties of local cohesion in dense clusters and cluster connection by weak ties. We confirmed through simulation that an infection phenomenon changes significantly depending on which of these two properties appears more explicitly. Another essential finding of our study is that even a low vaccination rate is effective in a small-world network.

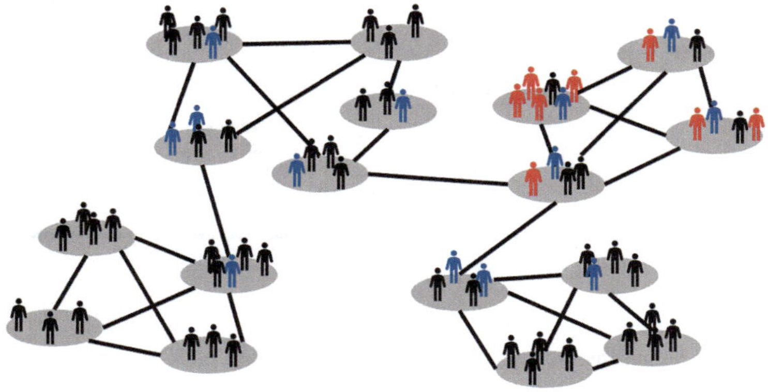

Fig. 1 Simulation overview

3 Simulation Structure

Motivated to investigate the impact of human travel networks on infection phenomena, we constructed a multi-agent simulation reflecting human travel and contact. In our simulation, we represented human travel characteristics via a power law and the small-world nature of human travel networks via the Watts-Strogatz model [56]. We then used the simulation to investigate the impact of a travel network's structure on a widespread infection phenomenon. The simulation was built in Python, and the NetworkX library was used for the network structure. The implementation is outlined, and there are no plans to make the code available. The reason is that we do not have time to refactor the code. Parameters are an issue in this research and have not been completely resolved.

In our multi-agent simulation, shown in Fig. 1, a person moving according to power law is an agent, and clusters with a network structure represent the environment. In the figure, the gray ovals represent clusters and nodes. Each cluster has agents, and each agent has an infection status. Black agents are susceptible, red agents are infected/infectious, and blue agents are recovered. The lines connecting the clusters are links that represent travel routes, such as air routes and rail routes. Each agent has a home position, moves around its cluster via a power law, and contacts other agents in the clusters through which it moves. Our simulation reproduces the COVID-19 infection phenomenon by performing initial placement of infected persons, followed by movement, infection, and status update for each agent at each step. One simulation step corresponds to 1 day in reality.

3.1 Human Travel Network

In the simulation, we express the travel network in a society with a well-developed transportation infrastructure as a small-world network [49]. The key characteristics

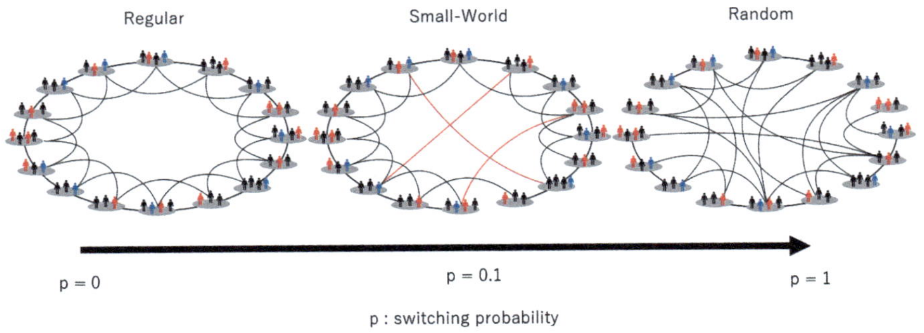

Fig. 2 Models of human travel networks (created with reference to [56])

of a small-world network are short average path lengths and significant cluster coefficients. In other words, a node can be connected to many nodes with a few hops while remaining closely connected to nearby nodes.

As mentioned above and shown in Fig. 2, we use the Watts-Strogatz model to represent a human travel network. In the model, we denote the number of clusters as N, the number of clusters to which each cluster node is connected as k, and the switching probability of each cluster node as p. Initially, each cluster has a uniform number of ten agents, and each agent takes its home position in that cluster. Given the above parameters, we denote the cluster coefficient as $C(p)$ and the average path length as $L(p)$. First, we generate N cluster nodes and connect each one to k neighboring nodes. Next, we reconnect each link to another node with probability p. When the reconnection probability p is around 0.1, the network behaves like a small-world network. On the other hand, when p is around 1.0, the network behaves like a random graph.

Figures 3, 4, and 5 show the properties of the three networks used in our simulation, with respective parameter values of ($N = 500$, $k = 4$), ($N = 800$, $k = 6$), and ($N = 1000$, $k = 8$). The horizontal axis represents the switching probability p, and the vertical axis represents $C(p)/C(p = 0)$ and $L(p)/L(p = 0)$. Because the network was constructed stochastically and had variation, the graphs show the average of 100 trials.

In Figs. 3, 4, and 5, the small-world nature of high cluster coefficients and short average path lengths is satisfied when the switching probability p is around 0.001–0.1. In contrast, the region with higher switching probabilities has the random-graph-like properties of low clustering coefficients and short average path lengths.

3.2 *Infection Status of Agents*

In our simulation, we adopted the states of the SIR model and applied them to a multi-agent simulation, and an agent's state has one of the three statuses of S, I,

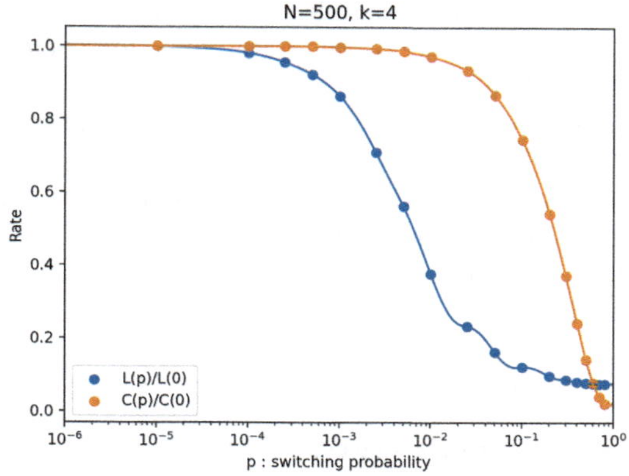

Fig. 3 Properties of Watts-Strogatz graph with ($N = 500, k = 4$)

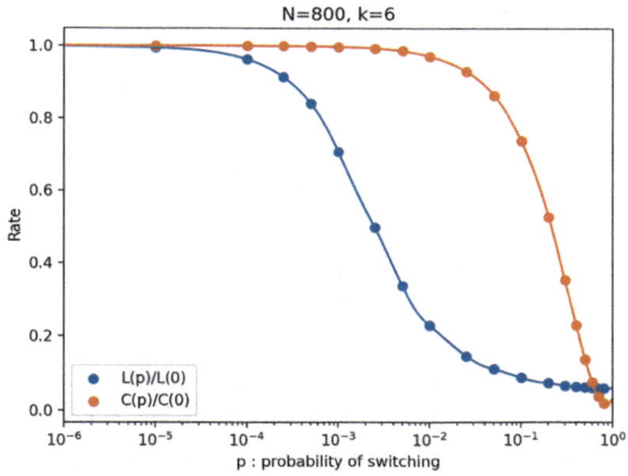

Fig. 4 Properties of Watts-Strogatz graph with ($N = 800, k = 6$)

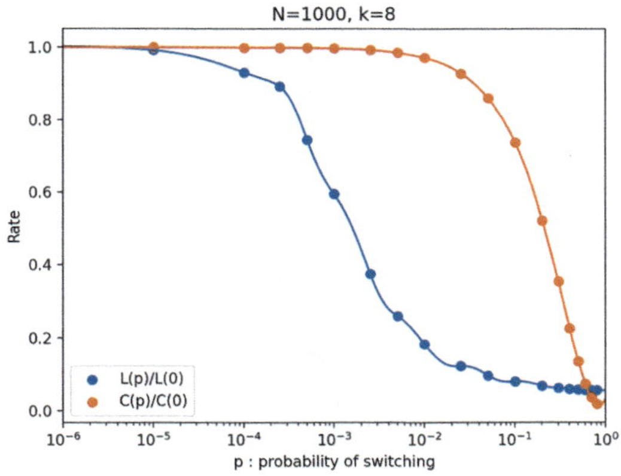

Fig. 5 Properties of Watts-Strogatz graph with ($N = 1000, k = 8$)

or R. These three simple statuses were used to see the impact of the human travel network structure on the overall infection phenomenon. The infection statuses of S, I, and R represent the statuses of uninfected and potentially infectious, infected and infectious, and recovered and immunized after infection, respectively. Immediately upon infection, an agent with status S changes to status I, which means that we do not consider the incubation period. Then, status I transitions to status R after a certain infection period, which we set as 5 days. Finally, an agent with status R cannot subsequently have any other status. Infection via the SIR model is thus applied within each city in the simulation.

3.3 Human Travel Model

Many natural phenomena, including earthquake magnitudes and various human behaviors, follow a power law [57], as follows:

$$p(x) = Cx^{-\gamma} \tag{1}$$

A power law has the property that a few instances take large values, while many take small values. Because most people's travel is short distance, while long-distance travel [58] is occasionally required for business trips, we model the agents' behaviors by using a power law. The power law's scaling exponent, γ, represents people's degree of self-restraint. When γ is small, the number of agents who travel long distances is high; when γ is large, the number of agents who travel long distances is low, indicating self-restraint.

As shown in Fig. 6, each agent has a home position and moves around it. If an agent is in a different cluster from its home position, it returns to its home position after its stay in the other cluster. For agent movement, we use a Pareto distribution,

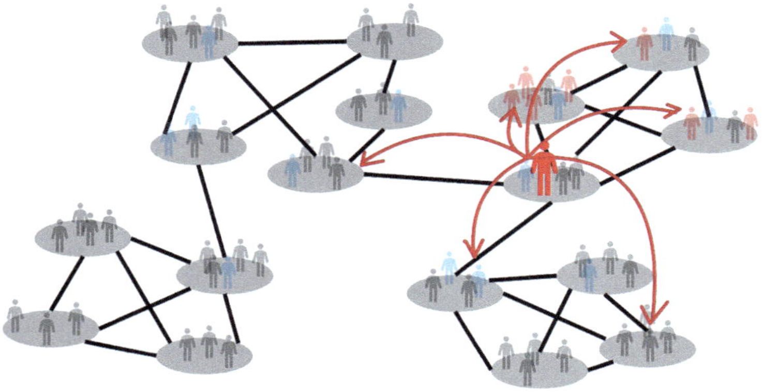

Fig. 6 Travel from an agent's home position

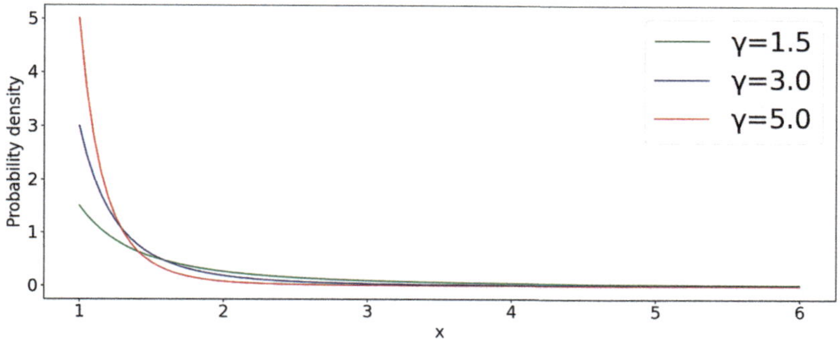

Fig. 7 Probability density functions of the Pareto distributions

which is a probability distribution that follows a power law and can be expressed as follows:

$$p(x) = \frac{\gamma}{x^{\gamma+1}}, x \geq 1 \tag{2}$$

As shown in Fig. 7, the parameter Υ represents the degree of restraint of people's movement. When Υ is larger, it indicates that people are restrained, and more people make short trips. When Υ is small, people move as in non-pandemic times, and many more people make long trips.

Given the Pareto distribution, agents move according to one of the two cases. First, we consider the case when the agent is in its home position.

1. Sample x from the Pareto distribution based on the parameter Υ
2. The integer part of the sampled x minus one gives the distance traveled between clusters as the number of hops.
3. If there is a cluster far from the agent's home cluster, about the given number of hops away, the agent moves to that cluster. A cluster is selected randomly if there are multiple clusters at that distance. If there is no cluster at that distance or if the distance is zero, the agents stay at its current cluster, i.e., the home position.

Otherwise, in the case when the agent is not in its home position, it stays in its current cluster for a certain number of days, which we uniformly set to 3 for all agents in this simulation. Afterward, the agent returns to the home position.

3.4 Propagation of Infection in a Cluster

Infection is caused by contact within a cluster. The discrete SIR model is used for the intra-cluster infection phenomenon. Infection occurs after movement in each step, and it is applied between the agents in each cluster, as shown in Fig. 8. We represent each cluster's infection as contact in a uniform mixture distribution. Infection in

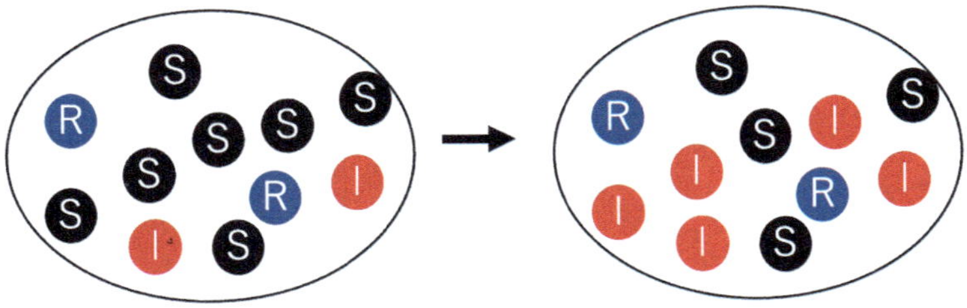

Fig. 8 Propagation of infection within a cluster

a cluster occurs in two phases. In phase 1, we select a fixed number of agents in the cluster for each agent in status I; this represents contact. In the simulation, we selected three agents. In phase 2, the agent is stochastically infected if one of the selected agents is in status S. In the simulation, we set the infection probability to 0.2. For vaccinated agents, we incorporate the vaccine's effect by halving the infection probability.

4 Simulation Experiments

We conducted two multi-agent simulation experiments to see the impact of a human travel network on a widespread infection phenomenon, as described above. In both experiments, the number of initially infected agents was set to 20 to reproduce an initial state with a small number of infected people. To focus on the structure of the travel network with a simple setting, we set the number of agents in a cluster to 10. For $N = 500$, $N = 800$, and $N = 1000$, the respective percentages of initially infected patients were 0.4%, 0.25%, and 0.2%. The initially infected agents were randomly selected during each simulation trial.

The simulation output was the final infected percentage of the population in the entire environment after 100 steps. The results varied depending on the placement of the initially infected agents and the network geometry. The results reported here are averages of 100 simulation trials for each condition. The intention of including many figures for Experiments 1 and 2 is to show that the experiments were done comprehensively by using multiple parameters. If a single parameter were used, the phenomena would be specific to that parameter, and it could be argued that they are not reproducible.

4.1 Experiment1

The purpose of Experiment 1 was to show that the transmission phenomenon varies significantly depending on whether the infected person crosses a weak tie or not and to perform a simulation to reproduce this phenomenon. In Experiment 1, we compared the differences in the entire environment's epidemic extent that resulted from differences in the network structure. We varied the switching probability p in the Watts-Strogatz model for several values of the power law scaling exponent: $\Upsilon = 3.0$, 3.2, 3.5, 3.8, and 4.0. We could thus evaluate how the structure of a human mobility network changes the final infection rate of the entire environment. This experiment allowed us to compare the epidemic extent of small worlds around p=0.001 to $p = 0.1$ with that of random- graph networks occurring in larger regions. As mentioned above, we used three Watts-Strogatz models with ($N = 500$, $k = 4$), ($N = 800$, $k = 6$), and ($N = 1000$, $k = 8$).

4.2 Experiment2

Experiment 2 investigated the small-world effect on a vaccine's protective effect. Vaccines were administered randomly to agents at step 0, and as noted above, vaccinated agents in the S status had a halved probability of infection. For each of the networks, with ($N = 500$, $k = 4$), ($N = 800$, $k = 6$), or ($N = 1000$, $k = 8$), we used environments with $\Upsilon = 2.5$ and 3.5, which indicated the degree of people's movement restraint. We then tested whether the final infection rate changed as the proportion of vaccinated agents was varied.

5 Simulation Results

5.1 Experiment1

Figures 9, 10, and 11 show the relationship between the switching probability and the final infection rate for ($N = 500$, $k = 4$), ($N = 800$, $k = 6$), and ($N = 1000$, $k = 8$), respectively.

In Fig. 9, in the small-world region around $p = 0.001$ to $p = 0.1$, the epidemic extent varies significantly with the magnitude of Υ, which indicates the movement of people. On the other hand, in the random-graph region, the epidemic extent does not change significantly with the value of Υ, to varying degrees. In the case of $\Upsilon = 3.0$, where people are actively moving, infection is widespread even at low switching probabilities. This result shows that the network of human movement in the real world has a small-world nature and that an infection phenomenon greatly depends on whether the overall movement of people is active or restrained. The same trend was observed for the other two cases, in Figs. 10 and 11.

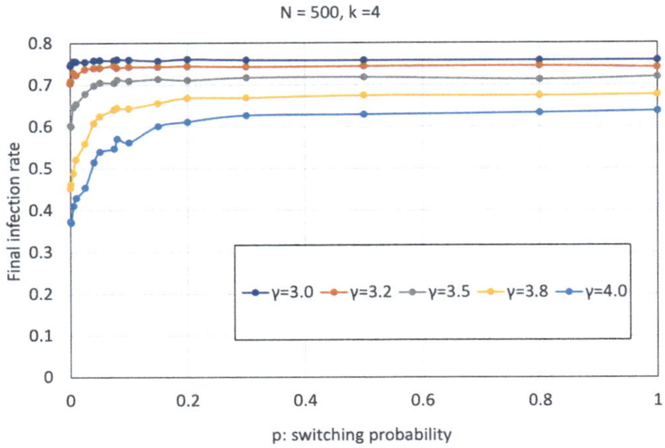

Fig. 9 Relation between the switching probability and final infection rate for ($N = 500$, $k = 4$)

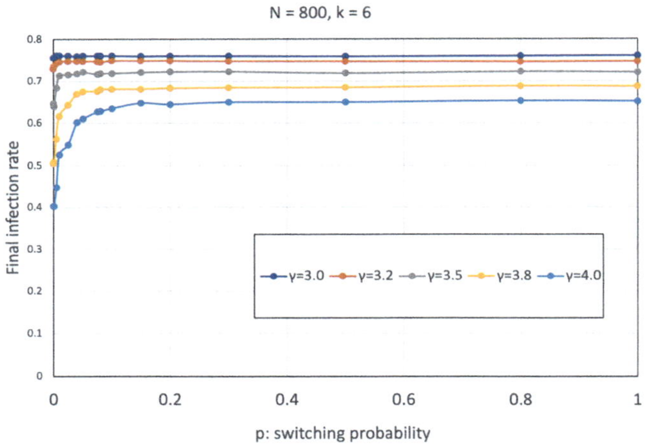

Fig. 10 Relation between the switching probability and final infection rate for ($N = 800$, $k = 6$)

5.2 Experiment2

Next, Figs. 12 and 13 show the relationship between vaccination and the final infection rate under initial conditions of $\Upsilon = 2.5$ and $\Upsilon = 3.5$, respectively, for ($N = 500$, $k = 4$). Figures 14 and 15 show the same relationship, for $\Upsilon = 2.5$ and $\Upsilon = 3.5$, respectively, for ($N = 800$, $k = 6$). Lastly, Figs. 16 and 17 show the same respective relationships for ($N = 1000$, $k = 8$). In each graph, the horizontal axis represents the agent vaccination coverage in the initial state, and the vertical axis represents the final infection rate for the entire environment.

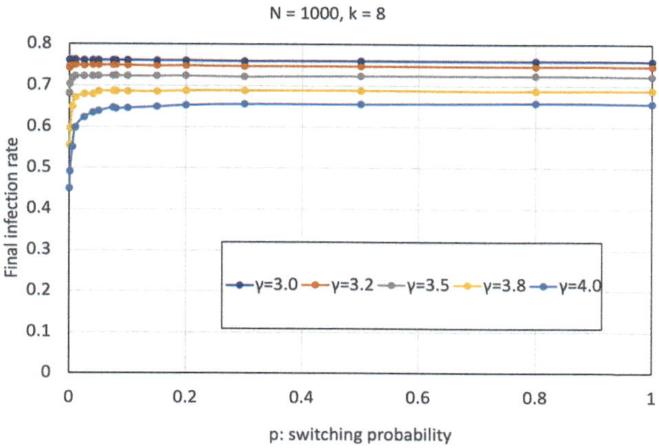

Fig. 11 Relation between the switching probability and final infection rate for ($N = 1000, k = 8$)

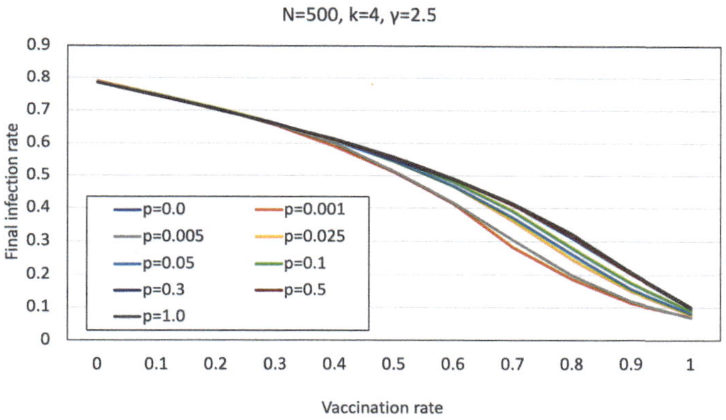

Fig. 12 Relationship between the initial vaccination rate and final infection rate at $\Upsilon = 2.5$ for ($N = 500, k = 4$)

As shown in Fig. 12, there is little difference in the final infection rate when the vaccination rate is around 0%. However, the difference in the final infection rates increases as the vaccination coverage increases, and the difference is more pronounced for vaccination coverage rates between 0.7 and 0.9. A small-world network at around $p = 0.1$ is more effective than a random network at around $p = 1.0$ in preventing infection via the vaccine. We also see little difference in the final infection rates in the random-graph regions at $p = 0.3$, $p = 0.5$, and $p = 1.0$. This is also true for the cases of ($N = 800, k = 6$) in Fig. 14 and ($N = 1000, k = 8$) in Fig. 16.

Next, as can be seen in Fig. 13 for $\Upsilon = 3.5$, there is a marked difference in the final infection rate between vaccination rates of 0.3 and 0.7. Again, a small-world

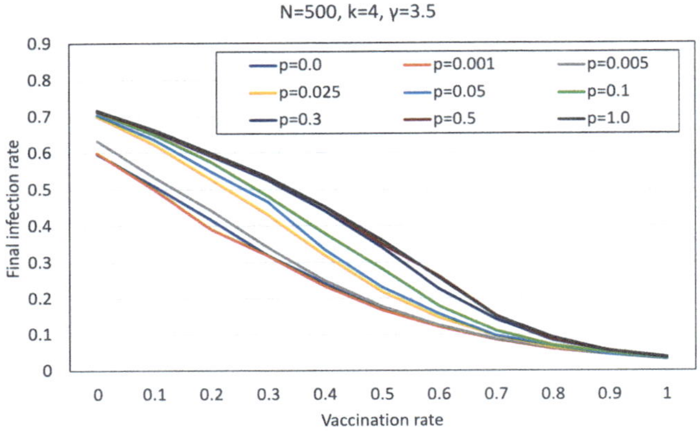

Fig. 13 Relationship between the initial vaccination rate and final infection rate at $\Upsilon = 3.5$ for ($N = 500, k = 4$)

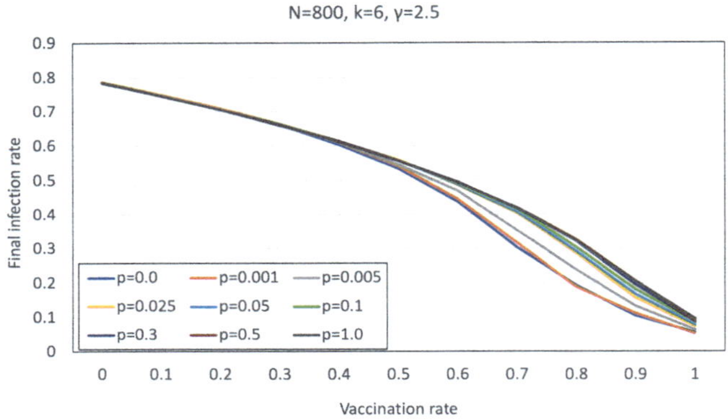

Fig. 14 Relationship between the initial vaccination rate and final infection rate at $\Upsilon = 2.5$ for ($N = 800, k = 6$)

network at around $p = 0.1$ is more effective than a random network at around $p = 1.0$ in preventing infection via the vaccine. Moreover, we again see little difference in the final infection rates in the random-graph regions at $p = 0.3$, $p = 0.5$, and $p = 1.0$. This is also true for the other two cases: ($N = 800, k = 6$) in Fig. 15 and ($N = 1000, k = 8$) in Fig. 17.

Overall, as seen in all of these figures, when Υ values are large and people refrain from traveling, differences in the epidemic extent of the environment appear even at low vaccination rates. On the other hand, when Υ is small and people are actively mobile, high vaccination rates are necessary to observe differences in the environment's epidemic extent.

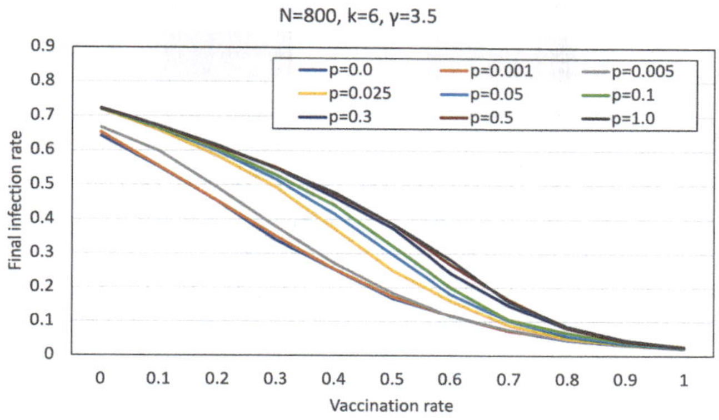

Fig. 15 Relationship between the initial vaccination rate and final infection rate at $\Upsilon = 3.5$ for $(N = 800, k = 6)$

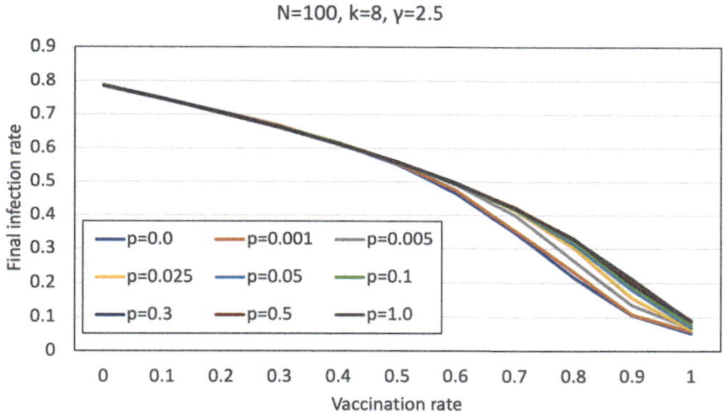

Fig. 16 Relationship between the initial vaccination rate and final infection rate at $\Upsilon = 2.5$ for $(N = 1000, k = 8)$

6 Simulation with Real Data

This section describes a simulation that we performed with real data to reproduce the number of new COVID-19 cases in Japan in the summer of 2021. The simulation was based on migration between prefectures, each prefecture's population ratio, the virus' infectivity, and the vaccine's attenuation effect. The programming language was again Python.The implementation is outlined, and there are no plans to make the code available. The reason is that we do not have time to refactor the code. In real-world simulations, we are not converging to some fixed parameter; we are fitting the waves to get closer. The validity of the parameters and peaks is discussed and determined. The argument for convergence is not complete, since the output results

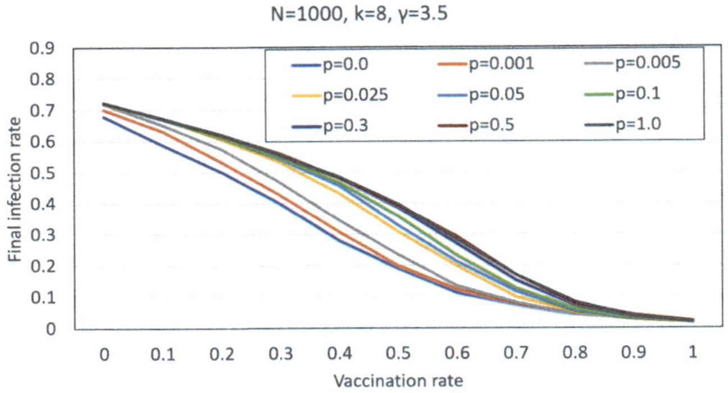

Fig. 17 Relationship between the initial vaccination rate and final infection rate at $\Upsilon = 3.5$ for $(N = 1000, k = 8)$

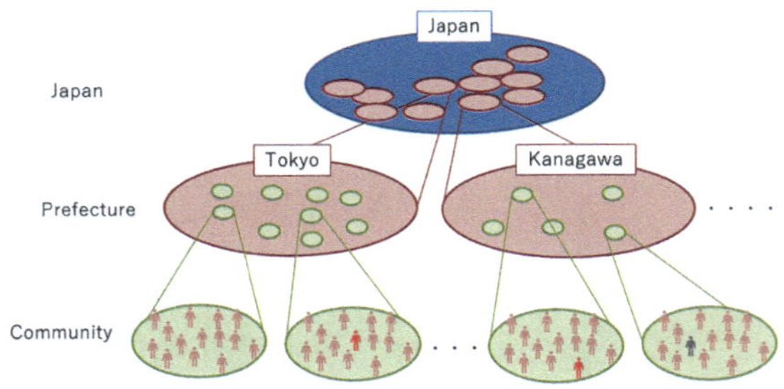

Fig. 18 Hierarchical structure of clusters

will vary even for a given value of the parameters. The issue of reproducibility, which is an inherent problem in multi-agent simulation, has not been fully resolved in this chapter.

6.1 *Hierarchical Structure of Clusters*

To reproduce the infection phenomenon in Japan, we constructed an environment with a hierarchical structure. The simulation comprised three layers: the Japan layer, the prefecture layer, and the community layer. As Japan has 47 prefectures, the Japan layer is the hierarchy's top level and contains 47 prefectures (Fig. 18). In the early stages of infection, we are modeling at the national level because of the small number of infected people in the rural prefectures. In addition, we do not believe that we can reproduce the data for rural prefectures due to the lack of abundant data, data reliability, and the small number of people in those prefectures. Each prefecture has a number of communities proportional to its population, and a certain number of agents are assigned to random positions within each community. The home position is given by its actual coordinates, and the agents move from their home positions to other locations. Movement between prefectures is determined by movement probabilities based on data from the National Institute of Advanced Industrial Science and Technology (AIST).

6.2 Human Travel Model

An agent moves with one of the three types of moves, depending on the value output from the following Pareto distribution:

$$p(x) = \frac{\gamma}{x^{\gamma+1}}, x \geq 1 \tag{3}$$

The destination and the number of steps staying at the destination depend on the type of movement. The value of x is the value sampled from this probability distribution, minus one. Specifically, this value indicates travel within the community if x is less than 1.4, travel across communities if it is greater than 1.4 and less than 4.5, and cross-region travel, i.e., prefecture travel, if it is greater than 4.5. When $\gamma = 2.0$, which represents the basic amount of travel under normal conditions, cross-prefecture travel is performed once a month, and travel across communities is performed once a week.

Cross-prefecture travel	The agent moves to another prefecture according to the probability of moving between prefectures. The number of days to stay is sampled from a uniform distribution, and the agent returns to its home position after 2–4 steps.
Travel across communities	The agent moves to another community in the same prefecture. After the next step, it returns to its home position.
Travel within the community	The agent moves within the same community. After the infection phase is over, it returns to its home position in that step.

Contact between agents takes place within the same community. If the distance between agents is shorter than a certain distance, infection occurs stochastically.

6.3 Infection Status of Agents

Because the incubation period is important in the real-life phenomenon of COVID-19 infection, we used the four SEIR states in this simulation. Specifically, an agent is classified with a status of S (Susceptible: not infected or possibly infected with COVID-19), E (Exposed: infected with COVID-19, without symptoms), I (Infectious: infected with COVID-19, with symptoms), or R (Recovered: recovered from COVID-19 infection, with immunity acquired, or deceased). For each agent, the number of steps until the transition from one state to another is determined by a probability distribution when the state transitions to E or I.

6.4 Propagation of Infection in a Cluster

An agent's infection occurs in its own community after a move, according to the following probability of transmission:

$$p = \frac{1}{60} E_{virus}(1 - E_{vaccine}) E_{super}$$

Thus, the probability of transmission is determined by the virus' infectivity, given by E_{virus}; the agent's vaccination status, given by $E_{vaccine}$; and the agent's possible condition of being a superspreader, given by E_{super}. The infectivity of the virus' conventional strain was set to 1. In this study, delta strains were used to reproduce the wave of newly infected cases in Japan in the summer of 2021. The delta strain in the simulation was designed to give 2.0 times more susceptibility to infection than the conventional strain. The simulation was designed to be applicable to other strains, as well. As it is known that a small number of patients cause a large number of infections in real infectious phenomena, the simulation model was designed to include superspreaders. Specifically, 20% of all agents are superspreaders, which have a 3.3-fold increase in mobility as compared to other agents.

6.5 Vaccination and Virus Settings

Within the simulation, real-world vaccination rates are referenced for each prefecture, age group, and vaccination dose, and agents are vaccinated according to these vaccination rates. Vaccinated agents are less likely to be infected when they contact other agents. The vaccine effect was designed to decay with the passage of time after vaccination.

7 Discussion

Experiment 1 suggested that the small-world structure of a human travel network may have a significant effect on an infection phenomenon. We found that in the random-graph domain, changes in the movement of people are unlikely to affect

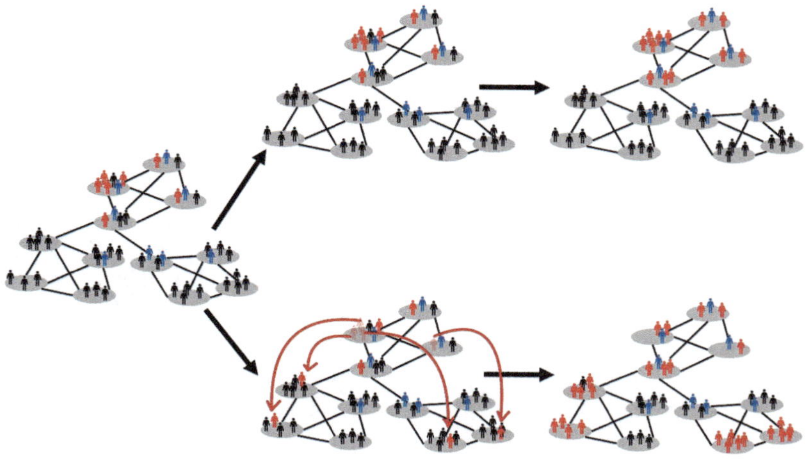

Fig. 19 Infection in a small-world network

the epidemic extent. In the small-world domain, however, changes in movement can significantly change the spread of infection.

As illustrated in Fig. 19, our multi-agent simulation revealed that the epidemic extent is greatly affected by whether an infected person moves via weak connections to other clusters. If people refrain from moving, as shown by the arrowed transitions in the top of the figure, epidemic extent is contained in localized clusters, as infected people do not move via weak connections. On the other hand, as shown by the arrowed transitions in the bottom of the figure, if people relax their restraint in movement or if infected people move to other clusters via weak connections, then the infection spreads beyond the cluster and can reach the whole network. Through these results, we confirmed the twofold nature of a small-world network, even just in terms of the degree of voluntary restraint in travel. This finding is a unique feature of our study. We expect that an actual infection phenomenon would yield even better results if we considered factors such as the mask-wearing rate in Japan and the cultural background for self-restraint.

These results can also explain the actual infection phenomenon that occurred in Japan. There, as shown in Fig. 20, COVID-19 infection began in January 2020. The number of cases of new infection increased and decreased repeatedly from the first wave in the spring of 2020 to the seventh wave in the summer of 2022. The declaration of a state of emergency in metropolitan areas on April 7, 2020 caused many people to stop going out and significantly reduced the flow of people. The low number of new cases in the first wave in Japan was due to the sense of insecurity created by the declaration of a state of emergency and reports of an increase in the number of new cases, which prompted people to refrain from minor travel and significantly reduced the spread of the infectious phenomenon. Thus, we have explained one reason why Japan was able to keep the number of cases low as

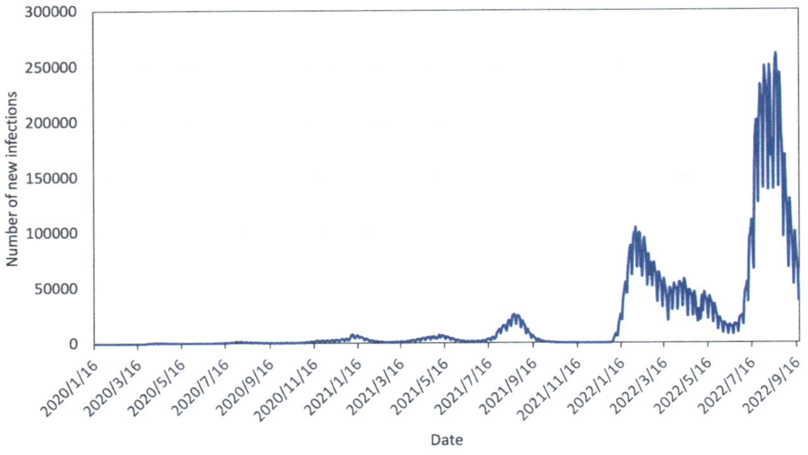

Fig. 20 Number of new cases in Japan (data provided by NHK)

compared to other countries. Note that the outcome of infection may have varied depending on whether an individual traveled longer distances or met people more frequently.

Next, Experiment 2 showed that a small-world network had a more protective vaccine effect against infection than a random-graph network. We found that this effect was more likely to apply when people refrained from traveling, even when vaccination rates were low. The results suggest that random contact, which mathematical models assume to entail a relationship between people, may underestimate the vaccine effect. Accordingly, our study's contribution is to show that qualitative differences in networks may affect the formation of vaccine-induced population immunity. It is important to note that the degree of restraint on people's travel and transportation accessibility varies widely from country to country.

In particular, these findings can explain the shape of the fifth wave in Japan, which occurred in the summer of 2021, as shown in Fig. 20. Although the declaration of a state of emergency had reduced the flow of people, the reduction was not as significant as in the first wave. In addition, vaccinations, which began on February 17, 2021, mainly among healthcare workers, were rapidly administered to people other than healthcare workers and the elderly in July 2021, mainly through mass vaccination. The overall vaccination rate was about 50%. However, the proportion of people who had recently been vaccinated was large, and the proportion of people who had developed antibodies was never high, yet new infections peaked without much increase and then declined. There has been much debate as to the cause of this fifth wave, and we can explain it in terms of the small-world nature of people's travel networks and the synergistic effects of vaccination. Although the human flow was not significantly reduced, the small-world networks of people's movements and the relatively low vaccination rate meant that infected people did not accidentally move via weak connections, and the infection remained within clusters

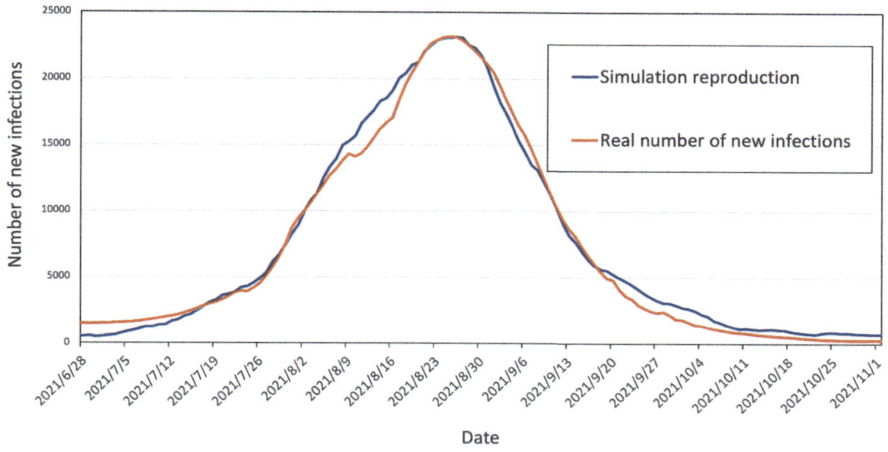

Fig. 21 Reproduction of the number of newly infected cases in Japan in the summer of 2021 (data provided by NHK, showing 7-day averages, for new coronas)

rather than spreading to other clusters. Although the proportion of people who had developed antibodies was not high, the small-world network effectively controlled transmission because some vaccination had occurred.

Given this evidence, we extended our multi-agent simulation to reproduce the number of people infected in the summer of 2021. This simulation used actual data on the Japanese population and vaccination coverage. We set the parameters for each scenario according to data on the number of newly infected cases and the vaccination coverage through August 2021. Although intensive vaccination was conducted, the vaccination rate in Japan as a whole was not that high, and the voluntary restraint of people's movement did not work very well. As shown in Fig. 21, we were able to reproduce the rate of increase, the peak, and the decrease in the number of infected people. This was possible because the simulation reproduced the small-world network of people's movements, the suppression of transmission when infected persons did not move via weak connections, and the intensive vaccination. NHK's website provides data in csv format, and we do not clean the data afterward. The NHK data is available.

8 Conclusion

To elucidate the influence of the small-world nature of human travel networks on widespread infection phenomena, we constructed a multi-agent simulation of a human travel network and obtained the following results. First, the small-world nature of people's travel networks in a society with well-developed transportation systems means that an infection phenomenon varies greatly depending on which of the two properties appears more explicitly: localized tight coupling or weak connections between clusters. In a small-world travel network, the number of infected agents varies greatly depending on the degree of restraint in their movements. However, we could obtain more realistic results by also incorporating the degrees of mask-wearing and of drinking and partying. Further introduction of contact-related factors, such as mask-wearing, will be necessary for our future work.

Our study also showed that the vaccine protection effect in a small-world network is higher than that in a random network, especially when people refrain from traveling, even if the vaccination rate is low. The combination of the network structure and vaccine effectiveness is a unique feature of our study, and it provides an interpretation of Japan's fifth wave of COVID-19 in the summer of 2021, which has been poorly understood. In the future, we plan to conduct simulations of ideal vaccination strategies by using the network structure introduced here.

Acknowledgments The author thanks the AI simulation team members of Keio University: Ryoya Watanabe, Daiki Takamura, Fumito Ihara, Daiki Kishimoto, NaokiWakabayashi, and Takumi Sugiura.

References

1. Kermack, W. O., & McKendrick, A. G. (1927). A contribution to the mathematical theory of epidemics. *Proceedings of the Royal Society of London Series A, Containing Papers of a Mathematical and Physical Character, 115*(772), 700–721.
2. Olsen, L. F., & Schaffer, W. M. (1990). Chaos versus noisy periodicity: alternative hypotheses for childhood epidemics. *Science, 249*(4968), 499–504.
3. Zhang, X. B., Huo, H. F., Xiang, H., & Meng, X. Y. (2014). Dynamics of the deterministic and stochastic SIQS epidemic model with non-linear incidence. *Applied Mathematics and Computation, 243*, 546–558.
4. Arino, J., McCluskey, C. C., & van den Driessche, P. (2003). Global results for an epidemic model with vaccination that exhibits backward bifurcation. *SIAM Journal on Applied Mathematics, 64*(1), 260–276.
5. Tudor, D. W. (1985). An age-dependent epidemic model with application to measles. *Mathematical Biosciences, 73*(1), 131–147.
6. Wang, H., Wang, Z., Dong, Y., Chang, R., Xu, C., Yu, X., et al. (2020). Phase-adjusted estimation of the number of coronavirus disease 2019 cases in Wuhan, China. *Cell Discovery, 6*(1), 1–8.
7. Ahmed, I., Modu, G. U., Yusuf, A., Kumam, P., & Yusuf I. (2021). A mathematical model of Coronavirus Disease (COVID-19) containing asymptomatic and symptomatic classes. *Results in Physics, 21*, 103776.
8. Mohamadou, Y., Halidou, A., & Kapen, P. T. (2020). A review of mathematical modeling, artificial intelligence and datasets used in the study, prediction and management of COVID-19. *Applied Intelligence, 50*(11), 3913–3925.
9. Annas, S., Pratama, M. I., Rifandi, M., Sanusi, W., & Side, S. (2020). Stability analysis and numerical simulation of SEIR model for pandemic COVID-19 spread in Indonesia. *Chaos, Solitons & Fractals, 139*, 110072.
10. Rădulescu, A., Williams, C., & Cavanagh, K. (2020). Management strategies in a SEIR-type model of COVID 19 community spread. *Scientific Reports, 10*(1), 1–16.

11. Mwalili, S., Kimathi, M., Ojiambo, V., Gathungu, D., & Mbogo, R. (2020). SEIR model for COVID-19 dynamics incorporating the environment and social distancing. *BMC Research Notes, 13*(1), 1–5.
12. Sardar, T., Nadim, S. S., Rana, S., & Chattopadhyay J. (2020). Assessment of lockdown effect in some states and overall India: A predictive mathematical study on COVID-19 outbreak. *Chaos, Solitons & Fractals, 139*, 110078.
13. Kuniya, T. (2020). Prediction of the epidemic peak of coronavirus disease in Japan, 2020. *Journal of Clinical Medicine, 9*(3), 789.
14. Carcione, J. M., Santos, J. E., Bagaini, C., & Ba, J. (2020). A simulation of a COVID-19 epidemic based on a deterministic SEIR model. *Frontiers in Public Health*, 230.
15. Yang, Z., Zeng, Z., Wang, K., Wong, S. S., Liang, W., Zanin, M., et al. (2020). Modified SEIR and AI prediction of the epidemics trend of COVID-19 in China under public health interventions. *Journal of Thoracic Disease, 12*(3), 165.
16. Prem, K., Liu, Y., Russell, T. W., Kucharski, A. J., Eggo, R. M., Davies, N., et al. (2020). The effect of control strategies to reduce social mixing on outcomes of the COVID-19 epidemic in Wuhan, China: a modelling study. *The Lancet Public Health, 5*(5), e261–e270.
17. Eikenberry, S.E., Mancuso, M., Iboi, E., Phan, T., Eikenberry, K., Kuang, Y., et al. (2020). To mask or not to mask: Modeling the potential for face mask use by the general public to curtail the COVID-19 pandemic. *Infectious Disease Modelling, 5*, 293–308.
18. Kraemer, M.U.G., Yang, C.-H., Gutierrez, B., Wu, C.-H., Klein, B., Pigott, D. M., Open COVID-19 Data Working Group †, Du Plessis, L., Faria, N. R., Li, R., & others. (2020). The effect of human mobility and control measures on the COVID-19 epidemic in China. *Science, 368*(6490), 493–497.
19. Cuevas, E. (2020). An agent-based model to evaluate the COVID-19 transmission risks in facilities. *Computers in Biology and Medicine, 121*, 103827.
20. Hunter, E., Mac Namee, B., & Kelleher J. (2018). An open-data-driven agent-based model to simulate infectious disease outbreaks. *PloS One, 13*(12), e0208775.
21. Britton, T., Ball, F., & Trapman, P. (2020). A mathematical model reveals the influence of population heterogeneity on herd immunity to SARS-CoV-2. *Science, 369*(6505), 846–849.
22. Randolph, H. E., & Barreiro, L. B. (2020). Herd immunity: understanding COVID-19. *Immunity, 52*(5), 737–741.
23. Gomes, M. G. M., Corder, R. M., King, J. G., Langwig, K. E., Souto-Maior, C., Carneiro, J., et al. (2020). Individual variation in susceptibility or exposure to SARS-CoV-2 lowers the herd immunity threshold. MedRxiv.
24. Sokadjo, Y. M., & Atchadé, M. N. (2020). The influence of passenger air traffic on the spread of COVID-19 in the world. *Transportation Research Interdisciplinary Perspectives, 8*, 100213.
25. Agossou, O., Atchadé, M. N., & Djibril, A. M. (2021). Modeling the effects of preventive measures and vaccination on the COVID-19 spread in Benin Republic with optimal control. *Results in Physics, 31*, 104969.
26. Kamal, M., Atchadé, M. N., Sokadjo, Y. M., Siddiqui, S. A., Riad, F. H., Abd El-Raouf, M. M., Aldallal, R., Hussam, E., Alshanbari, H. M., Alsuhabi10, H., & others. (2023). Influence of COVID-19 vaccination on the dynamics of new infected cases in the world. *Mathematical Biosciences and Engineering, 20*(2), 3324–3341.
27. Nowzari, C., Preciado, V. M., & Pappas, G. J. (2016). Analysis and control of epidemics: A survey of spreading processes on complex networks. *IEEE Control Systems Magazine, 36*(1), 26–46.
28. Schlosser, F., Maier, B. F., Jack, O., Hinrichs, D., Zachariae, A., & Brockmann, D. (2020). COVID-19 lockdown induces disease-mitigating structural changes in mobility networks. *Proceedings of the National Academy of Sciences, 117*(52), 32883–32890.
29. Leon, D., Ashley P. F., et al. (2011). Networks and the epidemiology of infectious disease. *Interdisciplinary Perspectives on Infectious Diseases, 2011*, Article ID 284909(3), 28.
30. Smolyak, A., Bonaccorsi, G., Flori, A., Pammolli, F., & Havlin, S. (2021). Effects of mobility restrictions during COVID19 in Italy. *Scientific Reports, 11*(1), 1–15.

31. Liu, F., Li, X., & Zhu, G. (2020). Using the contact network model and Metropolis-Hastings sampling to reconstruct the COVID-19 spread on the "Diamond Princess". *Science Bulletin, 65*(15), 1297–1305.
32. Schneeberger, A., Mercer, C. H., Gregson, S. A., Ferguson, N. M., Nyamukapa, C. A., Anderson, R. M., et al. (2004). Scale-free networks and sexually transmitted diseases: a description of observed patterns of sexual contacts in Britain and Zimbabwe. *Sexually Transmitted Diseases*, 380–387.
33. Thurner, S., Klimek, P., & Hanel, R. (2020). A network-based explanation of why most COVID-19 infection curves are linear. *Proceedings of the National Academy of Sciences, 117*(37), 22684–22689.
34. Li, J., Zhong, J., Ji, Y. M., & Yang, F. (2021). A new SEIAR model on small-world networks to assess the intervention measures in the COVID-19 pandemics. *Results in Physics, 25*, 104283.
35. Nishi, A., Dewey, G., Endo, A., Neman, S., Iwamoto, S. K., Ni, M. Y., et al. (2020). Network interventions for managing the COVID-19 pandemic and sustaining economy. *Proceedings of the National Academy of Sciences, 117*(48), 30285–30294.
36. Karaivanov, A. (2020). A social network model of COVID-19. *Plos One, 15*(10), e0240878.
37. Salathé, M., & Jones, J. H. (2010). Dynamics and control of diseases in networks with community structure. *PLoS Computational Biology, 6*(4), e1000736.
38. Herrera, J. L., & Meyers, L. A. (2018). Local risk perception enhances epidemic control. arXiv preprint arXiv:180805911.
39. Ohsawa, Y., & Tsubokura, M. (2020). Stay with your community: Bridges between clusters trigger expansion of COVID-19. *Plos One, 15*(12), e0242766.
40. Du, M. (2021). Mitigating COVID-19 on a small-world network. *Scientific Reports, 11*(1), 1–9.
41. Newman, M. E., & Watts, D. J. (1999). Scaling and percolation in the small-world network model. *Physical Review E, 60*(6), 7332.
42. Ruan, Z., Chaoqing, W., Pak, M. H., & Zonghua, L. (2015). Integrated travel network model for studying epidemics: Interplay between journeys and epidemic. *Scientific Report, 5*, 11401.
43. Ruan, Z., Tang, M., Gu, C., & Xu, J. (2017). Epidemic spreading between two coupled subpopulations with inner structures. *Chaos: An Interdisciplinary Journal of Nonlinear Science, 27*(10), 103104.
44. Ruan, Z., Tang, M., & Liu, Z. (2013). How the contagion at links influences epidemic spreading. *The European Physical Journal B, 86*, 149.
45. Ruan, Z., Hui, P., Lin, H., & Liu, Z. (2013). Risks of an epidemic in a two-layered railway-local area traveling network. *The European Physical Journal B, 86*(1), 1–8.
46. Belik, V., Geisel, T., & Brockmann, D. (2011). Natural human mobility patterns and spatial spread of infectious diseases. *Physical Review X, 1*(1), 011001.
47. Chang, S., Pierson, E., Koh, P. W., Gerardin, J., Redbird, B., Grusky, D., & Leskovec, J. (2021). Mobility network models of COVID-19 explain inequities and inform reopening. *Nature, 589*(7840), 82–87.
48. Rader, B., Scarpino, S. V., Nande, A., Hill, A. L., Adlam, B., Reiner, R. C., Pigott, D. M., Gutierrez, B., Zarebski, A. E., Shrestha, M., & others. (2020). Crowding and the shape of COVID-19 epidemics. *Nature Medicine, 26*(12), 1829–1834.
49. Hossmann, T., Spyropoulos, T., & Legendre, F. (2011). A complex network analysis of human mobility. In *2011 IEEE Conference on Computer Communications Workshops* (INFOCOM WKSHPS) (pp. 876–881). IEEE.
50. Cacciapuoti, A. S., Calabrese, F., Caleffi, M., Di Lorenzo, G., & Paura, L. (2012). Human-mobility enabled networks in urban environments: Is there any (mobile wireless) small world out there? *Ad Hoc Networks, 10*(8), 1520–1531.
51. Vazquez-Prokopec, G. M., Bisanzio, D., Stoddard, S. T., Paz-Soldan, V., Morrison, A. C., Elder, J.P., et al. (2013). Using GPS technology to quantify human mobility, dynamic contacts and infectious disease dynamics in a resource-poor urban environment. *PloS One, 8*(4), e58802.

52. Barrat, A., Barthelemy, M., Pastor-Satorras, R., & Vespignani, A. (2004). The architecture of complex weighted networks. *Proceedings of the National Academy of Sciences, 101*(11), 3747–3752.
53. Ma, K., Wang, Z. W., Jiang, J., & Zhu, G. X. (2011). Power law and small world properties in a comparison of traffic city networks. *Chinese Science Bulletin, 56*, 3731–3735.
54. Montis, A. D., Chessa, A., Campagna, M., Caschili, S., & Deplano, G. (2010). Modeling commuting systems through a complex network analysis: A study of the Italian islands of Sardinia and Sicily. *Journal of Transport and Land Use, 2*(3/4), 39–55.
55. Sen, P., Dasgupta, S., Chatterjee, A., Sreeram, P., Mukherjee, G., & Manna, S. (2003). Small-world properties of the Indian railway network. *Physical Review E, 67*(3), 036106.
56. Watts, D. J., & Strogatz, S. H. (1998). Collective dynamics of 'small-world' networks. *Nature, 393*(6684), 440–442.
57. Newman, M. E. (2005). Power laws, Pareto distributions and Zipf's law. *Contemporary Physics, 46*(5), 323–351.
58. Brockmann, D., Hufnagel, L., & Geisel, T. (2006). The scaling laws of human travel. *Nature, 439*(7075), 462–465.

A Multilayered AI Simulation for Assessing the Impact of Infection Control Measures

Setsuya Kurahashi

1 Introduction

The novel coronavirus (COVID-19), first identified in Wuhan, Hubei Province, China, in December 2019, rapidly proliferated across 31 provinces by February 2020, eventually spreading worldwide. By March 2020, with over 4000 fatalities and confirmed cases across 110 countries, the World Health Organization (WHO) officially declared a pandemic. In Japan, the virus began to spread in February 2020, affecting all prefectures, from Okinawa to Hokkaido, with major metropolitan areas like Tokyo and Osaka becoming epicenters of concentrated infections.

In response, the Ministry of Health, Labor, and Welfare (MHLW), alongside local governments, research institutes, and the media, advocated diverse infection prevention measures. Recommendations included frequent hand washing with soap and alcohol disinfectants, adherence to cough etiquette (e.g., masking), and avoiding public transportation and crowded places for individuals with chronic illnesses.

Concurrently, local governments and corporations introduced additional measures, such as remote working arrangements, staggered commuting hours, and restrictions on face-to-face interactions. Notably, the "Go To Travel" campaign in the summer of 2020 promoted travel under the "With Corona" lifestyle, emphasizing precautionary measures like daily temperature checks and the use of contact-tracing applications.

Despite these efforts, many preventive strategies were implemented without robust empirical evidence of their efficacy. This chapter examines early attempts to estimate the effectiveness of infection control measures, elucidating our responses to evolving challenges, including vaccination initiatives.

S. Kurahashi (✉)
University of Tsukuba, Tokyo, Japan
e-mail: kurahashi.setsuya.gf@u.tsukuba.ac.jp

S. Kurihara (ed.), *Social Simulation of COVID-19 with AI in Japan*,
https://doi.org/10.1007/978-981-96-8066-5_9

2 Worldwide Model Studies in Infectious Epidemiology

On March 13, 2020, as the outbreak began to accelerate in the United Kingdom, the government announced its intention to adopt a population immunity strategy. This approach aimed to achieve an indirect protective effect by allowing a large portion of the population to become immune, thereby gradually eliminating the disease. However, on March 16, a pivotal report from Imperial College London was published, challenging this policy [2]. The report presented a startling simulation illustrating the immense strain an uncontrolled outbreak would impose on healthcare systems. In response, Prime Minister Boris Johnson promptly reversed course, implementing strict social distancing measures, including the closure of pubs, cinemas, and other public venues, effective from March 20.

The report utilized an agent-based simulation model for the United Kingdom and the United States, demonstrating that intervention measures—such as home quarantine and family isolation for high-risk individuals—could effectively reduce contact rates. Without such measures, however, the number of cases was projected to surge dramatically, resulting in over 400,000 deaths and overwhelming intensive care units (ICUs) with demand exceeding 200,000 beds. It indicated that such intervention and mitigation would be repeated for more than a year unless a vaccine or antiviral drug was available. The projections underscored the necessity of sustained mitigation efforts, including school closures, home quarantine for symptomatic individuals (7 days), family quarantine (14 days for households with confirmed symptomatic cases), and population-wide social distancing until vaccines or antiviral therapies became available.

On April 14, 2020, researchers at Harvard University published a study in science [5] addressing the seasonality and cross-immunity of coronaviruses. Using logistic regression and differential equation models to account for seasonality and cross-immunity, they highlighted the critical importance of sustained social distancing to prevent healthcare system collapse in the absence of intervention. Their findings suggested the need for intermittent social distancing until 2022 and emphasized ongoing surveillance due to the potential for recurrent outbreaks through 2024, even if the infection appears to have disappeared. The study also estimated that infection rates would peak in autumn and winter, with cycles of viral spread repeating over a 5-year period even with social interventions.

On May 15, 2020, the Max Planck Institute in Germany extended the SIR model—a mathematical framework categorizing populations into susceptible, infected, and recovered groups—using Bayesian estimation [1]. Their analysis of COVID-19 in Germany identified key intervention milestones, such as the cancelation of large events on March 9, the closure of schools, childcare facilities, and some stores on March 16, and the shutdown of all nonessential facilities by March 23. They analyzed the closure of stores and confirmed that the main effects of the change in diffusion rate appeared after April 5.

As a result, they reported that significant effects on infection rates became apparent approximately 2 weeks after interventions, highlighting the limited impact of partial measures and the necessity of comprehensive restrictions. They also noted that if interventions such as curfew restrictions and store closures were lifted prematurely, the exponential increase in infections would soon resume. The study cautioned against premature relaxation of measures, which could trigger exponential resurgence.

In October 2021, a collaborative study by Seoul National University and the University of Hong Kong analyzed the effectiveness of mandatory mask-wearing and social distancing on public transportation, while policies such as mandatory mask-wearing and social distancing practices were being implemented [6]. Utilizing smart card data and agent-based transportation models, the research simulated passenger interactions and infection dynamics. The findings demonstrated that mask mandates in preventing COVID-19 were as effective as maintaining a 2-meter social distance, with combined measures reducing infection rates by 93.5%–98.1% during peak periods.

Collectively, these international studies of COVID-19 infection have integrated a variety of methodologies, including agent-based simulations, Bayesian inference, and statistical models, to estimate infection dynamics and evaluate preventive measures depending on the scale of the target population and the purpose of the study. In Japan, mathematical epidemiological models have been widely used to estimate infection numbers [4]. Despite concerns over a limited pool of researchers in this field, contributions from information science experts have enriched the domain. Our research team, the participants in these efforts, reflects on the challenges encountered in addressing the diversity and complexity of the pandemic's impact.

3 Infection Model for Urban Areas

In February 2020, a comprehensive analysis of the outbreak in Wuhan, China, was published by the China CDC and WHO team [14]. The precision and speed of this data release were remarkable, and without it, the global response to COVID-19 would have faced significant delays. Leveraging this data, we swiftly adapted our existing infectious disease models—previously developed for Ebola hemorrhagic fever, H1N1 influenza, and rubella [7, 8]—to address the unique characteristics of COVID-19. The adapted model incorporated an agent-based simulation framework to faithfully reproduce the transmission dynamics of the novel coronavirus. Key parameters, such as infection severity rates and age-stratified fatality rates, were calibrated using reports from the China CDC and WHO. Additionally, population data and commuting ratios were modeled based on metropolitan area statistics from the census conducted by the Statistics Bureau of the Ministry of Internal Affairs and Communications in Japan (Fig. 1).

These measures were categorized into four experimental scenarios: (1) no measures, (2) basic preventive measures, (3) combined basic preventive measures, and (4) combined contact rate reduction measures and basic preventive measures. Figure 2 illustrates the model interface and the estimation results.

Fig. 1 Urban Infection Model: The model simulates infection dynamics in two urban areas, illustrating household distribution in the upper and lower sections, with shopping malls on the left, commuter trains in the center, and workplaces, schools, and hospitals on the right. The figure visualizes infection spread during residents' daily commutes to work, school, and shopping activities

The findings suggest that individual measures—such as staggered commuting schedules, school closures, and teleworking—have minimal preventive effects when implemented in isolation. Conversely, comprehensive adherence to basic preventive measures, including limiting outings, staying home when febrile, wearing masks, and frequent handwashing, is essential to achieving substantial infection control [9].

4 Infection Model for Tourist Sites

As the disease spread to rural regions, an urgent demand for curfew restrictions emerged in local cities and prominent tourist destinations. This was particularly critical for regional cities where tourism constitutes a major economic driver, making the development of detailed and context-specific preventive measures an immediate priority. To address this challenge, we utilized synthetic population data [3], primarily developed by Kansai University, to construct a localized city model. This model incorporated detailed household compositions and industrial statistics, enabling a nuanced understanding of infection dynamics in such settings.

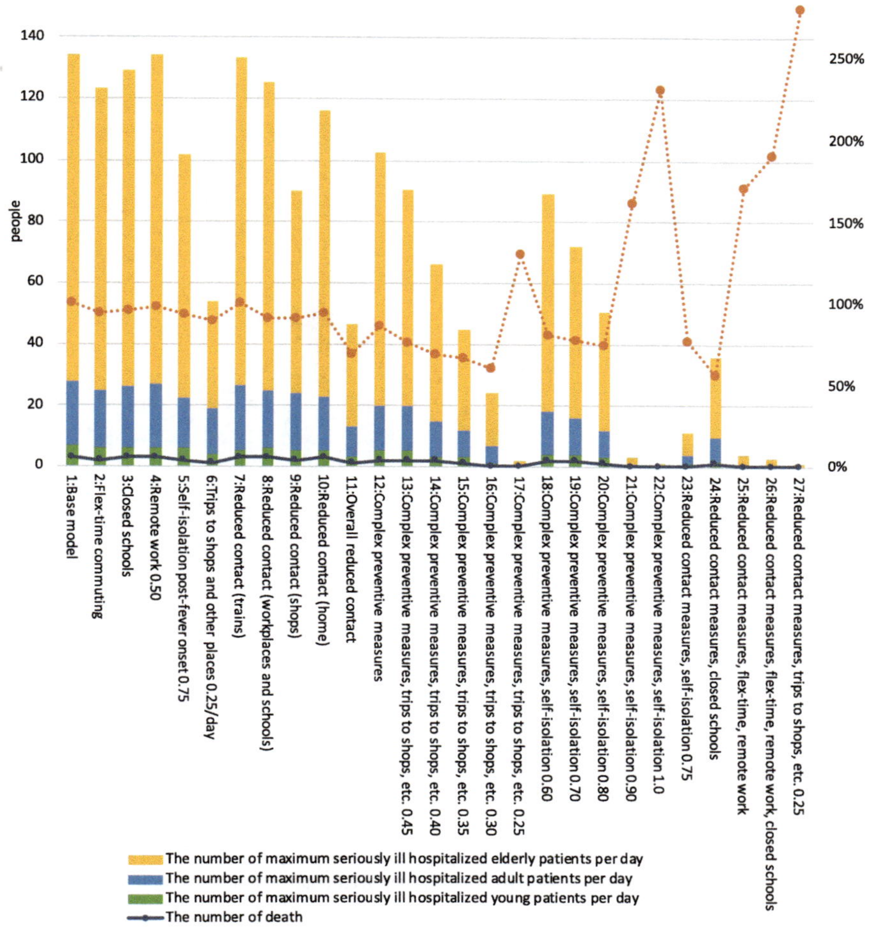

Fig. 2 Assessment of urban infection prevention measures: Experiments categorized as no measures, basic preventive measures, combined basic measures, and combined contact rate reduction measures demonstrate the varying effectiveness of interventions. Results indicate that individual measures such as staggered commuting, school closures, and teleworking have limited impact, underscoring the necessity for comprehensive implementation of all basic preventive measures

Synthetic population data replicates demographic and socioeconomic characteristics from publicly available statistical datasets (e.g., census data, demographics, occupations, and industries) to simulate realistic household compositions. The simulated annealing (SA) method was employed to optimize these datasets. The resulting data encompassed granular details such as household locations (latitude and longitude), member characteristics (age, gender, and employment status), industrial classifications, and company sizes (Fig. 3).

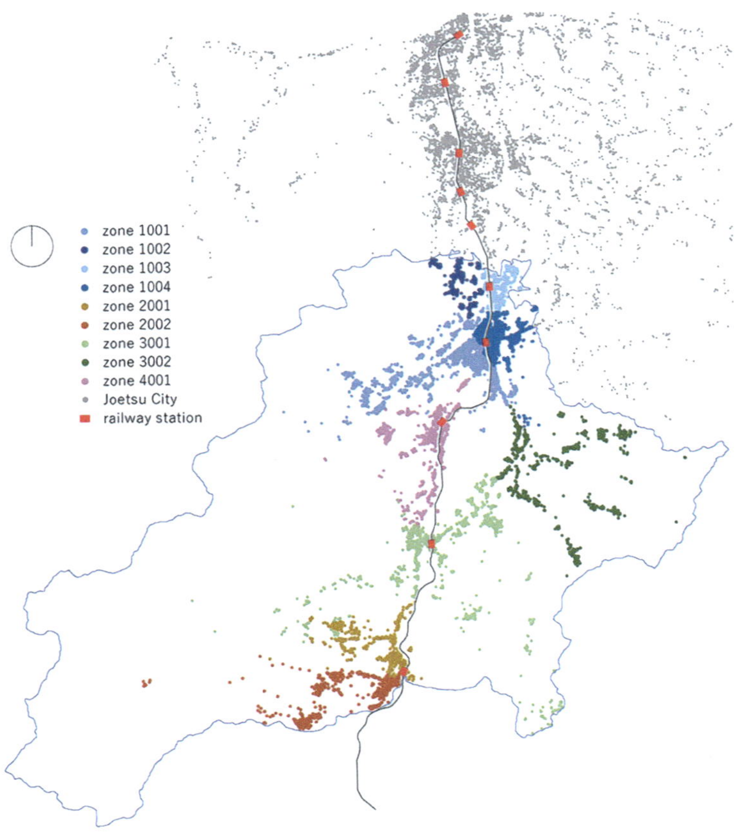

Fig. 3 Household distribution in Myoko City: The synthetic population data replicates the household distribution and structure of Myoko City, a tourist destination. This model incorporates detailed demographic and industrial statistics

Figure 4 presents the population distribution and infection dynamics in Myoko City, modeled using this synthetic population data.

The model's results revealed that, compared to a scenario where tourism activities are suspended, accepting tourists without adequate preventive measures could result in a sixfold increase in the maximum number of severe hospitalizations, significantly elevating the risk of medical system collapse.

However, these risks could be substantially mitigated by implementing regular PCR testing for tourism staff and downtown employees, as well as deploying applications to track individuals in close contact with tourists (Fig. 5). These findings have been directly applied to Myoko City's infectious disease control strategies, highlighting the efficacy of tailored measures in mitigating risks while sustaining tourism activities.

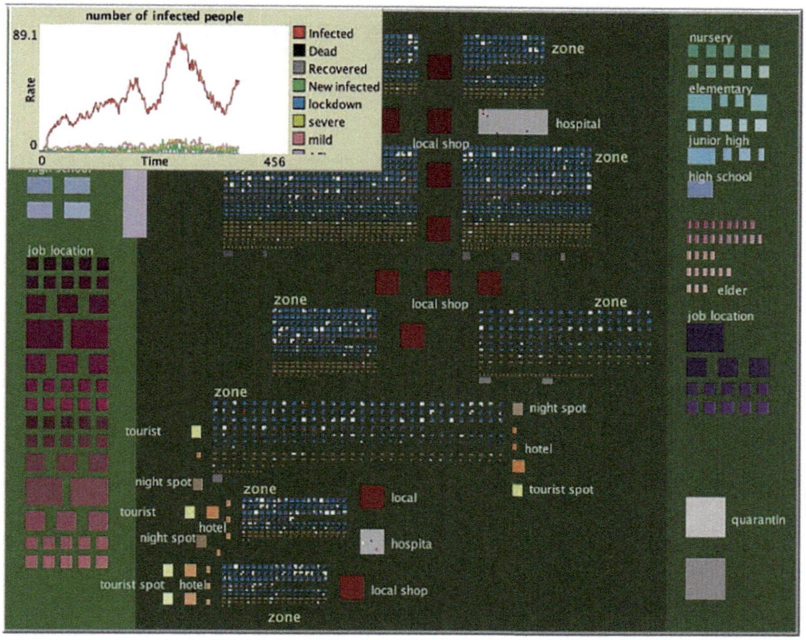

Fig. 4 Infection model for tourist attractions (Myoko City): visualization of the infection model developed for Myoko City, based on synthetic population data. The model reflects realistic urban structures, including household compositions and industrial activity

5 Infection Model for Downtown Areas

Between June and August 2020, multiple infection clusters emerged in downtown districts such as Kabukicho in Tokyo's Shinjuku Ward and Center Gai in Shibuya Ward. During this period, Tokyo experienced a second wave of COVID-19 cases, accompanied by growing societal criticism and stigmatization of downtown workers. In response, local governments, public health centers, and employees of establishments such as restaurants, cabaret clubs, and host clubs collaborated to implement a robust PCR testing system. These efforts successfully contained the cluster outbreaks.

Concurrently, the MHLW conducted detailed investigations and maintained records of these cluster events. Based on this data, a downtown infection model was developed to analyze the dynamics of outbreaks and identify potential intervention points (Fig. 6).

The model comprised 10,000 agents, including workers from neighboring businesses and the downtown area. These agents engaged in stochastic behaviors, including commuting, workplace interactions, and visits to izakaya (Japanese-style pubs), cabarets, and other nightlife venues.

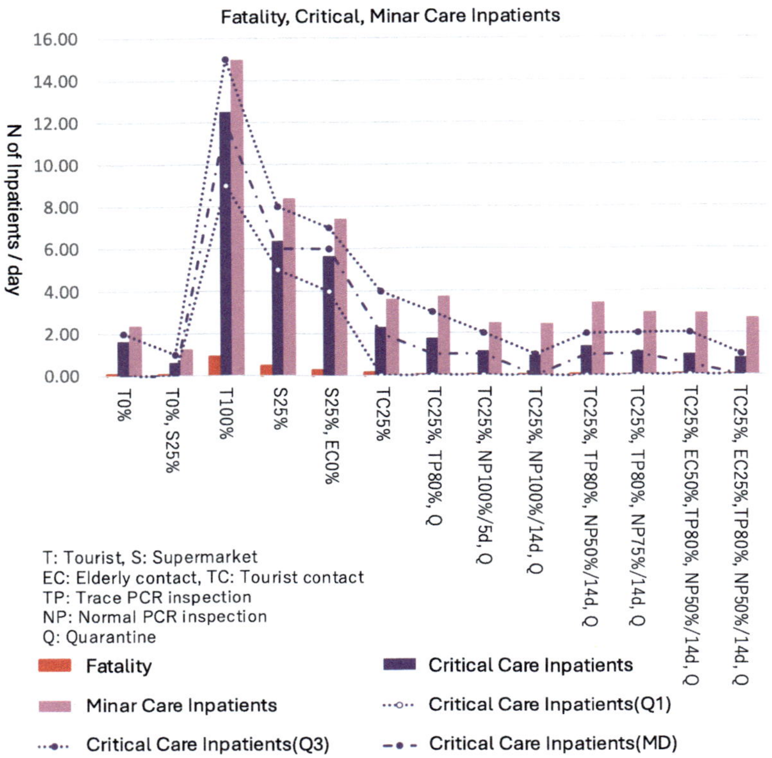

Fig. 5 Impact of infection prevention measures in tourist areas (Myoko City): The implementation of regular PCR testing and contact-tracing applications reduced the maximum number of severe hospitalizations, even when the number of tourists was accepted to a certain extent. The axes indicate the percentage change in hospitalization rates

Simulation results indicated that initial infections often originated from company employees frequenting izakaya. These infections subsequently spread to cabaret clubs and then to host clubs, amplifying the outbreak. To evaluate intervention strategies, we compared the suspension of activities in cabarets and host clubs with restrictions on izakaya.

Findings revealed that limiting seating in izakata to four people and restricting group sizes within the same company department were the most effective measures for controlling infection spread [10] (Fig. 7).

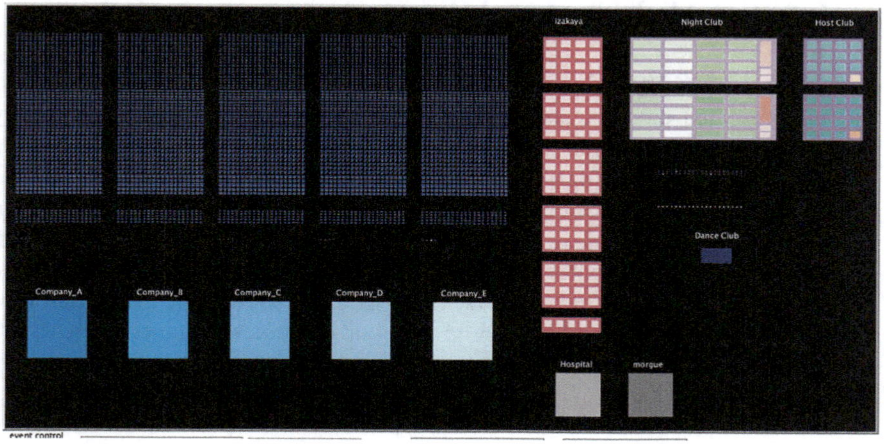

Fig. 6 Downtown model: a snapshot of the infection model simulating a downtown area, inspired by Kabukicho in Shinjuku-ku, Tokyo. The model includes 10,000 agents, representing employees of nearby companies and downtown establishments. These agents engage in stochastic activities such as commuting, work, and visits to pubs, cabarets, host clubs, and dance clubs, based on survey data

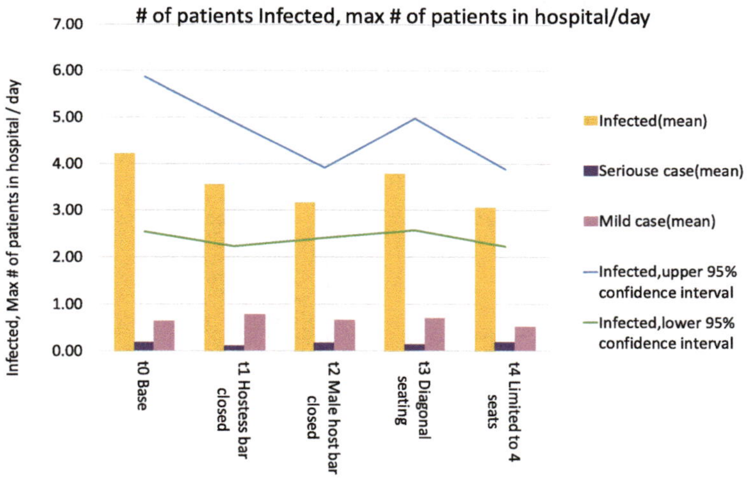

Fig. 7 Effectiveness of customer service restrictions in downtown areas: Limiting group sizes to four people, compared to eight, reduced infection rates by 27%. Restricting group sizes yielded a higher impact on infection control compared to diagonal seating arrangements or suspending operations in hostess and host bars

6 Infection Model for Local Cities

The outbreak of COVID-19 in Hokkaido, centered on the city of Sapporo in October 2020, represented a significant shock to local municipalities that had previously maintained low infection rates. Consequently, Hokkaido was compelled to declare a state of emergency, dealing a substantial blow to its winter tourism industry.

The Go To Travel campaign, initiated in late July 2020 to support the tourism sector, had provided critical relief to Hokkaido and other regions. However, concerns arose about the potential for long-distance travel—whether for vacations, homecomings, or business trips—to facilitate viral spread. Despite these apprehensions, the campaign's specific impact on infection dynamics remained unclear, and no definitive decisions were made regarding its suspension or resumption prior to the outbreak in Hokkaido.

To evaluate the spread of infections in Sapporo, we developed a model estimating the influx risk of infected individuals. This model utilized mobile spatial statistical data derived from GPS and other location-tracking technologies embedded in smartphones to analyze inter-prefectural movement patterns. Given Sapporo's population size, exceeding 1 million residents, we extended the SEIR (Susceptible-Exposed-Infectious-Recovered) epidemiological model to account for the risk of incoming infections. This enhanced model allowed us to conduct a "what-if" analysis, exploring the potential effects of reducing visitor numbers to Hokkaido by 50% or 80% (Fig. 8).

The results demonstrated that if the influx risk had been halved after July 20, the peak number of infections in November would have decreased by 0.68. Conversely, reducing the influx risk to 0.2 of its original value could have decreased

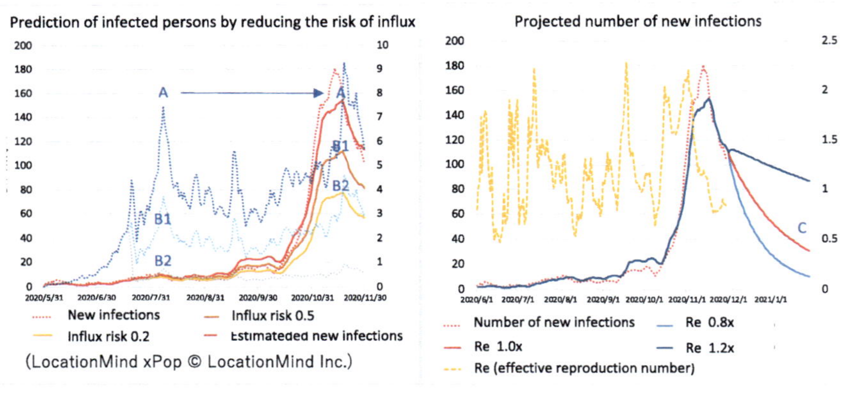

Fig. 8 Infection model for a local city: Predictions generated using an SEIR-based epidemiological model incorporating influx risk from mobile spatial statistical data. The analysis showed that if influx risk was halved after July 20, 2020, the peak infection rate in November could have been 0.68 times higher than observed. Conversely, reducing influx risk to 20% could have lowered the peak infection rate by 0.47 times

the peak number of infections by 0.47. These findings underscore the importance of controlling interregional travel to mitigate infection risks in local urban centers [11].

7 Infection Model for Large Cities

In the Tokyo metropolitan area, including the city of Tokyo, the number of COVID-19 infections surged dramatically from December 2020, prompting the declaration of a state of emergency on January 8, 2021. To understand and predict the dynamics of this outbreak, we developed an infection forecasting model for Tokyo. This model compared actual infection data from June 1, 2020 to January 23, 2021 and projected infection trends beyond January 24, 2021, under various scenarios.

At this time, the government and the Tokyo Metropolitan Government were deliberating several infection prevention measures, such as closing restaurants at 8:00 p.m., enhancing telework adoption, and capping attendance at large events to 5000 people. Given the complexity of mathematically modeling these diverse measures, we constructed an agent-based model for the Tokyo suburban area. This model incorporated realistic elements, including household distributions, social networks, event venues, and restaurants, to estimate the impact of these interventions. Using this model, we analyzed the effect of these measures on the effective reproduction number (Re) and linked the results to the SEIR model for further validation.

The findings indicated that restricting social interactions to "the usual four friends" instead of any friend, limiting restaurant operations to 8:00 p.m., increasing telework adoption by 50%, and capping large events to 5000 attendees could collectively reduce Re by over 50%. Linking these results to the SEIR model, we projected a significant decline in infections after late January with the implementation of comprehensive prevention strategies (Fig. 9) [12, 13].

8 Concurrent Vaccination Strategies by Age Group

While the vaccination process was underway, the government had decided that the highest priority was given to health care workers and the elderly. To assess the impact of this prioritization, we conducted an analysis incorporating concurrent vaccination strategies for different age groups (60 years and older vs. 59 years and younger).

Results showed that for the conventional virus strain, severe cases were minimized when the vaccination ratio was 10:0 in favor of older adults, while new positive cases were minimized with a 0:10 ratio favoring younger populations. For the more transmissible Alpha variant, the lowest number of severe cases was

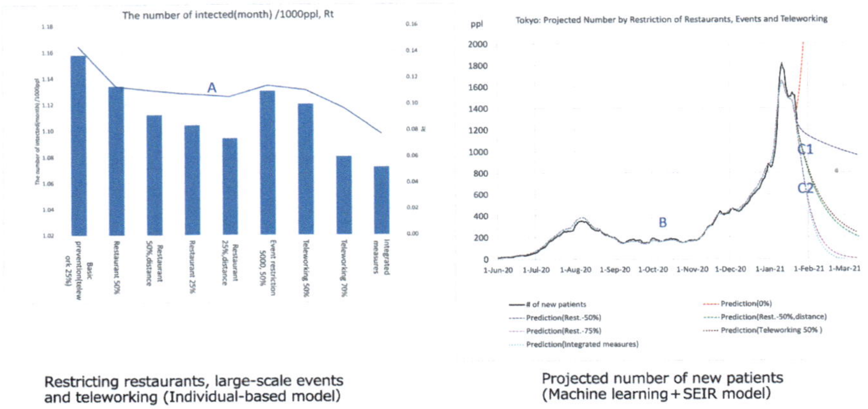

Fig. 9 Effectiveness estimation of infection prevention measures in Tokyo: The Tokyo suburban model projected a significant decrease in infections following the implementation of comprehensive infection prevention measures linked to the SEIR model for validation

achieved with a 0.5% daily vaccination rate and a concurrent strategy favoring older adults at ratios of 6:4 and 8:2.

Based on these insights, an 8:2 vaccination strategy favoring older adults was recommended to the Prime Minister's Office via the Cabinet Secretariat. This approach also included workplace vaccination initiatives to simultaneously inoculate younger populations (Fig. 10).

9 Multilayer Social System Modeling

As demonstrated throughout this study, selecting the appropriate model for analyzing societal dynamics depends on several factors: the scale of the subject, the granularity of behaviors to be analyzed, the degree of interaction, and the computational resources available. In the context of infectious disease modeling, it is imperative to adapt to evolving scenarios, as outbreaks shift in scale and location—spanning urban areas, tourist destinations, downtown districts, regional cities, and large metropolitan centers.

Societies must be conceptualized as multilayered systems to capture these dynamics. This requires selecting models tailored to the specific level of analysis and adjusting functions to fit the scope of each study. The spectrum of models ranges from agent-based simulations, which depict individual movements and interactions, to medium-scale social network models, and mathematical frameworks leveraging human mobility data to estimate infection numbers in large cities. The choice of model is inherently tied to the study's objectives, the characteristics of the target population, and the computational demands (Fig. 11).

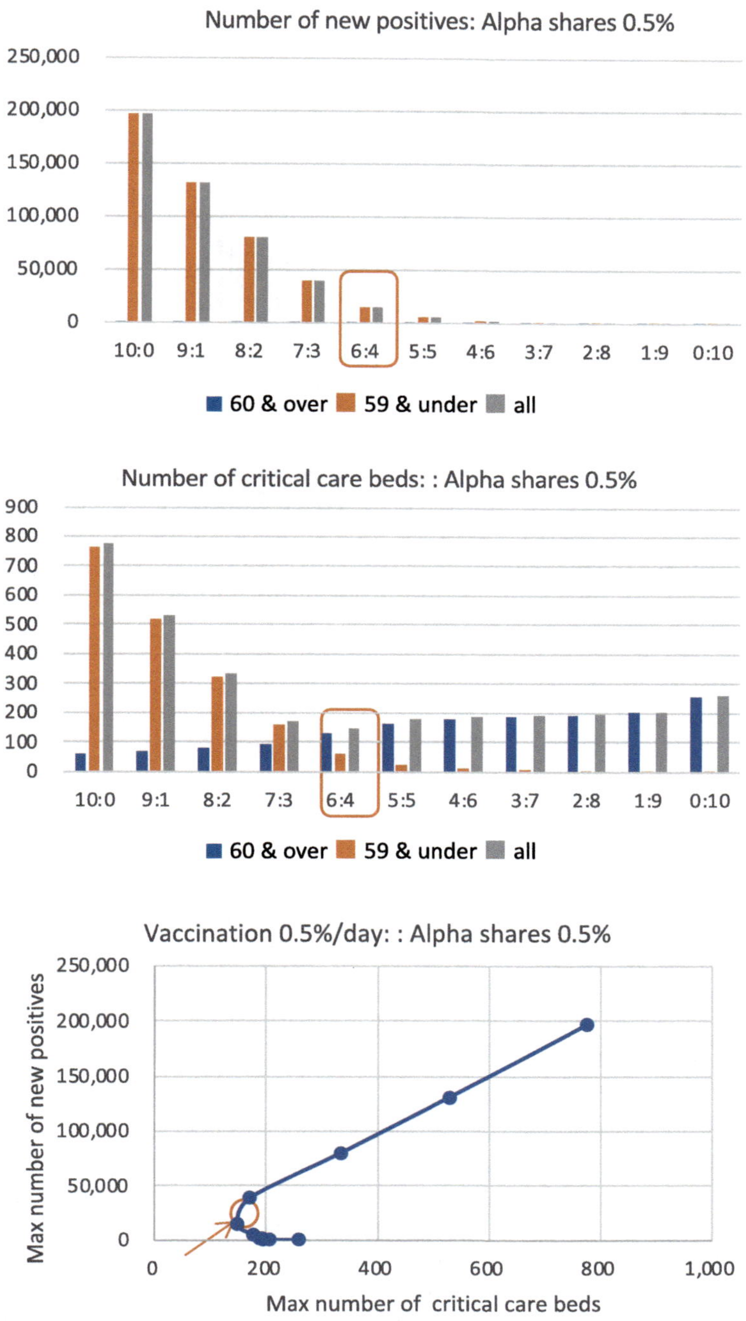

Fig. 10 Effects of prioritized vaccination ages

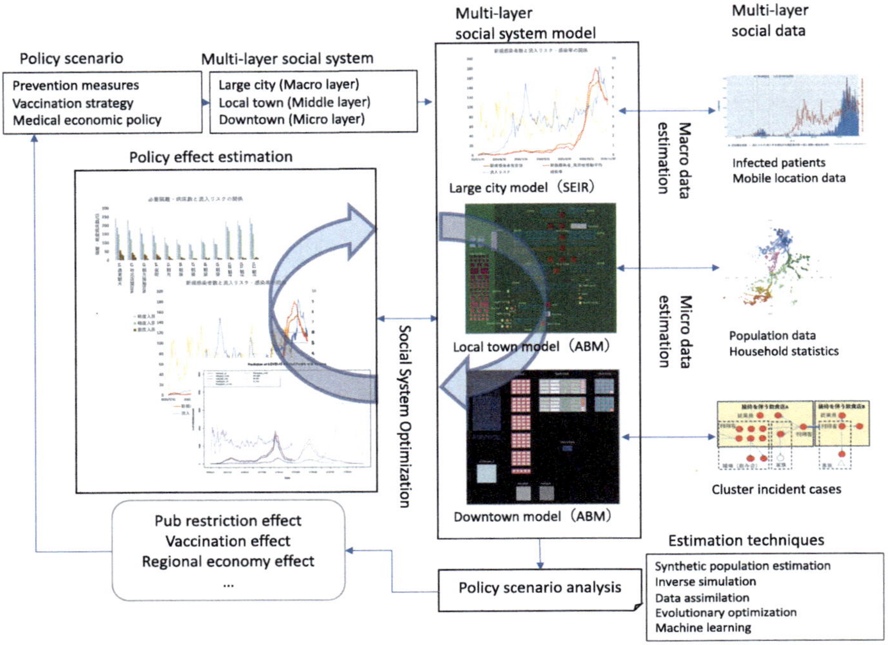

Fig. 11 Multilayer social systems modeling: an overview of the layered approach to modeling societal dynamics, emphasizing the adaptation of models to the scale and scope of the target system

In machine learning and optimization research, the "no-free-lunch theorem" states that no single algorithm universally outperforms others across all problems. A similar principle applies to model selection in social system modeling; there is no universally optimal model for all scenarios. Thus, selecting and adapting models requires careful consideration of the study's specific goals and constraints.

10 Conclusion

This chapter presents a comprehensive framework for modeling infectious diseases, specifically focusing on the novel coronavirus. Beyond the cases discussed, we estimated the spread of the Alpha variant and developed an age-specific vaccination plan informed by vaccination effect estimates. The model has evolved to address new challenges, including assessing the risks associated with hosting the Olympic Games, analyzing the relationship between infection spread and nighttime human mobility for the Delta variant, and planning for vaccine efficacy reduction and booster doses. Numerous researchers in the fields of information science and economics have contributed advanced models employing diverse methodologies, yielding valuable analyses and predictive insights. Despite the pandemic's uncertain trajectory, these collective efforts underscore the significance and potential of modeling social phenomena driven by interactions between viruses and human behavior from the perspectives of information science and social systems. I would like to thank Dr. Hideyuki Nagai for useful discussions and experimental design. This work is supported by the Cabinet Secretariat.

References

1. Dehning, D., Tedijanto, C., Goldstein, E., Grad, Y. H., & Lipsitchet, M. (2020). Inferring change points in the spread of COVID-19 reveals the effectiveness of interventions. *Science*. https://doi.org/10.1126/science.abb9789.
2. Ferguson, N. M., et al. (2020). Impact of non-pharmaceutical interventions (NPIs) to reduce COVID- 19 mortality and healthcare demand. MRC Centre for Global Infectious Disease Analysis, Report 9.
3. Harada, T., & Murata, T. (2018). Reconstructing prefecture-level large-scale household composition using parallel computing. *Transactions of the Society of Instrument and Control Engineers*, *54*(4), 421–429.
4. JST. (2020). Proposal for the Establishment of an Infectious Disease Research Platform for Building a Resilient Nation Against Infectious Diseases, Center for Research and Development Strategy, Japan Science and Technology Agency, CRDS-FY2020-RR-05.
5. Kissler, S. M., et al. (2020). Projecting the transmission dynamics of SARS-CoV-2 through the postpandemic period. *Science*. https://doi.org/10.1126/science.abb5793.
6. Ku, D., Yeon, C., Lee, S., Lee, K., Hwang, K., Li, Y. C., & Wonget, S. C. (2021). Safe traveling in public transport amid COVID-19. *Science Advances*, **7**(43). https://doi.org/10.1126/sciadv.abg3691.
7. Kurahashi, S. (2017). Agent-based health policy gaming and simulation for Ebola haemorrhagic fever. *Simulation & Gaming*, *26*(2), 52–63.
8. Kurahashi, S. (2019). An agent-based infectious disease model of rubella outbreaks. In *Proc. of International Conference on Agents and Multi-agent Systems: Technologies and Applications 2019* (pp. ams19-037).
9. Kurahashi, S. (2020a). Estimating effectiveness of preventing measures for 2019 Novel Coronavirus diseases (COVID-19). *Transactions of the Japanese Society for Artificial Intelligence*, *35*(3), D-K28_1-8. https://doi.org/10.1527/tjsai.D-K28.
10. Kurahashi, S. (2020b). Infection Control Measures in the Community, Cabinet Secretariat COVID-19 AI & Simulation Project. https://www.covid19-ai.jp/ja-jp/presentation/2020_report/.
11. Kurahashi, S. (2020c). Comparing preventing measures for 2019 Novel Coronavirus Disease (COVID-19). In *The 22nd Conference, The Society of Instrument and Control Engineers, Technical Committee on Social Systems*, No. 8.
12. Kurahashi, S. (2021a). Assessment of the impact of COVID-19 infections considering risk of infected people inflow to the region. In *Artificial Intelligence of and for Business (AI-Biz 2021) associated with JSAI International Symposia on AI 2021*.
13. Kurahashi, S., Yokomaku, H., Yashima, K., & Nagai, H. (2021b). Assessment of the impact of COVID-19 infections considering risk of infected people inflow to the region and the vaccination effect. *Transactions of the Japanese Society for Artificial Intelligence*, *37*(1), C-L42_1-9.
14. Zhang, Y. (2020). The novel coronavirus pneumonia emergency response epidemiology team. The epidemiological characteristics of an out-break of 2019 novel coronavirus diseases (COVID-19) - China, 2020. *China CDC Weekly*, *41*(2), 145–151.

The Effects of Reopening the Border on COVID-19 Infection: A Simulation Study for Japan in the Summer of 2022

Asako Chiba, Alexander Magro, Taisuke Nakata, Wataru Okamoto, Dai Sasaki, and Hiroyuki Uneya

1 Introduction

As the concern regarding the emergent COVID-19 grew in March 2020, the Japanese government began the process of closing its borders to foreign entry. By the end of April 2020, entry had been essentially frozen for all non-citizens. Although measures were eventually put into place to allow for the reentry of permanent/ long-term residents and for high-priority business travel, foreign tourists would continue to be barred from entry for the duration of the pandemic. With the exception of some limited-scale pilot programs in the spring and summer of 2022, Japan's borders remained essentially closed to foreign visitors for about two and a half years. As shown in Fig. 1, the number of foreign visitors hovered around a near-zero level until the Japanese government allowed the entry of foreign tourists in full on October 11, 2022.

The analysis was conducted when Alexander Magro and Wataru Okamoto were graduate students at the University of Tokyo. We thank Jianing Chu, Masakazu Emoto, and Jacob Sano for their excellent research assistance.

A. Chiba
University of Tokyo, Tokyo, Japan
e-mail: asakochiba@g.ecc.u-tokyo.ac.jp

A. Magro
Accenture Federal Services, Washington, DC, USA

T. Nakata (✉) · D. Sasaki · H. Uneya
University of Tokyo, Tokyo, Japan
e-mail: taisuke.nakata@e.u-tokyo.ac.jp; daichansama12@g.ecc.u-tokyo.ac.jp; arrow722679@g.ecc.u-tokyo.ac.jp

W. Okamoto
EY Strategy and Consulting Co., Ltd., Tokyo, Japan

S. Kurihara (ed.), *Social Simulation of COVID-19 with AI in Japan*,
https://doi.org/10.1007/978-981-96-8066-5_10

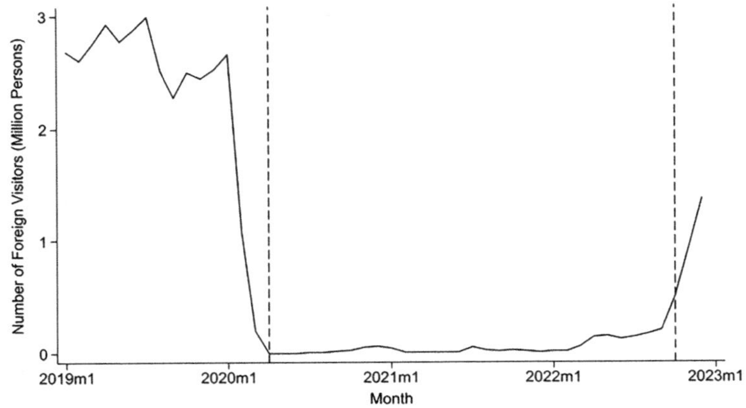

Fig. 1 The number of foreign visitors to Japan. (*Source: Japan National Tourism Organization.* Note: vertical lines represent the closing (April 2020) and opening (October 2022) of Japanese borders to foreign visitors)

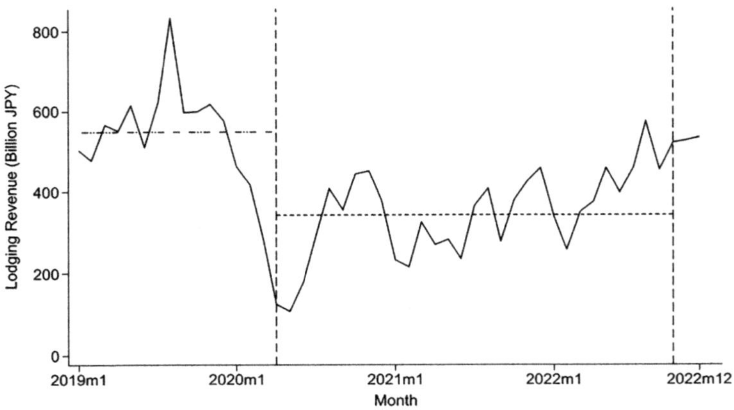

Fig. 2 Lodging industry revenue in Japan. (*Source: Statistics Bureau of Japan.* Note: vertical lines represent the closing (April 2020) and opening (October 2022) of Japanese borders to foreign visitors)

Such an extended border closure had economic costs. For example, the lodging industry revenue dropped substantially following the start of the pandemic. According to Fig. 2, the revenue in Japan's lodging industry was around 600 billion JPY per month before the pandemic. It averaged around 350 billion JPY per month from the beginning of the pandemic to the reopening of the border.

As with any public policy, it is useful for policymakers to quantitatively understand the costs and benefits of border control policies in order to determine how strict the border control should be and when to relax border control and reopen the country to foreign visitors.

In this chapter, we aim to quantitatively understand the cost and benefits of relaxing the border control policy in terms of COVID-19 infection outcomes through model simulation and data.

To quantify the cost of these alternative policies, we use a two-group SIR model—featuring Japanese citizens and foreign visitors—calibrated to fit key features of the Japanese infection-related data.[1] Our simulation starts in the beginning of July 2022, right before the emerging seventh infection wave in Japan. Our analysis was conducted in June 2022 when we did not know how big the seventh infection wave would be. We created two hypothetical scenarios regarding the path of infection for the seventh wave. In Scenario A, the peak of the seventh infection wave was set to 200,000 new cases per day—approximately double the peak of the sixth wave. In Scenario B, the peak of the seventh infection wave was set to 100,000 new cases per day—about the same as the sixth wave's peak. In each scenario, the baseline was the status quo of keeping the number of foreign tourists unchanged at the low level that had prevailed through June 2022. In each scenario, we consider two alternative policies of increasing the number of foreign visitors to 50% and 100% of the average level in 2019 and examine the implications of such policies for infection-related outcomes.

The main results from the model simulations are as follows: Under our baseline parameterization—0.16% of foreign nationals entering Japan are infected with COVID-19; foreign entrants make contact with twice as many people as do Japanese nationals—if the number of foreign visitors returned to 25%, 50%, and 100% of 2019 levels, the additional number of infected persons peaks at 4919 and there are 462 additional deaths over 6 months in Scenario A. In Scenario B, the peak number of additional infected persons is 2140, with 254 additional deaths over the six months.

To quantify the economic benefit of these alternative policies, we used pre-pandemic data on the consumption behaviors of foreign visitors from the Japan National Tourism Organization (JNTO). We estimate that the economic benefits—in the form of increased expenditures by foreign visitors—of returning the number of foreign visitors to 50% and 100% of the pre-pandemic level are 1.04 and 2.19 trillion yen, respectively, over the 6-month horizon. These numbers abstract from potential spillover effects from consumption by foreign visitors to the domestic economy and thus can be seen as a lower bound for the overall economic benefit of reopening the border. According to our calculation, the value of a statistical life that would make the government indifferent between reopening the border and the status quo was 21 to 26 billion yen and 41 to 58 billion yen in Scenario A and Scenario B, respectively.

Our work is related to the voluminous literature using mathematical models to analyze the dynamics of COVID-19 infection. In particular, our work is closely related to the studies on how border control policies affect infection dynamics. See

[1] We also consider an alternative model—the branching process model—to quantify the cost of reopening policies in the Appendix.

Chiba et al. [1], Chinazzi et al. [2], Hossain et al. [3], Kong et al. [4], Linton et al. [5], Zhu et al. [6], Zhu et al. [7], and Wilson et al. [8], among many others.

The rest of this chapter is structured as follows. Section 2 describes the model. Section 3 explains the key simulation exercise of this chapter. Section 4 discusses the parameterization of the model. Section 5 presents the results of the simulations. Section 6 presents the results related to the economic benefit of reopening the border and discusses the implied value of a statistical life to justify the status quo policy. Section 7 concludes this chapter.

2 Model

The model consists of two groups: Japanese citizens and foreign visitors to Japan. The dynamics for the Japanese group are given by the following equations:

$$S_{\mathrm{J}}(t+1) = S_{\mathrm{J}}(t) - N_{\mathrm{J}}(t) - (V_J(t+1) - V_J(t))$$

$$I_{\mathrm{J}}(t+1) = I_{\mathrm{J}}(t) + N_{\mathrm{J}}(t) - \gamma_{\mathrm{J}} I_{\mathrm{J}}(t) - \delta_{\mathrm{J}}(t) I_{\mathrm{J}}(t)$$

$$R_{\mathrm{J}}(t+1) = R_{\mathrm{J}}(t) + \gamma_{\mathrm{J}} I_{\mathrm{J}}(t)$$

$$D_{\mathrm{J}}(t+1) = D_{\mathrm{J}}(t) + \delta_{\mathrm{J}}(t) I_{\mathrm{J}}(t)$$

$$H_{\mathrm{J}}(t+1) = H_{\mathrm{J}}(t) + r_{\mathrm{hospital,J}}(t) I_{\mathrm{J}}(t) - \gamma_{\mathrm{hospital,J}} H_{\mathrm{J}}(t)$$

$$\mathrm{ICU}_{\mathrm{J}}(t+1) = \mathrm{ICU}_{\mathrm{J}}(t) + r_{\mathrm{ICU,J}}(t) I_{\mathrm{J}}(t) - \gamma_{\mathrm{ICU,J}} \mathrm{ICU}_{\mathrm{J}}(t) - \delta_{\mathrm{J}} I_{\mathrm{J}}(t)$$

where $S_{\mathrm{J}}(t)$, $I_{\mathrm{J}}(t)$, $R_J(t)$, and $D_{\mathrm{J}}(t)$ denote the number of susceptible persons, infected persons, recovered persons, and cumulative deaths among Japanese nationals, respectively. $N_{\mathrm{J}}(t)$ is a newly infected Japanese people from time t to time 1. We will later discuss how $N_{\mathrm{J}}(t)$ is determined. $H_{\mathrm{J}}(t)$ and $\mathrm{ICU}_{\mathrm{J}}(t)$ denote hospitalized patients and critically ill patients, respectively. $V_{\mathrm{J}}(t)$ is the effective cumulative number of Japanese people who have obtained immunity through vaccination by time t. It is given by

$$V_{\mathrm{J}}(t) = \{E_{\mathrm{J1}}(V_{\mathrm{J1}}(t) - V_{\mathrm{J2}}(t)) + E_{\mathrm{J2}}(V_{\mathrm{J2}}(t) - V_{\mathrm{J3}}(t)) + E_{\mathrm{J3}} V_{\mathrm{J3}}(t)\}$$

where $V_{\mathrm{J}i}(t)$ denotes the cumulative number of Japanese who received the ith vaccine dose by time t. $E_{\mathrm{J}i}$ denotes the effectiveness of the ith vaccine dose in reducing the probability of getting infected. We consider up to the third dose in our main analysis.

γ_J, $\gamma_{hospital, J}$, $\gamma_{ICU, J}$ are parameters governing the recovery rates among infected persons, hospitalized patients, and critically ill patients, respectively. $\delta_J(t)$, $r_{hospital, J}(t)$, $r_{ICU, J}(t)$ are time-varying parameters governing the mortality rate, the hospitalization rate, and the rate for becoming critically ill, respectively.

The dynamics for the foreign tourist groups are given by the following equations:

$$S_F(t+1) = S_F(t) - N_F(t) + (1 - f_{rate})\{1 - v_F - r_{imm}\}\left(\frac{IN(t)}{g}\right) - \frac{7}{l_{stay}} S_F(t)$$

$$I_F(t+1) = I_F(t) + N_F(t) + f_{rate}\left(\frac{IN(t)}{g}\right) - \gamma_F I_F(t)$$

where $S_F(t)$ and $I_F(t)$ denote the number of susceptible and infected foreign tourists, respectively. $N_F(t)$ is a newly infected foreign visitors from time t to time $t+1$. We will later discuss how $N_F(t)$ is determined. IN(t) represents the number of new foreign visitors to Japan in period t. v_F denotes the overall vaccination rate among foreign visitors.

f_{rate} denotes the percentage of foreign visitors who were incorrectly tested negative during airport quarantine but were actually positive. r_{imm} denotes the natural immunity of foreign visitors to Japan.[2] l_{stay} represents the average length of stay, and γ_F represents the recovery rate of infected visitors to Japan. g denotes the average number of foreign visitors per group.[3] Thus, there is a proportion of people, $f_{rate}\left(\frac{IN(t)}{g}\right)$ who receive false negative tests at the airport but are actually infected with COVID-19 and enter the country as infected individuals. Conversely, $(1 - f_{rate})\{1 - v_F - r_{imm}\}\left(\frac{IN(t)}{g}\right)$ represents the proportion of foreigners who enter the country without natural immunity or vaccination, correctly test negative during airport quarantine, and enter the country as susceptible individuals.

We assume that if each susceptible person can get infected with some probability if s/he is matched with an infected Japanese resident or a foreign visitor to Japan. The matching functions for newly infected Japanese residents and foreign visitors are as follows:

$$N_J(t) = \frac{1}{POP}\beta(t) S_J(t)\{I_J(t) + \epsilon_F I_F(t)\}$$

---

[2] When conducting the analysis, it is necessary to consider the large number of people who have acquired natural immunity in their home country where the infection is spreading.

[3] We assume that foreign visitors to Japan often travel in groups, and these groups are considered as units.

$$N_F(t) = \frac{1}{POP}\beta(t)\mu_F\epsilon_F S_F(t)\left\{I_J(t) + \epsilon_F I_F(t)\right\}$$

$\beta(t)$ is a time-varying parameter governing the transmissivity of infection. POP is the population in Japan ϵ_F and μ_F denote the relative contact probability and the relative probability of infection, respectively. That is, foreign visitors to Japan are ϵ_F times more likely than Japanese residents to come into contact with others. The probability of infection per contact for foreign visitors is μ_F times higher than for Japanese residents.

3 Exercise

Using the two-group SIR model, we examine the effects of increasing the number of foreign visitors to 50% and 100% of the 2019 level on infection outcomes. They correspond to daily arrival numbers of 40,151, and 80,302 persons per day. The number of foreign visitors is approximately 3438 persons per day under the baseline, status quo, scenario. Figure 3 shows the paths of foreign visitors under these two alternative policies.

We examine these border control policies under two distinct scenarios regarding the path for infection during the seventh wave. In Scenario A—shown by the solid red line in Fig. 4—we assume that the peak number of new infections for the seventh wave is twice as large as that for the sixth wave. In Scenario B—shown by the solid blue line in Fig. 4—we assume that the peak number of new infections for the seventh wave is about the same as that of the sixth wave. The actual path of infection—denoted by black circles—turned out to be closer to Scenario A.

Fig. 3 Foreign visitors under two alternative policies

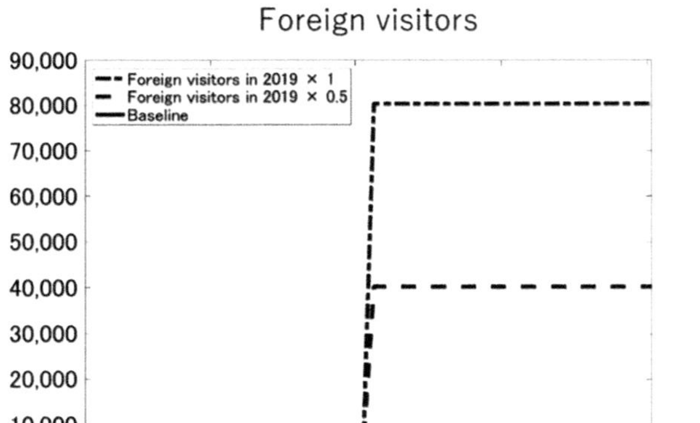

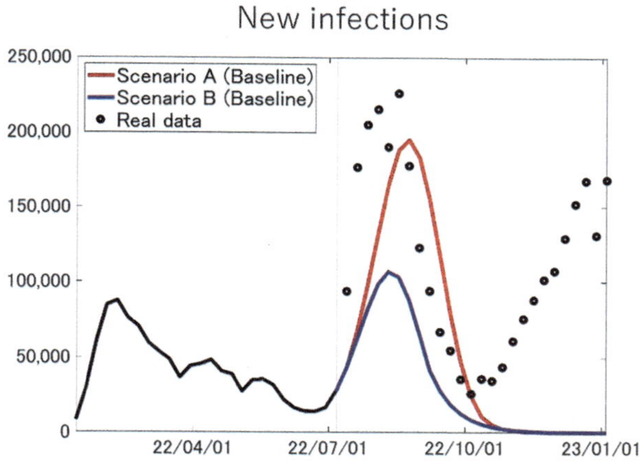

Fig. 4 The number of new infection cases in two scenarios

4 Parameterization

Table 1 presents the parameters related to the Japanese residents in the two-group SIR model. The values for $r_{\mathrm{ICU,\,J}}$, $\gamma_{\mathrm{hospital,\,J}}$, and $\gamma_{\mathrm{ICU,\,J}}$ are chosen so that the average recovery times are 9 days, 10 days, and 12 days, respectively. These values are consistent with those in Fujii and Nakata [9].

The paths of time-varying parameters ($\beta(t)$, $\delta_{\mathrm{J}}(t)$, $r_{\mathrm{hospital,\,J}}(t)$, and $r_{\mathrm{ICU,\,J}}(t)$) in the past are estimated from data. For the simulation period, we set the path of $\beta(t)$ to be consistent with the path of newly infected persons in Scenario A and B. We set the paths of $\delta_{\mathrm{J}}(t)$, $r_{\mathrm{hospital,\,J}}(t)$, and $r_{\mathrm{ICU,\,J}}(t)$ to their average values during the sixth infection wave.

For the simulation period, we set the value of $V_{\mathrm{J}1}(t)$, $V_{\mathrm{J}2}(t)$, and $V_{\mathrm{J}3}(t)$ to 0 because vaccination for the first three doses was essentially flat by the summer of 2022. We also abstract from the fourth dose of vaccine due to uncertainties associated with its implementation timing and its effectiveness.

Because we assume flat paths for vaccination for the simulation period. The values for $E_{\mathrm{J}1}$, $E_{\mathrm{J}2}$, and $E_{\mathrm{J}3}$ do not directly matter for the simulation outcome. However, their values indirectly matter for the simulation outcome because the past path of vaccination and their effectiveness affect the past paths of $S(t)$, $I(t)$, and $R(t)$. The values of $S(t)$ and $I(t)$ at the beginning of simulation are a key input to our simulation. We set $E_{\mathrm{J}1} = 0.16$, $E_{\mathrm{J}2} = 0.47$, $E_{\mathrm{J}3} = 0.66$ informed by the epidemiological analysis of the effectiveness of vaccines. $V_{\mathrm{J}1}$, $V_{\mathrm{J}2}$, and $V_{\mathrm{J}3}$ are set to $V_{\mathrm{J}1} = 103{,}343, 299$, $V_{\mathrm{J}2} = 101{,}697{,}857$, and $V_{\mathrm{J}3} = 70, 559, 880$ at the beginning of the simulation.

Table 2 provides the parameters for foreign visitors in the two-group SIR model. We set the vaccination rate for foreign visitors (v_{F}) to the weighted average of each country's vaccination rate as July 1, 2022.

For f_{rate}, the proportion of people who were judged negative during airport screening but tested positive after entering Japan, we consider three cases: 0.014%,

Table 1 Parameters for Japanese residents in the two-group SIR model

Parameter	Description	Value
γ_J	Recovery rate among infected persons	$\frac{7}{9}$
$\gamma_{\text{hospital, J}}$	Recovery rate among hospitalized patients	$\frac{7}{10}$
$\gamma_{ICU,\text{J}}$	Recovery rate among ICU patients	$\frac{7}{12}$
$\beta(t)$	Transmission rate	Set to achieve the path of new infection in Scenarios A and B
$\delta_J(t)$	Mortality rate	Set to the average mortality rate during the sixth wave
$r_{\text{hospital, J}}(t)$	Hospitalization rate	Set the average hospitalization rate during the sixth wave
$r_{\text{ICU, J}}(t)$	ICU hospitalization rate	Set to the average severity rate during the sixth wave
$[E_{J1}, E_{J2}, E_{J3}]$	Effectiveness of i-th vaccination in preventing infection	[0.16, 0.47, 0.66]
$[V_{J1}(0), V_{J2}(0), V_{J3}(0)]$	Cumulative number of vaccinated Japanese at the beginning of simulation	[(103,343,299), (101,697,857), (70,559,800)]
$[V_{J1}(t), V_{J2}(t), V_{J3}(t)]$	Cumulative number of vaccinated Japanese during the simulation period	$[V_{J1}(0), V_{J2}(0), V_{J3}(0)]$

Table 2 Parameters for foreign visitors in the two-group SIR model

Parameter	Description	Value
v_F	Vaccination rate among foreign visitors	Weighted average of each country's vaccination rate as of July 1, 2024
f_{rate}	Proportion of people judged negative at airport screening but found positive after entering the country	[0.014%, 0.16%, 0.23%]
r_{imm}	Natural immunity rate	0.1038
g	Average number of people in one group of foreign visitors	2.5
l_{stay}	Average length of stay in Japan	8.8
γ_F	Recovery rate	$\frac{7}{9}$
ϵ_F	Contact rate of foreign visitors with Japanese residents relative to the contact rate among Japanese residents	2
μ_F	Infection probability per contact for foreign visitors relative to that of Japanese residents	1

0.16%, and 0.23%. These values are based on the following calculation. First, we compute $f_{\text{rate, country}}$, a county specific f_{rate} as follows:

$$f_{\text{rate,country}} = \frac{C_{\text{country}}\,(1 - \text{se})}{P_{\text{country}}}$$

where P_{country} and C_{country} are the total population of a country and the total number of infected individuals in that country over the past 7 days, respectively. We set "se" to 0.6. For C_{country}, we consider three cases: the average infected people in that country (i) during 2021, (ii) during the period of the sixth wave (from December 1, 2021 to March 15, 2022), and (iii) 50% more than (ii). We compute f_{rate} by taking the weighted average of $f_{\text{rate, country}}$ where the weight is the number of visitors to Japan from each country between January 2019 and January 2022.

We set r_{imm} to 0.1038. We set g to 2.5. We set l_{stay} to 8.8 based on data from the Japan National Tourist Organization (JNTO) from January 2019 to April 2022. γ_{F} is the recovery rate among infected foreign visitors: $\gamma_{\text{F}} = 7/9$. We assume $\mu_{\text{F}} = 1$ and $\epsilon_{\text{F}} = 2$.

5 Results

Tables 3, 4, and 5 provide key statistics from the simulation when the percentage of inbound travelers entering Japan infected with COVID-19 is 0.014%, 0.16%, and 0.23%, respectively. In each table, the first and last two columns are for Scenario A and B, respectively.

Not surprisingly, the larger the proportion of infected foreign visitors is, the larger the effect of reopening the border is on infection outcomes. For example, the peak daily impact of fully reopening the border on new infection cases in Scenario A is 8336, 9649, and 10,365 when f_{rate} is 0.014%, 0.16%, and 0.23%. For any given level of f_{rate}, the effect of reopening the border is larger in Scenario A than in Scenario B. For example, when f_{rate} is 0.014%, the peak daily impact of fully reopening the border on new infection cases is 8336 and 3287 in Scenario A and B, respectively.

Table 3 Impact on infection outcomes ($f_{\text{rate}} = 0.014\%$)

Scenario	A		B	
2019 multiplier	0.5	1	0.5	1
Daily number of arrivals	+36,713	+76,864	+36,713	+76,864
New positive cases (daily average)	+1054	+2219	+483	+1017
New positive cases (peak time daily)	+3958	+8336	+1566	+3287
Severe cases (daily average)	+3	+5	+1	+2
Severe cases (peak time daily)	+9	+19	+4	+8
Cumulative deaths over half a year	+396	+833	+181	+381

Table 4 Impact on infection outcomes ($f_{\text{rate}} = 0.16\%$)

Scenario	A		B	
2019 multiplier	0.5	1	0.5	1
Daily number of arrivals	+36,713	+76,864	+36,713	+76,864
New positive cases (daily average)	+1231	+2589	+613	+1291
New positive cases (peak time daily)	+4580	+9649	+1937	+4069
Severe cases (daily average)	+3	+6	+1	+3
Severe cases (peak time daily)	+10	+22	+4	+9
Cumulative deaths over half a year	+462	+971	+228	+481

Table 5 Impact on infection outcomes ($f_{\text{rate}} = 0.23\%$)

Scenario	A		B	
2019 multiplier	0.5	1	0.5	1
Daily number of arrivals	+36,713	+76,864	+36,713	+76,864
New positive cases (daily average)	+1327	+2791	+684	+1441
New positive cases (peak time daily)	+4919	+10,365	+2140	+4496
Severe cases (daily average)	+3	+7	+2	+3
Severe cases (peak time daily)	+11	+23	+5	+10
Cumulative deaths over half a year	+497	+1046	+254	+535

Figures 5, 6 and 7 show the evolution of new infections, hospitalized patients, ICU patients, and new COVID-19 deaths for 0.014%, 0.16%, and 0.23% cases, respectively. According to these figures, increasing the number of foreign visitors to 50% or 100% of the 2019 level does not lead to a significant change in the size or shape of the trajectory of these variables.

6 Economic Benefits

We use data from the Japan National Tourism Organization (JNTO) to estimate the economic impact of reopening the border.

JNTO reports the average expenditures of foreign visitors while in Japan by the visitor's country of origin. By taking a weighted average of these average expenditures where the weight for each country is given by the proportion of inbound travelers during 2019 originating from that country, we find the average expenditures per foreign visitor per trip to Japan to be 158,531 JPY. By multiplying this value by the number of additional foreign visitors under the three alternative policies (50% and 100%), the estimates of the economic boost from the larger number of foreign visitors are 1.04 and 2.19 trillion yen, respectively. Note that these estimates abstract from any spillover effects of spending by foreign visitors to domestic spending by Japanese residents. Thus, they can be considered as lower bound estimates (Table 6).

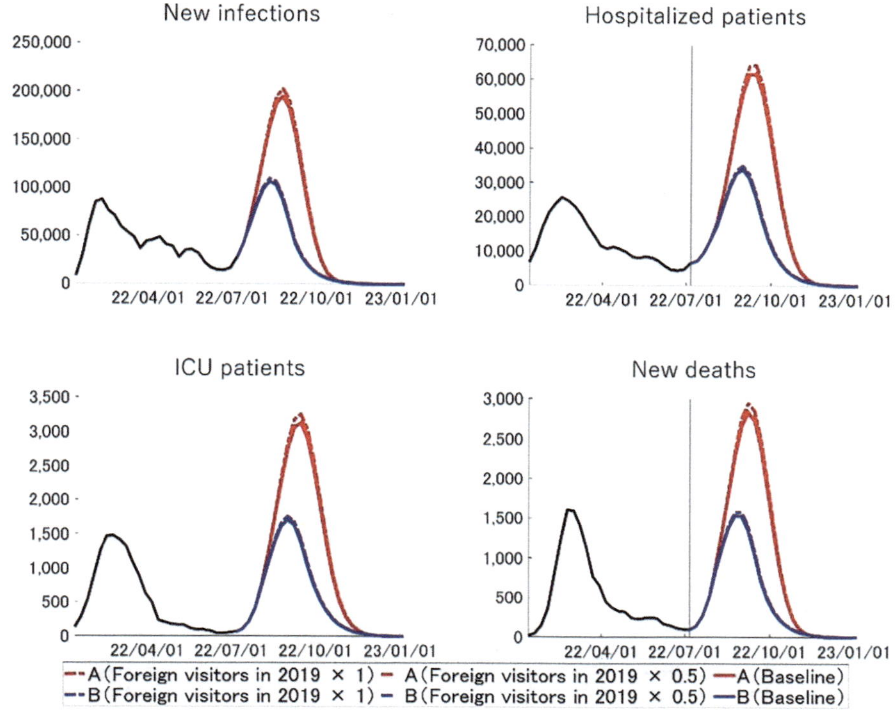

Fig. 5 Infection outcomes ($f_{\text{rate}} = 0.014\%$)

With these estimates of the economic benefit of increasing the number of foreign visitors, we can compute the value of a statistical life (VSL) that would make the government indifferent between relaxing the border control versus the status quo. Table 7 provides these threshold values of a statistical life under various scenarios and parameter values. For example, in Scenario A with the infected entry rate of 0.014%, the costs and benefits of 100% reopening over the 6-month horizon are 833 COVID-19 deaths and 2.19 trillion yen, respectively. Thus, if the government estimates VSL to be 26.3 billion yen, it would be indifferent between 100% reopening and the status quo. Applying the same calculation, the government would be indifferent between 100% reopening and the status quo if the government estimates VSL to be 22.6 billion yen and 20.9 billion yen when the infected entry rate is 0.16% and 0.23%, respectively.

According to the table, the threshold value of a statistical life that would make the government indifferent between reopening the border and the status quo is about twice as much in Scenario A as in Scenario B. For the infected entry rate of 0.014%, 0.16%, and 0.23%, the threshold value of a statistical life is 57.5, 45.5, and 40.9 billion yen in Scenario B versus 26.3, 22.6, and 20.9 billion yen in Scenario A, respectively.

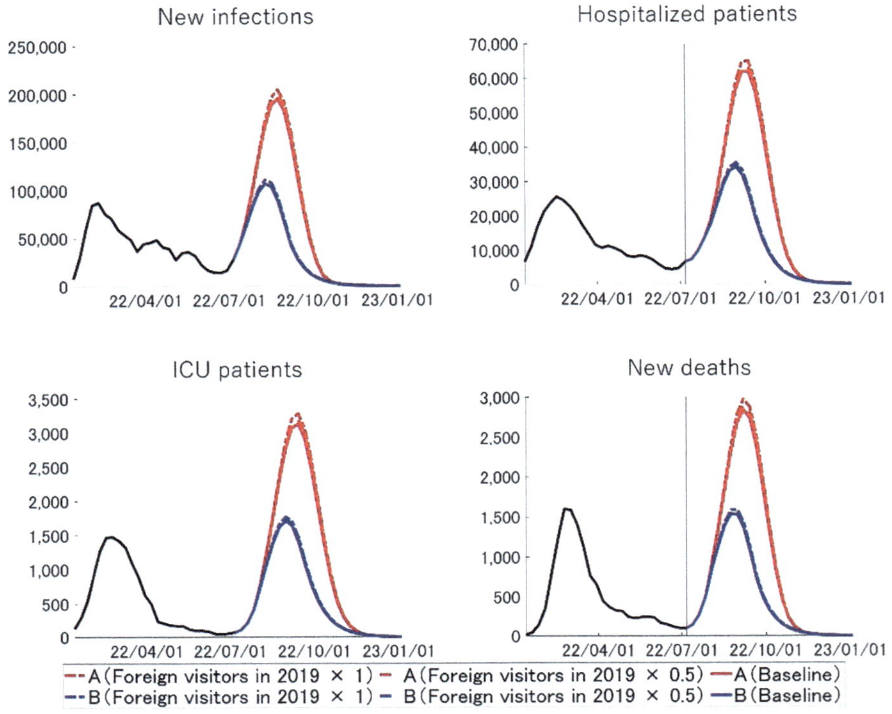

Fig. 6 Infection outcomes ($f_{\text{rate}} = 0.16\%$)

Overall, our results suggest that the Japanese government's assessment of the value of a statistical life during the COVID-19 crisis might have been substantially higher than what's typically reported in the standard literature for normal times and for other countries. This finding is consistent with an alternative estimate of the value of a statistical life of Japanese national and regional governments based on an alternative methodology [10, 11].

7 Conclusion

During the COVID-19 pandemic, much of the trepidation regarding reopening the national border centered around the possibility for foreign visitors causing an increase in COVID-19 infection. Using a two-group SIR model consisting of Japanese residents and foreign visitors, we examined the implications for infection outcomes of increasing the number of foreign visitors at the beginning of July 2022 in Japan. We found that the border reopening would lead to an increase in COVID-19 infection but that it would not significantly alter the overall contours of

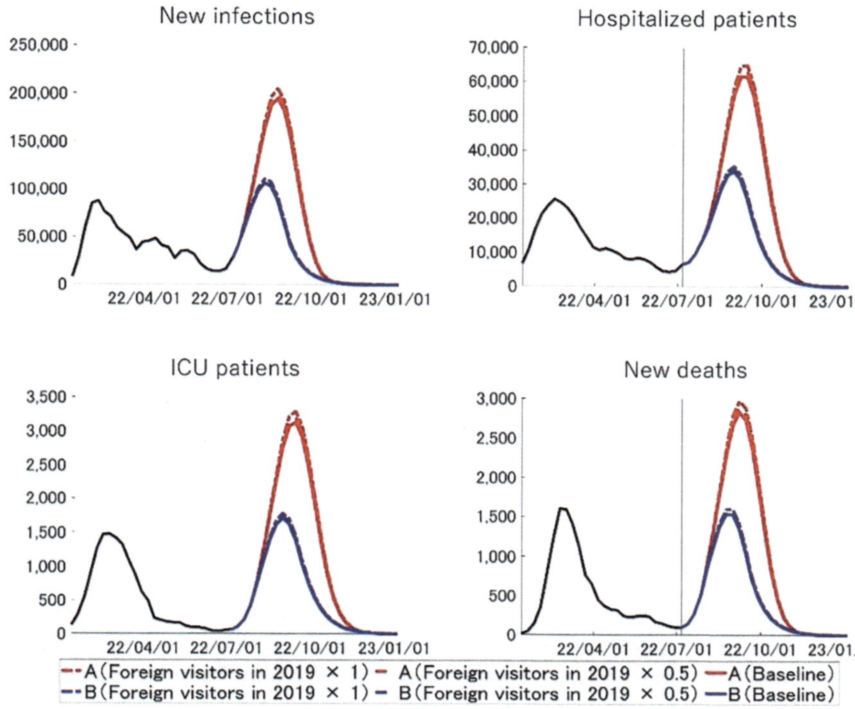

Fig. 7 Infection outcomes ($f_{\text{rate}} = 0.23\%$)

Table 6 Increases in expenditures by foreign visitors

Daily number of arrivals	+36,713	+76,864
Economic impact (trillion yen)	+1.04	+2.19

infection outcomes. We also quantified the economic benefit of reopening the border in terms of increased expenditures by foreign visitors and estimated that the value of a statistical life that would make the government indifferent between reopening the border and the status quo was quite high; 21–26 billion yen and 41–58 billion yen in Scenario A and Scenario B, respectively.

Table 7 The thresholds value of a statistical life for reopening the border

Scenario	A		B	
2019 multiplier	0.5	1	0.5	1
Daily number of arrivals	+36,713	+76,864	+36,713	+76,864
Economic impact (trillion yen) over half a year	+1.04	+2.19	+1.04	+2.19
Cumulative deaths over half a year:				
$f_{rate} = 0.014\%$	+396	+833	+181	+381
$f_{rate} = 0.16\%$	+462	+971	+228	+481
$f_{rate} = 0.23\%$	+497	+1046	+254	+535
Threshold value of a statistical life				
$f_{rate} = 0.014\%$	26.3	26.3	57.5	57.5
$f_{rate} = 0.16\%$	22.5	22.6	45.6	45.5
$f_{rate} = 0.23\%$	20.9	20.9	40.9	40.9

Appendix

Data on Foreign Visitors

Table 8 provides by-country data about foreign visitors including the average number of visitors per year, average days of stay, vaccination (at least once), required number of vaccinations, booster vaccination, natural immunity acquisition rate, and average spending.

We obtain the number of foreign visitors, length of stay, and average expenditures while in the country from the Japan National Tourism Organization (JNTO).[4] We compute the average values of these variables from January 2019 to April 2022. For vaccination and natural immunity acquisition, we use data from *Our World in Data*.[5] We use the information on the "Partly Vaccinated," "Fully Vaccinated," and "Boosted" categories.[6]

Branching Process Model

The infection projections are subject to various sources of uncertainty and can be highly sensitive to assumptions within a model, as evidenced by the sensitivity of the results to the three alternative values for the infected entry rate as well as the two alternative scenarios in the main text. However, the results can be also sensitive

[4] For detail, please see https://www.jnto.go.jp/jpn/statistics/visitor_trends/

[5] For details, please see https://ourworldindata.org/coronavirus

[6] For example, Johnson & Johnson vaccine the second and subsequent doses as booster inoculations, while the Pfizer vaccine considers the third and subsequent doses as booster vaccinations.

Table 8 Data on foreign visitors

Country	Annual visitors	Avg. stay (days)	Vaccination ($\geq$1 dose) (%)	Required doses (%)	Booster (%)	Natural immunity (%)	Avg. spending (JPY)
Korea	5,568,997	5.1	87	86	73.7	35.5	76,138
Taiwan	4,609,007	6.1	83.6	78.9	72.8	16.2	118,288
China	7,995,815	7.5	88.78	86.33	54.7	0.1	212,810
Hong Kong	2,252,080	6.1	88.3	81.2	59.2	16.7	155,951
Thailand	1,316,885	8.8	80.3	73.1	42	6.8	131,457
Singapore	489,969	7.5	88.1	87.6	77.2	25.5	173,669
Malaysia	497,655	9.5	85.7	82.3	49.3	14	133,259
Indonesia	410,288	12.3	72.8	60	17.5	2.3	131,087
Philippines	609,549	20.9	61.7	61.7	13.2	3.4	107,915
Vietnam	494,251	36.1	81.9	79.8	65.1	11	177,066
India	173,692	16.5	72.6	61.9	3.2	3.2	157,244
UK	412,848	12	79.1	74	58.5	34	241,264
Germany	229,430	14.1	76.6	76	68.1	34.1	201,483
France	335,862	17.1	80.2	78	58.7	45.2	237,420
Italy	162,074	12.7	85.2	80.4	68	30.8	199,450
Spain	129,895	13.3	87	85.3	54.3	27.2	221,131
Russia	118,684	18.8	56	51	10.1	12.4	183,015
USA	1,700,805	12.4	78.1	66.6	36.7	26.4	189,411
Canada	366,758	12	88.7	82.3	57.9	10.5	181,795
Australia	610,955	12.9	86.7	83.7	53.8	31.9	247,868

to the model used for the analysis. To illustrate the sensitivity of the results to the model used, we conduct the same exercise using an alternative model in this section.

As an alternative model, we consider a branching process model described in Linton et al. [5]. This model describes the impact of foreign visitors on domestic infection trends using a stochastic process. Given an initial group of infected individuals, the disease "branches" from person to person, progressing through generations. The spread or contraction of the infection from one generation to the next is governed by parameters that define the probability distribution for secondary infections. These parameters, explained below, reflect the likelihood of secondary infections occurring in the given environment.

We define effective reproduction numbers for inter- and intra-population transmission based on population size and assortativity. R_{ij} denotes the expected secondary transmission from one infected person in group j to group i, where i and j are either J (Japanese) or F (Foreign visitors). R_{ij} is determined as follows:

$$R_{ij} \propto (1\text{–}\theta)\, n_i + \theta \ \ (\text{for } i = j)$$

$$\propto (1\text{–}\theta)\, n_i \ \ (i \neq j)$$

where n_i represents the population ratio for group i. θ governs the likelihood of transmission between groups and takes values between 0 and 1. If $\theta = 1$, it indicates no restriction on intergroup transmission. If $\theta = 0$, it implies no opportunity for intergroup transmission.

We assume that the probability distribution function is a negative binomial distribution with an expected value of R_{ij}. The probability distribution function is as follows:

$$h_j(s_1, \ldots, s_D) = \left(1 + \frac{R_{1j}}{k}(1 - s_1)\right)^{-k} \cdots \left(1 + \frac{R_{Dj}}{k}(1 - s_D)\right)^{-k}$$
$$= g_{1j}(s_1) \ldots g_{Dj}(s_D)$$

where k denotes the dispersion parameter of the distribution, which reflects the variability in secondary infections. A large value of k suggests a narrow distribution, meaning that secondary infections are more likely to occur. Conversely, a small value of k indicates a wide distribution, indicating that secondary infections are less likely to occur.

Table 9 lists parameter values for the branching process model. We set k to 0.2. We set θ to 0, meaning that foreign visitors make random and even contact with all others in Japan. We set R_{ij} to match the basic reproductive number in the two-group SIR model. We set the generation time—which describes the average amount of time between an individual becoming infected and then infecting another person and is denoted by G—to 7 days. We set the initial number of Japanese nationals infected—denoted by J_{init}—to the number of newly infected Japanese during the week prior to the simulation.

Table 9 Parameter values in the branching process model

Parameter	Description	Value
k	Dispersion parameter	0.2
θ	Assortativity parameter	0
R_{ij}	Effective reproduction number	Adjusted to align with the scenario of the two-group SIR model
G	Generation time	7 days
J_{init}	Number of infected Japanese individuals at the start of the simulation	16,800

Table 10 New positive cases at peak time in the branching process model

Scenario	A		B	
2019 multiplier	0.5	1	0.5	1
Daily number of arrivals	+36,713	+76,864	+36,713	+76,864
Infected entry rate: 0.014%	3754 [−8371, 15,787]	4002 [−4547, 16,056]	110 [−5227, 4871]	422 [−4766, 5479]
Infected entry rate: 0.16%	9793 [1608, 20,989]	20,542 [10,408, 31,207]	4739 [355, 10,765]	9137 [3005, 13,096]
Infected entry rate: 0.23%	12,853 [−1898, 23,714]	29,000 [18,648, 42,300]	7236 [2174, 12,136]	13,961 [6411, 21,313]

Note: Brackets indicate 90% confidence intervals

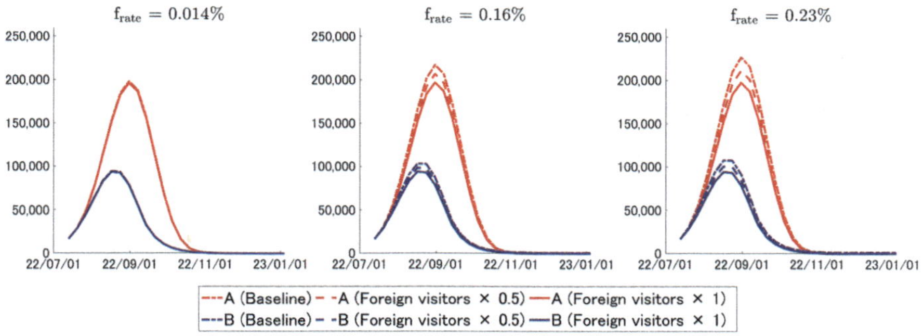

Fig. 8 Infection outcomes in the branching process model

Table 10 provides the simulation results from the branching process model. We focus on the difference in the number of newly infected persons from the baseline at the peak. Comparing Table 10 with tables in the main body of this chapter containing the results from the two-group SIR model, the effects of reopening the border tend to be larger in the branching process model than in the two-group SIR model.

Because the results of the branching process model are based on simulations involving randomly generated numbers, we obtain not only the point estimate, but also the confidence band for the effects of reopening the border. According to Table 10, the confidence band is often wide, reinforcing the notion that the degree of uncertainty associated with infection projection is often high (Fig. 8).

References

1. Chiba, A., Fujii, D., Maeda, Y., Mori, M., Nagasawa, K., Nakata, T., & Okamoto, W. (2022). *The effects of hosting the Olympic and Paralympic Games on COVID-19 in Tokyo: Ex-Ante analyses*. University of Tokyo.
2. Chinazzi, M., Davis, J. T., Ajelli, M., Gioannini, C., Litvinova, M., Merler, S., Piontti, A. P. Y., Mu, K., Rossi, L., Sun, K., Viboud, C., Xiong, X., Yu, H., Halloran, M. E., Longini, I. M., Jr., & Vespignani, A. (2020). The effect of travel restrictions on the spread of the 2019 Novel Coronavirus (COVID-19) outbreak. *Science, 368*, 395–400.
3. Hossain, M. P., Junusa, A., Zhuc, X., Jiad, P., Wene, T.-H., Pfeifferf, D., & Yuana, H.-Y. (2020). The effects of border control and quarantine measures on the spread of COVID-19. *Epidemics, 32*, 100397.
4. Kong, L., Yi, H., Wang, Q., Chen, X., Tong Yao, Y., Wang, H. J., Fan, L., & Wei, D. (2021). Could COVID-19 pandemic be stopped with joint efforts of travel restrictions and public health countermeasures? A modelling study. *BMJ Open, 11*, e046157.
5. Linton, N. M., Jung, S.-m., & Nishiura, H. (2021). Not all fun and games: Potential incidence of SARS-CoV-2 infections during the Tokyo 2020 Olympic Games. *Mathematical Biosciences and Engineering, 18*(6), 9685–9696.
6. Zhu, W., Feng, J., Li, C., Wang, H., Zhong, Y., Zhou, L., Zhang, X., & Zhang, T. (2021a). COVID-19 risk assessment for the Tokyo Olympic Games. *Frontiers in Public Health, 9*, 730611.
7. Zhu, Z., Weber, E., Strohsal, T., & Serhan, D. (2021b). Sustainable border control policy in the COVID-19 pandemic: A Math Modeling Study. *Travel Medicine and Infectious Disease, 41*, 102044.
8. Wilson, N., Baker, M. G., Blakely, T., & Eichner, M. (2021). Estimating the impact of control measures to prevent outbreaks of COVID-19 associated with air travel into a COVID-19-free country. *Scientific Reports, 11*, 10766.
9. Fujii, D., & Nakata, T. (2021). COVID-19 and output in Japan. *The Japanese Economic Review, 72*, 609–650.
10. Beppu, S., Fujii, D., Kubota, H., Machi, K., Maeda, Y., Nakata, T., & Shibuya, H. (2023). Cross-regional heterogeneity in health and economic outcomes during the COVID-19 pandemic: An analysis of Japan. *Journal of the Japanese and International Economies, 70*, 101275.
11. Fujii, D., Kawawaki, S., Maeda, Y., Mori, M., & Nakata, T. (2021). *Understanding cross-country heterogeneity in health and economic outcomes during the COVID-19 pandemic: A revealed-preference approach*. University of Tokyo.

Forecasting COVID-19 Infection with Model Averaging: A Real-Time Evaluation

Shotaro Beppu, Somei Miyashita, and Taisuke Nakata

1 Introduction

During the COVID-19 pandemic, model-based projections of COVID-19 infection played a key role in the policy debate about whether to impose strict infection-control measures and when to relax them. In Japan, researchers from various disciplines participated in the COVID-19 AI & Simulation Project by the Cabinet Office, regularly providing the public and policymakers with COVID-19 projections throughout the pandemic. Some infectious disease experts provided infection projections to the COVID-19 Advisory Board for the Ministry of Health, Labour, and Welfare at key phases of the pandemic.

Projections seen during the COVID-19 pandemic can be broadly categorized into two types. The first type is scenario-based analysis that provides multiple possibilities for the future course of infection based on various "what if" assumptions. For example, some researchers computed how COVID-19 infection would evolve depending on when the state-of-emergency order ended, how fast people got vaccinated, or how many foreign visitors entered Japan [1–3].

S. Beppu
Harvard University, Cambridge, MA, USA
e-mail: shotarobeppu@g.harvard.edu

S. Miyashita
London School of Economics, London, UK
e-mail: S.Miyashita@lse.ac.uk

T. Nakata (✉)
University of Tokyo, Tokyo, Japan
e-mail: taisuke.nakata@e.u-tokyo.ac.jp

S. Kurihara (ed.), *Social Simulation of COVID-19 with AI in Japan*,
https://doi.org/10.1007/978-981-96-8066-5_11

The second type of projection is a prediction or forecast intended to accurately foresee the future course of infection. This type of projection analysis tends to report only one possible future path of infection, either with or without confidence bands.[1]

In this chapter, we aim to contribute to a better understanding of the second type of COVID-19 projection—forecasting. In particular, we analyze the forecasting performance of the average of multiple forecasts. As we will discuss shortly, researchers have found the benefit of model averaging for improving forecast performance in other fields. Focusing on a few predictions that attracted the attention of the public and policymakers in Japan during the sixth and seventh COVID-19 infection waves in 2022, we examine whether the average of them is a better forecast than each forecast. For the sixth infection wave, we consider two forecasts: Hirata and CATs forecasts. For the seventh infection wave, we consider three forecasts: Hirata, CATs, and AB Document 3–3 forecasts. Our metric for measuring forecast accuracy is the root mean squared errors (RMSEs) for 1-week, 2-week, and 4-week forecast horizons.

We find that the forecast average outperforms each forecast most of the time in both sixth and seventh infection waves and for the three forecast horizons considered in our analysis. During the sixth wave, the forecast average outperforms two individual forecasts for all three forecast horizons. During the seventh infection wave, the forecast average outperforms CATs and AB Document 3–3 forecasts but underperforms Hirata's forecast for a 1-week forecast horizon. For 2-week and 4-week forecast horizons, the forecast average outperforms all three individual forecasts, often by a large margin. Overall, these results suggest that the forecast average can provide a reliable outlook for COVID-19 infection.

Our work is related to the voluminous literature on forecasting during the COVID-19 pandemic. Our work is particularly closely related to a set of papers emphasizing the virtue of combining forecasts from multiple models for improving the forecast accuracy in the context of the pandemic [4–8]. The benefit of combining forecasts from multiple models is a common theme across fields. For example, many have analyzed this topic in the context of macroeconomic forecasting [9–18].

The rest of this chapter is structured as follows. Section 2 describes the forecasts considered. Sections 3 and 4 present the results for the sixth and seventh infection waves, respectively. Section 5 concludes.

---

[1] The distinction between scenario-based analysis and forecast is sometimes blur. Scenario-based analysis can be characterized as a conditional prediction of the future—conditional on a specific set of assumptions—and it is possible to examine their accuracy when one could ex-post verify the underlying assumptions. Some forecast can be seen as a scenario-based analysis when the specific set of assumptions behind the forecast is clearly specified. Nevertheless, the distinction is still useful because some projections were perceived by media and policymakers as scenario-based analysis, while other projections were perceived as prediction.

2 Forecasts

For the sixth infection wave (January 2022 to April 2022), we consider a series of forecasts provided by two research teams: One is a team led by Akimasa Hirata, a professor at Nagoya Institute of Technology. The other is Collective Analysis Teams (CATs), a team of data scientists in the private sector. For the seventh wave (July 2022 to September 2022), we consider three forecasts. In addition to Hirata and CATs, we consider forecasts provided to the COVID-19 Advisory Board for the Ministry of Health, Labour, and Welfare, which we will refer to as AB Document 3–3.

The forecast of Hirata is based on a machine-learning model [19, 20]. The model incorporates various types of data, such as mobility, weather, and sentiment toward COVID-19 extracted from SNS. Prof. Hirata joined the Cabinet Office AI & Simulation Project in the summer of 2021. His model successfully predicted the large decline in COVID-19 infection that began in the second half of 2021. He regularly published his forecasts as a member of the AI & Simulation Project until 2023.[2]

CATs is a private sector effort for COVID-19 forecasts. On January 25, 2022, CATs released COVID-19 forecasts to the public for the first time [21, 22]. Since then, they regularly updated forecasts during the sixth infection wave and the seventh infection wave. The details of their model are not publicly available.[3]

AB Document 3–3 was prepared by Hiroshi Nishiura, a professor at Kyoto University. It was regularly submitted to the COVID-19 Advisory Board for the Ministry of Health, Labour, and Welfare which met weekly throughout the pandemic. AB Document 3–3 included various policy-relevant quantitative analyzes, many of which are in the spirit of scenario-based analysis as opposed to forecasts.[4]

[2] The Cabinet Office AI & Simulation Project members regularly released model-based projections throughout the pandemic. However, except for Hirata's analysis, their analyzes was in the spirit of a scenario-analysis—as opposed to forecast—analyzing what-if questions. Thus, we exclude them from our analysis.

[3] We obtained the projection data for CATs-QUICK from social media posts (tweets) posted by Lully Miura who was leading the CATs team. They came in the form of images of graph illustrating projections of new cases along with daily observed cases and the 7-day moving average. From these images, we manually extracted the projected case numbers using an online tool available at https://automeris.io/

[4] It regularly published projections extrapolating the recent trend in the effective reproductive number into the future in four different ways, which are more in the spirit of scenario-based projections—as opposed to prediction—due to its omission of variables useful for prediction such as mobility, weather, vaccination, and many more.

However, during the seventh wave, it presented forecasts of COVID-19 infection four times, which we will consider in our analysis.[5]

For the sixth infection wave, we focus on (i) Hirata's forecasts on January 25, February 1, February 7, and February 14, and (ii) CATs forecasts on January 24, January 31, February 7, and February 14. We obtain Hirata's forecasts from Hirata [23–26] and CATs forecasts from the occasional tweets by the team leader of CATs.[6]

For the seventh infection wave, we focus on (i) Hirata's forecasts on July 26, August 5, and August 10, (ii) CATs forecasts on July 27, August 3, and August 10 and (iii) AB Document 3–3 forecasts on July 26, August 8, and August 12. We obtain Hirata's forecasts from Hirata [27–31]. We again obtain CATs forecasts from the occasional tweets by the team leader of CATs.[7] We obtain AB Document 3–3 forecasts from Nishiura [32–35].

In both infection waves, some projections were available before and after the periods under consideration. However, for the purpose of averaging multiple forecasts, we restricted the sample to periods where all forecasts were available.

3 Results: The Sixth Infection Wave

The left and right panels of Fig. 1 show forecasts by Hirata and CATs during the sixth wave, respectively. In each panel, the black line shows the actual path of new cases, while colored lines are for forecasts at different points in time. On January 24 or 25, the infection wave was before the peak. Hirata's forecast got right the level of the infection peak but predicted a much slower decline after the peak. CATs predicted the level and timing of the peak accurately but predicted a much sharper

[5] Some projections were submitted regularly to the Advisory Board on COVID-19 at the Ministry of Health, Labour, and Welfare, which met regularly throughout the COVID-19 pandemic. AB Document 3–2 regularly showed a model-based forecast of COVID-19 new cases, but only for a very short forecast horizon of about 1 week. Because we would like to examine forecast performance both in the short-run and medium-run, we exclude AB Document 3–2 from our analysis.

[6] For January 24, see https://x.com/lullymiura/status/1485728675538477056For January 31, see https://x.com/lullymiura/status/1488083898429247488For February 7, see https://x.com/lullymiura/status/1490617879191908353For February 14, see https://x.com/lullymiura/status/1493152451230564352For February 21, see https://x.com/lullymiura/status/1495685604797186051. For February 28, see https://x.com/lullymiura/status/1498229640174792704For March 4, see https://x.com/lullymiura/status/1499672177045835778

[7] For July 27, see https://x.com/lullymiura/status/1552224516256202752For August 3, see https://x.com/lullymiura/status/1554761006005358593For August 10, see https://x.com/lullymiura/status/1557299745575641089For August 17, see https://x.com/lullymiura/status/1559874282187935744. For August 24, see https://x.com/lullymiura/status/1562375212309458944. For August 31, see https://x.com/lullymiura/status/1564962683694481408. For September 7, see https://x.com/lullymiura/status/1567448972297650176

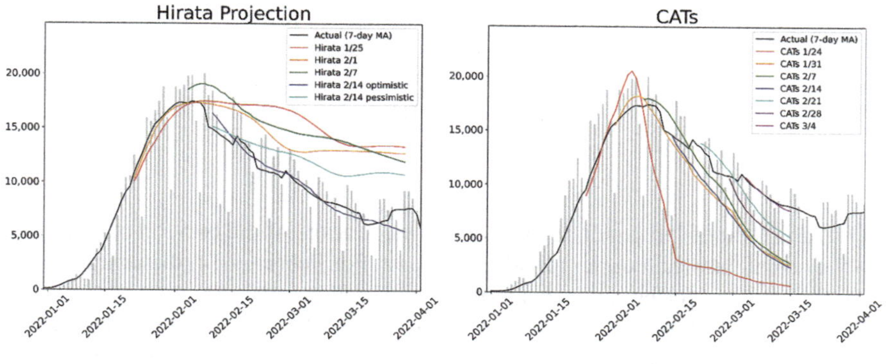

Fig. 1 Forecasts of new infection cases during the sixth wave

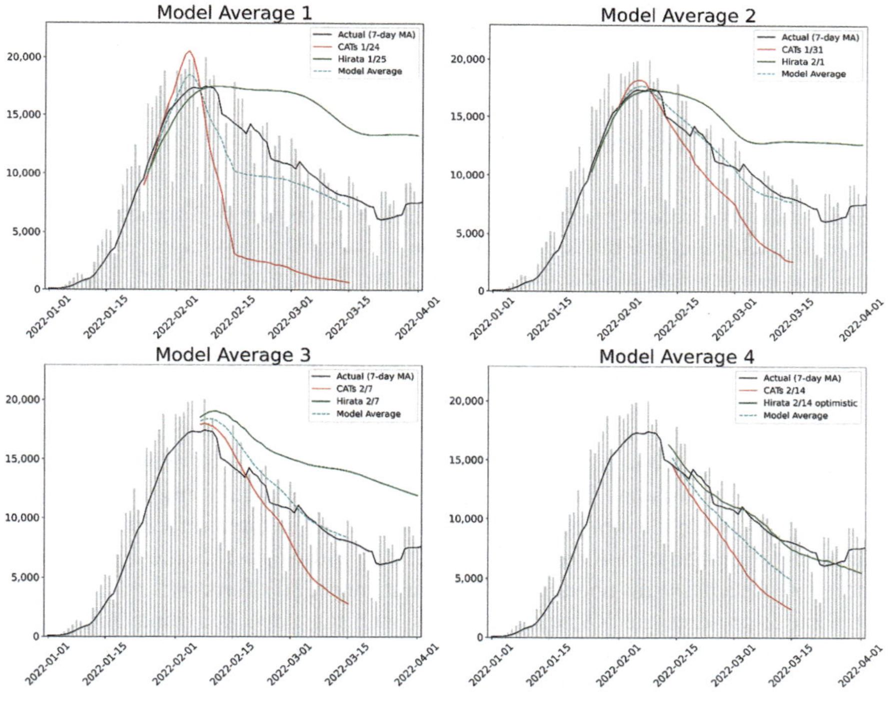

Fig. 2 Forecasts at four different points in time during the sixth wave

decline following the peak than in reality. After the infection peaked, both forecasts were relatively successful in predicting the gradual decline of infection.

Each of the four panels in Fig. 2 shows the two forecasts together around the same time during the sixth wave. The dashed light blue line shows the average of the two forecasts and the solid black line indicates actual infection path (For January 24/25, January 31/February 1, and February 7—shown in the top-left, top-

Table 1 Forecasting performance for the sixth wave

	RMSE		
	1-week ahead	2-week ahead	4-week ahead
Hirata	1846	1317	2739
CATS-quick	1711	2019	6820
Average	1642	900	2349

right, and bottom-left panel, respectively—the average of the two forecasts is close to the actual path than each individual forecast. For February 14, the average of the two forecasts performs somewhat worse than Hirata's forecast.

Table 1 presents (root mean squared errors (RMSEs) associated with the two individual forecasts as well as the average of the two for three different forecast horizons—1-week, 2-week, and 4-week ahead. For all of the forecast horizons, the forecast average outperforms two individual forecasts, suggesting the potential of the forecast average to provide a reliable outlook for COVID-19.

4 Results: The Seventh Infection Wave

Figure 3 shows forecasts by Hirata, CATs, and AB Document 3–3 during the seventh wave. In each panel, the black line shows the actual path of new cases, while colored lines are for forecasts at different points in time. Forecasts in late July suggest the difficulty of predicting the timing and the level of the infection peak. After the infection peaked, both forecasts were relatively successful in predicting the gradual decline of infection. These takeaways are consistent with those discussed for the sixth wave analysis.

Each of the three panels in Fig. 4 shows the three forecasts together around the same time during the seventh wave. The dashed light blue line shows the average of the three forecasts and the solid black line shows the actual infection path. For July 27—shown in the top-left panel—the average of the three forecasts is closer to the actual path than each forecast. For August 10 and August 15, the average of the three forecasts performs about as well as Hirata and CATs forecasts.

Table 2 presents the RMSEs associated with the three individual forecasts as well as the forecast average. For 1-week forecast horizon, the forecast average outperforms CATs and AB Document 3–3 forecasts but underperforms Hirata's forecast. For 2-week and 4-week forecast horizons, the forecast average outperforms all three individual forecasts, often by a large margin. Overall, these results indicate that the forecast average can provide a reliable outlook for COVID-19 development.

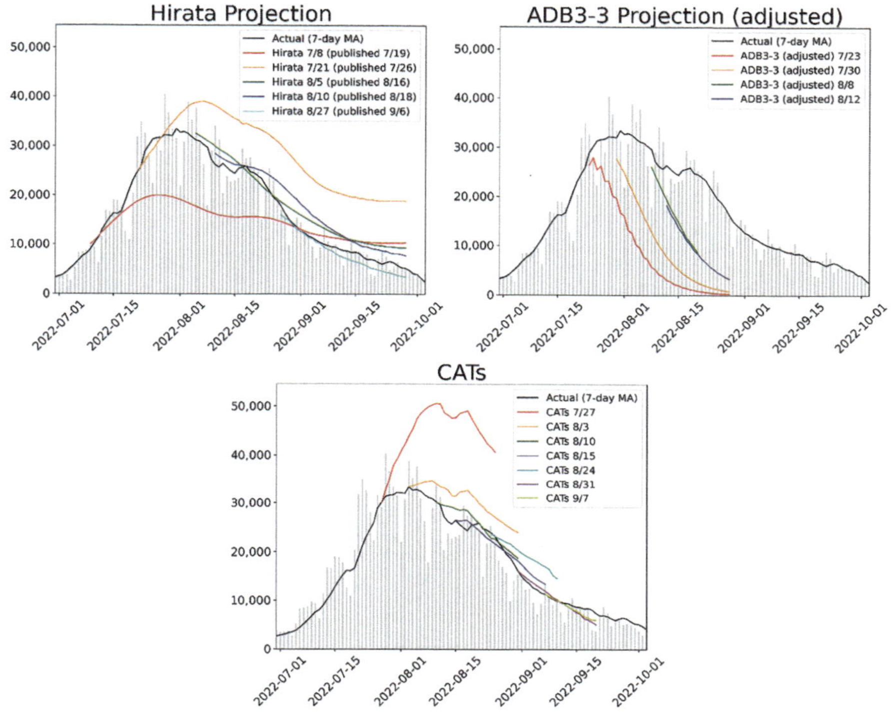

Fig. 3 Forecasts of new infection cases during the seventh wave

5 Conclusion

We examined the properties of the forecast average in the context of COVID-19 pandemic in Japan and find that the forecast average outperforms each forecast most of the time in both sixth and seventh infection waves and for the three forecast horizons considered in our analysis. During the sixth wave, the forecast average outperforms two individual forecasts for all three forecasting horizons. During the seventh infection wave, the forecast average outperforms CATs and AB Document 3–3 forecasts but underperforms Hirata's forecast for 1-week forecast horizon. For 2-week and 4-week forecast horizons, the forecast average outperforms all three individual forecasts, often by a large margin. Overall, these results suggest that the forecast average could have been a reliable analytical tool during the COVID-19 pandemic and possibly in future pandemics.

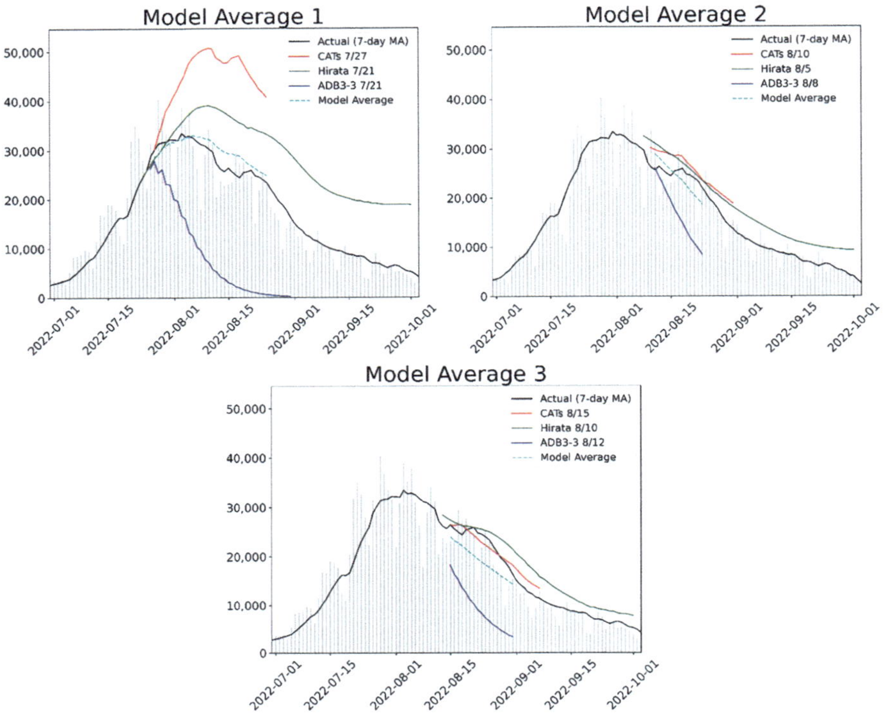

Fig. 4 Forecasts at three different points in time

Table 2 Forecasting performance for the seventh wave

	RMSE		
	1-week ahead	2-week ahead	4-week ahead
Hirata	2299	5208	6081
CATS-Quick	6391	11,225	23,707
ADB: 3–3-B	12,518	19,487	17,944
Average	3324	2700	1169

References

1. Chiba, A., Fujii, D., Maeda, Y., Mori, M., Nagasawa, K., Nakata, T., & Okamoto, W. (2022). *The effects of hosting the Olympic and Paralympic games on COVID-19 in Tokyo: Ex-ante analyses*. University of Tokyo.
2. Chiba, A., Magro, A., Nakata, T., Okamoto, W., Sasaki, D., & Uneya, H. (2025). *The effects of reopening the border on Covid-19 infection: A simulation study for Japan in the summer of 2022*. University of Tokyo.
3. Fujii, D., & Nakata, T. (2021). Covid-19 and output in Japan. *The Japanese Economic Review, 72*, 609–650. Special Issue: SIR Model and Macroeconomics of COVID-19.
4. Coroneo, L., Iacone, F., Paccagnini, A., & Monteiro, P. S. (2023). Testing the predictive accuracy of COVID-19 forecasts. *International Journal of Forecasting, 39*, 606–622.

5. Cramer, E. Y., Ray, E. L., Lopez, V. K., Bracher, J., Brennen, A., Rivadeneira, A. J. C., Gerding, A., Gneiting, T., House, K. H., Huang, Y., Jayawardena, D., Kanji, A. H., Khandelwal, A., Le, K., Muhlemann, A., Niemi, J., Shah, A., Stark, A., Wang, Y., . . . , Reich, N. G. (2022). Evaluation of individual and ensemble probabilistic forecasts of COVID-19 mortality in the United States. *Proceedings of the National Academy of Sciences, 119*(15), e2113561119.
6. Goic, M., Bozanic-Leal, M. S., Badal, M., & Basso, L. J. (2021). COVID-19: Short-term forecast of ICU beds in times of crisis. *PLoS One, 16*(1), e0245272.
7. Paireau, J., Andronico, A., Hoze, N., Layana, M., Crepey, P., Roumagnac, A., Lavielle, M., Boelle, P.-Y., & Cauchemez, S. (2022). An ensemble model based on early predictors to forecast COVID-19 health care demand in France. *Proceedings of the National Academy of Sciences, 119*(18), e2103302119.
8. Ray, E. L., Brooks, L. C., Bien, J., Biggerstaff, M., Bosse, N. I., Bracher, J., Cramer, E. Y., Funk, S., Gerding, A., Johansson, M. A., Rumack, A., Wanga, Y., Zorn, M., Tibshirani, R. J., & Reich, N. G. (2023). Comparing trained and untrained probabilistic ensemble forecasts of COVID-19 cases and deaths in the United States. *International Journal of Forecasting, 39*, 1366–1383.
9. Adolfson, M., Andersson, M. K., Lindé, J., Villani, M., & Vredin, A. (2007). Modern forecasting models in action: Improving macroeconomic analyses at central banks. *International Journal of Central Banking, 3*, 111–144.
10. Blanc, S. M., & Setzer, T. (2016). When to choose the simple average in forecast combination. *Journal of Business Research, 69*, 3951–3962.
11. Clark, E. T., & McCracken, M. W. (2010). Averaging forecasts from VARs with uncertain instabilities. *Journal of Applied Econometrics, 25*, 5–29.
12. Eklund, J., & Karlsson, S. (2007). Forecast combination and model averaging using predictive measures. *Econometric Reviews, 26*, 329–363.
13. Genrea, V., Kennya, G., Meyler, A., & Timmermann, A. (2013). Combining expert forecasts: Can anything beat the simple average? *International Journal of Forecasting, 29*, 108–121.
14. Kapetanios, G., Mitchell, J., Price, S., & Fawcett, N. (2015). Generalised density forecast combinations. *Journal of Econometrics, 188*, 150–165.
15. Thomson, M. E., Pollock, A. C., Önkal, D., & Gönül, S. M. (2019). Combining forecasts: Performance and coherence. *International Journal of Forecasting, 35*, 474–484.
16. Stock, H. J., & Watson, M. W. (2004). Combination forecasts of output growth in a seven-country data set. *Journal of Forecasting, 23*, 405–430.
17. Timmermann, A. (2006). Forecast combinations. In G. Elliott, C. W. J. Granger, & A. Timmermann (Eds.), *Handbook of economic forecasting* (pp. 135–196). North-Holland.
18. Wright, J. H. (2009). Forecasting US inflation by Bayesian model averaging. *Journal of Forecasting, 28*(2), 131–144.
19. Rashed, E. A., & Hirata, A. (2021). Infectivity upsurge by COVID-19 viral variants in Japan: Evidence from deep learning modeling. *International Journal of Environmental Research and Public Health, 18*(15), 7799.
20. Rashed, E. A., Kodera, S., & Hirata, A. (2022). COVID-19 forecasting using new viral variants and vaccination effectiveness models. *Computers in Biology and Medicine, 149*, 105986.
21. Nikkei. (2022). QUICK provides COVID-19 forecasts in Tokyo. Retrieved January 25, 2022, from https://www.nikkei.com/article/DGXZQOUA252XZ0V20C22A1000000/
22. Quick Inc. (2022). Press release: Forecasts for the COVID-19 infection peak in the sixth wave. Retrieved January 25, 2022, from https://corporate.quick.co.jp/news/press/%E3%81%AD%E3%81%93/
23. Hirata, A. (2022a). Estimates of the number of new positive cases and bed utilization in January. In *COVID-19 AI & simulation project*. Retrieved January 25, 2022, from https://www.caicm.go.jp/action/survey/covid19-ai.jp/en-us/presentation/2021_rq3_countermeasures_simulation/articles/article244/index.html
24. Hirata, A. (2022b). Analysis of the preventive effect of vaccination and the effect of emergency declaration. In *COVID-19 AI & simulation project*. Retrieved February 1, 2022, from https://www.caicm.go.jp/action/survey/covid19-ai.jp/en-us/presentation/2021_rq3_countermeasures_simulation/articles/article247/index.html

25. Hirata, A. (2022c). Peak numbers of new infections—Examples of future forecasts in Tokyo. In *COVID-19 AI & simulation project*. Retrieved February 8, 2022, from https://www.caicm.go.jp/action/survey/covid19-ai.jp/en-us/presentation/2021_rq3_countermeasures_simulation/articles/article258/index.html
26. Hirata, A. (2022d). Updates on prediction of new infections, sever cases, etc. In *COVID-19 AI & simulation project*. Retrieved February 15, 2022, from https://www.caicm.go.jp/action/survey/covid19-ai.jp/en-us/presentation/2021_rq3_countermeasures_simulation/articles/article264/index.html
27. Hirata, A. (2022e). Projection of the number of positives by BA.5. In *COVID-19 AI & simulation project*. Retrieved July 19, 2022, from https://www.caicm.go.jp/action/survey/covid19-ai.jp/en-us/presentation/2022_rq1_simulations_for_infection_situations/articles/article344/index.html
28. Hirata, A. (2022f). Projection of the number of positives by BA.5 no. 2. In *COVID-19 AI & simulation project*. Retrieved July 26, 2022, from https://www.caicm.go.jp/action/survey/covid19-ai.jp/en-us/presentation/2022_rq1_simulations_for_infection_situations/articles/article352/index.html
29. Hirata, A. (2022g). Projection of the number of positives by BA.5 no. 4. In *COVID-19 AI & simulation project*. Retrieved August 16, 2022, from https://www.caicm.go.jp/action/survey/covid19-ai.jp/en-us/presentation/2022_rq1_simulations_for_infection_situations/articles/article366/index.html
30. Hirata, A. (2022h). Projection of the number of positives by BA.5 no. 5. In *COVID-19 AI & simulation project*. Retrieved August 18, 2022, from https://www.caicm.go.jp/action/survey/covid19-ai.jp/en-us/presentation/2022_rq1_simulations_for_infection_situations/articles/article367/index.html
31. Hirata, A. (2022i). Regarding the prediction of the number of severe cases and deaths after the 7th wave vaccine efficacy after 2022 no. 2. In *COVID-19 AI & simulation project*. Retrieved September 6, 2022, from https://www.caicm.go.jp/action/survey/covid19-ai.jp/en-us/presentation/2022_rq1_simulations_for_infection_situations/articles/article380/index.html
32. Nishiura, H. (2022a). *92nd COVID-19 advisory board document 3–3* (p. 158). Ministry of Health, Labour, and Welfare. Retrieved July 27, 2022, from https://www.mhlw.go.jp/content/10900000/000970027.pdf
33. Nishiura, H. (2022b). *93rd COVID-19 Advisory Board Document 3-3* (p. 110). Ministry of Health, Labour, and Welfare. Retrieved August 3, 2022, from https://www.mhlw.go.jp/content/10900000/000972880.pdf
34. Nishiura, H. (2022c). *94th COVID-19 advisory board document 3–3* (p. 61). Ministry of Health, Labour, and Welfare. Retrieved August 10, 2022, from https://www.mhlw.go.jp/content/10900000/000975392.pdf
35. Nishiura, H. (2022d). *95th COVID-19 advisory board document 3–3* (p. 109). Ministry of Health, Labour, and Welfare. Retrieved August 17, 2022, from https://www.mhlw.go.jp/content/10900000/000977544.pdf